北京市社会科学基金项目

优秀成果选编

Beijingshi
Shehui Kexue
Jijin Xiangmu
Youxiu Chengguo Xuanbian

第五辑

北京市哲学社会科学规划办公室 编

首都师范大学出版社
CAPITAL NORMAL UNIVERSITY PRESS

图书在版编目(CIP)数据

北京市社会科学基金项目优秀成果选编 . 第五辑 / 北京市哲学社会
科学规划办公室编 . —北京：首都师范大学出版社，2017. 4

ISBN 978-7-5656-3383-6

Ⅰ. ①北…　Ⅱ. ①北…　Ⅲ. ①社会科学－科技成果－汇编－北京市
Ⅳ. ①C121

中国版本图书馆 CIP 数据核字(2017)第 055539 号

BEIJINGSHI SHEHUI KEXUE JIJIN XIANGMU YOUXIU CHENGGUO
XUANBIAN(DIWUJI)

北京市社会科学基金项目优秀成果选编(第五辑)
北京市哲学社会科学规划办公室　编

项目统筹　马　岩
责任编辑　张成水
首都师范大学出版社出版发行
地　　址　北京西三环北路 105 号
邮　　编　100048
电　　话　68418523(总编室)　68982468(发行部)
网　　址　www. cnupn. com. cn
印　　刷　北京九州迅驰传媒文化有限公司
经　　销　全国新华书店
版　　次　2017 年 4 月第 1 版
印　　次　2017 年 4 月第 1 次印刷
开　　本　787mm×1092mm　1/16
印　　张　38.5
字　　数　700 千
定　　价　78.00 元

目　　录

哲学学科

项目名称：全球化时代的身份认同问题与公民教育研究

项目编号：11ZXC009

项目负责人：刘　丹

项目信誉保证单位：北京师范大学

公民身份视域中的认同问题与公民教育研究

内容提要：在全球化时代，公民身份发生了融合、销蚀、扩展等多重变迁，从而在不同范围及不同层次上使得公民身份认同面临着某些新问题，这无疑给主权国家的公民教育提出了许多新的挑战和任务。众所周知，国家认同在公民身份认同谱系中居于统摄地位，为了保持社会的和谐和国家的统一，在全球化时代国家认同只能强化而不能削弱。从全球化背景下如何强化国家认同的维度上看，公民教育在建构国家认同的过程中不可或缺。毕竟，在某种意义上，公民教育首先是公民身份认同的教育，而且本质上就是国家认同教育。在此，本文不仅力图分析目前国家认同的有利条件和各种挑战，而且试图提出通过公民教育加强国家认同的对策建议。

作为一种描述公民个人与政治国家之间关系的公民身份（Citizenship）理论，一直以来都是理论界热议的话题。其中，公民身份概念的检视、理论的分野和历史的梳理等都是主要的研究论域。然而，在汗牛充栋的公民身份文献中，却少有对背景的关注。其实，公民身份作为一种关于人类关系的强有力的理念，是一种动态的身份，它在承认个人尊严的同时，又重申个体行动的社会背景。因此，公民身份理念内在地充满着争议和偶然，它拒绝提供一种单一而静态的定义以适应各个时代的社会，相反，它总是反映了特定社会独特的关系组合和治理类型。公民身份的这种动态性，意味着我们在理解公民身份的时候必须把握住的一个根本的问题就是：公民身份赖以运作的社会和政治背景是什么？① 如果我们立足于这一分析视角，就会发现 20 世纪中后期以来随着全球化浪潮的兴起，公民身份所处的社会和政治背景既不同于古代的城邦，也不同于近现代的民族国家，而是表现为亚国家、民族国家和超国家三者之间的相互博弈，这使得全球化时代的公民身份发生了融合、销蚀以及扩展等多重形式的变迁，从而在不同范围及不同层次上引发了公民身份

---

① 　［美］基恩·福克斯著，郭忠华译：《公民身份》，长春：吉林出版集团，2009 年版，第 5 页。

认同(Identity)问题。在一定意义上,似乎到了全球化时代,身份认同才成为一种问题,因为人们从自然经济的熟人社会进入到市场全球流通的契约社会,人们生活在一个充满差异和不断变化的时空环境中,不得不思考"我是谁"以及"我们是谁"。国家认同在公民身份认同谱系中居于统摄地位,纲举目张,为了保持社会的和谐和国家的统一,在全球化时代国家认同只能强化而不能削弱。因此,从全球化背景下如何强化国家认同的维度上看,有效的公民教育实践在建构国家认同的过程中不可或缺,毕竟,在某种意义上,公民教育首先是公民身份认同的教育,而且本质上就是国家认同教育。①

一、全球化时代公民身份的多重变迁

根据对公民身份性质的不同诠释,我们一般将其解释范式区分为两大传统:强调责任的公民共和主义传统和强调权利的自由主义传统。前者可以追溯到公元前 6 世纪至公元前 4 世纪的斯巴达和雅典,以及统治时间近 500 年的罗马共和国;后者则支配了刚刚逝去的两个世纪。但是,从 20 世纪下半叶开始,尤其是 20 世纪 80 年代以来,全球化浪潮的兴起对这两种解释范式都提出了挑战,即一直作为公民身份正统框架的民族国家受到了诘难,公民身份也随之发生了多维度的变迁:

第一,公民身份的融合。在近代民族国家,公民身份表示个人在国家中的一种正式成员资格,即拥有公民身份的个人具有某一国家国籍,并依据该国法律规定享有相应的权利、承担相应的义务。而因某种原因不具有完整成员资格的非公民虽然在法律意义上是合法的永久性居民,但他们没有诸如投票、参与政策制定、竞选公职等此类完全参与民主政治过程的权利。换言之,他们拥有的是形式上的公民身份,而非实质性公民身份。面对这种民主理论与被排除在完整成员资格之外的现实之间的分离,白人工人阶级、妇女及有色种族群体一直坚持通过一系列的社会性运动来争取实质性的公民身份,并在不同程度上获得了成功。也正是在这个意义上我们说,通过这样一种形式的民主化进程,公民身份有了融合性的发展。

第二,公民身份的萎缩。公民身份关系到国家和公民的关系,尤其是有关权利与义务的关系。即公民身份对政治共同体的成员限定了一系列相应义务的同时,公民身份同样对政治共同体的成员有着一系列相应的权利上的预期。② 就理论而言,随着社会的发展,公民身份的内涵得到了扩展,其所指称的权利及义务也越来越丰厚。然而,由于以资本无限扩张为特征的经济全球

---

① 韩震:《全球化时代的公民教育与国家认同及文化认同》,《社会科学战线》,2010 年第 5 期。

② Twine, Fred. *Citizenship and Social Rights*：*Aliens*，*Residents and Citizens*：*The Interdependence of Self and Society*. London：Sage，1994，p.46.

化时代的到来以及以市场原教旨主义为特征的新经济自由主义的复兴,市场领域在范围上和深度上的极度扩展对国家领域和公共领域造成了极大的威胁,导致国家领域和公共领域的衰落,而公共领域和国家领域的衰落直接导致公民的某些权利特别是社会权利被削弱了,与权利相对应的公民义务也在某种程度上销蚀了。公民权利的削弱和公民义务的萎缩并不是单独发生的,而是一个互为因果的发展过程,即由于公民权利的削弱无法满足公民内心对权利和相关社会福利的预期,久而久之公民会丧失其积极性和主动性,并逐渐远离公共生活领域;反过来,公民对公共事务和公共生活的漠然处之,也无法为公民权利的实现提供和创造条件。正是在这样一个恶性循环过程中,公民身份呈现出一种萎缩性的发展态势。

第三,公民身份的扩展。"现代民族国家体系一直以国家公民身份作为规定其领土范围内成员资格的主要范畴。但我们已进入到了这样一个时代,即国家规定公民身份的主权遭到磨损,同时相关的国家公民制度也被分解成各种不同部分。新的成员资格模式已经出现,同时以民族国家为边界的政治传统也不再足以用来规定其领土范围内的成员资格。"①公民身份的扩展主要有横向扩展和纵向扩展两种,其中横向扩展主要表现为双重公民身份的出现,纵向扩展则表现为公民身份的层级式发展结构。在纵向扩展中又有两种方式,即以传统的民族国家为主轴,公民身份向下扩展则形成亚国家公民身份,如联邦体制;公民身份向上扩展则形成超国家公民身份,如欧洲联盟。即公民身份的层级结构突破了以民族国家为边界的政治传统,而演化为以民族国家为核心、以亚国家和超国家公民身份同步发展的格局。

第四,世界公民身份。虽然欧盟的欧洲公民身份是一种超国家的公民身份,但其也只是在一定范围内的区域性组织中才有效。如果将这种公民身份的扩展继续延伸至全球,世界公民身份的概念则进入到人们的视野之中。尽管就目前而言,世界公民身份在理论上无法界定,在实际中并不存在,但这一全球性的理念还是得到了大量的讨论。"世界公民身份"这一概念的使用完全不同于用于描述个人与国家之间关系的"公民身份"概念,两者之间的内在张力与矛盾是世界公民身份遭到批驳的主要原因:一方面,由国家公民身份所产生的国家认同感奠基于民族传统的强固力量,这种传统一般是历经数世纪,甚至是上千年的历史积淀,如果因为世界公民身份的发展而要削弱它们,甚至抛弃它们,都将使个体心里产生无根的感觉,使之迷失方向,并危及社会的稳定和团结。另一方面,国家是国际法所承认的主权实体,无论国家主权由于世界公民身份的发展被弱化到了何种程度,也很难看到国家作为主权

---

① Benhabib, Seyla. *The Rights of Others*: *Aliens*, *Residents and Citizens*. Cambridge: Cambridge University Press, 2004, p. 1.

实体被抛弃的可能性。虽然如此，支持世界公民身份的也大有人在。因为在这个为了民族和国家的利益而不惜牺牲他者利益的世界里，世界公民身份以其独有的世界主义伦理精神，可以成为一种制衡民族国家的重要道德力量。

二、公民身份变迁所引发的身份认同问题

在传统的民族国家的政治边界内，不论是公民的权利和责任，抑或公民对民族国家这个政治共同体的归属和认同，都是比较稳定并容易确认的。因此，公民身份所发生的上述变迁势必造成许多问题，身份认同问题就是其中之一。

身份是个人通过特定属性与其他人联结成为群体的纽带，每一种身份都是人们与其他人发生联系的一种方式。然而，虽然认同和身份都是针对人这种特定主体而言的，都是人的同一性在社会中的表现，但它们之间的差异也是非常明显的。相比较来看，身份是由人所具有的属性所决定的一种客观状态，基本上由结构性因素决定，但认同表达的是一种主观的心理状态，可以能动地建构，所以身份与认同很可能出现不一致的状态。正如亨廷顿所指出的，一个人可能因痛恨其职务，而否认自己所从事的工作，一个人也可能因痛恨其国家，而可能拒绝承认自己是属于那个国家的人，这样他有可能选择变换工作或移民他国。正是在这种选择中，行为主体的态度就有了倾向性，这便是主观认同与客观成员资格之间差异的基础所在。因此，属于一个群体和对这个群体有归属感是两回事。①

然而，在不同的社会群体中，人们都有对身份认同的迫切需要，没有"同类"的孤独感是绝大多数人所不能承受的。但问题是，客观的身份并不一定就能自然地形成主观的认同，特别是在经济全球化的今天，由于身份的日益多元和流变，引发人的同一性不断发生冲突和断裂，身份认同问题便成为一种普遍存在的现象。

首先，不同的身份认同内容之间冲突所引发的身份认同问题。就一般情况而言，在一种身份认同类型中的具体认同内容上，人们只能居其一，如从国家认同来看，一个人要么是中国人，要么是法国人。但是，由于社会流动性的加剧，在一定的特殊条件下，人们可能被同时划入两个或两个以上本来相互独立的群体，具有两种或两种以上的身份，如移民。这样在同一种类型的身份认同下，就有可能发生多重认同内容之间同时并存的冲突，即会引发选择"是谁不是谁"的矛盾，从而导致身份认同问题。在公民身份的融合及扩展变迁模式中，移民及其后裔经常会发生这种类型的身份认同问题。因为对

---

① ［美］塞缪尔·亨廷顿著，程克雄译：《我们是谁？——美国国家特性面临的挑战》，北京：新华出版社，2005年版，第20页。

于移民及其后裔而言，他们往往具有双重身份，而这两者之间的矛盾和冲突在于：一方面是从小耳濡目染的原属民族的文化以及不能抛弃的祖宗的传统，另一方面则是与原属民族完全不同甚至相左的移入国的通行文化法则。面对这种矛盾和冲突，到底应将自己划归哪一个群体，同时以哪一种身份出现以及被承认，都是时常困扰这些移民及其后裔的问题。

其次，身份认同的不同层级之间出现冲突所引发的身份认同问题。文化、民族、国家、宗教等的融合与分立在历史上不断地上演，更广范围的群体与更窄范围的群体不同层级之间的认同也并非永远井然有序。如前所述，在公民身份扩展性发展的变迁模式中，纵向性的扩展方式使得公民身份有了不同层级的体现，从而身份认同也随之主要体现为三个不同的层级：作为中间层次的国家身份认同，有着政治制度、政权机关、舆论媒体作为支持后盾，是当代社会中最强有力的认同力量；从国家身份认同往上，则是对超国家领域的联盟、跨国家合作体的身份认同；从国家身份认同往下，则是对次国家领域的各种地方性政府、族群或社区的身份认同。在这种层级式的身份认同中，虽然人们总是可以排出一定的序列，但由于各个层级的认同总是会通过各种手段展开激烈的争夺，正如鲍曼所指出的那样，民族主义事实上是在两条战线上作战，它一方面以共担民族命运和利益之名反对地方特殊主义，另一方面又以语言、文化特性的特殊性来反对无根的世界主义。① 欧盟是这方面的典型案例。欧盟是当代超国家融合的典范，然而在欧洲一体化的过程中，新的欧洲认同与原有国家认同之间的矛盾和冲突，成为最棘手的问题之一。发展中的欧洲认同与现有的成员国国家认同是相互冲突还是共存发展？是欧洲认同取代国家认同，还是国家认同根本不可能被超国家认同所取代？围绕这些问题，主要形成了超国家论、国家中心论和多元论三种不同的立场和观点，显然，不论立足于哪种立场或秉持哪种观点，都反映了人们在面对不同层级身份认同的选择时所产生的难以抉择和困惑。

三、公民教育：建构国家认同的现实路径

经济全球化时代的公民身份变迁在不同范围及不同层次上引发了身份认同问题，而解决认同问题的关键则在于认同的建构，由公民身份变迁所产生的每一种身份同样也面临着建构认同的迫切任务。建构认同不是自然生成的，因此，对于现代社会的每个人来说，要解决身份认同问题就需要人为的努力，积极地进行建构，也只有这样才能真正达成身份上的"认同"。人为建构有许多种途径，而教育特别是公民教育则是其中最重要的途径之一。所谓公民教育，就是关于公民生活本质、社会规范、文化习惯和价值观养成的教育。在

---

① Bauman，Z. *Identity*. Cambridge：Polity Press，2004，p. 77.

某种意义上，公民教育首先是公民身份认同的教育，而且本质上就是国家认同教育。

虽然随着经济全球化的进程加速，民族国家的边界在不断被模糊，但有一点依然可以肯定的是，在可以预见的未来，民族国家依然将在国际社会中担当主导性角色，承担着重要的政治功能。正如鲍伯·杰索普所指出的那样，"……在当前全球化的以知识为基础的经济当中，民族国家仍然重要，它不是正在消亡，而是正在被重新想象、重新设计、重新调整以回应挑战……"[①]因此，国家认同仍然应该是一个国家国民最基本的认同，为了保持国家的安全和统一，我们在全球化时代更应加强国家认同，而不是削弱。

简单地说，所谓国家认同，即指一个人确认自己归属于哪一个国家的心理意识活动。一般而言，国家认同是现代国家的合法性基础，为国家这一共同体维系自身的统一性、独特性和连续性提供保障。人们也只有确认了自己的国民身份，并将自我归属于国家之后，才会以一个主动参与者的姿态关心国家利益，并对国家的发展自愿地负起责任。相反，一个人如果失去或改变了自己的国家认同，那么，这个国家的兴衰与自己也就没有什么关系了。实际上，世界上很多国家都很重视国家认同的教育，随着移民的增加，"所有欧洲的移民接受国也都在朝着与美国相同的方向运动：即从政治上来构建民族，从领土上来界定公民权"[②]。显然，这些国家都是通过公民教育构建民族国家的基石，强化其自身的国家认同。由此，国家认同教育的重要意义可见一斑：通过国家认同教育传播先进的政治理念，掌握有关国家认同的现代公民知识，培养公民意识，提高公民参与国家和地方政治事务的兴趣和能力，这对于培养公民的政治认同感和建设现代民主政治十分重要。然而在我国，西方敌对势力以及国内少数民族的分裂分子从未放弃"西化"和"分化"的企图，由他们所挑起的分裂活动对增强中华民族认同感和维护社会稳定带来了极大的阻力，这在经济全球化的今天尤其如此，西藏拉萨的"3·14"打砸抢烧事件和新疆乌鲁木齐的"7·5"暴力事件就是典型表现。不仅对于少数民族如此，中国台湾、香港、澳门更需要重视中华民族认同的凝聚力量。香港大学心理学系副教授林瑞芳领导的研究小组于 2007 年 6 月 12 日发布的香港青少年社会身份认同研究报告显示，与 1996 年相比，认同双重身份"中国人，其次是香港人"的青少年比例有所上升。而越是认同自己是中国人的香港青少年，对内地人越亲善。他们对内地人更信任，不认为香港人比内地人优越，期望香港人和内地

---

① ［英］鲍伯·杰索普著，何子英译：《重构国家、重新引导国家权力》，《求是学刊》，2007 年第 4 期。

② ［英］恩斯·伊辛、布雷恩·特纳主编，王小章译：《公民权研究手册》，杭州：浙江人民出版社，2007 年版，第 350 页。

人的区别缩小，愿意接纳内地的人和事物，愿意多与内地人士建立良好关系。① 可见，实施公民认同教育，提升我国的公民意识，增强公民对中华民族和国家的认同，在当代社会条件下是非常必要的。通过公民教育加强国家认同，需要处理好国家认同与民族认同之间的关系。在当今世界，绝大多数国家都是多民族国家，如何处理国家认同与民族认同之间的关系是关乎一个国家是否稳定的关键。我们认为，"国家认同应处于核心或统领的地位，特别是在处理国家认同与民族认同的关系时，需要将国家认同置于高于民族认同的地位"②。

在我国，全国范围内的中国国民被划归为 56 个民族，而这 56 个民族又构成了统一的主权民族国家——中华人民共和国。如何协调不同民族之间的良好关系？56 个民族又如何来锻造统一的中华民族的国家认同？如何来论证中华民族作为超然的统一范畴的合理性？或者简单地说，谁是中国人？什么是中国性？这些疑问关涉重大的理论和实践难题。③ 对此，费孝通先生在《中华民族的多元一体格局》一文中指出，中华民族作为整体的认同意识，是 56 个民族多元认同意识的提升与和谐融合，从而呈现为多元一体格局。根据费先生的"多元一体"理论，56 个民族都在建构其独特的民族认同，从而呈现出文化多元性；但同时，他们作为更大范畴"中华民族"这一共同体不可或缺的成员，也在建构一体的中华民族的国家认同。因为，统一国家内部的民族，有着共同的利益和共同的政治制度，所以，不同民族之间的文化共同性应该大于差异性。换言之，促进国家认同的公民教育"不能用来制造或扩大差异，而是应该培育共识、塑造共性、形成集体认同。"④基于此，为了国家的统一，我们必须把国家认同放在高于民族认同的地位，通过共同的文化基础和联系在每个公民心中建构多元一体的中华民族共同体意识。但在此有必要指出的是，以公民教育促进国家认同，需要处理好普遍性与特殊性、共同性与差异性的关系。一方面，公民教育对内强调普遍性和共同性，以形成国境之内的共同感和"我们感"（we-ness）的同时，也不能忽视每个公民是具有特殊性和差异性的个体，需要尊重每个公民的个性自由；另一方面，公民教育对外强调特殊性和差异性，以让我们与其他民族国家区分开来的同时，也不能忽视普遍性和共同性，因为只有对历史发展方向具有普遍性的趋势才能成为引领社

---

① 李爱华：《回归 10 年，多数港生认同双重身份》，《科学时报》，2007 年 6 月 19 日。

② 韩震：《论国家认同、民族认同及文化认同——一种基于历史哲学的分析与思考》，《北京师范大学学报（社会科学版）》，2010 年第 1 期。

③ 方文：《群体资格：社会认同事件的新路径》，《中国农业大学学报（社会科学版）》，2008 年第 1 期。

④ 韩震：《全球化时代的公民教育与国家认同及文化认同》，《社会科学战线》，2010 年第 5 期。

会发展的文化力量。^① 从某种意义上可以说，普遍性与特殊性、共同性与差异性的关系处理是否得当，是以公民教育促进国家认同是否成功的关键。

四、结　语

今天的世界乃是全球化的世界，因为今天"一个主体对他的同伴发出承认要求"的范围已经扩大到了全人类，全球化给我们带来的是一个正在逐渐形成的、涉及全人类的公共生活。^② 在这样一个涉及全人类的公共生活中，公民身份的变迁导致公民身份认同出现了许多新的问题，这给民族国家的公民教育带来了新的挑战。但是，民族国家仍是世界格局的基本治理单位，仍是设置和影响普通人公共生活的基本生活空间，所以，构建新的公民身份认同还是应当从国家社会群体内部开始。强调公民身份认同，换言之就是国家认同，并不是要否定民族群体认同的价值和意义，相反，国家认同十分重视民族群体认同。"'民族身份'是人们体验文化归属的不同形式中的一种，具有特殊的政治和意识形态意义。民族国家是(现今)世界最重要的政治、经济单元。这个事实意味着在民族身份的构建中常常包括大量的、有意识的'文化构建'。"^③民族国家使一个人的民族或民族文化归属感有了具体的疆域感，使他和某个实实在在的政治社会生存世界联系在一起，而在这个实实在在的政治社会生存世界中的有效身份就是具体的民族国家共同体中的"公民"。正是在这个意义上我们说，民族群体认同不能不同时是一种公民身份认同，也就是国家认同。由此可见，我们的公民教育不能再仅仅是面对原民族国家的公民，而是同时需要将少数民族、移民群体、弱势群体的成员也纳入到自己的教育范畴以内，提升他们对该国家及社会共同体的认同，使他们成为在政治、经济及社会生活中能依法享有权利和履行义务的有效成员。也只有这样，通过不断扩展公共生活空间的范围，将承载着公民权利和公民义务的公民身份不断普及，才有可能塑造并强化适应当今时代背景的国家认同。

（作者：刘　丹　北京师范大学价值与文化研究中心副教授）

---

① 韩震：《全球化时代的公民教育与国家认同及文化认同》，《社会科学战线》，2010 年第 5 期。

② 徐贲：《通往尊严的公共生活——全球正义和公民认同》，北京：新星出版社，2009 年版，第 2 页。

③ John Tomlinson. *Cultural Imperialism*. The Johns Hopkins University Press，1991，p. 69.

项目名称：西方激进平等主义正义观研究

项目编号：12ZXC011

项目负责人：傅　强

项目信誉保证单位：北京电子科技学院

凯·尼尔森激进平等主义正义观研究

内容提要： 加拿大著名哲学家凯·尼尔森是分析学派马克思主义成员，他力图秉承马克思主义正义观，构建一套着重于追求实质性平等的"平等正义论"体系，其提出的"激进平等主义"成为当代西方"左翼"正义论的主要代表。对尼尔森的激进平等主义进行研究，必须坚持马克思主义正义观，并从研究方法、理论依据、原则观点、反思理路和归纳结论这五个方面进行全面、系统的呈示与剖析。激进平等主义在实现平等的方式和途径方面虽然有着乌托邦主义的倾向，但在厘清自由与平等、财富与自尊的关系等领域具有启发性，彰显了辩证唯物主义和历史唯物主义在分析正义问题上的理论穿透力，对我们构建中国特色社会主义正义论体系具有借鉴意义。

当人类历史进入 20 世纪 70 年代，以美国为代表的西方资本主义国家经济滞胀严重，贫富悬殊、分配不公等现象日益突出。资本主义国家如何通过再分配调节人们的权力、机会和收入差距，保证经济发展，保持社会稳定，成为诸多学者欲求解决的重大问题。此外，第二次世界大战后一批社会主义国家相继诞生，马克思主义在世界范围内广泛传播。这也促使西方学界不断反省资本主义理论传统，求变创新。当此之时，罗尔斯的《正义论》出版，其"公平正义论"旋即在学界引起巨大波澜，一场"正义之争"就此兴起。诺齐克批评罗尔斯公平正义论的平等主义倾向，建立起宣扬"自由至上"的"权利正义论"，成为"右翼"正义论的主要代表。而在"左翼"，秉承马克思主义批判意识，从马克思主义基本原理中汲取灵感与智慧，凭借马克思主义研究方法，在政治哲学领域构筑起一套正义论体系，成为当代西方一些"左翼"理论家共有的学术路径。其中，加拿大哲学家凯·尼尔森的"激进平等主义"具有突出的理论代表性。

凯·尼尔森(Kai Nielsen，1926—　　)，加拿大皇家学会成员，曾任加拿大哲学学会主席，同时也是《加拿大哲学杂志》创始人之一，现任加拿大卡尔加里大学哲学教授(曾任哲学系系主任)。到目前为止，尼尔森已经出版三十余部学术论著,500 余篇研究论文,被誉为"加拿大最多产的马克思主义哲学家"。① 同时,尼尔森也是分析学派马克思主义成员,他尝试以马克思主义正义观为理论依据,提出自己的"激进平等主义"(Radical Egalitarianism)正义理论,成为当代西方"左翼"正义论的主要代表。

尼尔森的激进平等主义及其论证过程细致复杂,必须建立在对其研究方法、理论依据、原则观点、反思理路和归纳结论这五个部分的全面、系统把握之上。

一、尼尔森激进平等主义的产生与研究方法

当代西方发达资本主义国家在第二次世界大战后,周期性爆发经济危机,以贫富矛盾为代表的各种社会问题日益突出,这种历史背景为西方政治哲学的复兴提供了现实土壤。罗尔斯、诺齐克等新自由主义政治哲学家相继从正义角度为资本主义解决经济和社会痼疾提供各自方案,力求在资本主义社会中实现自由与平等、效率与公平的双向共进。但新自由主义哲学家无法跳出"资本主义的框框",因此他们的理论有诸多不尽如人意之处。这就为以尼尔森为代表的"左翼"政治哲学家提供了理论创新的空间。

尼尔森试图在马克思主义正义观的基础上,运用阶级分析方法,通过批判新自由主义政治哲学,构建起自己的正义论体系。同时,他也借鉴"广义反思平衡"方法,对激进平等主义进行详细的理论论证,并在回应质疑的同时,补充和完善相关论点。

二、尼尔森对马克思主义正义观的梳理与阐释

马克思主义正义观是尼尔森构建激进平等主义最为主要的理论依据。历史唯物主义,特别是阶级分析方法是尼尔森批驳新自由主义政治哲学最有力的理论武器。

(一)尼尔森对马克思恩格斯正义观的梳理与阐释

尼尔森以经典作家的著作为基础文本和研究主线,力图梳理出马克思、恩格斯和列宁的正义思想。尼尔森认为,马克思和恩格斯虽然没有专门系统论述对正义问题的看法,但在批判他们那个时代流行的各种正义观念的过程中阐发了自己的正义思想,主要包括:

第一,正义观是社会历史发展的产物,不存在永恒的抽象的正义观,人们应当在具体历史背景和特定生产方式下判断事物正义与否。第二,社会主义作为共产主义的第一阶段,实行"按劳分配"原则,这虽然比资本主义分配

---

① 〔加〕罗伯特·韦尔著,莫伟民译:《加拿大的马克思主义哲学》,见汝信主编《世界哲学年鉴 1991 年》,上海:上海人民出版社,1993 年版,第 11 页。

制度前进了一大步，但仍然会因人们与生俱来的天赋、健康等因素的差异而导致事实上的不平等，真正的平等只有在消灭了阶级、实行"按需分配"的共产主义社会中才能实现。第三，社会分化为阶级是导致不平等问题产生的根源所在，只有当阶级差别被完全克服、阶级社会完全消失的时候，不平等才会消失。因此，消灭阶级是共产主义者平等要求的关键内核。

尼尔森对马克思正义观的梳理与阐释，对我们有一定的启发性。首先，在《哥达纲领批判》中马克思强烈反对使用的是抽象、空洞的"公平"和"平等"概念，批判的是在革命斗争中对这些历史唯心主义概念的滥用。但不能据此认为马克思批判一切相关正义概念，更不能由此推断马克思是反道德主义者。马克思自己也曾使用过正义、公正等概念。马克思正面使用的正义概念无疑是历史唯物主义视阈中的正义概念，是科学的、全面的，也是我们所应当持有的正义论范畴。

其次，我们应当吸收西方资产阶级正义理论的某些优秀成果，同时也必须清醒认识到资产阶级正义理论的局限性，绝对不能将其理论和实践价值无限拔高，更不能全盘"拿来"。共产主义两个阶段有着与其生产方式相适应的正义原则，无产阶级也拥有自己的正义诉求。马克思主义者应当放眼长远，以马克思主义正义原则为指导，构筑起符合最广大人民群众根本利益的正义论大厦。

最后，无产阶级正义理论的发展完善是一个漫长的历史过程，我们在构筑中国特色社会主义正义理论体系时，既要展望未来，体现无产阶级的正义诉求，又必须立足于当代中国的社会发展阶段和特定的生产力发展水平，走出一条符合中国国情的、具有中国特色的社会主义正义之路。

（二）尼尔森对列宁正义观的梳理与阐释

尼尔森还论述了列宁的正义观，指出列宁运用历史唯物主义方法，进一步阐释了共产主义两个阶段的正义原则，明确提出由社会主义按劳分配的形式平等向共产主义按需分配这一实质性平等过渡的思想，实现了对马克思、恩格斯正义观的承继与发展。

尼尔森认为，列宁秉承马克思和恩格斯的思想，主张无产阶级对平等的要求应比资产阶级的要求更为广泛：除了这样的形式平等以外，其实质和关键性的平等要求就是消灭阶级。只要我们生活在一个阶级社会中，不论我们的公民自由如何广泛如何可靠，我们都不能实现平等。即便是生产资料的共同所有权——我们将会在共产主义第一阶段实现这种所有权——仍旧只能给予我们以形式平等。只有当我们进入共产主义高级阶段时，我们才会获得真正的实质性平等。正如列宁所述："一旦社会全体成员在占有生产资料方面的平等即劳动平等、工资平等实现以后，在人类面前不可避免地立即就会产生一个问题：要更进一步，从形式上的平等进到事实上的平等，即实现'各尽所能,按需分配'的原则。"①

尼尔森对列宁正义观的梳理与阐释,对我们具有一定的理论和现实启发意义。当代政治哲学领域内的理论焦点之一就是分配正义问题,各种观点互相论争、交迭消长,而以罗尔斯为代表的西方新自由主义政治哲学在当前的影响最大。我国政治哲学领域的研究在"跟上"的同时,却有一种将当代资产阶级正义理论无限拔高的倾向。中国是一个社会主义国家,在学习和借鉴资产阶级正义理论的优秀成果时,也应当清醒认识其局限性,着力构建具有中国特色的、体现社会主义性质的正义论体系。

尼尔森对列宁正义观的论述把阶级平等、消灭阶级、国家消亡等许多人已感陌生的论题,重新带回到研究视野,展现了历史唯物主义在研究正义问题上的科学性,彰显了列宁正义观的时代张力。在整个社会正义论层面,尼尔森通过对列宁著作进行较为本真的解读,把正义论研究的视野由形式合理性提升到实质合理性层面,强调没有经济领域内的实质性平等,就没有人们平等的自主权。当代中国在实现机会平等、权利平等等形式合理性的同时,也必须关注实质性平等,特别是经济领域内的财富分配问题。一个实质正义而不仅仅是形式正义的社会,必须走共同富裕之路,使广大人民群众共享改革开放带来的巨大成果,以形式平等带动实质平等,以实质平等保障形式平等。

三、尼尔森关于激进平等主义的基本主张

在对马克思、恩格斯和列宁的正义观进行认真梳理与阐释之后,尼尔森力图以马克思主义正义观为理论依据构建激进平等主义。

(一)激进平等主义的四个正义观念

尼尔森开门见山地给出了激进平等主义的四个正义观念:

(1)社会正义整体上应被理解为,要求每个人,不论应得与否,都应受到平等尊重地对待;每个人,不论应得与否,都对有助于其自尊的社会条件享有权利。

(2)社会正义整体上应被理解为,要求每个人被这样对待,即尽我们所能地接近于做到使每个人都获得平等的满足,及平等地分担为实现我们共同认定的目标而必须承受的痛苦。(我们必须认识到,对于存在严重残疾和处于类似境地的人来说,我们不能实践这个标准,对于那些追求奢侈风格的人来说也不能这样做。追求奢侈的人并非那么令人反感,实际上为了这些人,我们可以在充分富裕的条件下,向着实现上述社会正

---

① 中共中央马克思恩格斯列宁斯大林著作编译局编:《列宁选集》第3卷,北京:人民出版社,1995年版,第201页。

义而前进。)

（3）社会正义整体上应被理解为，每位社会成员所有方面的利益与责任的完全平等。（其涵盖一个人的一生。）

（4）社会正义整体上应被理解为一种社会制度的建构，以便使每个人都能在与同样行事的其他人保持最大程度的共处中满足自身的真正需要。[①]

这些对社会正义观念的平等主义解读，其重点在于使所有人在各个重要方面受到平等对待，为每一个人实现自由全面发展创造平等的条件。而且这些观念均采纳了一个共识性假定，即每个人拥有平等的权利。

(二)激进平等主义的两个正义原则

尼尔森为了提升激进平等主义的正义观念，也为了标识自己同罗尔斯"公平正义论"的区别，他以一种类似于罗尔斯的论述风格，提出了"激进平等主义正义原则"，以展示一个平等主义者或一个保有"人类在道德上是平等的"这一根本信念的人，应该选择更接近于他的而非罗尔斯的正义原则。激进平等主义的两个正义原则如下：

（1）每个人都应有平等权利享有由平等的基本自由和平等的机会（包括有意义的工作、自我决定和参与政治与经济的平等机会）所构成的最广泛的整体体系，这一体系与人人受到同等对待相容。（这一原则表达了对于获得和/或维系平等的道德自治和平等自尊的承诺。）

（2）在为社会（共同体）的公共价值作出预留之后，为维持正常的社会生产能力预留出所需的资本之后，兼顾有差别的非人为控制的需要和偏好，并且适当权衡个人的正当权利之后，收入和财富（财富的公共积累）应当这样分配：每个人都有平等分享的权利。为增进人类的福祉所必需的负担也要平等分担，当然，这种分担要受能力和境况差别的限制（这里的境况是指不同的自然环境和诸如此类的东西，而不是指阶级地位等等）。[②]

就第一个正义原则即平等自由原则来说，尼尔森与罗尔斯之间在内容上没有重大差别。两种正义理论的第一个正义原则都展现了道德自治和平等自尊的重要性，都强调致力于构建一种所有人都被平等尊重的正义社会。但是从表述形式上，尼尔森认为他的第一个正义原则比罗尔斯的原则更为清楚地展示了对平等自由的承诺中所应包含的内容。除表述形式的不同之外，尼尔

[①] Kai Nielsen, *Equality and Liberty：A Defense of Radical Egalitarianism*, New Jersey, Rowman & Allanheld, 1985, pp. 46—47.

[②] Kai Nielsen, *Equality and Liberty：A Defense of Radical Egalitarianism*, New Jersey, Rowman & Allanheld, 1985, pp. 48—49.

森也指出了他与罗尔斯在第一正义原则上的另一个差别,即:第一个与第二个原则之间是否具有一致性的问题。

这就需要阐述第二个正义原则。尼尔森激进平等主义的第二个原则其中心目的是,尝试减少社会基本善中的不平等,因为这种不平等是产生差别的根源或基础,而这种差别会给予一个人权力或控制力来控制别人的生活。尼尔森的第二个正义原则与罗尔斯的第二个正义原则之间存在直接的强烈的分歧,主要涉及以下几个方面:

第一,"资源和利益分配"与"自尊"之间的关系问题。对于罗尔斯来说,自尊也是以平等分配为基础的。但是在资本主义国家中,权力、权威和自主权方面的不平等使得弱势群体和社会中的大部分人的自尊受到了侵害。

第二,"自由"和"自由的价值"之间的一致性问题。罗尔斯试图通过区别自由和自由的价值(worth of liberty)来为自由的不平等和社会经济的不平等提供道德和概念上的空间。所谓自由的价值就是"以基本善的指标来衡量的这些自由的有用性"。① 尼尔森认为,即使承认自由和自由价值之间的区别具有相关性,也无助于说明社会经济的不平等只会影响到自由的价值而不会影响自由本身,因为一种不能得以运用的自由是没有价值的,而且在现实中也完全不存在这种自由。

第三,关于不同制度背景下的正义原则问题。罗尔斯对上述问题所做出的辩解之所以如此被动无力,关键原因在于罗尔斯理论的制度背景和他所代表的资产阶级利益。相比而言,激进平等主义力求以社会主义为其制度背景,旨在讨论"社会主义正义观的基本形式"。② 尼尔森强调"在一个社会主义社会——这个社会相对富裕并趋于走向无阶级社会——的重构过程中,根本性的观念应当是:每个人在有着大体同等需要的情况下,对能够被共享的可用资源有权拥有平等的份额"。③

简言之,尼尔森与罗尔斯的第二个正义原则的根本不同在于:罗尔斯试图减少不平等,但还是允许社会与经济的不平等的存在,并将其视为正义。而尼尔森主张尽可能彻底消除这种社会与经济的不平等,以此保障人们在政治和法律上的平等自由,实现真正的实质性平等景况。

此后,尼尔森对激进平等主义社会可实现性问题进行了论证。根据尼尔森的观点,平等主义者可以通过耐心细致的社会论证来促进平等社会的实现,

---

① [美]约翰·罗尔斯著,姚大志译:《作为公平的正义——正义新论》,上海:上海三联书店,2002年版,第246页。

② Kai Nielsen, *Equality and Liberty*: *A Defense of Radical Egalitarianism*, New Jersey, Rowman & Allanheld, 1985, p. 78.

③ Kai Nielsen, *Equality and Liberty*: *A Defense of Radical Egalitarianism*, New Jersey, Rowman & Allanheld, 1985, p. 60.

而不会对民主产生威胁，更不会侵害个人自由、道德自治和个人权利，激进平等主义在现实中具有可行性。尼尔森还论证了实现实质性平等的可能性，认为在无阶级社会中，实质性平等能够得到彻底实现，激进平等主义能够得到彻底贯彻。在此基础上，尼尔森区分了作为目标的平等（人们生活条件的平等）与作为权利的平等（法律、政治上的平等和经济领域内的实质性平等），并阐释了两者之间的辩证关系，认为平等应当作为人类为之奋斗的一个目标，当部分平等实现后，平等就成了人们理应拥有的一种权利，一种固有模式，人人享有，人人受益，这就在理论上把实现平等与改善现实结合了起来。

四、尼尔森在批判借鉴中补充激进平等主义

尼尔森对激进平等主义的基本主张进行了阐述，展现了他的核心观点：平等即正义。随后，尼尔森运用激进平等主义正义观，对其他一些流行的正义原则进行了互镜比较，在批判的同时吸收各种正义观中的有益部分，以此提升激进平等主义的理论层次和现实契合度，补充完善激进平等主义，力求实现广义反思平衡。

首先，他细致分析了"应得正义观"，并反对将应得作为衡量正义的唯一标准，同时认为在某些情况下"应得"是一种行之有效的正义标准，应当在正义论体系中占有一席之地。

建立在对"应得正义观"的主张之上，尼尔森继而分析了"古典平等主义"的正义指向。他认为，"古典平等主义"以机会平等为关注点，有利于人类的天赋和才能得到最大化发挥，但机会平等只能在一个有限的范围内得以实现，除非结合对结果平等的关注，否则机会平等永远只能是形式意义上的平等。

在批判单纯追求机会平等的"古典平等主义"的基础上，尼尔森进而分析了同样诉诸机会平等，但却缺乏人文关怀的精英主义正义观。他明确指出，精英社会不可能是一个真正的人性化社会，精英主义只不过是一撮精明的追求功利最大化者鉴于社会现实，为了巩固他们的地位并获得进一步的利益而提出的主张。他通过剖析精英主义的逻辑，连续对精英主义施以理论批判，最终使精英主义以谬论收尾。同时，他也认为精英主义所关注的生产力原则，有利于提升社会生产效率，有益于积累社会财富，有助于使社会加速向充分富裕阶段迈进，因此具有可取之处。

尼尔森最后一个批判借鉴的对象是诺齐克的权利正义论。诺齐克可以说是平等主义者最主要的理论对手，权利正义论也是对激进平等主义的最大威胁。尼尔森通过对诺齐克的批判，再一次阐释了自由与平等并不冲突的观点，同时吸收了诺齐克关注和尊重个人权利的思想。至此，尼尔森通过与当代主要的正义观念进行理论交锋，捍卫了激进平等主义，并对其进行了补充与完善，达到了他所认为的广义反思平衡。

五、对激进平等主义的结论性阐述

尼尔森运用广义反思平衡方法,通过与罗尔斯的公平正义论、应得正义观、"古典平等主义"、精英主义正义观以及诺齐克的权利正义论等正义理论进行互镜比较,吸收其合理成分,批判其不符合平等景观的理论构成,最终实现了他所谓的广义反思平衡,并对激进平等主义进行了最终的综合性论述:自由需要一个大体平等的条件,如果自由和平等都能够被具象呈现,那么在一个物质财富充足并扬弃了资本主义缺点的社会主义社会中,自由和平等能够实现完美统一。

概括起来,尼尔森的理论贡献主要有以下几个方面:首先,他的研究彰显了实质平等、消灭阶级、国家消亡等马克思主义观点的生命力,体现了辩证唯物主义和历史唯物主义在分析正义问题上的理论穿透力。在整个社会正义论层面,突出强调了实质平等之于形式平等的保障作用,强调了马克思主义正义观的当代现实意义。其次,尼尔森由于把问题提到"消灭阶级"的高度,因此他有充分的理由批判新自由主义政治哲学"即使能够说明在生产资料私有制条件下,最小受惠者比在社会主义社会中得到更多的物质好处,也不能充分证明资本主义社会是更好的或更正义的社会"。再次,尼尔森正确阐释了自由与平等、财富与自尊之间的关系,提出没有财富的平等,就没有真正的自由;没有财富的平等,就没有平等的自尊;一个实质正义而不仅仅是形式正义的社会,必须为人们获得真正的自由和平等创造物质条件。

当然,尼尔森的激进平等主义也存在一些理论缺陷。第一,尼尔森对平等与效率的辩证关系未予足够重视,人们很难想象一种无须效率激励机制而保持相对富裕的静态社会,也很难理解这种相对富裕社会如何向充分富裕社会过渡。第二,尼尔森对阶级概念缺少精确界说和经验分析,致使其理论说服力有所削弱。第三,尼尔森将平等作为社会主义价值取向是正确的,但他提出的一些实现平等的方式和途径却有着乌托邦主义的倾向,无法为无产阶级实现平等社会提供科学的理论指导。

参考文献

[1] Kai Nielsen. Equality and Liberty: A Defense of Radical Egalitarianism. New Jersey, Rowman & Allanheld, 1985.

[2] Kai Nielsen. Marxism and the Moral Point of View: Morality, Ideology, and Historical Materialism, Colorado. Westview Press, 1989.

[3] Kai Nielsen. Marxism and Arguing for Justice. *Social Research*, 1989.

[4] Kai Nielsen. Marxism, Ideology, and Moral Philosophy. *Social Theory and Practice*, 1980.

[5] Kai Nielsen. Radical Egalitarian Justice: Justice as Equality. *Social Theory and Practice*,

1979.

[6]Kai Nielsen. Reason and Morality. *The Journal of Higher Education No.* 5，1957.

[7]Kai Nielsen. Rejecting Egalitarianism：On Miller's Nonegalitarian Marx. *Political Theory No.* 3，1987.

[8][加]凯·尼尔森：《马克思主义、道德与道德哲学》，见[美]约瑟夫·P. 德马科、理查德·M. 福克斯编，石毓彬等译《现代世界伦理学新趋向》，北京：中国青年出版社，1990年。

[9][加]凯·尼尔森：《激进平等主义》，见[美]詹姆斯·P. 斯特巴著，程炼等译《实践中的道德》，北京：北京大学出版社，2006年。

[10]袁久红：《正义与历史实践——当代西方自由主义正义理论批判》，南京：东南大学出版社，2002年。

[11]袁久红：《平等、正义与社会主义——略论尼尔森激进平等主义政治哲学》，《南京社会科学》，2002年第3期。

[12]陈闻桐主编：《近现代西方政治哲学引论》，合肥：安徽大学出版社，1997年。

[13]朱士群：《尼尔森对罗尔斯〈正义论〉的批评》，《当代世界与社会主义》，1995年第4期。

[14]朱士群：《尼尔森的"激进平等主义"分配正义论述介》，《哲学动态》，1995年第10期。

[15]何萍：《加拿大马克思主义哲学发展的多元路向》，见俞吾金主编《当代国外马克思主义评论(第二辑)》，上海：复旦大学出版社，2001年。

（作者：傅　强　北京电子科技学院讲师）

科社·党建·政治学学科

项目名称：中国特色社会主义的时代特色
项目编号：11KDB021
项目负责人：辛国安
项目信誉保证单位：中共北京市委讲师团

中国特色社会主义的历史方位

内容提要： 马克思主义的阶级分析方法和时代分析方法构成历史唯物主义的两个基本方法。在无产阶级革命年代，阶级分析方法是主要的分析工具；在社会主义现代化建设年代，时代分析方法应该成为主要的分析工具。本文解析了马克思在《资本论》中阐述的时代分析方法，并运用这个方法论证了中国特色社会主义是处在现代社会历史时代的社会主义，而不是马克思、恩格斯当年设想的处在资本主义衰亡之后的后现代社会历史时代的社会主义。

党的第十八次全国代表大会报告指出：中国特色社会主义，既坚持了科学社会主义基本原则，又根据时代条件赋予其鲜明的中国特色，以全新的视野深化了对共产党执政规律、社会主义建设规律、人类社会发展规律的认识，从理论和实践结合上系统回答了在中国这样一个人口多、底子薄的东方大国建设什么样的社会主义、怎样建设社会主义这个根本问题。也就是说，中国人民选择中国特色社会主义道路，不仅是中国国情所决定的，而且符合人类社会发展规律，是人类社会发展规律决定的，具有人类社会发展的历史必然性。我们必须从人类社会发展规律的高度认识中国特色社会主义的产生和发展的规律性，必须从社会发展的普遍性与特殊性的辩证关系的高度认识中国特色社会主义时代性与民族性的辩证关系。

一、研究中国特色社会主义的时代特色和历史方位，首先要解决方法论问题

在中共中央政治局 2013 年 12 月 3 日集体学习会上，习近平总书记强调指出，马克思主义哲学深刻揭示了客观世界特别是人类社会发展一般规律，在当今时代依然有着强大生命力，依然是指导我们共产党人前进的强大思想武器。我们党自成立起就高度重视在思想上建党，其中十分重要的一条就是坚持用马克思主义哲学教育和武装全党。学哲学、用哲学，是我们党的一个好传统。习近平总书记的讲话为我们选择研究中国特色社会主义时代特色的

方法指明了方向。我们必须以马克思主义哲学作为基本的方法论，运用辩证唯物主义和历史唯物主义原理分析认识中国特色社会主义的时代特色和历史方位。

本文按照习近平总书记的讲话精神，运用《资本论》揭示的历史唯物主义原理，特别是马克思论述的时代分析方法，深刻剖析中国特色社会主义的历史方位。

马克思主义是一个丰富的理论宝库，其中包括一系列的理论观点和方法。以前，我们比较重视马克思主义的阶级分析方法，这在革命时期，是非常必要的。正如毛泽东所说，谁是我们的敌人，谁是我们的朋友，这是革命的首要问题。但是，我们在重视马克思主义的阶级分析方法时，却忽视了马克思主义的另一个重要方法，即时代分析方法。在社会主义建设和社会主义改革时期，在全面建设小康社会、实现中华民族伟大复兴"中国梦"的新的历史阶段，阶级斗争已经不再是主要矛盾，认真学习和运用马克思主义的时代分析法，具有越来越重要的意义。

二、马克思的时代分析方法

本文研究中国特色社会主义历史方位问题时，运用的就是马克思在《资本论》中论述的三大时代分析方法。马克思在《资本论》及其手稿中提出，人类社会的发展过程分为"三大社会形态"，即"最初的社会形态""现代社会"和"第三个阶段"，我们可以称为"前现代社会""现代社会"和"后现代社会"。"三大社会形态"理论是马克思主义理论体系中的重要内容，即时代划分方法。认识这个时代划分方法，对理解中国特色社会主义道路具有重要的指导意义。我们过去对马克思的"三大社会形态"理论的学习、宣传和普及很不够，很多人不了解马克思的"三大社会形态"理论的内容及其重要性。因此，认清中国特色社会主义的时代特色和历史方位，有必要对马克思的"三大社会形态"理论做一个系统的梳理和分析。

在《资本论》中，马克思把人类社会在物质生产和精神生产过程中形成的能力叫作生产力。生产力包括物质生产力和社会生产力两个方面。

马克思把以生产资料技术性为标志的生产力称为物质生产力，他把物质生产力发展过程划分为三个阶段：手工工具阶段、机器阶段和自动化过程的阶段。

马克思大胆设想：在未来社会的生产中，物质生产力与以前的手工具生产力和机器的生产力相比，发生了一个质的飞越，将成为"自动化过程的劳动资料的生产力"，这里已经不再是工人把改变了形态的自然物作为中间环节放在自己和对象之间，而是工人把由他改变为工业过程的自然过程作为媒介放在自己和被他支配的无机自然界之间；劳动表现为不再像以前那样被包括在生产过程中，工人不再是生产过程的主要当事者，相反地工人站在了生产过程的旁边，表现为人以生产过程的监督者和调节者的身份同生产过程本身发生关系。只有到了这样的历史时代，共产主义社会才具有了自己的物质基础。

马克思指出生产力不仅具有技术性，而且具有社会性，他把由劳动者的社会协作与分工形成的生产力称为社会生产力。

马克思把社会生产力的发展过程划分为三个阶段：自然分工阶段、社会自发分工阶段和社会自觉分工阶段。

物质生产力和社会生产力的统一形成一定的"社会经济形式"，即生产要素的配置方式。

马克思指出：与物质生产力和社会生产力发展三阶段相适应，社会经济形式发展的三个阶段是：自然经济、普遍商品经济（即市场经济）和社会对整个生产过程进行自觉控制的经济。

马克思在研究生产力的同时，深入研究了生产过程中人与人之间的关系，即社会生产关系。他指出在社会生产的不同历史阶段中形成了劳动主体与劳动客体的不同的结合形式，即不同的社会生产方式。

人类社会第一种社会生产方式是劳动者与生产资料直接结合的方式，即各种前资本主义的社会生产方式。第二种是劳动者与生产资料相分离以及二者在普遍商品经济基础上间接结合而形成的资本与雇佣劳动相结合的社会生产方式，即资本主义社会生产方式。第三种是联合起来的劳动者同生产资料社会化占有直接结合的社会生产方式，即共产主义的社会生产方式。

马克思认为，直接生产、分配、交换和消费过程中形成的生产关系由法律加以确定，就成为一种财产关系的制度，即所有制。在三种不同的社会生产方式的基础上，形成三种不同类型的所有制，即前资本主义所有制、资本主义所有制和共产主义所有制。马克思认为社会生产关系就是社会生产方式与所有制的统一。

在分别剖析了生产力和生产关系之后，马克思指出：一定生产力总和与一定生产关系总和的统一，就是一定社会经济形态。马克思在《资本论》手稿中指出："人的依赖关系（起初完全是自然发生的），是最初的社会形态，在这种形态下，人的生产能力只是在狭窄的范围内和孤立的地点上发展着。以物的依赖性为基础的人的独立性，是第二大形态，在这种形态下，才形成普遍的社会物质变换，全面的关系，多方面的需求以及全面的能力的体系。建立在个人全面发展和他们共同的社会生产能力成为他们的社会财富这一基础上的自由个性，是第三个阶段。第二个阶段为第三个阶段创造条件。因此，家长制的，古代的（以及封建的）状态随着商业、奢侈、货币、交换价值的发展而没落下去，现代社会则随着这些东西一道发展起来。"①马克思在这里说的社会形态，是指社会经济形态，即生产力与社会关系相统一的系统形态。

马克思、恩格斯认为现代化是一个世界历史性进程。他们认为没有生产力和世界性普遍商品经济的高度发展，后现代的共产主义社会就不会出现。

三、中国特色社会主义的历史方位

1895 年 3 月 2 日，即在恩格斯逝世的 5 个月以前，他为再版马克思写于 1850 年的《法兰西阶级斗争》一书作了一篇导言。在这篇后来被称为"恩格斯政治遗嘱"的论文中，他提出了两个重要观点，第一，历史清楚地表明，1850 年前后欧洲大陆经济发展的状况还远没有成熟到可以铲除资本主义生产方式的程度，资本主义的基础在 1848 年还具有很大的扩展能力；第二，在西欧，利用普选权的合法斗争将成为无产阶级的主要斗争方式。恩格斯的这两个重要观点产生了极大的影响，并且都具有重要的理论价值。

列宁在新的历史时期，提出生产力较落后的俄国在帝国主义战争的特殊历史条件下，可以首先进行无产阶级革命，建立苏维埃制度，可以通过一种既不同于资本主义又不同于马克思设想的后现代化的社会主义，而是一种新经济政策的社会主义来推进俄国的现代化，在俄国实现了生产力高度发达和现代文明以后，再进入马克思设想的发达社会主义。在实行新经济政策的过程中，列宁大胆探索利用商品货币关系发展生产力，对社会主义的整个看法根本改变了，创造性地提出了社会主义现代化新思路。

以毛泽东同志为代表的中国共产党人是从中国人民追求国家的独立、统一、民主、自由和富强的目标出发选择社会主义现代化道路的。在新民主主义革命中，毛泽东设想革命成功之后，中国将是一个新民主主义社会，在这样的社会，一方面资本主义会有一个相当程度的发展，另一方面有社会主义因素的发展。新中国成立以后，毛泽东主张从中国国情出发探索中国社会主义建设道路，为中国特色社会主义道路的开创，提供了有益的理论前提和思想准备。但是，毛泽东的探索出现了严重的失误，主要是他没有从中国现实生产力状况和当今时代特点出发，错误地认为，当代世界的基本矛盾是"社会主义阵营同帝国主义阵营的矛盾；资本主义国家内无产阶级同资产阶级的矛盾；被压迫民族同帝国主义的矛盾；帝国主义国家同帝国主义国家之间、垄断资本集团同垄断资本集团之间的矛盾"。他照搬马克思在《哥达纲领批判》中描述的后现代社会的共产主义第一阶段的社会主义模式，提出了一套超越现代化发展阶段的"无产阶级专政条件下继续革命"的路线、方针和政策。

---

① 中共中央马克思恩格斯列宁斯大林著作编译局编：《马克思恩格斯全集》第 46 卷上册，北京：人民出版社，1979 年版，第 104 页。

邓小平根据世界各种矛盾运动的发展变化，科学地揭示了"和平和发展是当代世界的两大问题"。他改变了国际范围以阶级斗争为纲的思维，对当今时代的性质做出了新的判断，提出了我国处在"社会主义初级阶段"的重要论断。

邓小平提出的"社会主义初级阶段"，不是泛指任何国家进入社会主义都会经历的起始阶段，而是特指在国际社会仍然处于资本主义制度占主导地位的时代，中国在生产力落后、市场经济不发达条件下建设社会主义必然要经历的特定阶段。任何国家都不能跨越工业化、市场化、现代化阶段。西方和东方的许多国家在资本主义制度下实现现代化，而中国由于资本主义道路走不通，探索一条社会主义现代化道路。这样一个特定的社会主义现代化阶段，就是社会主义初级阶段。那些已经通过资本主义制度实现了现代化的国家，在他们进入社会主义社会以后，就没有像中国这样一个特定的社会主义初级阶段。社会主义初级阶段的中国社会主义，就是中国特色社会主义，这是现代社会历史时代的社会主义，而不是马克思当年设想的资本主义制度全面崩溃之后的后现代社会历史时代的社会主义。中国特色社会主义与资本主义的重要区别是处在同一个历史时代中扬弃资本方式的不同，中国特色社会主义制度是积极扬弃资本的方式，资本主义制度是消极扬弃资本的方式。

我们用下表来表示中国特色社会主义历史方位：

	第一形态（前现代社会）	第二形态（现代社会）	第三形态（后现代社会）
物质生产力	手工工具	机器	自动化过程
分工与社会生产力	自然分工	社会自发分工	社会自觉分工
社会经济形式	自然经济	市场经济	计划产品经济
社会生产方式	主—客体的直接统一	主—客体的异化	主—客体的历史统一
所有制	前资本主义所有制	资本主义所有制	共产主义所有制
社会经济形态	人的依赖性	物的依赖性为基础的人的独立性	人的自由个性
社会制度	原始社会、奴隶社会、封建社会	资本主义社会 中国特色社会主义（社会主义初级阶段）	社会主义、共产主义社会

四、中国特色社会主义是"积极扬弃资本"的制度

马克思并没有设想过像中国这样的生产力落后的国家首先进入社会主义的问题，但是，马克思在《资本论》中论述了资本的产生、发展和消亡的过程。他认为，资本的消亡是一个渐进的、被扬弃的历史过程。他认为存在两种"扬

弃资本"的形式。

马克思说：资本在股份公司里取得了社会资本的形式，成为直接联合起来的个人资本，从而与私人企业相对立。这是作为私人财产的资本在资本主义生产方式本身范围内的扬弃。资本主义生产极度发展的这个结果，是资本再转化为生产者财产所必需的过渡点，这种财产不再是各个互相分离的生产者的私有财产，而是联合起来的生产者的财产，即直接的社会财产。马克思认为，这种股份制度是在资本主义体系本身基础上对资本主义私人产业的扬弃，它越是扩大，越是侵入新的生产部门，它就越会消灭私人产业。但是，这种转化本身，还是局限在资本主义界限之内，这种转化并没有克服财富作为社会财富的性质和作为私人财富的性质之间的对立，而只是在新的形态上发展了这种对立。因此，这是对资本的消极的扬弃。

马克思指出，在股份公司这种对资本的消极扬弃形式发展的同时，还存在着另一种积极扬弃资本的生产形式，即工人自己的合作工厂。在合作工厂中，资本和劳动之间的对立已经被扬弃，即工人作为联合体是他们自己的资本家，也就是说，他们利用生产资料来使他们自己的劳动增值。

马克思说：资本主义股份企业和合作工厂是由资本主义生产方式转化为联合的生产方式的两种过渡形式，这两种过渡形式具有共同点，即它们都是对资本的扬弃形式，但是它们又具有重要的区别，在股份企业那里，资本与劳动的对立是消极地扬弃的，而在合作工厂那里，资本与劳动的对立是积极地扬弃的。

在今天，资本主义的股份公司制度比马克思所处的时代更加成熟，其消极扬弃资本的特点更加明显，表明建立在资本和劳动相对立基础上的制度必然走向资本成为劳动财产的工人联合体的制度。

马克思当年设想的共产主义社会(包括它的第一阶段社会主义社会)处在市场经济消亡以后，即实行社会对整个社会生产进行自觉的有计划的控制的阶段，而中国特色社会主义处在市场经济阶段，因此，我们不能简单地照搬马克思设想的社会主义模式，而应该运用马克思主义基本原理，创造性地探索中国特色社会主义的发展模式。

在中国特色社会主义建设过程中，如何对待资本，始终是一个关键的认识问题和实践问题。资本作为一种社会经济关系，是人类文明的产物，具有二重性。在《共产党宣言》中，马克思、恩格斯指出，资产阶级在不到一百年的时间里创造了比人类此前创造的生产力总和还要大的生产力。但同时资本又是对工人创造的剩余价值的占有，又是产生经济危机的重要根源。在资本促进生产力发展的同时，也产生了无限追逐剩余价值、残酷剥削劳动者、竞争中唯利是图、不择手段、造成贫富两极分化等弊端。随着生产力的不断发展，资本必然会走向灭亡。但是在资本彻底消亡之前，必然有一个消极扬弃和积极扬弃的过程。资本主义制度下的资本扬弃只是一种自发的消极扬弃过程，而现代社会主义要走一条能够积极扬弃资本的道路。

中国特色社会主义在经济制度上的重要特征是通过建立社会主义市场经济体制，把市场经济机制与社会主义基本制度有机结合在一起，一方面利用资本的作用不断扩大再生产，另一方面又要不断用积累的财富改善民生，实现对资本的积极扬弃。中国特色社会主义以社会主义公有制为主体，多种所有制形式并存，推行现代企业制度，发展股份制经济，实行对外开放，大力吸引外资，充分利用资本促进生产力发展，同时采取多种方式抑制资本的消极作用。在分配制度上，以按劳分配为主体，同时也实行按资分配等多种分配方式，允许一部分人通过勤奋劳动与合法经营先富起来，同时通过二次分配和三次分配等方式，先富带后富，逐步实现共同富裕。运用各种调节手段，兼顾效率与公平，调动各方面积极性，促进创新，调节收入差距，防止贫富两极分化。这种以公有制为基础，以实现人民共同富裕为目标的社会主义市场经济体制，就是一种有别于资本主义消极扬弃资本的道路，是体现马克思所说的积极扬弃资本原则的发展之路。

资本主义市场经济秩序的建立经历了一个自发成长的过程，而社会主义市场经济秩序离不开马克思主义政党和社会主义国家的自觉的宏观指导和调控。这种宏观指导和调控表现为马克思主义政党和社会主义国家能够更自觉地克服市场自发发展的弱点和消极方面。在宏观调控时，社会主义国家作为人民利益的代表，能够把人民的当前利益与长远利益、局部利益与整体利益结合起来，把本国人民利益与全人类整体利益结合起来，通过合理确定经济和社会发展的战略目标和政策，搞好经济发展规划和总量调控，综合运用经济杠杆，促进经济又好又快地发展。这都突出地体现了社会主义市场经济对资本的积极扬弃。

中国特色社会主义实际上就是在资本主义制度仍然在全世界占统治地位的历史时代，生产力较落后的中国通过采取积极扬弃资本的形式实现现代化的现代社会主义制度，从社会主义的整个历史发展过程来看，它是社会主义的初级阶段。走中国特色社会主义道路是中国人民在现代化历史进程中艰难选择的结果。

五、认清中国特色社会主义的历史方位是解开中国特色社会主义诸多认识之谜的钥匙

把握马克思的时代分析方法并运用这种方法认清中国特色社会主义历史方位，是解开中国特色社会主义诸多认识之谜的钥匙，是确立中国特色社会主义理想信念的重要理论基础。

把握马克思的时代分析方法，可以使我们认识到，社会主义制度实际上

划分为两个大的发展阶段:一个阶段是在整个人类社会仍然处在现代社会发展的时代,少数生产力较落后国家建立了社会主义制度,即社会主义初级阶段;另一个阶段是在多数资本主义发达国家同时进入社会主义的历史阶段,即后现代社会的社会主义阶段。中国特色社会主义就是一种现代社会主义制度。

长期以来,一些同志由于对时代问题的认识不够清楚,总是把我国的社会主义等同于马克思所设想的后现代社会(后资本主义时代)的社会主义,认为"中国特色社会主义"不是社会主义,实际上是"打着社会主义旗帜"的中国特色资本主义。还有一部分同志仍然用"以阶级斗争为纲"的视角思考问题,把社会主义同资本主义绝对对立起来,思想和行动都不符合时代发展的要求。

明确中国特色社会主义的历史方位,一方面可以使我们更加自觉地认识和主动迎接当今世界科技革命日新月异、经济全球化不断深化、环境保护备受重视、民主诉求日益高涨等多方面的挑战,积极参与全球性问题的解决,自觉学习资本主义国家反映现代化普遍规律的经验,自觉地利用资本促进生产力发展;另一方面,又要从当今时代发展规律的高度认识中国坚持走中国特色社会主义道路的历史必然性,认清社会主义和资本主义的本质区别,走积极扬弃资本的道路,坚持社会主义基本制度和社会主义发展方向,坚持马克思主义理论的指导地位和中国共产党的领导核心地位,坚持社会主义核心价值体系。由于中国特色社会主义与资本主义同处于现代社会,发达资本主义国家在经济、科技、军事等方面仍然占据优势地位,我们必须始终注意防范西方敌对势力"分化、西化"中国的图谋。要高度重视对中国特色社会主义时代特色的研究和宣传,使中国特色社会主义的理论体系和理想信念深深地扎根于广大共产党员和群众的心中,使各级干部更加自觉地运用马克思主义理论和中国特色社会主义理论观察问题和指导工作。

参考文献

[1]中共中央马克思恩格斯列宁斯大林著作编译局编:《资本论》第1卷,北京:人民出版社,1975年。

[2]中共中央马克思恩格斯列宁斯大林著作编译局编:《资本论》第2卷,北京:人民出版社,1975年。

[3]中共中央马克思恩格斯列宁斯大林著作编译局编:《资本论》第3卷,北京:人民出版社,1975年。

[4]中共中央马克思恩格斯列宁斯大林著作编译局编:《列宁选集》第4卷,北京:人民出版社,1960年。

[5]毛泽东:《毛泽东选集》第3卷,北京:人民出版社,1991年。

[6]邓小平:《邓小平文选》第3卷,北京:人民出版社,1993年。

[7]胡锦涛:《坚定不移沿着中国特色社会主义道路前进　为全面建成小康社会而奋斗——

在中国共产党第十八次全国代表大会上的报告（2012 年 11 月 8 日）》，北京：人民出版社，2012 年。

[8]中共中央宣传部编：《习近平总书记系列重要讲话读本》，北京：学习出版社、人民出版社，2014 年。

（作者：马仲良　北京市社会科学界联合会研究员）

项目名称：科学发展观视角下的网络社区发展与管理研究
项目编号：11KDC029
项目负责人：张　瑜
项目信誉保证单位：清华大学

基于网络社区的大学生思想政治教育理论与实践研究

内容提要：网络社区的发展带来思想政治教育境遇的巨大变迁。伴随着互联网技术的不断创新和网络社区的持续发展，网络思想政治教育实践经历了二十年的发展与创新。本研究以基于网络社区的大学生思想政治教育为主题，以大学生网络社区的发展变化为线索，按照历史与逻辑、理论与实践相结合的原则，针对网络社区的理论与实践问题，大学生网络社区的发展、现状与内在机制以及基于网络社区的思想政治教育对策与方法等问题，展开较为系统和深入的分析和阐述。

一、网络社区的变迁与思想政治教育范畴的发展

网络虚拟社区是人类在互联网空间所开拓的崭新生存和发展领域，它的产生、发展及其影响是网络社会崛起的标志性产物之一。网络虚拟社区的成长历程体现了网络社会的发展历程。网络社区的发展经历了三个时期：萌芽时期、形成时期、独立时期。在萌芽时期，它首先是作为信息工具被广泛使用，其快速发展和广泛应用亦得益于其能够满足人们需要的工具性功能。在形成时期，网络深入到满足人们的群体生活和情感归属等高层次方面的需要，网络社会进入网上共同体时期。网上共同体时期的重要特征在于网络社区的成员基于网络生活而形成网络依赖。在独立时期，网上共同体相对于现实世界的独立性和对抗性突出地表现出来。虚拟世界与现实世界的博弈，主要表现在网上结构与网下结构的渗透和反渗透、网络文化与现实文化的碰撞和融合，以及网络舆论力量和现实行政力量的博弈均衡等诸多方面。

在信息技术网络与社会交往网络的互动作用下，人以其主体性、能动性和创造性不断地再生产、再创造、再结构着社会关系和社会结构。宏观视角下的社会关系和结构类型的理论对于我们认识网络环境中复杂的社会维度具有重要的启示意义。如迪尔凯姆的劳动分工论题，滕尼斯的共同体与社会理

论，韦伯的支配社会学理论等都能为我们认识网络环境下的社会维度提供讨论方向。网络社会作为信息革命的产物，把人的交往活动推向了一个新的水平，互动成为这一社会形态最为重要的特征之一。在新的信息技术范式下，人类社会中的各种互动模式获得了空前的发展可能性，不同形态的互动场域取得了平等的地位。在虚拟交往空间，公社社会类型的互动场域、科层社会类型的互动场域和广场社会类型的互动场域成为三种主要的社会互动场域。在接下来的论述中，本文从形成动力角度分析了三种主要的社会互动场域的形成、特点以及场域中心人物。本研究认为，网络时代的到来深刻影响了传统的文化结构与人们的生活方式，其所引发的信息革命，使得网络文化的兴起成为文化建设的时代课题与必然要义。本研究从主体的空间生成、存在特性与新主体的构型使命三个角度逐步深化网络社区文化的主体性内涵。其中，话语的力量是网络社区文化主题的空间生成条件，多重的话语场域是网络社区文化主体的存在特性，理想的话语情景是网络社区文化新主体的构型使命。

虚拟网络是现实的延伸，虚拟网络不是现实社会的替代而是现实社会的发展。网络在产生之初，主要是一种工具；而随着网络的普遍化，网络不再仅仅是工具，它逐渐成为人们生活于其中的一种环境。同时由于网络所具有的多媒体功能，网络不是人的某一部分的延伸，而是人的整体的延伸。现实的人的矛盾性和复杂性导致了网络世界的矛盾性和复杂性。我们可以从"网络是现实的人的延伸"这一命题自然而然地推出另外一个命题：网络是现实社会的延伸。"网络是现实社会的延伸"这一命题表明了虚拟与现实之间作用关系的本质，对于网络社会条件下思想政治教育的发展具有重要的理论和实践意义。在思想政治教育的理论研究层面上，这一命题揭示了网络思想政治教育的概念内涵的丰富性和全面性。从当前网络思想政治教育研究领域的状况来看，不少研究者都在积极建构网络思想政治教育的概念范畴和理论体系。本研究认为，虚拟与现实，作为现代思想政治教育学重要的新范畴，成为网络时代背景下研究思想政治教育发展规律和指导思想政治教育实践创新的有效工具。

首先，虚拟与现实的理论范畴有助于认识和把握思想政治教育环境在网络社会条件下的新发展。在思想政治教育活动中，虚拟世界已经成为一种无法剥离的生活环境和教育实践背景，并在与现实世界的互动作用过程中重新建构和形成了一种崭新的思想政治教育环境。在技术维度上，这个崭新的思想政治教育环境实现了虚拟认识和虚拟实践的技术基础，促进人更加全面、丰富的发展；在社会维度上，虚拟网络世界使得各种社会资源得以流动和重新组合，各类社会互动结构获得了平等发展和相互博弈的空间；在文化维度上，虚拟世界在为人的精神世界更加自由和丰富创造出良好条件的同时，也进一步带来了人的生存发展过程中更多的价值矛盾和冲突。环境的变化与人的发展处在同一个过程中，思想政治教育环境的变化要求思想政治教育者充分发扬与时俱进的作风和品质，努力通过理论创新实现对实践发展的把握和指导。虚拟与现实范畴的提出，正是适应了实践发展的需要，为网络社会条件下思想政治教育环境理论的创新提供了有力的认识工具。

其次，虚拟与现实的理论范畴有助于认识和研究网络社会条件下人的思想品德发展规律的新发展。自觉能动性是人的思想形成发展的基础。由于数字化生存范式和虚拟交往空间的出现，促进了以主动性、能动性、创造性为主要内容的人的主体意识的迅速发展和逐步成熟。诸如自我意识的增强、民主意识的深化、成长意识的发展等在青年一代的身上得到显著体现。这就需要思想政治教育者充分尊重青年的主体意识，遵循青年的思想接受规律，发挥青年的主观能动性，实现思想政治教育的实效。存在决定意识的理论揭示了人的思想发展的一般规律。对于虚拟与现实关系的研究有助于思想政治教育者认识到，虚拟的根源在于现实，虚拟世界中问题的最终解决仍然在于现实世界，与此同时，虚拟与现实具有差异性和对立性，虚拟反作用于现实会造成人的思想和行为的发展变得更为复杂。因此，正确认识虚拟与现实的关系，把握虚拟与现实的互动规律，是网络环境下思想政治教育工作的关键。能动反映论揭示了人的思想来自于实践。在网络环境下，虚拟实践和虚拟认识的发展仍然遵循着人的认识发展规律，并促进青年思维方式的发展与更新。在网络文明的促进下，开放性思维、创新性思维、虚拟性思维、共享性思维等成为青年思维方式的新特征，以科学精神、人文精神、实践精神、理性批评精神、自我超越精神等为主要内容的高尚精神境界，成为当代青年思想意识成长的重要内容。当然，国家意识和民族观念的淡化、道德意识和行为的失范、人际交往障碍、多重人格、感情冷漠、网络沉溺等现象的出现，说明虚拟网络同样给人的思想发展带来不可忽视的负面影响，需要思想政治教育者深入研究和正确把握虚拟世界对于人的思想品德发展的影响，充分发挥思想理论教育对人的发展的指导作用。

再次，虚拟与现实范畴有助于探索网络社会条件下思想政治教育理论的创新与发展。虚拟网络世界与现实世界具有同源性，虚拟与现实之间是对立统一的关系。在当前形势下，互联网在社会各领域的广泛渗透已经改变了思想政治教育的实践基础，网络从最初仅仅作为一种信息传递的工具和手段，逐渐发展成为一种新的社会形态。它正在改变着人的存在方式、交往关系，重构着社会的话语体系、组织模式，生发出新的道德伦理和价值观念。因此，当信息网络技术完全成为人类社会结构中必不可少的基本要素的时候，网络思想政治教育就成为思想政治教育的本身。在这个意义上，网络思想政治教育不仅是发生在虚拟空间中的思想政治教育活动，而是思想政治教育实践在包括网上网下的整个社会空间中的新发展；网络思想政治教育不再仅仅是思想政治教育的一个分支，而是网络社会崛起背景下现代思想政治教育发展与创新的整体形态。因此，思想政治教育的基础理论、管理理论和方法理论都需要从其逻辑起点、基本范畴、内容体系等方面进行重新反思，不断地调整、充实、创新与完善以同步于实践的发展。虚拟与现实，作为反映信息网络社会基本要素的理论概念，也必然成为现代思想政治教育最为重要的基本范畴。

二、大学生网络社区的发展历程与实证分析

网络思想政治教育经历了三个重要的实践发展阶段，即以"内容传输技术"为特征的正面阵地建设阶段、"群体互动技术"为特征的 BBS 社区发展阶段和"用户个性化技术"为特征的社交网络新阶段。

（一）网站建设发展阶段

20 个世纪 90 年代中后期，我国高校的校园网络建设快速发展，各类思想政治教育网站在各个高校建立起来。在这一时期，思想政治教育对网络的应用主要是建立在"服务器—客户端"技术模式之上的信息传输和发布，通过丰富多样的思想政治教育网站建设，用马克思主义占领网络阵地。我们把这一时期称为以内容传输技术为中心的发展阶段。思想政治教育网站的建设把现实中的思想教育活动延伸到了网络空间，其吸引力和影响力的实现正是来源于现实中受教育者对教育者的信任感、认同感和归属感。正是基于现实生活中的学生对教师的信任感、受教育者对教育者的认同感、个人对集体的归属感，网络空间中的红色阵地能够发挥出新闻宣传的权威性和公信力、正面教育的导向性和凝聚力、理论教育的有效性和影响力。

（二）BBS 社区发展阶段

BBS 的技术特点在于其互动功能强大，在信息传播中能够发挥出良好的人际传播、群体传播以及组织传播的作用，使得思想政治教育必须面对网络空间结构性力量的挑战。在这一时期，思想政治教育工作者深入到校园论坛、网络论坛，参加到网络群体的交往活动和网络社区的管理工作中，力图达到规范网络群体发展和网络社区建设，引导网络舆论和文化建设的目标。我们把这一时期称为以群体互动技术为中心的发展阶段。在这一阶段，要注重完善多层次的沟通渠道，加强师生互动，把握网络舆论的正确发展方向。注重发挥网络论坛作为青年思想晴雨表的作用，完善青年学生参与学校公共事务的现实渠道。健全快速、透明、客观的信息发布机制，以具有公信力的媒体实现新闻宣传的权威性，引导校园网络舆论的发展方向。

（三）社交网络的发展与实证分析

互联网进入到 Web 2.0 阶段以来，以博客（Blog）、播客（Podcasting）、SNS、微信为代表的"自媒体"网络应用蓬勃发展。这些新兴技术在青年学生中得到广泛应用，对大学生思想和行为发展正在产生多方面的影响。新型网

络社区的真实性、个人化、扁平化、自组织等文化特性带来青年交往方式、组织形态、文化生活以及价值观念新的发展与变化。当前微博、微信等新型网络社区的发展正处在动态发展的过程中，对于大学生思想和行为的影响正在不断广泛和深入，迫切需要思想政治教育者综合运用多学科的理论和方法进行系统和深入的研究。本次实证研究以调查问卷形式展开，在北京地区 15 所普通高等教育学校共发放问卷 3000 份，回收问卷 2780 份，回收率为 92.7%，其中有效问卷 2767 份，有效率达到 99.5%。问卷内容涉及 166 个分析变量。通过对大学生信息获取渠道的递进式分析，我们认为当前大学生信息获取的结构已经发生了变化。大学生的信息获取从大众传播渠道转变为以社交平台为渠道的线上人际传播。针对不同类型信息内容的细化分析进一步证实：无论是对于事实类信息、评论类信息还是理论类信息，大学生的社交网络都起到了重要甚至主导的作用。社交网络作为一种新型信息传播平台，它在大学生群体中的作用和功能已经不仅仅局限于人际关系的加强，其作为新媒体的功能扩展及其使用的广泛性使得大学生信息传播行为向社交平台倾斜，一个基于社交网络基础之上的"三明治"型信息获取与传播模式正在形成。在这个"三明治"型的信息传播模式中，最底层是信息网络。这是一种工具性、功能性的信息技术架构，具有高速传播、海量复制、跨越时空、非人格化等传播特性。中间层是社交网络。这是一种融合了人际关系网络与信息技术网络而形成的新型社会网络，网络中的节点不再是技术媒介，而是作为主体的人；网络本身也因此不再是工具性的，而成为人与人互动的场域。最上层是复杂多样的信息流层。由于人与人交往关系的普遍性、人们的信息需求的多样性，以及新型信息媒介的不断涌现，使得信息流层的结构复杂多样，而且呈现出持续创新的形态。在这个"三明治"型的信息传播模式下，信息网络层建构了大学生信息行为的技术架构；社交网络层则发展和丰富着大学生的社会交往、信息交互的场域；信息流层则呈现出大学生群体的信息生产与传播的内容形态。

在大学生网络社区信息内容的维度上，事实类、评论类和理论类信息是主要的三种类型。事实类信息主要通过网络渠道在大学生群体中传播，其中社交网络渠道发挥主要作用；在获取校园热点信息上，大学生最重要的获取渠道是人人网；在国内外重大事件和社会热点信息方面，大学生选择微博的人数最多，其次是人人网，再次是微信。在评论类信息的获取上，大学生对网络渠道的依赖要大于传统媒体。大型门户网站及其客户端是大学生的首选渠道，其次是主流媒体新闻网站及其客户端，同时网络论坛等社区在大学生获取评论类信息中有着重要作用。对于理论类信息，传统的传播渠道仍然占据最重要的地位，报纸、广播、电视等依旧是理论类信息的主要传播渠道，网络渠道作为辅助渠道也有着重要作用。

网络媒介以其对于用户和信息的不同聚合特点分为等级关系场域的媒介、熟人关系场域的媒介、陌生人关系场域的媒介三种。等级关系场域中的主体之间具有明确而真实的层级关系，教育者的权威和学校的公信力是这一场域的主要教育优势所在。通过对校园网站等调查分析得出：年龄越高、政治觉悟越高、越习惯于被动接受的人群更加倾向于使用等级关系场域的媒介。在熟人关系场域中，网络主体之间有比较紧密的人际关系和情感联系，能够进行深入的思想交流和心理沟通。分析得出：熟人关系场域的用户有低年龄、低年级、家庭居住地多为城市以及网上活跃度较高的特点。在陌生人关系场域中，信息传播者处于一种互不认识的状态，彼此是为陌生人关系。通过对微博场域的分析得出：陌生人场域没有特定的传播源头与对象，传播方式是最为自由的，任何人都可以在这个场域中成为信源，同时也是接受者。相对于等级场域而言，陌生人关系场域少了把关人等限制，而相对于熟人关系场域而言，陌生人关系场域能接触到的信源却更加广泛。但是陌生人关系场域用户有高年级、长网龄的特点，而低年级的学生使用微博却较少，且年级和微博的使用程度呈正相关关系。

不同类型的大学生在网络使用和网络行为上具有不同的特点。在上网行为方面，研究得出年级对于网络行为有显著影响。年级越高对网络的依赖度越强，对于综合门户网站、主流媒体网站、生活服务类网站和搜索引擎越加依赖；而年级越低越倾向于使用社交网络，对于人人网和微信的使用越多。本研究根据网络用户的活跃度将大学生划分为活跃者与沉默者两类。活跃者更倾向相信主流媒体、传统媒体的信息源，而沉默者则更相信社交网站的信息源。活跃者相较于沉默者更加倾向于在网络之中表达意见，但是并不是社交媒体上的活跃者，而沉默者在社交媒体上表现活跃。根据大学生用户在社交网络上的被关注程度，将人人网好友数量在1000人以上或者是微博粉丝在300人以上的群体称为意见领袖，经过分析得出意见领袖在网上活跃度高，使用社交网络频繁，网络交往关系主要分布在工作或社会事务中。

三、基于网络社区的思想政治教育对策与方法

随着教育实践的发展，网络思想政治教育中特殊的矛盾关系逐渐凸显出来，知识性与价值性、虚拟性与现实性、开放性与凝聚性、主导性与互动性、社会教育与自我教育的关系是当前网络思想政治教育实践中五个重要的关系。思想政治教育工作必须处理好这五个关系才能不断提高其实效性。在教育实践中，主动建设网络社区、深入走进网络社区是网络思想政治教育的一个重要突破点。网络思想政治教育立足于网络环境作为人的新的生存状态、交往空间和发展条件的本质认识，贴近大学生学习、生活、思想的发展实际，建设引导大学生健康成长的社区共享资源，适应网络时代大学生人际交往的互

动方式，满足大学生精神文化生活的现实需求。针对大学生成长成才的强烈意愿，以优质的服务增强大学生对于高校网络社区的内在凝聚力。要着力于掌握网络社区的发展特点及其内在机制，积极优化网络社区环境，在体现一般网络社区组织特征的基础上，发挥高校网络社区成员同质性强的优势，促进"网上"群体和"网下"群体的同构，通过虚实互动，使社区成员形成相对稳定的归属感和认同感；在遵循网络社区共性的交往方式的前提下，突出校园文化的特色，既要建立教育活动的"师生情境"，也要创设自教自律的"朋辈情境"，通过平等沟通，使社区的育人环境充满亲和力和感染力；在发挥网络社区交流平台功能的同时，也要把握虚拟空间反映学生思想情绪的"窗口"作用，及时发现学生思想心理问题，为学生解疑释惑、排忧解难，正确引导青年大学生网络民主意识和民主参与行为，通过疏导结合，增强网络社区思想政治教育的针对性和实效性。

在思想理论教育过程中，深入研究和把握网上理论教育的规律和特点，积极探索基于大学生网络社区开展理论宣传教育的新途径、新办法。教育工作者要注重促进理论宣传教育与学生思想实际的紧密结合，注重在主动传递和互动交流的过程中增强教育有效性，注重运用多种形式的网络媒介和有针对性的传播策略。通过主动建设思想理论类微博、微信公共账号、社交网站讨论组等方式，积极开展网上理论类社区的拓展，发挥网络在理论教育中的独特作用。要充分利用网络媒介交互性强的特点，在理论类讨论区构建出双向互动的理论学习氛围，联系社会实际和时事热点，针对具体的问题和事件帮助大学生提高理论认识水平；也要及时有效地关注微博、微信等网络交互平台上的信息交流，要针对大学生受众群体，建构一套符合他们思想心理特点的话语体系，在更加贴近于学生学习生活实际的基础上引导大学生学习理论。教育者在参与讨论的过程中，要注意改变以往思想政治教育中教育者高人一等、居高临下、单向施教的错误认识和做法，在平等的基础上加强和发展双向互动的关系，不仅受教育者要向教育者学习，教育者也要向受教育者学习，努力形成一种互相学习、互相帮助、教学相长、共同提高的关系。

在日常思想政治教育工作中，要建立基于不同社区网络场域的多种模式，充分利用不同网络场域的媒介与用户特点，切实提升思想政治教育的实效性。在等级关系场域中需要加强正面宣传与舆论引导，一是快速反应，让广大学生及时而正确地"知情"。二是报道内容全面、客观，提升学生对信息的接受效果。三是讲求传播策略，把握住舆论引导的话语权。四是注重与网络民意互动，切实发挥正面宣传的实效。在熟人关系场域中要加强大学生集体建设与自我教育，加强网上学生集体的建设使得思想工作的深入性和细致性进入到网络空间。同时教育者要认识到网上的不同意见、具有冲突性的言论都是现实生活中具体矛盾和问题的反映。解决网上舆论的问题必须首先在现实中寻找问题产生的根源，及时发现学生群体中存在的矛盾，在现实中解决问题。在陌生人关系场域中要加大对大学生情绪释放与思想疏导的力度，发挥陌生人关系场域对大学生思想和心理问题的疏通作用，使其成为社会"减压阀"；同时注重运用疏与导相结合的教育原则，广纳言论，把各种不同的思想和言论引向正确、健康的轨道。

（作者：张　瑜　清华大学副教授）

项目名称：1949 年以来社会主义价值观的确立及演变研究
项目编号：11KDC030
项目负责人：韩　华
项目信誉保证单位：首都师范大学

社会主义核心价值观建设的方法论探析

内容提要：社会主义价值观的形成、确立和发展是一个动态的发展过程，在不同历史时期或阶段具有不同的表现形态和价值诉求。当下，社会主义价值观集中体现为社会主义核心价值观。社会主义核心价值观建设是一项长期和艰巨的系统工程，应始终坚持以马克思主义为指导，坚持正确的方法论。中国立场、世界眼光、历史视野和实践精神是社会主义核心价值观建设的重要方法论。面对世界的深刻复杂变化、信息时代各种思潮的相互激荡、纷繁多变社会现象的价值考量，我们应当坚持中国立场、树立世界眼光、张扬历史视野、展现实践精神，凝聚价值共识，充分发挥社会主义核心价值观在实现中华民族伟大复兴中国梦中的价值之轴作用。

每个时代、每个民族、每个国家，都有自己的价值标准和诠释时代诉求的主导价值观。社会主义通过价值观对自身进行自我认同，反映着社会主义理论的思想精髓、社会主义运动的价值导引和社会主义制度的本质规定。作为一种社会意识形态，社会主义价值观是当代中国的主导价值观，它既是在人们的社会实践中逐步积淀而形成的，也是由中国共产党顺应社会历史发展的要求通过提炼、培育与倡导而形成的。中国共产党顺应社会历史发展规律的提炼、培育与倡导，必将有助于加快社会主义价值观的形成，从而推动经济社会的进步与发展。社会主义价值观的形成、确立和发展是一个动态的发展过程，在不同历史时期或阶段具有不同的表现形态和价值诉求。当下，在经济体制深刻变革、社会结构深刻变动、利益格局深刻调整的情况下，社会治理的难度日益加大，思想文化领域出现了各种各样针对当前中国社会现实的社会思潮。面对这种情况，在多元中立主导、在多变中把方向、在多样中谋共识是意识形态领域面临的紧要问题，培育和践行社会主义核心价值观成为当下社会主义价值观建设的主线。社会主义核心价值观，是当代中国的社会主义主导价值观，是中国特色社会主义价值观的集中反映。从党的十八大报告首次提出以"三个倡导"为核心内容，到全国宣传思想工作会议阐述"三个独特"的科学论断，再到中央《关于培育和践行社会主义核心价值观的意见》的下发，社会主义核心价值观的内涵更加明确、内容更加丰满、思想更加成熟。社会主义核心价值观回答的是"建设什么样的国家，建设什么样的社会，培育什么样的公民"这样一些重大的基本问题。社会主义核心价值观建设是一项长期和艰巨的社会系统工程，必须坚持正确的方法论。方法论的合理运用，是社会主义核心价值观建设取得实效的重要保障。从方法论的视角审视这一论题，对于建设社会主义核心价值观，推进中国特色社会主义伟大事业、实现中华民族伟大复兴中国梦，具有重要的理论意义与时代价值。

一、中国立场

社会主义核心价值观是中国特色社会主义的价值形态，是植根于当代中国的中华民族和中国人民的共同价值追求。习近平总书记强调指出："一个民族、一个国家的核心价值观必须同这个民族、这个国家的历史文化相契合，同这个民族、这个国家的人民正在进行的奋斗相结合，同这个民族、这个国家需要解决的时代问题相适应。"[1]如此，社会主义核心价值观建设，应当坚持中国立场，把握多质的大众与共享的价值，明确社会主义核心价值观的主体定位和立场倾向。

(一)聚焦当下中国问题

马克思说过："问题是时代的格言，是表现时代自己内心状态的最实际的呼声。"[2]每个民族、国家在不同的时代都有自己所要面对的实际，都有自己特殊的社会问题。社会主义核心价值观建设，是在复杂多变的时空境遇之中展开的。当下，中国正处于完善和发展中国特色社会主义制度、推进国家治理体系和治理能力现代化的关键时期，现代化、市场化和社会改革高度浓缩在同一时空中进行。从社会的物质生活到精神生活，从生产力到生产关系、社会关系，从经济基础到上层建筑，我们不断遇到新的问题、矛盾和阻力。人们的思想问题，说到底是社会矛盾在人们头脑中的反映。问题在于人们是否能够科学地认识、把握和解决它。我们必须承认经济生活方式的多样性，人们经济利益要求的特殊性，意识形态、社会舆论和人们的价值观念的多样性。当然，社会主义核心价值观要能够对多元价值观念和人们的价值选择发挥导向和引领作用，引导人们认同现行经济和政治制度的合理性，并自觉推动经济和政治制度发展。只有增强问题意识、坚持问题导向，从政治、经济、文化、道德等多方面着手进行综合治理，科学认识、正确解决社会主义核心价

① 习近平：《青年要自觉践行社会主义核心价值观》，《人民日报》，2014年5月5日，第2版。
② 中共中央马克思恩格斯列宁斯大林著作编译局编：《马克思恩格斯全集》第1卷，北京：人民出版社，1995年版，第203页。

值观建设中面临的各种复杂问题,凝聚大众的精神,引领大众的行为,才能够更好地构筑中华民族美好的精神家园。

(二)自觉守护大众利益

马克思主义告诉我们,人们奋斗所争取的一切,都同他们的利益有关。利益理论是马克思主义的一个重要观点,这就要求我们根据马克思主义利益观点认识问题、分析问题和解决问题。利益是价值观形成和发展的基础,影响和制约人们的思想方式和行为方式。在当代中国,各阶层间、各群体间、代与代之间的利益诉求、意见表达及价值判断呈现多元化特征,利益格局不平衡会导致不同的大众对社会主义核心价值观认同的差异性。可以说,一元主导和多元并存,是利益关系多样化在价值观领域的深刻反映。人民群众是创造物质文明的主人,也是创造精神文明的主人。尊重人的主体地位、坚持教育服务人民、实现人的全面发展,是党的根本宗旨和群众观点对社会主义核心价值观建设的基本要求。坚持中国立场、自觉守护大众利益,必须以改善民生为切入点,考虑到不同层次人们的不同利益需求,把社会主义核心价值观建设与国家利益、民族利益和每个人的具体利益的协同实现紧密结合起来,以利益认同为基础,有效整合多元的利益诉求,增强人们对社会主义核心价值观的认同与信仰,为社会和谐稳定、国家长治久安提供价值引领。

二、世界眼光

社会主义核心价值观建设必须植根于本民族的文化土壤,但是这并不意味着可以自我封闭,僵硬死板。由于时代条件的变化以及中国特色社会主义多层次、宽领域地融入世界,社会主义核心价值观建设,应当树立世界眼光,以人类文明、跨文化的价值视野,在与西方价值观的比较中呈现社会主义核心价值观的独特性与超越性。

(一)深刻把握价值观较量的新态势

美国学者亨廷顿指出:"19世纪以欧洲殖民主义为表现形式的西方权力和20世纪美国的霸权把西方文化推广到当代世界的大部分地区。"①西方国家把中国的发展壮大视为对其价值观和制度模式的挑战,极力强化价值观输出,以"普世价值"的名义,借助话语优势推行其价值观、实践和体制。与此同时,国内也有宣扬资本主义价值观的错误观点。世界的价值复杂性与中国的价值复杂性汇聚于当代中国社会,资本主义价值观对社会主义价值观的渗透和影响是一个不争的事实。人们面对着最基本的问题不断反思:"我们是谁?"问题是,如何看待这样的事实?社会主义核心价值观对内要有凝聚力,对外要有

---

① [美]亨廷顿著,周琪等译:《文明的冲突与世界秩序的重建》,北京:新华出版社,2009年版,第72页。

影响力。我们要以主动的姿态建设和发展中国的软实力，正确地向国外宣传社会主义核心价值观，扩大国际话语权，主动参与全球性的研讨、对话、沟通、交流和交锋，扩大中国精神的影响力，为中华民族伟大复兴中国梦的实现创造一个良好的国际环境。正如习近平总书记强调指出的："要加强提炼和阐释，拓展对外传播平台和载体，把当代中国价值观念贯穿于国际交流和传播方方面面。"①只有当社会主义核心价值观广泛传播时，它才会产生越来越强大的正能量。

(二)汲取其他国家核心价值观教育的合理因素

在当今时代，价值观教育在世界各国普遍存在。同世界各国的相互交流、相互学习，推动了中华文化的发展和创新，也推动了社会主义核心价值观建设。由于社会存在不同，不同民族、不同社会制度条件下的核心价值观存在着差异性，都有自己的特点和优势。任何国家、民族和社会都高度注重自己的核心价值观教育。例如，美国、德国、日本和新加坡等发达国家在核心价值观的培育方面各有特色："美国的'多元、创新、乐观'美国精神教育、德国的政治教育和民族习惯教育、日本的'国民精神'教育、韩国的'爱国精神'教育、新加坡的'共同价值观念'教育，在把核心价值观转化为日常价值观方面，值得我们借鉴。"②从这个意义上说，世界眼光是要坚持"以我为主，为我所用"的基本原则，克服夜郎自大的东方主义和心醉西风的西化主义两种偏颇，自觉地走向世界，与各种不同的价值观教育开展积极的对话，使社会主义核心价值观落实到现实生活之中、显示出强大的生命力。

三、历史视野

社会主义核心价值观是社会地、历史地形成和发展的，是以概念范畴系统的方式对中华民族优秀传统，尤其是中国共产党领导人民在长期革命、建设和改革中形成的优秀传统的总结、积淀和升华。社会主义核心价值观建设，应当张扬历史视野，立足于时代和民族的需要，科学把握传统与现代、继承与创新之间的辩证关系，实现优秀传统与时代精神的有机结合。

(一)转化发展传统文化的优良传统

中华文明绵延数千年，有其独特的价值体系。"源远流长、博大精深的中华优秀传统文化，积淀着中华民族最深层的精神追求，包含着中华民族最根本的精神基因，是社会主义核心价值观的深厚源泉。"③中华传统文化中的一些

---

① 习近平：《习近平谈治国理政》，北京：外文出版社，2014 年版，第 161 页。
② 戴木才、彭隆辉：《积极培育和践行社会主义核心价值观》，《光明日报》，2012 年 12 月 8 日，第 11 版。
③ 刘云山：《着力培育和践行社会主义核心价值观》，《求是》，2014 年第 2 期。

基本价值观念,如仁爱、正义、礼让、理性、信义、和平、正直、廉洁等,追求以道德尺度的"善"率领真理尺度的"真"和审美尺度的"美",经历几千年文化变迁和社会实践而被证明是有利于人类生存发展及社会进步的精神财富,对个人、社会和国家都起到了巨大的维系与调节作用。社会主义核心价值观建设,只有深深地植根于本民族的优秀文化传统之中,与本民族的历史传统保持同一性,才具有深厚的文化底蕴。传统文化生成于中国传统社会尤其是封建社会这样一个特定的历史环境中,既有时代性的精华,又有封建性的糟粕,良莠混杂,瑕瑜互见。正如恩格斯所说的那样:"必须从它的本来意义上'扬弃'它,就是说,要批判地消灭它的形式,但是要救出通过这个形式获得的新内容。"①面对传统文化中的优秀传统,继承什么或拒绝什么取决于现实实践的需要。历史视野,就是把民族传统中的优秀的并与当代所契合的东西在实际生活中加以弘扬,从中汲取讲仁爱、重民本、守诚信、崇正义、尚和合、求大同等思想道德营养,注入社会主义的新精神,结合时代要求加以创造性转化和创造性发展,使之成为现实的思维方式、价值观念、行为规范的组成部分。

(二)坚持中国共产党价值观建设的历史经验

历史表明,中国共产党是社会主义核心价值观的积极实践者和推进者,社会主义核心价值观集中体现了中国共产党的奋斗目标和精神追求。在领导人民进行革命、建设、改革的过程中,中国共产党运用马克思主义价值观的基本原理,结合形势、任务的发展变化,高度重视社会意识对社会存在、上层建筑对经济基础的能动作用,坚持不懈地加强党的价值观建设和社会价值观建设,为社会成员提供共同的精神寄托和价值取向,为社会主义制度的确立、巩固和发展提供强大的思想保证、精神动力和舆论支持。例如,新中国成立初期,中国共产党坚持以马克思主义为指导,立足于从旧中国到新中国的变化和从新民主主义向社会主义的过渡,注重整合不同人群的价值观念,着力为人们的思想和行为提供价值标准,提倡热爱祖国、集体主义、人民民主、热爱劳动等价值规范,推动形成新型良好的社会风尚,使其在调整人际关系、维护社会稳定和国家长治久安方面发挥着独特的作用。历史地看,在服务于新中国经济基础与社会发展的过程中,中国共产党不断地丰富和完善社会主义主导价值观的内容体系,在长期实践中注重价值观建设的内容、形式和效果,积累了理论教育、榜样示范、实践育人等诸多经验做法,创造性地构建了价值观建设的理论体系和实践运作体系。历史视野,就是要继承和发展中国共产党重视价值观建设的基本经验和优良传统,以爱国主义、集体

---

① 中共中央马克思恩格斯列宁斯大林著作编译局编:《马克思恩格斯选集》第4卷,北京:人民出版社,1995年版,第223页。

主义、社会主义和马克思主义教育广大人民群众。

四、实践精神

社会主义核心价值观是一种特殊的实践精神，它的特殊性在于以国家层面的价值目标、社会层面的价值取向、公民个人层面的价值准则的方式指导人们的行为，具有"知"（认识）与"行"（实践）两个方面。习近平总书记强调指出："在当代中国，我们的民族、我们的国家应该坚守什么样的核心价值观？这个问题，是一个理论问题，也是一个实践问题。"①社会主义核心价值观建设，应当展现实践精神，内化为人们的精神追求，外化为人们的自觉行动。

（一）融入社会生活的各个层面

无论是杜威的"教育即生活"，还是陶行知的"生活即教育"，都强调教育与社会生产和生活的紧密结合。空洞的说教和不切实际的宣传，容易使人们产生逆反心理。社会主义核心价值观的丰富内涵是来源于真实的生活体验并通过生活过程加以确证的实践之知，而不是通过抽象推理获得的见闻之知。我们需要正确认识和处理社会主义核心价值观与社会生活的辩证关系，在国家层面的价值目标上，引导人们积极投入富强、民主、文明、和谐的社会主义现代化国家实践，把个人理想融入国家富强、民族振兴、人民幸福的伟大事业之中。在社会层面的价值取向上，引导人们努力营造自由、平等、公正、法治的良好社会环境，培育自尊自信、理性平和、积极向上的社会心态。在公民个人层面的价值准则上，引导人们自觉遵守爱国、敬业、诚信、友善的基本道德规范，形成根基雄厚的崇德向善的人民力量。正如著名哲学家冯契先生所言："化理论为方法，化理论为德性。"我们应当把社会主义核心价值观的丰富内涵渗透到全社会的生活方式和交往实践中，在社会主义核心价值观建设的过程中转识为智，培养理想人格，从而在实践活动中实现核心价值观从可能的价值形态到现实的价值形态的有效转化。

（二）植根人民群众的创造性实践

马克思恩格斯曾经指出："思想根本不能实现什么东西。为了实现思想，就要有使用实践力量的人。"②社会主义是千百万人民群众的共同事业，人民群众是最基本的实践主体、价值主体和评价主体，是社会主义核心价值观建设的主体力量。实践表明，人民群众丰富多彩的社会实践活动，以及与之相伴随的多层次、多方面、多样性精神文化需求，是形成正确认识、制定正确决策的思想来源，也是社会主义核心价值观建设的根基、动力和源泉。近年来，

---

① 习近平：《青年要自觉践行社会主义核心价值观》，《人民日报》，2014 年 5 月 5 日，第 2 版。

② 中共中央马克思恩格斯列宁斯大林著作编译局编：《马克思恩格斯全集》第 2 卷，北京：人民出版社，1957 年版。

社会志愿服务活动、道德模范评选表彰活动、"道德讲堂"活动、学雷锋活动等群众性精神文明创建活动不断与时俱进、改进创新，内容不断丰富，形式更加多样，方法日臻完善，领域逐步拓展，已成为群众主动参与、自我教育、陶冶提高的平台和载体。党中央通过群众中涌现出来的先进人物、先进典型教育群众，利用各种形式进行宣传、推广，使之科学化、大众化。"北京榜样""善行河北""山东四德榜""安徽好人馆"等主题道德实践活动受到群众追捧，深深扎根于群众的创造性实践之中，融入群众的日常生活之中。根据时代变化和实践发展，社会主义核心价值观建设，应当从人民群众的现实社会生产和文化生活中吸取鲜活的思想内容和理论源泉，探索创造更加贴近实际、贴近群众、贴近生活的有效载体，以真、善、美为动因、目标、尺度，使社会主义核心价值观深深扎根于人民的创造性实践之中。

参考文献

[1]李连科：《价值哲学引论》，北京：商务印书馆，1999年。

[2]袁贵仁：《价值观的理论与实践：价值观若干问题的思考》，北京：北京师范大学出版社，2006年。

[3]马俊峰：《价值论的视野》，武汉：武汉大学出版社，2010年。

[4]罗国杰主编：《马克思主义价值观研究》，北京：人民出版社，2013年。

[5]李德顺：《我们时代的人文精神：当代中国价值哲学的建构及其意义》，北京：北京师范大学出版社，2013年。

（作者：韩　华　首都师范大学副教授）

项目名称：党的先进性与纯洁性建设的历史进程及基本经验研究

项目编号：12KDA007

项目负责人：纪淑云

项目信誉保证单位：北京交通大学

党的先进性和纯洁性建设的
历史进程及基本经验研究

内容提要：党的先进性与纯洁性在不同的历史条件下有不同的表现形式和内容。党的先进性与纯洁性首先体现为"党的三大优良作风"即理论联系实际、密切联系群众、批评和自我批评，这三大作风对推进不同时期党的建设发挥了重要作用；党的先进性与纯洁性还体现在党的"生命线"理论上，我们党一直强调"思想政治工作是经济工作和其他一切工作的生命线"；党的先进性和纯洁性还体现在党的群众路线教育实践活动方面，习近平同志强调"群众路线是我们党的生命线和根本工作路线，是我们党永葆青春活力和战斗力的重要传家宝"，我们党开展的党的群众路线教育实践活动是新形势下加强马克思主义先进性和纯洁性建设的重大战略举措。

加强党的先进性和纯洁性建设，是马克思主义政党建设的根本要求，也是贯穿中国共产党建设整个过程的一条主线。从马克思主义政党诞生一直到今天，党的先进性和纯洁性建设理论经历了一个与时俱进、不断发展和逐步完善的历史过程。中国共产党的历史就是一部把马克思主义政党先进性理论同中国共产党先进性和纯洁性建设实践不断结合的历史。

党的先进性和纯洁性建设在不同的历史时期表现为不同的内容和形式。本课题主要从体现党的先进性与纯洁性的党的三大优良作风、党的生命线理论、党的群众路线教育实践活动、构建保持党的先进性和纯洁性的群众路线长效机制等方面，系统概括和研究党的先进性与纯洁性建设的历史进程与基本经验。

一、体现党的先进性与纯洁性的"党的三大优良作风"的形成与发展

中国共产党在领导革命、建设和改革过程中，形成了一整套优良传统和作风，尤其是我们党在 20 世纪 40 年代提出的理论联系实际、密切联系群众、

批评和自我批评这三大优良作风，在我们党的发展史上占有十分重要的地位，对推进不同时期党的建设发挥了重要作用。

在党的创立时期和第一次国内革命战争时期，毛泽东同志就多次强调，党要肩负起领导中国革命的重任，就必须树立一个区别于一切剥削阶级政党的新作风。那个时期，我们党的一些早期领导人尤其是毛泽东同志还带头深入到工农群众中去考察，写出了诸如《中国社会各阶级的分析》《国民革命和农民运动》《湖南农民运动考察报告》等指导中国革命的光辉文献，为我们党形成理论联系实际、密切联系群众的作风树立了典范。

在抗日战争前夕，毛泽东写了《实践论》和《矛盾论》两篇光辉哲学著作，深刻地论述了马克思主义认识论和辩证法，系统批判了那种割裂认识与实践、理论与实际的统一，对客观情况不调查研究、不做具体分析、不研究矛盾特殊性的唯心主义和形而上学做法，为全党形成和树立实事求是、理论联系实际的优良作风奠定了科学的理论基础。

1941 年年初至 1945 年，党中央在延安开展了一次全党范围的"整风运动"。"延安整风运动"极大地推动了马克思主义与中国革命实践的结合，创造了党的作风建设的好形式。1945 年 4 月 24 日，毛泽东在党的七大上做了《论联合政府》的报告。他在报告中明确指出："以马克思列宁主义的理论思想武装起来的中国共产党，在中国人民中产生了新的工作作风，这主要的就是理论和实践相结合的作风，和人民群众紧密地联系在一起的作风以及自我批评的作风。"这是我们党第一次明确把理论联系实际、密切联系群众和批评与自我批评确立为党的三大优良作风。这标志着我们党三大优良作风的正式形成。

1949 年 3 月 5 日，毛泽东在党的七届二中全会上所做的报告中，明确提出了"两个务必"的重要思想："务必使同志们继续地保持谦虚、谨慎、不骄、不躁的作风，务必使同志们继续地保持艰苦奋斗的作风"。"两个务必"的提出，标志着我们党的优良传统和作风得到了进一步充实和完善。

新中国成立以后，以毛泽东同志为核心的党的第一代中央领导集体，结合新中国的新形势和我们党在执政地位上的新变化，对执政党的作风建设问题进行了新的探索，强调执政党必须更好地坚持和发扬党的优良传统和作风问题。

改革开放之后，以邓小平为核心的第二代中央领导集体继承和坚持党的优良传统和作风，从执政党生死存亡的战略高度全面推进党的作风建设。党的十三届四中全会以后，以江泽民为核心的第三代中央领导集体，从推进党的建设新的伟大工程的高度全面推进党的作风建设。党的十六大以来，以胡锦涛为总书记的党中央将党的作风建设纳入党的建设总体布局中，极大地推进了党的优良传统和作风的发扬和扩大。

中国共产党九十多年的历程告诉我们，党的作风直接关系党的形象，关系人心的向背，关系执政党的生死存亡。党的作风建设是一项系统工程，只有经过全党同志长期艰苦的努力，才能使党的作风有一个新的更大的改善和提高。

二、体现党的先进性与纯洁性的党的"生命线"理论的形成与发展

从 20 世纪 30 年代中国共产党早期领导人首次提出"生命线"这个命题，一直到当代中国共产党人，始终用"生命线"这个命题来比喻党的思想政治工作的重要性。在开展党的群众路线教育实践活动中，我们党又把群众路线称为党的"生命线"。

据考证，中国共产党人最早用"生命线"来比喻党的思想政治工作的重要性是在 1932 年。这一年的 7 月 21 日，党中央在《给苏区中央局及苏区闽赣两省委信》中指出："政治工作在红军中有决定的意义，每一个红军战斗员不仅要有充分的军事技术——手中的武器，而且最重要的是脑子的武器，必须充实现有的军队中的政治工作，实现中央政治工作条例。政治工作不是附带的，而是红军的生命线。"在 1934 年 2 月召开的中国工农红军第一次全国政治工作会议上，党和红军主要领导人王稼祥、朱德、周恩来等分别阐述了"政治工作是红军的生命线"的重要思想。

抗日战争时期，我们党和军队的主要领导人也多次阐述过"生命线"理论。1937 年彭德怀在《关于红军改编的意义和今后工作》报告中强调指出"政治工作是红军的生命线"。1938 年 1 月，周恩来在《抗战军队的政治工作》一文中也指出"以革命主义为基础的革命政治工作是一切革命军队的生命线和灵魂"。1944 年 4 月，谭政在中共西北局高级干部会议上做的《关于军队政治工作问题的报告》中指出："政治工作是我们军队的生命线，无此则不是真正的革命军队。"毛泽东在修改这篇报告初稿时曾亲笔加上了"共产党领导的革命的政治工作是革命军队的生命线"这一重要表述。

新中国成立后，我们党和国家的工作重心开始由农村向城市、由革命战争向经济建设转移。在这种新的历史条件下，作为中共第一代中央领导核心的毛泽东和其他中央领导进一步揭示了政治思想工作与社会主义经济工作的本质联系。毛泽东在 1954 年颁布的《中国人民解放军政治工作条例》上亲笔写道："中国共产党在中国人民解放军中的政治工作是我军的生命线。"1956 年，他在为《中国农村的社会主义高潮》一书所写的按语中指出："政治工作是一切经济工作的生命线，在社会经济制度发生根本变革的时期，尤其是这样。"在其后发表的《关于正确处理人民内部矛盾的问题》等重要讲话和文件中，毛泽东也多次强调党的思想政治工作的"生命线"作用。

改革开放之后，随着拨乱反正和工作重点的战略转移，党的思想政治工作也逐步进入到一个新的发展时期。1981 年 6 月中共十一届六中全会通过的

《关于建国以来党的若干历史问题的决议》明确提出了"思想政治工作是经济工作和其他一切工作的生命线"的重要命题。作为我国改革开放总设计师的邓小平同志反复强调加强党的思想工作的重要性，强调"两手抓，两手都要硬"。这一时期，党中央先后颁布了《关于加强农村思想政治工作的通知》《关于改进和加强高等学校思想政治工作的决定》《关于新时期军队政治工作的决定》等重要文件，这些文件先后重申了思想政治工作在新时期的"生命线"作用。

党的十三届四中全会之后，以江泽民为核心的第三代中央领导集体在深化改革开放新的历史条件下，多次强调思想政治工作的"生命线"作用。在2000年6月党中央召开的全国思想政治工作会议上，江泽民对党的"生命线"理论做了新的论述，他指出："党的思想政治工作是经济工作和其他一切工作的生命线，是团结全党和全国各族人民实现党和国家各项任务的中心环节，是我们党和社会主义国家的重要政治优势。"

党的十六大之后，以胡锦涛为总书记的党中央继承和发展了党的思想政治工作"生命线"理论，提出了"切实改进创新思想政治工作"的科学命题，要求"从时代高度审视思想政治建设，以创新精神推动思想政治建设"。

党的十八大以来，以习近平为总书记的党中央对新时期思想政治工作给予了高度重视。在2013年6月中央政治局召开的对照检查中央八项规定落实情况讨论研究深化改进作风举措专题会议上，习近平明确指出："加强中央政治局建设，必须把思想政治建设放在第一位"。7月29日，习近平在北京军区机关视察时再次强调指出："要坚持把思想政治建设摆在首位"。

以习近平为总书记的党中央还把"生命线"这一重要命题用来比喻党的群众路线的重要性。2013年6月18日，习近平在党的群众路线教育实践活动工作会议上的重要讲话中，明确提出了"群众路线是我们党的生命线"这一重要论断。在中共中央召开的纪念毛泽东同志诞辰120周年座谈会上的讲话中，习近平再次强调指出："群众路线是我们党的生命线和根本工作路线，是我们党永葆青春活力和战斗力的重要传家宝。"

总之，中国共产党人的"生命线"理论经历了一个由政治工作到思想政治工作，再到党的群众路线的不断演进的过程。随着党的思想政治工作和其他重要工作的不断发展，党的"生命线"理论也将不断与时俱进。

三、体现党的先进性和纯洁性的党的群众路线的形成与发展

党的先进性和纯洁性除了体现在党的三大优良作风方面外，更重要的是体现在党的群众路线的贯彻执行方面。我们党开展党的群众路线教育实践活动，是新形势下加强马克思主义执政党建设的重大部署，是推进党的先进性和纯洁性建设的重大举措。

党的群众路线是怎样形成的？它又是怎么发展的呢？

从群众路线的理论基础和思想渊源来讲，中国共产党的群众路线来源于马克思主义关于人民群众的根本观点。在国际共产主义运动史上，马克思主义经典作家非常重视党同人民群众的关系问题，重视做好群众工作。马克思、恩格斯、列宁提出的一系列关于党和人民群众关系的理论观点，构成了马克思主义群众观的基本内容。但是由于当时历史条件的限制，他们都没有明确提出群众路线的科学概念。

中国共产党从诞生之日起，就坚持了一条走群众路线的方针。1922 年 7 月召开的党的二大通过的《组织章程决议案》就指出：“党的一切运动都必须深入到广大的群众里面去。”在 1925 年 10 月召开的中共扩大执委会决议案中又指出：“中国革命运动的将来命运，全看中国共产党会不会组织群众，引导群众。”1928 年 6—7 月召开的党的六大也做出了“党的总路线是争取群众”的重要论断，同年 11 月，李立三根据党的六大精神在同浙江地区负责人谈话时指出，在总的争取群众路线之下，需要尽最大的努力到下层群众中去。这是我们党的领导人首次使用“群众路线”这一概念。1929 年 9 月，由陈毅起草、经周恩来审定的《中央给红四军前委的指示信》中三处提到“群众路线”，即筹款工作要“经过群众路线”，没收地主豪绅财产要“经过群众路线”，红军给养及需用品问题也要“渐次做到由群众路线去找出路”。1929 年 12 月，毛泽东在著名的古田会议决议中指出：党的工作要“在党的讨论和决议之后，再经过群众路线去执行”。

抗日战争时期，党的群众路线的基本内容开始不断完善和成熟。1943 年 6 月，毛泽东在为中央起草的《关于领导方法的若干问题》一文中，从辩证唯物主义认识论的高度，对党的群众路线的工作方法进行了精辟概括，毛泽东指出：“在我党的一切实际工作中，凡属正确的领导，必须是从群众中来，到群众中去。这就是说，将群众的意见（分散的无系统的意见）集中起来（经过研究，化为集中的系统的意见），又到群众中去做宣传解释，化为群众的意见，使群众坚持下去，见之于行动，并在群众行动中考验这些意见是否正确。然后再从群众中集中起来，再到群众中坚持下去。如此无限循环，一次比一次地更正确、更生动、更丰富。这就是马克思主义的认识论。”毛泽东在《论联合政府》一文中还进一步阐述了党的群众路线的核心内容。

在党的七大上，刘少奇在《关于修改党章的报告》中专门论述了党的群众路线的极端重要性，并将它提到了党的根本的政治路线和组织路线的高度。党的七大通过的新党章，第一次明确规定了党的群众观点和群众路线的基本内容和基本要求。

新中国成立以后，我们党根据执政党面临的新形势和新任务，对群众路线又做了新的丰富和发展。1956 年 9 月，在中共八大上，邓小平在《关于修改党章的报告》中对党的群众路线做了新的概括，系统阐述了党的群众路线两个方面的意义:一是人民群众必须自己解放自己,党的全部任务就是全心全意为人民服务;二是党的领导工作能否保持正确,决定于它能否采取"从群众中来,到群众中去"的工作方法。1964年,毛泽东在谈到学习马克思主义认识论和辩证法问题时,再次阐述了党的群众路线的基本内容,同时还论述了群众路线同马克思主义认识论的一致性。

改革开放以来,以邓小平同志为核心的党的第二代中央领导集体对群众路线进行了开创性继承和发展。邓小平指出:"群众路线和实事求是这两条是最根本的东西","群众路线和实事求是特别重要。"邓小平把"三个有利于"作为衡量各方面工作成败的标准,把人民"拥护不拥护""赞成不赞成""高兴不高兴""答应不答应"作为我们党制定各项方针政策的出发点和归宿。

以江泽民同志为核心的党的第三代中央领导集体在领导中国特色社会主义现代化建设过程中,明确提出了"立党为公、执政为民"的重要理念,尤其是把"代表最广大人民的根本利益"作为"三个代表"重要思想的核心内容,这是对党的群众路线的进一步丰富和发展。

党的十六大以来,以胡锦涛同志为总书记的党中央明确提出了以人为本的科学发展观,强调发展为了人民,发展依靠人民,发展成果由人民共享等重要思想,把"始终保持党同人民群众的血肉联系"作为保持和发展马克思主义政党先进性的根本点,作为提高党的建设科学化水平的重要任务。

党的十八大以来,以习近平为总书记的党中央把党的群众路线视为"党的生命线和根本工作路线",并在全党开展了党的群众路线教育实践活动。实践证明,通过开展群众路线教育实践活动,使党群关系得到了进一步加强,党的群众路线和群众观点更加深入人心。所有这些,都为推进新时期党的建设、为推动全面建成小康社会、实现中华民族伟大复兴的中国梦提供了坚强保证。

四、构建保持党的先进性和纯洁性的群众路线长效机制

构建保持党的先进性和纯洁性的群众路线长效机制,是新形势下加强马克思主义执政党建设的一项重大战略部署,是推进中国特色社会主义伟大事业、实现中华民族伟大复兴的一项重大战略举措。习近平同志在党的群众路线教育实践活动工作会议上的讲话中强调要以这次党的群众路线教育实践活动为契机,"制定新的制度,完善已有的制度,废止不适用的制度","建立健全促进党员、干部坚持为民务实清廉的长效机制"。构建党员干部践行党的群众路线、坚持为民务实清廉的长效机制,是开展党的群众路线教育实践活动的重要目的,也是检验这场活动是否取得实效的重要标准。

在新的历史条件下构建践行党的群众路线、坚持为民务实清廉的长效机制主要应从哪些方面着手呢?

1. 领导责任机制

做好中国的事情关键在党，做好党的事情关键在各级党员领导干部。要使广大党员干部自觉践行党的群众路线，始终坚持为民务实清廉，就必须建立健全领导责任机制。要建立党委统一领导、组织部门牵头抓总、各部门积极配合的践行党的群众路线常态化工作格局，构建好"党建带群建、群建促党建"的常态化工作机制，发挥好各级党组织在践行群众路线活动中的合力共创作用。与此同时，还要把践行群众路线、坚持为民务实清廉列入落实党建责任制的重要内容，建立健全践行群众路线活动责任制，形成推进群众路线活动不断深入发展的强大合力。

2. 组织管理机制

构建科学严密的组织管理机制，是确保践行党的群众路线、坚持为民务实清廉活动持续开展、常态推进的重中之重。科学的组织管理机制，要求党的各级组织必须自觉遵循党建规律，确保组织运行过程规范化、制度化和科学化。要通过创新管理方式和方法，围绕确保党员队伍先进性和纯洁性主题，严把党员"入口"关，建立健全入党机制；疏通党员"出口"关，建立健全不合格党员清退机制；规范党员"过程"关，建立健全党的组织生活机制，尤其要进一步加强党员日常管理，建立和完善党员领导干部民主生活会制度，坚持民主评议党员制度等。

3. 典型示范机制

践行党的群众路线、坚持为民务实清廉，需要认真发挥好榜样示范作用。要自觉运用群众路线教育实践活动中涌现出的先进典范，影响和带动周围广大党员干部。要学会积极培育和树立先进典型，特别是通过树立那些来自基层和平凡岗位的先进典型，来教育、影响身边更多的普通党员向先进看齐。通过总结和挖掘先进人物的感人事迹，大张旗鼓地宣传和推广先进典型，真正形成一种比、学、赶、超的良性互动机制和氛围。

4. 督导落实机制

要把群众路线教育实践活动作为党的建设的一项经常性工作持续地开展下去，必须建立健全必要的督导落实机制。各级党组织要经常性地对本地区本部门党员干部践行党的群众路线、坚持为民务实清廉活动进行督导检查，发现问题及时处理，发现矛盾及时解决。通过定期检查、抽查，及时了解践行群众路线活动进展情况，总结交流活动经验，督促活动深入持续开展。

5. 考核评价机制

建立健全科学的考核评价机制，是确保践行群众路线、坚持为民务实清廉活动深入开展并取得实效的重要环节。要坚持严谨求实、分类实施、公开公正、群众满意的考评原则，不断健全完善考核评价体系。要设立经常性考评机构，配备必要的考核人员，履行考核职责，落实考核责任。要建立考核评价档案，注意将考评结果及时录入考核档案。要将践行群众路线实绩考核评价纳入单位党建工作和年度综合目标考核评价体系，切实把考评结果作为党组织和党员评优、年终考评定级和干部选拔任用的重要参考。

6. 奖励惩戒机制

为了使践行党的群众路线、坚持为民务实清廉成为广大党员干部的自觉行动，还必须建立一套切实可行的奖励和惩戒机制。奖励和惩戒是有机统一的，奖励先进是为了带动后进，惩戒落后是为了更好地鼓励先进。当然，各级党组织要根据实际情况更多地采用物质奖励和精神激励相结合的方式，比如定期开展评比优秀党员、模范标兵等活动，把保持党组织的纯洁性和党员先进性落实在具体工作实践中。当然，在奖励和激励先进的同时也要对那些丧失党性原则的各种不良行为进行必要的惩处，以教育、警示更多的党员干部向先进看齐。

7. 监督制约机制

建立健全党员监督制约机制，是确保践行党的群众路线、坚持为民务实清廉取得实效、长效的关键环节。每个党员特别是党员领导干部，必须自觉强化监督意识，带头遵守规章制度。要坚持民主集中制原则，不断增强党员贯彻执行党的路线方针政策、履行党员义务、行使党员权利的自觉性和主动性。要切实建立健全党内民主监督制度和程序，进一步拓宽和完善党内民主监督渠道，逐步建立和完善党务公开制度、党内情况通报制度、重大决策征求意见制度等。在加强党内监督的同时，还必须不断完善群众监督、民主党派监督、新闻舆论监督等党外监督形式，建立健全监督制约体系。

8. 惠民服务机制

全心全意为人民服务是我们党的根本宗旨，密切联系群众是我们党的最大政治优势。开展党的群众路线教育实践活动的最终目的就是通过密切联系群众、服务群众，使人民群众得到更多实惠。为了实现这一目的，必须建立健全密切联系群众、服务群众的工作机制，坚持问政于民、问需于民、问计于民，切实做到知民情、解民忧、暖民心。要真正建立各级党组织和党员干部惠民服务公开承诺制度，通过向群众公开承诺来自觉接受群众的监督。为兑现承诺任务，还必须建立群众评议制度，采取述职测评、网络评议、召开评议会、设置意见箱等多种形式，广泛征求党员和群众的意见，以惠民服务的实际成效提升群众满意度。

（作者：纪淑云　首都大学生思想政治教育研究中心教授）

项目名称：北京精神与社会主义核心价值体系研究
项目编号：12KDB001
项目负责人：韩振峰
项目信誉保证单位：北京交通大学

北京精神与社会主义核心价值体系研究

内容提要： 北京精神与社会主义核心价值体系的基本内容是内在统一的。社会主义核心价值体系是北京精神的思想基础和理论指导，北京精神是社会主义核心价值体系在指导北京整体建设中的精神升华和文化体现；社会主义核心价值体系是兴国之魂，是社会主义意识形态的本质体现，是社会主义先进文化的精髓，决定着中国特色社会主义发展方向；北京市培育和倡导社会主义核心价值观，一要切实解决理论与现实脱节、市场利益机制泛化和体制转轨带来负面影响等关键问题，二要切实把社会主义核心价值观的内容"转换"成相关的制度、机制和规范，三要切实搞好社会主义核心价值观"进教材、进课堂、进学生头脑"工作，四要切实推进社会主义核心价值观大众化、现实化和生活化。

北京精神与社会主义核心价值体系的基本内容是内在统一的。社会主义核心价值体系是北京精神的思想基础和理论指导，北京精神是社会主义核心价值体系在指导北京整体建设中的精神升华和文化体现。在推进首都社会主义精神文明建设过程中，必须把提倡北京精神与弘扬社会主义核心价值体系有机结合起来，共同谋划，协调推进。

一、北京精神体现了社会主义核心价值体系的基本要求

任何一个国家要想具有凝聚力和向心力，就必须拥有伟大的民族精神；一个城市要想实现一个共同的目标同样需要有自己的城市精神。城市精神是一座城市的灵魂，是城市市民认同的精神价值与共同追求，也是展示城市形象、引领城市发展的一面旗帜。北京精神正是为了不断增强北京文化软实力，充分发挥城市精神在"人文北京、科技北京、绿色北京"建设和世界城市建设中的导向、凝聚、激励作用而提出来的。

何为北京精神？北京精神的基本内容包括"爱国、创新、包容、厚德"。北京精神是首都人民在长期发展建设实践过程中所形成的精神财富的概括和

总结,充分体现了首都广大群众的精神文化追求,体现了社会主义核心价值体系的基本精神和内在要求。

北京精神的核心是"爱国"。北京的爱国传统源远流长、历久弥新,爱国是北京城市精神最深刻、最显著的特征。它体现了北京市民所具有的"天下兴亡、匹夫有责"的爱国精神,体现了讲政治、顾大局、树正气、重奉献的时代精神,展现了北京时刻与国家前途和民族命运紧密相连、心系国家发展、勇担时代使命的向心力与凝聚力。

北京精神的精髓是"创新"。创新是民族进步之魂,也是城市活力之源,它体现了北京民众积极进取、追求进步的精神状态。多年来北京在经济发展、科技进步、文化创新、城市建设、社会管理等方面取得的成效见证了这座城市的创新精神。

北京精神的特征是"包容"。北京人在长期的历史发展过程中以自己宽广的胸怀和开放的心态吸引、融合着各地区各民族的文化,古典的、现代的、民族的、世界的,京腔京韵的、五湖四海的在今天的北京都有其展示的舞台;不同国度、不同民族、不同区域的人,都能在北京寻找到发展的机会。

北京精神的品质是"厚德"。厚德载物是中华民族的传统美德。3000多年的建城史和850年的建都史不仅赋予了北京辉煌灿烂的历史文化,也培育了北京市民胸怀坦荡、文明有礼的优秀品质,孕育了这座城市德泽育人、容载万物的独特城市品格。在建设世界城市的过程中,北京将继续弘扬传统美德,弘扬友爱、奉献、互助的人文精神,不断彰显人文关怀的内在品质。

北京精神是一个有机整体,弘扬北京精神是一项长期的战略任务。为了使北京精神有机融入首都经济社会文化发展的各领域、各方面和全过程,成为反映首都人民精神面貌、代表北京城市形象、引领首都科学发展与社会和谐的强大精神力量,我们建议应该尽快设立北京精神研究、展示与交流中心。

首先,应依托在京高校、科研单位或相关政府部门,设立北京精神研究中心。充分发挥首都的理论人才优势,加强重点攻关,开展理论研究,从历史与现实、理论与实践结合的角度,深化对北京精神重大意义、基本内容、科学内涵和实践路径的研究,有针对性地提出践行北京精神的办法和途径,使北京精神在引领社会思潮、凝聚社会共识、促进社会主义核心价值体系建设方面发挥更大作用。

其次,依托北京奥林匹克公园等场所设立北京精神展示与交流中心。充分发挥北京奥林匹克公园良好的区位优势、国际一流的文化体育场馆优势以及具有规范管理的人才优势,通过建设北京精神城市雕塑群,举办北京精神教育展、成果展、书画展、摄影展等大型展览,组织大型歌会、演唱会、戏曲演出等文艺活动,举办"中外城市精神高层论坛""北京精神论坛"以及各种相关文化活动,让广大市民、中外游客以及商务人士、专家学者通过多种形式了解北京精神、感知北京精神，深化对北京精神的认识。

二、社会主义核心价值体系是兴国之魂

社会主义核心价值体系是兴国之魂，是社会主义意识形态的本质体现，是社会主义先进文化的精髓，决定着中国特色社会主义的发展方向。提出"社会主义核心价值体系是兴国之魂"这一重要论断，标志着我们党对社会主义意识形态建设规律性的认识达到了一个新的更高的境界。

社会的核心价值体系是确保该社会系统得以运转、社会秩序得以维持的基本精神依托。人们在创造和实现价值的过程中，必然要形成一定的价值观。价值观就是主体以自身的需要为尺度，对外在于自身的事物或现象所蕴含意义的认识和评价。一定的价值观是处于一定经济和社会关系之中的人们的利益需要的反映，它决定着人们的思想取向和行为选择。不同的主体有不同的利益需求，因此必然会产生不同的价值观。核心价值观是一个社会中居统治地位、起支配作用的核心理念，也是一个社会必须长期普遍遵循的基本价值准则，它具有相对稳定的特点。社会主义价值观是对社会主义价值的总的看法和最根本观点。社会主义核心价值观，是指那些在社会主义价值体系中居统治地位、起指导作用的价值理念，比如富强、民主、文明、和谐等，都属于社会主义核心价值观。以社会主义核心价值观为内核，全面体现社会主义意识形态本质要求的、系统化的核心价值理论，我们便称之为社会主义核心价值体系。

社会主义核心价值体系是社会主义意识形态的本质体现，它的基本内容包括马克思主义指导思想、中国特色社会主义共同理想、以爱国主义为核心的民族精神和以改革创新为核心的时代精神、社会主义荣辱观四个方面。这四个方面既相互区别，又相互联系、相互制约，构成了一个结构完备、逻辑缜密的科学理论体系。社会主义核心价值体系作为中国特色社会主义理论体系的重要组成部分，它在推进社会主义先进文化建设、提高社会主义意识形态的吸引力和凝聚力、巩固全党全国各族人民团结奋斗的共同思想基础、实现中华民族伟大复兴方面，发挥着不可替代的功能和作用，是不可或缺的"兴国之魂"。

那么，社会主义核心价值体系的时代价值和重要作用究竟表现在哪些方面呢？

（一）社会主义核心价值体系是社会主义先进文化的精髓

中国特色社会主义现代化建设是一个由经济建设、政治建设、文化建设和社会建设所构成的整体建设工程。社会主义先进文化建设是社会主义整体建设战略布局中的一个重要组成部分，它直接影响和制约着社会主义建设的根本性质和发展方向。社会主义核心价值体系是社会主义先进文化的精髓，

正是因为有了这个精髓，社会主义文化才具有了先进性、科学性和真理性，进而才能引导中国特色社会主义事业沿着正确的道路前进。社会主义核心价值体系作为社会主义先进文化的精髓，是推进中国特色社会主义事业不断发展的精神动力。

(二)社会主义核心价值体系是社会主义意识形态的灵魂

党的十七大报告强调，社会主义核心价值体系是社会主义意识形态的本质体现。社会主义意识形态是社会主义制度体系的灵魂，它是建立在社会主义生产关系和经济基础之上、代表工人阶级和最广大人民根本利益的思想意识及观念体系。社会主义意识形态的主体内容是社会主义核心价值体系，而社会主义核心价值体系的核心是马克思主义指导思想。坚持马克思主义在意识形态领域的指导地位，是社会主义意识形态与其他社会意识形态的本质区别。社会主义核心价值体系是一个完整系统的思想理论体系，它科学回答了发展中国特色社会主义的指导思想、共同理想、精神动力和道德标准等一系列社会主义意识形态所必须回答和解决的根本问题，指引着中国特色社会主义的发展道路和前进方向，是社会主义意识形态的本质体现和内在灵魂。

(三)社会主义核心价值体系是引领各种社会思潮的旗帜

随着我国改革开放和社会主义市场经济的不断发展，我国经济社会生活的各个层面都发生了深刻变化，经济成分多样化、社会组织多样化、利益关系多样化、分配方式多样化，人们的思想价值观念也逐步呈现出多样化的趋势，传统的、现代的、东方的、西方的各种价值观念纷至沓来，使人们的思想观念一时呈现无所适从的状况。在这种情况下，靠什么来引领各种社会思潮的正确发展方向呢？只有靠社会主义核心价值体系。因为社会主义核心价值体系既具有内容上的涵盖性又具有广泛的统摄力，既坚持了马克思主义基本价值理念，又继承和发扬了中国传统价值观的优秀遗产，同时还吸纳了符合时代特征的现代价值理念，它在帮助人们正确识别多样化的价值观、引领各种社会思潮方面无疑发挥着巨大的导向作用，是引领各种社会思潮的精神旗帜。

(四)社会主义核心价值体系是规范全体公民思想行动的坐标

社会主义核心价值体系在统领和规范全党和全国各族人民的思想与行动方面发挥着重要作用。具体来说，就是要用马克思主义指导思想武装全体党员的思想，用中国特色社会主义共同理想引领全体人民的奋斗目标，用民族精神和时代精神激发全国人民的精神力量，用社会主义荣辱观约束和规范全体人民的道德追求。尤其是以"八荣八耻"为主要内容的社会主义荣辱观，旗帜鲜明地告诫人们必须以热爱祖国、服务人民、崇尚科学、辛勤劳动、团结互助、诚实守信、遵纪守法、艰苦奋斗为荣，以危害祖国、背离人民、愚昧无知、好逸恶劳、损人利己、见利忘义、违法乱纪、骄奢淫逸为耻，这就更清晰地明确了当代中国最基本的价值取向和行为准则，这些基本准则和价值要求，对全体社会公民无疑具有重要的规范和约束作用。

（五）社会主义核心价值体系为中国共产党人提供了科学指导思想

社会主义核心价值体系的灵魂是马克思主义指导思想。马克思主义是我们立党立国的根本指导思想。在社会主义核心价值体系中，马克思主义为我们提供的是科学的世界观和方法论，是指导我们认识世界和改造世界的理论武器。我们党坚持把马克思主义基本原理同中国具体实际紧密结合，形成了毛泽东思想、邓小平理论和"三个代表"重要思想，形成了科学发展观等重大战略思想。这些理论成果是中国化的马克思主义。在当代中国，坚持马克思主义的指导地位，就是要坚持用发展着的马克思主义指导我国改革开放和现代化建设实践。如果动摇马克思主义的指导地位，就会动摇中国特色社会主义发展的理论根基，动摇全党和全国人民团结奋进的共同思想基础。从这个意义上说，社会主义核心价值体系是我们的党魂、国魂和民魂的重要理论基础和指导思想。

（六）社会主义核心价值体系为当代中国不同社会群体确立了共同的理想信念

社会主义核心价值体系的主题就是中国特色社会主义共同理想。我们党在领导人民建设社会主义的过程中，经过艰辛探索，找到了建设中国特色社会主义的正确道路。在中国共产党领导下，走中国特色社会主义道路，实现中华民族的伟大复兴，这是现阶段我国各族人民的共同理想。这个共同理想，把党在社会主义初级阶段的目标、国家的发展、民族的振兴与个人的幸福紧密联系在一起，把各个阶层、各个群体的共同愿望有机结合在一起，有着广泛的社会共识，具有强大的感召力、亲和力和凝聚力。这样的共同理想和价值追求，集中了我国工人、农民、知识分子和其他劳动者、建设者、爱国者的共同利益和愿望，是保证全体人民在政治上、道义上、精神上团结一致，共同克服困难、创造美好未来、发展中国特色社会主义、推进中华民族伟大复兴的强大精神纽带和动力。

（七）社会主义核心价值体系为中华民族发展和振兴提供了强大精神力量

社会主义核心价值体系的精髓是以爱国主义为核心的民族精神和以改革创新为核心的时代精神。民族精神是民族文化最本质、最集中的体现。以爱国主义为核心的伟大民族精神，已经深深地融入我们的民族意识、民族品格、民族气质之中，成为全国各族人民团结一心、共同奋斗的价值取向。以改革创新为核心的时代精神，是中华民族富于进取的思想品格与改革开放和现代化建设实践相结合的伟大成果，它已经成为推进全国各族人民不断开创中国特色社会主义事业新局面的强大精神力量。正是中华民族精神和时代精神的相互交融，深深地熔铸在中华民族的生命力、创造力和凝聚力之中，从而使中华民族始终能够以昂扬向上的精神状态自立于世界民族之林。以爱国主义为核心的民族精神和以改革创新为核心的时代精神是推进中国特色社会主义伟大事业的强大精神动力,是促进中华民族发奋进取的振兴之魂。

(八)社会主义核心价值体系为全体社会成员提供了基本道德规范

社会主义核心价值体系的基础是社会主义荣辱观。以"八荣八耻"为主要内容的社会主义荣辱观,是与社会主义市场经济相适应、与社会主义法律规范相协调、与中华民族传统美德相承接的社会主义思想道德体系。社会主义荣辱观旗帜鲜明地指出了在社会主义市场经济条件下,应当坚持和提倡什么、反对和抵制什么,为全体社会成员判断行为得失、做出道德选择、确定价值取向,提供了基本的价值准则和行为规范。只有在全社会大力弘扬社会主义荣辱观,才能确保社会主义社会最大限度地做到民主法治、公平正义、诚信友爱、充满活力、安定有序、人与自然和谐相处,进而推进中国特色社会主义事业又好又快地发展。

三、北京市如何培育和践行社会主义核心价值观

社会主义核心价值观是社会主义核心价值体系的内核,体现着社会主义核心价值体系的根本性质和基本特征,反映着社会主义核心价值体系的丰富内涵和实践要求,是社会主义核心价值体系的高度凝练和集中表达。党的十八大报告明确提出:"倡导富强、民主、文明、和谐,倡导自由、平等、公正、法治,倡导爱国、敬业、诚信、友善,积极培育和践行社会主义核心价值观。"北京市如何才能在培育和践行社会主义核心价值观方面取得实实在在的成效呢?这是一个值得认真思考和探讨的问题。

(一)当前北京市在培育和倡导社会主义核心价值观方面存在的主要问题

近年来北京市在推进社会主义核心价值观建设方面取得了显著成绩,市民的整体价值观念特别是平等观念、公平观念、民主观念、法制观念、自由观念、维权观念等较以前有了明显进步,以社会主义核心价值观为指导的"北京精神"已经深入人心,并逐步成为推进北京进一步科学发展、和谐发展的精神动力。

但是,我们在看到价值观建设巨大成就的同时,还必须客观认识北京市在培育和弘扬社会主义核心价值观方面存在的一些主要问题。这些问题主要表现在以下几个方面:

1. 价值导向存在弱化现象

在一些领域如文艺演出、图书出版、哲学社会科学教学与研究等领域,明显存在价值导向弱化的现象,社会主义核心价值观"人脑入心入行"的程度还不高,对全心全意为人民服务的先进宗旨和理念、集体主义的价值目标和精神的弘扬力度不够,部分市民的价值追求呈多元化、功利化、短期化和盲

目化倾向。

2. 价值标准存在模糊现象

对过去一些本来非常明确的价值理念和崇高精神，一些主流媒体不仅不敢大张旗鼓地宣传，而且在一些大是大非面前也不能及时而明确地表明正确态度，如提倡和宣传助人为乐、舍己为人、先人后己，反对拜金主义、享乐主义、极端个人主义等，这本来是很正常的事情，但由于各种消极因素的影响致使有些人、有些媒体不敢理直气壮地宣传和弘扬正确的东西，不敢批判和抵制错误的东西，有的甚至连党的理论联系实际、密切联系群众、批评与自我批评的优良作风也不敢大张旗鼓地提倡了。这种对价值标准认识态度的模糊就必然导致价值标准的模棱两可和含混不清。

3. 部分人的价值行为存在混乱现象

由于价值导向的弱化和价值标准的模糊，自然就会导致人们价值行为的混乱。本来人们应以追求集体主义和为人民服务的价值观为荣，以追求社会主义、共产主义的社会理想观为荣，但现实社会中却有不少人放弃远大理想和崇高追求，以功利主义、实用主义来指导自己的价值行为，一些人整天跟着感觉走、盯着金钱看、以我为中心、围着利益转，老人摔倒不去扶、孩子被轧不去救、是非荣辱不敢讲、坑蒙拐骗不敢管。这种价值行为的混乱虽说不是普遍的，但已经严重影响了某些部门、某些领域的整体声誉和形象。

(二)造成社会主义核心价值观培育和倡导阻力的主要原因分析

认真分析造成培育和倡导社会主义价值观阻力的原因，我们可以得出以下几点：

1. 部分媒体在宣传时理论与现实严重脱节

我们宣传的理论、提倡的价值观与社会现实的严重脱节甚至背离，是导致倡导正确价值观遇到阻力和障碍的重要现实原因。比如我们在理论上宣传和提倡集体主义，但现实生活中个人主义现象非常严重；理论上宣传和弘扬爱国主义，但现实社会生活中崇洋媚外现象非常严重；理论上宣传榜样力量，但现实生活中却存在"救人吃亏""做好事没好报"现象等。这种理论与现实的严重脱节是影响人们接受正确价值观的一个重要原因。

2. 市场经济的利益驱动原则扩大化使社会、政治、文化领域受到严重冲击

在经济领域，市场经济的利益驱动原则是完全可行的，但我国的市场经济毕竟是社会主义性质的，是建立在公有制和按劳分配原则基础之上的。如果抛开"公有制"原则而把市场利益导向机制机械地照搬、扩充到社会政治、文化和思想领域，那就必然会形成巨大的危害性，思想领域、政治领域如果机械地用所谓"利益机制"来导向，那就必然会导致整个社会丧失原则，陷入物欲横流的境地，因为市场领域的商品可以交换，但政治领域的权力不能交

换；市场领域的价值取向可以多元，但政治领域党的领导、党的宗旨和信念不能多元，思想领域指导思想也不能多元；市场可以追求最大利益，但共产党员绝不能追求自己的最大利益；市场竞争可以充分自由，但政治领域、法治领域、党纪国法领域决不能自由放任。

3. 体制转轨形成的负面影响

我们过去实行的是计划经济，社会资源主要靠国家供给、靠集体配置，现在建立了社会主义市场经济体制，家庭甚至个人本位成了"主流"，在这种体制基础上如果不加以正面引导，那就很容易导致个人主义、本位主义和拜金主义思潮泛滥。

(三)北京市培育和践行社会主义核心价值观的主要对策

要真正在全体市民中培育和倡导社会主义核心价值观，使社会主义核心价值观真正"入脑入心"并转化为每个市民的具体行动，必须从以下几方面下大功夫：

1. 切实想办法解决理论与现实脱节、市场利益机制泛化和体制转轨带来负面影响等关键问题

这些问题是导致社会价值观无序和混乱的总根源。要解决这个问题，一要靠广大理论工作者把这个问题从理论上解释清楚；二要靠我们的决策层在制定方针政策时切实按照政治文化和思想领域自身规律要求办事，切忌让市场利益机制冲击我们的政治、文化和思想领域。

2. 切实把社会主义核心价值观的内容"转换"成相关的制度、机制和规范

社会主义核心价值观的基本内容本身是一种理论形态的东西，它具有抽象性、概括性的特点，要想让普通百姓都去掌握和践行，唯一的办法就是尽快把它"转换"成具体的制度、体制或规范性的东西，变成市民守则、文明公约、行为规范、乡规民约，只有这样普通市民才能自觉践行。

3. 切实搞好社会主义核心价值观"进教材、进课堂、进学生头脑"工作

青年学生是接受社会主义核心价值观、践行社会主义核心价值观的重要群体，高校是培养社会主义建设者和接班人的重要阵地，要使北京高校社会主义核心价值观教育取得实效，必须认真把握好几个关键环节：一是必须以思想政治理论课为主渠道；二是必须把核心价值观渗透于大学生社会实践过程中；三是必须把核心价值观融入高校校园文化建设中；四是培育核心价值观必须从建立和完善相关教育机制上下功夫。

4. 切实推进社会主义核心价值观大众化、现实化和生活化

无论是让普通市民明白，还是让一般青年学生掌握，都离不开使社会主义核心价值观进一步大众化、形象化、现实化和生活化的问题。为此，建议我市相关部门应尽快组织专家学者编写出通俗、具体、生动、感人的社会主义核心价值观教材，切实使抽象的东西形象化、理论的东西通俗化，这样普

通市民才能乐于接受、便于接受。只有使普通市民都接受了社会主义核心价值观，才能真正使它成为引领北京市民思想的"引航灯"和行动的"方向盘"。

（作者：韩振峰　北京交通大学教授）

项目名称：加强社会公平与提升北京居民幸福指数问题研究
项目编号：12KDC040
项目负责人：汪琼枝
项目信誉保证单位：北京建筑大学

加强社会公平与提升北京居民幸福指数

内容提要：进入 21 世纪的中国，伴随经济社会的发展，追求幸福成为人们共同的追求，幸福的话题充斥在社会文化的方方面面。然而，伴随北京经济以 10% 左右速度直线的增长，居民幸福指数却呈现出曲折前进，甚至一定程度的退步。实践和理论表明，幸福不仅是个人的事情，其更多地依赖人们所处的社会环境，加强社会公平对北京居民幸福指数的提升具有至关重要的意义。

一、幸福的本质特征

什么是幸福，这是恒久且令人苦恼的问题。可能每个人都会对这一问题给出自己不同于他人的答案。诚如康德所言："幸福是如此不确定的一个概念，以至于尽管每个人都希望获得幸福，然而他永远都不能够明确地、一贯地说出他真正希望和想要的东西究竟是什么。"尽管如此，人们并没有因为这种不确定性而失去对于幸福的热情探讨，哲学家、伦理学家、心理学家、经济学家等都从不同侧面尝试对幸福的本质进行界定。尽管"幸福"二字在马克思、恩格斯的言语和著作中出现的频次很少，但是，我们有理由相信马克思有自己的幸福观或幸福理论。马克思在人的本质的探讨中揭示了幸福的本质在于自由。自由既是幸福实现的手段，也是幸福的本质规定性。自由的获得必然在现实世界的实践中才能实现，显示了幸福的现实性和社会性的本质特征。

(一)幸福的现实性

相对于幸福的虚幻性或抽象性而言，幸福的现实性归根结底缘于幸福的客观性。幸福的现实性主要表现为幸福主体的现实性与幸福客体的现实性两个方面。

首先，幸福主体的现实性。幸福主体的现实性又可称为人的现实性或现实的人。"现实的人"的概念最早由费尔巴哈提出。但是，诚如马克思所批评的，费尔巴哈所说人的"现实"主要是指人所具有的自然属性和建立在男女生理差异基础上的自然联系，因而他是把人的情欲和性爱作为人与人的本质联系。在《德意志意识形态》中，马克思提出了自己对"现实的人"的认识："任何人类的历史的第一个前提无疑是有生命的个人的存在"，"我们开始要谈的前提不是任意想出来的，它们不是教条，而是一些只有在想象中才能抛开的现实的前提。这是一些现实的人，是他们的活动和他们的物质生活条件，包括他们得到的现成的和由他们自己的活动所创造出来的物质生活条件"，"现实中的个人，也就是说，这些个人是从事活动的，进行物质生产的，因而是在一定的物质的、不受他们任意支配的界限、前提和条件下活动着的"。"现实的人"的观念表明幸福主体的现实性，幸福主体必然是有着客观现实需要的人，是为满足现实需要而从事实际活动的人。

其次，幸福客体的现实性。幸福客体的现实性指幸福的实现依赖于现实的世界。所谓现实世界即人生活于其中的世界。准确理解和把握幸福主体的现实性，还必然要考察幸福依赖的外部现实世界。幸福是主体感受到自身需要和欲望得到满足的一种心理体验，是一种内在自我与外在环境和谐而达成的内心和谐和对生活满意的状态。幸福的形式是主观感受，但幸福的内容来自于现实世界。马克思在《黑格尔法哲学批判导言》中通过对宗教的批判，阐明了幸福的内容与现实世界的不可分割性。马克思指出，"宗教里的苦难是现实的苦难的表现，又是对现实苦难的抗议"，"废除作为人民虚幻幸福的宗教，也就是要求实现人民的现实幸福"。现实世界始终是主观幸福的基础，离开现实世界的幸福是虚幻的，也恰是现实痛苦的一种反映。

（二）幸福的社会性

幸福的现实性逻辑地包含着幸福的社会性。人的本质的社会性决定了幸福以及幸福获得的社会性。马克思指出："既然人天生是社会的生物，那他就只有在社会中才能发展自己的真正的天性。"现实社会是有机联系的整体，个人的幸福只能在社会中实现。马克思从不否定个人幸福，但马克思主义反对把个人幸福和社会幸福割裂开来。恩格斯指出："当一个人专为自己打算的时候，他追求幸福的欲望只有在非常罕见的情况下才能得到满足，而却绝不是对己对人都有利。他需要和外部世界来往，需要满足这种欲望的手段：食物、异性、书籍、谈话、辩论、活动、消费品和操作对象。"根据恩格斯的这一论断，实现个人幸福的物质条件和精神条件都是由社会、集体和他人提供的。

在《德意志意识形态》中，马克思指出，任何现实的个人存在，都是以某种集体为存在对象的存在。"只有在共同体中，个人才能获得全面发展其才能的手段。也就是说，只有在共同体中才可能有个人自由"。人是在现实的社会关系和历史进程中生活，在存在中创造和创造中存在的人。马克思认为，自由自觉的劳动是人的类特性，在自由自觉的活动中人的体力、智力等本质力量得以确证。人在劳动中按照自身内在的尺度，从自己存在和发展的目的出发去进行生产，并占有生产的劳动产品使其为自己服务，满足自身的需要。同时，在劳动过程中因为是按自己的目的和计划去活动，发挥着自己的想象力和创造力，因而，不断超越现实，证明自己。人的幸福就是在劳动中和通过劳动得以实现和呈现的，个人的任何活动都是在一定的社会历史条件和社会关系中进行的，劳动总是社会性的劳动，因而，幸福就必然是社会性的幸福。

幸福的现实性与社会性彰显出幸福的基本特质：尽管幸福具有主观的形式，但是其内容毋庸置疑具有客观性；幸福尽管是个体的体验，但是幸福的实现依赖于社会和他人。正是基于上述对幸福特质的认识，现当代众多思想家不再满足于对幸福的想象和抽象的描述，而是致力于探究幸福实现的要素和途径。

二、幸福感与社会公平的正相关性

个人可以通过选取一种更为超然潇洒的态度而学会成功地处理认知性偏差，或者获得强大的内心来实现幸福感的提升，现代积极心理学部分学者提供了很多这样的建议。哈佛大学最受欢迎的课程——《幸福公开课》即属此列。本课题研究认为，在中国固然可以通过教会人们调整情绪、改变生活态度等一定程度提升幸福感，但是毋庸置疑的是，从社会方面入手，尤其是从社会公平视角提升公民的幸福感更具有紧迫性。

社会公平包括收入分配的公平，也包括社会其他资源，如政治权利、社会权利、文化权利等的公平。当下，越来越多的学者认识到幸福感与社会公平程度有着高度的正相关性。Myers 研究了自第二次世界大战以来美国的经济发展水平与其国民幸福感之间的关系，发现了著名的"美国困惑"：在物质繁荣的同时出现了社会衰退现象。理查·莱亚德在其《不幸福的经济学》一书的第一章中，直言自己思考的起点或促使自己思考的现实就是今天人们的幸福程度比不上五十年前，尽管人们的平均收入是当时的两倍以上，英国、美国、日本都是如此。

无独有偶，中国社会科学院的调查也显示，2005 年中国人的幸福感比上年下降了 5 个百分点。另有一项调查表明，中国人的幸福感在过去十年中先升后降，与经济发展的曲线并不同步。所有这些研究和调查都否定了收入与幸福感的单一正相关性。

心理学者试图从心理学上论证幸福感与社会公平之间的关联。幸福感的心理学研究成果表明幸福感的产生有生理机制、动机机制、社会比较机制和稳态机制等，其中生理机制与稳态机制主要从个体相对稳定与一般的视角研究幸福感产生的心理机制，动机机制和社会比较机制则更多从社会维度揭示了幸福感产生的外部因素及其作用机制。动机理论简洁明了地表明外部环境满足自身需要而带来的愉悦的心理体验；社会比较理论则解释了个人在与他人的横向比较中产生幸福或不幸福感。

社会比较是一种普遍存在的大众心理现象。第一个系统地提出社会比较理论的是费斯廷格。其理论的基本观点是：人人都自觉或不自觉地想要了解自己的地位如何，自己的能力如何，自己的水平如何。一个人只有在社会中，通过与他人进行比较，才能真正认识到自己和他人；只有"在社会的脉络中进行比较"，才能认识到自己的价值和能力，对自己做出正确的评价。行为经济学家通过实验也发现，人们具有公平偏好和不均等厌恶。公平的评判必然包含人际横向的比较。诸多实验如最后通牒博弈实验、独裁者博弈实验、囚徒困境实验、公共品博弈、信任博弈等，都从不同侧面揭示了人类具有公平偏好，关注相对收益和相对地位。

Mc. Bride 较早将社会比较理论用于个体满意度的分析。利用 1994 年美国综合社会调查数据，Mc. Bride 研究了个体满意度如何依赖于与他年龄相差在 5 岁以内个体的收入。研究表明，在控制自身收入等变量的情况下，个体满意度随参照收入的增加而下降，并且个体收入越高相对剥夺感就越强。

德国斯特凡·克莱因博士直言，"市民意识、社会平衡和对自己生活的控制是一个社会的金三角"，"一个社会的财富分配方式才是决定幸福的因素"。因此，"在国际比较中，国民感觉最满意的国家同时也是分配最均衡的国家。""只有在社会组织运营良好的地方，人民才会生活得比较幸福。"当下中国由于处在社会主义初级阶段，在生产力不发达的同时，生产关系也有诸多不完善的地方。改革开放三十多年来，伴随着国家经济总量和社会财富大幅度的提升，全体人民的收入和生活水平都出现了历时性的进步，然而共时性的贫富差距现象却持续拉大，严重影响了居民幸福感的提升。

三、北京居民幸福指数与社会公平关联实证

为了探究影响北京居民幸福指数提升的社会公平因子及其比重，我们采用伊利诺伊大学 Diener 教授编制的总体满意感量表（GSWLS），用以了解调查对象的幸福总指数。同时，课题组自制了北京居民民生公平感调查问卷，用以了解北京居民在收入、法制、单位、教育、医疗、养老等民生领域的公平感，进而，将北京居民在各个领域的公平感与幸福总指数进行关联，依此了解各个领域公平感对幸福感的影响度。

在幸福总指数上，通过调查和统计分析，显示北京居民幸福总指数的均值为 16.2626，与理想均值 20 差距较大，表明调查对象的幸福指数总体偏低。

（一）收入公平调查

在收入公平感上，课题组通过对个人收入在与同事、与同龄人、与过去

和与自己的付出四个指标的对比中来观察调查对象对收入水平的评价。统计结果显示:调查对象对收入水平评价的均值为 9.2804,与理论中值 8 相比,收入水平的总体评价比通常的理解要高,意味着大部分的居民对于自身收入水平持肯定的态度。然而,当我们将调查对象的收入评价与幸福指数进行相关时,发现收入水平评价与幸福指数显著负相关,意味着收入评价水平越高,幸福指数反而越低,证伪了收入水平与幸福感之间简单的一一对应的正相关关系,表明与收入有关的贫富差距和其他领域的公平感可能更主要影响着北京居民的幸福感,提示政策的制定者不能通过简单提高居民的(绝对)收入水平来实现幸福感的提升。

(二)政治公平调查

在政治领域,调查显示调查对象对法律公平认可度很低。四分之一多的调查对象对法律公平持严重否定态度。将法律公平与幸福总指数关联时,发现法律公平感与幸福总指数显著正相关,相关系数达到 0.282,甚至高于收入水平对幸福总指数的影响。

政治领域的公平还体现在公民对政府官员的信心以及公民参与政府决策的程度及其满意度。在问及最不公平现象时,无论是相应百分比还是个案百分比,腐败都是出现频率最高的,69.8%的调查对象认为腐败是当前最不公平的现象之一,36.5%的调查对象认为政府决策中普通公民的参与度不够是最不公平的现象之一。将腐败现象和决策参与度与幸福总指数关联,二者都表现出显著相关性。政治领域的公平感对幸福总指数的负向影响表明北京法治建设的首要紧迫性。

(三)机会平等调查

机会平等尽管仍然属于形式的平等,但是它对于今天的中国非常有意义,也成为公民的重要诉求。机会的平等主要体现在就业的平等、单位内上升空间与待遇的平等、教育的公平等。调查中对"您在以往的求职过程中是否遭遇过就业歧视"问题,50.8%的调查对象回答遭受过就业歧视;调查结果显示就业公平程度仅为 1.4921。

关于单位公平问题。单位公平感的理论最小值为 5,理论中值 21,最大值为 35,得分越高不公平程度越高,统计显示单位公平感均值为 20.0745,表明对单位公平予以基本认可。然而,值得注意的是,单位公平感在 20 以下的占调查对象的 56.9%,单位公平感在 21 及以上的占调查对象的 44.1%。总体来看肯定单位公平的人数只是略高于否定单位公平的人数,二者基本相当。

关于教育公平问题。统计显示,教育公平程度均值为 3.1158,表明调查对象教育公平感较低。其中只有 1 人认为教育非常公平,39.2%认为比较公平,19.5%的人选择不知道,而认为教育比较不公平和非常不公平的同样达到 39.2%。

分别对就业公平感、单位内公平感和教育公平感与居民幸福总指数相关，发现就业公平与教育公平方差齐性，但检验不显著。单位内公平感与居民幸福总指数在 0.05 水平（双侧）上显著正相关，相关系数为 0.177。

（四）基本保障公平调查

在基本保障方面，课题组对北京居民在居住、房价、医疗和养老方面的公平感进行了抽样调查。经统计，调查对象对居住条件非常满意和比较满意的只占调查对象的 42.7%，比较不满意和非常不满意的为 44.2%，不满意人群数略大于满意人群数；认为北京房价不合理的达到 93.6%，医疗费用负担不合理的占 64.9%；认为养老保险制度非常合理和比较合理人数比例为 38%，比较不合理和非常不合理的为 42.4%。总体来看，北京居民在居住、房价、医疗和养老制度等方面认为不合理的人数均多于合理人数，反映出在基本保障问题上的严重不公平感。其中，尤以对北京房价的不满为最严重。将居住、房价、医疗和养老的满意度或合理程度与幸福总指数关联，发现住房方差齐性，差异显著；房价方差齐性，差异不显著；医疗方差不齐，差异不显著；养老方差不齐，差异不显著。

四、政策建议

在调查统计和分析的基础上，本研究提出以下政策建议：

（一）加强收入分配制度改革，坚持按贡献分配与按（基本）需要分配相结合

1. 初次分配领域坚持按贡献进行分配

我国现行分配制度的实质是按贡献分配。按贡献分配有利于鼓励社会资源参与到生产过程中来，促进效率的提高，为全社会财富的增加提供物质基础。当前坚持按贡献分配原则首先要反对以生产资料所有权作为分配的依据。生产资料的所有权只是对生产资料所有者进行分配的前提，但不能成为分配的依据，分配的依据应该而且只能是该要素在生产过程中的实际贡献。其次，坚持按贡献分配还必须反对按身份进行分配。按身份进行分配违背了按贡献分配的原则，并且有害于按贡献分配。这种分配方式无视成员对社会的贡献，伤害了社会分配正义的基本环境，引致其他社会成员的不满，从而易使其他社会成员背离分配正义，甚至以通过身份无偿占有他人劳动和贡献为荣，对社会主流价值取向造成严重冲击。强调按贡献分配，必须反对基于身份的同工不同酬、同等贡献不同酬等不公平分配方式。

2. 再分配领域坚持按（基本）需要分配

由于个体禀赋的差异以及非基于个人原因所致的起点不一致等原因，初次分配坚持按贡献分配必然导致收入差距的拉大，这与实体公正相悖，因而必须通过再分配予以修正。再分配领域应遵循按（基本）需要分配的原则，保证每个公民能享有基本的社会服务,能满足其基本的需求。课题组通过对北京居民在住房、医疗、养老等基本保障领域的调查,发现居民在这些领域的公平感较差,表明加大再分配力度,保障居民基本需求的重要性。考虑到住房满意程度与居民幸福指数之间的显著相关性,改善住房条件是当前分配制度改革要着力解决的首要问题。

(二)依法治市

法治是相对于人治而言的。人治的最大弊端是易失控以致腐败盛行。实现依法治市,首先必须坚决反腐,清除党和政府内的蛀虫,重塑政府和政府官员的形象,增强老百姓的信心;其次,要进一步深化司法体制改革,平等执法、严格执法,实现司法公开、公正;再次,在健全司法体制的基础上,要加大法制宣传力度。政府和各种社会公益组织要采取行之有效的宣传教育方式,尤其要深入社区、单位进行有针对性的法律宣传和教育活动,让老百姓知法、懂法、守法,避免纠纷的发生,或当利益受到侵害时利用法律武器维护自身利益。

另外,考虑到近四成的人认为"政府决策中普通公民的参与度不够"是最不公平现象,因此,拓宽普通公民参与政府决策的渠道,保障其政治权利的切实实现也是依法治市的应有之义,应该引起有关部门的高度关注。

(三)进一步促进机会平等

1. 有序推进户籍制度改革,有限推进农民工市民化

教育不公平和就业不公平违反了按劳分配和按(基本)需要分配原则,本质上是一种按身份的分配。这种分配严重影响了北京居民的公平感和幸福感。教育资源的公平分配与就业公平问题都体现出户口问题的重要性,然而,这并不意味着北京放开户籍制度就能解决上述公平问题,提升北京居民的幸福指数。作为特大城市,超负荷的人口规模已严重影响北京城市功能的正常发挥,城市病已经凸显。没有效率的病态城市归根结底也不会有公平。在户籍制度的改革上应遵循循序渐进地、有序地、规范地进行的原则,依托产业转移带动人口的合理迁出,而对于已基本具备市民条件的外来人口要给予其市民待遇,逐步减少由户籍制度带来的不平等福利,提升北京居民的总体公平感和幸福感。

2. 加强对妇女就业平等权的保护

就业问题突出表现为性别因素对就业公平的负向影响。解决这一问题,一方面要加大对女职工的就业帮扶力度和广度,在充分利用和继续深化现有劳动保障部门的就业帮扶工作的同时,积极探索社会组织参与女职工就业帮扶的机制。另一方面,在切实贯彻《妇女权益保障法》的基础上,加大对妇女就业平等权益的保护力度,坚决反对各种显性和隐性的性别歧视。可以考虑建立专门的反性别歧视机构,处理妇女在面临就业歧视时的申诉,维护妇女的

平等就业权，对于经查证确实存在性别歧视的单位要予以一定的行政处罚。

3. 健全和完善教育监督机制，打击教育腐败，促进教育资源的公平分配

调查显示，影响教育不公平的最重要因素是学校之间师资分配的不公平、教学设施的不均衡、不健全的加分制度、教育监督渠道不畅（二者相应的频率相同）以及京籍子女与非京籍子女教育机会不均等等。加强教育公平，促进机会平等必须着力于师资和教学设施的真正均衡分配，打破当前优质学校借联姻之际利用较差学校的编制，实现优质学校规模的扩大，而对较差学校并无实质帮扶的困境。其次，逐步减少和规范各种加分制度，消除人为因素的影响。应该从创新教育监督机制，拓宽教育监督渠道入手，健全加分制度，使之能真正起到素质教育培养全面性人才的作用。

4. 建立支持员工参与单位内民主管理机制，促进单位公平

相对于外部社会环境的公平与否，个人更关注单位内的公平水平和自身的发展基础与空间，因而，人们的公平感和相应的幸福体验也更多直接来自于与自己有切身利益关系的单位和社区。调查显示，在涉及单位内的民主管理问题上，接近一半的调查对象对其持否定态度，表明近一半的被调查者认为单位并没有提供一种鼓励和支持员工参与民主管理的机制与机会。实现单位公平，提高居民的幸福指数应该着力提高单位的民主程度和管理水平。

参考文献

[1] 中共中央马克思恩格斯列宁斯大林著作编译局编：《马克思恩格斯选集》（第1、2、3、4卷），北京：人民出版社，1972年。

[2] 郝身永、韩君：《经济增长、收入差距与国民幸福——幸福经济学研究的经验启示》，《社会科学》，2013年第3期。

[3] [德]斯特凡·克莱因著，方霞译：《幸福之源》，北京：中信出版社，2007年。

[4] [美]德雷克·博克著，许志强译：《幸福的政策——写给政府官员的幸福课》，北京：北京联合出版传媒（集团）股份有限公司、万卷出版公司，2011年。

（作者：汪琼枝　北京建筑大学副教授）

项目名称：马克思主义文化动力观研究——基于马克思主义经典著作的理解
项目编号：12KDC041
项目负责人：张明霞
项目信誉保证单位：外交学院

马克思主义文化动力观研究

内容提要：马克思恩格斯关于文化问题的立场、观点和态度，为文化问题的研究提供了全新视角；他们对于科学技术的态度，对于文化和教育的解释，提供了一种研究文化的新方法；他们对文化动力和机制特点的分析，为现实社会中发挥文化的理论提供了思想和方法论上的指导。尽管时代发生了巨大的变迁，马克思主义文化动力观并没有因为时间的流逝而过时，没有因为历史的久远而失去活力，没有因为各种错误的理解和革命实践而减损其魅力，也没有因为各种关于马克思主义意识形态的争论而失去光彩。虽然马克思恩格斯的文化思想是一个特定历史时期的产物，但其理论的现实指导意义，特别是基于马克思主义文化动力观而形成的文化力量论述，已经成为中国特色社会主义文化强国战略的重要指导内容。

文化软实力的出场，将人们对文化力量的关注引向一个新的境界。很多人从约瑟夫·奈的观点中发掘文化软实力的依据，甚至用西方的文化建设理论附着中国的文化建设观点，这难免会产生一些错位。马克思主义理论中有没有关于文化力量的表达依据？主要观点是什么？当代价值在哪里？都是需要思考的重大理论和现实问题，也是研究马克思主义文化动力观的现实意义。

一、马克思主义文化动力观的含义及特征

马克思主义文化动力观是马克思、恩格斯、列宁、斯大林、毛泽东、邓小平等无产阶级革命家关于文化对社会发展的推动作用的基本看法和观点，是关于文化的能动性或反作用的认识，其基本立场是唯物史观，基本方法是唯物辩证法。人类生产力发展水平即可决定一个特定历史时期的文化发展状况，生产方式决定社会现实。而精神因素是背后强大的推动力量，文化不是虚幻的意识之流，它是物质生产方式的反映。马克思主义理论中对于文化力量的研究，揭示了文化发展中的相互关系，文化与资本、技术的联系。他们对于文化动力的研究不是停留在理论论证层次，而是尝试从各种复杂的关系

中挖掘文化的神秘力量，文化的力量实际上是在各种社会实践活动中映射出来的。马克思主义文化动力观的基本特征可以概括为：（1）革命性和阶级性。强调颠覆旧社会的落后的文化体系，建设新社会的文化体系；强调文化革命的动力功能。（2）实践性和民族性。文化动力是在社会主义实践中表达出来的，在当代中国，文化动力的民族性、科学性、大众性尤其明显。（3）思想性和指导性。无产阶级思想是引导革命走向胜利的先导，无产阶级意识形态领导权具有无可替代的作用。（4）时代性和战略性。表现为实事求是中的务实性，与时俱进中的创新性，科学发展中的和谐性，对外交流中的包容性。

二、马克思主义文化动力观的基本内容

马克思主义理论认为，思想的力量与旧哲学对其阐释的内容有明显的出入，他们尝试从资本主义意识形态出发揭示文化力量的真谛，以及作为文化具象的意识形态所具有的话语分析能力和政治导向功能。意识形态力量的表达是有条件的，需要进一步结合唯物主义的论点，将其应用于社会实践。科学技术是社会发展中越来越重要的因素，它不仅带来现代化大工业，同时也是发展替代资本主义生产力的重要媒介。科技促进经济、政治、社会和其他领域的变化，加强不同社会群体在全世界范围内的交流，辩证唯物主义进一步揭示社会发展的规律。在马克思看来，价值体系是社会凝聚力的重要表现，是影响社会变迁的重要因素。不同社会的价值体系各有差异，它受社会主流意识形态的影响，为主流意识形态的决策服务。在资本主义社会，资产阶级的价值观是主流价值观。无产阶级的价值观是要实现人类自由而全面的发展，开辟广阔的人与社会发展的前景。教育是培养文化表现力的重要途径，马克思恩格斯把教育与社会的发展紧密联系在一起，强调增强生产能力的教育工作对促进无产阶级革命运动等方面的作用，强调教育对彻底解放人类、实现人自由全面发展的重要作用。

马克思主义文化动力观的基本内容可以概括为以下层面：

第一个层面是先进意识形态力量。一是"精神指南说"。认为无产阶级意识形态是革命和建设的精神指南。二是"理论转化说"。马克思认为，"理论一经掌握群众，也会变成物质力量"[①]；列宁进一步说，"思想一旦掌握群众，就变成力量"[②]，代表先进阶级的正确思想，一旦被群众掌握，就会变成改造社会、改造世界的物质力量；江泽民认为，精神的力量可以转化为物质的力量。

① 中共中央马克思恩格斯列宁斯大林著作编译局编：《马克思恩格斯文集》第 1 卷，北京：人民出版社，2009 年版，第 11 页。

② 中共中央马克思恩格斯列宁斯大林著作编译局编：《列宁选集》第 3 卷，北京：人民出版社，1995 年版，第 321 页。

三是"理论效率说"。斯大林认为,理论给工人运动以确信力,是确定方向的力量。"理论如果是在和革命实践密切联系中形成的,那么它就能成为工人运动的极伟大的力量;因为理论,而且只有理论,才能使运动具有信心,使它有确定方针的能力,使它们能了解周围事变的内部联系;因为理论,而且只有理论,才能使实践不仅了解各阶级在目前如何行进和向哪里行进,而且了解这些阶级在最近的将来会如何行进和向哪里行进。"[①]理论水平越高,工作效率就越高,"这要算是一个定理"[②]。

第二个层面是社会主义价值观的力量。基本的观点有以下几个方面:(1)信仰动力论。列宁认为,共产主义是我们的理想和信念,无产阶级正是从这个理想中得到最强烈的斗争动力,而爱国主义是一股巨大的精神力量。邓小平使用过"信仰动力""精神动力""民族凝聚力"等概念,他认为,对马克思主义的信仰是中国革命的精神动力。(2)民族精神动力论。江泽民认为,民族精神是衡量一个国家综合国力强弱的重要尺度。一个民族、一个国家,如果没有自己的精神支柱,就等于没有灵魂,就会失去凝聚力和生命力。文化的力量,熔铸在民族的生命力、创造力和凝聚力之中。(3)爱国主义力量论。爱国主义是不竭的民族动力。(4)道义一致动力论。斯大林认为,道义上和政治上的一致、各族人民的友谊以及苏维埃爱国主义是社会发展的主要动力。

第三个层面是科学技术的力量。从马克思提出的"科学技术是生产力论"到邓小平提出的"科学技术是第一生产力论",从恩格斯提出的"社会发展力量论"到列宁提出的"第二党纲论",从毛泽东提出的"落后挨打论"到邓小平提出的"跳跃发展论",从江泽民提出的"尖端科技力量论"到胡锦涛提出的"民生科技力量论",都是马克思主义在不同时期对科学技术力量的认识。

第四个层面是文化知识、文学艺术等的力量。一是文化状况影响论。马克思恩格斯认为,文化影响着工人的需求水平,"这种需要的范围和数量由一般的文化状况决定"[③],也影响着资本主义社会中工人的革命水平。二是革命文化力量论。列宁指出:"只要实现了这个文化革命,我们的国家就能成为完全的社会主义国家了。"[④]在他看来,文化革命具有决定性的作用。三是社会主义先进文化力量论。江泽民认为,先进文化能够增强人们的精神力量。四是

---

① 中共中央马克思恩格斯列宁斯大林著作编译局编:《斯大林选集》上卷,北京:人民出版社,1979年版,第200页。

② 中共中央马克思恩格斯列宁斯大林著作编译局编:《斯大林文选》,北京:人民出版社,1962年版,第247页。

③ 中共中央马克思恩格斯列宁斯大林著作编译局编:《马克思恩格斯全集》第23卷,北京:人民出版社,1974年版,第260页。

④ 中共中央马克思恩格斯列宁斯大林著作编译局编:《列宁全集》第43卷,北京:人民出版社,1987年版,第368页。

文化软实力论。胡锦涛指出，文化是一种软实力，是增强全民族团结和谐、奋发向上的精神力量，是综合国力的重要组成部分。

三、马克思主义文化动力的作用机制

马克思主义认为文化理论的作用形式表现为一个系统的过程。

第一，文化力量是在社会主体的推动下表现出来的，主要观点是：（1）"历史的活动和思想就是'群众'的思想和活动。"①人作为社会主体，以其"对象化的独特方式"，把思想、意志、情感、愿望等纳入到社会生产过程中。（2）一切理论、科学、技术，都必须通过人的主体活动和劳动实践，才能转化为物质力量，转化为生产力。（3）中国共产党是体现文化力量的领导者，人民群众是体现文化力量的最广泛主体，知识分子是实现文化力量的中坚。

第二，文化力量是在经济发展中表现出来的。马克思恩格斯认为，"人的依赖阶段""物的依赖性为基础的人的独立性阶段""人的自由而全面发展阶段"，以及社会的自然经济、产品经济、市场经济，都与一定的文化形式相联系并受到相应文化形式的影响。先进的思想观念、人文资源与文化设施是引导和促进经济发展的巨大动力，尤其是社会主义核心价值观念，对经济发展的能动作用是无可替代的。

第三，文化力量是在政治发展中表现出来的。文化动力是在一定的政治环境中发生作用的，文化的动力不是表现为"厚厚的读本"，而是贴近生活的现实力量。列宁认为，"只要实现了这个文化革命，我们的国家就能成为完全社会主义的国家了"②，"问题'只'在于无产阶级及其先锋队的文化力量。"③毛泽东把文化对政治的推动作用看得更高，晚年甚至走向了极端。

第四，文化力量是通过社会教育表现出来的。要点是：（1）"教育会生产劳动能力。"④文化教育是培养人、提高人的素质的重要途径，是造就全面发展的人的一种方法。（2）无产阶级教育推动人自己的"存在"与自己的"本质"协调一致。（3）共产主义文化教育的功能在于造就自由而全面发展的人。

第五，文化力量是在社会生活中表现出来的。社会生活的精神活力与文化精神的社会动力是互相映照的。"外部世界对人的影响表现在人的头脑中，

---

① 中共中央马克思恩格斯列宁斯大林著作编译局编：《马克思恩格斯文集》第 1 卷，北京：人民出版社，2009 年版，第 286 页。

② 中共中央马克思恩格斯列宁斯大林著作编译局编：《列宁全集》第 43 卷，北京：人民出版社，1987 年版，第 368 页。

③ 中共中央马克思恩格斯列宁斯大林著作编译局编：《列宁全集》第 43 卷，北京：人民出版社，1987 年版，第 63 页。

④ 中共中央马克思恩格斯列宁斯大林著作编译局编：《马克思恩格斯全集》第 33 卷，北京：人民出版社，2004 年版，第 249 页。

反映在人的头脑中，成为感觉、思想、动机、意志，总之，成为'理想的意图'，并且以这种形态变成'理想的力量'。"①

　　总体上看，对于文化动力机制的分析，马克思恩格斯更加关注文化力量在经济、政治和社会中产生的影响。文化不是一个独立的变量，文化动力的表达是一个完整的过程，虽然个人文化素质在社会中也扮演着重要的角色，但文化发展的力量不是某一个人的成就和水平的标志，它是从属于整个社会的。在不同的社会中或相同社会的不同时期，同一文化属性对社会的影响都是有差异的，随着社会的变迁和形势的发展，文化因素变得越来越复杂，对文化内在驱动力的考量是准确把握形势的根本性问题，掌握文化力量的本质在于理解文化的内涵和作用。文化越贴近事物，越能反映出事物的本质，文化力量的影响也就越大，尤其是当相关的文化与国家的前途命运和人们的生活实践紧密相连时，其影响力将更加显著。在现实社会中，文化的表达离不开社会实践活动，而文化的主体是从事社会实践活动的人，每一种文化形式，都不过是对群众实践经验的总结和思想的表达，增强文化力量离不开物质力量，而先进的思想、文化资源和文化力量又对经济发展产生巨大推动力。每一种社会的文化都具有核心力量，文化动力对经济发展的指导作用是不可替代的，其所产生的政治发展动力是不可忽略的，思想文化对国家政治制度的发展具有重要的引领作用。在社会主义制度中的改革行为以及无产阶级文化的力量更多体现于各种具体社会实践当中。

四、马克思主义文化动力观的当代价值

　　从实践发展要求来看，建设社会主义文化强国，增强文化软实力，"必须走中国特色社会主义文化发展道路，坚持为人民服务、为社会主义服务的方向，坚持百花齐放、百家争鸣的方针，坚持贴近实际、贴近生活、贴近群众的原则，推动社会主义精神文明和物质文明全面发展，建设面向现代化、面向世界、面向未来的，民族的科学的大众的社会主义文化。"②要坚持马克思主义理论的指导地位，坚定不移地贯彻社会主义核心价值体系精神，深化文化体制改革，推动文化创新，不断吸取、借鉴人类一切优秀文明成果，在保持特色优势的基础上，开拓文化建设的新领域、丰富新内容。要继承马克思主义与时俱进的理论品质，开辟马克思主义文化动力理论中国化的新境界，将马克思主义文化理论与中国优秀传统文化、新时期创新文化以及西方文化建

　　① 中共中央马克思恩格斯列宁斯大林著作编译局编：《马克思恩格斯选集》第4卷，北京：人民出版社，1995年版，第232页。

　　② 胡锦涛：《坚定不移沿着中国特色社会主义道路前进　为全面建成小康社会而奋斗——在中国共产党第十八次全国代表大会上的报告》，北京：人民出版社，2012年版，第30页。

设发达国家的文化成果有机结合，发展中国特色社会主义先进文化，增强文化整体实力，推动中华文化走向世界，提高文化软实力因素在未来国际竞争中的影响比重，充分发挥文化的反作用，带动中国经济快速发展，政治民主水平不断提高，中华民族文化的世界认同感不断增强。依此而言，发挥马克思主义文化动力观的指导作用，可以从以下方面着手：（1）要在核心价值体系建设中增强意识形态的力量。加强社会主义核心价值体系建设，并使其在中国特色社会主义文化建设中充分发挥作用。（2）要深化文化体制改革，解放和发展文化生产力，增强中华文化的国际影响力，同时搞好公益性文化建设。（3）要立足本国实际推进社会主义文化强国建设。文化的发展也要跟随社会实践发展的步伐，不断进行符合现实需求的创新与发展。（4）要充分挖掘和利用优秀传统文化提升中华文化软实力。（5）要增强文化自觉、文化自信，提高文化凝聚力。文化自觉、文化自信是在思想潮流日趋多元化，变革、调整日新月异的发展环境中，实现文化认同、反思、超越的文化践行准则，是建设社会主义文化强国必须具备的条件。

（作者：张明霞　外交学院讲师）

项目名称：中国梦在青年群体中的传播路径与分层策略研究
项目编号：13KDB043
项目负责人：石国亮
项目信誉保证单位：首都师范大学

中国梦在青年群体中的分层传播策略

内容提要： 本文通过对北京市 1147 名青年的调查发现，无论是从青年群体的主观阶层认同来看，还是从青年群体的职业类型区分来看，不同阶层的青年有着不同的媒体使用习惯，他们喜欢的中国梦的传播载体各不相同，对中国梦传播的期待各异，认为推动中国梦的有效途径也存在显著差异。应根据青年人在这些方面表现出来的差异，结合青年人认为当前中国梦传播中存在的问题，采用分层传播增强中国梦在青年中传播的效果。

一、研究背景和研究方法

(一)研究背景

随着我国经济社会的发展，社会分层不断清晰，形成社会分层的"多层级"现象是时代发展的必然趋势。"多层级"是指社会组织的分工越来越细化，人群特征越来越清晰，从而划分社会人群分层的标准也在不断地被修正①。与此同时，随着传播技术的发展，信息正在以几何级数增长，信息膨胀而不是信息不足成为人类面临的问题。自媒体的发展又使得传统的受众转换了角色——他们开始成为传播主体参与到传播过程中来。在这种情况下，分众传播成为必然的选择。媒体一直致力于这方面的发展，比如平面杂志出现了专门针对特定群体的杂志——《时尚》，针对的是 25—35 岁的白领女青年、公交站台出现的广告牌、写字楼的电梯口出现的楼宇电视……但是，媒体的分众传播并没有与社会分层同步，甚至在一些传播领域，媒体的传播远远忽视了传播受众的差异化。中国梦的传播要适应社会分层的现实，从分众传播的角度入手，满足不同群体、不同阶层对中国梦传播的需求，从而提升传播的效果。

传统观念认为从年龄来看，青年人属于同一个年龄群体，年龄的相似性

---

① 程士安：《分众化媒介与精细化分层的受众》，《广告大观(媒介版)》，2006 年第 1 期，第 52—54 页。

决定了他们是同一类传播受众，因此对青年的传播往往采取无差别受众的假设。[1]"但是，改革开放30多年来，我国社会结构发生了巨大的变化，社会阶层开始分化。就青年群体而言，分层现象更加突出。"[2]在中国梦的传播过程中，只有以此为前提，展开分众传播才能取得更好的传播效果。

(二)研究方法

本研究采用问卷调查法对北京市年龄在14—35周岁的青年进行了面对面的调查。调查样本按所在单位性质分为11类：党政机关、国有企业单位、国有事业单位、非公经济组织、农村乡镇、进城务工、城市街道社区、高等院校、高中、中专(含职高、技校)和初中。调查共发放了1194份问卷，最后回收有效样本1147份，有效回收率达到96.1%。

调查样本中男性有553份，占48.2%；女性有594份，占51.8%，男女比例基本平衡。被调查者中240人是中共党员，占20.9%；570人是共青团员，占49.7%；10人是民主党派，占0.9%；322人是群众，占28.1%。[3]从被调查者的文化程度来看，初中及以下文化程度的有133人，占11.6%；高中文化程度的有293人，占25.5%；大专文化程度的有161人，占14.0%；本科文化程度的有468人，占40.8%；研究生及以上文化程度的有92人，占8.0%。总体来看，在京青年群体的文化程度较高。

二、青年人的主观分层及其对中国梦传播的影响

对群体进行分层有多种方法，本研究采用主观测量法和职业分类法，即让青年人判断自己的社会地位所属和职业类型所属。

(一)青年人的主观阶层认同

调查中让青年人自己选择自己的社会地位属于哪个层次，结果发现，3.5%的青年人认为自己属于上等阶层，9.6%的青年人认为自己属于中上等阶层，44.9%的青年认为自己属于中等阶层，16.3%的青年认为自己属于中下等阶层，7.3%的青年认为自己属于下等阶层，另外有18.4%的青年无法对自己的阶层归属做出明确的判断。

从这一主观认定来看，大多数青年认为自己属于中等阶层，认为自己属于上等阶层的比例最少，认为自己属于下等阶层的比例次少，认为自己属于中上阶层和中下阶层的比例紧随其后。整体来看，青年人比较倾向于认为自己属于中等阶层。

---

[1] 参见倪邦文：《马克思主义在青年中的传播——历史视野与哲学思考》，北京：中国社会科学出版社，2014年版，第210—213页。

[2] 石国亮：《当代马克思主义在青年中传播的研究》，北京：人民出版社，2013年版，第5页。

[3] 需要说明的是，有5个被调查者未回答政治面貌情况，因此共有1142人回答了政治面貌。

表1 "自己的社会地位"调查统计

		频率	有效百分比(%)	累积百分比(%)
有效	上等	39	3.5	3.5
	中上	108	9.6	13.1
	中等	503	44.9	58.0
	中下	183	16.3	74.3
	下等	82	7.3	81.6
	说不清	206	18.4	100.0
	计计	1121	100.0	
缺失	系统	26		
总计		1147		

(二)主观阶层认同与青年的媒体使用习惯

考虑到有206名青年说不清楚自己属于哪个阶层，本研究只分析了明确回答出自己阶层所属的青年的媒体使用习惯。研究发现，对于青年人最常用的电视、一般网页和微信这三类传播渠道，不同阶层的青年在电视使用和一般网页的使用上没有表现出差异，但是在微信的使用上表现出了明显的差异，自认为是上等阶层的青年最喜欢使用微信，而下等阶层的青年最不喜欢使用微信。此外，在广播、博客、口头交流和手机短信、手机报的使用上，不同阶层的青年也表现出了显著的差异。交互分析发现，中上阶层的青年和下等阶层的青年比其他阶层的青年更喜欢使用广播获取信息，上等阶层的青年和中上阶层的青年比其他阶层的青年更多通过博客交流信息，中下阶层和下层的青年更多依赖口头交流获取信息，下等阶层的青年和上等阶层的青年使用手机获取信息的概率更高。

表2 不同阶层青年获取信息的主要渠道及其差异调查统计　　单位:%

主要渠道 \ 不同阶层青年	上等	中上	中等	中下	下等	差异性[①]
电视	52.6	53.7	63.2	60.7	65.9	不显著
一般网页	31.6	34.3	34.3	38.8	37.8	不显著
微信	47.4	30.6	34.7	38.8	19.5	显著
广播	10.5	25.0	14.5	12.0	22.0	显著

① 差异性情况是根据方差分析结果而来，受本文篇幅所限，不一一呈现方差分析的数据和检验过程。

续表

不同阶层青年 主要渠道	上等	中上	中等	中下	下等	差异性
博客	13.2	14.8	6.0	6.0	4.9	显著
口头交流	13.2	6.5	14.3	20.2	22.0	显著
手机短信、手机报	21.1	12.0	13.6	13.7	29.3	显著

（三）主观阶层认同与青年最喜欢的中国梦传播载体的关系

青年人最喜欢的中国梦传播载体为电视、互联网、文艺作品和电影。在这四类传播载体中，不同阶层认同的青年人对电视和文艺作品的喜欢程度表现出显著的差异，但是在互联网和电影的喜欢上，没有表现出显著差异。就对电视的喜爱程度来，下等阶层的青年最喜欢电视，上等阶层的青年对电视的喜欢程度最低；就文艺作品的喜爱程度而言，上等阶层的青年最喜欢文艺作品，中等阶层次之，中下阶层居中，中上阶层和下等阶层喜欢文艺作品的程度最低。

在最喜爱的四类传播载体以外，青年人对地方领导人讲话和爱国主义教育基地的喜欢程度也表现出显著差异。中上阶层认同的青年最喜欢地方领导人讲话，中下阶层认同的青年人最喜欢爱国主义教育基地。

表3　不同阶层青年最喜欢的中国梦的传播载体调查统计　　　单位：%

不同阶层青年 传播载体	上等	中上	中等	中下	下等	差异性
电视	42.1	43.5	56.4	56.6	74.4	显著
互联网	39.5	48.2	52.6	50.0	59.8	不显著
文艺作品	39.5	18.5	27.0	22.5	14.6	显著
电影	29.0	19.4	22.2	18.1	22.0	不显著
地方领导人讲话	2.6	15.7	6.0	4.9	4.9	显著
爱国主义教育基地	10.5	6.5	7.6	13.7	2.4	显著

（四）主观阶层认同与青年人对中国梦的期待

青年人最希望从中国梦的传播和践行中获得更好的就业创业机会、更好的社会发展环境、更好的未来预期和更好的教育机会。交互分析发现，青年人在更好的就业创业机会和有更好的未来预期上表现出显著差异，在有更好的社会发展环境和更好的教育机会上并没有表现出显著的差异。从比例来看，阶层认同越低的青年人越希望通过中国梦的传播和践行获得更好的创业就业机会,越希望有更好的未来预期。

在这四类最期待的收获之外,青年人对树立科学的"三观"和增强爱国主义情感方面的期待表现出显著差异:上等阶层的青年希望通过中国梦的传播和践行树立科学的"三观"的比例最高,中下阶层的青年对此期望最低,其他阶层的青年对此期待基本持平。主观阶层认同越低的人希望通过中国梦的传播和践行增强爱国主义情感的愿望越低。

表 4　不同阶层青年对中国梦的期待调查统计　　　　单位:%

期待内容＼不同阶层青年	上等	中上	中等	中下	下等	差异性
更好的就业创业	28.2	28.0	48.5	49.2	51.9	显著
更好的社会发展环境	30.8	36.5	40.6	35.2	32.9	不显著
有更好的未来预期	38.5	29.0	32.5	43.6	25.6	显著
更好的教育机会	28.2	38.3	33.1	33.5	32.9	不显著
树立科学的"三观"	33.3	15.9	16.2	11.7	20.3	显著
增强爱国主义情感	25.6	18.7	16.8	11.2	8.9	显著

(五)主观阶层认同与青年人对推动中国梦传播的有效途径的认识

青年人认为最有效的中国梦的传播途径是学校德育、公益广告或公益活动、社会实践、党团校或干部学校培训、树立优秀青年榜样和典型。交互分析发现,青年人在这五项途径中,仅在党团校或干部学校培训方面表现出显著差异,在其他四个方面没有表现出显著差异。中上阶层和中等阶层的青年更加认为党团校或干部学校培训是传播中国梦的有效途径,其他阶层的青年对此的认同略低。

表 5　不同阶层青年对中国梦传播的有效途径的认识调查统计　　单位:%

传播途径＼不同阶层青年	上等	中上	中等	中下	下等	差异性
学校德育	63.2	51.9	62.8	64.5	62.0	不显著
公益广告或公益活动	36.8	34.3	33.0	35.0	36.7	不显著
社会实践	36.8	30.6	38.4	36.1	38.0	不显著
党团校或干部学校培训	39.5	48.2	44.2	32.2	34.2	显著
树立优秀青年榜样和典型	5.3	19.4	14.4	16.4	15.2	不显著
中国梦宣讲团	31.6	32.4	23.0	24.6	16.5	显著
公共文化设施	26.2	19.4	28.6	34.4	45.6	显著
优秀青年报告团	18.5	37.0	22.8	20.8	13.9	显著
对外交流	18.4	7.4	5.6	4.9	7.6	显著

此外，不同阶层认同的青年对中国梦宣讲团、公共文化设施、优秀青年报告团、对外交流等传播途径的认识存在显著差异。上等阶层和中上阶层的青年更加认可中国梦宣讲团对传播中国梦的有效性，中下阶层和下等阶层的青年更加认同公共文化设施对中国梦的传播作用，中上阶层的青年最认可优秀青年报告团的传播作用，上等阶层的青年认可对外交流是有效传播途径的比例最高。

综合分析发现，不同阶层的青年对中国梦的传播有着不同的认知。这意味着，主观阶层认同对中国梦的传播有影响，但是也应该注意到，这些影响也是有限度的。在中国梦传播的某些方面，青年的主观阶层认同并不影响他们对中国梦传播的认知。

三、青年人的职业对中国梦传播的影响

本调查的样本中1147名青年被调查者主要分属七个不同的行业或职业①，具体情况呈现在表6中。以职业分类作为社会分层的重要标准，本研究将分别考察职业类别对中国梦传播的影响。

表6 青年的主要职业分布调查统计

职业/行业	频数	有效百分比（％）	累计百分比（％）
务农	90	8.0	8.0
进城务工	98	8.7	16.7
事业单位	112	10.0	26.7
国有企业	100	8.9	35.6
在校学生	527	47.0	82.6
非公有经济	103	9.2	91.8
国家机关	92	8.2	100.0
合计	1122	100.0	

（一）职业类别与青年人的媒体使用习惯

交互分析发现，不同职业类型的青年人的媒体使用习惯存在显著差异。体制内的青年（主要包括事业单位、国有企业和国家机关工作的青年）使用报纸杂志获取信息的概率更大；在校学生使用电视获取信息的可能性更小；进城务工青年使用广播的可能性更大，使用一般网页获取信息的概率更小；国

---

① 其中有8个人处于无业/失业状态，有17人在调查所列举的七个主要职业外。考虑到绝大多数被调查都被我们列举的7类职业所包含，因此以下分析只对这七个主要行业分布的1122个样本进行分析。

有企业工作的青年和非公有经济中工作的青年使用微信获取信息的概率更大；国家机关工作的青年和在校学生使用微博获取信息的概率更大；事业单位青年和非公有经济工作的青年使用博客获取信息的概率更大；进城务工青年使用 QQ 获取信息的概率最大，而体制内的青年使用 QQ 的概率更小；事业单位的青年使用教科书获取信息的概率最大；在校学生从课堂老师讲授和课外书获取信息的可能性最大，而通过口头交流获取信息的可能性最小；农民和进城务工青年通过手机短信或手机报获取信息的可能性最大。

表7 职业类别与青年人的媒体使用习惯调查统计　　　　单位:%

媒体类型 ＼ 职业	务农	进城务工	事业单位	国有企业	在校学生	非公有经济	国家机关
报纸杂志	23.3	21.4	41.1	47.0	25.1	26.7	44.6
电视	67.8	70.4	67.0	71.0	51.9	66.3	67.4
广播	21.1	29.6	18.8	14.0	10.3	14.9	9.8
一般网页	33.3	17.4	37.5	33.0	40.9	26.7	41.3
微信	27.8	29.6	31.3	47.0	31.0	41.6	33.7
微博	26.7	16.3	20.5	28.0	32.5	24.8	42.4
博客	6.7	6.1	12.5	3.0	5.1	10.9	4.4
QQ	22.2	33.7	9.8	7.0	28.1	13.9	17.4
教科书	5.6	5.1	12.5	2.0	8.2	4.0	0.0
课堂老师讲授	3.3	0.0	3.6	0.0	14.6	4.0	0.0
口头交流	20.0	14.3	16.1	21.0	10.3	18.8	21.7
手机短信、手机报	23.3	23.5	16.1	16.0	13.3	13.9	9.8
课外书	5.6	3.1	4.5	3.0	10.8	3.9	2.2

(二)职业类别与青年最喜欢的传播载体的关系

对青年人最喜欢的四种传播载体，各类职业的青年仅在电视的喜爱程度上表现出了差异。务农青年、进城务工青年和国有企业青年更喜欢电视，其他四类青年对电视的喜爱程度较低，但总体上青年人对电视的喜爱程度较高。

在校学生更喜欢通过课堂学习获得中国梦的相关知识，其他青年对这一传播载体则表现了较低的兴趣和爱好。进城务工青年对广播的喜爱程度最高，而学生和国家机关工作的青年则并不很喜欢这一中国梦的传播载体。国有企业的青年最喜欢报纸杂志传播中国梦，而事业单位青年和国家机关工作的青年则不喜欢这类传播载体。体制内工作的青年对红色旅游的喜爱程度超过其他青年。

表 8 职业类别与青年最喜欢的传播载体的关系调查统计　　　单位:%

职业 传播载体	务农	进城 务工	事业 单位	国有 企业	在校 学生	非公有 经济	国家 机关
电视	66.7	69.8	54.6	63.3	51.6	50.5	51.1
互联网	43.3	51.0	53.6	45.9	54.9	52.4	44.6
文艺作品	20.0	16.7	27.3	18.4	23.9	26.2	28.3
电影	20.0	19.8	28.2	16.3	20.5	26.2	23.9
课堂学习	10.0	7.3	10.0	7.1	21.4	11.7	7.6
广播	26.7	35.4	23.6	25.5	16.1	27.2	16.3
报纸杂志	22.2	22.9	8.2	26.5	20.8	23.3	10.9
红色旅游	25.6	8.3	29.1	29.6	16.6	10.7	35.9

(三)职业类别与青年对中国梦的期待

青年最期待通过中国梦的传播和践行获得的是更好的就业创业机会、更好的未来预期、更好的社会发展前途和更好的教育机会。不同职业的青年对获得更好的就业创业机会和更好的未来预期存在显著差异:进城务工青年、国有企业青年和非公有经济青年更喜欢获得更好的就业创业机会,国有企业青年、非公有经济的青年更希望有更好的未来预期。

在其他期望方面,事业单位青年、务农青年和进城务工青年更希望通过中国梦的传播和践行增强对党的信任;在校学生和务农青年更希望通过中国梦树立科学的"三观";在校学生和国家机关青年更希望通过中国梦的传播和践行增强爱国主义情感。

表 9 职业类别与青年对中国梦的期待调查统计　　　单位:%

职业 期待内容	务农	进城 务工	事业 单位	国有 企业	在校 学生	非公有 经济	国家 机关
更好的就业创业机会	51.7	55.1	38.9	55.1	41.0	53.0	34.8
有更好的未来预期	27.0	37.1	39.8	49.0	28.4	45.0	30.4
更好的社会发展环境	32.6	38.2	34.3	43.9	36.6	31.0	48.9
更好的教育机会	30.3	29.2	24.1	32.7	36.0	33.0	31.5
增加对党的信任	23.6	20.2	25.0	10.2	12.5	12.0	16.3
树立科学的"三观"	19.1	10.1	14.8	8.2	20.1	15.0	15.2
增强爱国主义情感	7.9	11.2	14.8	9.2	21.5	18.0	19.5

(四)职业类别与青年对推动中国梦传播的有效途径的认识

青年人认为推动中国梦传播的最有效途径是学校德育、公益广告或公益活动、社会实践、党团校或干部学校培训以及树立优秀青年榜样和典型。交互分析发现，不同职业的青年在公益广告或公益活动、社会实践和党团校或干部学校培训上存在显著差异。进城务工青年和国有企业青年比其他青年认为公益广告或公益活动对中国梦传播的推动作用更有效；务农青年、在校学生和国家机关的青年认为社会实践对推动中国梦传播的作用更有效；国家机关的青年认为党团校或干部学校培训对推动中国梦传播最有效。

表 10　不同职业青年对推动中国梦传播的有效途径的认识调查统计　单位：%

传播途径 ＼ 职业	务农	进城务工	事业单位	国有企业	在校学生	非公有经济	国家机关
学校德育	66.7	65.6	59.1	69.1	59.9	55.3	60.9
公益广告或公益活动	23.3	45.2	29.1	40.2	33.2	35.0	38.0
社会实践	45.6	26.9	37.3	36.1	41.0	25.2	41.3
党团校或干部学校培训	40.0	34.4	42.7	39.2	37.2	35.9	56.2
树立优秀青年榜样和典型	14.4	7.5	20.0	16.5	18.1	12.6	15.2
中国梦宣讲团	31.1	30.1	33.6	24.7	21.0	17.5	30.4
公共文化设施	36.7	32.3	29.1	21.7	33.0	32.0	15.2
电影电视剧	3.3	5.4	10.0	5.2	4.0	10.7	3.3

此外，非公有经济的青年比其他青年更加不认同中国梦宣讲团对推动中国梦的作用，国家机关的青年比其他青年更为不认同公共文化设施对推动中国梦的作用，事业单位青年和非公有经济的青年更为认同电影电视剧对推动中国梦的作用。

四、以分层传播增强中国梦在青年群体中的传播效果

通过对青年的主观阶层认同和职业类型与中国梦传播的交互分析发现，无论是青年的主观阶层认同还是客观的职业类型区分都对中国梦的传播存在显著影响。具体来说，不同阶层的青年的媒体使用习惯不同，最喜爱的中国梦的传播渠道不同，他们希望从中国梦的传播和践行中获得的东西不同，他们认为推动中国梦传播的有效途径也不相同。这为中国梦的分层传播提供了现实依据。本研究将根据青年人在这些方面表现出来的差异，结合青年人认为当前中国梦传播中存在的问题，提出提升中国梦在青年中传播的分层传播策略。

对青年的主观分层虽然能够反映出青年的主观意愿，但是主观分层具有很大的变动性，而且即使从事相同的工作或拥有相同的收入水平，青年人仍

然可能在主观上将自己归入不同的社会地位。因此，根据主观分层难以制定能够在一定时期内对中国梦在青年中的传播起到持续促进作用的策略。相反，根据职业类型的划分则可以提出在不同职业中开展中国梦传播的策略，并且因为职业的明确性和单位的可触性，根据职业对青年进行分层传播是可行的。

（一）理论联系实际，提升青年对中国梦的热情

中国梦是活生生的现实，而目前中国梦传播中注重宏大叙事忽视中国梦与现实的联系导致中国梦对现实的解释力不足，影响了青年对中国梦接受的热情和兴趣。要提升青年人对中国梦的热情首先应该拉近中国梦与青年的距离，用青年人身边的故事、案例来对中国梦进行阐述，用青年身边的榜样激励青年人践行中国梦。

具体而言，改变过去千篇一律进行中国梦宣传的做法，从各个行业中选取具有代表性的实例对中国梦进行合理的阐述，让每个行业的青年都能够看到中国梦对自己所从事行业的实例，从而以身边的案例来了解中国梦、深化对中国梦的认识、提升对中国梦的兴趣。以务农青年为例，可以选取大学生村官代领农民发家致富的案例，让务农青年看到身边人实践中国梦的行动，从而增强自己对中国梦的了解。对进城务工青年，则可以通过进城务工青年深入城市辛勤工作实现城市融入来带动其他进城务工青年更好地了解中国梦就在身边。

中国梦的传播过程中还要注意到满足青年的不同需求。中国梦的传播过程中要对青年人的诉求做出回应，不能忽视青年人的具体要求。从调查来看，青年人最期待通过中国梦的传播和践行实现更好的就业创业、有更好的未来预期、更好的社会发展环境和更好的教育机会。要实现这四项诉求，必须首先解决好当前青年的就业问题，为青年的创业创造良好的社会环境，营造最佳的创业氛围。要通过解决青年人的住房、医疗、社会保障等各方面的问题，为青年人的发展营造良好的社会环境。创造更为公平的教育机会，让更多的年轻人可以接受高等教育，让他们的孩子享受到更好的教育机会，从而全面提升青年人对未来发展的预期，并且能够通过不断努力使青年的未来预期成为现实。

针对事业单位青年、务农青年和进城务工青年更希望通过中国梦的传播和践行增强对党的信任这一期望，在对事业单位青年、务农青年和进城务工青年进行中国梦的传播时应该更加注重将党对中国梦的意义和贡献突出出来，使这些青年人能够更为深刻地领悟到中国共产党为实现中国梦所做的努力，从而增强对党的信任。针对在校学生和务农青年更希望通过中国梦树立科学的"三观"的期望，对在校学生和务农青年的中国梦传播中要将科学的世界观、价值观和人生观融入其中，让青年人认识到追求和实践中国梦的过程也是帮助他们树立科学的世界观、价值观和人生观的过程。针对在校学生和国家机关青年更希望通过中国梦的传播和践行增强爱国主义情感的期望，应该将爱国主义的内容融入中国梦的传播中，让青年体会到爱国主义与中国梦紧密相关，践行中国梦是爱国主义的体现。

（二）优化配置，以青年人最喜欢的传播载体推动中国梦的有效传播

不同职业类型的青年喜欢的中国梦的传播载体存在明显的差异，只有选择他们最喜欢的传播载体，才能促使他们更好地接受中国梦的传播内容。就务农青年而言，他们最喜欢的中国梦的传播载体是电视、互联网、广播和红色旅游；进城务工青年最喜欢的中国梦的传播载体是电视、互联网、广播和报纸杂志；事业单位青年最喜欢的中国梦的传播载体是电视、互联网、红色旅游和电影；国有企业的青年最喜欢的中国梦的传播载体是电视、互联网、红色旅游、报纸杂志；在校学生最喜欢的中国梦的传播载体是互联网、电视、文艺作品、课堂学习；非公有经济的青年最喜欢的中国梦的传播载体是互联网、电视、广播、文艺作品和电影；国家机关的青年最喜欢的中国梦的传播载体是电视、互联网、红色旅游、文艺作品。

整体来看，电视和互联网是所有青年都喜欢的传播载体，这两类传播载体在传播中国梦时应该充分考虑到其受众的广泛性，融入更多的青年人期待的内容，进行全面传播。而对于务农青年、进城务工青年和非公有经济的青年，广播应该在中国梦传播中发挥更大的作用；对于务农青年、事业单位青年、国有企业青年和国家机关青年，红色旅游应该对中国梦传播发挥更大的作用，尤其是当地的红色旅游对务农青年的中国梦传播发挥着不可替代的作用。对进城务工青年、国有企业青年，报纸杂志的内容应该更注重对他们的吸引力，考虑到进城务工青年的阅读时间有限，报纸杂志应该鼓励以图文并茂的形式传播中国梦。就在校学生而言，教育部门、学校应该通过鼓励学生用文艺作品来展现中国梦，在文艺作品创作和展出的过程中，实现青年学生对中国梦的自主传播。此外，宣传部、国家广电总局应该鼓励以电影艺术的形式呈现中国梦，以青年人喜欢的形式呈现中国梦的内容。

参考文献

[1]中共中央文献研究室编：《习近平关于实现中华民族伟大复兴的中国梦论述摘编》，北京：中央文献出版社，2013 年。

[2]石国亮：《当代马克思主义在青年中传播的研究》，北京：人民出版社，2013 年。

[3]倪邦文：《马克思主义在青年中的传播——历史视野与哲学思考》，北京：中国社会科学出版社，2014 年。

[4]李强：《当代中国社会分层：测量与分析》，北京：北京师范大学出版社，2010 年。

[5]仇立平：《职业地位：社会分层的指示器》，《社会学研究》，2001 年第 3 期。

[6]王培智：《改革开放进程中的青年分化及问题》，《学习时报》，2008 年 11 月 24 日第 4 版。

[7]北京市中国特色社会主义理论体系研究中心：《实现中国梦：当代青年的庄严责任》，《光明日报》，2014 年 2 月 7 日第 11 版。

（作者：石国亮　首都师范大学教授）

经济·管理学科

项目名称：北京城乡一体化居民医疗保障制度研究
项目编号：11JGA001
项目负责人：王红漫
项目信誉保证单位：北京大学

北京城乡一体化居民医疗保障制度研究

内容提要：分析了 1800 名北京居民在三个调查年度(2010 年、2012 年、2013 年)内的基本医疗保险满意度、自由选择意愿及其影响因素，并对居民自由选择医保的可行性进行了探讨，通过因子分析建立参保人满意度的综合评分模型，发现北京市城镇职工的综合满意度相对最高，城镇居民其次，参合农民相对最低。如果允许居民自由选择医保种类，城镇职工、城镇居民、参合农民中分别有 42.8％、44.1％、43.9％愿意选择其他水平的医保；通过多值 Logistic 回归发现，年龄、个人年收入、家庭年收入、家庭人口数、医疗支出占消费比、家庭年支出、性别、受教育程度、户口、工作为自由选择的影响因素($P<0.05$)。通过定义优良性指标并建立模型，得出若允许居民自由选择医保北京市政府在三个调查年度内需增加政府投入分别占政府财政总支出的 2.90％、4.12％和 4.30％，随着经济的发展，政府跟进相应的物力财力应当是可行的，而且可以使百姓与政府同时受益。

一、研究背景

1998 年我国开始建立城镇职工基本医疗保险制度(国发〔1998〕44 号)；2002 年提出建立新型农村合作医疗制度(中发〔2002〕13 号)，即以大病统筹为主的农民医疗互助共济制度；2007 年起开展城镇居民基本医疗保险试点(国发〔2007〕20 号)，进一步覆盖城镇非从业人员。从制度设计上建立起了覆盖城乡居民的基本医疗保险制度。2011 年 7 月 1 日正式实施的《中华人民共和国社会保险法》将三种基本医保以法律的形式确立下来。根据《中国统计年鉴 2014》记录，截至 2013 年年底，全国城镇职工基本医保的参保人数达 2.74 亿，城镇居民基本医保参保人数共计 2.96 亿，参加新农合者共计 8.02 亿人，三类基本医保共覆盖 13.72 亿人，基本实现了政策的全覆盖和人口的广覆盖。

然而，我国现行的基本医保是根据户籍制度及是否就业划分，三大医保制度保障水平各不相同。虽然在提高我国城乡居民抵御疾病风险的能力方面取得了明显成效,但是仍然存在体制本身难以克服的问题。如城镇职工、城镇居民、农村居民身份特征明显且制度之间差别较大,不同人群享受不同的医保待遇,社会公平性较差,存在重复参保、多头管理、制度运行成本较高等问题。多种医保制度并存的格局不能很好地适应社会发展和群众保障需求,束缚了我国医保制度的发展进程。

对此,《中共中央国务院关于深化医药卫生体制改革的意见》(中发〔2009〕6号)中明确提出要"探索建立城乡一体化的基本医疗保障管理制度"。《社会保障"十二五"规划纲要》明确提出要"缩小城乡、区域、群体之间的社会保障待遇差距"。党的十八大报告进一步明确指出要"整合城乡居民基本医疗保险制度"。这一系列的战略部署标志着我国医疗保险制度即将由城乡二元结构向统筹城乡发展转变。而如何在制度设计上打破医保城乡二元分割的格局,实现城乡整合、统筹发展,是当前亟待解决的问题。

在此背景下,本项目着重探讨北京城乡一体化居民医疗保障制度的相关问题,既是医疗保障领域的前沿热点之一,也是对我国医疗保障体系未来发展道路的探索。课题组对北京市进行跟踪调查,分析了当地居民在三个调查年度内对基本医疗保险满意度、居民自由选择意愿及其影响因素,并对居民自由选择医保制度的可行性进行了探讨。

二、研究方法

(一)资料来源

1. 问卷调查

以北京市参加城镇职工基本医保、城镇居民基本医保和新农合的参保人为调查对象。采用多阶段分层随机抽样:将北京13个含建制乡镇的区县[①]按年人均生产总值从高到低排序,分成三层,从每层随机抽取两个区县,再从已选区县中随机抽取一个城市社区、一个农村社区作为调查地点,对当地居民在2010年、2012年、2013年的基本医保情况进行调查。

使用项目课题组设计并使用成熟的问卷,具有较好的内在一致性和结构效度,内容分为五部分:基本信息、健康自评、医疗行为现状调查、医疗保险满意度测量、自由选择三大医保的意愿和认为最合适的制度。

运用调查得到的三年实证数据,选择测量医疗保险满意度相关的21个变

---

① 北京市16个区县中东城区、西城区、石景山区无建制乡镇。

量①，计算 Cronbach's α 值为 0.874，说明问卷具较好的内在一致性。每年回收的有效问卷均为 600 份，三年共 1800 份。

2. 深入访谈

对调查地点各级定点医疗机构的工作人员进行半结构式访谈，对问卷调查结果进行补充，内容涉及医院、药品、医保三方面，具体包括医院经营现状、医患关系、分级医疗制度的实施及效果；药品采购途径及零差率实施情况；医保支付方式、报销目录及政策规定、医保控费作用、存在的问题及建议等。

（二）统计分析方法

调查数据在 EpiData3.1 数据库中平行双录入，所有分析由 SPSS17.0 完成。运用均值、构成比进行描述性统计，采用因子分析、聚类分析、多值 Logistic 回归进行推断性统计。通过查阅官方统计数据估算政府的医疗卫生投入。

三、研究结果

（一）调查对象的基本信息

2010 年、2012 年、2013 年的调查样本在性别、年龄、教育程度、医保类别方面与总体的差异均无统计学意义（$P>0.05$），说明样本的代表性较好。

（二）北京市基本医疗保险的满意度分析

1. 三类基本医疗保险的满意度

将 2010 年、2012 年、2013 年各 600 份数据在 18 个变量②上的满意度进行分析，并按照实际参加的医保类型和身份类别，分别对城镇职工、城镇居民和农村居民的满意度进行对比。按照"1—2 不满意""2—3 一般""3—4 满意"的标准，具体结果如下：

（1）城镇职工对医疗保险的满意度对比。

北京市城镇职工在三年内对所参加医保制度的满意度基本一致，但略有差异，见图 1、表 1。

---

① 21 个变量为：报销比例知晓度 X_1、起付线 X_2、封顶线 X_3、报销比例 X_4、门诊报销比例 X_5、住院/大病报销比例 X_6、报销比例总评 X_7、报销程序知晓度 X_8、报销手续烦琐度 X_9、报销地点远近 X_{10}、报销时间长度 X_{11}、缴费额度知晓度 X_{12}、缴费程序烦琐度 X_{13}、缴费总评 X_{14}、定点医院距离远近 X_{15}、定点医院医疗水平 X_{16}、定点医院医护人员态度 X_{17}、定点医院收费水平 X_{18}、定点医院总评 X_{19}、医保制度总评 X_{20}、继续参与意愿 X_{21}。

② 18 个变量为：测量医疗保险满意度的 21 个变量中，不包含对报销比例、报销程序、缴费额度是否了解这 3 个变量。

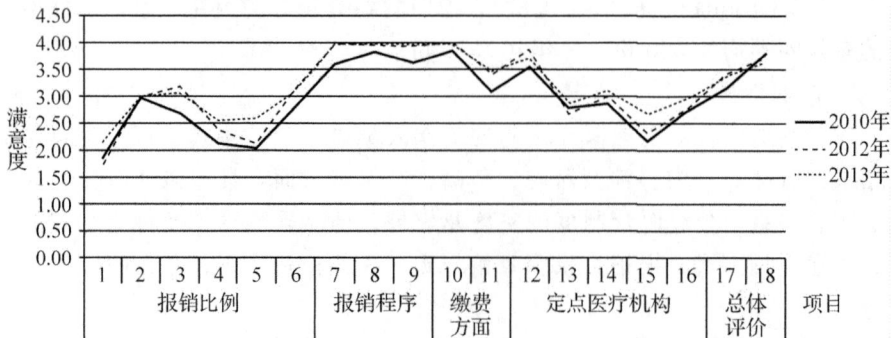

图 1   北京城镇职工对医疗保险的满意度三年对比

表 1   北京城镇职工对医疗保险的满意度三年对比

变　量	年　份	2010 年	2012 年	2013 年
报销比例	1. 起付线	不满意	不满意	一般
	2. 封顶线	一般	一般	满意
	3. 对报销的比例是否满意	一般	满意	满意
	4. 门诊报销比例	一般	一般	一般
	5. 住院报销比例	一般	一般	一般
	6. 对报销比例总评	一般	满意	满意
报销程序	7. 是否感觉报销手续烦琐	满意	满意	满意
	8. 是否感觉报销地点远	满意	满意	满意
	9. 是否感觉报销的时间长	满意	满意	满意
缴费方面	10. 是否感觉缴费程序烦琐	满意	满意	满意
	11. 对医保缴费额度总评	满意	满意	满意
定点医疗机构	12. 定点医疗机构的距离是否远	满意	满意	满意
	13. 常去定点医院的医疗水平	一般	一般	一般
	14. 常去定点医院的服务态度	一般	一般	满意
	15. 常去定点医院的收费水平	一般	一般	一般
	16. 对定点医疗机构总评	一般	一般	一般
	17. 对该种医疗保障制度总评	满意	满意	满意
	18. 是否愿意继续参加该制度	满意	满意	满意

①在起付线方面，2010 年和 2012 年调查时评价为"不满意"，2013 年评价为"一般"；

②在封顶线方面，2010 年和 2012 年调查时评价为"一般"，2013 年评价为"满意"；

③在报销比例方面，2010 年调查时对报销比例评价为"一般"，2012 年和 2013 年评价为"满意"；

④在常去定点医疗机构的服务态度方面，2010 年和 2012 年调查时评价为"一般"，2013 年评价为"满意"。

可见，北京市城镇职工对医保制度的满意度随时间变化有增高的趋势。

(2)城镇居民对医疗保险的满意度对比。

北京市城镇居民在三年内对所参加医保制度的满意度同样基本一致，略有差异，见图 2、表 2。

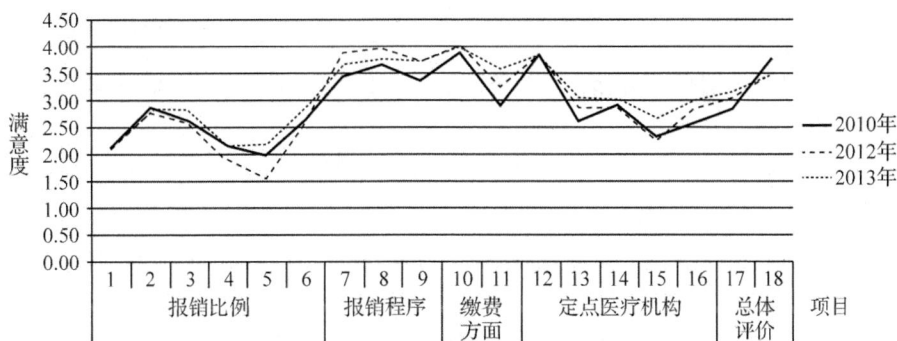

图 2　北京城镇居民对医疗保险的满意度三年对比

表 2　北京城镇居民对医疗保险的满意度三年对比

变　量	年　份	2010 年	2012 年	2013 年
报销比例	1. 起付线	一般	一般	一般
	2. 封顶线	一般	一般	一般
	3. 对报销的比例是否满意	一般	一般	一般
	4. 门诊报销比例	一般	不满意	一般
	5. 住院报销比例	不满意	不满意	一般
	6. 对报销比例总评	一般	一般	一般
报销程序	7. 是否感觉报销手续烦琐	满意	满意	满意
	8. 是否感觉报销地点远	满意	满意	满意
	9. 是否感觉报销的时间长	满意	满意	满意
缴费方面	10. 是否感觉缴费程序烦琐	满意	满意	满意
	11. 对医保缴费额度总评	一般	满意	满意

续表

变　量	年　份	2010 年	2012 年	2013 年
定点医疗机构	12. 定点医疗机构的距离是否远	满意	满意	满意
	13. 常去定点医院的医疗水平	一般	一般	满意
	14. 常去定点医院的服务态度	一般	一般	满意
	15. 常去定点医院的收费水平	一般	一般	一般
	16. 对定点医疗机构总评	一般	满意	满意
	17. 对该种医疗保障制度总评	满意	满意	满意
	18. 是否愿意继续参加该制度	满意	满意	满意

①在门诊报销比例方面，2012 年调查时评价为"不满意"，2010 年和 2013 年评价为"一般"；

②在住院报销比例方面，2010 年和 2012 年调查时评价为"不满意"，2013 年评价为"一般"；

③在缴费额度方面，2010 年调查时评价为"一般"，2012 年和 2013 年评价为"满意"；

④在定点医疗机构总评方面，2010 年调查时评价为"一般"，2012 年和 2013 年评价为"满意"；

可见，北京市城镇居民对医保制度的满意度同样随时间变化有增高的趋势。

(3)参合农民对医疗保险的满意度对比。

北京市参合农民在三年内对所参加医保制度的满意度基本一致，仅略有差异，见图 3、表 3。

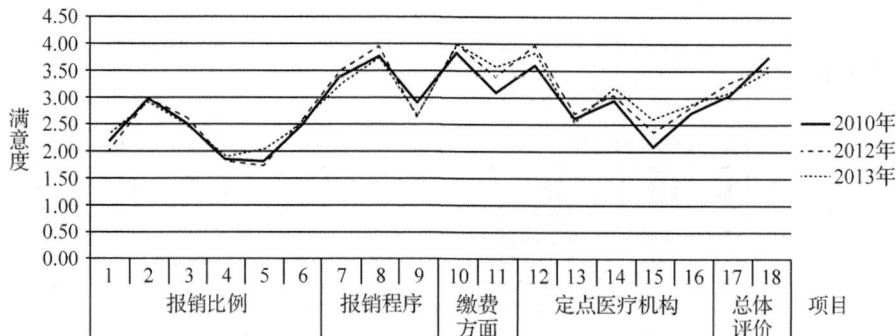

图 3　北京参合农民对医疗保险的满意度三年对比

表 3　北京参合农民对医疗保险的满意度三年对比

变　量	年　份	2010 年	2012 年	2013 年
报销比例	1. 起付线	一般	一般	一般
	2. 封顶线	一般	一般	一般
	3. 对报销的比例是否满意	一般	一般	一般
	4. 门诊报销比例	不满意	不满意	不满意
	5. 住院报销比例	不满意	不满意	一般
	6. 对报销比例总评	一般	一般	一般
报销程序	7. 是否感觉报销手续烦琐	满意	满意	满意
	8. 是否感觉报销地点远	满意	满意	满意
	9. 是否感觉报销的时间长	一般	一般	一般
缴费方面	10. 是否感觉缴费程序烦琐	满意	满意	满意
	11. 对医保缴费额度总评	满意	满意	满意
定点医疗机构	12. 定点医疗机构的距离是否远	满意	满意	满意
	13. 常去定点医院的医疗水平	一般	一般	一般
	14. 常去定点医院的服务态度	一般	满意	满意
	15. 常去定点医院的收费水平	一般	一般	一般
	16. 对定点医疗机构总评	一般	一般	一般
	17. 对该种医疗保障制度总评	满意	满意	满意
	18. 是否愿意继续参加该制度	满意	满意	满意

①在住院报销比例方面，2010 年和 2012 年调查时评价为"不满意"，2013 年为"满意"；

②在常去定点医疗机构的服务态度方面，2010 年调查时评价为"一般"，2012 年和 2013 年为"满意"。

参合农民对新农合制度的满意度随时间变化也有增高的趋势。

2. 基本医疗保险满意度的因子分析

21 个变量中除测量医疗保险总体满意度的 2 个变量外，共包含 19 个测量各维度的变量。因为各变量对满意度的影响大小不同，要获得参保人满意度的综合评价情况，应对各项指标进行赋权。采用因子分析法赋权。

经计算，1800 份样本的 Bartlett 统计量 $\chi^2 = 2.066 \times 10^4$，$P = 0.000$，小于 0.01；KMO 值为 0.836，大于 0.8，说明使用因子分析是合适的。

利用主成分分析法提取公因子，前 6 个特征根大于 1，因此提取 6 个公因子,总的方差贡献率为 75.850%,能较全面地反映问卷信息;对初始因子载荷进行方差最大旋转,每个变量都在其中一个公因子上有较高的载荷值(大于0.4);说明问卷具有较好的结构效度。

根据每一个公因子上载荷较大的原始变量,对其实际意义进行解释。第一个为"报销比例满意度因子",第二个为"定点医疗机构满意度因子",第三个为"报销程序满意度因子",第四个为"政策知晓度因子",第五个为"起付线与封顶线满意度因子",第六个为"缴费额度满意度因子"。

采用回归法计算出因子得分。六个公因子分别从不同方面反映了基本医保的满意度,以各公因子对应的方差贡献率为权数计算综合得分,具体为:

$$F = (18.328\% F_1 + 16.235\% F_2 + 15.460\% F_3 +$$
$$11.584\% F_4 + 7.904\% F_5 + 6.339\% F_6) / 75.850\%$$

可根据如上模型中各指标的系数确定其实际权重,得出居民的综合满意度评分模型:

$$F = 0.044X_1 + 0.065X_2 + 0.071X_3 + 0.051X_4 + 0.053X_5 + 0.054X_6 +$$
$$0.050X_7 + 0.047X_8 + 0.060X_9 + 0.057X_{10} + 0.055X_{11} + 0.030X_{12} +$$
$$0.033X_{13} + 0.039X_{14} + 0.048X_{15} + 0.052X_{16} + 0.066X_{17} + 0.064X_{18} +$$
$$0.062X_{19}$$

将数据代入,参保人对城镇职工基本医保、城镇居民基本医保和新农合的综合满意度见图 4 所示。去除"0 不知道"后,三类参保居民的实际综合满意度见图 5 所示。可以看出,从综合满意度角度,城镇职工的满意度相对最高,城镇居民其次,参合农民相对最低。

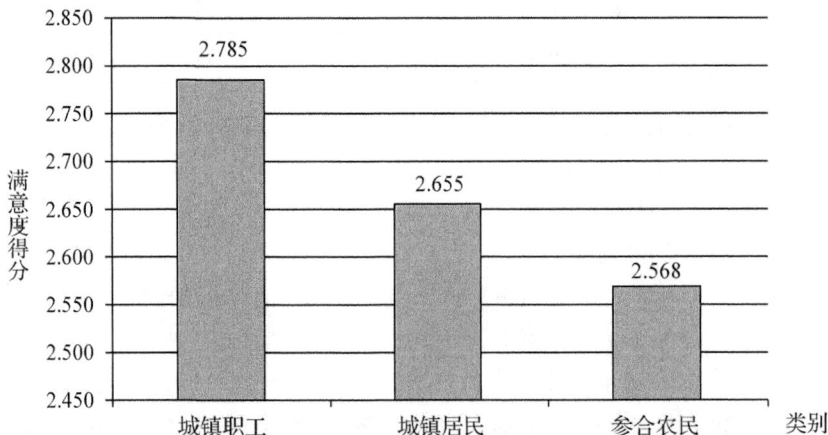

图 4　三类参保居民的综合满意度评分

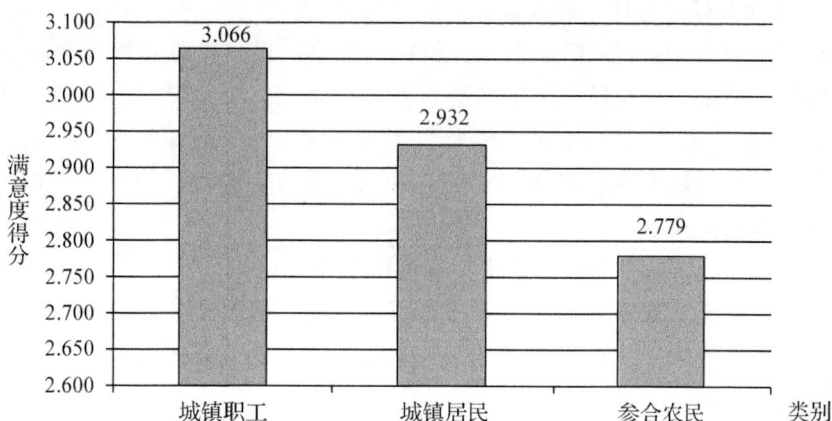

图5 三类参保居民的综合满意度评分

3. 基本医疗保险满意度的聚类分析

利用 1800 个样本中的 21 个变量进行快速聚类分析(去除"0 不知道"的情况),将居民分为三类,如图 6。

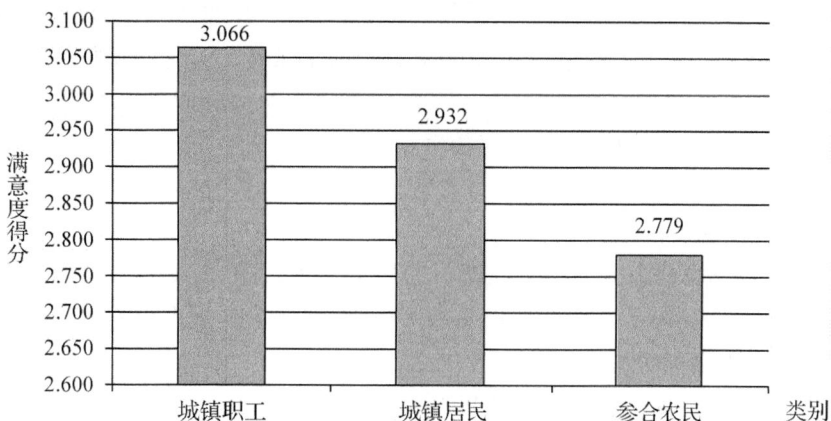

图6 调查对象的聚类分析结果

第一类人群对所参加医疗保险的总体满意度相对较低,第二类其次,第三类相对最高。分析不同人群的人口及经济学特征,发现满意度较低的第一类人群年龄小、家庭人口数多、家庭年收入少、家庭年支出少、医疗支出较多、农业户口多、受教育程度低。

(三)北京市基本医疗保险的居民自由选择意愿

1. 居民希望参加的医保种类

如果允许北京居民自由选择医保种类,城镇职工、城镇居民、农村居民中分别有 42.8%、44.1%、43.9%选择其他水平的医保,说明现行医保仍不能满足全部居民的需求。

2. 影响医保种类选择的人口及经济学变量

运用多值 Logistic 回归模型,分析影响北京居民自由选择医保种类的人口及经济学变量。因变量为医保水平(1＝城镇职工;2＝城镇居民;3＝参合农民;4＝自选水平),自变量为年龄、个人年收入、家庭年收入、家庭人口数、医疗支出占消费比、家庭年支出、性别、受教育程度、户口、工作、是否参加商业保险。

在模型拟合有效性检验结果中,显著概率为 0.000、0.000、0.000,小于0.01,表明模型具有显著意义,即回归方程成立。似然比检验结果显示,除是否参加商业保险外,其余 10 个自变量均为北京居民自由选择医保种类的影响因素($P<0.05$)。

(四)估算政府医疗投入

在允许自由选择后,北京市政府医疗支出将会发生如下变化:

通过建立模型,以推知北京市选择三类医保水平的人数比例。为简化讨论,在本文中使用问卷调查的信息来粗略估计,2010 年希望参加城镇职工、城镇居民、新农合水平者分别占 26.07%、25.54%、48.39%,2012 年为73.82%、16.56%、9.61%,2013 年为 60.27%、21.72%、18.00%。将此比例作为权重,可以得到北京居民期望享受的年缴费、起付线、报销比的加权平均值。

使用该公式来估算北京市政府的医疗支出:

政府投入＝报销比例×(总医疗费用－起付线×总人口)－年缴费额×总人口。可以得到[①]:

(1)允许居民自由选择医疗保险,2010 年、2012 年、2013 年政府分别需增加支出 117.86 亿元、200.59 亿元和 209.09 亿元,分别占政府财政总支出的 2.90%、4.12%、4.30%。

(2)允许居民自由选择且达到其预期时,2010 年、2012 年、2013 年政府分别需增加支出 244.16 亿元、217.98 亿元、274.11 亿元,分别占政府财政总支出的 6.01%、4.48%、5.63%。

四、分析与讨论

在国家大政方针的指导下,北京市分别于 2001 年、2003 年、2010 年建立城镇职工基本医保、新农合和城镇居民基本医保。截至 2013 年年底,北京市参加城镇职工、城镇居民和新农合者分别为 1354.8 万人、160.1 万人、

---

① 统计资料来源:《中国统计年鉴 2014》《北京统计年鉴 2014》;由于统计年鉴的滞后性,在计算2013 年北京市政府卫生医疗支出的变化时,医疗总费用、政府实际医疗支出、政府财政支出使用了2012 年的数据。

254.4 万人。现行基本医保在减轻居民医疗负担、提高健康水平上起到了积极的作用。

本研究通过调查发现了北京市基本医保在运行过程中存在的问题，并定量测算了居民自由选择医保的政府支出，从而判断北京城乡一体化医保模式的应用是否可行。

(一)北京市现行基本医保满意度存在制度之间的差异

随着医疗保险改革的不断深入，参保人的满意度越来越受到关注，是其对基本医保的认识和评价，也是从制度能否满足参保人需求的层面反映其运行效果的重要指标。本文通过建立参保人满意度的综合评分模型，发现北京市城镇职工的综合满意度相对最高、城镇居民其次、参合农民相对最低。一定程度上与北京市现行基本医保存在城乡二元分设、三维分立运行、制度差异化设计有关。

首先，北京市现行的三大基本医保是城乡分设的，在参保对象、筹资方式、统筹层次以及经办管理方面存在较大差别。在参保对象方面，将人群按照户籍、职业和身份划分；在筹资方式上，城镇职工基本医保由个人和单位缴费，而城镇居民基本医保和新农合由个人缴费和政府补贴；在统筹层次上，城镇职工和城镇居民基本医保为市级统筹，新农合为区县统筹；在经办管理方面，城镇职工和城镇居民基本医保由人社部门管理，而新农合由卫生部门管理。

其次，北京市现行的三大基本医保在筹资和保障水平上存在较大的制度差异和城乡差异。在筹资标准上，调查年度内(2010 年、2012 年、2013 年)筹资总额城镇职工相对最高、城镇居民其次、参合农民相对最低：城镇职工个人按本人上一年月平均工资的 2% 缴费，用人单位按全部职工缴费基数和的 9% 缴纳；城镇居民中"城镇老人""学生儿童"和"无业居民"的个人年缴费分别为 300 元、100 元、600 元，区县政府按照每人每年 460 元的标准补助；新农合在 2010 年、2012 年、2013 年人均筹资总额分别为 555.4 元、707.3 元、893.9 元①。在保障水平上，城镇职工的补偿水平相对更高、城镇居民其次、参合农民相对最低：城镇职工门诊报销 70%—90%，住院报销 80%—98.2%；城镇居民门诊报销 50%，住院报销 60%—70%；新农合各区县政策差别较大，门诊报销 30%—57%，住院报销 40%—90%②。

(二)北京市现行基本医保使参保人可选择性受限

车莲鸿在研究中指出居民医保、合作医疗补偿能力低时可允许富裕者依

---

① 数据来源：《中国统计年鉴 2011》《中国统计年鉴 2013》《中国统计年鉴 2014》。
② 根据北京市 13 个含建制乡镇区县的政府门户网站、卫生信息网、卫生和计划生育委员会网站等公布的政策信息查得。

靠自身投入参加更高水平的职工医保。王红漫研究发现现行医保难以满足所有居民的需求,部分富裕农民或医疗支出较大的农民希望享受较高水平的医保,部分受经济限制等原因的城镇居民愿意参加较低水平的医保。本研究通过测算发现,如果允许北京居民自由选择医保种类,城镇职工、城镇居民、参合农民中分别有42.8%、44.1%、43.9%愿意选择其他水平的医保。一方面说明现行医保制度人为分割了不同人群,尚不能满足所有居民的需求;另一方面说明北京市现行三维分立的基本医保制度使得参保人根据自身需求灵活选择医保制度的可选择性受到限制。

(三)北京市城乡一体化居民医疗保障制度模式及可行性

所谓城乡一体化医疗保障,就是把城市与乡村、城镇居民与农村居民的医疗保障作为一个整体,统筹谋划、综合研究,通过体制改革和政策调整,改变医疗保障的城乡二元结构,实现城乡医疗保障在政策上的一致、全面、协调、可持续发展。

针对北京市基本医疗保险制度现存问题,本项目课题组提出了实施城乡一体化居民医疗保障制度的具体模式:将三大基本医保制度纳入同一制度框架,并按现行医保各自的平均水平设置高、中、低三种档次供居民自由选择,首先实现地区医保的城乡一体化发展,然后逐步推广至全国。该种模式是在国家卫生大政策方针和卫生体系不变的前提下,与社会发展相适应的卫生政策,既可满足群众对医疗保险的不同需求,又充分利用现有资源,以最小的改革成本换取最大的改革效果。

通过定义优良性指标、建立模型,根据缴费和补偿水平等条件的不同,对构建统一基本医保制度的政府支出进行测算。得出,若允许居民自由选择医保,北京政府在三个调查年度内需增加117.86亿元、200.59亿元和209.09亿元(分别占政府财政总支出的2.90%、4.12%和4.30%)。随着经济的不断发展,政府跟进相应的物力财力应当是可行的,而且可以使百姓与政府同时受益。

五、结论与建议

(一)研究结论

医疗保障制度的改革,涉及制度间有效的衔接,关系到基金的良性运行和政府的信誉,影响政策的效率和效果。本研究通过实证调查,从兼顾城乡一体化和政策稳定性角度出发,分析北京居民在三个调查年度内对基本医疗保险的满意度、对基本医疗保险的选择意愿,并通过模型测算当地政府卫生支出等,进一步论证了课题组提出的城乡一体化居民医疗保障制度理论框架在国家卫生大政方针和卫生体系不变的前提下是可行的,也在已经开展理论研究的基础上,为我国基本医保制度城乡一体化发展提供了实证依据。

（二）研究建议

有鉴于此，本研究对北京市城乡一体化居民医疗保障制度的政策建议如下：

1. 盘活现行医保制度，允许居民自由选择医保

在医疗制度整合过程中，需要关注医疗保障的多个层次，不能仅仅依靠统一的基本医疗保险，还要充分发展补充医疗保险和商业医疗保险来满足不同人群的需要。由于不同特征人群的经济水平、对医疗服务的需求不同，导致对医疗保险的满意度具有差别，故可针对群众的不同需求在一个制度下分别设置多档以供选择。适宜"一个制度，多种费率，多种待遇"的现状，以便让城乡居民易于接受，同时当地政府在财政上也承受得起。

2. 实现医疗保险管理、服务资源的有效整合

城镇基本医保和新农合分属不同的管理部门，客观上造成了资金投入和管理上的重复与浪费，业务上也易出现交叉，不利于城乡居民基本医保的经办和管理。因此，在统筹城乡居民基本医疗保险的同时，必须整合现有的医疗保险经办资源，实行医疗保险统一管理、统一经办平台，建立专业的管理机构，提高服务能力与水平，构建起高效的城乡一体化的医疗保险服务平台。

3. 逐步提高统筹层次，整合社会医疗保险制度

保险的基本原理在于"大数"，体现在具体业务中，统筹管理层次越高，越有利于分散风险，获取财务平衡，确保经营稳定。在国家层面，国务院所颁布的《关于深化医药卫生体制改革的意见》和《医药卫生体制改革近期重点实施方案（2009—2011年）》、人力资源与社会保障部颁布的《关于进一步加强基本医疗保险基金管理的指导意见》中都明确提出提高统筹层次的相关要求。由于不同地区的经济和医疗水平存在差距，故在统筹层次上，应推行循序渐进、逐步提升的策略：第一步打破城乡分割、地区分割，将目前分散的基本医疗保险制度进行规范和重组，建立起北京市级统筹；第二步努力推进全国统筹。从而实现统筹城乡医疗保障制度真正做到人人有医保、选择平等公平的目标。

参考文献

[1]赵磊：《吉林省医疗保险城乡一体化的可行性研究》，吉林大学硕士学位论文，2013年。

[2]王红漫：《中国城乡统筹医疗保障制度理论与实证研究》，《北京大学学报（哲学社会科学版）》，2013年第5期。

[3]喻露奇：《统筹城乡医疗保险制度改革研究——以湖南省为例》，湘潭大学硕士学位论文，2013年。

[4]夏芹：《城乡一体化全民基本医疗保险筹资可行性研究》，山东大学博士学位论文，2010年。

[5]仇雨临、翟绍果、郝佳：《城乡医疗保障的统筹发展研究：理论、实证与对策》，《中国软科学》，2011年第4期。

[6]程翔宇：《我国基本医疗保险城乡一体化研究综述》，《中国卫生政策研究》，2012 年第 9 期。

[7]王庆彬、姜宝法：《关于我国医疗保障制度城乡整合的思考》，《中国卫生事业管理》，2010 年第 2 期。

[8]梅丽萍、仇雨临：《统筹城乡医疗保险研究综述》，《中国卫生经济》，2009 年第 8 期。

[9]徐伟：《制度框架构建视角下的统筹城乡基本医疗保障制度研究——以江苏为例》，南京农业大学博士学位论文，2011 年。

[10]王红漫、李扶摇：《京、晋两地居民社会医疗保险满意度调查聚类分析》，《国外医学（卫生经济分册）》，2013 年第 3 期。

[11]曹乾、张晓、陈华等：《社会医疗保险满意度的因子分析与 Logistic 回归分析》，《中国卫生统计》，2008 年第 3 期。

[12]赵光、林振平、陆向前、李放：《城镇职工医保参保者满意度的因子分析》，《中国初级卫生保健》，2011 年第 7 期。

[13]车莲鸿：《试论经济发达地区基本医疗保障城乡统筹发展路径》，《卫生软科学》，2009 年第 5 期。

[14]王红漫：《山西省居民自由选择三大基本医保制度可行性分析》，《国外医学（卫生经济分册）》，2013 年第 2 期。

[15]王红漫：《建立开放型社会医疗保障制度实证研究与理论探讨——京晋两地实例分析》，《成都理工大学学报（社会科学版）》，2014 年第 3 期。

[16]王飞跃：《深化"三项"基本社会医疗保险制度改革探讨》，《西部论坛》，2011 年第 5 期。

[17]王红漫：《大国卫生之论》，北京：北京大学出版社，2006 年。

（作者：王红漫　北京大学教授）

项目名称：首都经济圈的目标定位及战略重点研究
项目编号：11JGA012
项目负责人：文　魁
项目信誉保证单位：首都经济贸易大学

京津冀协同发展的战略重点研究

内容提要：推动京津冀协同发展，是党中央、国务院在新的历史条件下做出的重大决策部署，是一个重大国家战略。在京津冀协同发展进入全面推进、重点突破的新阶段，迫切需要理论界对京津冀协同发展的战略重点进行深化研究。本文在对大都市空间结构演变规律及国际大都市圈典型案例剖析的基础上，系统阐述了推进京津冀协同发展的战略意义，重点探讨了京津冀交通布局、产业布局、生态布局、城镇布局、公共服务布局等重点领域推进一体化的实现路径，具有较强的前瞻性和应用性，以期为推进京津冀区域协同发展提供理论支持，为政府决策提供重要参考。

一、国际经验：大都市圈空间结构演进的实现路径

（一）发挥核心城市的引领带动作用

世界大都市圈的核心城市，一般来说地理位置优越、经济实力雄厚、聚散功能强大，在大都市圈的形成、发展过程中发挥核心引领带动作用。核心城市的产生是大都市区初步形成的主要推动力量。当核心城市的首位地位确立后，其经济结构和功能就会在外在竞争压力和内在发展动力的双重作用下不断升级。核心城市的功能升级先于区域内的其他城市，它的资源规模和服务层次都远高于周边城市。从空间结构看，随着核心城市的经济外溢和功能辐射日益扩大，必将有力地促进周边其他城市的发展，其所在的都市圈也将逐步演化为核心圈，核心圈与辐射范围内的其他城市圈共同演化出一个大都市圈的雏形。

（二）发挥核心城市的科技创新推动作用

大都市圈的形成与发展都是现实生产力发展的必然结果，而生产力的发展需要科学技术的推动。科技进步是大都市圈演进的根本动力和活力源泉。纵观包括伦敦、纽约、东京都市圈在内的世界级都市圈的演进可以看出，每一次的技术革命都会将区域经济向前推进一大步，推动产业结构不断升级和

完善,其所形成的新兴产业在此后数十年中都会成为该地区乃至整个国家的经济支柱。都市圈经济作为一个整体本身就是科技进步在现实经济中的体现,都市圈内的产业、行业、技术分工等方面的结构就可以说明当前区域生产力的水平与科技水平。可以说,科技进步作为生产力发展的推动力,对大都市圈发展具有强大的推动作用。

(三)发挥大都市交通及信息网络的承载作用

交通、信息基础设施网络是大都市圈发展的前提和基础条件。从国外大都市圈的发展过程来看,它们都拥有完善的综合性和网络化的交通、信息基础设施网络,建设了核心城市与区域内各城市之间的高速公路、高速铁路、大型航港、轨道交通等构成的交通基础设施网络,以及基于互联网的信息基础设施网络。综合性、网络化交通、信息网承载了都市圈城市之间人流、物流、资金流、信息流的传送,大大降低了人流和物流的运输成本,既是大都市区核心城市发展和产生"极化效应"的重要条件,也是核心城市经济外溢和功能辐射的必要通道。发达的交通、信息网络不仅强化了核心城市与城市群之间的经济联系,同时提高了区域资源的整合效率,还促使整个大都市圈形成以核心城市为中心、核心城市与周边城市紧密联系、一体化发展的空间结构形态。

(四)发挥核心城市集聚与扩散效应

核心城市的集聚与扩散效应是大都市圈演进的重要推动力。核心城市凭借其区位、资源禀赋等优势产生对周边的各种人才、产业、资金、技术等的集聚力,形成规模效应和集聚效应,进而使核心城市不断发展壮大。核心城市由于过度集聚而导致规模不经济,从而产生扩散效应,通过人才、产业、资金、技术等资源向周边地区扩散,进而推动大都市圈的发展。周边城市通过承接产业转移,与核心城市形成产业分工,进而促进了整个都市圈产业升级。正是核心城市的集聚效应和扩散效应,不断促进都市圈产业结构优化和升级,促进城镇空间结构开始单核—多核—网络化演进。

(五)发挥政策与规划的导向作用

从国外都市圈经济发展的经验可以看出,都市圈的形成与演进都是在市场机制发挥主导作用下实现的,但都市圈的发展也离不开政府参与和规划引导。市场的作用主要体现在资源配置、产业集聚和扩散等方面。政府的作用主要通过制定政策、规划及相关的法律法规来平衡都市圈利益相关者之间的利益冲突与矛盾,在都市圈空间布局、产业发展、城市功能以及规范竞争秩序等方面发挥重要作用。政府的"有所为"主要是积极培育和完善市场机制,强化核心城市功能,积极扶持都市圈内各个城市的发展。

二、推进京津冀协同发展的战略意义

从国家战略层面看，京津冀地区在促进中国的经济转型和经济崛起中担负着重大使命。

(一)打造中国参与全球竞争和国际分工的世界级城市群

中国作为世界第二大经济体，已经成为引领带动世界经济发展的重要引擎，迫切需要建设若干个具有世界影响力的城市群，为我国在全球范围内进行优质资源集聚和配置、产业重构和升级提供核心平台，并通过发挥它的集聚、辐射和带动作用，引领中国经济的科学持续发展。京津冀城市群是我国最重要的政治、经济、文化与科技中心，拥有完整齐备的现代产业体系，也是国家自主创新战略的重要承载地，其发展目标应当是打造世界级城市群。

(二)构筑中国乃至世界的研发创新、高端服务和"大国重器"的集聚区

京津冀地区是中国自主创新、高端服务、现代制造的核心区域，在加快中国工业化、信息化进程中担负着科技引领、产业支撑的重要使命。首都北京的产业已呈现服务主导和创新主导特征，如服务业占 GDP 的比重超过80%，研发产业产值规模全国最大，技术市场交易量占全国40%，文化创意产业位居全国前列，是区域现代制造的研发中心、创新中心、营销中心及管理控制中心，占据产业链条的高端位置。天津的产业呈现高端制造和技术集约特征，航空航天、高端装备制造等八大优势产业产值已占工业的九成，正在着力打造先进制造研发转化基地、北方国际航运中心和国际物流中心。河北省产业呈现资源加工、资本密集特征，正在积极打造现代制造产业带和沿海重化工产业带。未来一个时期是京津冀地区经济转型、产业升级、合力打造世界级研发创新、高端服务和"大国重器"集聚区的重要阶段。

(三)中国未来最具活力的核心增长极和带动环渤海经济圈发展的核心区

京津冀地区人口1亿多，土地面积占全国的1.9%，区域生产总值(2012年)占全国的10.0%，已成为推动我国经济发展的主引擎之一，在全国生产力布局中起着战略支撑点、增长极和核心节点的作用。推进京津冀区域协同发展，有利于实现京津冀三地优势的有机整合，增强区域的整体优势，有望成为中国未来最具活力的核心增长极。通过京津冀地区的快速崛起，可以进一步激活和带动环渤海经济圈的发展。环渤海经济圈以京津冀地区为核心，山东半岛和辽东半岛为两翼，腹地广阔，内联"三北"，外联东北亚，经济总量和对外贸易占到全国的四分之一，是中国乃至世界上城市群、产业群、港口群以及科技人才最为密集的区域之一。环渤海经济圈的振兴，对缩小我国"东西和南北"差距具有特殊重要的意义。

(四)带动中国北方向东北亚、西亚、中亚、欧洲全方位开放的门户地区

在当今世界，东北亚已经成为全球经济中最具活力和发展潜力的地区之

一，区域 GDP 约占世界的五分之一，占亚洲的 70％ 以上；而蕴藏着丰富资源的中亚国家，正成为世界大国角力的重要区域。京津冀地区正处于东北亚经济圈的中心地带和连接欧亚大陆桥的战略要地。加快京津冀地区的快速发展，有利于实现我国新丝绸之路战略下对东北亚、中亚、俄罗斯以及欧洲的全方位开放，进而带动我国周边发展中国家的经济增长，扩大中国经济的影响范围，形成以中国为核心的亚欧大陆经济圈，进而降低美国通过海洋通道对中国政治经济的战略钳制。推进京津冀协同发展和快速崛起，关系到国家战略安全的大局，意义重大。

(五)探索区域空间优化、科学持续、协同发展、互利共赢的示范区

习近平总书记强调，实现京津冀协同发展是面向未来打造新的首都经济圈，推进区域发展体制机制创新的需要；是探索完善城市群布局和形态，为优化开发区域发展提供示范和样板的需要；是探索生态文明建设有效路径，促进人口、经济、资源、环境相协调的需要；是实现京津冀优势互补，促进环渤海经济区发展，带动北方腹地发展的需要。我们理解，京津冀地区既有首都经济圈面临的特殊区情，又有作为我国东部沿海发达地区面临的共性问题，探索京津冀协同发展的新路子，可在三个方面发挥全国示范效应：一是针对京津冀跨省区域合作的体制机制等深层次矛盾和问题，着力探索跨界治理、"抱团"发展、政府与市场调节相结合的新机制；二是针对首都北京面临的"首堵"、雾霾、水资源短缺等"大城市病"，着力探索超大城市通过功能疏解、空间优化、实现中心与外围共生互动的新路径；三是针对京津冀地区经济社会快速发展与资源环境形势严重的突出矛盾，着力探索建设生态友好、环境优美、宜居宜业、社会和谐的新模式，这些都可以为全国跨区域协同发展树立新典范，创造新经验。

三、推进京津冀协同发展需处理好四大关系

(一)中心城市与所在区域共生互动关系

从都市圈理论与实践来看，中心城市与所在区域存在着共生互动关系。中心城市的形成发展离不开所在区域的基础和支撑；中心城市在率先实现由制造经济向服务经济、创新经济转型升级过程中发挥着区域核心、科技引领和增长引擎的作用；所在区域在中心城市的集聚、扩散和阶段跃升，为其提供要素、拓展空间和发展平台等重要支撑。从京津冀来看，城镇体系的"中心—外围"特征明显。尽管近年来北京采取了一系列产业疏解的措施，但在市场机制的作用下，各种优质要素仍在向京津两大城市集聚，中心与外围经济落差仍在加大。这种区内发展水平差距过大以及"大的过大、小的过小"的城市规模结构，不仅拉低了区域整体的发展水平，而且因周边众多中小城市难以有效承接并快速发展起来，导致超大城市的功能和人口难以有效疏解，"大

城市病"难以从根本上破除。因此，如何处理好中心城市与所在区域的关系，在中心城市功能疏解过程中带动中小城市发展，进而构造起合理的城镇体系，提升区域的整体发展水平，是我们当前迫切需要破解的一个重大课题。

(二)北京与天津两大核心城市分工合作关系

京津合作是推进京津冀区域协同发展的核心与关键。我们认为：一是"双核心"能否形成合力事关全局。京津作为相距仅有100公里的两个千万人口超大城市并肩而立，世界少有。京津各自优势明显。北京的首都优势、总部优势、科技人才优势、全国市场优势以及全国交通枢纽优势等得天独厚，是区域当之无愧的首位城市和核心；天津凭借现代制造优势、海港优势以及科技人才优势等也位居全国前列。但基于现行体制下的利益考量，京津"双核"始终未形成合力，区域龙头作用及其合力优势也远未充分发挥。京津双核心协调难，是影响和制约京津冀区域快速发展的要害所在。二是京津实力水平接近，合作领域更宽，影响更深远。北京与河北的合作，由于经济落差较大，更多的是互补性的资源合作、生态合作以及产业链布局的合作。与京冀合作不同，京津合作，由于经济技术水平接近，产业结构错位，资源禀赋各异，因此更多的是功能分工、强强联合、互补合作，如金融合作、科技合作、物流合作、海空港合作、生产性服务业与现代制造业合作、教育医疗合作等，合作领域更宽，影响更深远。只有处理好京津的功能分工、优势互补与有机合作，京津冀协同发展才有可能取得突破性进展。三是只有京津联手，才有可能实现区域发展的战略目标。只有京津联起手来，京津冀才有可能实现打造世界级高端服务业基地、中国科技创新能力最强的科技高地、北方国际金融中心、国际航运中心和国际物流中心等战略目标。因此，处理好京津两市的分工合作关系，是推进京津冀协同发展的关键所在。

(三)经济社会生态协调发展关系

京津冀地区作为我国东部的发达地区，发展机会多，大量流动人口涌入北京、天津两个超大城市，使城市和区域的资源环境承载压力越来越大，特别是近年来大气环境污染已经成为制约京津冀区域发展的突出问题(2013年全国前十大污染城市中有七个城市均在京津冀地区)，这不仅影响到居民的身体健康与生活质量，也必然影响优质资源向京津冀地区的集聚，甚至出现高端人才、外资企业、研发机构等逃离外迁的现象，已影响到京津冀能否可持续发展。像京津冀这样一个重化工业占有较大比重的地区，能否在推进区域协同发展进程中，逐步化解加快经济发展与资源环境承载压力的矛盾、人民群众改善环境的迫切要求与环境治理的长期性矛盾、发展经济提高收入的迫切要求与淘汰落后产能的矛盾等，是我们亟待破解的新课题。

(四)市场调节与政府引导的关系

京津冀地区既不同于长三角市场化程度较高，又不同于珠三角主要在同一省域范围内进行区域合作,它是在国有企业比重较大、行政干预力量较强、市场发育不足的环境下和现行的财政、税收、行政区划的体制下进行跨省域区域合作,难度很大。因此,处理好政府和市场的关系,寻求政府行为和市场功能的最佳结合点,直接影响到区域协同发展的成效。我们认为,在实际推进区域协同发展的过程中,首先,要明确划分政府和市场的行为边界,如产业协作、企业创新、要素流动、资源配置等经济活动应该更多地由市场来调节,政府主要为其创造良好的环境和条件;在一些市场失灵的领域,如基础设施、公共服务、生态建设等领域则主要由政府来规划和协调。其次,要处理好地方政府与中央政府的关系,对一些具有共同利益并取得共识的重大问题,可以通过地方政府间的平等协商来解决;而对一些难以协调又关系区域整体利益的问题,由中央站在国家战略层面进行顶层设计和督导推动。如何探索建立一个市场调节与政府引导相结合的跨界治理协调机制,以保障通过区域的协同发展,使经济更具活力、社会更加公平、运行更有效率,是我们亟待回答和解决的一个重要命题。

四、推进京津冀协同发展的战略重点及实现路径

(一)通过产业协同创新,打造国家创新能力最强的世界级城市群

按照产业创新生态系统"研究、开发、应用"三大群落构成,形成一个"研发—转化—生产"良性循环的区域产业生态系统,最终将京津冀建设成为"科技创新+研发转化+高端制造+高端服务"分工合作的世界级城市群。一是编制京津冀产业协同发展专项规划。以京津冀产业协同发展和建成世界级产业创新中心为总目标,结合三地的发展定位,编制三地产业发展的中长期规划,从总体上实现三地产业发展的融合和对接,形成产业链上梯度有序分布,不同产业集群在空间价值链上错位发展。二是按照"强点、成群、拉链、结网"的路径,设立产业创新引导基金,实现京津冀产业协同创新。强化创新节点,创新要素建设,培育、壮大行业领军企业,发展创新型的、具有成长力的中小型科技企业;进一步优化环境与降低创新要素流动成本,促进本地创新要素的联合互动,促进产学研合作,推动产业集群向创新集群转变;以"缺链补链、短链拉链、弱链强链、同链错链"为思路,将三地产业子模块统一起来,"粘合"形成一个多主体的聚集体,形成产业链的相互融合与无缝对接;围绕产业链、创新链、科技链企业之间及企业与高校、科研院所、金融机构、中介机构、政府之间形成相对稳定的创新网络,形成从北京知识、技术创新源到天津创新转化基地再到河北先进制造的协同创新网络架构。三是搭建跨区域的产业协同创新平台。借鉴中关村协同创新平台模式,由三地政府组织,汇集企业、高校、科研机构、金融、服务中介等搭建京津冀产业协同创新平台,促进重大行业资源整合、金融资源聚集、创新服务资源聚合等。四是设

立产业创新引导基金。三地共同出资，联合设立产业创新引导基金，并成立创新基金管理委员会。创新基金主要投于高端制造、新材料新能源、航空航天、新一代信息技术等战略新兴产业领域，资助对象包括京津冀三地的大学、科研机构、科技型企业等。五是完善产业创新生态环境。研究建立跨区域、跨机构的协同创新政策，破解产业发展和示范建设中存在的体制机制性障碍；营造京津冀协同发展的文化氛围、创新氛围；实现产业、科技、市场、人才、金融等管理模式的创新，根据产业发展变化和具体区域要求实行不同的创新政策引导和支持。

(二)通过交通体系协同创新，构建便捷高效的现代化综合交通体系

推进京津冀区域协同发展，交通必须先行。交通协同创新的关键是在统一规划的前提下，对现有交通基础设施进行整合与对接，通过"联"促进"流"。一是统一规划建设京津冀交通体系，实现网络化布局、智能化管理、一体化服务。以建设京津冀交通一体化为目标，按照多种运输方式无缝衔接、交通设施共建共享、区域内外互联互通的原则，统一规划、统一建设和统一管理，建设快速便捷、高效安全、大容量、低成本的互联互通综合交通网络。力争到 2020 年京津冀交通体系建设实现"五个一体化"：公路网络一体化、交通运输枢纽一体化、交通运输管理一体化、交通运输服务一体化、物流发展一体化。二是打通大动脉，完善微循环，加强超大城市市内轨道交通与市郊铁路建设，实现区域内大中小城市互联互通。超大城市应加大市内轨道交通密度，加快市郊铁路建设，完善区域内各节点城市之间的交通通道，实现快速铁路市市通，高速公路县县通，减少迂回运输、过境交通对各市市区的干扰。京津冀要促进铁路、公路、空港、港口、轨道交通等交通枢纽相互对接，完善路网密度及路网配套设施，协同打通断头路，提高交通通达性和服务水平。三是构建"一小时"交通圈、半小时通勤圈，实现区域公交一卡通、客运服务一票式、货运服务一单制。未来京津冀应重点形成京、津、石之间以及相邻的城市之间"一小时交通圈"、主要城市与周边的卫星城市之间"半小时通勤圈"，提升区域整体交通承载能力。在区域内实现公交一卡通、客运服务一票式、货运服务一单制。四是加强区域内国际机场群建设，共同打造国际航空枢纽。综合分析区内各机场的等级与空间位置，优化空港布局，打造一个区内整体的"分布式大机场"，优化区内航线布局，建设支撑京津冀协同发展的"空中走廊"，逐步形成规模、功能、布局合理的机场体系。五是加强区域内港口群合作，共同建设国际航运中心。组建天津港、秦皇岛港、唐山港、黄骅港等港口战略联盟，形成集装箱枢纽港、工业港、能源港和地方港协调发展的区域港口群，共同打造具有国际竞争力的北方国际航运中心。六是加强国际铁路和公路建设与衔接，打造 12 小时交通圈。加强国际铁路和公路系统与周边国家主要城市的衔接，形成 12 小时交通圈，向西衔接第二欧亚大陆桥。

（三）通过生态系统协同创新，共建生态良好、环境优美的宜居家园

生态建设协同创新，重点从以下几方面入手：一是统一规划建设区域生态体系，划定资源上线、环境底线和生态红线。倡导绿色发展理念，强化资源和环境约束，根据区域资源环境如水、土地、生态等承载能力，划定资源上线、环境底线和生态红线；积极推进风沙源治理、水源保护、"三北"防护林建设、大气污染治理等工程，加强湿地保护区和自然保护区建设，加大造林绿化、退耕还林还湖力度等。二是共建国家级生态合作示范区。借鉴鄱阳湖生态经济区、黄河三角洲高效生态经济区经验，争取国家支持，以张承地区为主体，包括北京、天津的北部、西部山区，设立国家级生态合作示范区，共同探索人口资源环境与经济社会发展相协调的发展新模式。三是明确城市增长边界，构建环京津冀城市群森林圈。设置绿色隔离带，设立开发强度的高限和生态空间的底限，保持合理的生产空间、生活空间和生态空间比例。对大气、水污染进行分区控制，建立区域风沙防御体系。在北京六环和城市外环建设具有较大宽厚度、集中连片的环京森林带，建设一批环京国家公园，形成绿屏相连、绿廊相通、绿环相绕、绿心镶嵌的生态格局。四是拓宽资金渠道，探索多元化生态补偿机制。资金来源可包括：财政转移支付、征收汽车尾气碳排放税、高碳能源使用税、区域生态共建共享基金、优惠贷款、政府购买生态服务等。探索以培训代补偿、以工作代补偿、以投资带补偿、以合作带补偿、以市场带补偿等多元化的生态补偿方式。五是尽快建立碳排放权、排污权的区域交易市场。完善生态资源有偿使用制度，建立碳排放权、排污权的区域交易市场，使生态涵养区可以通过提供清洁的水资源、涵养水源地、植树造林、风沙整治、湿地保护等服务来得到碳汇和生态的价值补偿，进而实现生态保护、地方发展和居民收入提高"多赢"目标。六是建立生态环境危机管理体系。对重大区域性污染源信息实施联合通报，以立法的形式加强土地整治与保护，防治土地内部及周围的环境污染和生态破坏，建立降低水源污染和提高供水保障能力的水资源危机机制，建立地震、火灾等危机机制。

（四）通过城镇体系协同创新，促进城镇布局优化与人口有序转移

城市群是区域协同发展的重要依托。京津冀城市群的目标是建设世界级城市群，未来应逐步形成"双核、多中心、网络型"的空间格局。协同创新可从以下几方面入手：一是明确城市功能定位与规划对接，优化经济人口空间布局。立足各地比较优势和资源环境承载力，科学制定区域内各城市的功能定位，做好京津冀协同创新的总体规划，统筹区域内交通、产业、生态、人口、土地利用等专项规划，促进三地战略与区域规划顶层设计对接。二是优化城镇体系，打造"双核、多中心、网络型"的空间格局。推进城镇体系的协同创新，关键要处理好京津"双核"关系，着力建设石家庄、唐山、保定、廊坊四个区域性中心城市，并打造各自的都市圈。三是发挥核心城市的引领带动作用，通过功能疏解促进人口及产业在空间上的优化布局。核心城市要通过功能疏解，一方面突破自身的发展瓶颈，拓展发展空间，实现阶段跃升；另一方面则要带动周边城市和地区发展，缩小北京与环首都贫困带的发展鸿沟，在全国率先闯出一条"中心与外围"共生互动的新路子。四是促进产城融合，推进新城及中小城市健康发展。通过制定鼓励和限制政策，引导特大城市的人口、产业向周边新城及中小城镇有序转移，特别是要抓住北京城市产业转移和功能疏解的重大契机，进一步完善新城及中小城镇的公共服务配套设施、生态环境和宜居宜业环境，以增强中小城镇的吸引力和集聚力。五是建立人口流动信息监测平台，实现高效率的人口管理。建立流动人口网络管理中心、信息存储中心、应用控制中心、安全管理中心，实现京津冀流动人口统一数据存储及统一管理。

（五）通过公共服务布局和社会政策对接，推进基本公共服务均等化

统筹区域内社会政策与公共服务对接，可从以下几方面入手：一是制定京津冀公共服务发展目标。近期，应通过逐步缩小教育、医疗、社会保障等公共服务的地域差距，推进基本公共服务均等化；中期，在资源共享、制度对接、待遇互认、流转顺畅等方面，初步建立起一体化的制度框架，基本实现区域公共服务一体化；远期，通过实现不同区域和不同社会群体之间公共服务制度的统一、公共服务设施的共享和保障标准的一致等，全面实现公共服务一体化。二是在京津冀各科技、产业、生态合作示范区内，率先实现社会政策对接和基本公共服务均等化。通过试点经验的推广，尽快形成区域公共服务均等化的制度体系和法律框架。为解决各县（区）财力不均衡的问题，创立"区域基本公共服务一体化专项统筹资金"，实行横向转移支付；为实现基本公共服务"底线公平"，应设立统一的区域基本公共服务标准。三是稳步推进地区间社会保障对接与基本公共服务待遇互认。积极探索养老、医疗、教育、社会保障等民生领域的合作。在区域内实现基本公共服务待遇互相承认，实现医疗保险异地结算、职工养老保险互联、居民养老保险互通等，逐步形成京津冀公共服务的协同管理机制。

五、推进京津冀协同发展的制度保障

（一）制度创新——重点：财税体制、政绩考核、投融资体制、援助政策、法律制度

1. 创新财政税收体制

探索建立首都财政，优先考虑北京核心区（东城、西城），按照事权与财权相匹配的原则，由中央统一拨付首都财政，以保障首都核心功能的发挥。

根据三地产业转移承接和利益分享,可以探讨建立首都圈财政和地方政府之间的税收横向分享制度。建议按照三地对产业的边际贡献系数比例,在省际产业转移时,探索地区间税收分享和产值分计;对于跨省市合作项目带来的新增增值税、所得税等地方留成部分,可按一定比例,在合作地区之间进行分成。

2. 创新政绩考核制度

在主体功能区划分的基础上,调整和完善政绩考核制度,特别是生态涵养区,应构建以生态、绿色为主的考核体系;对优化开发地区,应重点考核其产业升级和经济社会发展质量;对重点开发地区,在重点考核经济指标的同时,也要考核其生态环境、社会发展等状况。

3. 创新投融资体制

建议设立京津冀共同发展基金和京津冀发展银行,用于支持区域内协同开发和重大项目建设等。推动建立多元化可持续融资保障机制,引导商业银行、保险、社保等社会资金参与区域内大型跨界基础设施建设、大型公共服务设施建设等。与此同时支持民企、外资等各类市场主体,以 BT(Bulid 和 Transfer 的英文单词缩写)、BOT(Build-Operate-Transfer 的英文单词缩写)、PPP(Public-Private-Partnership 的英文单词缩写)等投融资形式发展民营医院、民营学校等。

4. 创新援助政策

区域援助对象主要针对京津冀两市一省中的环首都贫困区、工业衰退区、过度膨胀的大都市区等各类问题区域。探索建立纵向和横向相结合的区域援助机制与政策,如建立横向财政转移支付制度,加大纵向财政转移支付力度;通过发行长期建设国债以及财政参股等方式加大政府投资。为鼓励企业加快技术更新改造步伐,建议建立衰退产业援助基金,增加研发资金投入,采用财政贴息、加速折旧、税前列支等措施。针对首都功能疏解、产业转移给北京带来的就业岗位和财政税收减少等压力,探讨给予北京相应的扶植政策。

5. 完善区域法律制度

借鉴欧盟规划立法经验,研究京津冀地区总体控规的立法,如探索京津冀基础设施、产业布局、重大项目、生态保护、城乡发展等一体化规划的法规,使其对整个区域内各地都具有法律效力。探索建立以人为本的区域立法公众参与制度,调动区域内各方参与的积极性和主动性。

(二)机制创新——重点:组织架构、协调机制、运作方式

1. 探索建立以横向协商为基础、纵向协调为补充的区域协调组织框架

首先,建立以"地方首长联席会议制"为主导的横向协商机制,通过平等协商,最大化满足各自利益诉求,促进区域协作与共赢发展。联席会议主席可由北京市市长、天津市市长、河北省省长轮流担任。其次,建立由中央牵

头组建的"京津冀区域协同发展领导小组"或"区域发展委员会"的纵向协调机制，通过顶层设计，协调重大项目和重大矛盾，创造公平的发展环境，兼顾区域整体利益和长远发展。这种以省级横向协商机制为基础、纵向协调机制为补充的区域协调模式，具有地方政府与中央政府共同参与、自主性与权威性有机结合、公平与效率兼顾的体制特征。横向协商体现了地方政府间的平等性和自主性，纵向协调体现中央政府的权威性和整体性。为了保证区域决策的科学性与实施的有效性，除了设置上述两层决策机构以外，还应设立"京津冀发改委主任会议制"（执行层）、专业委员会咨询机构以及京津冀发展研究院（咨询层），非营利机构和社会公众的诉求和意愿可通过咨询层来体现和表达（见图1）。

组织架构

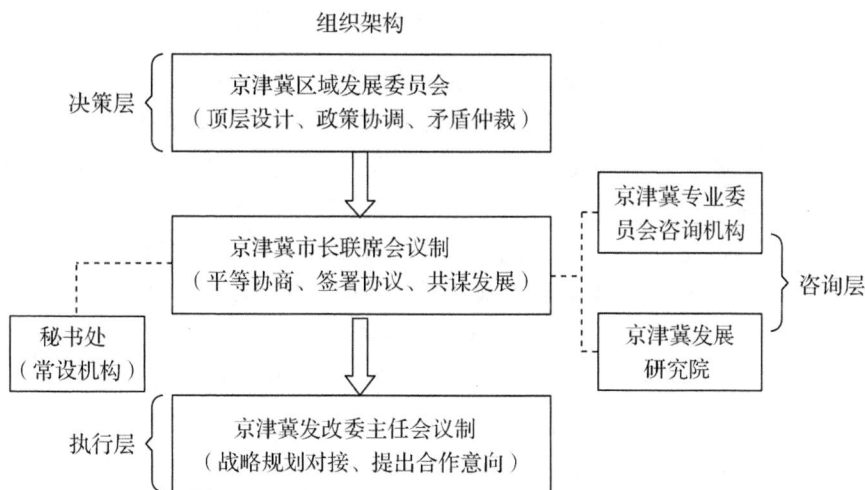

图 1　京津冀协调机构的组织架构图

2. 探索和完善税收分享、成本分摊和生态补偿等多层次、多形式的协调机制

应区分合作项目性质，探讨建立不同的区域协调机制，如税收分享机制、成本分摊机制和生态补偿机制等。分享机制对应的是盈利性私人产品，由市场机制主导，如基于省际产业转移、企业间产业合作、建立命运共同体的利益分享机制；分摊机制对应的是半公共产品，属于半政府、半市场导向，如基于省际（跨界）基础设施共建，地方政府应依据基础设施对本地区的外部性弹性系数横向分摊成本。补偿机制对应的是公共产品，属于政府导向，如要求生态受益省份通过财政横向转移支付补偿受损省份。为此，我们应探索建立横向分税制、横向财政转移支付等协调机制体系（见图2）。

子机制   实现途径

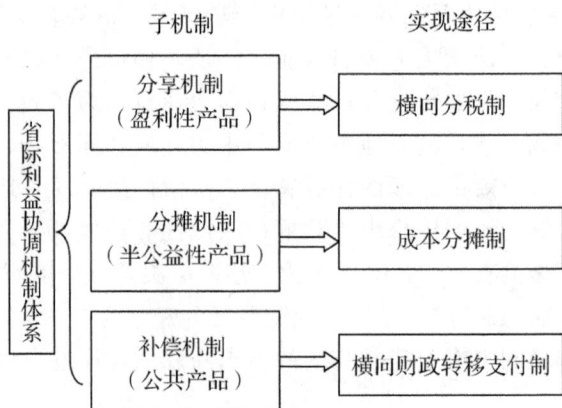

图2　省际利益协调机制体系框架图

3. 建立和完善区域要素市场及生态补偿的市场运作机制

针对京津冀区域"强政府、弱市场"的现状,京津冀应打破各种行政壁垒,尽快完善区域人才市场、技术市场、资本市场以及信息共享平台,促进生产要素的区域流动,营造有利于大众创业、草根创业的社会环境。如目前京津冀区域内实体性技术交易平台数量并不少(如既有北方技术交易市场,也有中国技术交易所),应加强整合和联网,整合和提升现有技术交易平台。整合区域性产权交易市场,建立"产权交易奖惩制度",促进股权、产权、不动产权在区域内流动。完善企业与个人的信用制度,提高区域的信息利用率和共享率。完善生态资源有偿使用制度、碳排放权交易、排污权交易、生态服务政府购买制度等,形成一套市场化运作的生态补偿机制。

(三)模式创新——重点：共同体、示范区、创新集成、异地升级

1. 共同体模式,包括科技创新共同体、产业联盟共同体、港口群共同体、机场群共同体等

纵观全球,打造"创新共同体"成为提升国家核心竞争力的全新组织模式。创新共同体一般由高校和研发机构、高科技产业园区、国家重点实验室、民间研发企业共同组成。建设共同体的目的在于推进知识产权与实物产权的融合、人力资本与金融资本的融合,推动以研发集群为核心的投资与经济开发行为,促进研发成果产业化,挖掘和利用潜藏的创新能量。其实质是通过将各创新主体结成一个利益共同体,形成了共同研发、共享成果的合作机制,使创新主体的各自优势在共同体内实现"新组合",进而最大限度地释放创新潜能。这一基本原理可以延伸到产业、港口、机场等领域,进而拓展区域协同创新的新模式。

2. 示范区模式，包括科技合作示范区、产业合作示范区、生态合作示范区、综合改革示范区等

区域合作示范区的设立，一般是基于国家战略和区域发展需要，依据资源禀赋、经济关联以及区位条件，在接壤地区或重点产业带、生态涵养区，率先建立一些跨行政区的合作示范区。在区内实行统一规划和统一政策，允许其先行先试，通过体制机制创新和社会政策对接，探索区域合作的新模式和新路径。区域合作示范区是加快区域协同发展的重要载体，是体制机制创新的试验田，是打造科技、产业、生态等领域合作发展的重要平台，是探索区域合作发展的新样板。

3. 创新集成模式

主要指科技型龙头企业（如中关村）在更大的区域范围内，整合科技资源、凝聚创新要素、发挥科技引领带动作用的新模式。在京津冀协同发展中，中关村充分利用其科技优势、品牌优势、人才优势、政策优势、资本优势和市场优势等，走出京城，与天津、河北共建科技创新合作园区，整合当地科技资源，吸引和聚集海内外优质要素，进行资本运营，园区化管理。这是中关村在我国实施创新驱动战略和京津冀协同发展战略的背景下打造资本运营、创新集成升级版的新模式。中关村与津冀地区共建园区，不仅促进了中关村科技成果的迅速转化，还发挥了北京的科技引领带动作用，推动了地方的产业升级，培育了区域性创新增长点，最终有利于形成京津冀三地功能互补、创新联动、产业协同的新格局。

4. 资源生态市场交易模式

主要是针对京津冀发展实际，通过市场化手段，建立和完善碳排放权交易、污染权交易、水资源有偿使用和建设用地指标交易等制度安排。当务之急是尽快建立区域性的碳排放权交易市场。碳排放交易是以市场机制解决二氧化碳为代表的温室气体减排问题的新路径。可借鉴美国南海岸区域空气质量管理区通过发放排污许可证，对辖区内企业的氮氧化物和硫氧化物排放进行总量限额控制的做法，排污企业可通过购买排污许可额度，或通过自主减排来满足总量控制的要求。温室气体排量大的大企业通过购买其他企业或个体减排的温室气体以弥补自己的超额排放。这种交易模式及原理也可以延伸到排污权、水权和建设用地指标等领域。

5. 异地升级模式

主要是指核心城市在产业转移过程中，不仅使转移出去的产业实现了产品、技术、设备等升级，而且还为当地的经济发展注入了新的活力。通过完善上下游产业链，进一步优化了当地的产业结构，带动了迁入地的产业发展。最为典型的是首钢主体变迁模式和北京凌云公司循环经济模式。首钢搬迁是京津冀区域间产业转移的标志性事件。2007 年首钢京唐钢铁公司项目正式开

工建设。首钢集团在曹妃甸打造"新首钢"过程中，实现了产业结构调整和钢铁工业的现代化改造。同时，首钢搬迁至曹妃甸，不仅缓解了北京市内交通压力，优化了北京西部的生态环境，首钢集团旧址新建产业园区，实现了第三产业对第二产业的新旧替换。河北抓住首钢搬迁的契机，加快对钢铁企业的调整和整合，推进自身钢铁行业向"高精尖"方向发展，有力地促进了工业优化升级。北京凌云公司(新兴际华集团下属子公司)是习总书记讲话后第一个从北京整体搬迁至邯郸市武安工业区的央企制造业项目。该公司将年产六万吨原料药碳酸氢钠项目迁入河北邯郸武安工业区，既在搬迁改造中实现了设备升级、产品升级、产能增加、标准升级，同时还充分利用了当地新兴铸管厂生产过程中的废气和余热，实现了能源的综合利用、循环发展、废气废水废渣的零排放；既减少了北京的能源消耗，有利于大气环境改善，又有效地带动提升了邯郸市医药化工行业的实力和水平，培育了一个新经济增长点，取得了一举多得、多方受益的综合效果。

（作者：文　魁　首都经济贸易大学教授

祝尔娟　首都经济贸易大学教授）

项目名称：北京应对城市突发暴雨灾害机制研究
项目编号：11JGB016
项目负责人：郑建春
项目信誉保证单位：北京市科学技术研究院

城市突发暴雨灾害薄弱环节分析与对策

内容提要：城市化进程的加快，迫使城市气候、当地水文状况、排水系统、内涝问题等发生了很大改变，对城市区域的降雨量、降雨强度、降雨时间、排水量等产生了较大的影响。城市突发暴雨危害大，会产生直接灾害、次生灾害以及衍生灾害，突发性暴雨成灾往往具有历时短、成灾快、破坏性强、预测预报预警难度大、防御困难等显著特点。针对在城市突发暴雨防灾减灾工作中的城市排水系统、法制保障、科技保障、预警机制等方面的薄弱环节，从规划建设、法制法规、灾害管理体系、社会参与及防灾教育体系、基础科学和应用技术研究等多种角度进行分析，对城市暴雨防灾减灾对策进行研究，增强突发性暴雨灾害的预防能力和危机发生后的应对能力。

一、城市暴雨积水成因分析

导致城市暴雨积水的主要原因因各个城市基本情况的不同而不同，主要包括：

（1）雨量和降雨强度大是造成市区道路积水的主要原因，降雨量大于泵站的抽升能力，使积水不能顺利排出。

（2）排水能力不足是造成市区道路积水的重要原因。排水系统不完善，排水能力不足；排水管道设施因种种原因遭受损坏，影响已有排水能力发挥；排水设施设计标准偏低，泄洪能力不足；市区内河水位过高，制约沿河泵站排水能力发挥；已建成的排水设施未充分发挥作用等。

（3）垃圾杂物影响排水速度。平时对排水口疏于管理，雨前疏浚不力，导致遇雨即淹。道路上若有塑料袋、废纸片等垃圾杂物阻挡水流，而雨量又太大，雨水汇集排放速度将受到影响。

（4）其他原因引起的积水。典型的原因如供电故障，降雨达到暴雨时，易夹杂短阵大风，吹倒树木和电杆，造成的停电，影响泵站和其他排水设施的正常运行。

二、城市突发暴雨防灾减灾现存的薄弱环节

(一)城市排水系统设计与管理

在历史形成的建设体制中，排水工程是道路建设项目中的组成部分，这就造成道路的起终点即是排水工程的起终点，而排水工程需要与下游管线、河道衔接才能够形成完整系统，发挥出应有的设计功能，如果路外排水工程与道路工程不能同步实施，便使这些道路的雨水管道无下游排除出路，造成部分地区雨水管道系统不完善。现有的排水工程建设体制亟待改进，以系统工程的理念制订排水工程建设投资计划。

(二)法律体系不健全

我国现在的灾害事故防治工作是分部门管理的，水灾的防治尽管归水利部门管理，但气象局、农业局、国土局也都按各自的职责进行了资料收集整理。这几个部门相互沟通、联络、协调不畅，甚至还存在职能交叉、相互扯皮或执法不统一的现象，势必大大影响了洪水防治的综合决策以及实施处理效能。

(三)应急救援组织管理薄弱

救援行为大部分属于政府行使行政紧急权的行为，这些行为的法律主体可以分为管理主体、组织主体、指挥主体、运行主体、救援力量主体、保障主体等。由于我国公共危机应急救援未能明确上述法律主体，涉及灾害预防和管理的部门各自为政，缺乏一个统一的、独立的、高效的综合协调部门或管理机构。应急救援力量各自为战、盲目行动的现象十分普遍；危机应急管理机制不完善，预案缺乏操作性、可行性，是导致抢险救灾不力的刚性缺陷。

(四)暴雨预报的准确性有待提高

可以通过卫星、雷达、探空站等多种手段对暴雨进行监测，研究表明暴雨系统的可预报性只能达到几个到十几个小时，即便如此，正确的暴雨预报仍然很困难。暴雨的预报能力与国家需求还存在一定的差距，我们对暴雨的认识还受技术手段、研究深度的限制。未来的预报就是要朝着定点、定时、定量的准确性前进，正确的暴雨临近预报能为政府防灾减灾争取更多的有效决策和应对时间。

(五)非政府组织在灾害救助中参与度低

在城市暴雨灾害的救助工作中，来自民间的非政府组织日益成为一支重要力量。大多数学者同意将非政府组织(Non-Governmental Organization，NGO)界定为由志愿者组成，不以营利为目的，致力于公益价值目标实现，独立于政府、企业等组织之外的社会性组织。

NGO 在城市暴雨灾害救助参与中灾前预防参与度低，虽然一些专业性的NGO 组织在暴雨灾害的预防宣传、灾害应对演习等方面有其独到的经验，但

这方面资源未能在灾前预防中得以应用是一种损失。NGO与政府之间的协作性不强，其救助模式未能与政府部门形成互动，充分利用政府有效资源，提升救助效率。NGO的组织化程度不高，在暴雨灾害等救援中很难发挥持续、稳定的积极作用。另外，民众对NGO参与灾害救助的戒心较强，认可度不高。

三、城市突发暴雨防灾减灾对策

突发暴雨易对城市造成很大的危害，针对上述分析，提出以下对策措施，以有效降低暴雨灾害损失：

（一）完善城市排水设施与防洪工程设施规划

解决城区内涝状况，首先要对现有排水设施设备进行升级改造。要结合城区规划，全面建设包括点（排涝泵站）、线（排水管、沟）、面（地面雨水调蓄设施）、地下（地下雨水调蓄设施）对策在内的全方位城市雨水调蓄工程体系，降低城市雨洪灾害风险。建立"规划统一、设置科学、管理严格"的地下排水系统。要根据不同区域的地质结构特点，科学合理地设置好地下排水设施。排水设备是否完好，决定着雨水的排放是否通畅。城市防洪规划是搞好城市防洪建设和管理的前提和依据。城市防洪规划要统筹兼顾、标本兼治，做到防洪与排涝相结合，洪水调度与污水处理相结合，防洪工程措施与城市建设、城市发展的布局、环境美化及经济开发相结合，体现现代城市水利发展的要求。城市防洪工程设施规划是城市防灾工程规划的重要组成部分，主要包括堤防、排洪沟渠、防洪闸、排涝设施、兴建水库、开挖分洪道等。

（二）完善法制建设

无论是防灾责任、科技投入、救灾标准、灾害经济与保险、非工程措施及国民的安全文化教育和强制演练等均离不开防灾立法。按照科学发展观的要求，我国需要一方面对已建成的多层次的防灾减灾立法体系中行之有效的法律制度予以完善，另一方面对防灾减灾工作中的成功做法予以制度化，进一步加强灾害防御体系建设，提高灾害专业救助技术水平和工作效率。面对突发暴雨灾害，我国应尽快制定具体的法律法规，明确暴雨灾害预防、预警、应急管理、抢险救灾等的职能职责、法律责任、社会动员，实施依法管理，依法监督。从法律的源头上明确突发暴雨防灾减灾的重要性与主体地位，使突发暴雨防灾减灾工作有章可循。

（三）建立城市暴雨灾害管理体系

应对我国突发事件防灾减灾工作，要遵从"预防为主"的原则。坚持预防为主，防灾、抗灾、救灾相结合的减灾方针，调动一切积极因素，合理配置资源。

（1）监测：建立气象灾害监测网络系统，通过全方位和全天候的监测，提供高质量的气象预报,根据监测数据的变化,提供瞬时预报和预警。

(2)预警预报:预警通常是指对可能出现或即将发生的危险或灾害进行预测并发布警示信息。危机管理是解决危机最为关键的一环,而预警又是管理中的核心。暴雨洪涝预警预报既存在专业性强、不确定因素多的困难,也面临着来自政府与社会的极大压力。

(3)防御体系:城市灾害防御体系是指能有效预防各种灾害风险可能给城市造成的危害、减轻因灾害造成的损失的各种预防系统,包括灾害监测、预报预警、应急指挥、避难和应急救灾等系统。城市能否减轻灾害损失,很大程度上取决于城市灾害防御体系是否完善。

(4)抗灾:建立专门的抢险队伍,在灾害发生前,这些队伍及时到位,积极投入检测、工程加固等工作中。

(5)救灾:为了能及时有效地组织各部门进行灾后抢险和实施灾后援助工作,颁布突发暴雨灾害应急救援相关方面的预案。根据预案进行合理有序的救灾工作,减少灾害的扩大。

(6)援助:建立灾害援助体系,主要通过社会保险、政府扶助等方式来进行救援工作,进一步减少灾后人员伤亡和财产损失。

(四)建立防灾减灾社会参与体系

在防灾减灾工作中,不同的社会角色应该发挥出各自不同的作用。形成对NGO的法律支持和监督,将其纳入暴雨灾害应急管理体系中;NGO应该不断强化自身在专业化、组织化和公信力建设等方面的能力;培养公民的防汛救灾文化,增强民众对NGO工作的认同和支持。城市暴雨灾害预防和救助已经成为全社会共同的责任,而NGO正是公民有效参与这一活动的重要平台。只有在政府部门的鼓励、支持和监督下,在NGO自身的不断完善、不断优化中,在公民防汛意识、责任意识的不断培养中,NGO才能更加有效地在城市暴雨灾害防治中发挥自身应有的功能,为城市建设尽一份力量。

需要建立防灾减灾教育体系。增强公众的气象灾害意识,应尽快建立学校、社区、企事业单位为一体的全覆盖的公共安全教育网络体系,全面系统地开展多形式的突发暴雨防灾减灾知识的普及教育,提高市民公共安全知识和暴雨突发事件应对能力;进一步强化各级政府的减灾责任意识,能够建立政府部门、新闻媒体和社会团体协作开展减灾宣传教育的合作机制,强化各职能部门在防灾减灾宣传中的职责;按照国家减灾教育基地评选标准,建设突发暴雨减灾宣传教育基地。

(五)加强突发暴雨防灾减灾基础科学和应用技术研究

在线监测技术与GIS管理分析技术、管网动态模拟技术合理整合,不仅可以通过对排水管网的网络特征分析,筛选出需要安装在线监测设备的管网薄弱节点或者重要节点,合理利用和分配有限的硬件资源,而且可以通过动态模拟技术有效使用实时监测数据，通过有限节点的监测数据对整个管网的运行状况和排水负荷进行现势性分析，辅助进行排水管网的科学化管理和及时应对紧急事件。

充分利用突发暴雨灾害管理研究平台，建立暴雨防灾减灾科技决策的专家咨询系统；建立突发暴雨减灾科技研发基地，加强减灾学科建设；加强减灾关键技术、暴雨管理技术的研发；深入研讨暴雨突发灾害成因，开发暴雨突发灾害的早期预警体系；利用突发暴雨减灾科技研发基地，加强暴雨防灾减灾应急家用产品、暴雨预报产品的研发；加强预测预警信息发布系统、城市雨水排放系统、综合数据库及防洪决策系统的研发；加强减灾国际交流与合作，不断创新防灾减灾综合管理方法和技术。

参考文献

[1]化全利、吴海山、白国营：《2004 年 7 月 10 日北京城区暴雨分析及减灾措施》，《水文》，2005 年第 3 期。

[2]刘奕、翁文国、范维澄：《城市安全与应急管理》，北京：中国城市出版社，2012 年。

[3]何芩、张帆、魏保义等：《"7·21"暴雨带来的城市防灾减灾思考》，《北京规划建设》，2012 年第 5 期。

[4]王鸿云、李永生：《强化北京排水系统的运行安全》，《市政技术》，2006 年第 5 期。

[5]杨喆：《重庆市"2007.7"特大暴雨灾害对社会经济的影响及对策研究》，西南大学硕士学位论文，2009 年。

[6]徐辛悦：《北京"7·21"暴雨灾害危机预警机制考量》，《江苏警官学院学报》，2013 年第 2 期。

[7]营立成：《从北京"7·21"特大暴雨看 NGO 在城市暴雨灾害救助中的作用》，《中国水利》，2013 年第 3 期。

[8]郭正阳、董江爱：《防灾减灾型社区建设的国际经验》，《理论探索》，2011 年第 4 期。

[9]周长生：《"城区内涝"现象堪忧》，《中国减灾》，2011 年第 11 期。

[10]郭其云、蒋慧灵：《北京 7·21 特大暴雨对我国公共危机应急救援管理体系建设的启示与思考》，《第七届软科学国际研讨会论文集·中国卷》，2012 年。

[11]方印：《论我国防灾减灾法的基本原则》，《贵州警官职业学院学报》，2013 年第 2 期。

[12]徐波：《奠定城市安全的基石——建设领域防灾减灾体系构建》，《中国减灾》，2005 年第 4 期。

[13]左学金、晋胜国主编：《城市公共安全与应急管理研究》，上海：上海社会科学院出版社，2009 年。

[14]杨东：《日本的灾害对策体制及其对我国的启示》，《中州学刊》，2008 年第 5 期。

[15]俞青、牛春华：《县级政府在特大自然灾害应对中的"短板"研究——以舟曲特大山洪泥石流灾害应急处置为例》，《开发研究》，2012 年第 2 期。

[16]刘露晓、蔡孝恒：《应强化防灾减灾工作——学习胡锦涛关于防灾减灾的重要论述》，《理论月刊》，2008 年第 12 期。

[17]刘俊：《城市暴雨内涝灾害防御机制思考》，《第 28 届中国气象学会年会——S10 公共
    气象服务政策体制机制和学科建设》，2011 年。

[18]程晓陶：《日本暴雨预警模式的改进与启示》，《中国减灾》，2013 年第 8 期。

[19]张锦镖、卢卫星、王晓生等：《乐清市气象防灾减灾基层体系建设思考》，《第 27 届中
    国气象学会年会重大天气气候事件与应急气象服务分会场论文集》，2010 年。

[20]刘燕：《重庆市洪灾及防灾减灾系统研究》，西南大学硕士学位论文，2009 年。

[21]官昌贵、左雄、何泽能：《提高公众灾害意识　增强公众应对气象灾害能力》，《经济
    研究导刊》，2010 年第 5 期。

[22]魏文秀、张中杰、赵妙文：《加强气象科普提高公共气象服务效果》，《第 28 届中国气
    象学会年会——S10 公共气象服务政策体制机制和学科建设》，2011 年。

[23]赵冬泉、王浩正、盛政等：《城市暴雨管理数字化解决方案》，《中国给水排水》，2008
    年第 20 期。

[24]谢莹莹、刘遂庆、信昆仑：《城市暴雨模型发展现状与趋势》，《重庆建筑大学学报》，
    2006 年第 5 期。

[25]梁红、张子峰、马福全等：《一次局地暴雨预报中 TBB 产品的应用》，《全国卫星应用
    技术交流会论文集》，2010 年。

[26]陈焱、王东勇、朱红芳等：《用 HLAFS 产品作安徽省暴雨定时、定点、定量预报的一
    种尝试》，《全国重大灾害性天气过程总结和预报技术经验交流会》，2003 年。

[27]邓国、陈怀亮、周玉淑：《集合预报技术在暴雨灾害风险分析中的应用》，《自然灾害
    学报》，2006 年第 1 期。

[28]杨斌：《致洪暴雨预测预警信息发布系统的研究与开发》，武汉理工大学硕士学位论
    文，2006 年。

[29]黄寰：《论防灾减灾中科技赈灾体系的构建》，《中国科技论坛》，2009 年第 12 期。

（作者：郑建春　北京城市系统工程研究中心副研究员）

项目名称：北京市治理交通拥堵的制度障碍和对策研究
项目编号：11JGB034
项目负责人：周耀东
项目信誉保证单位：北京交通大学

北京城市治理交通拥堵的制度障碍和对策研究

内容提要：本文在梳理和界定了交通制度概念的基础上，研究了交通制度安排对交通拥堵治理的作用，分析了北京市治理交通拥堵过程中的制度矛盾，提出了北京市治理交通拥堵的制度安排和对策。

通常意义上来说，制度是为人们各种行为提供的一种规范。诺斯认为"制度是个社会的游戏规则，更规范地讲，它们是为人们的相互关系而人为设定的一些制约"①，他将制度分为三种类型，即正式规则、非正式规则和这些规则的执行机制。本文试图建立基于制度视角的交通行为和制度的分析框架，进一步分析交通制度对北京交通的影响。

一、交通制度的层次、构成和作用

交通制度是面向人们出行行为的一种规范，是以路权配置为基础，以满足效率和公平的合理配置为目的，包括法律规则和道德准则及实现机制在内的系统性组合。交通制度具有层次性和系统性。从层次性来看，它包括了从微观的路权配置、道路需求管理、激励选择、交通供给到宏观层面的路网规划、交通规划和城市规划等方面。从系统性来看，这些制度性安排之间具有相互影响、互为条件的复杂的系统性关系。

（一）交通的制度内涵

城市交通是由交通设施、交通工具和交通出行人或货物共同形成的，是满足人或货物位移需要的服务活动。无论是设施还是交通工具最终都会体现到人的出行行为。交通制度就是针对涉及交通活动的主体人的引导、激励、管理和合作等集合。

---

① ［美］道格拉斯·C. 诺斯：《制度、制度变迁与经济绩效》，上海：上海三联书店、上海人民出版社，2008 年版，第 1 页。

1. 激励与约束

交通本质就是为满足人们出行需要实现的资源配置过程。由于城市交通出行具有一定的社会性特征，如果要满足各种出行方式在出行过程中不损害其他人的出行利益，就需要建立一种公约性的制度安排，以满足这一行为的合意性。交通制度在于通过提供一种激励与约束，刺激和抑制人们出行行为的选择。

2. 效率与公平

交通制度形成的目的在于保证整个社会的交通出行效率，而不是某一种类型人群的出行效率。从效率而言是推动城市交通出行的效率最优，即用最少的通行时间，最安全和舒适的交通方式，提供最有效的交通服务，满足最大可能的交通需求。从公平意义上来说，所有人在交通出行中都具有平等的机会，不存在歧视性的安排和不正当的竞争。

3. 正式制度和非正式制度

从法律层面上来说，交通制度是一种正式约定。我国颁布了《道路交通安全法》(2011 年)对交通中涉及的机动车、非机动车的相关主体的交通安全等问题进行了规范。在此基础上，还颁布了城市道路管理条例、道路运输条例，如公安部颁布了机动车登记和使用等方面规定。涉及效率和公平等方面的规章，主要以城市总体规划和控制性规划为基础，以城市交通规划为内容的交通供给制度。从道德准则来看，它是法律约定之外，被广大居民接受了的一种约定俗成。如不能乱穿马路、机动车应照顾行人等。实现机制不仅仅包括上述规则的具体组织和制度保障，还包括城市为保障交通效率和公平所实施的一些具体政策，如北京市的各类交通规划、北京市治理交通拥堵的 28 条意见等。

(二)交通制度的层次性

交通活动具有多主体特征。在城市交通中，多主体参与交通事务已经成为城市交通活动的事实，例如规划、建设、运营、维护、交通控制等分属于各个机构或者部门，这就为交通制度的层次性和系统性的形成提供了基本条件。

1. 路权配置是微观层面

它是交通参与者(机动车驾驶人、非机动车驾驶人、行人等)根据交通法律的规定所享有的在一定空间和时间内使用道路进行交通活动的权利，以此为基础确立交通出行的基本规范。英国就把路权直接表述为"公众允许在路面上沿着线路通行的权利"[①]。路权的实质是出行人在道路通行中具有正当的、合法的理由占有或享受在道路上行动的资格，是道路交通安全法规对交通参

---

① 季金华：《效率和公平：路权安排的制度基础》，《甘肃政法学院学报》，2009 年第 11 期。

与者在道路交通过程中，能够做出或不做出某种行为或要求他人做出或不做出某种行为的许可和保障。确定路权原则，有利于明确各参与主体之间在交通出行中相互交互过程中的规则，有利于规范各参与主体的交通出行行为。

2. 道路交通需求、交通出行选择和公共交通供给是交通制度的中观层面

中观层面的交通是建立在微观个体路权配置基础上，通过出行选择所形成的交通供求，该层面的制度核心是解决各部分的激励约束设计。交通出行选择的激励和约束是通过机制设计，改变人们在交通出行时关于交通工具选择的收益和代价，通过不损害交通出行人的福利，增进城市交通整体的福利水平。道路需求的激励和约束核心是通过对道路需求的流向、流量和容量的政策安排，有效地实现城市交通中的路网资源在时间和空间的配置，为实现交通供求关系在时间和空间中的平衡创造条件。公共交通供给制度的激励与约束的核心，是通过提高运输效率，推动公共交通供给者采取最优的方式满足交通出行人的出行需求。

3. 交通规划和城市总体规划是城市交通系统规模、等级和格局形成的重要因素，均属于宏观层和设计层

交通规划是城市交通基础设施的提供者其为城市交通基础设施提供的主要依据。它决定城市路网布局、规模和等级的关键性因素。城市总体规划是交通规划形成的基础和依据。城市总体规划和控制性规划决定了交通规划的前提和条件，某种程度上决定了城市交通的布局和路网特征。

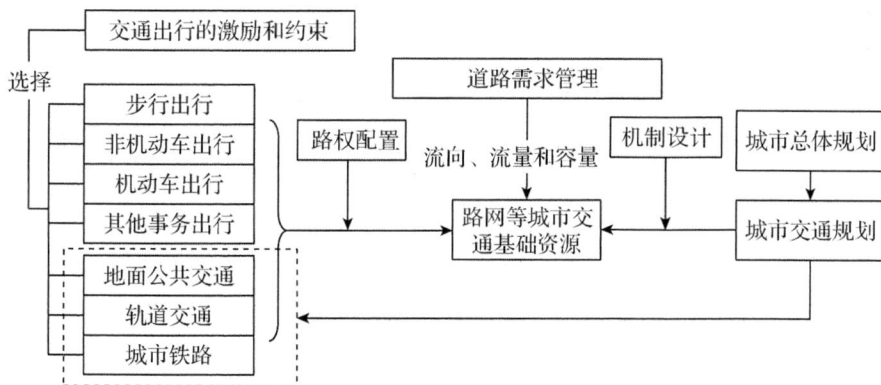

图1　交通制度的层次

综上，交通制度的构成如图1所示，路权配置和交通规划决定了交通系统的效率和公平，城市总体规划决定了交通与城市社会经济发展之间的协同关系。交通制度的关键在于如何通过恰当的制度安排推动交通规划和城市总体规划能够成为反映城市交通现状和未来的真正规划，推动城市社会经济各个主体根据规划内容做出自身最优的选择，符合规划的目标。

(三)交通制度的构成

1. 路权安排

路权安排是交通制度的微观基础,它是实现有序交通秩序的核心条件,主要包括了各种交通工具和出行人在内的各利益主体和相关者在交通出行过程中在道路等交通基础资源的使用权的权利界定。路权安排应体现出各行其道、先后通行、安全性、利益衡平和保护弱势群体等原则。目前,我国在路权安排方面面临的主要问题是针对出行人及利益相关者的交通行为缺乏有效监管办法,主要涉及不良交通行为的监督和约束,特殊利益主体交通出行规则以及非交通参与者对交通设施的占用规则。矛盾体现在道路交通管理系统不完善,违法成本较低,管理制度不健全,协调机制不顺畅等。

2. 道路交通需求管理

道路交通需求管理是关于机动车在道路行驶过程中对道路的意愿性需求管理。一般包括流向限制、流量限制和转移以及有关机动车行驶约定。前者是针对道路总体的交通资源分配,后者是针对道路截面最大通行能力的约定。由于手段和工具不同,相关的制度安排也有一定的差异。就目前制度安排来看,道路需求管理主要由交管部门依据《道路交通安全法》相关规定进行制度性的设计和管理。在道路需求管理过程中,交通警察是道路需求管理的主要管理者,它具有高于信号管理的指挥权和处置权。公安机关交通管理部门具有对交通警察和交通行驶规则的处置权。因此,该管理部门具有道路需求管理的最高决定权,它拥有指挥、政策决策、处置、惩罚等相关准司法的自由裁量权利。图2显示在道路需求管理中的制度安排。

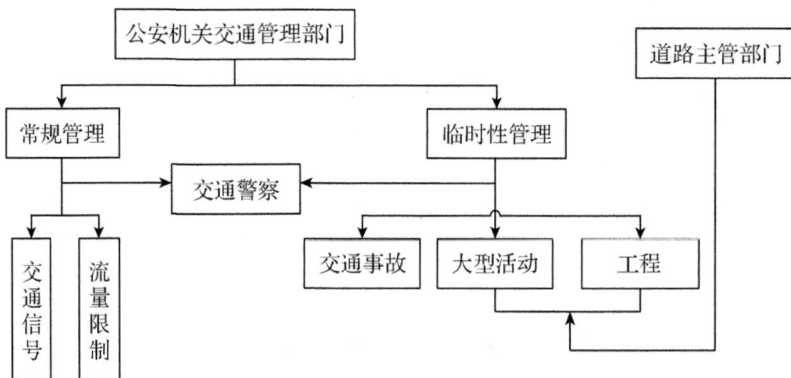

图2 道路需求管理的一般性制度安排

3. 出行的激励选择

交通出行选择是交通出行人在城市交通系统内根据自身的出行需求(出行目的和距离)和出行偏好,选择符合自身出行效用的交通工具,完成交通出行的过程。由于出行人在选择不同交通工具过程中,以满足自身出行效用最大化为选择原则，因此在选择过程中，通过调整激励与约束，能够刺激出行人调整出行工具，选择符合城市公共利益的交通出行工具。一般意义上，出行人出行效用可以表达为经济性、便利性、舒适性和安全性等几个方面，影响出行人交通选择的因素包括了出行目的、交通结构、消费者偏好和收入等因素。其中，改变交通结构包括公共交通的直接成本（时间和票价）、公交的换乘次数和时间、其他交通工具的使用成本将能够刺激出行人选择符合城市公共利益需求的交通出行。

4. 城市交通供给制度

交通供给制度主要是从交通提供方角度，为满足交通有效供给所需要的制度性条件。从主体来看，包括了交通工具的提供商、交通规划的提供方、交通设施的提供方和交通运营方四个层面。由于各主体的利益诉求的差异性，在满足交通供给的条件下，应首先考虑如何能最大化城市的公共利益，而不是部门利益。决策制度起到了决定性的作用，要考虑为谁服务，而不能将融资制度和运营制度作为其唯一的内容。决策制度有效性的关键在于能够充分体现出城市公共利益诉求的表达和实现机制。课题组认为信息公开、程序正义、第三方监督以及公共政策的效果评价等是推动其有效性的关键性条件。

（四）交通制度在缓解交通拥堵中的作用

通常意义上，交通拥堵是两类供求关系不均衡共同作用的结果。第一类供求关系不均衡体现在交通基础设施供求关系不均衡。当交通基础设施的需求超过了交通基础设施的供给能力，即使是通过改善交通供给效率也难以满足交通需求。这种供求不均衡所形成的拥堵具有持续性、常规性和系统性特征。第二类供求关系不均衡体现在由于天气变化，交通事故或者交通秩序混乱引起的局部空间和时间里的偶发性的交通设施供给超载。这种临时性的交通拥堵具有短期性、可平复性和爆发性特征。交通制度对交通拥堵的治理关键在于提供一种可预期、明确的制度激励和约束刺激交通主体改变出行行为，疏导交通。

1. 路权界定和执行有利于改善交通秩序和提高交通运行效率

不同利益主体在道路资源中的交通行为关系构成了路权界定的对象。由于城市交通设施资源中，道路资源是交通出行参与者最多，涉及利益矛盾最为复杂的领域，采用不同交通工具的交通出行者在道路资源中的行为构成了路权界定的主要内容。例如路人和自行车、非机动车、机动车以及其他主体之间在道路资源中的权利界定。通常意义上，路权界定所依据的原则是交通出行者的道路通行权是自由和平等的，但在道路出行过程中不能损害他人利益。从成本节约的角度来看，集体出行所形成的集体路权在一定程度上要高于个体出行。路权的界定有利于解决不同交通参与者在各自交通权利和责任基础上进行理性的交通行为，为城市交通构成基础性的交通秩序，有利于缓解城市交通由于混乱的交通秩序和交通事故所形成的偶发性的交通拥堵。

2. 道路需求管理的治理有利于交通流量的疏导

以城市道路(路网)为基础的道路需求管理是根据城市道路的不同等级、规模和格局,合理配置路网资源,对各种交通工具进出入城市道路的流向和流量进行制度性约束。

由于城市交通拥堵通常在时间和空间上表现为局部性拥堵或者区域性拥堵,例如早晚高峰、进城和出城在时间和空间上的差异、城市公共设施在局部时间和空间的拥堵(中小学上下学时间、医院附近、体育馆赛事期间等)。如何通过流向和流量疏导,疏解局部性拥堵是道路需求管理中面临的主要问题。道路需求管理核心是流向、流量和容量控制,以及交通局部的微循环治理。在不改变交通基础设施整体格局的条件下,通过道路需求管理,有利于疏解交通流量,缓解交通局部拥堵程度。

3. 交通出行人的激励和约束有利于调节交通出行选择

交通出行是日常生活中必需的行为之一。伴随着城市化水平提高、人均收入改善下,各种目的下的交通出行成为人们改善自身生活的重要内容之一。根据相关统计,北京市人均日出行次数达到 2.6 次[1]。交通出行选择的激励和约束主要依据是在选择不同交通工具时,会考虑不同的交通工具的收益和代价,包括价格、安全性、便捷度和舒适度等因素之间的权衡关系。这些因素在不同交通工具、不同收入群体,以及不同出行意愿条件下的偏好秩序不尽相同。因此,通过机制设计,改变交通出行人的偏好秩序,推动其在不改变效用的条件下,选择符合城市交通整体利益的交通出行方式,这是交通出行选择激励和约束的关键所在。

4. 交通供给制度有利于完善交通系统(运行和设施)的效率

作为城市交通基础设施和运营的提供方从微观到宏观主要涉及公共交通运营商(地面、地下和城市铁路)、基础设施建设和运营商、交通规划和城市总体规划设计者等相关利益主体。因此,从制度层面通过相关的制度安排推动交通设施运营和公共交通运营的效率,有利于交通供给以最有效的交通路网规划、最优的线路运营、最优的运营服务,提高交通供给的运能和水平。通过相关的制度安排推动城市总体规划和交通规划以城市现状为基础,做出最为恰当的选择,为城市未来的交通发展确立合理的目标;通过相关的制度安排,推动在实际规划实现过程中,各个利益主体遵守规划的基本原则,而不是超越规划,随意改变规划。只有实现城市发展和交通之间的协调统一,才能为缓解城市交通拥堵形成顶层设计条件。

---

① 杨向前:《民生视角下北京市交通拥堵问题》,《北京交通大学学报(社科版)》,2012 年第 2 期。

二、北京城市治理交通拥堵的制度障碍

从制度提供出发，交通制度至少包括了政策和组织安排两个层面。前者是解决为什么和做什么，后者是如何做。基于以上视角，我们认为北京城市交通拥堵的治理仍然面临着一些制度性的障碍，主要表现为以下两个方面：

(一)战略、规划和实施路径

交通政策包括了战略、规划和实施途径等几个方面。从宏观层面来看，北京城市规划和战略对北京经济发展的疏导作用并不明显，北京市"十二五"规划中提出的"两轴"、"两带"和多中心方案并没有对北京已有的中心格局产生积极的引导作用，单中心的特征日益明显，城市蔓延所形成的空间集聚与交通格局日益不匹配，交通拥堵的问题依然比较严重。

1. 城市规模的快速增长引起的空间集聚与交通格局不匹配

目前北京市承载着多重的性质和功能。根据总体规划内容，北京市的功能包括对外和对内两个方面，从对外(国外)来看，它是各国使馆、国际组织在华机构所在地，国际著名旅游地，洲际交通枢纽；从对内来看，它是国家党政领导机关的所在地，国有企业的总部基地，国家著名的文化、新闻、出版、影视、体育和高等教育集聚地，高新技术创新、研发与生产基地，国家铁路、公路和航空的重要枢纽地；从区域影响来看，它是中国西部、北部唯一一座具有高度吸引力的城市。

经济和社会集聚带来了人口大规模的增长。2004年之后，北京市人口规模从不到1000万人，增加到2014年常住人口2151.6万人，其中常住外来人口为822.6万人，常住外来人口增长速度高于常住本地人口增长，显示了地区对人口的吸引力不断增强。从人口密度变化来看，核心区和生态涵养区的人口密度变化不大，功能扩展区和发展新区是人口增长最快的区域[①]，如表1所示。

表1　北京市近年来城市空间和机动化变化情况

地区	指标	2009年	2010年	2012年	年均增长率(%)
全市	人口密度(人/km²)	1068	1195	1261	4.49
	人均GDP(元/人)	69248	71964	86403	6.19
	机动化率(辆/千人)	212	231	240	3.25
	私人机动化率(辆/千人)	171	191	197	3.78

---

① 从表1可以看出来，核心区和生态涵养区的人口密度增长率不超过1%，但功能扩展区和发展新区的人口密度增长率分别为4.01%和8.19%，体现了人口主要集聚在功能扩展区和发展新区的特征。

地区	指标	2009 年	2010 年	2012 年	年均增长率(%)
核心区	人口密度(人/km²)	22848	23401	23758	1.00
	人均 GDP(元/人)	139172	151772	184220	8.09
	机动化率(辆/千人)	304	337	375	5.81
	私人机动化率(辆/千人)	227	257	288	6.65
功能扩展区	人口密度(人/km²)	6810	7488	7902	4.01
	人均 GDP(元/人)	65638	69144	83404	6.77
	机动化率(辆/千人)	216	239	244	3.24
	私人机动化率(辆/千人)	182	205	209	3.69
发展新区	人口密度(人/km²)	781	958	1037	8.19
	人均 GDP(元/人)	38156	38062	57102	12.41
	机动化率(辆/千人)	187	198	199	1.58
	私人机动化率(辆/千人)	152	163	162	1.64
生态涵养区	人口密度(人/km²)	210	213	216	0.71
	人均 GDP(元/人)	26963	30121	37894	10.13
	机动化率(辆/千人)	150	173	195	7.59
	私人机动化率(辆/千人)	108	131	145	8.45

注释:核心区:中心城区(东、西城区);功能扩展区:海淀、朝阳、石景山、丰台;发展新区:通州、大兴、房山、昌平、顺义;生态涵养区:门头沟、延庆、怀柔、密云、平谷

超大规模的市域面积和短期流动人口,过快增长的人口规模,极度不均衡的人口密度,形成的交通流的特点是:(1)新增交通流较快,不断涌现出新增和诱发的交通需求。(2)交通出行距离较长,以"中心—外围"为特征的城市功能和交通布局并没有改变,导致交通出行距离较长。(3)以功能区、新区诱发形成的交通流将主导交通流格局。由于近五年来,新增人口主要在功能扩展区和发展新区,由此所形成的工作、生活等出行需求,成为北京城市新增交通流的主体。

现有的空间格局和交通流之间的矛盾日益突出。主要体现在:(1)核心区的多重功能并没有得到疏解,中心—外围的关系并没有改变。近年来北京城市发展的事实表明,以城市核心区为中心的格局并没有因为中长期规划而得到改变,现有的核心区人均 GDP 水平仍然是最高的,核心区集中了最优质和大量新增的工作机会。由此导致了核心区、功能区和新区相互之间的交通流

过于密集。(2)以核心区为中心的公共资源配置并没有得到改变。核心区仍然占有了最好、最多的医院、教育、文化等各类公共设施和资源。由此形成了除早晚高峰之外的新增跨区出行需求。(3)以核心区为中心的环线交通布局并没有得到改变。环线发展的交通格局本身就是单中心的发展思路,这种交通发展思路并不经济。它诱发了交通流过于集聚于环线,对环线连接处的交通流影响将产生负面作用。

2. 以建设为主的交通发展思路,忽略了对城市局部拥堵地区的微循环治理

2010年治理交通拥堵的28条意见成为北京市最为系统地治理交通拥堵的制度性安排。其内核在于以建设、管理、限制等手段治理拥堵问题。如果对其进行排序的话,建设为基础,限制为主导,管理为导向。这一思路表明管理部门认为总量不足仍然是交通流压力的瓶颈。扩建、改建和新建道路交通设施,加大轨道交通等公共交通建设,是缓解拥堵的关键所在。通过额度限制,抑制私人交通需求过快增长是当前的管理手段。

首先应当正确认识不同政策工具对交通拥堵治理的成本和代价。长期以来,城市交通建设更多地关注的是环线建设,忽略了次级道路的扩建和改建。从目前的格局来看,从二环到六环的环线,从中心向外的6条放射性高等级公路已经完成,初步构架了北京城道路空间布局。但从微观层面来看,次级公路网、次级公路与干线之间的衔接并不通畅。城市交通拥堵面临的主要问题是环线的车难以下来,造成了局部堰塞现象。因此,单纯从技术角度来看,大规模的道路交通建设的阶段已经结束,治理疏通拥堵点、解决次级道路和干道之间的有效衔接等更为细微的工作将是北京城市交通面临的主要任务。

从这个逻辑来看,北京治理拥堵的重心应当更多地从"建"转移到"治",而不是"建"字当头。治理的关键在于"管"和"疏",即对北京城市拥堵地区的管理和疏导、疏通。治理政策应将"管"和"疏"放在更加重要的位置,以细致的政策工具实现治理拥堵的目标。

3. 把轨道交通建设作为疏解交通拥堵的良方,忽略了各种交通工具之间的衔接和换乘

轨道交通几乎是所有世界城市治理交通拥堵的重要手段和工具之一。它的优良的特性决定了其可以成为城市最好地解决城市拥堵的公共交通工具,但它昂贵的造价和运营的高成本特性也决定了其规模边界。目前,世界主要城市将其置于城市最为密集和拥堵的中心区,还没有一个城市将其作为整个市域的公共交通工具。

从规模来看,北京城市轨道交通运营里程已经达到442公里,16条运营线路,261座车站,每日平均载客规模达到了672万人次,瞬时客流量超过了1000万人次(2013年3月8日)。预计2016年全域规模将超过660公里,2020年超过1000公里。城中心区的路网密度为30%,与纽约接近。

目前,关于轨道交通方面的问题主要有两个方面。第一,投入和成本的压力。大规模的轨道交通建设投入主要是通过政府的财政支出和投融资创建完成的,但随着财政投资和面向运营阶段的补贴支付也不断增多,今后能否有能力继续维持这一补贴政策是需要面临的问题。2011年北京市财政投入140亿元用于轨道交通和公共交通的补贴,财政用于轨道交通的建设投资额度达到了近400亿元,交通建设投资已经占全社会基础投资规模的50%。随着轨道交通里程逐步扩大,这一补贴规模将不断扩大,并有可能呈现边际递增趋势,补贴规模将超过300亿元。如此超大规模的补贴压力对北京市经济社会的正常发展构成了压力。第二,与其他交通方式的衔接问题。大城市的公共交通呈体系化和网络化特征。大城市所体现的服务范围大、人口密度度高、住职高度分离等特点,决定了单纯依赖某一种交通工具很难满足人们出行的需求,需要多种运输方式联合运输,提供接力性质的运输产品和服务。就目前来看,北京在轨道交通与其他交通方式之间的衔接方面还存在诸多问题。如线路过度重复,缺乏短距离接驳服务,站点缺乏便捷换乘等。形成这一障碍的原因在于地面公交和轨道交通分离化的线网规划,没有将一体化和接力性运输服务作为解决城市交通拥堵的更为重要部分。

4. 以限制性交通(或者额度管理)为导向,只注重短期利益,忽略了交通出行的替代性选择

目前需求导向的交通管理主要强调额度管理,以限为主。北京于2010年开展额度管理以来,取得了一定的治理效果。但这种额度管理的政策效果正在逐渐消失。限行和限号方式都是采取"一刀切"的方式,限行是根据机动车车牌尾号,每日限制2个车牌尾号的车辆出行,限号是通过摇号方式在总量上控制机动车购买数量,以此来实现减少交通拥堵的压力。

额度管理的主要问题是:(1)扭曲了交通配置效率。这种限制私人小汽车出行的方式是居民非意愿的体现,它没有考虑到居民采用不同交通方式的激励代价和时间价值。由此导致的结果是需要用车的人群难以驾车出行,不需要用车的人群奢侈消费,形成城市交通使用的低效率。(2)忽略了替代性选择。所谓替代性选择,就是在机动车车牌尾号限行和限制性购买汽车的条件下,人们采取规避的方式以实现原先的效用水平。在尾号限行的条件下,大量家庭购买了第二辆或者第三辆车,通过不同的车牌尾号规避尾号限行的问题。在限号购买的条件下,人们用外地车替代。尽管外地牌照的车辆进京后受到很多限制,但对于长期难以满足购车意愿的群体来说,仍然不失为一种替代性选择。在替代性选择条件下,北京市的汽车拥有量有了明显的增长。在限制性购买条件下,外地牌照的车辆明显增多。(3)用行政干预代替其他工具管理。对于现有的行政管理当局来说,行政手段便捷实用,其他手段行使起来要走程序,时间较长,比较麻烦。但行政手段自由裁量权较大,缺乏法

律依据、公平性和效率，因此受到的争议最多，居民非意愿选择增多。（4）执法成本高。管理尾号限行是有效实施尾号限行的重要工作。目前，交管中心由于警力有限，只能采取抽检的方式集中治理，还难以将其作为程序化和日常化的工作，由此导致了遮挡车牌、换牌等违法行为不断增多，交通秩序混乱。

5. 站点功能单一化，忽略了其经济功能和集聚作用，延长了交通出行时间

交通枢纽首先具有交通疏导功能。它是城市各种交通工具的连接点。对于大城市而言，不同轨道交通线网交织的地区一般都具有交通枢纽的地位，它是城市人流量最大的集聚点，来自不同流向的人汇集到这个区域单元。传统的城市发展过程中，交通枢纽只承担运输功能，但从目前城市发展趋势来看，交通枢纽成为城市经济、商业、文化等多重集聚中心已经成为可能。例如日本地铁城的建设，将城市商业中心、娱乐中心与交通枢纽有机地衔接起来，不仅最大可能地发挥了其作为枢纽产生的外部经济效应，也有效地疏解和缩短了人们出行的距离；枢纽的综合功能有助于其以交通和商业规则发挥市域土地价值集聚和扩散的功能和作用。北京在交通枢纽建设过程中，过度地强调了交通枢纽的运输功能和安全性，忽略了交通枢纽所产生的外部经济功能，易产生以下问题：（1）商业中心、文化和娱乐中心与交通枢纽分离。分离的结果导致不同中心之间连接不畅，变相地增加了人们的出行需求。（2）资源配置缺乏效率。交通运输的外部效应无法内在化，枢纽所产生的商业价值难以实现。（3）土地价值或者城市传统单中心功能难以分解，多中心化难以形成。多中心化的形成在于城市形成新的集聚，以枢纽带动的城市中心或者次级中心区的形成有助于分解传统的单中心的功能。但由于北京城市轨道交通在建设过程中更强调其运输和安全功能，没有将其视为城市新兴集聚的潜在地区，新枢纽的形成仅仅是建立在传统单中心功能的基础上，是一种修补关系，对城市多中心的形成影响不大。

总之，目前枢纽的单纯运输功能所产生的结果就是城市交通枢纽修建越多，其释放出来的新的出行压力就会越大，不利于交通拥堵问题的缓解。

6. 管理不到位，对交通秩序混乱管理不利

交通秩序混乱是导致交通拥堵的重要因素之一。对交通秩序的有效管理仍然是交通行政管理部门面临的重要挑战。从目前来看，交通管理问题主要在于法律规则和法律执行两个方面。从法律规则来看，新交规的实施在很大程度上明确了交通秩序的法律标准，但公共交通的行驶规则、城市特权车的行驶规则（公共事业部门、紧急扶助部门、公务车等）在立法上仍然有大量的法律空白。从执法层面来看，执法不严、违法不纠是目前交通管理中面临的主要问题和挑战。在各类交通工具出行的复杂交通环境下，交通管理部门仍然存在着警力不足、管理成本高、缺乏有效的管理手段等问题。此外，宣传、

教育和培训的力度不够,导致人们交通出行的规则意识不足也是引起交通秩序混乱的另外一个方面。

(二)组织障碍

组织是实现制度安排的重要保障,没有有效的组织管理,制度的内容很难有效地实现,目标也很难完成。目前,北京交通治理初步形成了以交通委员会为牵头单位,副市长直接领导下的多部门协作管理的组织框架,所涉及单位主要有规划部门、建设单位、交管局、土地部门、公安部门、财务部门、城市管理部门等。交通委员会作为整合市域各种公共交通管理的行政机构,承担了道路交通、轨道交通等交通设施、交通工具的规划和监管,这种交通制度安排和组织管理为全市统合不同交通工具,建立综合交通规划和实施提供了前提,目前这种交通制度安排是全国较为先进的制度组织形式。

伴随着城市规模和人口日益增长,这种交通治理的制度安排与交通规划、交通设施、交通工具以及人们出行意愿所形成的制度需求仍然存在着一定的矛盾和冲突,这对于缓解交通拥堵构成了一定的制度障碍,主要表现为:

1.多部门之间沟通协作成本和代价较高

拥堵问题不仅仅是交通问题,更是城市各种问题的集中体现。尤其在疏解拥堵的治理中更不能简单地视为仅通过交通部门就能够解决。从职责来看,交通委员会是交通运输行业的主管部门。主要是负责市域的中长期交通规划的编制,承担重大项目和市属交通项目的评审,编制年度建设和养护资金计划,负责交通运输的行业管理、行政管理和安全管理,协调解决交通综合性问题。但涉及具体的交通整治,许多方面,需要交通内部各部门之间的协调,如优化线网、公交专用道、交通工具衔接,也需要与其他部门相互协作,如停车问题、公务用车治理、局部地区拥堵治理等,其他部门,如住建委、综合管理中心、土地部门、规划部门以及当地小区委员会的支持。从目前来看,还缺乏一个良好、有效的部门之间的沟通机制,各部门都是从自身的利益出发最大限度地寻求法律的"例外"。在这种条件下,拥堵的治理政策也只能是"纸上谈兵",难以实施,沟通机制和沟通成本代价很高。

2.道路交通管理权分置和分散

从目前交通管理的角度来看,承担市域交通管理的主管机构是交通管理局,属于公安部下属的机构。它主要承担机动车牌照管理、交通秩序的维护以及出租车的管理等,对交通非经营性的违规行为拥有处置权。而交通委员会执法大队则对交通的经营性违规行为有处置权。在交通管理上,涉及道路行车部分,非经营性违法行为由交警处置,经营性违法行为、安全性由交委处置。两者看似明确的权属关系实际上在具体运行过程中,难以体现出效率。比如北京市的黑车治理。除此之外,交通秩序的管理与城市管理也有一定的冲突。比如占道经营等问题,占用道路违法经营应由城管负责,但也构成了对交通秩序的侵害。

3. 谁来监管监管者

从目前来看，城市道路交通管理的具体承担者主要有交警和交委执法队两个机构。前者针对交通行为，后者针对交通中的经营性行为。由于交通秩序的管理者具有很强的自由量裁权，其决定的结果直接影响交通出行人的利益。因此，审慎使用其监管权，是维护交通公平性的重要体现。在目前的管理体制中主要通过内部监管管理者，尚缺乏对这类监管者有效的和系统的监管手段。其导致的结果是权力滥用、不用权力等。"滥用权力"主要是作为管理机构过度使用监管权力对交通行为人进行处罚。例如违规停车问题。例如在儿童医院、小区门口等地，法律尽管规定了要在规定地区停车，但在这些地区既没有禁止停车的通告，也没有明确的协管人员制止，"法无禁止，则民可用"，监管人员随意张贴处罚单是对其监管权的滥用。"不用权力"是懒政的体现，是监管者将监管权高高挂起，或者以权谋私。比如每天上学和放学时间的中小学校门口，大量汽车已经停到了马路中间，但大多数监管者视而不见，没人管理。

4. 中间组织缺失

中间组织包括交通出行者和交通供给者两个层面。从目前来看，两类组织机构都比较匮乏，或者没有起到应有的支撑交通秩序建设的作用。从交通出行人来看，缺乏相应的中间组织，比如机动车协会、非机动车协会等，从交通供给者来看，也缺乏维护交通秩序的志愿者组织。通常意义而言，中间组织是"润滑剂"，通过中间组织使得交通供求双方的利益诉求得到有效的沟通和理解，有助于缓解双方的利益矛盾。缺乏中间组织的直接后果是交通制度的提供者与需求者之间缺乏一个有效的沟通渠道，利益诉求难以得到有效的反馈和体现。

5. 公共政策制定程序和规则

城市交通政策包括规划、战略和政策实施等都应当属于城市公共政策的一部分，应当纳入城市公共政策管理的范畴。但目前交通政策在制定过程中还存在随意性，缺乏科学性和程序性，不能体现出城市居民的共同意愿。长期以来城市公共政策决策过程中只考虑到决策和执行的便利性，而忽略了受众群体和效果，由此形成了所谓政策的合法性、公正性和程序性等问题。北京在交通政策制定和执行方面的主要问题是：

(1)规划的权威性不足。规划是交通建设的前提，最初的规划是技术专家给出意见，在各个利益主体共同协商条件下，包括土地开发商、地方政府和公众共同妥协形成的一致性意见。但目前规划仅仅提供了方向性的指导意见，在具体细节方面，开发商、地方政府具有很大的自决权，导致了规划的随意性。

(2)政策的公共性不足。政策制定和执行过程中公众参与度不够，政策能够体现出的城市居民的共同意愿不足。目前公共参与主要通过征求意见方式，没有投票权和决定权，因此，公众缺乏参与的积极性。但交通政策又是与公众密切相关的政策，因此缺乏公众参与的政策在执行过程中必然会出现冲突和矛盾。

(3)交通政策制定的程序存在缺陷，效果有限。目前大多数以需求导向的交通短期政策都是由政府或者少数精英决策的结果，其合法性和程序性受到了广泛质疑。如限行和限购管理、停车收费制度等。在限行和限购管理方面，道路交通安全法规定了地方政府可以采取临时性的限制措施，但这是短期的，而目前北京城市交通限行和限购管理已经维持了 5 年的时间，并且还要持续下去。这样将短期政策演化为长期政策缺乏其合法性的依据。在停车收费管理方面，提高三环内收费标准的目的是试图通过提高用车成本，减少用车次数，但由于是面向广大消费者征收的费用，而且使用的是公共设施，公众就会质疑这笔费用的支出及使用去向。在出租车管理方面，出租车行业自身有不断提高出租车"使用要价"(起跳价和每公里费用)的激励动机，这个诉求是建立在出租车行业长期的公司承包制的管理体制和垄断市场结构的基础上，公众会质疑提高要价的依据，质疑占出租车营运收入 1/3 多的"份子钱"不降反升的依据，及这笔"份子钱"的合理性。提高要价导致的另一个结果是北京市黑车现象更加普遍。未来北京市还会考虑更多的经济手段，如征收拥堵费、燃油附加费等，但如果不考虑其政策的程序和后果，这种政策最终就会演变为某些利益集团寻租的手段。

三、治理交通拥堵的制度安排

制度就是一套规则，包括了习惯和正式制度。它给人们提供一种选择的激励，推动人们在追求利益的条件下选择符合自身逻辑的行为。从交通制度提供来看，它所提供的一套规则，包括了城市规划、城市战略定位、城市交通发展战略、城市交通政策以及相关的制度安排。城市规划和城市战略定位选择属于交通制度的中长期选择，一旦规划和战略定位选择完毕，城市交通政策和相关的政策安排则属于交通制度中的短期选择。

(一)治理拥堵的中长期制度选择

中长期制度选择具有长期激励的作用，它不仅仅包括了制度环境的变化，也包括了中长期激励选择。从交通制度的构建层面来看，具有这种中长期激励因素的制度选择涉及交通规划、城市定位和交通发展战略三方面。在这三个方面之中，城市定位是针对城市未来的一种功能性的表述，是选择交通规划和交通发展战略的重要依据。只有明确把握北京城市未来的方向，才能为制定合理、有效的交通规划和战略奠定基础。

1. 北京城市未来的定位选择

城市定位与城市社会经济发展阶段相关，它是交通制度重要的环境变量。不同类型和形式的城市定位将影响交通规划和城市空间结构。给定目前北京城市政治中心、文化中心、世界旅游城市的格局不变的条件下，城市未来的发展应考虑城市集聚背后的因素，其所付出的代价是否可以承受，应采取何种方式使得这种集聚更好地发挥作用，而不是单纯地因为"大"而分解城市功能。

北京未来的城市空间可能有两种选择，一是在原有的高度集聚的单中心基础上不断延伸与扩展，二是与周边城市逐步形成高度分工化的城市网络。从现有的管理当局和各方观点来看，后一种的观点占据了主流。显然前一种单中心、多重功能集聚的超级城市所形成的诸多需求已经对城市社会环境的承载能力构成了威胁，疏解功能、迁移人口似乎成为未来北京城市的选择。但应当看到北京能够成为超大规模的人口集聚地有其背后很多的因素，如廉价和优质的公共服务，就业机会，以及引发的商业机会等。提倡多中心格局下的城市定位和布局，并不是在于疏解北京的集聚功能，而是在于重构北京的集聚功能，使其长期可持续的发展。

我们认为北京城市经过了长期的历史积累和发展，在高技术产业、旅游服务、教育和医疗等带动下已经形成了具有首都特色的经济增长模式和空间结构，它已深刻地影响北京现在和未来的城市发展和空间结构，这一功能和集聚中心的形成是一个长期累积的结果，不是依赖短期的"运动式"或者"命令式"的资源调配，过度的调配资源只能给城市带来更大的伤害。

2. 交通规划和交通发展战略最终目的是为城市发展提供服务

交通与经济之间的关系具有累积因果循环特征。交通为经济提供发展先行条件，经济发展为交通输送"血液"。在高度集聚化的超级城市中，经济繁荣与交通通畅之间存在一定的经验性负相关关系，它也成为决定城市最终规模边界的重要条件。

交通规划与城市规划密切联系，是交通制度的宏观变量，将决定城市交通的网络结构、空间分布，它与城市空间结构是否匹配是决定城市实际交通效率的一项重要的关键因素。具有长远目标和符合城市未来发展空间的交通规划将对城市交通的微观状况起到了长期决定性的作用。现有的交通结构与城市空间结构的不匹配主要原因：(1)交通设施设计与交通出行之间不匹配。如不同交通工具缺乏相互协作与补充；快速路、干线与支线不能满足出行需要；环线与通道之间存在"堰塞"现象；城市集聚中心缺乏交通统筹和指导等。(2)集聚中心变动过于频繁，交通设施无法满足出行需要。城市集聚中心的兴起与衰退原因是多方面的，但最基础的变动来自市场的自身演绎。如北京金五星商贸中心、动物园批发市场等地，这些市场常常兴起于政府未规划的地区,由此导致了这些地区的出行需要无法得到交通支持。因此未来的交通规划和战略制定应当首先建立在可预期和稳定的城市中心的基础上,过度频繁更迭的集聚中心,只能给交通和经济关系带来损害性的作用。其次,交通规划应更多地体现针对北京城市最大的"通勤"交通出行需要的满足。目前,北京市交通流中,通勤流是最大的部分,约占44%,解决居民的通勤需要是提升北京交通效率的前提。再次,交通规划应体现对城市集聚中心(商业中心、交往中心、交通汇流地、人文教育中心等)的交通疏导。解决集聚中心居民的出行需要是提升城市生活品质的条件。最后,在城市网络化或者城市群发展的可预期思路下,交通规划与交通发展战略也应当重视城市之间的交通流改善,加强城际交通的协作。

因此,课题组认为未来的交通规划和发展战略应首先在明确北京城市未来发展格局的基础上,根据不同发展类型,针对现有交通格局和条件,以人为中心,利用新建、完善和需求管理等多种政策,通过调整交通资源配置,实现交通效率。它是在"大建设、大推动和大战略"的政策下,以提高生活品质、改善城市和城际交流质量为主旨的精细化活动。

3. 关于"治堵"中长期政策的制度性建议

城市拥堵是城市在高速发展过程中经济集聚所形成的各种交通流与交通空间结构不匹配形成的结果,是城市在经济繁荣后与城市空间结构不适应的体现。在治理拥堵过程中,首先应不能"因噎废食",为了治理拥堵而损坏城市繁荣。城市交通是为城市发展提供服务的工具,如果城市不发展了,即使是交通通畅也不能给城市居民带来社会福利的改善。因此,在治理交通拥堵过程中,应谨慎考虑治理拥堵给城市繁荣带来的损失,不能单纯从交通效率改善的层面来治理交通拥堵。

其次,城市空间结构的形成应具有稳定性、长期性和持续性。不同城市类型和空间特征决定了与之适应的交通结构,但交通结构一旦形成就会对这种空间结构形成固化的反向作用。因此,在决定城市功能和定位过程中,应谨慎决策,不能朝令夕改,频繁转换思路。这样对城市发展和交通格局会带来损害。北京"十二五"规划所提倡的多中心思路,理想是好的,但在具体实施过程中,由于内城区已经固化,在近十年的发展过程中,无一例外地采取了用增量替代存量,副中心(如发展新区、功能扩展区等)的快速发展,逐步形成了石景山、丰台、海淀、通州、顺义等具有不同功能特色的集聚区,对于疏导城市人口分布、均衡城市发展具有积极的意义。课题组建议下一步的思路是围绕副中心构建"住职合一"的城市发展思路,围绕副中心构建公共产品和服务,使得北京市的副中心真正扮演功能性的职能。根据目前的发展趋势,未来北京城市空间结构将形成以城区为中心的"五角"或者"六角"形空间格局。尽管这种类型仍然存在一些问题,但课题组认为随着副中心功能性正式形成，两心之间的次级中心形成将最终为北京超级城市的空间结构奠定最重要的基础。

最后，公交为导向的发展思路应当进一步明确。北京拥有世界上独一无二的大规模地面公交系统，其系统的繁忙程度、运营线路和载客规模都是许多世界城市不能具备的。公共交通的发展不能单纯地以发展轨道交通为主导，要两条腿走路，要相互融合、分工和协作。因此，课题组认为在目前现有的公共交通发展思路基础上，应进一步明确：(1)公共交通路面的优先权；(2)各种公共交通工具之间的关系；(3)枢纽站点的换乘和衔接；(4)机动车、非机动车和公交工具换乘。课题组认为加强公共交通换乘的便捷性和舒适性，有利于公共交通方式的推广，也有利于其作为替代性交通工具为广大市民所接受。

(二)治理拥堵的短期制度选择

短期制度选择主要是针对不同拥堵类型的政策选择。根据拥堵来源和类型选择不同的激励性工具，推动人们在选择出行过程中更符合理性和城市公共利益。下表2显示了在不同拥堵类型下，交通政策的不同选择。

表2 交通拥堵类型、原因和政策选择

拥堵类型	原因	政策选择
早晚高峰	住职分离	(1)发展副中心的公共产品和服务，促使城市公共服务(教育、医疗、环境服务等)均等化；(2)交通需求管理。从额度管理(尾号限行)到提高用车成本(拥堵费、停车费等)，安排错峰和弹性上下班制度，鼓励集体交通出行等方式。
特定节日	景区和景点公共交通不便利	(1)统一规划和安排北京城市中心区内景点交通，禁止中心区等景区各类旅游车直接下客游览，可考虑统一换乘；(2)规划景区交通线路，鼓励游客采用公共交通工具游览；(3)加强对市内旅游公交线路的指引。
特定点源拥堵(1)：中小学上学与放学	中小学上下学与上下班时间重合	(1)重新规划中小学校的分布，促使中小学校的分布更加均等化；(2)交通需求管理，校车、错峰上学(比如7点上学)；(3)中小学校周围交通环境的微处理；(4)安排交通警察和志愿者疏导交通秩序。
特定点源拥堵(2)：医院(上午)	上午就医人数过多，医院过多地分布在中心区	(1)重新规划医院的区位，推动其在市域范围内均等化分布；(2)安排交通警察和志愿者进行交通疏导；(3)整治和重新规划医院周边的交通环境；(4)完善医院周边的停车设施，增加停车位；(5)提高公共交通的可达性和便利性。
特定点源拥堵(3)：体育、娱乐活动	特定点的集体性活动	(1)事前应有交通疏导预案；(2)可以安排交通警察和志愿者进行交通疏导；(3)重新规划和设计这些设施的交通流，有序疏导交通流向。

拥堵类型	原因	政策选择
意外性拥堵	气候	应当启动不同等级的交通应急管理机制
交通秩序	行为不合规、违法	(1)教育、规劝和宣传,适当采取多元化惩治措施;提高违法成本;(2)将非机动车(电动自行车和电动三轮车)纳入到交通秩序管理范畴,并提高其违法成本;(3)明确特殊牌照车辆出行的规则;(4)增加对公共交通驾乘人员的资格审核并强化交通出行规范意识;(5)设计可持续的公交专用线路;(6)对于占道经营的行为应纳入到法制化的管制范畴;(7)对于其他基础设施干预道路使用的应当实行"契约式"治理方式(明确责任和义务)。
区域单元规划不合理	密度过高,交通规划不合理	(1)对人口超过20万的高密度小区应当做交通规划;(2)对集聚点、疏散线路、公交线路和轨道站点设置应当有明确合理的交通安排;(3)增加早晚高峰时段的区间车的通勤次数,增加轨道交通早晚高峰时段的通勤次数,提高公交出行的便捷性和舒适性;(4)综合整治轨道交通站点周边的交通环境。
交通事故处理	现场留证	(1)在交通事故发生后,根据事故大小启动相对应的交通事故应急预案;(2)迅速进入事故现场和相关的区域;(3)在事故现场迅速取证并经肇事双方认同,事故车辆离开现场;(4)恢复交通秩序;(5)应增派交通警察疏导交通,防止过度堵塞。
临时性限路	政治活动	应制定"限路"的级别和响应机制,尽量减少扰民安排。
道路和基础设施施工	缺乏相互衔接	(1)应当从源头做起,整合和清理北京城市地下管网和线路等相关资源,由多家管理逐步转向一家牵头管理,多部门配合;(2)在紧急开挖路面条件下,建立正式的预案,包括设立缓冲区、建立交通疏导装置和信息提示牌,在正式的规则下有序进行。
商业性活动	缺乏交通疏导	(1)大型商业性活动和会展应当远离中心区和交通流密集区;(2)应当有足够的交通工具和明确的交通线路;(3)应考虑公交站点与会展地之间的连线通畅;(4)对于中小型会展和商业性活动应当考虑交通流疏导方案,包括停车地选择、人群疏导等;(5)对于影响正常交通出行的会展和商业性活动,交管部门应当介入和干预,如报备制度、交警现场督导等。
借道停车和占道经营	缺乏停车空间和经营空间	(1)除了对不合规的占道停车可以进行处置之外,默许占道停车;(2)严格占道经营管理,规划出一定的空间,或者在通道许可的条件下,可以设置经营空间,允许跳蚤市场经营。

四、北京城市治理交通拥堵的组织安排

显然交通并不能单纯依赖于交通部门管理，它是城市综合管理水平和素质的体现，是城市软实力的象征之一。因此，我们建议在组织安排过程中，在继续维持综合交通管理体制的格局下，强调以下几个方面：

1. 建立和完善协调委员会和相关制度

北京市治理拥堵的 28 条措施已经明确提到了建立以副市长牵头的综合治理协调委员会制度，定期交流信息，协调各部门之间的相互协作。我们认为这一制度安排应该继续进行，而且进一步强化和做好协调工作。其相关安排在于：（1）明确各部门的主要责任领导作为委员会成员；（2）参与方应该有明确的行动计划和纲领；（3）对相关的政策应有评估制度。

2. 建立信息公开制度

信息公开制度在于针对交通规划和交通治理过程需要面向公众的改扩建、限停等各种政策在制定和实施前进行必要的信息交流工作。信息公开包括了：（1）交通规划的征求意见和信息公开。（2）定期报告制度。定期发布北京市拥堵状况、治理情况的评估，定期发布北京市交通违章处罚情况。（3）各种交通政策制定前的征求意见、信息公开和信息处理情况。就工作程序来看，信息公开应包括发布信息（定期）、信息征求（公众广泛征求意见）、听证会（代表性意见）、意见处理（信息征求后的处理情况）等方面。由政策制定者和执行者牵头，将信息公开制度和程序落实，而不是浮于表面，只做表面文章。

3. 成立社区综合整治管理的临时机构

微循环交通及环境治理是针对拥堵路段和社区的综合治理，它是区域单元规划和交通规划（控规）在执行过程中的补充。它不可能单纯地由一家执行和行政事务机构完成，它是城市综合管理的体现。因此，建议成立社区综合整治管理的临时机构，在协调委员会下，以交通委员会牵头，将城市规划、交通规划、国土部门、公交公司、轨道交通公司、社区负责人、各执法机构（道路、经营和环境），重新整合社区交通及交通环境，规整社区的用地类型，主要包括占道停车、社区市场、社区货物停放区、社区通道和社区环境等，为社区的"宜居"和环境友好奠定基础。

4. 全面整合城市管理的执法机构

在政策执行层面，建议全面整合城市管理的执法机构，将涉及城市公用事业、交通和市容卫生的各执法机构整合为城市管理综合执法机构。包括市容、环境、卫生、交通经营等，以消费者和用户为导向，建立面向用户的城市管理综合执法机构。

5. 建立监督管制者制度

应建立对执法者的监管机构,对执法者的行为进行有效的管理。根据目前的体制框架,应考虑将第三方机构、消费者(用户)、经营者等涉及交通事务的利益相关者纳入到监管者的机构中。

6. 建立志愿者服务机构和相关组织

应考虑建立志愿者服务机构和相关组织。其目的在于推广和宣传交通法规和交通习惯。通过志愿者服务和社区服务,为青少年提供一个社会和公益服务的场所,为社会提供一个可持续的培训良好交通习惯的基地。

参考文献

[1]Felix Creutzig, Maximilian Thess,周江评等:《北京城市交通发展政策述评及对拥挤收费的讨论》,《城市交通》,2010 年第 4 期。

[2]高中岗:《从京、沪城市交通政策的差异看北京的交通拥堵》,《城市规划汇刊》,2004 年第 4 期。

[3]熊杨一:《新政背景下北京交通拥堵及政策反思》,华东理工大学硕士学位论文,2011 年。

[4]郑思齐、曹洋:《居住与就业空间关系的决定机理和影响因素——对北京市通勤时间和通勤流量的实证研究》,《城市发展研究》,2009 年第 6 期。

(作者:周耀东　北京交通大学教授)

项目名称：首都核心功能区旅游发展新模式研究

项目编号：11JGB041

项目负责人：宁泽群

项目信誉保证单位：北京联合大学

首都核心功能区旅游发展新模式的提出与基本特征研究

内容提要： 作者提出了世界一流旅游城市的主要吸引力源自于该城市特有的休闲气质的理论观点，这种休闲气质主要体现在当地居民的日常生活方式的诸多表现特质上。本文的实证分析也支持了这一理论观点。基于此，作者认为首都核心功能区作为北京的历史传统城区，其休闲气质浓郁，对旅游者具有强烈的吸引力。因此，北京要想实现建设世界一流旅游城市的远景目标，就必须重点保护这座城市的特有的休闲气质——即特有的居民生活方式。而这一做法符合旅游可持续发展的基本原则，也能够比较充分地体现出旅游发展的本质特征在于促进人们（包括当地居民和游客）生活质量的提高，而不是单纯追求经济的收益增长。世界一流的旅游城市发展事实均体现出这一特征。

一、问题的提出

2010年，北京市提出了建设世界一流旅游城市的远景目标。然而，现有的旅游发展模式是否能够满足这一目标的实现，是我们需要认真思考的问题。

我国的旅游业经历了改革开放以来三十多年的发展历程，取得了有目共睹的成绩。但诸多负面现象也屡见于各种媒体，如交通拥堵、景区服务质量下降等。北京作为我国旅游业最发达的城市之一，也同样面临着这些问题的困扰。

实际上，世界其他国家在20世纪五六十年代的大众旅游发展时期，也同样经历过类似的问题。首先是污染，如交通工具增加所带来的空气的污染，肆意排放所带来的水体污染，旅游者不负责任行为所导致的景观污染，等等；其次是生态环境破坏，如大量无序开发和机动车辆进入景区所导致的森林植被的破坏，越来越多自然保护区变为旅游场所导致的野生动物无处安身，以及土地资源的破坏；再次是人流拥挤造成的对自然环境和人文环境的压力与负面影响①，如旅游目的地物价上涨、传统文化衰退、社会问题剧增等。

可见，我们必须正视原有旅游发展模式所带来的种种弊端，用科学发展观来审视和指导我们未来的旅游发展，否则，我们就无法实现将北京建成世界一流城市的远景目标。

基于以上原因，本研究在剖析我国旅游发展旧模式的基础上，着重探讨北京核心功能区的旅游发展新模式问题。

二、我国旅游发展原有模式的历史沿革与剖析

我国旅游发展原有模式发端于 1979 年开始的入境旅游。② 基于当时的政治和社会经济发展背景，它是以让外国人了解中国的优秀传统文化为主旨，通过招徕更多的外国游客，来实现赚取外汇的目的。由于这种特定背景下的入境旅游发展的主要目的并不是为外来旅游者提供丰富的旅游目的地的生活体验，因此，为了限制外国旅游者在中国逗留期间对一般民众生活的深入探求，入境旅游的线路设计一般都安排得相当紧凑，除了游览主要的著名景点和品尝中国美食以外，剩余时间几乎没有，甚至就连购物都是在指定的专为外国人服务的商店里完成。这种旅游形式，除了快速游览景色以外，几乎没有提供与当地人进行互动了解和沟通的任何机会。我国 20 世纪 80 年代的旅游发展基本上都体现为这种入境旅游的发展模式。

我国真正意义上的旅游发展始于 1999 年 10 月开始实行的重大节日的"黄金周"休假制度。90 年代初所实行的市场经济体制，使得国家经济实力迅速增长，人们摆脱了温饱的困扰，生活水平得到较大提高。正是在居民经济支付能力的增强和闲暇时间制度变革的共同影响下，黄金周的国内旅游才得以"井喷"式爆发。

但是，与国际发达国家国内旅游以散客休闲度假发展模式不同的是，我国国内旅游发展模式沿用了我国入境旅游发展的模式，即交通—住宿—景点的点线衔接的快捷游览，基本上没有漫游渗透式的休闲体验活动。

导致 20 世纪 90 年代末期国内旅游发展沿用 20 世纪 80 年代入境旅游发展模式的主要原因如下：

首先，从产业发展的政策层面上看，没有认识到发展旅游的本质是为了提升国民的生活质量，而是单纯地为了促进国家的经济增长速度，因而盲目追求旅游经济收益，追求超越承载力的旅游人数的几何级数增长，并将其看

---

① 参见谢吉红：《国际生态旅游研究述评》，《湖北成人教育学院学报》，2012 年第 2 期。

② 我国旅游学界一般公认的是，我国的现代旅游发展起始于改革开放以后的 1979 年，其标志就是邓小平在 1978 年 10 月 9 日所提出的"要大力发展民航、旅游业"的讲话。（参见国家旅游局、中共中央文献研究室：《党和国家领导人论旅游（1978—2004 年）》，北京：中国旅游出版社，2005 年版。）

作是旅游发展的重要成就和标志。

其次，从企业经营层面上看，点线衔接的经典名胜快捷游览的经营模式恰恰符合企业标准化生产活动中的低成本运营要求。

最后，从旅游者的群体行为上看，大多数国内旅游者对旅游的认知基本停留在初级启蒙阶段。旅行社企业的点线快捷游览模式被他们误认为是旅游的基本形态。同时，这种旅行社组织的群体出游形式还使得行政管理者产生了一种认知上的错位：旅游活动是一种旅行社企业经营的市场行为，与政府负责的公共管理事务关系不大。进而，当散客旅游者渐渐成为旅游市场的主体后，旅游公共管理事务的空白与缺失就暴露无遗。

可见，我国旅游发展当前出现的种种问题，是旅游发展旧模式内在缺陷的外化表现。

三、旅游发展新模式的理论依据

突破旧模式的观念制约，重新构建旅游发展的新模式，是实现旅游可持续发展的关键，对于希望成为世界一流旅游城市的北京市，尤为如此。

然而，旅游发展新模式的基本特征是什么，它的理论依据何在，是我们需要探讨的核心问题，它涉及对旅游本质的理解。

尽管学者们在具体定义旅游时存在着不同的理解，但基本认同旅游的本质是一种异地的休闲体验。

西方学者用"推—拉"模式来解释旅游者出游的社会现象。"推"是从旅游者的心理动机的角度，认为旅游者存在着逃避、自我发现、休息放松、追求名望、挑战、冒险等需求，导致他们有离开居住地的愿望和动机；"拉"则是指旅游目的地以独特的自然景观、历史悠久的名胜古迹、文化活动、体育运动等对旅游者产生吸引，引导他们前往这些区域进行一系列的休闲体验。旅游者通过这种体验，来实现自我心理的调适和满足，达到身心健康的目标。

可见，旅游的本质在于旅游者生活质量的提升，是一种体验生命价值的活动。然而，如果想要实现这一目的，则需要满足三个方面的条件：

首先，是旅游者的自我认知水平。显然，如果在旅游者的观念中旅游无非是"到此一游"的简单观光行为，那么他就会用消费主义的经济效率理念来认知旅游，[①] 他就会希望在短时间内尽可能游览更多的景点，甚至能够忍受由

---

① 西方学者将这种快捷的消费现象称之为"时间的深度利用（time deepening）"（参见［美］托马斯·古德尔、杰弗瑞·戈比著，成素梅等译：《人类思想史中的休闲》，昆明：云南人民出版社，2000年版，第234－235页）。

于人群拥挤所导致的体验水平下降。但实际上，旅游属于严肃型休闲[①]活动，它是需要通过不断的学习来发展自己的这种休闲能力，达到完善自身的目的。

西方社会 80 年代以后逐步提出的生态旅游、绿色旅游、替代旅游等概念，倡导旅游的严肃型休闲的学习功能，就是期望以此来提升旅游者个体的旅游体验品质与水平。

其次，是旅游目的地的真实的生活方式体验。我们一再强调，旅游的本质是一种异地的休闲体验活动，其实质就是体验一种异地文化。

文化人类学奠基人爱德华·伯内特·泰勒(Edward Burnett Tylor, 1871)认为，文化是一个复杂的总体，包括知识、信仰、艺术、道德、法律、风俗以及人类在社会里所得到的一切能力与习惯。[②] 我国著名的社会学家沙莲香也指出："所谓文化，就是人们在长期的社会生活中凝聚起来的生活方式之总体。首先，文化本身是一种生活方式，其中包括思考方式和行为方式。""其实，文化是生活方式的总体。"[③]

因此，旅游者对异地文化的体验，就是对当地的生活方式的综合体验。它包含了两个层面：感性层面和理性层面。感性层面主要体现在人们日常生活的方方面面，诸如吃、喝、拉、撒、睡等风俗习惯；理性层面则主要体现在意识结构的知识体系之中。对于外来旅游者的体验而言，由于感性层面的文化更容易被感知，因此，一个区域的文化氛围往往是由该地区的感性层面的文化积淀所营造出来的，我们将其定义为这个区域的"休闲气质"。[④] 旅游者通过对该区域休闲气质的感知，获取一种对当地居民的生活方式的真实感受和体验。

最后，是旅游目的地原有生活方式的保护。鉴于旅游的本质是一种异地文化(生活方式)的综合体验活动，这种体验即包含了探源性(历史文化)体验，也包含了即时享受性(当代文化)体验。因此，对当地文化的保护就应该体现在两个不同的方面：一方面是对遗产类型的文化保护(即对物质遗产和非物质遗产吸引物的保护)；另一方面是对当代类型的特有生活方式保护。

---

① 西方学者鲍勃·斯特宾斯将休闲活动划分为严肃型休闲和随意型休闲，前者具有学习和发展自身能力的特点，后者则表现为较为不需要付出较多学习的随机性享受活动。参见[英]罗杰克著，张凌云译：《休闲理论原理与实践》，北京：中国旅游出版社，2010 年版，第 151—154 页。

② 参见[英]爱德华·泰勒著，连树声译：《原始文化》，桂林：广西师范大学出版社，2005 年版，第 1 页。

③ 转引自刘跃进：《文化就是社会化——广义"文化"概念的逻辑批判》，《北方论丛》，1999 年第 3 期。

④ 参见宁泽群：《旅游吸引力与城市休闲气质的探讨》，《中国休闲研究学术报告 2011》，北京：旅游教育出版社，2012 年版，第 170—181 页。

四、旅游发展新模式的现实依据

发展旅游新模式的理论意义是否具有现实的可行性，是我们需要进一步讨论的问题。

(一)首都核心功能区的旅游吸引物

北京市核心功能区是根据 2012 年 7 月颁布的《北京市主体功能区规划》来划定的。它包括东城区和西城区。除去该区域内的行政管理功能外，从城市旅游发展吸引力的角度来看，该区域是"元明清三朝都城遗址主体所在地，历史文化遗产分布的核心地，古都历史文化风貌的集中展示区；是文化旅游和公共文化服务集中分布区。"[①]核心功能区的主要区域部分实际上是北京的辽、金、元、明、清历代都城的古代城区，见图1。

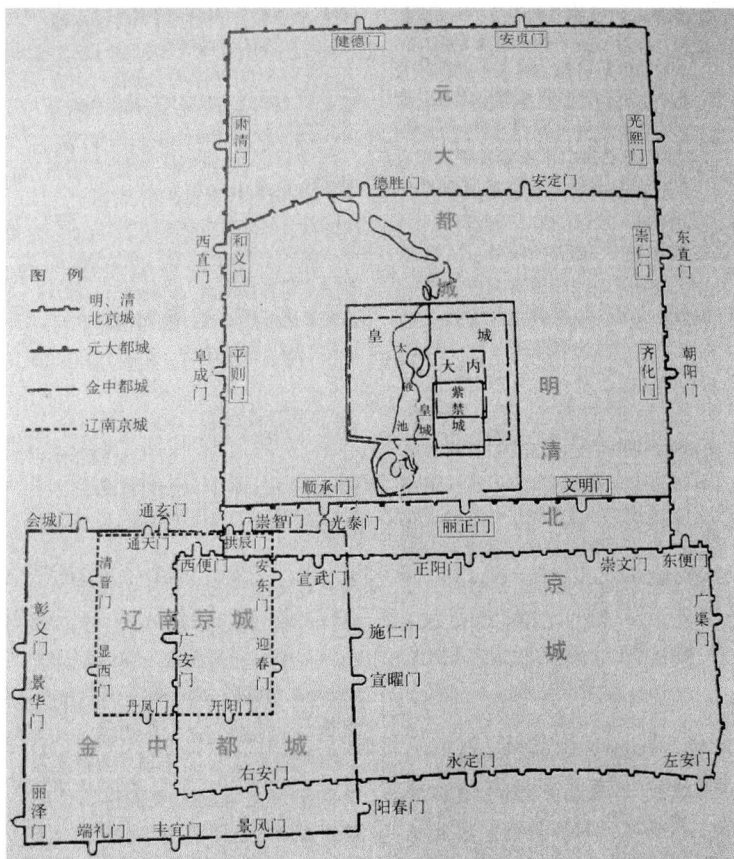

图1 辽、金、元、明、清的北京方位图[②]

---

① 参见北京市政务门户网站：http://zhengwu.beijing.gov.cn/ghxx/qtgh/t1240927.htm。

② 参见赵润田：《寻找北京城》，北京：清华大学出版社，2008 年版，第Ⅷ页。

该区域内不仅聚集了大量的历史文化遗迹，占全北京市总数的46.99％。同时，核心功能区内还拥有丰富的京城民俗资源，它们是城市休闲气质的重要构成部分。

(二)来京旅游者的市场主体：类型与偏好

为了充分了解来京旅游者的消费偏好，把握市场未来发展的主要特征，我们于2012年3—4月和2013年3—4月两次对来京旅游者进行了第一手的调查。

2012年的调查数据分析结果表明，在总样本中，自助游形式的游客占56.39％，其中复游者为2/3，是各类形式中占比最多的群体。这些来京的旅游者更多关注的是北京居民的日常生活形态和具有特色的文化吸引物。而在休闲度假的旅游动机中，列在前三位的分别是餐饮美食享受、娱乐和休闲。可见，旅游者来京的旅游体验主要是为了获得当地居民真实生活方式的感受。

2013年的调查重点是初游者和复游者的分类调查。这是对成熟旅游者和非成熟旅游者偏好进行更为细化的再调查。

这次调查数据的分析结果表明，初游者对旅游吸引物的偏好首先是历史人文景观、现代商业街区、民俗特色景观(街区)和现代娱乐项目，其次是现代建筑景观，再次是自然景观。复游者(两次及以上的)则首先偏好的是现代建筑景观、具有民俗特色的娱乐项目，其次是自然景观和民俗特色景观(街区)，再次是现代商业景观(街区)，而对历史人文景观的偏好并不强烈。这一结果表明，对于成熟旅游者，北京对他们的旅游吸引力更重要的体现在北京的现代生活方式(现代的民俗、商业及其娱乐方式)方面。

可见，来京旅游者(特别是复游者)的旅游偏好更倾向于体验当地的生活方式体验，而这种旅游体验是传统旅游模式——旅行社的团队点线快速浏览模式难以提供和满足的，也是散客旅游者的主要目的。

有关资料表明，世界一流旅游城市的一个突出市场特征就是散客旅游者是其市场主体，如当今世界著名的旅游城市纽约、巴黎、伦敦、罗马、东京等，散客旅游者的市场份额已经达到80％—90％。实际上，根据国家旅游局的游客抽样调查(2010年)显示，我国的参团旅游者和散客旅游者的比例为17.5∶82.5，即散客旅游者已经占到旅游总市场份额的80％以上。[①] 因此，北京要建设世界一流的旅游城市，就必须考虑这一市场主体的需要。

(三)核心功能区对居民生活方式的保护现状

由于旅游的本质是一种对异地生活方式的体验，这种体验的满意程度取决于生活方式的原真性。因此，对旅游目的地当地居民生活方式的保护，就

[①] 参见宁泽群、徐菊凤等：《基于休闲理念的北京旅游可持续发展研究》，北京：中国旅游出版社，2010年版，第107—108页。

成为建设世界一流旅游城市的重要内容。

然而，旅游发展旧模式观念指导下的旅游政策在资源保护的导向上，往往主要注重对具有历史文化价值（特别是具有重要历史文化价值）的实体进行保护，而忽略对环境和氛围的保护，即对当地居民生活方式的保护。诚然，历史文化遗产的保护是旅游发展不容忽视的方面。但殊不知城市的休闲气质主要源于当地居民的生活方式，而这一点是旅游者（特别是成熟旅游者）更加关注的方面。

目前，城市商业街区（包括居民生活区）由于景区化趋势，过度迎合旅游者，挤占当地居民的日常消费空间，使得当地居民的日常生活逐步退出该街区，失去了城市原有居民生活方式的原真性，从而导致该区域内的休闲气质的消散。这实际上是对当地原有居民生活方式的破坏。

为了了解核心功能区内是否存在这种现象，我们选择了北京核心功能区的著名旅游街区——什刹海进行了相关的调查。[①] 调查结果显示，什刹海居民参与旅游的积极性比较低，其主要原因在于：从经济层面上，旅游经营收入与居民关系不大；从心理层面上，居民处于心理失权的状态，居民对此感到沮丧、漠然，对发展旅游不太关心或持否定态度，没有形成社区内部的自豪感；从社会文化层面上，居民认为居民间失去了对传统胡同文化的认同和兴趣，并且认为旅游并没有使本地的文化遗产得到很好的保护。

可见，城市生活社区的旅游景区化，使得当地居民的生活方式与旅游活动行为日趋分离，由于城市居民经济收益并不需要依赖于旅游发展来改善其收入状况，因此，将居民的生活空间从属于旅游经营活动的管理范围，就会使居民感到生活自主权力的丧失，进而对本区域内的旅游发展活动持抵制或反对态度。而这种生活方式原真性的消失就会降低旅游者的体验感受。

五、首都核心功能区旅游发展的新模式及其政策建议

综合上面分析，我们建议，首都核心功能区的旅游发展应该摒弃传统的大众旅游发展模式，而选择一种新的旅游发展模式，其基本特征如下：

将核心功能区内的凸形城区（即旧北京城区）作为一个历史文化遗产的整体区域来看待，以保护遗产实体和居民生活方式为前提，倡导以散客旅游者的步行漫游方式，辅以自由选择的多样化导游模式，来对北京的京城文化进行深度体验。

这一旅游发展新模式，在落实过程中，我们提出以下几点建议：

---

① 参见时少华、宁泽群：《城市景区社区一体化中居民参与旅游发展的困境、成因与路径选择——以北京什刹海旅游社区为例》，《华侨大学学报（哲学社会科学版）》，2014 年第 1 期。

(一)应该以整体的方式对首都核心功能区进行保护和开发

首都核心功能区(即核心城区)内不论是历史遗存,还是现实生活方式,都是一个整体的形态,因此,以整体的方式对首都核心功能区进行保护和开发,既有利于保护区域内的众多的历史实物类遗产,也有助于保护区域内的居民生活方式及其民俗文化氛围。而完整的城市文化比孤立单体的实体性历史遗迹更具有文化深度体验价值,更容易使外来游客感受到其文化的真实性。

(二)应该提倡旅游者在核心功能区内步行漫游的旅游行为方式

这种方式更有利于旅游者对城市生活方式的深度体验。从经济效益的角度,步行漫游方式可以延长逗留时间,而逗留时间的延长将会支付更多的费用;从文化体验的角度,逗留时间的延长则能够更加深入地了解和感知这座城市的文化内涵。对于一个具有深厚文化底蕴的历史城市来说,给予旅游者的不应该是几个著名历史景点的速食快餐,而是慢慢地品味整个城市的韵味,感受它的休闲气质,让旅游者迷失在这座城市的文化之中。由于余味无穷,还会导致他们的念念不忘和流连忘返,使他们成为这座城市的忠实复游者。

步行漫游模式的附带功能则是延缓了人群到达的速度,一定程度上缓解了区域内人群拥挤的密度。

(三)应该提供与步行漫游旅游者相配套的公共服务产品

它主要体现在信息和市内交通的公共服务方面。

从信息服务来看,替代传统人工导游服务的产品是移动信息服务产品。这种产品可以开发成为为旅游者提供专门服务的信息平台,平台提供旅游者所需的信息资讯,我们可以称之为手机导游系统。除此之外,核心功能区还应该配备满足特殊市场需求的专业化人工导游服务体系,这一体系的专业导游人员不应该是传统意义上的一般导游人员,而是研究北京文化的一流专家,如历史学家、考古学家、文化学家、民俗学家、旅游学家等,他们以兼职导游的专家库方式进行储备,以双向自由选择的预订方式,来满足来京旅游者中的特殊消费群体的特殊需求。这种服务既可以采用公益方式,也可以采用部分有偿方式。这种现象在发达国家的一流旅游城市中普遍存在。

从市内交通服务来看,散客旅游者可以借助城市现有的公交服务系统来实现漫游的目的。不过,为了使得旅游者能够更加全面地了解城市的风貌,西方发达国家还开发了一套城市观光车系统,它类似于城市公共交通,但又提供特殊的游览服务,它的随上随下的便捷和观光车上的多语言解说系统,为来自不同国家和地区的旅游者提供了极大的方便。北京现有的赛迪芭诗城市观光车,票价380元,却无法定时发车。而这实际上是一种旅行社的包车业务,失去了城市观光车特有的性质。国内真正符合国际概念内涵标准,且具有城市深度观光产品功能的只有上海。实行这一模式必然要对相关车辆进行管制。出于非歧视原则,这种管制不应该是一种进入的禁止,而是不提供非常住居民所使用的公共车辆的停放空间。实际上,这种在城市核心区域内禁止停放大型车辆是许多国家采取的通行做法,特别是在具有较高历史文化价值的城市里尤其如此。这一方面是由于传统街道的狭窄,没有较大的停车空间;另一方面,如果开辟停车空间将会破坏城市街区的原有格局和传统文化氛围。由于不提供区域内的停车服务,使得一些车辆不得不放弃进入,至少是不能随意停放,因此,会导致大型旅游车辆进入数量的减少。这一管制的派生作用,就是缓解了旅游车辆进入核心功能区内的交通拥堵压力。

参考文献

[1]谢吉红:《国际生态旅游研究述评》,《湖北成人教育学院学报》,2012 年第 2 期。

[2]国家旅游局、中共中央文献研究室:《党和国家领导人论旅游(1978—2004 年)》,北京:中国旅游出版社,2005 年。

[3]古诗韵、保继刚:《城市旅游研究进展》,《旅游学刊》,1999 年第 2 期。

[4][美]托马斯·古德尔、杰弗瑞·戈比著,成素梅等译:《人类思想史中的休闲》,昆明:云南人民出版社,2000 年。

[5][英]罗杰克著,张凌云译:《休闲理论原理与实践》,北京:中国旅游出版社,2010 年。

[6][英]爱德华·泰勒著,连树声译:《原始文化》,桂林:广西师范大学出版社,2005 年。

[7]刘跃进:《文化就是社会化——广义"文化"概念的逻辑批判》,《北方论丛》,1999 年第 3 期。

[8]宁泽群:《旅游吸引力与城市休闲气质的探讨》,《中国休闲研究学术报告 2011》,北京:旅游教育出版社,2012 年。

[9]赵润田:《寻找北京城》,北京:清华大学出版社,2008 年。

[10]宁泽群、徐菊凤等:《基于休闲理念的北京旅游可持续发展研究》,北京:中国旅游出版社,2010 年。

[11]时少华、宁泽群:《城市景区社区一体化中居民参与旅游发展的困境、成因与路径选择——以北京什刹海旅游社区为例》,《华侨大学学报(哲学社会科学版)》,2014 年第 1 期。

(作者:宁泽群　北京联合大学教授)

项目名称：以云技术及评价推动北京信息资源配置效率提升的研究

项目编号：11JGB077

项目负责人：马　慧

项目信誉保证单位：首都经济贸易大学

以云技术及认证管理推动信息
资源配置效率提升的研究

内容提要：本项目构建了多维度的治理框架，将信息资源浪费问题纳入综合治理体系。围绕项目搭建了云平台，对电消耗与碳排放关系进行分析举例，进一步证实了资源配置效率提高与碳排放降低的逻辑关系与实施路径，研究成果对于教学设备的有效管理发挥了积极的作用，对北京政府决策献计献策、提供服务支撑，为后续研究奠定良好的基础。

目前，对信息资源的概念使用十分普遍，国内外一些发达国家的相关机构或组织都对其有了相关的定义，但国内尚无统一的说法。美国《文书工作消减法(1995)》中定义信息资源为：信息与相关资源，如人员、设备、资金和信息技术。目前对图书馆、档案馆等信息资源的研究较深入。本项目的信息资源主要指信息设备即计算机硬件设备等，项目阐述了信息资源的特性及管理办法。

一、主要观点

(一)从知识体系的角度研究质量管理认证

在质量管理研究的长河中，人们不断地注入了新的内容，这些新元素数量和种类之多、涉及的领域之广以至于出现了下面这样一种情形：一方面，提供质量管理的灵丹妙药琳琅满目；另一方面，在实际应用时却无从下手，不知所措。基于长期的研究和教学实践，遵循质量管理的规律，我们发现了质量标准研究与应用的领先视角——质量管理知识体系。它是应对"多质的质量管理大数据"挑战的有效途径。同时，本项目将信息资源浪费问题纳入多维度的治理框架，从提高管理质量的角度提升信息资源利用效率，以共享来推动信息资源效率的提升。

信息资源管理能力即对用户信息资源需求的满足程度。而能力成熟度包含着能力的一种增长潜力，同时也表明了组织(企业)信息资源(主要指设备)

管理的实际水平。本项目以质量管理工程理论为基础，借鉴国际质量标准，研制信息资源管理能力成熟度层次模型。管理能力成熟度的第二级是对信息资源的规范管理，借鉴云平台提高设备管理的综合管理水平，进而提升管理成熟能力，形成信息资源管理能力的层次模型，扩充质量认证体系的理论框架。表1给出信息资源管理组织成熟度的特征。

表1 信息资源管理组织特征的成熟度辨析

不成熟的信息资源管理组织	成熟的信息资源管理组织
不成熟的组织中，信息资源管理过程实施前一般没有计划，往往是在项目开发的过程中由实际工作人员和管理员临时计划。甚至有的时候，即使建立了计划，在开发的过程中也不按计划进行。 　　不成熟的组织没有一个客观的基准来判断产品质量及解决产品和项目过程中的碳管理问题，因此产品质量很难得到保证。 　　不成熟的组织工作性质是反应式的，通常项目管理者（经理）要集中精力去解决各种临时出现的疑难问题。 　　不成熟的组织没有一套实事求是的估计进度、预算的办法。	成熟的组织能够及时准确地向工作人员通报实际过程，有条不紊地按计划开展工作。组织内对各项目的过程，有非常明确的规定。 　　成熟的组织中管理者可以方便地监督产品的质量以及生产这些产品的开发维护过程。 　　成熟的组织具有一个评价产品质量、分析产品和过程问题的客观的、量化的能力。对碳管理进度和预算的制定是基于以往积累的经验，结果是合理和可行的。对产品的成本、进度、功能、性能和质量的期望通常是能够实现的。 　　成熟的组织中所有参与者自觉地遵守过程的有关规则。

（二）以质量认证和评价角度研究信息资源使用质量

刘源张院士提到：事物越来越复杂、变化越来越快、不确定因素越来越多等是大数据时代的几个重要特征。同时，在大数据时代，有个重要的转变即"因果"到"相关"的转变。大数据时代需要我们更多地关注"关联"。主要原因是：那些影响因素小的事物，不代表不发生，也不代表其不重要。为此，从"因果"关系的寻找转化成"相关"关系的寻找。碳排放与"雾霾"的管理是事关国家持续和谐发展的重要的民生工程。

本研究将碳排放管理嵌入质量标准中，是对质量评价体系再学习和必要的补充。"通过质量形状，可以将低碳内容作为时间维度嵌入在质量形状之中，这样，能较好地解析当代质量内涵并赋予时代的气息，相信随着时间的推移，质量相关话题不断演绎。"以资源有效管理的角度，我们带来了空气雾霾治理与云计算管理的领先视角——能效标识与管理级别认证。在碳排放治理体系的框架研究的基础上，对资源管理认证标识进行研究。希望质量工程的理论与方法，在大数据时代，对碳管理、雾霾治理乃至中国梦实现与和谐社会建设做出应有的贡献。

(三)以碳减排的角度研究信息资源配置

广义的信息资源配置是指将有用的信息及其与相关信息活动有关的信息基础设施、信息人员、信息技术、信息网络等资源在时间、空间范围内进行匹配、流动和重组。信息资源主要以信息设备即计算机为主,将计算机耗电量转换为碳排放进行信息资源配置的度量。信息资源配置效益的优化是信息资源合理化配置追求的目标之一。我们针对节能低碳,探讨信息资源的使用、节能、减低碳排放量。

节约资源是破解资源瓶颈约束、保护生态环境的首要之策。以信息资源为例,通过共享和云计算方式提高资源配置能力与效率,对资源节约、管理能力提升路径进行研究,实现信息资源的整合配置。云计算可以在不同的应用程序之间虚拟化和共享资源,从而提高服务器的利用率,减少服务器的使用数量,进而节省耗电量,间接地减少了碳排放,产生巨大的经济和社会效益。碳减排的同时,通过搭建云平台,提高信息资源配置的智能化水平。

二、主要内容

(一)以认证推动信息资源配置效率提升

本项目在碳排放治理体系框架研究的基础上,对资源管理认证标识进行研究。进行了云计算、信息资源共享、问卷调研等大量的调研,针对碳排放重点问题、热点问题、难点问题,尤其碳管理能力评价认证进行了系统的深入探讨。

国际标准化组织(International Organization for Standardization,简称ISO)在 1987 年提出 ISO9000 认证标准。ISO 组织制定的各项国际标准在全球范围内得到该组织的 100 多个成员国和地区的认可。ISO14000 的目标是建立符合各国的环境保护法律、法规要求的国际标准;六西格玛(Six Sigma)在 20世纪 90 年代中期被 GE 从一种全面质量管理方法演变成为一个高度有效的企业流程设计、改善和优化的技术,尤其是流程和管理能力,成为一种提高企业业绩与竞争力的管理模式。在 CMM 的基础上打造的软件能力成熟度模型集成(Capability Maturity Model Integration,简称 CMMI)是美国卡内基-梅隆大学软件工程研究所(SEI)推出的评估软件能力与成熟度的一套标准,它是为软件产品量身定制的,该模型提供的成熟度等级管理与实施路径,包括如何通过计划、项目集成一致、度量控制稳定、预警与创新方式摆脱"混沌"的方法、能力成熟度层次模型,对几乎所有领域的项目质量管理均有重要的启示。

我们以质量工程为基础,借鉴管理能力成熟度规律和应用模型,积极探讨碳排放管理的应用途径和发展趋势;以管理能力的概念和相关理论为基础,我们将管理能力定义为"产品能够满足用户需求的富裕程度","指在受控条件下过程波动范围的大小,能够生产合格产品的能力"。在此基础上,我们给出了管理的不成熟组织的主要特征、管理能力成熟度的层次模型。成果有助于规避质量研究的风险，解决研究难题；对"孵化模块"的研究非常有助于后续研究工作。

(二)以云计算优化信息资源配置能力

业务流程重组(Business Process Reengineering，简称 BPR)是由美国的Hammer 和 Champy 提出的利用先进的制造技术、信息技术以及现代管理手段对现有的业务流程进行根本的再思考和彻底的再设计。本项目基于已有的国际质量标准，借鉴 BPR 对信息流程进行重新整合研究，参考 CMM 和 CM-MI 与六西格玛模型，划分成混沌级、管理级、定义级、量化管理级和优化级，并通过关键过程域实施评价，形成嵌入云计算的认证模型，形成"低碳管理名片的认证"思路与方案。

此外，本项目对信息资源的管理能力和成熟能力进行了研究。对信息资源的管理，我们重点从四个方面进行研究：(1)云平台环境下配置效率的提升。云平台能够对效率和效能的提升起到积极作用。(2)通过设备使用的流量，测度设备的使用效率，从而，对设备进行动态调配。(3)减低碳排放。根据软件监控可以计算设备使用时的用电量，通过公式可以将用电量折合成碳排放量。(4)设备管理能力的提升。《低碳经济治理体系及云质量认证提升资源效率的研究》提到，管理能力成熟度的第二级为对信息资源的规范管理，而借鉴云平台提高设备管理的综合管理，包含提高"一致性"，进而提升管理成熟能力。换句话说，建立云平台资源度量与动态配置研究。通过设备使用的流量，测度设备的使用状况，从而对配备进行动态调配。项目专门进行云平台搭建和建设，并在实验室设备配置方面有较好的提升。

我们按照能力成熟度理论，将信息资源管理能力成熟度划分成四个等级：第一级"无管理级"，第二级"规范级"，第三级"一体化级"，第四级"定量分析级"，见图1所示。其中，"规范级"为对信息资源管理能达到有记录、有审核、管理环节透明进而管理过程可重复；由于信息资源具有共享的特性，同

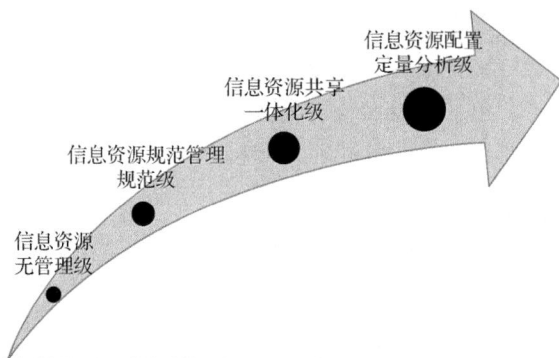

图1　信息资源管理能力成熟度层次模型

时，云计算和大数据的支持，为管理过程达到"一体化级"提供重要支撑。由于云计算和大数据客观上提供整合的功能，所以，对于信息资源来说，云计算和大数据给信息资源管理带入了第三级；通过度量和优化管理，利用各种度量软件，例如 Cacti 测试度量软件，在度量的基础上实现信息资源的动态管理；预测优化级，通过行之有效的办法进行风险管理和预防。

(三)以案例分析指导信息资源配置实践

围绕碳排放管理，借鉴质量工程、信息技术、云平台、大数据时代发展研究成果，努力为挖掘和提升碳排放管理规律寻求解决方案。通过案例介绍来指导信息资源配置实践。如中国内地、香港和印度购物(食品)袋的碳足迹，南非增加供水和卫生设备的碳足迹分析，某高校计算中心的云计算平台建设，Amazon 云计算仿真案例，等等。

此外，项目团队运用虚拟化技术构建某高校实验中心的云计算平台，提高了信息资源配置效率，并减少了碳排放，同时，寻找实验室云计算搭建的规律，尤其是积累信息资源配置管理和碳排放管理的规律。基于虚拟化技术的云计算平台构建与应用是有效配置实验中心的信息资源以及减少碳排放的一个有效途径。

纵观人类社会几千年的文明史，对质量安全的管理来自于社会对质量安全的需要。各国制定了林林总总、细致入微的法律。微博、博客、智能手机、传感器置于社会各个角落自动产生数据，通过"鼠标"就可实现"从农场到餐桌"的查询与监管，并可大大降低成本，提高查询效率。为此，研制监管体系"升级版"显得尤为重要，包括以下几个方面内容：

  •典型案例分类与分析。按法律与制度、市场和社会对案例进行分类。

  •建立案例数据库，制定监管制度，并开发案例查询软件，实施产品质量的联网和公示。

  •借鉴治理体系的内容，以"碳痕迹追溯和监管"为主线，从三个维度进行分析：碳计算与碳管理认证、空气质量法规与制度建设、以信息资源配置和管理为例分析。

其中，碳计算与碳管理认证维度包括国际标准、碳管理能力认证；空气质量法规与制度建设包括信息公示、追溯制度和法规；以信息资源配置和管理为例分析包括云平台以及碳管理能力分析。

三、对策建议

针对信息资源使用效率低情况，我们从质量管理的角度进行了大量的调研。同时，我们提出如下政策建议：

(一)以应用互联网技术归纳整理信息资源配置情况

数据存储先后经历了三个阶段：运营阶段(特征：数据记录)——原创阶

段(特征：微博、博客、智能手机)——感知式大数据阶段(特征：传感器置于社会各个角落以及自动产生数据)。伴随着数据存储的发展，进行监管业务流程重组是客观需要，碳管理研究不能远离大数据和当代趋势。信息资源的配置是指信息资源在时间、空间和数量三个方面的合理配置。信息资源在时间、空间和数量上相互结合配置的结果是形成了各种各样的结构。信息资源结构合理与否取决于信息资源的配置是否合理，而这又最终影响着信息资源的共享状况。针对云计算是否盈利的"甄别"，对资源使用效益提升管理能力进行分析。信息资源效率与管理能力提升与碳减排放的探讨如图2所示，不难看出，大数据为资源协调管理提供了重要支撑。

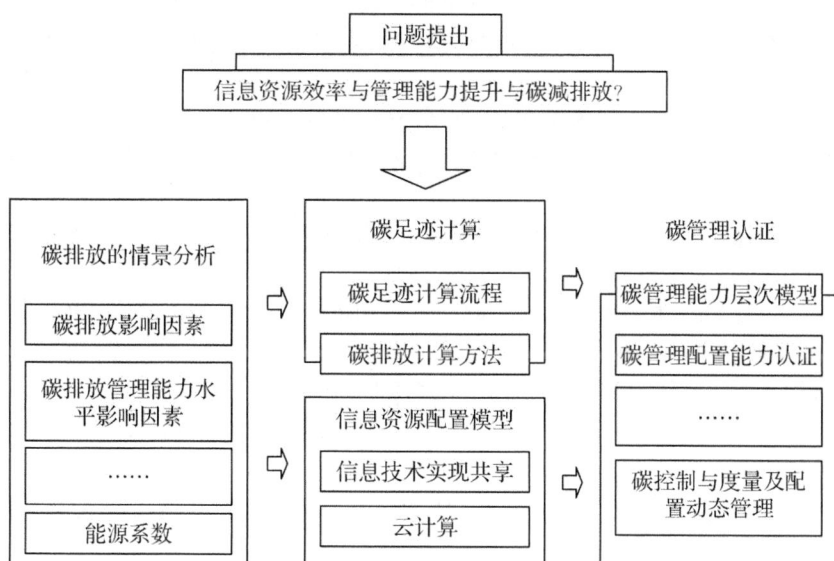

图2　信息资源配置效率与碳排放管理能力水平提升探讨

(二)以认证体系提升信息资源浪费治理以及管理能力

对于资源使用及其碳排放管理，管理认证会发挥重要作用。针对云计算，将云计算管理认定为不同等级。包括：信息资源管理的规范化以及互联网、云计算、大数据的使用状况等；通过经济价格，对设备使用数量进行调整，对信息资源浪费尤其设备浪费发挥制约作用；通过使用电费的调节，对信息资源使用起到控制作用。

(三)以共享方式推动信息资源效率提升

硬件资源如计算机、网络、通信设备等，在使用中消耗大量电力，形成大量间接碳排放。而利用计算机资源共享性、云平台等技术，可以提升计算机资源配置的效率。因此，加强大数据时代的云存储、云平台的研究是北京市信息资源碳排放目标的重要路径。具体地说，可通过构建云平台实现碳减排，减少服务器和机器的使用，提高效率，减少用电量，从而减少碳排放；通过构建云平台实现信息资源的动态管理；通过流量测量软件，可以测量服务器使用的情况，实现信息资源的智能管理。利用云服务平台可以实现多种信息资源的有效协同，达到任意人员在任意时间地点通过终端可以获取信息资源的无边界信息服务水平。

参考文献

[1]顾朝林：《气候变化与低碳城市规划》，南京：东南大学出版社，2013 年。

[2]Kashef, M. M. , Altmann, J.. A cost model for hybrid clouds. In: Vanmechelen, K. , Altmann, J. , Rana, O. F. (eds.) Proceedings of 8th International Workshop on Economics of Grids, Clouds, Systems, and Services (GECON'11). *Lecture Notes in Computer Science*, 2012. Vol. 7150.

[3]Daniele Angeli, Enrico Masala. A cost-effective cloud computing framework for accelerating multimedia communication simulations, *Journal of Parallel and Distributed Computing*, 2012. Vol. 72.

[4]Douglas Alger：《大数据云时代数据中心经典案例赏析》，北京：人民邮电出版社，2014 年。

[5]覃雄派、王会举、杜小勇等：《大数据分析——RDBMS 与 Map Reduce 的竞争与共生》，《软件学报》，2012 年第 1 期。

[6]刘鹏：《中国云存储发展报告》，北京：电子工业出版社，2013 年。

[7]李涛等：《数据挖掘的应用与实践——大数据时代的案例分析》，厦门：厦门大学出版社，2013 年。

（作者：马　慧　首都经济贸易大学教授）

项目名称：北京市人口老龄化对社会保障长期可持续发展的影响研究

项目编号：11GJB085

项目负责人：王晓军

项目信誉保证单位：中国人民大学

人口老龄化下北京市基本养老保险的
偿付能力面临挑战

内容提要： 在低生育率和寿命延长情况下，北京市人口结构迅速老化，尽管劳动年龄人口的净迁入在一定程度上缓解了老龄化的程度和速度，但不会改变老龄化的总体趋势。在未来，北京市养老保险必然面临人口老龄化下不断增加的支付压力。本研究通过测算得出，北京市养老保险支出占 GDP 的比例将从 2010 年的 3.4％提高到 2040 年的 14％左右，这一水平超出经济合作与发展组织（OECD）对同时期国际平均水平和大多数发达国家的预测值。建议北京市尽早实施相关改革，确保养老保险的长期可持续发展。

在人口老龄化压力下，世界各国的公共养老金体系普遍面临可持续发展的巨大挑战，我国也不例外。当前我国的基本养老保险采取地方统筹模式，不同省市基本养老保险的历史债务和偿付能力状况存在较大差异。北京市作为首都和快速发展的国际化特大城市，在人口、劳动力、经济发展和基本养老保险偿付能力上有其自身的特点。

一、北京市人口老龄化现状和趋势

（一）北京市人口老龄化现状

北京市人口从 1953 年的 277 万人增加到 2013 年的 2115 万人，平均每年增长约 30 万人，年均增速约 3.5％。与全国的平均水平相比，北京市较早进入了老年型社会[①]。表 1 列出了 1982 来以来四次人口普查和 2013 年北京市和全国的人口年龄结构和抚养比，从表中可见：2013 年北京市 0—14 岁的少儿人口和 65 岁以上老年人口占比均低于全国平均水平，15—64 岁的劳动年龄人口占比高于全国平均水平。从抚养比看，北京市的少儿抚养比和老年抚养比都明显低于全国平均水平。表明北京市当前的人口老龄化程度和人口负担程

---

① 老年型社会的国际标准为 65 岁以上人口超过 7％，60 岁以上超过 10％。

度均低于全国平均水平。从进入老龄型人口的时点看，2000 年全国 65 岁及以上老年人口比例达到 7%，北京市同年的这一指标为 8.4%，北京市比全国更早地步入了老龄化社会，但由于劳动年龄人口的净迁入，使北京市老龄化的速度低于全国的水平，使北京市当前的人口老龄化程度低于全国平均水平。

表1 北京市和全国人口年龄结构和抚养比　　　　　　单位:%

年龄组	1982 年		1990 年		2000 年		2010 年		2013 年	
	北京	全国	北京	全国	北京	全国	北京	全国	北京	全国
0—14 岁比例	22.4	33.6	20.2	27.7	13.6	22.9	8.6	16.6	9.5	16.4
15—64 岁比例	72.0	61.5	73.5	66.7	78.0	70.1	82.7	74.5	81.3	73.9
65 岁以上比例	5.6	4.9	6.3	5.6	8.4	7.0	8.7	8.9	9.3	9.7
总抚养比	38.9	62.6	36.1	49.8	28.2	42.6	20.9	34.2	23.1	35.3
少儿抚养比	31.1	54.6	27.5	41.5	17.4	32.6	10.4	22.3	11.7	22.2
老年抚养比	7.8	8.0	8.6	8.3	10.8	9.9	10.5	11.9	11.4	13.1

数据来源：依据国家统计局和北京市统计局网站数据整理

(二)北京市人口老龄化的成因

人口老龄化是出生人口减少、寿命延长和人口净迁移的综合结果。1980 年以来，北京市妇女总和生育率持续下降，从 1980 年的 1.6 经过 15 年下降到 1995 年的 0.8，2000 年以后，总和生育率基本保持在 0.7 的低水平上，位居全国各省市的最低水平。同时，生育年龄明显推迟，2010 年生育高峰集中在 30—34 岁，45 岁以上仍然有 1‰的生育率，低生育率和推迟生育，使出生人数大幅减少。从死亡率上看，随着经济发展、人民生活水平的提高和医疗卫生条件的改善，北京市的人口死亡率不断下降，人口预期寿命不断延长。2010 年，北京市的人口预期寿命超过 80 岁，达到发达国家的水平，比 1990 年提高了 7.3 岁，这在一定程度上加剧了人口老龄化。从迁移率看，北京市作为全国政治和文化中心，吸引了全国乃至国外大量的劳动年龄人口净流入。第六次人口普查显示，北京市流动人口中务工经商、随迁家属和学习培训的来京人员超过 500 万人，占流动人口总量的 74%。从时间发展上看，1978 年，北京市流动人口占常住人口的 2.5%，到 2013 年，流动人口占常住人口比例上升到 38%，从而在一定程度上减缓了北京市人口老龄化的进度。

(三)北京市人口老龄化趋势

在未来的发展中，北京市的人口老龄化问题将更加严峻。考虑放开"单独二胎"的生育政策，人口预期寿命延长，以及北京市人口承载能力对净迁入的制约等情况，我们对北京市未来人口做出预测，可以得出：尽管未来逐步提高生育率和维持一定规模的劳动力人口净迁入可以在一定程度上减缓人口老龄化的速度，但不会改变人口老龄化的总体趋势。按照我们的预测，到 2040 年，北京市 65 岁以上老年人口比例接近 30%，老年抚养比接近 45%。这一水平高于联合国人口司居中假设下对中国人口的总体预测结果，见表 2。

表 2　在高、低两方案下未来 65 岁以上人口比例和人口抚养比　　单位:%

年份	65 岁以上人口比例		老年抚养比		少儿抚养比	
	低方案	高方案	低方案	高方案	低方案	高方案
2015	10.1	10.0	12.6	12.4	12.0	12.1
2020	13.1	12.6	17.1	16.5	13.9	14.5
2025	16.5	15.7	22.4	21.5	13.4	14.8
2030	21.0	19.8	29.5	28.0	11.2	13.4
2035	25.4	23.8	37.0	34.7	8.5	11.0
2040	30.1	27.9	46.1	42.6	7.1	9.9

注：假设 TFR：低方案 0.7；高方案到 2030 年提高到 1.2。寿命：80 岁，每 5 年提高 1 岁。迁移：低方案：前 10 年 20 万人，以后 10 万人；高方案：前 10 年 25 万人，以后 20 万人；性别比：108

二、北京市基本养老保险的存量偿付能力

资产负债表是反映一个经济核算单位在某时点的资产、负债、盈余或赤字等财务状况的报表，一直以来都是企业财务报告的主要内容。近年来，随着各国政府债务危机，特别是欧债危机的蔓延，使政府资产负债表的可持续性受到关注。在政府资产负债表中，养老金资产和负债是非常重要的核算项目。事实上，由政府主办和担保的养老金系统本身就是一个独立核算的系统，在人口老龄化压力下，养老金的存量支付缺口规模日益增大，养老金体系的存量偿付能力面临挑战。

(一)基本养老保险资产负债表的原理和方法

1. 基本养老保险资产负债表的原理

现收现付制公共养老金系统债务一般采用养老金隐性债务的概念，即评估时点养老金系统所覆盖的参保者已获得的养老金权益的价值。从会计角度看，这是遵循权责发生制核算的评估时点养老金应计债务，按照复式记账的会计原则，应该存在一个与隐性债务对应的应计缴费资产，它应该是用来兑现评估时点应计养老金债务的未来参保者缴费价值。因为在一个由缴费筹资的现收现付的养老金系统中，未来的养老金待遇正是由系统在期初积累的结余基金和未来持续不断的缴费来兑付的，未来缴费正如系统的应收款项，其

现值就是应计缴费资产。从而可以用资产负债表来描述公共养老金系统的财务状况。其中，负债方是评估时点的应计负债，包括对已退休领取者的负债和对参保缴费者的负债，资产方包括评估时点的期初结余基金和应计缴费资产。赤字或盈余是平衡项，当资产大于负债时，表现为累计盈余，反之，表现为累计赤字。在国际上，瑞典采用这种资产负债表描述制度的偿付能力状况。

2. 养老金负债

养老金负债是评估时点制度承诺的未来养老金给付净现值。对于测算时点已退休和尚未退休的人员，要分别计算对领取者的负债和对缴费者的负债。对领取者的负债是评估时点制度对已退休人员承诺的未来养老金的精算现值。对缴费者的负债指制度对已经积累了一定养老金权益但尚未退休人员积累的债务。依据精算原理(王晓军，2011)，评估时点对领取者的负债等于领取者未来养老金的现值，对缴费者的负债等于缴费者因过去缴费已积累的养老金权益的现值，它等于缴费者未来养老金现值与未来缴费现值之差。

我们以 AL_t^p 表示评估时点 t 对领取者的精算负债(Actuarial Liability, AL)，$L_{t,x}^p$ 为 t 年 x 岁领取者人数，$B_{t,x}$ 为 t 年 x 岁的平均养老金水平，$\ddot{a}_{t,x}^\lambda$ 为 t 年从 x 岁起以 λ 指数化增长的年金系数，r 为开始领取养老金的年龄，ω 为存活的极限年龄，有：

$$AL_t^p = \sum_{x=r}^{\omega-1} L_{t,x}^p \cdot B_{t,x} \cdot \ddot{a}_{t,x}^\lambda$$

其中，$\ddot{a}_{t,x}^\lambda = 1 + (1+\lambda) \cdot v_t \cdot p_{t,x} + (1+\lambda)^2 \cdot v_t \cdot v_{t+1} \cdot p_{t,x} \cdot p_{t+1,x+1} + \cdots$
v_t 为 t 年折现率，$p_{t,x}$ 为 t 年 x 岁存活一年的概率。

以 AL_t^a 表示 t 年对缴费者的负债，$L_{t,x}^a$ 为 t 年 x 岁缴费者的人数，c_m 为 m 年的缴费率，$S_{m,x}$ 为 m 年 x 岁参保者的缴费工资，e 为参加养老保险的最低年龄，有：

$$AL_t^a = \sum_{x=e}^{r-1} L_{t,x}^a \cdot B_{t+r-x,r} \cdot {}_{r-x}p_{t,x} \cdot v^{r-x} \cdot \ddot{a}_{(t+r-x),r}^\lambda -$$
$$\sum_{x=e}^{r-1} L_{t,x}^a \sum_{k=0}^{r-x-1} c_m \cdot S_{t+k,x+k} \cdot {}_k p_{t,x} \cdot v^k$$

t 年养老金应计负债 AL_t 是对领取者和缴费者精算负债之和，有：

$$AL_t = AL_t^p + AL_t^a$$

3. 缴费资产

缴费资产是满足评估时点参保者未来养老金支付而收取的缴费的价值，由于无法将评估时点参保者队列的养老金领取与缴费队列的缴费严格对应，因此不能通过折现缴费队列未来缴费的办法来计算缴费资产。Settergren

(2005)和 Vidal-Meliá(2013)在稳态条件[①]下推导出了现收现付制公共养老金缴费资产的简化计算公式，将缴费资产表述为缴费总额与缴费周转期的乘积。记 t 年缴费资产为 CA_t，有：

$$CA_t = C_t \cdot TD$$

$$TD = \frac{\sum_{x=r}^{\omega-1} L_{t,x}^p \cdot x \cdot \left(\frac{1+\lambda}{1+G}\right)^{x-r}}{\sum_{x=r}^{\omega-1} L_{t,x}^p \cdot \left(\frac{1+\lambda}{1+G}\right)^{x-r}} - \frac{\sum_{x=e}^{r-1} L_{t,x}^a \cdot x \cdot S_{t,x}}{\sum_{x=e}^{r-1} L_{t,x}^a \cdot S_{t,x}}$$

其中，C_t 为 t 年总缴费收入，TD 为周转期，G 是缴费收入年增长率。

但是，人口、经济稳态是一种特殊的年度收支平衡环境，特别是中国目前的养老保险参保人口结构和工资分布很难满足稳态假设，为此，米海杰(2014)进一步推导了人口老化下 TD 的计算公式：

$$TD = \frac{\sum_{x=r}^{\omega-1} L_{t,x}^p \cdot x \cdot \left(\frac{1+\lambda}{1+G'}\right)^{x-r}}{\sum_{x=r}^{\omega-1} L_{t,x}^p \cdot \left(\frac{1+\lambda}{1+G'}\right)^{x-r}} - \frac{\sum_{x=e}^{r-1} L_{t,x}^a \cdot x \cdot S_{t,x}}{\sum_{x=e}^{r-1} L_{t,x}^a \cdot S_{t,x}}$$

其中，$G' = (1+g)(1+r_2)-1$，g 为平均缴费工资年增长率，r_2 是领取人口增长率。下文将在米海杰(2014)改进的缴费资产公式下编制北京市基本养老保险的资产负债表。

(二)北京市基本养老保险资产负债表

基于上面给出的养老金负债公式，我们假设测算时点为 2010 年，初始参保年龄为 20 岁，退休年龄男性 60 岁、女性 55 岁，折现率为 4%，并假设参保人口结构与就业人口年龄结构相同，养老金按社会平均工资增长率的 80% 调整，工资增长率为 6%，工龄工资增长率为 1%，结余基金利息率为 3%，分年龄死亡率采用 2003 年中国人寿养老金业务经验生命表数据。

按照前面给出的养老金负债和缴费资产的计算公式，采用 MATLAB 编程，可以测算出 2010 年年末北京市基本养老保险统筹基金的资产和负债，并编制资产负债表，见表 3。

表 3　2010 年年末北京市基本养老保险统筹基金资产负债表　　单位：亿元

科　目		金　额
资产	期初资产	618
	缴费资产	26523
总资产(1)		27141

---

① 稳态(steady state)是指各年龄平均工资相对于所有年龄平均工资在各个时期不变，各年龄人数相对总人数在各个时期不变的(即分年龄死亡率不变)状态。

续表

科　目		金额
负债	对领取者负债	8979
	对缴费者负债	23094
总负债(2)		32072
支付缺口(3)＝(2)－(1)		4931

可见，2010 年北京市养老保险的缴费资产约为 2.6 万亿元，加上期初的结余基金，存量总资产达到 2.7 万亿元。2010 年因对退休者承诺养老金积累的债务达到 0.9 万亿元，当年参保者因缴费积累的未来养老金权益现值为 2.3 万亿元，养老金总负债为 3.2 万亿元。从而基本养老保险的净缺口接近 0.5 万亿元，占当年北京市 GDP 的 35％，资产负债比为 85％。因此，从存量上看，2010 年基本养老保险统筹基金偿付能力不足。

三、人口老龄化下北京市基本养老保险的长期财务压力

(一)北京市基本养老保险的年度财务状况

表 4 列出了 2002－2012 年北京市基本养老保险参保人数和基金收支状况。从表中数据可见，北京市基本养老保险参保人数逐年增加，从 2002 年的 436.2 万人增加到 2012 年的 1206.4 万人，养老保险的年度结存和累计结存在逐年增加，除 2002 年出现当年收支缺口外，其余年份当年都有结余，2012 年当年结存超过 354 亿元，累计结存达到 1224 万亿元，基金率逐年增加，从 2002 年度 12.5％提到 2012 年的 135.9％，表明年度偿付能力逐年增强。

表 4　北京市基本养老保险参保人数和基金收支状况

年份	参保人数 （万人）	收入 （万元）	支出 （万元）	年度结存 （万元）	累计结存 （万元）	基金率 （％）
2002	436.2	1280238	1313869	－33631	184261	12.5
2003	448.5	1664949	1476996	187953	378691	21.7
2004	460.0	1918493	1746463	172030	550671	28.2
2005	520.0	2414352	1959790	454562	1005233	43.9
2006	604.1	2890762	2287473	603289	1608522	58.8
2007	671.7	3571646	2744689	826957	2435480	68.5
2008	758.1	4424783	3566108	858675	3294155	79.2
2009	827.7	5289032	4169656	1119376	4413534	91.5

续表

年份	参保人数 （万人）	收入 （万元）	支出 （万元）	年度结存 （万元）	累计结存 （万元）	基金率 （%）
2010	982.5	6592428	4827017	1765412	6179000	110.2
2011	1091.9	8127830	5608332	2519498	8698444	135.9
2012	1206.4	9950957	6401624	3549333	12247777	—

数据来源：依据中国统计年鉴和北京市统计年鉴整理

（二）北京市人口老龄化对养老保险基金的长期财务压力

对于采取现收现付制的基本养老保险，年度收支平衡的条件是年度基金收入等于年度基金支出，年度基金收入决定于参保缴费人数和人均缴费水平，年度基金支出决定于待遇领取人数和人均待遇水平。从而，缴费率决定于制度提供的平均替代率和制度内的人口抚养比。即，缴费率等于平均替代率与制度抚养比之积。可见，随着制度内人口抚养比的提高，缴费率会不断上升，人口老龄化使现收现付制的缴费率不断上升。

为了估计人口老龄化下未来养老金支出的规模，我们将养老金支出占GDP的比例做如下分解：考虑到我国当前劳动年龄人口大多集中在16—59岁，养老金领取大多集中在60岁以上，这里以60岁为养老金领取的年龄下限，16—59岁为劳动年龄人口的年龄界限，从而有：

$$\frac{\text{养老金支出}}{\text{GDP}} = \frac{60\,\text{岁以上人口数}}{16-59\,\text{岁人口数}} \times \frac{1}{16-59\,\text{岁就业人数}/16-59\,\text{岁人口数}} \times$$

$$\frac{\text{养老金领取者}}{60\,\text{岁以上人口数}} \times \frac{\text{平均养老金}}{\text{平均工资}} \times \frac{\text{劳动报酬}}{\text{GDP}}$$

即有：

$$\frac{\text{养老金支出}}{\text{GDP}} = \text{老年抚养比} \times \frac{1}{\text{就业率}} \times \text{老年覆盖率} \times \text{平均替代率} \times \frac{\text{劳动报酬}}{\text{GDP}}$$

在一个较成熟的社会经济环境和养老保险制度下，适龄劳动者的就业率、养老金制度对老年人的覆盖率、养老金的平均替代率以及劳动报酬在GDP中的占比基本保持不变，从而，如果老年抚养比保持不变，养老金支出在GDP中的占比会恒定不变，现收现付制会稳定地持续运行。但是，在人口老龄化下，老年抚养比会不断提高，这使养老金支出占GDP的比例不断提高，从而使制度的财务可持续性面临挑战。

依据2010年普查数据和2011年中国统计年鉴数据，北京市2010年60岁以上老年抚养比为16%，劳动年龄人口就业率为70%，老年养老保险覆盖率为80%，养老金平均替代率约为38%，劳动报酬在GDP中的比例约为49%。这样，按照上面公式计算出的养老金支出占GDP的比例约为3.4%，正好等于 2010 年北京市养老金总支出 482 亿元占 GDP 总额 14113 亿元的比例。

如果假设未来的劳动年龄人口就业率、老年覆盖率、养老金平均替代率以及劳动报酬在 GDP 中的比例保持 2010 年的水平不变,依据前面在两种假设下对老年抚养比的预测结果,可以估计出两种方案下养老金支出占 GDP 的比例,见表 5 和图 1。

表5　两方案下北京市未来基本养老保险支出占 GDP 比例　　　　单位:%

年份	低方案	高方案
2010	3.4	3.4
2015	4.6	4.5
2020	5.9	5.7
2025	7.7	7.4
2030	9.7	9.3
2035	12.0	11.3
2040	15.0	13.9

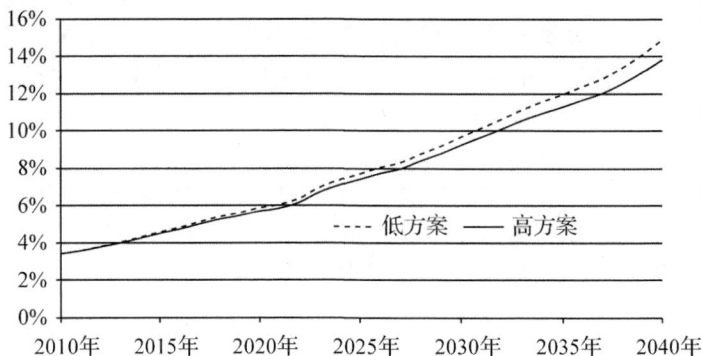

图1　两方案下未来北京市养老金支出占 GDP 百分比

可见,北京市人口老龄化将使养老金支出的负担越来越高。2010 年北京市养老金支出占 GDP 的比例只有 3.4%,到 2040 年,在两种预测假设下,养老金支出在 GDP 中的占比都将超过 13%,这一水平将超过国际机构对同时期国际平均水平和绝大多数发达国家水平的预测值(OECD,2011)。对比高低两种假设方案下的结果,可见,高生育率和高劳动年龄人口净迁移将会减缓北京市养老金的支出负担,但减缓的程度并不大,2040 年养老金支出占 GDP 的比例在低方案下为 15%,在高方案下为 13.9%,低方案比高方案高出 1.1%。

(三)流动人口对北京市基本养老保险基金长期收支的影响

北京市作为全国政治和文化中心,吸引了大量青壮年外来劳动力,有效降低了老年人口抚养比，延缓了人口老龄化进程，从而有助于减缓养老保险基金的支付压力。

相比常住人口，北京市流动人口增长更快、年龄结构更轻。1978 年，北京市流动人口只有 21.8 万人，占常住人口的 2.5%，到 2013 年，流动人口为 798.5 万人，占常住人口的比例上升到 38%，可见，流动人口成为北京市人口增长的主要来源。从年龄结构上看，流动人口以 20—30 岁的青壮年为主，表 6 列出了 2010 年第六次人口普查数据户籍、流动和常住人口的年龄结构。可见，相比户籍人口，流动人口 60 岁以上人口比例和 0—14 岁的少儿人口比例较低，15—59 岁的人口比例较高。流动人口 60 岁以上的比例只有 3.4%，户籍人口则高达为 17.6%。流动人口 15—59 岁的比例高达 89.7%，户籍人口的这一比例为 72.8%。从人口抚养比看，流动人口的老年抚养比只有 3.8%，户籍人口则高达 24.3%。可见，北京劳动年龄段人口的净迁入，有效缓解了人口老龄化程度。

表 6　　2010 年北京市户籍、流动和常住人口年龄结构　　单位：%

年龄组	户籍人口	流动人口	常住人口
0—14 岁比例	9.6	6.9	8.6
15—59 岁比例	72.8	89.7	78.9
60 岁以上比例	17.6	3.4	12.5
老年抚养比	24.3	3.8	15.9
总抚养比	37.5	11.4	26.8

但是，流动人口只有参加了养老保险并缴费后才能对养老保险基金收支产生影响。依据国家人口和计划生育委员会编写的《2011 中国流动人口发展报告》，中国流动人口参加养老保险的比例较低，仅为 27.8%。张宏飞（2014）依据 2013 年 5 月国家卫生和计划生育委员会组织的流动人口动态监测调查数据，得出北京市流动人口基本养老保险的参保率只有 29.1%。在年龄分布上，30 岁左右的参保率最高，超过 40%；在就业类型上，在机关事业单位、国企、外企和中外合资企业工作的参保率超过 60%，表明流动人口参加养老保险对养老保险基金的贡献主要是其中的正规就业者，大部分非正规就业者目前的参保率较低，对养老保险基金的影响有限。

在未来的发展中，如果北京市的流动人口规模保持持续的增长，并且随着养老保险的改革能够吸引越来越多的青壮年流动人口参加基本养老保险，将会对北京市养老保险基金产生积极的影响。因为大量的青壮年流动人口的参保，将会增加缴费人口和缴费收入，从而减轻支付压力。张宏飞（2014）通过建模分析得出，如果保持当前的流动人口规模和参保水平，在未来的发展中，北京市常住人口的抚养比将逐渐上升，基金收支状况将逐渐恶化，通过提高流动人口参保率，可使基金收支状况得到一定的改善，使出现收不抵支的年份推迟。因此，提高北京市流动人口基本养老保险参保率，对改善北京市基本养老保险基金收支状况，推迟出现养老基金缺口的时间和减小缺口规模有较明显的积极效果。

四、结论和建议

本文研究了北京市人口老龄化现状和发展趋势，基于北京市养老保险的现状和实际数据，编制了北京市养老保险资产负债表，研究了人口老龄化下北京市养老保险在未来较长时期内的收支状况和财务可持续性。通过这些研究可以得出如下结论和政策建议：

(1)北京市人口规模不断扩大，人口年龄结构日益老化。与全国的平均水平相比，北京市更早进入了老年型社会，但作为首都和国际化的特大都市，改革开放以来，特别是 2000 年以来，北京市每年都吸引大量的劳动年龄人口流入，从而在一定程度上减缓了老龄化的速度，使当前北京市的老龄化程度低于全国的水平。北京市人口老龄化是生育率下降、人口寿命延长和大量劳动年龄人口净迁入的结果。

(2)在未来的发展中，如果保持低生育率和低迁移率，未来的人口老化程度更高；如果能够逐步提高生育率并保持相对高水平的人口净迁移，未来的老龄化程度会相对减缓。因此，如果未来逐步放开生育政策，并且通过移民政策能够吸引更多的青壮年劳动力流入，将在一定程度上减缓老龄化的速度，减轻北京市的养老负担，但并不会改变老龄化的总体趋势。

(3)在未来的发展中，北京市的养老保险与全国和全球的总体趋势一样，都会面临人口老龄化下的支付压力，从而需要加强风险管理，定期评估制度的债务水平和其他财务状况。基于北京市养老保险的基本情况，通过构建精算模型，得出 2010 年北京市基本养老保险债务规模超过 GDP 的 2 倍多，如此高额的负债，如果没有未来持续不断的新参保者和持续不断的高缴费以及财政补贴，将无法保证制度债务的偿还，更难保证制度的可持续发展。

(4)从基本养老保险的资产负债表看，2010 年北京市养老保险的总资产为 2.7 万亿元，总负债为 3.2 万亿元，净缺口为 4931 万元，净缺口占当年 GDP 的 35%，资产负债比率为 85%，从而，从存量上看存在偿付能力不足问题。

(5)人口老龄化将给养老带来越来越沉重的负担，尽管北京市在过去的二十多年里，随着养老保险的扩面和收入水平的提高，基本养老保险基金收支和累计结余不断增加，但随着未来不断加深的人口老龄化，养老负担将越来越沉重，本文通过预测发现，未来的养老金支出占 GDP 的比例将从 2010 的 3.4% 分别提到 2040 年在低、高假设方案下的 15% 和 13.9%，这一水平都超过 OECD 对同时期国际平均水平和绝大多数发达国家水平的预测值，因此，北京市未来二三十年的养老负担将会日益沉重。

（6）大量青壮年劳动力的净流入可以有效缓解北京市的人口老龄化进程，也有助于缓解北京市的养老压力，但当前流动人口参加养老保险的比例不高，只有 29%，从而对养老保险基金的影响比较有限，在未来的发展中，提高流动人口的参保率将会对基本养老保险基金收支产生明显的影响。

（7）在越来越严重的人口老龄化下，北京市应该尽早吸取国际经验，尽早采取诸如提高退休年龄、缩减养老金待遇的调整指数、提高劳动力就业和参保比例、吸引外来劳动力等措施，以缓解老龄化压力和老龄化对养老金的压力。同时，应大力发展企业年金和商业年金等多层次的养老金体系，使人们能够通过多种途径获得总量上充足的养老待遇，这也是国际通行的做法。

参考文献

[1]OECD. Pensions at a Glance 2011：Retirement-income Systems in OECD and G20 Countries，OECD，2011.

[2]Settergren O，Mikula B D. The Rate of Return of Pay-As-You-Go Pension Systems：A More Exact Consumption-Loan Model of Interest. *Journal of Pension Economics and Finance*，2005，4(2).

[3]Vidal-Meliá C，Boado-Penas M C. Compiling the Actuarial Balance for Pay-As-You-Go Pension Systems. Is It Better to Use the Hidden Asset or the Contribution Assets? *Applied Economics*，2013，45(10).

[4]米海杰：《养老金支付缺口模型与应用研究》，中国人民大学博士学位论文，2014 年。

[5]王晓军：《社会保险精算管理：理论、模型与应用》，北京：科学出版社，2011 年。

[6]张宏飞：《北京市流动人口对基本养老保险基金收支的影响研究》，中国人民大学硕士学位论文，2014 年。

（作者：王晓军　中国人民大学应用统计科学研究中心研究员）

项目名称：促进北京市文化创意产业发展的财税政策研究
项目编号：11JGB093
项目负责人：丁　芸
项目信誉保证单位：首都经济贸易大学

促进北京市文化创意产业发展的财税政策研究

内容提要：文化创意产业在提升区域经济"硬实力"和文化"软实力"中的巨大作用和潜力正在不断彰显。北京作为国内首次提出并发展文化创意产业的城市，近年来文化创意产业发展呈现产业体系逐步完善，市场规模不断扩大的良好态势，但仍存在许多不足之处。本文首先探讨了财税政策支持文化创意发展的理论依据，梳理了北京市文化创意产业发展的现状和存在问题，探讨北京市财政税收政策支持文化产业发展的工具、环节，分析促进文化创意产业发展的财税政策存在的问题和缺陷，进而在借鉴国际经验的基础上，提出完善北京市文化创意产业发展的财税政策建议。

一、财税政策支持文化创意产业发展的理论依据

(一)国内外文化创意产业相关概念界定

对于文化创意产业内涵和外延的界定，国内外各自从不同角度予以界定。英国最早提出"创意产业"的概念，"所谓创意产业，就是指那些从个人的创造力、技能和天分中获取发展动力的企业，以及那些通过对知识产权的开发可创造潜在财富和就业机会的活动。"[①]美国称之为"版权产业"，分为四大类：核心版权产业、交叉版权产业、部分版权产业、边缘版权产业；日本称其为"内容产业"，主要包括：电视、报纸、图书出版、电脑网络等与休闲和个人爱好相关的产品，电影、电视游戏、游戏软件等娱乐市场等。联合国教科文组织认为文化创意产业包含文化产品、文化服务与智能产权三项内容。根据这一内容划分，文化创意产业也可以概括为是指依靠创意人的智慧、技能和天赋，借助于高科技对文化资源进行创造与提升，通过知识产权的开发和运用，产生出高附加值产品，具有创造财富和就业潜力的产业。

---

① 英国政府：《英国创意产业路径文件》，1998年。

中国人民大学文化创意产业研究所所长金元浦认为，创意产业是全球化条件下，以消费时代人们的精神文化娱乐需求为基础，以高科技技术手段为支撑，以网络等新传播方式为主导的，以文化艺术与经济的全面结合为自身特征的跨国、跨行业、跨部门、跨领域重组或创建的新型产业集群。[①] 北京市是较早研究并发展文化创意产业的城市，对于其定义为"文化创意产业是以创作、创造、创新为根本手段，以文化内容和创意成果为核心价值，以知识产权实现或消费为交易特征，为社会公众提供文化体验的具有内在联系的行业集群"。[②] 通过对国内外文化创意产业概念的整理、比较，可以发现在理论界，概念还很不统一，分类相当模糊。本研究报告对于文化创意产业的界定为：以文化为源泉，对其进行创造和再创造，产生具有知识产权的文化产品，再进行产业化生产，最后形成创意经济的一个新兴产业集群。

（二）财税政策介入文化创意产业的理论基础

文化创意产业的理论依据主要有四个方面：首先，文化创意产品具有公共物品的属性，从消费的角度来讲，大多数的文化创意产品都不完全具有非排他性和非竞争性。这意味着市场对于这些公共性文化产品的供给是失灵的，因此需要政府依据自身在节约交易成本和组织成本方面的独特优势，对文化产品的供给进行干预和刺激，运用财政支出政策来实现资源的优化配置。其次，文化创意产业具有外部性，福利经济学提出，生产或消费会存在外部性，当生产或消费行为所产生的利益外溢时，即边际社会净产值大于边际私人净产值时，就产生了正外部性。反之为负外部性。文化创意产业无论是从生产还是消费角度，都具有正外部性，譬如文化创意产品带动就业，促进科技创新，满足社会精神需求，提升社会道德修养等。当然文化创意产业也具有负外部性，不仅严重误导消费者，损害消费者的精神世界，也会污染整个社会的文化根基，因此需要政府通过积极干预，重点监管和打击这些负外部性文化产品的生产和消费行为。再次，文化创意产业的生命周期区别于传统行业，生命周期一般分为初创阶段、成长阶段、成熟阶段、衰退阶段。创新是社会发展的不竭动力，文创产业不断融入创新因素，并且随着人们对文化创业产品的需求逐步提升，文化创意产业的生命周期会延长并且不会衰退，发展空间巨大。最后，税收对文化创意产业的影响，主要从经济学的需求和供给两方面分析，从需求角度来讲，税收对文化创意产业产生了税收消费收入效应和税收消费替代效应；从供给角度来讲，税收对文化创意产业产生了税收生产收入效应和税收生产替代效应。通过论证表明，由于文化产业的特殊性，决定了政府必须介入，税收政策是政府采用的一个重要的经济手段。

---

① 金元浦：《当代文化创意产业的勃兴》，《决策与信息》，2005 年第 4 期。

② 北京市统计局、国家统计局北京调查总队：《北京市文化创意产业分类标准》，2006 年 12 月。

二、北京市文化创意产业发展的基本状况

(一)北京市文化创意产业的发展现状

1. 文化创意产业总体发展规模不断攀升

文化创意产业总体发展规模不断攀升主要体现在生产、收入和企业规模三个方面。首先,在文化创意产业的生产方面,2011年产业增加值达到1989.90亿元,比2006年增加了1177.8亿元,增长了145.03%。占同期北京市GDP的12.24%。2012年文化创意产业实现增加值2189.2亿元,比上年增长10.02%;占地区生产总值的比重为12.30%。其次,随着北京市居民收入水平的提升,文化消费需求也在不断增长。自2006年北京市文化创意产业收入稳步增长,2012年收入额为10313.63亿元,比2006年提高了6698.79亿元,增长了185.31%。数据显示,近两年文化创意产业对北京市GDP的贡献率仅次于金融业,位居第二位,有力地拉动了首都经济的发展。最后,北京市文化创意产业的企业规模也在不断壮大。目前,北京已有各类文化创意企业5万多家,其中规模以上企业达8000家左右,同时文化创业产业规模的壮大也带动了大规模的就业。

2. 文化创意产业内部结构逐渐优化

从产业结构来看,北京文化创意产业已经形成良好的发展基础,文艺演出、新闻出版、广播影视、艺术品交易、设计服务等高附加值的核心产业整体实力雄厚,主要文化产品和服务的规模、质量和影响力位居全国前列。在新闻出版方面,北京地区图书出版单位占全国的41%,报纸种类占全国的30%,音像出版单位占全国的43%。在广播影视方面,北京共有影院120多家,屏幕近600块,居全国城市之首;在文物艺术品方面,北京已成为全球最大的中国文物艺术品交易中心。北京的文化创意产业尤其是文艺演出、新闻出版、广播影视、文化会展、古玩艺术品交易等产业优势明显,在全国占据龙头地位。可见,北京市文化创业产业实现总体规模不断攀升的同时,产业内部的结构构成也在逐步优化,高附加值的创意产业表现出迅猛的发展势头。

3. 文化创意产业集群化发展态势初步显现

目前,北京市已经认定30个市级文化创意产业集聚区,这其中有北京CBD国际传媒集聚区、中关村科技园区、琉璃厂历史文化产业集聚区,涉及全市16个区县,覆盖文化创意产业的全部领域。这标志着《北京市"十一五"时期文化创意产业发展规划》中提出的"到2010年市级文化创意产业集聚区力争达到30个"的工作目标得到圆满完成。2012年1至5月,北京市30个市级文化创意产业集聚区拥有规模以上文化创意产业法人单位778家,实现收入479.8亿元,比上年同期增长15.7%。集群化发展态势初步显现,已经表现出强劲的发展势头和长远的发展潜力。石景山数字娱乐体验基地、中关村创

意产业先导基地、国家新媒体产业基地等21个文化创意产业集聚区逐步形成规模，集群化的发展态势初步显现，表现出强劲的发展势头和长远的发展潜力。

(二)北京市文化创意产业发展中存在的问题

1. 文化创意产业内部结构有待进一步优化

从文化创意产业增加值的角度来看，软件、网络及计算机服务增加值占总产业增加值的52.37%，优势地位明显，在文化创意产业中属于支柱性行业。而文化艺术，旅游、休闲娱乐，设计服务和艺术品交易分别只占到3.42%、3.95%、4.55%、2.83%，合计也只占到14.75%。因此，我们需要加强休闲娱乐以及旅游产业的文化创意产业发展，均衡产业内部各领域的增加值。从创意产业拥有资产的角度来看，软件、网络及计算机服务行业资产所占比例为42%，规模优势明显。新闻出版，广播、电视、电影资产所占比重分别为9.74%和10.25%。对比可见，北京市文化创意产业内部结构不平衡，软件、网络及计算机服务行业在产业中支柱地位明显。另外，与传统行业的优势相比，北京市文化创意产业中的新兴产业，如动漫游戏、数字出版、设计创意等，总体规模仍旧偏小。因此，北京市文化创意产业要想得到长远、健康的发展，就必须加大扶持新兴文化创意产业的力度，优化产业内部结构。

2. 缺乏龙头企业和有竞争优势的文化品牌

文化创意产业的龙头企业对同行业的其他企业影响重大。但是由于我国文化创意产业起步较晚，整体发展不足，呈现出"软、小、散"的特征。这主要源于两个方面：一方面是缺乏强竞争力的跨国企业集团。在2011年全球文化产业50大企业评选结果中，美国的华特迪士尼以年文化产业营业收入380亿美元名列第一，而万达集团在成功收购美国AMC影院公司后，以涵盖影视、综合文化场所、平面媒体、演艺内容的总计约30亿美元，年营业收入仅排名第37，腾讯则以游戏产业收获约25亿美元，位列第46。北京市文化企业极度缺乏国际影响力，辐射范围小，无法吸引全球的目光并且难以吸引国际资本。另一方面是缺乏龙头企业带动整个产业的发展，美国有迪士尼、好莱坞等20多个跨国传媒企业，并且经营范围和领域涉及范围广，而北京市只有歌华有线等几个少数具有影响力的传媒集团并且发展规模有限。以上两点原因使得北京市文化创意产业发展滞后。

3. 文化体制改革滞后，部分行业市场化程度不高

北京市文化创意产业的企业主体结构里国有资本比重过高达到70%，而民间资本比重过低。北京市文化体制改革的滞后性制约着文化创意产业的发展，影响了文化创意产业的市场化程度。在北京市文化创意企业中，部分产业如广播影视、新闻出版、文化艺术等行业市场化不足现象十分明显。北京市的新闻出版行业中有近3000种期刊，中央各部门主办的行政性期刊数量达

到 2800 种，仅有约 200 种期刊由民营资金所控制，100 多种期刊引入外资。尽管随着北京市文化企业的改制，一部分国有出版机构已经转制为企业，但并没有完全改变以前事业单位的管理模式，并且出版单位市场化程度不高还导致低的市场敏感度和活力，不能满足市场需求，适应经济发展。

三、北京市促进文化创意产业发展的财税政策分析

(一)北京市现有促进文化创意产业发展的财税政策

1. 北京市促进文化创意产业发展的财政政策

近年来，北京市对文化创意产业的发展逐步重视，并且专门成立了文化创意产业发展领导小组，在财政政策支持方面也做出了许多努力。北京市对于文化创意产业发展所采取的财政政策主要有以下几方面：首先，进行财政拨款和补贴。自 2006 年起，北京市每年投入 5 亿元文化创意产业发展专项资金，采用贷款贴息、项目补贴等方式对重点项目予以支持，并且认定一批文化创意集聚区公共设施工程，对集聚区的基础设施和重大项目重点支持。此外，还设立了文化创意奖，给予集体和个人表彰。其次，对文化创意产业采取贷款优惠的政策，政府引导商业银行对有效益、有还贷能力的文化创意自主创新产品或服务出口所需的流动资金重点支持。再次，采取政府担保的财政政策，为文化创意企业融资提供担保，解决其融资难的问题。最后，在政府采购方面，优先采购自主创新产品和服务。

2. 北京市促进文化创意产业发展的税收优惠政策

北京市促进文化创意产业发展的税收优惠政策主要是根据税种划分的，分别涉及增值税、营业税、个人所得税和企业所得税。其中，增值税的优惠政策主要是对出版物、印刷制品和印刷业务实行增值税减免政策。营业税的税收优惠政策是对单位和个人在本市从事技术转让、技术开发业务和与之相关的技术咨询、技术服务取得的收入，免征营业税。实行支持公共文化设施向公众开放的减免税政策。对境外文化体育业劳务涉及的流转税予以减免。对电影制作、发行和放映实行减免税政策。个人所得税的优惠政策是鼓励个人对文化事业捐赠的减免税政策以及对个人奖金和所得的减免政策。企业所得税优惠政策主要有对动漫企业实施所得税优惠政策、对文化高新技术企业的减免税政策、对经营性文化事业单位转制中资产评估增值涉及的企业所得税，以及资产划转或转让涉及的增值税、营业税、城市维护建设税等给予适当的优惠政策以及对小微企业的优惠政策等。

(二)北京市促进文化创意产业财税政策存在的问题

1. 制定的财税支持政策没有体现足够的区分度

文化创意产业是一个产业体系，包含着若干的子科目，它们虽然都具备文化创意产业的本质特征，即创新性、文化性和产业性，但在市场结构、组

织方式、市场绩效、外部性强弱等方面仍然存在很大差距。现实生活中，往往出现归类错误、分类含糊不清的现象，政府未能根据其市场化程度和外部性强弱进行明确的分类规定，因而由于现有政策对不同特点的文化创意企业的区分不够，导致财税政策存在偏差。所以，北京市文化创意产业的财税政策支持，首要任务是更准确地界定文化创意产业，提出一个更细致的产业分类目录和详细说明。

2. 促进文化创意产业发展的财政政策存在的问题

首先，财政直接投入中存在财政投入资金来源渠道单一、财政投入方式综合性程度不高、财政直接补贴的投入效率不高等问题。其次，财政投融资政策存在的问题主要表现在财政融资渠道比较狭窄、缺乏完善的融资担保和激励机制、缺乏对无形资产科学有效的评估机制三方面。最后，支持文化创意产业的财政政策需要进行长远规划。北京市政府下一阶段财税政策的目标和阶段重点需要做进一步调整，应该结合文化创意产业发展的规律，不能再以资金支持作为主要手段，而是以多元化的财政融资政策作为引导，提高企业的市场竞争力，依靠市场力量推动北京市文化创意产业的发展。

3. 支持文化创意产业发展的税收政策存在的问题

北京市支持文化创意产业发展的税收政策存在的问题主要表现为税收支持政策体系缺乏系统性；支持文化创意产业发展的税收政策缺乏公平性；新兴文化创意行业的税收负担偏重；相关的税收优惠政策尚未形成体系，主要是现有的税收体系中存在增值税对文化产品存在重复征税问题、文化产品中的差别税率政策设计过粗、文化产业中研发成本的风险分摊不足、优惠手段的单一性制约了文化企业产业链的延伸。这些问题都制约了税收优惠政策对文化创意产业发挥引导性作用。

四、典型国家财税政策促进文化创意产业发展的经验借鉴

(一)国外文化创意产业财税政策

1. 美国支持文化创意产业的财税政策

美国是以市场为主导发展文化创意产业的典型国家。政府为文化创意产业发展提供了宽松的外部环境、健全的法律保障及补助制度，并采取重视对非营利文化机构的财政资金支持、注重财政转移支付支持地方文化产业发展、重视对中小文化企业的财政扶持的财政政策。此外，美国政府对文化创意产业的税收优惠政策主要体现在两个方面：一是支持非营利性文化产业的税收优惠政策，二是鼓励文化产业研发创新的税收优惠政策。

2. 日本支持文化创意产业的财税政策

日本从国家战略高度看待文化产业发展，依靠中央政府推动、地方政府和民间一起投入的机制大力发展文化创意产业，市场化程度较高。日本政府

除了引导资金投入文化创意产业,还会采取较为完善的税收政策进行支持。日本政府引导建立文化创意产业发展的融资机制,并且拥有一套完备的文化创意产业税收优惠政策:日本从中央到地方三级层次税制中,实行以间接优惠政策为主、直接优惠政策为辅的税收优惠政策体系。税收优惠政策多样化,更多地采用加速折旧、投资抵免、亏损结转弥补等间接税收优惠方式,各税种之间设置协调合理。此外,日本政府也比较重视对中小文化企业发展的税收优惠政策支持。

3. 韩国支持文化创意产业的财税政策

韩国以政府指导文化创意产业发展为主。政府建立文化产业财政扶持机制,通过年度国家公共财政预算,政府公共基金100%投资于文化产业部门;由官方机构(财政资金)和民间机构(非营利性资金)共同出资,经由韩国文化振兴院进行研判与评定后,给予金额不等的支援;设立文化产业专项基金;支持文化企业参与国际竞争的税收优惠政策,对重点支持的游戏、动画等企业及各类创新企业和产业园区建设等,给予长期低息贷款,优秀的文化产品(服务)出口,除获得政府奖励外,还可享受出口退税、税收抵免、进出口关税免征等多种直接和间接的税收优惠政策待遇。

(二)国外文化创意产业财税政策的借鉴

美国、日本、韩国是世界上文化创意产业发展较为成熟的国家,在财税政策对文化创意产业发展方面有许多值得借鉴的内容。在财政政策借鉴方面,政府财政注重对非营利文化产业的支持,设立文化产业专项基金引导社会文化资本,中央、地方政府与市场共同构成产业融资体系,专项财政资金支持文化产业进行国际合作。在税收政策借鉴方面,间接税收优惠为主的文化产业税收政策,税收优惠政策具有明显的导向性,实施差别税率调节文化产业的资源配置,利用税收鼓励等手段引导社会资金。在其他政策借鉴方面,应该完善投融资政策,积极引进和培养人才,并且保护传统文化。

五、北京市促进文化创意产业发展的财税政策建议

(一)明确界定财政政策支持的范围

合理界定文化创意产业目录,明确财政政策支持的范围与重点,重新审视纳入文化创意范围的产业类别对财税政策的执行效果有着重要的意义。范围太窄,政策不能全面覆盖,不利于产业均衡发展;范围太宽,政策对产业发展的引导又不够明确,影响政策效果。应按标准适当缩小政策覆盖面,合理界定文化创意产业范围,对产业类别包含的具体范畴予以明确。

(二)规划文化创意产业的财税政策体系

财税政策支持文化创意产业的目标,第一,应明确定位为自主创新,将重点放在创意的形成及创意企业的孵化体系支撑方面,对原创能力较强的文

化创意企业进行重点扶持。第二，应主要解决文化创意企业，尤其是中小型企业资金不足、融资难，产业基础设施建设等问题。财税金融政策具有直接性的特点，对成长期的企业具有很好的扶持作用。因而，需要根据文化创意产业的具体特征、发展阶段、政策定位等因素，对北京市文化创意产业发展的财税政策进行系统规划，使其成为因时制宜、因业制宜的政策体系。

（三）完善北京市支持文化创意产业的财政政策

综合利用财政投入方式，首先，按企业成长阶段进行针对性扶持。其次，按产业发展的成熟程度进行针对性扶持；建立多元化的资金筹集渠道，政府可以建立社会个人捐赠、企业捐赠等渠道，保护文化创意产业的捐助热情，同时对于创业初期的中小企业贷款难现象，政府可以采取财政担保和财政贴息等途径解决；强化后期的监督管理机制，提高财政资金的支持效果；科学设置和使用文化发展专项资金，提高资金的使用效率；适当使用财政补贴和奖励政策；积极利用政府采购扶持文化创意产业等。

（四）完善北京市支持文化创意产业的税收政策

强化税收政策的导向作用。完善文化创意产业税收优惠体系，在完善直接税收优惠政策方面，注重完善差别税率政策和税收减免政策，并且完备文化创意产业奖励性税收返还政策。在完善间接税收优惠政策方面，可以采用纳税扣除、税收抵免、税收递延等间接税收优惠政策，加大对企业自主创新投入的所得税税前抵扣力度，转变以往以区域税收优惠和企业优惠政策为主的政策，最终实现向产业税收优惠政策的转变。政府制定鼓励自主研发创意的税收优惠政策，扶持特色和重点文化创意企业；鼓励对文化创意产业进行公益性捐赠和赞助，加大文化创意产业从业人员所得税优惠力度；完善支持文化创意产业参加国际竞争的税收政策。

参考文献

［1］Nicholas Gamham. From Culture to Creative Industries. *International Journal of Cultural Policy*. 2005(11).

［2］Bernard Salanie. The Economics of Taxation. Paris：2002 by Economica.

［3］祁述裕：《中国文化产业竞争力国际报告》，北京：社会科学文献出版社，2004年。

［4］［美］保罗·萨缪尔森、威廉·诺德豪斯著，萧琛主译：《经济学》，北京：人民邮电出版社，2008年。

［5］苑新丽、任东梅：《现代服务业发展与财税政策选择》，《地方财政研究》，2008年第11期。

［6］王秀华：《创意产业的内涵与发展模式》，《沈阳航空工业学院学报》，2008年第12期。

［7］佟贺丰：《英国文化创意产业发展概况及其启示》，《科技与管理》，2005年第1期。

［8］郭庆旺：《税收与经济发展》，北京：中国财政经济出版社，1995年。

［9］贾康、马衍伟：《进一步促进文化产业发展的税收政策选择》，《中国税务报》，2008年

第 12 期。

[10]王永庆:《发展文化产业:提升深圳城市竞争力的战略和策略》,《开放导报》,2004 年第 2 期。

[11]冯子标、焦斌龙:《分工、比较优势与文化产业发展》,北京:商务印书馆,2005 年。

[12]杨小凯、张永生:《新兴古典经济学与超边际分析》,北京:社会科学文献出版社,2003 年。

[13]张胜冰、徐向里、马树华:《世界文化产业概要》,昆明:云南大学出版社,2006 年。

[14]臧志彭:《韩国文化产业的跨越式发展之路》,长沙:湖南文艺出版社,2006 年。

[15]王江、刘莹:《北京创意产业集群化发展探讨》,《北京工商大学学报(社会科学版)》,2008 年第 4 期。

[16]张晓明:《文化蓝皮书 2005 年:中国文化产业发展报告》,北京:社会科学文献出版社,2005 年。

[17]徐彤:《英国对文化艺术的拨款和资助》,北京:商务印书馆,2005 年。

[18]李琨:《促进文化产业发展的财税政策研究》,北京:中国税务出版社,2013 年。

[19]李本贵:《促进文化产业发展的税收政策研究》,《税务研究》,2010 年第 7 期。

[20]贾康、马衍伟:《促进文化产业发展的理论分析及政策建议》,《财政研究》,2012 年第 4 期。

(作者:丁　芸　首都经济贸易大学教授)

项目名称：北京市高新技术企业绿色创业导向与路径优化研究
项目编号：11JGC108
项目负责人：李华晶
项目信誉保证单位：北京林业大学

绿色创业导向与路径优化研究

——基于高新技术企业的分析

内容提要：环境约束条件下契合可持续发展诉求的绿色创业实践正广受关注，绿色创业导向是研究这一新兴主题的核心线索。本研究立足高新技术企业的独特情境，提出绿色创业核心内涵在于绿色创业导向，运用深度访谈和动态跟踪等研究方法，提炼绿色创业导向的概念维度，挖掘绿色创业导向的关键驱动因素，廓清绿色创业导向的绩效转化路径，据此提出系统的优化对策。本研究的价值在于回答如何催生和优化高新技术企业绿色创业，归纳和提炼绿色创业演化规律，将创业研究从经济诉求拓展到可持续发展诉求，将绿色目标的实现从结果修正导向延伸到机会开发导向，将绿色创业从经验假说层面推进到科学研究层面，对于丰富创业理论并提升高新技术企业对可持续发展的贡献度具有重要意义。

一、研究目的

本研究的总体目的在于，瞄准绿色创业研究前沿，以中国可持续发展情境下的高新技术企业作为研究对象，将创业导向作为研究线索，从绿色创业导向与高新技术的融合出发，按照跟踪式案例研究与问卷调查相结合的研究设计，运用案例研究、文献分析、比较研究、扎根理论和统计分析等方法，考察高新技术企业绿色创业导向影响因素和价值实现过程的本质联系，揭示基于社会创业导向和生态创业导向的高新技术企业绿色创业导向对可持续发展的作用机理，据此提炼绿色创业环境优化对策，挖掘出提升高新技术企业对可持续价值创造贡献水平的解决方案，解答高新技术企业绿色创业发生和作用机制的本源和方向问题，以紧扣中国创业情境的基础研究来丰富绿色创业研究、指导绿色创业实践。

围绕总体研究目的并基于各部分研究内容，本研究的具体研究目的包括：第一，剖析高新技术企业绿色创业的独特属性和内部结构，揭示高新技术企业绿色创业导向的动态环节和演化机制，为从创业导向视角深化绿色创业研究提供理论依据。第二，探查高新技术与绿色创业的联系，基于绿色技术转移和创新理论，搭建绿色高新技术与企业绿色创业导向实施的关系模型，为企业绿色创业过程中更新技术的能动性来源提供理论支撑。第三，廓清高新技术企业绿色创业路径的影响因素，探讨基于绿色技术转移和创新的企业绿色创业路径选择机制，构建绿色创业的价值创造模型并进行检验，为发挥中国可持续发展背景下高新技术对企业绿色创业的驱动作用提供分析框架。第四，提炼可持续发展导向下绿色创业路径的优化方案，探寻中国高新技术企业情境嵌入下绿色创业、技术转移和可持续价值实现之间传导机制和优化方案，为提升高新技术企业绿色创业绩效和环境贡献水平提供决策参考和指导。

二、研究思路

本研究的基本思路是：立足中国创业情境，基于绿色创业等理论，聚焦高新技术企业绿色创业过程，借鉴建构主义研究范式，关注绿色创业导向这一核心链条，遵循可持续发展三重底线原则，分别探讨企业绿色创业导向概念体系和绿色创业价值实现路径，据此挖掘高新技术企业绿色创业过程的内在规律，探寻其对企业可持续价值创造和区域可持续发展的影响，由此开发出优化制度环境的解决方案，提炼企业绿色创业的科学规律。本研究的基本假定是：高新技术企业绿色创业是组织创业的一种重要类型，需要面对高度不确定性情境。而绿色高新技术为企业绿色创业兼顾生态、社会和经济三重底线提供了行动方向，有助于企业提升绿色创业开发水平和质量，从而更好地服务于区域可持续发展。

在充分考虑中国创业情境独特性的前提下，本研究重点回答以下几个问题：(1)高新技术企业绿色创业如何兼顾商业、生态和社会多重目标的实现？(2)绿色创业导向为何、如何有助于企业可持续价值创造活动？(3)在上述过程中，基于绿色技术转移和创新的企业绿色创业路径的影响因素有哪些，发挥着何种作用？其作用机理又是什么？如何有效优化绿色创业路径从而更好地提升绿色创业对可持续发展的贡献度？

三、研究方法

本研究以高新技术企业绿色创业为研究主线，强调管理学与社会学、心理学、经济学等多学科理论的交叉研究，本着动态、整体、连续的研究思路，注重发挥量化研究与质性研究的长处，运用跟踪式案例调查与问卷调查相结合的研究设计，运用案例研究、文献分析、比较研究、扎根理论和统计分析等方法，考察企业绿色创业、高新技术转移和创新，以及与可持续发展之间的作用链条，借助深度访谈和现场观察等手段，着力探索一套解决"绿色"属性研究数据难以全面衡量和规范获取的方法。各部分研究内容侧重使用的研究方法主要有：

关于高新技术企业绿色创业内涵体系研究，主要采取文献分析、案例研究和扎根理论等方法。通过对绿色创业和绿色高新技术主题的国内外前沿成果进行内容分析，提炼高新技术企业绿色创业导向的理论架构；同时，结合现场观察和深度访谈以及专家咨询，建立高新技术企业绿色创业过程分析框架。

关于高新技术企业绿色创业实践过程研究，主要采取案例研究、问卷调查、多元统计分析等方法，从创业理论、知识溢出理论和技术转移等理论的融合和推演出发，借鉴相关量表，在北京市等地区开展回顾式调查，开展因子分析和相关分析等统计检验，揭示绿色创业的动态发展机理，提炼主要影响因素。

关于高新技术企业绿色创业导向价值实现路径研究，主要采取扎根理论、问卷调查和统计分析方法，辅以文献分析和深度访谈，检验不同属性绿色创业与可持续价值创造之间的联系，通过坐标轴方法测度绿色创业导向和创新价值的水平，结合调查问卷和二手统计资料开展聚类分析、因子分析、回归分析和结构方程模型，验证此部分内容的理论假设与模型；同时，结合代表省区的个案访谈研究，为企业绿色创业的技术驱动和环境引导的动态机理提供理论解释。

关于高新技术企业绿色创业路径优化研究，主要运用统计分析、内容分析、案例研究等方法，通过组织和地区等宏微观层面的数据构建模型并进行因果联系的检验。针对可持续发展导向下绿色创业环境优化研究，运用专家咨询、理论推演、文本分析和案例比较等方法，结合不同行业、不同成长阶段的企业特点，总结绿色创业和可持续价值实现之间的传导机制，从多个层面为提升企业绿色创业贡献水平提供优化方案和决策参考。

四、主要内容

根据总体研究思路，本研究主要内容具体包括以下四个部分：

（一）高新技术企业绿色创业内涵体系研究

本部分研究内容的理论出发点在于，企业绿色创业在创业管理领域中具有重要地位。这是因为，绿色创业并不局限于非营利组织或环保组织的创生，而企业作为重要经济主体可以有效地参与绿色创业活动。尤其是在效果逻辑理论看来，高不确定性情境下，绿色创业者能够充分发挥主观能动性甚至创造新手段来形成动态的"手段—目的"链条，这也为企业绿色创业导向提供了理论依据。为此，本部分研究内容包括以下两个要点：

1. 绿色创业导向基础理论

介绍绿色创业研究的源起和发展脉络,廓清绿色创业、社会创业、生态创业、商业创业等基本概念,通过对"第一桶金"颜色的辨析,构建系统的绿色创业导向研究架构,并指出企业绿色创业对经济社会可持续发展的意义。

2. 绿色高新技术与创新和创业关系研究

揭示绿色高新技术与创新、企业成长的关系,基于技术转移阶段探索学术型创业方式,并与绿色创业进行融合,据此分析绿色高新技术企业的创业模式,以及企业内部管理团队的影响作用,总结经验和规律,为高新技术企业绿色创业研究提供理论支撑。

(二)高新技术企业绿色创业实践过程研究

本部分研究内容关注绿色高新技术与绿色创业在企业层面的理论融合及其实践方式。创业者在可持续发展的背景下进行创业活动,常会面临决策困境,尤其对于绿色创业者而言,当价值诉求呈现多重性,如何在经济收益与可持续发展甚至如何在善恶之间进行取舍或平衡,就成为创业者绕不开的冲突和挑战。为此,有必要对绿色创业内部过程和影响因素进行深入考察。因此,本部分研究内容围绕两个基本问题展开:

1. 绿色高新技术企业的创业过程研究

围绕双螺旋模型和研发体系两个视角,探查绿色高新技术企业的创业过程,尤其是将企业作为分析情境,有助于提高围绕知识技术开展的企业绿色创业活动对可持续价值的贡献水平。

2. 企业绿色创业的影响因素研究

从知识溢出、商业模式和创业环境三个视角,分析影响企业绿色创业的关键要素,并结合企业转型的需要,揭示绿色技术创业价值最大化的行动方向。以上两点研究内容,将绿色创业实施聚焦在绿色高新技术领域,并结合中国企业和产业发展实际,开展组织和区域层面的统计分析和案例比较,提炼基于高新技术的企业绿色创业行动框架。

(三)高新技术企业绿色创业导向价值实现路径研究

本部分作为研究成果的重点内容之一,聚焦高新技术企业绿色创业导向的实施过程及价值创造机理,依据知识溢出和学术创业的观点,结合团队和环境等关键管理要素,对高新技术企业绿色创业导向开展了实证分析,以期提炼中国高新技术企业情境下绿色创业的动态过程和贡献水平,进一步明确绿色创业导向各环节和企业可持续价值创造之间的内在联系。鉴于此,本部分在理论演绎工作基础上,以高新技术企业作为研究对象,开展了以下两项具体的研究工作:

1. 高新技术企业绿色创业导向实施过程研究

在管理团队、成长阶段、组织行为和研发过程四个管理要素或活动的嵌入下，分析高新技术企业绿色创业导向的具体环节和发展过程，同时开展绿色创业与团队管理、成长管理、行为科学和研发设计之间的整合研究，对相关前沿问题展开探索，提出基于情境实践来建构和实现绿色创业导向的现实作用。

2. 绿色创业导向的价值实现路径研究

围绕社会创业和生态创业两类重要绿色创业活动，依据创业导向的研究范式，运用问卷调查、深度访谈、扎根理论和统计建模等多种手段，分析北京等地区的高新技术企业绿色创业导向的关键维度以及对绩效和创新价值的影响；同时，考察内外部组织要素的调节效应，从而揭示绿色创业实现价值创造的整个过程，总结高新技术企业绿色创业导向的作用规律。

（四）高新技术企业绿色创业路径优化研究

本部分研究内容立足可持续发展的现实需求，着眼于绿色创业路径的优化方向，在组织和区域多个层面，开展提升绿色创业水平和贡献度的对策方案研究，围绕组织管理的关键要素和政策环境的建设重点；同时，结合创业研究领域的前沿问题，揭示经济转型背景下高新技术企业，如何更好地实现绿色创业对企业可持续成长和区域绿色增长的贡献水平。据此，本部分研究内容在从组织管理和环境建设两个角度，分析了有助于实现绿色创业路径优化的对策方案。研究要点包括：

1. 绿色创业路径优化的管理对策研究

首先，从创业的核心要素出发，围绕机会开发与资源整合探寻提高绿色创业管理效率的途径，其次，结合社会责任和利益相关者理论，探讨绿色创业与志愿服务结合的方式，最后，从绿色管理体系建设的角度，总结有利于企业绿色创业的组织管理保障条件。同时，选取不同属性的代表性案例开展探索性分析和比较，从中提炼有针对性的应用对策，为企业绿色创业提供有效的管理支撑。

2. 绿色创业路径优化的环境建设研究

首先，从企业成长和知识溢出两个基本理论出发，分析绿色创业与区域发展之间的联系，构建二者之间的联动机制和演进模型，从而提炼有助于绿色创业价值实现的外部环境特点。在此基础上，从完善宏观政策体系和规范微观治理结构两个角度，提出针对性优化对策。最后，着眼于绿色创业者培养和塑造问题，提出了开展可持续创业教育的建设思路。

五、主要观点

（一）绿色创业是具有动态性和多维度的重要管理过程和理论体系

企业绿色创业是在可持续发展诉求下，对传统公司创业导向理论的批判和继承，并且基于"三重底线"原则和经典创业导向研究成果，目前正在发展成为多维度的概念体系;同时,由于生态友好和社会福祉的多重诉求,绿色创业导向可以划分为社会创业和生态创业等多种形式,并且在现实中体现为在创业者领导下的动态管理过程。具体而言,绿色创业导向并不等同于创业导向与绿色导向的简单组合,也不是将传统创业导向维度简单绿色化的结果,而是具有自身属性并相对独立的内涵体系。可以说,绿色创业导向是一个独特的组织运作过程和战略决策模式,以可持续性和发展性作为绿色创业导向的两个基础维度。可持续性是指绿色创业要保证自然、生命保障系统、公众团体的持续性;发展性是指绿色创业要让个体、经济和社会得到发展。关于两个维度之间的关系,本研究遵循创业导向对不同维度之间关系的研究范式,认为可持续性与发展性是共变关系,即绿色创业导向是这两个维度的整合。兼具可持续性和发展性的二元结构绿色创业导向,为本研究开展实证检验提供了理论基础。

(二)绿色创业导向是高新技术企业实现健康成长的必然选择

基于绿色高新技术的企业创业活动,有助于发挥创业过程的能力性资源价值,从而为组织的可持续发展带来积极的外部效应。相比较而言,生产性资源主导的创业活动容易借助复制途径产生,也容易因此而失败,这类创业活动容易给外部环境带来较大的压力甚至损失。而能力性资源是一种包括团队工作、组织文化、员工之间的信任等在内的看不见的资产,具有复杂性和专有性,不容易被竞争对手复制,被视为可持续竞争优势的来源。更为重要的是,这类资源重视企业资源之间的相互作用,关注创业者对资源的管理配置,是企业异质性的根源。因此,能力性资源主导的高新技术企业绿色创业活动,有助于创业者从组织内部挖掘创业机会、突破成长障碍,从而更具绿色属性。当今社会迫切需要企业通过绿色创业以更为积极主动的"超前行动"方式来服务于可持续发展,可以说,涵盖环境和社会等非经济性要素的绿色创业成为企业在可持续发展方面承担相应的责任并做出力所能及贡献的必然选择。

(三)高新技术企业绿色创业导向有助于提升组织绩效和价值创造水平

在全球可持续发展的背景下,创业应该符合三重底线"经济发展、社会繁荣和环境友好"的基本要求,创业者和企业可以从绿色创业中获取积极回报。可以说,绿色创业是组织价值创新的有效途径,会对组织长期发展和利润乃至区域发展发挥明显推动作用。究其原因,创业者是一个重要力量,会对企业内部过程和管理决策产生较大影响,从而对绿色创业导向与绩效关系产生调节作用。绿色创业往往瞄准了国家没有或无法满足的社会需求,因此,创业者通过发扬创业精神、运用社会网络和管理手段,可以将绿色创业的社会使命感和价值发扬光大。同时,绿色创业导向能够整合机会、团队和资源的作用,通过识别机会、创立创业团队、动员创业所需的资源来实现绿色新事业的创建和发展。最终，高新技术企业绿色创业的内核和发展结果并不囿于三重底线范围内，而是通过突破性创新等推动超越企业边界的可持续价值创造。换言之，绿色创业并不仅仅是一个"问题解决方案"，而是包括经济价值和非经济价值在内的"新价值创造路径"。

（四）完善组织治理结构和健全创业环境体系，有助于优化高新技术企业绿色创业对经济社会可持续发展的贡献度

本研究成果认为，绿色创业并不是一个单纯利润最大化的商业活动，需要兼顾社会和商业多重目标，因此，仅仅依靠个体的社会创业热情，很难形成大范围和高水平的社会创业活动，对此，需要重视创业环境与绿色创业和可持续发展的紧密联系，发挥环境的引导作用。具体而言，可以通过优惠的鼓励政策激发绿色技术领域新企业的创生和传统企业的转型或升级，发挥认知在规制激发社会创业过程中的护航作用，聚焦规范对社会创业从可持续性向发展性转化的推进作用，发挥规范在环境要素中的续航效应。总体上，为了提升企业绿色创业水平，制度环境优化不能将各种环境要素"眉毛胡子一把抓"，需要发挥规制、认知和规范的不同驱动作用，形成相互配合的制度驱动体系，提升高新技术企业绿色创业在环境、经济、社会"三重底线"基础上创造更多可持续价值。

六、对策建议

经济发展新常态下的经济增速变化、结构调整优化、发展动力转换，将使企业经营的生态环境约束更加趋紧，追求经济效益与保护生态环境的"两难"问题将会更多显现。本研究成果立足北京市社科基金项目"北京市高新技术企业绿色创业导向与路径优化研究"，通过对部分高新技术企业调查研究和理论探析，认为解决这种"两难"局面，应该激发企业内部绿色创业潜能，通过绿色创业活动将生态导向内化为企业核心价值，最终实现企业经济效益与生态环境的和谐统一。对此，提出以下五点对策建议：

（一）突出绿色价值创造，引导企业树立绿色创业理念

绿色创业不同于企业履行社会责任，也非一种公益事业，而是企业为开拓新事业、创造新价值而对绿色机会进行识别和开发的过程。要突出企业的绿色价值创造导向，引导企业树立绿色创业理念，自觉引入、识别和开发绿色技术，寻找到经济效益与生态环境保护"激励兼容"的契合点，不断创设新的绿色产品和服务，使企业对保护生态环境从"不得不为"转化为"主动而为"，成为良好生态环境的创造者。

（二）坚持问题导向，以高新技术引领企业绿色创业

具有绿色特征的高新技术，是新兴科技知识与企业生产运营活动紧密结合的产物。要根据不同区域经济社会的不同发展阶段的外部约束条件，紧紧围绕企业所处的行业、成长时期、发展规模,坚持以解决问题为导向,寻找企业生产经营与绿色高新技术的契合点,充分把握高新技术转移的动态特征和关键环节,通过企业内部研发、技术市场转移、产学研联盟、中介组织联络等多种途径,使高新技术引领企业高效实现绿色价值创造。

(三)强化信息平台建设,畅通企业与社会组织的绿色创业多领域合作

随着全社会生态文明理念的逐步深入,一些以生态环境保护理念宣传和技术推广为主业的社会非营利组织正在蓬勃发展,为企业绿色创业活动提供了良好的外部环境和助力。要进一步强化企业与社会非营利组织之间的信息沟通平台建设,通过政府和市场多种有效耦合手段,一方面,使企业能够充分借助社会组织的绿色技术和成熟产品,借鉴社会组织的相关组织范式和重点开发方向,借力社会组织的人员、信息、服务和运营流程;另一方面,也使社会非营利组织能够借道企业的市场网络,加快自身公益目标的实现,形成双赢格局。

(四)优化资源配置,为企业绿色创业提供坚实保障

绿色创业投入回报期长,一些投资可能会形成外部正的溢出效应,却并不能转化为当期收益。除了需要企业经营者保持很强的战略定力之外,需要从绿色创业的回报周期和效应特征入手,通过完善绿色投融资服务平台、建立绿色创业引导基金等多种方式,整合企业内部和外部的绿色创业资源,优化政府与市场的相关要素配置,降低企业绿色创业活动成本,提高企业绿色创业活动稳定性。

(五)加强绿色创业教育,提供知识保障和智力支持

企业绿色创业成功与否,不仅取决于企业经营者的生态环境意识和价值认知水平,而且受制于各方面的相关知识和专业能力。要积极引入绿色创业教育的理念、体系和方法,加强北京市的绿色创业教育,把首善之区打造成为绿色创业之都:一是强化企业经营者知识培训,学习绿色创业的体系架构,通过典型案例剖析、现场操作和情境实验等方法,掌握并不断提升绿色创业能力;二是加强对绿色创业管理教学科研的支持引导,加大对教学科研成果的转化力度,普及全社会的绿色创业理念;三是将绿色创业知识培训引入政府管理人员知识培训体系,提升相关管理的自觉性、前瞻性。

参考文献

[1]Dean T., McMullen J., Toward a theory of sustainable entrepreneurship: reducing environmental degradation through entrepreneurial action, *Journal of Business Venturing*, 2007, 1.

[2]Garud, R., Giuliani, A. P.. A narrative perspective on entrepreneurial opportunities, *Academy of Management Review*, 2013, 1.

[3]Hockerts, K., Wüstenhagen, R.. Greening Goliaths Versus Emerging Davids-Theori-zing About the Role of Incumbents and New Entrants in Sustainable Entrepreneurship, *Journal of Business Venturing*, 2010, 5.

[4]Hall, J. K., Daneke, G. A., Lenox, M. J.. Sustainable development and entrepre-neurship: past contributions and future directions, *Journal of Business Venturing*, 2010, 5.

[5]Schaltegger, S., Wagner, M.. Sustainable entrepreneurship and sustainability innova-tion: categories and interactions, *Business Strategy and the Environment*, 2011, 4.

[6]Shepherd, D. A., Patzelt, H., Baron, R. A.. "I care about nature, but…": disenga-ging values in assessing opportunities that cause harm, *Academy of Management Jour-nal*, 2013, 5.

[7]陈劲、刘景江、杨发明:《绿色技术创新审计实证研究》,《科学学研究》,2002 年第 2 期。

[8]李华晶、张玉利:《创业研究绿色化与可持续创业体系构建》,《外国经济与管理》,2012 年第 9 期。

（作者：李华晶　北京林业大学副教授）

项目名称：北京提升软件与信息服务业国际化水平研究

项目编号：11JGC121

项目负责人：王　琦

项目信誉保证单位：北京邮电大学

北京提升软件与信息服务业
国际化水平研究

内容提要： 近年来北京软件和信息服务业发展迅速，成为推动北京经济发展的重要力量，但与印度、日本等国家软件与信息服务业发展相比仍存在一定差距。本文首先以人均国内生产总值和信息化发展指数二维量化指标，选取国际化水平领先的国家；进而通过构建软件和信息服务业国际化水平评价指标体系，找到北京进行学习的标杆国家日本和印度，详细分析北京产业规模、人才科技、政策支持、环境支撑各方面与它们的差距，进而探索出切实有效提高北京相关产业国际化水平与综合竞争力的政策建议，从而指导产业快速发展、获得相对竞争优势。

一、北京市软件与信息服务业概况

(一)软件与信息服务业概念界定

软件与信息服务业作为现代服务业的重要部分，是基于信息产业和信息技术的信息革命而发展起来的新兴产业，它具有高智力、高附加值、低能耗、低污染、人力资源充分利用、产业融合带动力强等特点。发展软件与信息服务产业已经关系到一个国家和地区产业结构的优化升级，乃至从工业社会向信息社会转变的进程，成为 21 世纪最重要的战略性产业之一。世界上知识经济发达的国家和地区，为了占领全球化发展的新高点，都将软件与信息服务业置于战略优先发展地位。

信息产业部门以其管辖范围为基础，将软件业与信息服务业分开，软件业中包括软件产品制造业和软件服务业两部分，其中软件业中的外包部分称为软件外包。信息服务业分类包括七部分：(1)系统集成服务；(2)外包服务；(3)教育与培训服务；(4)计算机软硬件维护支持服务；(5)网络服务；(6)IT咨询服务；(7)数据处理服务。软件业与信息服务业合称为软件与信息服务业，其中的外包部分称为软件和服务外包。

(二)北京市软件与信息服务业发展现状

回顾北京市电子信息产业的发展，可谓是成绩辉煌。与软件和信息服务业相关的资源禀赋主要应包括人才、市场、政策等方面。以下对北京市在软件和信息服务业方面的资源禀赋情况和行业发展现状展开分析：

北京作为首都，在资源禀赋方面具有先天优势。首先，北京是软件与信息服务业的人才中心，北京的高校数量、学生总数和软件从业人员数量等指标均居全国首位。其次，北京是软件与信息服务业的市场中心，中国的各大部委、众多大型央企、国家科研机构、覆盖全国的新闻媒体以及首都机场等联系海内外、四通八达的交通枢纽都集中在北京。最后，北京的软件与信息服务业得到政策支持，工业和信息化部制定了《软件和信息技术服务业"十二五"发展规划》，"十二五"期间北京市将继续扩大北京软件和信息服务业在全国的领先优势，进一步增强首都支柱产业地位，培育一批具有全球竞争力的大型企业。

截至2015年最新数据显示，2014年1—12月北京市软件和信息服务业呈现稳健运行、稳中向好的发展态势，产业各月营业收入总量规模增速平稳，增速在10%左右。预计全年全行业实现营业收入5400亿元，同比增长约11%，其中软件产业实现营业收入4720亿元，同比增长约12%；信息传输业实现营业收入680亿元，同比增长约5%，呈现出互联网企业布局互联网市场，互联网企业智能家居领域布局初现规模，行业上市、并购、融资、战略投资等各类投融资活跃，以及新一代互联网应用、电子商务为全年投资热点领域等产业动态特点。

根据百度发布数据显示：

(1)从地区看，2014年11月上海、广东地区全行业中小企业景气指数较上月均略有回升，北京地区全行业中小企业景气指数仍处于持续下降过程。其中，上海100.45，环比上升1.13%；广东96.5，环比上升0.71%；北京94.02，环比下降1.86%(见图1)。总体来看，全国98.5，环比上升1.6%。

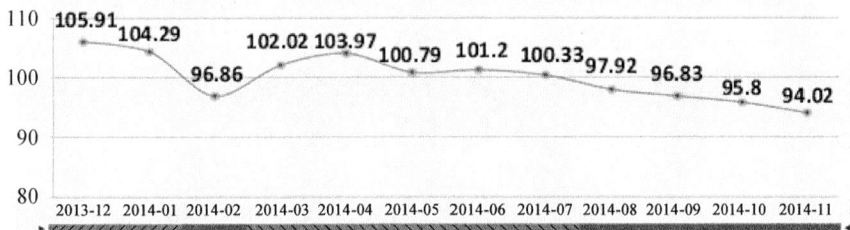

图1 北京全行业中小企业景气指数图

(2)从软件领域看，北京、上海、江苏、广东景气指数变化趋势有所不同，北京环比上涨 0.47%,江苏环比上涨 3%,上海环比保持 97.52 的景气指数,广东环比下降 0.1%,总体来看,全国 11 月份软件指数环比上涨 2.02%。

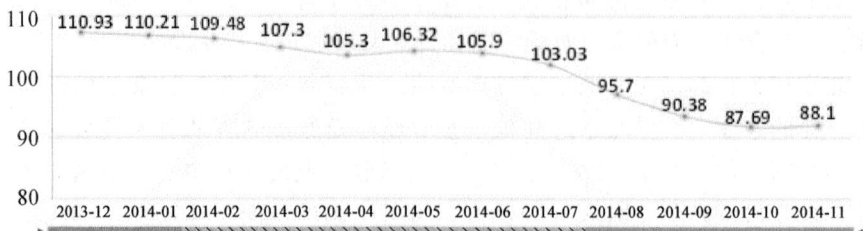

图 2   北京软件领域中小企业景气数

注:指数 120 以上为"非常景气";110—120 为"景气";100—110 为"微景气";90—100 为"微不景气";80—90 为"不景气";80 以下为"很不景气")

随着产业发展进入新的阶段,北京市软件与信息服务业暴露出新的矛盾和问题。如政策环境还有很大提高改善的空间,许多企业面临着加快转型、加强创新的紧迫任务;企业国际影响力和海外布局不够,关键的产品和服务没有占据国际主流市场。当前北京软件和信息服务业的发展方向和主要任务应当是立足全国、面向世界,积极把北京打造成世界级的软件和信息服务业城市。因此,在新一轮的激烈竞争中,需要深入开展北京软件和信息服务业国际化水平提升研究。

二、北京与国际化水平领先国家(地区)的比较

(一)国际化水平领先国家(地区)的选取

软件信息服务业的规模与水平体现了一个国家或地区的经济发展、社会进步及信息化建设的水平和程度,也成为影响其核心竞争力的重要因素。反之亦然,一个国家或地区的经济发展水平及信息化建设的水平和程度也是衡量其软件与信息服务业发展水平的主要因素。

为了选取二维坐标系,以筛选与北京经济和信息基础禀赋类似的软件信息服务业国际化水平先进国家(地区),要从国家(地区)实力、综合国力方面考虑与北京的可比性,因此我们回顾了相关国家(地区)实力的研究。周志华(2002)认为构成综合国力的众多要素中最基本的是经济力、资源力、文教力、科技力、国防力、政治力、外交力七个方面。社会科学院世界经济与政治研究所对综合国力给出与此相似的定义,"综合国力是一个主权国家在一定时期内所拥有的各种力量的有机总和,是所有国家赖以生存和发展的基础,又是世界强国据以确立其国际地位、发挥其国际影响和作用的基础。"

如今,信息化水平成为一个国家综合实力的重要因素。美国学者约瑟夫·奈讲到"信息正在变成实力,对新的信息及时做出反应的能力是一种极其

重要的实力手段。"日本学者也提到"日本将不靠商品连接世界，而要靠信息连接世界。"刘昆雄、李慧玲（2004）的观点是将信息实力作为综合国力的信息要素，定义为一个国家拥有的信息资源数量及其机构和国民收集、传递、利用、控制信息的能力之总和。

总而言之，经济发展不仅意味着国民经济规模的扩大，更意味着经济和社会生活素质的提高。所以经济发展涉及的内容超过了单纯的经济增长，象征了一个国家或地区综合实力；而信息化的发展必然存在其独有的客观规律，信息化水平是对一个区域内信息化发展程度的定量描述，从数量上反映一个国家或地区的信息环境、信息化现有水平、信息化发展潜力和揭示信息化发展的一些基本规律，与软件与信息服务业的生存发展息息相关。经济发展和信息化发展水平这两个维度是软件与信息服务业发展的基础条件，我们以这两个维度为标尺选取与北京市资源禀赋类似，但总体水平高于北京的国家（地区）作为标杆。

人均国内生产总值即"人均 GDP"，可以反映市场经济发展水平、社会产品和服务产出水平、社会发展总体水平，所以选择人均 GDP 作为国家经济发展水平的测量标准。信息化发展指数 IDI（ICT Development Index）是由国际电信联盟发布的信息与通信技术发展指数的缩写，是由全面反映信息化发展水平的 11 个要素合成的复合指标，可全面反映信息化因素发展总体水平，是权威机构发布的综合性指标，是国际通用的衡量比较信息化水平的指标，所以本研究选择 IDI 指数作为国家信息化水平的测量标准。

我们对日本、韩国、美国硅谷、印度班加罗尔、以色列、爱尔兰等 11 个国家和地区的软件与信息服务业从发展现状、发展经验与特点、政策支持三方面分别进行了分析。

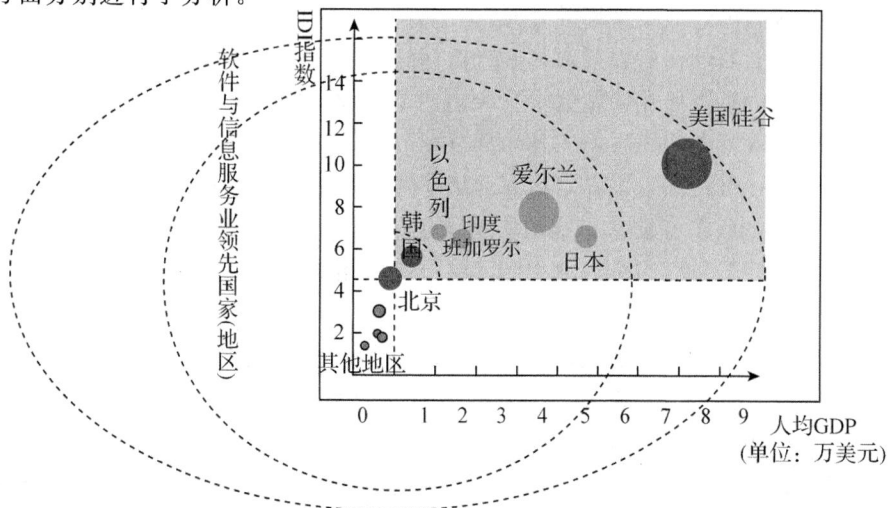

图 3　北京市提升软件与信息服务业国际化水平的领先标杆国家（地区）

如图 3 所示,我们以北京为中心做四分之一圆,就可以得到在人均 GDP 水平和 IDI 指数都接近且高于北京的城市和地区,也即我们要找的标杆国家,班加罗尔被包含在圆内。从二维指标来看,与美国硅谷、日本以及印度班加罗尔比较后可知,北京软件和信息服务企业在全球的竞争能力不强,产业在全球产业链中主要集中在中下游环节,缺乏核心技术,特别是系统、平台等基础软件的开发缺乏技术积累。从全球软件和信息服务发展水平来看,北京和印度班加罗尔都处于软件和信息服务产业链的中下游,欧洲地区、日本处于中游,而美国一直牢牢占据整个软件和信息服务产业链的上游领域,所以选取班加罗尔作为标杆国家更为贴切。因为印度班加罗尔的信息发展水平和经济发展水平指标均与北京相近,且在地理环境、资源禀赋方面均与北京具有较高的可比性,而其软件和信息服务业水平都较高,因此作为近期目标可以选择班加罗尔作为北京市软件与信息服务业国际化水平提升的标杆地区,而长期目标可以选择日本作为标杆。

(二)构建软件与信息服务业国际化水平指标体系

软件和信息服务产业国际化水平的评价是一项复杂的系统工程,评价可依据区域经济理论、新经济增长理论、技术创新理论和国际竞争力理论去测度与评价。通过构架一套科学合理、具有较高效度和信度的软件和信息服务业国际化水平评价指标体系,对比较各国或各地区的软件和信息服务业国际化水平的优势和劣势具有非常重要的现实意义。

结合有关国际竞争力的定义,我们认为软件与信息服务业国际化水平是城市软件和信息服务业所涉及的各经济主体在市场竞争过程中形成并表现出来的争夺资源和市场的综合能力水平。这种综合能力水平是在与其他城市软件和信息服务业的相互竞争过程中表现出来的,主要表现在产业规模、人才资源、政府政策、环境支撑等方面。

首先我们通过初步收集资料进行指标体系研究,然后通过征求专家意见,认为软件和信息服务业国际化水平应由四个方面因素构成,提出了产业规模、人才科研、政策支持、环境支撑四个主要方面作为软件和信息服务业国际化水平评价的一级指标,并界定指标内涵,通过小组讨论的方法精选出 12 个二级指标,最终形成了北京市提升软件与信息服务业国际化水平的指标体系。每个一级指标下包含多个二级指标,各个二级指标反映一级指标的一个方面,具体指标如图 4 所示。

其中产业规模指标反映的是软件和信息服务业现有的产业规模和达产能力以及反映软件和信息服务业的软件出口能力及技术国际竞争力;人才科研指标是决定各国(地区)软件和信息服务企业运营的重要因素,能够反映其研发创新能力和其从业人员的结构,从而决定企业的发展方向;政策支持指标反映的是当地政府针对软件和信息服务业提供的政策,其对企业的发展有着

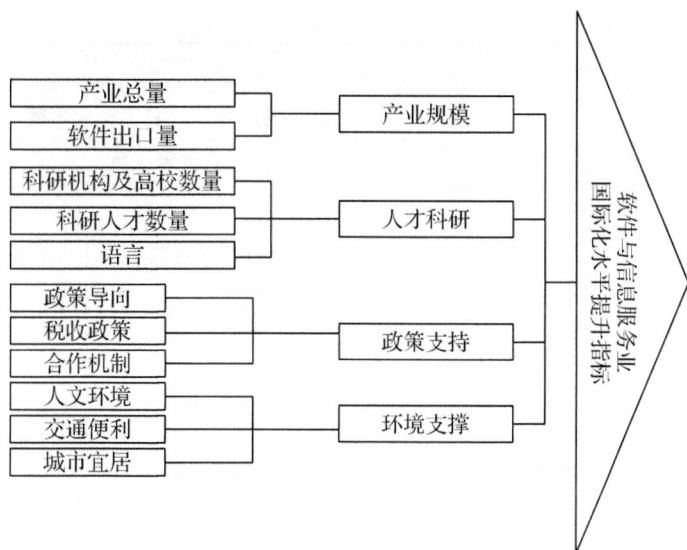

图4 北京市提升软件与信息服务业国际化水平指标体系

不可代替的意义；环境支撑指标是基础，反映各国（地区）软件和信息服务业相关的基础设施情况，是软件和信息服务企业运营的基本保障。

（三）北京与班加罗尔、日本的软件和信息服务业国际化水平比较

通过对美国硅谷、印度班加罗尔、日本、爱尔兰、韩国和以色列等国家（地区）的软件与信息服务业的发展优势、劣势的系统分析，筛选出班加罗尔和日本作为与北京具有可比性、适于作为标杆的国家（地区）。

通过对比分析，我们可以得出所选取标杆国家（地区）班加罗尔、日本分别与北京软件和信息服务业国际化水平的比较结果如表1所示，以及班加罗尔、日本、北京软件和信息服务业客观条件对比如表2所示。

表1 班加罗尔、日本和北京软件和信息服务业国际化水平比较

一级指标	二级指标	北京	班加罗尔	日本
产业规模	产业总量	488亿美元	约300亿美元	2700亿美元
	软件出口量	10.09亿美元	约200亿美元	—
人才科研	科研机构及高校数量	456个	302个	709个
	科研人才数量	37.8万	42万	57万
	人才成本	—	低于北京	高于北京
	语言（英语普及度）	—	强于北京	低于北京

续表

一级指标	二级指标	北京	班加罗尔	日本
政策支持	政策导向	都重视产业,并制定相关政策		
	税收政策	都有税收优惠		
	合作机制	各有千秋		
环境支撑	人文环境	文化底蕴深厚	计算机科技氛围浓厚	综合国力强,属发达国家
	交通便利	正在优化	已经优化	已经优化
	城市宜居	世界排名第99	世界排名第156	世界排名第12

表2 班加罗尔、日本、北京软件和信息服务业客观条件对比

国家(地区)	北京	班加罗尔	日本
区位条件	首都	首府(省会)	岛国
地区特色	政治、文化中心,历史文化古城	以软件开发、计算机技术为特色的新兴城市	发达国家,经济发展水平、自然环境优于北京和班加罗尔
产业链	产业链中下游,产业总量大,出口量小	产业链中下游,以接包为主,出口量大	产业链上游,以品牌取胜
人才	各类人才密集	电子信息类高技术人才多,劳动力成本低	缺乏软件人才,占据产业链上游,进行软件外包
价值观	社会风气浮躁,技术人才社会地位不高,不受重视	工程师、技术人才的社会地位高,大学生以成为电子工程师为荣	新生代职业选择具有"实用主义"的色彩,偏向稳定的工作,如公务员职业
软件园区	中关村软件园、中科院软件园区、丰台科技园、863软件园	整体是科技园区,班加罗尔位于印度南部的卡纳塔克邦,是印度最大、世界著名的国际软件科技园	京滨工业区、阪神工业区、中京工业区、北九州工业区、濑户内海工业区、筑波科学城、关西多核心科学城

综上所述,通过标杆国家间的对比分析,结合迈克尔·波特国家竞争优势的"钻石"模型总结出未来北京软件与信息服务业重点发展方向和所需支撑,如表3所示。从生产要素,需求条件,相关与辅助产业的状况,企业战略、结构与竞争对手,政府行为,机遇六个方面逐步提高北京软件和信息服务业国际竞争力。

表3 北京软件与信息服务业重点发展方向和所需支撑

北京软件与信息服务业重点发展方向	所需支撑
生产要素：在人才培养方面积极探索，引导主流社会价值观形成，创造适合软件与信息服务业人才培养的专门渠道，吸引海外留学人才回国。特别要重视该领域独特的技术人才和研究者。	建设人才特区，引进高层次人才与高端智力人才。深入实施"千人计划""北京海外人才聚集工程"和"中关村高端领军人才聚集工程"，加快引进站在国际科技与产业发展前沿的"海归"人才，促进各类高层次人才的高密度聚集。
需求条件：软件和信息服务产业的崛起固然离不开庞大的国际市场，但是印度以往的经验告诉我们决不能过分的依赖于海外市场。由此可见，要想提高北京软件和信息服务业竞争优势，就要努力扩大内需。	国家加强关键基础设施和核心技术的前瞻性投入；鼓励和支持企业加大信息通信技术投资，推进信息化与工业化深度融合；大力发展智能终端，积极培育新兴应用等信息产品和服务，推动信息通信技术广泛应用。
相关与辅助产业的状况：加强北京地区相关和支持产业与主导产业在空间上的集聚，就可以由于地理位置上的相近节约资源运输费用、信息交流费用。	区域特色和集聚效应得到充分发挥，产业布局与城市功能定位相结合，形成全市共同发展软件和信息服务业的局面。建设世界一流园区，形成多基地产业发展布局。
企业战略、结构和竞争：鼓励有序健康的竞争性市场，这样才可以迫使企业不断地进行创新，提高生产效率，从而获得持续的竞争优势。	解决软件行业中小企业贷款融资问题，结合软件企业轻资产、重知识产权的特点，与金融机构合作，进一步优化完善产业发展资金支持体系。
政府行为：充分发挥政府在产业发展中的监督指导作用，健全完善市场政策体系。继续保持政府在集聚效应中所起的重要作用。	推出包括人才引进培养、知识产权保护、服务外包和企业"双软认定"等优惠政策，形成创建中国软件名城的政策体系。
机遇：把握软件和信息服务业重点传统领域，抓住机遇挑战云计算，移动互联网等战略性新兴领域，提高国际竞争力和影响力。	以基础软件和工业软件为核心，打造中国核心软件产品主要生产基地，紧紧抓住云计算和物联网等新技术带来的产业创新机会，引导和推动新一轮创业浪潮的兴起，通过产学研联盟等方式，培育新的产业增长点，积极打造世界级创新型软件和信息服务业企业。

三、北京软件与信息服务业国际化水平提升政策建议

(一)长远政策建议

为了提升软件与信息服务业国际化水平，北京应从印度班加罗尔的成功中借鉴的主要经验有：

1. 进行前瞻性、全球化决策，发挥竞争优势，实现跨越式发展

一方面，要从经济一体化的前瞻角度进行跨越式的产业链选择；另一方面，要以全球化视野识别机会，选择跨越式发展的需求拉动上升空间。

2. 积极发挥政府在形成竞争优势方面的积极作用

北京市政府应全链条支持信息服务业发展，包括实行有针对性的税收优惠，创建有利的融资机制，建立适用人才培养机制，合理规划集群布局，建立良好的企业、政府和社会组织的合作机制，把握现代服务业特殊规律，有针对性地改善环境，创造服务业发展的专门条件，等等。

3. 创建融资机制

北京市软件和信息服务业发展滞后的主因之一是软件产业与资本市场相脱节，二者没有有机结合起来，更谈不上金融创新。传统的金融工具对中小软件企业这样的"二高企业"从制度上来说就是抵触的，比如银行贷款需要抵押，而软件企业的主要投入是人力资本，所以难以获得资金支持。可以考虑借鉴班加罗尔经验，改为以研发税形式，通过积累风险投资基金，服务于高风险的软件和信息服务业。

4. 建立适用人才培养机制

北京当前软件和信息服务业固然缺乏人才，但主要问题是人才结构不合理。这种不合理表现在软件人才结构成"橄榄型"，即高端人才和低端软件蓝领较少。而班加罗尔形成"项目经理、系统分析员、程序员"这样合理的人才结构，不是自然演化的结果，而是印度政策选择的结果。

5. 建立企业、政府和社会组织合作机制

班加罗尔经验表明，企业、政府和社会组织之间良好的合作机制，可以形成互补的合力。印度软件与信息服务政策的决策机制，如取消全部软件进口税和软件科技园区注册为独立单位因有影响力的产业协会的大力游说而进入决策者的视野，并最终成为发展战略的一部分，整个行业为此受益。

相反，由政府包办代替，单方制定政策，不与企业沟通，这样的政策将缺乏实施基础并不具备可操作性，容易流于形式。因此，北京市应加强政企沟通合作，提高政策和发展战略的可行性。

6. 创造行业专门条件

班加罗尔经验表明，抓住服务平台建设，给予特殊政策支持，是发展现代信息服务业的重要抓手。班加罗尔通过建立软件园，为发展呼叫中心这一服务平台，创造了良好的发展环境，抓住了服务业的牛鼻子。

北京在这方面借鉴班加罗尔经验，关键是要转变以改善硬件条件代替改善无形条件发展服务业的错位做法。

(二)近期政策建议

近期北京市软件和信息服务业仍面临较有利的发展形势，主要表现在：

(1)全社会信息化开支中软件和信息服务业的比重加大；（2）个人和家庭信息消费需求旺盛；（3）新技术、新产品的普及扩大了有效需求；（4）国家支持软件和战略性新兴产业的政策推进作用逐步释放。而影响产业发展的不稳定性因素主要是成本压力加大、企业管理难度加大、创业活跃度不足等。因此重点工作如下：

1. 力保增长

(1)继续实施"四个一批"工程，建设核心企业群体；

(2)做好重点项目储备与推进，扩大投资规模；

(3)积极推进节能降耗，提高发展质量。

2. 做实新兴

总结云计算产业发展的经验，以产业链确定发展重点，以基金＋基地推动资源聚集，以产用结合组织项目集群，以企业联盟放大产业影响，加快完成在物联网、移动互联网等产业的工作布局，取得在战略性新兴领域的发展主动权。力争实现每个重点领域有"一个规划、一张图、一个基地、一个联盟、一批项目"的工作目标。

3. 突破出口

(1)组织召开全市首次软件出口工作座谈会，就软件出口的重点领域、目标市场选择、市场开发策略等问题统一思想；

(2)与国家进出口银行、国家开发银行和国家援外工作相关部门建立合作关系；

(3)制定出台软件出口促进工作方案。重点推动近岸市场出口，主要针对东南亚、澳大利亚和中东。在电信管理软件、GIS、数字电视解决方案、HIS、应急管理系统、网络游戏等方面率先突破。

4. 健全体系

(1)完善产业政策体系。积极落实国家对软件和信息服务业的扶持政策，加强和改进双软认定工作，简化程序，规范流程，加强监督管理，切实保证税收政策落实到位。

(2)建设产业金融体系。继续建设好与北京银行、中国进出口银行的合作平台，重点是加大"软件贷"业务开展力度。将"新业态创新企业30强遴选"活动进一步做好，使之成为同风险投资、天使投资的对接平台，加深同中关村发展集团的投资合作。打造产业公共服务平台。

(3)加强市区联动体系。围绕"一城两园多基地"的产业发展布局，同海淀区、昌平区、石景山区、顺义区、密云区、亦庄经济技术开发区等地区建立更加密切的合作关系。

参考文献

[1]赵枫：《软件和信息服务业竞争力评价指标体系研究——基于中国服务外包基地的评价》，东北财经大学博士学位论文，2010年。

[2]北京市科学技术委员会：《2014年度北京市科学技术奖励大会 北京科技、信息服务业年增超一成》，《中国科学报》，2015年3月2日第4版。

[3]任英华、王耀中：《国际服务业生产率的发展趋势及影响因素分析》，《统计与信息论坛》，2008年第9期。

[4]周伟：《北京市信息服务业发展的国内外比较与分析》，《2011城市国际化论坛——全球化进展中的大都市治理论文集》。

[5]李宁、张爱清、王建会：《信息服务业发展现状与举措分析》，《软件产业与工程》，2010年第5期。

[6]《"十一五"时期中国信息化发展指数(IDI)研究报告》。

[7]赵健东、廖军：《当前信息服务业现状及发展趋势》，《现代电信科技》，2008年第7期。

[8]刘绍坚、史利国、牛振华：《北京发展总部经济的资源禀赋差异分析》，《数据》，2010年第12期。

[9]韩爽：《信息技术对现代信息传输服务业的推动作用研究》，华东师范大学硕士学位论文，2009年。

[10]黄铭、朱孝忠：《中国软件与信息服务外包产业发展优势分析》，《淮南师范学院学报》，2013年第5期。

[11]杨丽芳、叶南均、肖健：《软件与信息服务外包服务平台开发的设计》，《大众科技》，2012年第4期。

[12]赵立成、任承雨：《软件和信息服务外包产业的竞争与共赢——基于偏离—份额分析的差别化发展对策》，《当代经济管理》，2012年第1期。

[13]王忠：《全球软件与信息服务外包发展趋势》，《中国国情国力》，2014年第5期。

[14]钟素芬、佟建新、彭涛：《服务外包行业软件测试应用性人才培养模式的探讨》，《中国计算机用户协会网络应用分会2010年网络新技术与应用研讨会论文集》，2010年。

[15]刘丹、李梦恬、王超伦：《关于金融服务外包企业——西安诺赛软件公司的调研报告》，《第二届中国服务外包产业发展与人才培养高峰论坛论文集》，2010年。

[16]袁玫、鲍泓：《软件与信息服务专业的定位与学科支撑》，《中国计算机用户协会网络应用分会2010年网络新技术与应用研讨会论文集》，2010年。

[17]郭姝、赵桐、冉瑶：《基于低碳经济的中国外包产业可持续发展研究》，《中国人口·资源与环境》，2012年第9期。

[18]姜楠、张枫、徐明君等：《生产及服务外包支撑平台的研究》，《机电产品开发与创新》，2014年第6期。

[19]刘宝妹：《面向软件与信息服务外包行业的人才培养方案》，《计算机教育》，2011年第6期。

[20]赵楠、李静：《中国发展服务外包的路径选择》，《经济学家》，2007年第3期。

[21]王晓红、李耀辉：《我国软件与信息服务外包的发展及趋势分析》，《时代经贸》，2011年第9期。

[22]丁培、陈峰：《印度国家软件与服务公司行业协会开展产业竞争情报工作的做法及启示》，《数字图书馆论坛》，2011 年第 6 期。

（作者：王　琦　北京邮电大学副教授）

项目名称：北京服务外包业竞争力与发展战略研究
项目编号：11JGC136
项目负责人：章　宁
项目信誉保证单位：中央财经大学

北京服务外包业竞争力与发展战略研究

内容提要： 本文首先对北京市服务外包业进行了较为详尽的分析，由于目前我国深入、细致的行业级数据很难获取，难以看清北京市服务外包业的发展全貌，因此，作者选取了一批有代表性的企业进行企业级分析，以期获得北京市服务外包行业的发展全貌。随后采用波特钻石理论模型从生产要素、需求条件、相关产业和支持产业、企业的战略组织和同业竞争、政府、机遇六个方面对北京市服务外包业竞争优势进行分析。在文献分析的基础上，本文采用主成分分析法建立了一套服务外包业竞争力评价指标体系，并对北京、上海和广州三个城市进行竞争力评分，然后进行对比分析，最后提出北京市服务外包业的发展建议。

一、行业发展与研究现状

(一)发展现状

高德纳公司(Gartner)的数据显示，2012年全球软件与信息服务外包市场规模达到9750亿美元，众多国家已将大力发展服务外包确定为提升自身全球竞争力的重要国策，全球市场竞争颇为激烈。据国际数据公司(IDC)统计，2013年全球离岸服务外包市场中，接包国中印度占据了49.9%的市场，中国占14.4%，成为两个主要的接包国家。自2000年以来，我国出台了一系列政策和措施支持软件和信息服务业的发展。根据IDC的研究报告，2004年我国承接的离岸软件外包市场规模为5.99亿美元，到2012年则达到50.5亿美元，预计到2017年将达到138.4亿美元。目前，北京、上海、深圳、大连、杭州等几个主要城市已形成了区域外包中心。

北京是我国的政治、文化、教育中心，拥有大量创新型人才，发展高端服务外包业有着得天独厚的资源优势。据北京市商务委员会统计，2012年，北京离岸服务外包执行额达35.6亿美元，同比增长45.4%，继续保持强劲增长势头。截至2012年年底，北京市累计从事服务外包企业550多家，比2011

年新增 50 多家，服务外包从业人员 23 万多人，2012 年新增就业人员 2.1 万人，其中大学本科学历人员占新增就业人数的 70％以上。但北京尚未确立发展服务外包的重要战略位置，相比之下，国内许多城市已经明确把服务外包作为重要发展方向并制定了很多优惠政策。从国际上来看，北京与国际领先的外包城市相比还有很大差距。

(二)研究现状

国内外的研究主要从国家层面或企业层面来分析我国服务外包业的发展现状、发展前景和发展对策。麦肯锡公司(McKinsey)的菲利波(Filippo)等人认为，中国软件行业市场过于细分，企业规模小，要想与印度抗衡可能还需要很多年。国际金融公司(IFC)的报告也持有类似的观点，认为中国在一段时间内无法建立起能与印度巨头抗衡的外包企业，同时指出中国缺乏有技能的从业人员。Qu 和 Brocklehurst 认为在离岸外包中交易成本比生产成本更加重要，虽然中国软件企业在生产成本上占优势，但交易成本较高，并据此提出了一些政策性建议。Jarvenpaa 和 Mao 对我国四家对日软件服务离岸外包企业的内部能力进行了分析。于慈江分别从外包东道国层面和外包服务商角度，对离岸服务外包承接的区位优势进行了比较研究和案例分析，并从政府和企业两个层面对中国承接服务外包的战略路径和现实措施进行了总结和建议。姜荣春对发展中接包国的区位优势进行了分析，并以印度为例介绍了领先国家在承接服务外包方面的重要经验，最后提出了我国承接服务外包的战略选择和政策建议。沈鹏熠运用因子分析法对中国企业承接离岸服务外包的关键成功因素进行了分析。

近几年也出现了一些专门针对北京、上海等城市发展服务外包的研究。刘绍坚分析了北京承接国际软件外包的主要经营模式，提出北京应定位在软件研发和软件市场开拓两个高端环节进行针对性的政策设计。霍景东认为北京具有经济发达、产业结构高端化、研发能力强、基础设施好、人才素质高等优势，但同时具有商务成本高、法律法规不完善、专业人才储备不足、服务外包企业规模较小等劣势。周正柱等人对上海四个服务外包示范区的发展现状和采取的重要措施进行了对比分析，并提出了示范区的发展思路。董理等人和陈峰分别运用波特的钻石模型分析了上海和广州发展服务外包的竞争要素。樊秀峰和李婷婷通过对中国 21 个服务外包示范城市的面板数据进行分析，归纳总结了影响服务外包发展的关键因素。

目前我国尚未形成服务外包的统计体系，行业数据严重缺乏，这给深入研究带来较大困难。国内外文献尚无对北京或其他地区和城市服务外包业的详尽分析，对于北京或其他地区和城市发展服务外包的优劣势分析也仅停留在叙述层面，不能深入挖掘问题所在，虽然提出了一些观点和建议，但缺乏规范和严格的方法进行论证。

二、理论基础

(一)概念界定

虽然不同的机构和学者对外包的定义不尽相同,但是核心内容是一致的,本文做出如下的定义:外包就是将组织经营活动的一个或几个环节交由外部的专业化的组织提供,从而达到降低成本、提高效率,使组织专注于自身核心竞争力的一种战略管理模式。服务外包包括信息技术外包、业务流程外包和知识流程外包三个层次,是当今世界服务产业转移的主要内容。

外包可以分为在岸外包和离岸外包。严格来说,离岸外包是指将服务外包给本土之外的第三方服务提供商,而不包括跨国公司与国外子公司之间的企业"内包"。但从广义上来看,很多学者也将跨国公司与国外子公司之间的离岸转移纳入离岸外包的范围。作者也采用其广义含义,这里给出如下定义:离岸外包就是将组织经营活动的一个或几个环节交由本土之外的专业化的组织提供,其目的主要是为了降低成本。

(二)相关理论

关于服务外包近年来有不同的研究视角,比如分析外包的动机和原理,识别哪些企业适合开展外包,决定外包的程度与水平,如何最有效地协调和管理外包,服务商与客户之间的互动和博弈,等等。这些视角都依赖于一定的理论基础。

Lee 等人和 Dibbern 等人将这些理论按领域的不同,划分为如下三大类:(1)经济学视角:包括交易成本理论(Transaction Cost Theory)和委托代理理论(Principal Agency Theory)等;(2)社会学视角:包括社会交换理论(Social Exchange Theory)、权力与政治理论(Power and Politics Theories)等;(3)管理学视角:包括核心竞争力理论(Theory of Core Competencies)、资源观理论(Resource-based View Theory)、资源依赖理论(Resource Dependency Theory)等。

三、北京市服务外包行业分析

由于目前我国深入、细致的行业级数据很难获取,难以看清北京市服务外包业的发展全貌,因此,作者选取了一批有代表性的企业进行企业级分析,以期获得北京服务外包行业的发展全貌。

(一)样本企业选取

作者主要从我国权威机构和杂志评选出来的服务外包企业排行榜中选取总部在北京的样本企业。中国软件行业协会自 2004 年以来每年都会联合《中国服务外包杂志》以及中国软件和服务外包网对我国的服务外包企业进行评价,并综合得出"中国软件出口(服务外包)20(25)强"榜单,这是目前我国关于服务外包最权威的排行活动。为了观测北京市服务外包业的发展历程和发展变化，作者关注了 2006—2012 年各年度的排行榜，其中在榜单中出现过的总部设在北京的企业共 13 家，将其作为样本企业。我们发现，榜单中北京市企业的数量和占比有呈逐年递减的趋势，这也说明我国服务外包业发展迅猛，行业竞争程度加剧。

(二)基本情况分析

13 家样本企业中中国本土的企业共有 6 家，占 46.2%；中美合资的企业有 1 家，美商独资的企业有 2 家，占 23.1%；中日合资的企业有 2 家，日商独资的企业有 2 家，占 30.8%。值得注意的是，2012 年上榜的两家企业分别是美商独资和日商独资企业，2011 年上榜的四家企业也只有一家是中国本土企业。

13 家样本企业中大型企业有 8 家，占 61.5%，其中中国本土企业 4 家（上市），美商独资或中美合资企业 3 家（上市），中日合资企业 1 家；中型企业有 3 家，占 23.1%，均为日商独资或中日合资企业；小型企业 2 家，占 15.4%，均为中国本土企业。可以看出，近几年服务外包的企业规模在迅速扩大，行业集中度明显上升。

13 家样本企业全部通过 CMMI3 级以上认证，其中通过能力成熟度集成模型(CMMI2)CMMI5 级认证的有 9 家，占 69.2%；通过 CMMI4 级认证的有 1 家，占 7.7%；通过 CMMI3 级认证的有 3 家，占 23.1%。尚未获得 CMMI5级认证的 4 家企业均为中小型企业。

(三)发展阶段分析

通过对这 13 家样本企业发展历程的分析，以及国内相关产业促进政策的颁布情况，作者大致将北京市服务外包业的发展分为三个阶段：起步阶段（1992－1999 年）、积累阶段（2000－2006 年）和扩充阶段（2007 年至今）。

(1)起步阶段主要由日本市场需求拉动，一些日本跨国公司开始在中国成立独资或合资企业，具有长远眼光的中国 IT 界精英也开始创立本土企业，早期主要完成对日外包业务，后期开始开展对美业务。

(2)在积累阶段，美国资本开始进入，开展对日业务和对美业务的企业发展较为均衡，该阶段的发展动因主要包括两个方面：一是美国和日本市场需求的拉动；另一个是国家相关产业促进政策的推动。

(3)在扩充阶段，企业之间并购和融资的规模和范围越来越大，除了日商独资企业主要依靠有机成长外，其他企业多多少少都有并购或融资动作，整个市场进入一个快速的整合期，行业集中度显著上升，这个阶段的发展动因除积累阶段的两个方面外，还有服务外包行业和服务外包企业自身发展的需要。

为了更好地理解北京市服务外包行业的发展状况，作者采用 Klepper 等人提出的三阶段行业成熟度模型来进行行业的成熟度分析(如图 1 所示),结果发现北京市服务外包行业还处于模型中的第一个阶段,即初始增长阶段(initial growth),同时,较大规模的并购和融资现象也表明该行业正在进入第二个阶段,即动荡阶段(shake-out)。

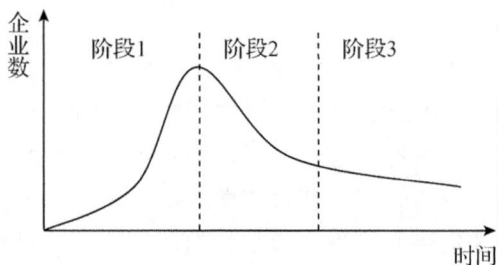

图 1　Klepper 的三阶段行业成熟度模型

四、竞争力分析与评价指标体系

(一)竞争优势分析

采用波特钻石理论模型从生产要素、需求条件、相关产业和支持产业、企业的战略组织和同业竞争、政府、机遇六个方面进行北京市服务外包业竞争优势分析。下面重点对机遇展开分析。机遇是指企业能否借助偶发事件,如世界或区域需求的剧烈波动、政府的突发政策变化、战争等形成和提升产业竞争力。

2014 年国家确立的"京津冀一体化"发展战略以及北京"四个中心"的功能定位、2015 年国务院颁布的《关于促进服务外包产业加快发展的意见》(国发〔2014〕67 号)对于北京市服务外包业发展来说都是巨大的机遇。今后,北京的功能定位聚焦在"四个中心",即政治中心、文化中心、国际交往中心和科技创新中心,同时要疏解非首都功能,一些不宜在北京发展的产业会受到限制,而服务外包产业符合"科技创新中心"和"国际交往中心"两个功能定位,是未来北京市政府大力支持的产业之一。67 号文件明确我国服务外包产业的发展目标是:到 2020 年,服务外包产业国际国内市场协调发展,规模显著扩大,结构显著优化,企业国际竞争力显著提高,成为我国参与全球产业分工、提升产业价值链的重要途径。

(二)初始评价变量的选取

目前,我国服务外包示范城市共 21 个,67 号文件提出要提升为 31 个,此举一方面能加快促进我国服务外包业的发展,另一方面也将加剧我国服务外包业城市之间的竞争激烈程度。2010 年,商务部发布了《中国服务外包示范城市综合评价指标体系》,包含 4 个一级指标(产业发展情况、基础设施状况、人才培养培训与就业、政策措施),20 个二级指标以及若干个三级指标。在实际应用过程中该套指标体系显得过于烦琐，不少指标在实际应用过程中无法或很难获得准确数据，一些指标还存在着容易混淆的问题。因此，在城市服务外包业竞争力评价方面，作者旨在建立一套更加简便、实用的评价指标体系，以便对北京、上海、广州等城市进行竞争力的对比分析。

作者在我国 CSSCI 收录的近几年关于城市服务外包业竞争力评价的相关文献中进行详细分析，从商务部指标体系中选取了 17 个研究变量，这些变量都出现在多篇文献中，具有一定的代表性，能够反映出一个城市的服务外包业竞争力水平。这些变量之间可能存在着一定程度的相关性，其反映的信息可能存在着一定的重叠，因此，作者采用主成分分析法进行数据分析，剔除不满足效度的变量，从而建立一套更加有效合理的评价指标体系。获取数据的来源包括中国服务外包网、中国服务外包研究中心、各示范城市 2014 年统计年鉴及统计公报、CNNIC 第 35 次《中国互联网络发展状况统计报告》、国家电网等权威机构和网站。

(三)最终评价指标及权重的确定

经过主成分分析法的五次迭代后，剩余的 13 个变量都基本上能够满足聚合效度和区别效度的要求，从中提取出四个主成分，分别命名为"基础设施情况""产业发展情况""政策措施""人才培养与培训"，正好与商务部发布的一级指标相对应。作者采用层次分析法确定各项指标的权重，作为长期从事服务外包领域研究的专家，对指标之间的相对重要程度进行了打分。采用 yaahp 7.5 软件进行一致性检验和权重计算，结果均通过一致性检验，权重计算结果如表 1 所示，从一级指标来看，"产业发展情况"最重要，"政策措施"与"人才培养与培训"同等重要，"基础设施情况"相对最不重要。

表 1　竞争力评价指标及其权重

一级指标	一级指标权重	二级指标	二级指标权重
B1 基础设施情况	0.0789	C1 服务外包公共服务平台	0.0500
		C2 互联网普及率	0.0205
		C3 用户年平均停电时间	0.0084
B2 产业发展情况	0.5193	C4 服务外包企业数量	0.0383
		C5 新增服务外包企业数量	0.0383
		C6 承接服务外包合同金额	0.1014
		C7 承接离岸服务外包合同金额	0.2401
		C8 通过国际资质认证企业	0.1014

续表

一级指标	一级指标权重	二级指标	二级指标权重
B3 政策措施	0.2009	C9 保密相关的地方性政策法规	0.0213
		C10 发布服务外包产业规划	0.1272
		C11 地方财政配套实际拨付金额	0.0523
B4 人才培养与培训	0.2009	C12 大学生实习基地	0.1507
		C13 高校服务外包相关专业毕业生	0.0502

五、竞争力评分及发展建议

（一）竞争力评分

对北京、上海和广州三个城市进行竞争力评分，然后进行对比分析。获取数据的来源包括中国服务外包网、中国服务外包研究中心、各示范城市2014年统计年鉴及统计公报、CNNIC第35次《中国互联网络发展状况统计报告》、国家电网等权威机构和网站。由于不同指标的数据量级存在很大的差别，因此需要进行归一化处理，即：对每一项指标，取三个城市中的最大值（若正相关）或最小值（若负相关），然后分别用三个城市的数据除以这个最大值或用最小值除以这三个城市的数据。三个城市的竞争力分值计算结果如表2所示。

表2　三个城市竞争力评分情况

	基础设施情况	产业发展情况	政策措施	人才培养与培训	总分
北京	7.89	42.91	20.09	20.09	90.98
上海	7.66	49.16	17.55	18.38	92.75
广州	7.25	26.09	16.01	18.15	67.50

由于对权重判断上可能的差异以及数据获取与处理上可能的误差，北京与上海两个城市从目前发展情况来看，几乎不分伯仲，处于我国城市服务外包业发展的最前列，具有最强的竞争力，而广州相比来说处于竞争劣势的位置。

（二）城市对比分析

从表2可以看出，北京市在"基础设施情况""政策措施""人才培养与培训"三个方面都是满分，也就是在三个城市中具有最强的竞争力。但在"产业发展情况"方面北京市落后于上海市，又由于该项一级指标权重高，因而使得总体分北京市稍落后于上海市。

在"基础设施情况"方面三个城市差距很小，也就是说都具备大力发展服务外包业的基本条件，相比来说北京具有微弱优势。在"政策措施"方面北京具有一定的竞争优势，尤其在"地方财政配套实际拨付金额"上有较为明显的优势。在"人才培养与培训"上，北京仍然具有一定的竞争优势，主要原因在于北京是全国的文化教育中心，高校云集，相关专业毕业生数量较多。在"产业发展情况"发面，上海具有明显的竞争优势，除"通过国际资质认证企业"数外，均领先于北京和广州，特别是在"承接服务外包合同金额"和"承接离岸服务外包合同金额"上具有较多的领先优势。广州在几乎所有13个指标上均低于上海和北京，仅在"新增服务外包企业数量"上略高于北京。

(三)行业发展建议

从研究结果可以看出，北京市已不像10年前在我国服务外包业中具有明显的领先地位。虽然这些年北京市服务外包业也发展很快，但由于服务外包已不仅仅是一个城市的战略定位，已经上升到国家战略的层面，在全国加快发展服务外包产业、打造外贸竞争新优势的同时，城市之间的竞争也在加剧。2014年，北京首次入选"全球十大最具投资吸引力城市"，但同时，北京在"2014中国内地经营成本最高城市"排行榜中也高居榜首。在"2013年中国服务外包城市投资吸引力评估"中，广州名列第二，北京名列第四，上海名列第六。相对于全国其他城市，北京和上海的服务外包业趋于成熟。

北京在四个一级指标中的三个，13个二级指标中的9个超过上海或至少持平，特别是在政策支持力度和人才培养方面有较强的竞争优势。就产业发展情况而言，北京市更加重视获得国际资质认证，特别是CMM/CMMI3级以上认证，现有的853家服务外包企业中有127家获得了国际资质认证，占比达到了15%，而上海现有的1246家服务外包企业中仅有92家获得了国际资质认证，占比为7%。但在最能代表产业发展情况的两个指标"承接服务外包合同金额"和"承接离岸服务外包合同金额"上，北京落后于上海，也就是说在产业发展上，北京的竞争优势落后于上海，就这两个指标而言，北京和上海又远落后于印度的著名外包城市(如班加罗尔)。

印度国家软件和服务业企业协会(NASSCOM)是印度服务外包业最有影响力的组织机构，其所做的主要贡献之一就是开拓离岸服务外包市场。我国的行业协会都有过度依赖政府的问题，在行业内的权威性和影响力不够，能够发挥的作用也有限，在这一点上北京市还有很大的提升空间，要使得行业协会在开拓市场特别是离岸服务外包市场上发挥更大的作用。

参考文献

[1]Filippo, G., Hou, J., Ip, C.. Can China compete in IT services? *The McKinsey Quarterly*, No. 1, 2005.

[2]IFC. The ICT Landscape in the PRC Market Trends and Investment Opportunities.

March 2005.

[3]Qu, Z. , Brocklehurst, M. . What will it take for China to become a competitive force in offshore outsourcing? An analysis of the role of transaction costs in supplier selection, *Journal of Information Technology*, Vol. 18, No. 1 2003.

[4]Jarvenpaa, S. L. , Mao, J. Y. . Capabilities building in Chinese software services firms, *The First Information Systems Workshop on Global Sourcing：Services, Knowledge and Innovation*, March 2007.

[5]于慈江：《接包方视角下的全球 IT 和 ITES 离岸外包》，北京：经济科学出版社，2007 年。

[6]姜荣春：《国际服务外包浪潮：理论、实证与中国战略研究》，北京：对外经济贸易大学出版社，2009 年。

[7]沈鹏熠：《中国企业承接离岸服务外包关键成功因素实证研究》，《国际经贸探索》，2013年第 1 期。

[8]刘绍坚：《北京承接国际软件外包的现状分析和政策建议》，《北京社会科学》，2008 年第 4 期。

[9]霍景东：《服务外包：理论、趋势及北京的对策》，《学习与探索》，2007 年第 6 期。

[10]周正柱、吴国新：《上海服务外包示范区发展现状与思路研究》，《上海经济研究》，2008 年第 12 期。

[11]董理、史小龙：《上海发展服务外包的竞争优势分析》，《社会科学家》，2008 年第 5 期。

[12]陈峰：《基于波特钻石模型的广州服务外包产业发展路径研究》，《科技管理研究》，2011 年第 16 期。

[13]樊秀峰、李婷婷：《服务外包技术吸收能力的影响因素与门限效应分析——基于 21 个城市面板数据》，《亚太经济》，2013 年第 1 期。

[14]Lee, J. , Huynh, M. Q. , Kwok, R. C. , Pi, S. . IT Outsourcing Evolution：Its Past, Present, and Future, *Communications of the ACM*, Vol. 46, No. 5, 2003.

[15]Dibbern, J. , Goles, T. , Hirschheim, R. , Jayatilaka, B. . Information Systems Outsourcing：A Survey and Analysis of the Literature, *The DATA BASE for Advances in Information Systems*, Vol. 35, No. 4, 2004.

（作者：章　宁　中央财经大学教授）

项目名称：经济学发展报告——中国经济热点前沿、国外经济热点前沿
项目编号：12JGA113
项目负责人：黄泰岩
项目信誉保证单位：中国人民大学

2013 年中国经济研究热点排名与分析

内容提要：我们对 2013 年我国 17 本样本期刊上发表的全部学术论文按专题进行分类统计，得出了 2013 年中国经济研究前 20 大热点，并参照 2003—2012 年的热点排名，分析了 2013 年中国经济研究热点的排名变化，揭示出 2013 年中国经济学研究是围绕我国经济发展新阶段所要求的四个"着力"，以及要形成的四个"新"这一主基调展开的，从而决定了 2013 年中国经济热点排名变化的十大特点，并指出了当前我国经济学研究中存在的主要问题和未来研究的主要方向。

一、2013 年中国经济研究前 20 大热点

我们根据教育部中国社会科学研究评价中心最新公布的 CSSCI 来源期刊，依据二级学科平衡的需要，选择出经济学类排名前 20 名的杂志，并为了保证覆盖面，我们又选择了包含经济类文章的其他四大类即马克思主义类、管理学类、社会科学总论类和高校综合性社科学报类各自排名第一的期刊，共同组成统计样本期刊。由于杂志排名相对比较稳定，从而保持了期刊统计样本的相对稳定性和与以往年度热点比较研究的可比性。

对 2013 年 17 本样本期刊上发表的全部 1869 篇学术论文(不包括书评和会议报道等)按专题进行分类统计，得出了 2013 年中国经济研究前 10 大热点问题，它们分别是：(1)经济增长与发展；(2)三农；(3)收入分配与收入差距；(4)产业结构与产业政策；(5)资本市场；(6)货币政策；(7)自主创新；(8)对外贸易与贸易政策；(9)低碳经济；(10)公共经济。排在第 11—20 位的热点问题分别是：(11)区域经济发展；(12)消费；(13)计量经济；(14)人民币汇率；(15)公司治理；(16)财政体制(并列)；(17)企业成长(并列)；(18)经济体制改革；(19)民营经济与家族企业；(20)社会保障。

二、2013 年中国经济研究热点排名变化

历经三十多年的高速增长,我国经济步入新的发展阶段,原有保持经济高速增长的内外部条件都已发生了根本性的改变。要使我国经济再来 10－20 年的快速增长,创造中国经济持续快速增长的奇迹,实现全面小康社会和中华民族伟大复兴的"中国梦",就需要重新构建经济快速增长的内外部条件。为此,2012 年 11 月召开的党的十八次代表大会明确提出:"要适应国内外经济形势新变化,加快形成新的经济发展方式,把推动发展的立足点转到提高质量和效益上来,着力激发各类市场主体发展新活力,着力增强创新驱动发展新动力,着力构建现代产业发展新体系,着力培育开放型经济发展新优势"。2013 年是贯彻落实十八大精神的第一年,体现在经济学研究上,十八大提出的这四个"着力"和形成的四个"新",就构成了 2013 年中国经济学研究的主基调,从而决定了 2013 年中国经济研究热点排名变化的新特点,如经济体制改革、政府改革即公共经济、收入分配制度改革等热点的升温,体现了学界对"着力增强创新驱动发展新动力"的关注;"三农"和城市化、产业结构调整等热点的升温,体现了学界对"着力构建现代产业发展新体系"的关注;企业成长、民营经济发展和居民消费热点的升温,体现了学界对"着力激发各类市场主体发展新活力"的关注;人民币汇率等热点的升温,体现了学界对"着力培育开放型经济发展新优势"的关注。具体表现在:

(一)公共经济重回排名前十

改革是创新驱动发展的强大动力,改革的核心问题就是处理好市场与政府的关系,即放开市场这只"看不见的手",用好政府这只"看得见的手",公共经济就是研究怎样用好政府这只"看得见的手"。公共经济 2013 年再次挺进前 10,成为本年度唯一进入前 10 的新热点,打破了连续 3 年前 10 个热点不变的沉寂。这表明,十八大报告将处理好市场与政府的关系置于改革的核心位置,激发了学者们对市场与政府关系这一古老话题的当代中国化研究。我国虽然已初步建立起了社会主义市场经济体制,但体制转型还远没有完成,表现在市场与政府的关系上,就是市场在资源配置中的决定性作用和政府职能定位仍不能适应市场经济体制的一般要求。具体表现在:一是政府对微观经济活动干预过多,"越位"严重;二是政府公共服务有待加强与优化,"缺位"明显;三是政府行政管理体制改革是政府的自我改革,动力不足。

(二)收入分配与收入差距再创历史新高

改革就是利益的重新分配,是驱动发展的最根本、最重要的动力。当年邓小平同志的"让一部分人先富起来",使千千万万人的创业激情得以迸发,创造了中国经济发展的世界奇迹。今天,不合理的收入分配制度却成为经济持续快速发展的掣肘,加快收入分配制度改革就成为人们的新期盼。学界对

收入分配热点关注度的持续升高，主要是因为：一是跨越"中等收入陷阱"的发展要求。从跨越和陷入"中等收入陷阱"国家正、反两方面的经验可以看出，跨越"中等收入陷阱"的国家和地区收入分配比较公平，基尼系数较低；相反，陷入"中等收入陷阱"的国家收入分配差距较大。二是构建消费增长长效机制的要求。我国劳动报酬在国民收入初次分配中的比重不断下降，在投资和消费结构失衡导致严重产能过剩的今天，主要依赖投资拉动经济增长的发展方式已走到尽头，改革国民收入初次分配制度，提高居民收入占比，从而增强居民消费力就成为历史发展的必然要求和唯一选择。三是提高社会整体消费倾向的要求。

(三)经济体制改革再次回归前 20

改革是最大的红利。改革开放以来，中共中央先后推出了四个关于经济体制改革的决定，即 1984 年的《中共中央关于经济体制改革的决定》、1993 年的《中共中央关于建立社会主义市场经济体制若干问题的决定》、2003 年《中共中央关于完善社会主义市场经济体制若干问题的决定》和 2013 年《中共中央关于全面深化改革若干重大问题的决定》。审视前三次改革，可以发现一个周期性的运动规律，即每个改革决定的推出，都会带来五年左右的经济快速增长，但之后，新体制的活力和动力逐渐衰减，经济增长进入调整期直至跌入低谷，新的改革诉求又开始酝酿形成，这一变动周期大约为 9—10 年。2013 年就是改革决定的酝酿、起草和出台之年，这就必然引起学界的高度关注和积极参与。2013 年经济体制改革再次回归前 20 表明，上一轮改革的制度红利已经释放完毕，我国又到了不改革就无法发展的历史节点。具体表现在：一是经济增长面临下行压力，稳增长需要促改革；二是我国经济正处于结构升级的转型期和因经济转型而使经济增长面临严峻挑战的阵痛期，为了缩短这一阵痛期，就需要制度创新助产新的发展方式；三是我国经济是政府主导型经济，但我国政府职能的转换和政府行政体制的改革一直严重滞后于整体经济体制的改革，随着我国经济增长的动力从单纯依靠扩张需求向改善供给的转变，就迫切需要推进政府改革；四是学界对经济体制改革热点的研究升温，要完成十八大提出的改革任务，不能仅仅依靠"摸着石头过河"，还需要理论先行，进行顶层设计。

(四)"三农"问题回归排名第二

着力构建现代产业发展新体系，就是要促进工业化、信息化、城镇化、农业现代化同步发展，其中城镇化、农业现代化是解决"三农"问题的根本途径，也是政府工作的重中之重。因此，"三农"问题一直是学界关注的重点。"三农"问题的研究升温表明：城镇化、农业现代化在构建现代产业发展新体系中的地位更加凸显，具体表现在：一是城镇化是推进工业化，实现经济快速发展的重要动力。从日本、韩国、我国台湾地区等经济体的发展经验看，城镇化发展均与经济高速增长在时间上表现出高度的一致性，在结束城镇化之前，他们分别连续 18 年、29 年和 29 年保持经济高速增长。我国仍处于城镇化的加速期，城镇化将为我国经济保持近 20 年的持续快速增长提供巨大的动力。二是城镇化是人的城镇化，这就需要城镇化与工业化的同步发展。三是城镇化是农业现代化的前提。只有农村人口大批融入城镇，才能实现从小农经济向现代农业经济的转变。我国以往让农民到城市就业但不直接成为市民的半城市化道路，导致农业生产难以规模化、机械化，农业现代化进程严重滞后。

(五)产业结构和产业政策位次再回高位

着力构建现代产业发展新体系，就要积极推进产业结构的优化升级。产业结构与产业政策一直是学界关注的热点。2013 年重回第四位说明：产业结构的优化升级在加快转变经济发展方式的新时期遇到了亟待解决的新问题。具体体现在：一是战略性新兴产业低水平重复建设严重且缺乏核心技术支撑，急需寻求新的突破；二是传统产业的技术改造缓慢，急需调整产业政策加以引导；三是随着制造业成本优势的丧失，制造业经营遇到前所未有的困难，急需寻求价值链提升的方向，从而构建新的产业发展优势；四是服务业的大发展急需理论和经验的引导。2013 年我国服务业增加值比重达到 46.1%，首次超过第二产业，成为我国产业结构升级的一个重要里程碑，也预示着我国服务业进入快速发展期。这就需要强化对服务业的理论和经验研究，找出保持我国服务业健康持续快速发展的有效路径。

(六)企业成长再次进入前 20

在国际竞争日益激烈和国内经济运行日趋复杂的情况下，促进企业健康成长，是激发各类市场主体发展新活力的首要课题。企业成长热点在 2011 年排位达到历史最高，位列第 13 位，2012 年下降至第 27 位，2013 年再次进入前 20，排在第 15 位。这表明，在今天复杂、艰难、多变的国内外经济形势下，企业是否能够做到"适者生存"，已经成为经济能否健康持续快速发展的关键。主要表现在：一是在产能严重过剩，市场竞争日趋激烈，而同时劳动力、能源原材料、环境等成本大幅上涨的双重夹击下，企业经营困难，盈利水平持续下降，企业面临生死考验；二是行业洗牌成为重要年度标志，对企业生存构成巨大压力；三是企业并购重组对企业成长提出新挑战。并购重组是企业成长重要形式，但在并购过程中也面临资源整合、文化整合等重重困难，尤其是跨境并购中，整合的难度更大，因此，如何进行有效整合，实现 1+1>2 的协同效应，就成为当下企业成长必须回答的重大课题。

(七)民营经济与民营企业重回前 20

激发各类市场主体发展新活力，唯一的途径就是竞争，而竞争的前提则是放宽市场准入，打破行业垄断，特别是行政垄断，允许民营企业与国有企业一视同仁地自由进出产业，形成各类企业平等竞争的发展格局。因此，在我国建立社会主义市场经济新体制的进程中，民营经济与民营企业的研究自然成为学界关注的重点问题。这表明：虽然我国陆续推出和实施了一系列鼓励和扶持政策措施，但民营企业的经营环境和经营状况依然非常艰难，因而急需对其做出有针对性的研究，使其在稳增长中发挥应有的作用。具体表现在：一是我国经济即将进入新的快速发展期。民营经济与民营企业热点排名变化与经济周期的变化密切相关，这是因为，只有民营经济和民营企业的活跃，才会有中国经济的全面启动和繁荣。二是民营企业的经营环境急需采取有力措施加以改善。深化政府改革，转变政府职能，为企业松绑，成为目前激发民营企业活力的关键。三是民营企业急需在转型期提升自身的市场竞争力。

(八)消费排位创新高

激发各类市场主体发展新活力，不仅指市场的供给主体，而且还包括市场的消费主体。激发市场消费主体的活力，就是通过改善居民的消费环境和消费条件，提高居民的消费能力和消费水平。消费热点排名的不断走高表明，在从以投资为主的发展方式向以消费为主的发展方式转变过程中，理论上消费的地位和作用不断提高，而实践上则是消费启而不动，增长乏力，而且更值得深思的是，消费增长的乏力还是在近些年来居民收入大幅增长，甚至有些年份超过 GDP 增长率的情况下发生的。这种理论与实践的严重背离，收入增长与消费下降悖论的出现，主要原因在于：一是公共服务不到位带来的后顾之忧影响了居民消费增加；二是消费环境不佳制约着消费增长。当前优化居民消费环境比提高居民消费能力更为重要。

(九)人民币汇率回归高位

着力培育开放型经济发展新优势，就需要进一步完善人民币汇率形成机制。2013 年人民币汇率大幅上升表明，完善人民币汇率形成机制，已成为当前适应经济全球化新形势，完善开放型经济新体系急迫需要解决的问题。主要表现在：一是人民币汇率的单边加速升值，使我国外贸企业的经营日趋困难。与 2012 年相比，汇率波动的影响更加突出①。二是外汇储备节节攀升迫切要求推进人民币汇率市场化改革。三是目前推进人民币汇率市场化改革的条件逐渐成熟。一方面，外汇市场不断完善，交易品种逐渐增多，交易主体日益成熟，市场定价的意愿和可能都有所提高；另一方面，我国经常项目顺差占 GDP 的比重已经大幅下降，2013 年已降至 2.1％。四是人民币汇率的市场化改革是人民币国际化的基础。

---

① 李璐：《2013 年外贸企业生存现状调查报告》，《进出口经理人》，2013 年第 9 期，第 59—61 页。

(十)经济学研究热点的稳定性和持续性依然继续

主要体现在:一是 2013 年仅有公共经济热点代替区域经济热点闯入前 10,成为年度符号。这虽然打破了自 2010 年以来连续 3 年前 10 大热点没有改变的格局,但前 10 大热点的替换率仅为 10%,是 2003 年以来最低的变动率。二是在前 10 大热点中,有 5 个热点的位次没有发生任何变化,仅有三农、收入分配与收入差距和产业结构与产业政策分别上升一位,位次发生较大变化的只有资本市场一个热点。三是排名第 11—20 位热点的替换率依然是 40%,与前两年持平,保持了较低的变动水平。中国经济研究热点排名变化之所以表现出稳定性的突出特点,主要是因为:一是从我国的基本国情或总的发展阶段来看,我国仍处于并将长期处于社会主义初级阶段的基本国情没有变,人民日益增长的物质文化需要同落后的社会生产之间的矛盾这一社会主要矛盾没有变,我国是世界最大发展中国家的国际地位没有变。这就决定了立足于这个最大国情的中国经济学研究主题也不会发生根本性的改变,需要做出长期的持续性研究。二是从当前我国面临的改革与发展任务来看,稳增长、调结构、促改革、惠民生不是一两年就能解决的艰巨任务。三是从 2013 年中国经济研究的特点来看,虽然四个"着力"和形成的四个"新",构成了 2013 年中国经济学研究的主基调,但这只是完成近几年一直坚持的"稳中求进"工作总基调的具体措施和途径。因此,在工作总基调不变的情况下,每年改变的只是适应新形势和新情况的工作重点。

三、存在的主要问题及进一步研究的方向

在对中国经济学研究文献进行梳理的过程中,我们也发现,中国经济学研究还存在着一些需要改进的地方,甚至有的是需要引起高度重视的问题,主要有:

(一)经济学研究的理论性和思想性有待强化

经济学来源于最初的政治经济学,虽然今天经济学已经演化成理论经济学和应用经济学两个一级学科,以及下属众多的二级学科,研究领域日益广泛和细化,但对经济学研究的本源,即研究国家范围和社会范围的经济问题的任务不能有任何的轻视,否则,就可能舍本求末,经济学大厦的根基就会不牢。但从世界经济学发展的现状来看,轻本现象还是较为突出。因此,经济学家缺乏的是由一套丰富的知识体系形成的一种专业智慧。这就是要求经济学研究的理论性和思想性。中国经济学研究过去重宏观轻微观、重整体轻局部、重理论轻技术的偏向的确严重存在,因而近些年来许多经济学人向重视微观经济问题、局部经济问题研究转变,以及在研究中广泛运用数学技术,这是中国经济学走向成熟的一个重要标志,但也要防止矫枉过正。然而不幸的是,我国经济学研究中的确出现了矫枉过正的现象,需要尽早引起足够的

警惕，以免重蹈西方经济学的覆辙。我们之所以如此警醒这一点，主要因为：一是我国的经济改革与发展已进入了全面、综合、协调、可持续的新阶段，因而需要进行系统性的分析，以及提出整体性的战略方案。有的看似是一个局部问题，或者是个别问题，但都需要纳入整个经济系统，甚至更大的系统中加以认识和解决。二是我国社会主义市场经济体制的各项制度、体制和机制还没有定型，这一方面要求我们的研究要具有前瞻性、预见性和方向性，这属于战略层面的问题，因而需要战略思维，而不仅仅是技术思维；另一方面，由于制度和体制总是处在不断改革变动中，这种制度和体制的不确定性，大大损害了模型和数学技术运用的有效性。

(二)经济学研究的协同性有待加强

我国的经济改革与发展已进入新的阶段，即在发展上不再单纯以 GDP 论英雄，而是要全面落实经济建设、政治建设、文化建设、社会建设、生态文明建设五位一体总布局；在改革上，也不再仅仅是经济体制改革，而是推进经济体制、政治体制、文化体制、社会体制、生态文明体制和党的建设制度的全面的综合改革。要完成全面建设和综合改革的历史任务，一是需要经济学人们要有更大的研究视野，将经济改革与发展不仅要置于经济系统中，而且还要置于政治、文化、社会、生态等系统中加以认识和把握，找出新时期、新阶段的经济运行规律；二是需要加强不同学科之间的融合，推动交叉学科研究，比如经济学与哲学、社会学、心理学、文学、环境学等的协同研究。因此，经济学研究中急切呼唤能够驾驭全局、熟悉多学科知识，并能加以整合运用的"大师"级人物，同时对大多数人而言，应该放弃个人英雄主义，以专业化分工为基础进行联合协同攻关。在当今世界，由于学科众多，知识爆炸，以及知识之间的错综复杂，成就"大师"级人物相当困难。因此，经济学研究就急需建立起"互联网思维"。

(三)虚体经济的研究要在与实体经济研究相结合中寻求突破

近些年来，我国的虚体经济得到了快速发展，与之相适应，学界对虚体经济的研究也达到了相当高的热度。但是，虚体经济的发展必须依赖于实体经济的发展，这是世界金融危机爆发的宝贵经验。在研究中，虚体经济问题研究虽然也具有很强的独立性，有其特有的发展规律，但如果长期与实体经济研究脱节，就虚体经济谈虚体经济，就难以在虚体经济的自我框架中寻求理论上的突破，特别是当虚体经济领域中没有重大变革发生的时候，研究也就无法找到新的切入点。2013 年资本市场、商业银行、金融秩序与金融安全、企业融资等虚体经济问题研究排名的集体下降，就说明了这一点。因此，要解决虚体经济问题就必须跳出虚体经济，与实体经济的研究相结合，在二者的相互联系、相互作用中寻求理论热点和突破。

(四)经济学研究中的"重复建设"仍有待改进

在梳理文献时我们发现，有的论文无论在选题上，还是在论证上和结论上都完全重复,虽然有点"英雄所见略同"之感,但如果偶尔出现,也属正常,常常发生,就是问题了。为了避免经济学研究中的"重复建设",应该逐步要求每篇论文首先做文献回顾,表明论文的研究起点和在已有研究成果基础上的观点深化和发展,从而形成一种研究规范。[①]但这种规范只能解决前后不同时期研究的"重复建设",在同一时间要避免研究的"重复建设",就需要学者们加大对论文选题视角的研究,以视角的"特、新"取胜,做到"人无我有,人有我优"。这是因为,目前我国经济学研究的热点集中度相当高,有一半以上的论文选题都集中在前 10 个热点上,有 70% 以上的论文选题都集中在前 20 个热点上。热点问题研究的高集中度,更显出加强选题角度选择的重要性。

(五)经济学研究中的"形式主义"还有待于进一步改进

反对"四风"是当前群众路线教育实践活动中要着力解决的突出问题,将其落实到经济学研究中,最主要的就是反对"形式主义"。我们在梳理文献时发现,经济学研究中的"形式主义"主要表现在两个方面:一是不解决实际问题的"新八股""洋八股",用了巨大的篇幅、复杂的论证,说明了一个大家都知道的道理,把简单问题复杂化了。形式固然重要,但脱离了内容的形式,再完美也是形式主义。二是在文献中还有不切实际的空话和大话。经济学的本质是致用之学,要经邦济世,因而应该倡导"空谈误国、实干兴邦"的价值取向。

(六)在研究方法上需要加强经验研究方法的运用

虽然在改革上,我国所进行的事业前无古人,没有可资借鉴的经验,但在经济转型和跨越中等收入陷阱问题上,已经有很多国家和地区成功进行了经济转型并跨越了"中等收入陷阱",同时,也有一些国家陷入了"中等收入陷阱"而不能自拔。跨越和陷入"中等收入陷阱"正、反两方面的经验和教训对我国这样一个处于中等收入阶段的经济转型国家而言尤为珍贵。强化经验研究方法,从这些国家的发展经验中总结归纳出经济转型和跨越"中等收入陷阱"的一般规律,为我国发展提供借鉴,避免误入歧途,将是重要的理论贡献。同时,我国经历了 60 多年的经济建设,特别是改革开放 35 年的市场化改革经验和创造世界经济发展奇迹的发展经验,为加大经验研究方法的运用提供了丰富的资源和广阔的领域,从中可以总结出改革与发展的一般规律,构建中国特色社会主义经济理论体系,为经济学的理论大厦贡献中国经济学人的智慧。

(作者:黄泰岩　中国人民大学教授)

[①]　黄泰岩:《2012 年中国经济研究热点排名与分析》,《经济学动态》,2013 年第 4 期,第 4—13 页。

项目名称：北京地铁脆弱性及应急管理研究
项目编号：12JGB022
项目负责人：宋守信
项目信誉保证单位：北京交通大学

地铁脆弱性的内涵、分析
框架与控制策略

内容提要：脆弱性研究是风险管理的重要组成部分，由于地铁处于封闭空间中，救援不便，一旦发生扰动事件，很可能造成大量的人员伤亡，研究地铁脆弱性具有十分重要的意义。本研究在前人研究的基础上，界定地铁系统的脆弱性，并确定其分析框架；根据地铁典型运营事故，确定影响地铁脆弱性的主要因素，并建立解释结构模型，将脆弱性影响因素分为三类9级；在此基础上，提出从人、机、环境、安全文化四个方面进行脆弱性控制的策略。

城市轨道交通系统作为城市公共交通系统的主动脉，具有短时间内大量的流动人口聚集于相对封闭狭窄的地下空间的特点，如果发生事故，由于通风不便、逃生不便、救援不便，很可能造成交通阻滞与人员伤亡。因此，对城市轨道交通系统脆弱性进行研究，对于防止事故发生，改善城市轨道交通系统运营安全状况，意义重大而深远。

一、脆弱性的研究现状

脆弱性的研究最早集中于自然科学领域，如水资源、自然灾害、生态系统等领域的探讨。20世纪90年代以来，脆弱性概念被应用到公共健康、土地利用、可持续性科学、工程学、经济学等领域。脆弱性的内涵已从单纯针对自然系统的固有脆弱性逐渐演化为针对自然和社会系统的意义更为广泛的综合概念，脆弱性的研究也从最初单纯关注自然环境系统的脆弱性逐渐延伸到探讨人文系统脆弱性、人—环境耦合系统的脆弱性的研究，呈现出多学科交融的趋势。

由于不同应用领域间研究对象和学科视角的不同，不同学科领域对"脆弱性"这一概念的界定方式、角度、理解和内涵也存在很大差异。很多学者从各自的研究角度提出了关于"脆弱性"的不同定义。自然科学工作者主要从研究环境变化和自然生态系统角度去定义脆弱性，研究对象往往是自然的生态系统；社会科学工作者则注重于从造成人类脆弱性的经济、社会关系、政治文化和其他权力结构等方面研究脆弱性，研究对象往往是人文系统。美国学者Margat(1968)首次提出了"地下水脆弱性"这一术语，将地下水脆弱性理解为地下水对污染物的自身保护。英国学者 Timmerman(1981)认为脆弱性是一种度，是系统在灾害事件发生时产生不利响应的程度，而系统不利响应的质和量受控于系统的弹性，该弹性标志着系统承受灾害事件并从中恢复的能力。联合国救灾组织认为脆弱性是一种损失度，即某一或一系列要素在某一强度自然现象发生时遭受损失的程度。刘铁民(2010)认为脆弱性是指对危险暴露程度及其易感和抗逆力尺度的考量，可以从自然、技术、社会和管理四个方面对其展开测量。李鹤等(2008)对脆弱性的概念进行了归纳总结，他们界定脆弱性是指由于系统(子系统、系统的组分)对系统内外部扰动的敏感性以及缺乏应对能力从而使系统的结构和功能容易发生改变的一种属性，并将脆弱性的概念划分为以下四大类：(1)脆弱性是暴露于不利影响或遭受损害的可能性，与自然灾害研究中"风险"的概念相似；(2)脆弱性是遭受不利影响损害或威胁的程度，强调系统面对不利扰动(灾害事件)的结果；(3)脆弱性是承受不利影响的能力；(4)脆弱性是一个包含了"风险""敏感性""适应性""恢复力"等一系列相关概念的集合。在灾害研究领域，承灾体的脆弱性通常被用来描述承灾体遭受灾害事件破坏机会的多少与发生破坏损失的难易程度以及遭受破坏后的恢复能力。詹承豫(2009)认为脆弱性是个概念的集合，包含了"敏感性""易损性""不稳定性""适应性""应对力""恢复力"等一系列相关概念，既考虑了系统内部条件对系统脆弱性的影响，也包含系统与外界环境相互作用的特征。张继权等(2006)认为承灾体的脆弱性或易损性是指在给定危险地区存在的所有财产由于潜在的危险因素而造成的伤害或损失程度，其综合反映了自然灾害的损失程度。一般承灾体的脆弱性或易损性越低，灾害损失越小，灾害风险也越小，反之亦然。Adger(2006)认为脆弱性的关键参数是系统所承受的压力、它的敏感性和它的适应能力。Smit 和 Wandel(2006)认为脆弱性是暴露状况、敏感性和适应能力等各个组成部分在不同空间尺度下相互作用的复杂关系，并且脆弱性各个组成部分之间的关系是动态的，这种关系随时间、干扰类型、具体地点以及系统特性而不断变化。Gallopin(2006)则认为脆弱性主要包括敏感性和响应能力，暴露不是脆弱性的组成成分，而应当把其看作是系统与外力干扰之间联系的一种特征。

目前，关于脆弱性及其分析框架，国内外学者已经做了大量的研究，取得了丰硕的成果。但是，有关地铁脆弱性的研究刚刚起步，对地铁脆弱性的重视程度还不是很高，我国在这方面的研究更是比较少，还有很多需要深入研究的地方。脆弱性概念的模糊性、多样性和地铁系统的复杂性，使得地铁脆弱性的应用研究进展非常缓慢。目前国内尚没有人对地铁系统的脆弱性进行系统化研究,因此对地铁系统的脆弱性进行分析、评价与控制,意义十分重大。

二、地铁脆弱性内涵、分析框架与影响因素

(一)地铁脆弱性的内涵

不同领域对脆弱性的概念虽已经达成一些初步的共识,但是在具体的概念界定方式、角度和内涵方面还存在很大差异。本研究总结分析前人关于"脆弱性"内涵的界定,区别了安全、风险等相关概念与脆弱性概念的不同之处,结合研究对象,我们认为地铁脆弱性是指地铁系统在扰动下,暴露于扰动中的频率、时间、范围,扰动作用下地铁发生的变化程度,由于扰动带来的地铁系统遭受的不利影响程度以及从扰动的不利影响中恢复正常运营的能力。即地铁脆弱性是暴露度、易感度、适应度的综合表征。地铁脆弱性的概念模型具体如图1所示。

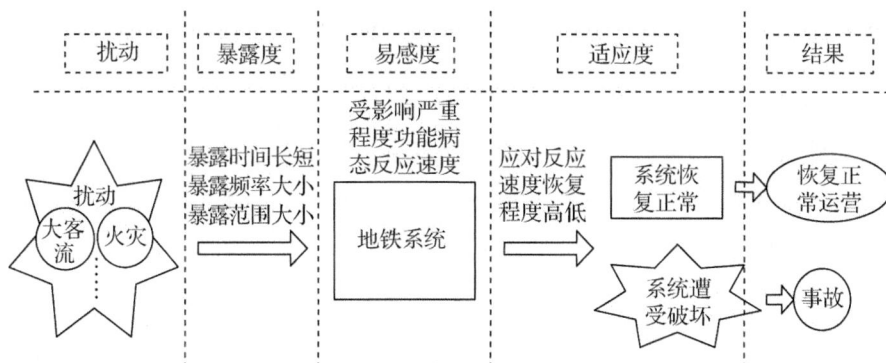

图1　地铁脆弱性概念模型

地铁脆弱性是由地铁的"人员—设备—环境"耦合系统决定的,它描述的是地铁运营中的客观状态,这是一种变化的状态,这种状态是地铁所固有的特性,它随着地铁运营的时间(如:高峰期、非高峰期)、特性、考察空间对象等不断发生变化。地铁脆弱性包含了三个构成要素分别为暴露度、易感度和适应度,即在人员、设备、环境三个系统中都包含了暴露度、易感度、适应度这三个构成要素。

(二)地铁脆弱性的分析框架

由上文分析可知,脆弱性的构成要素为:暴露度、易感度、适应度。它是对研究对象在扰动情况下状态的一种描述,这种描述是以脆弱性的度来衡量的。这种状态的描述要根据研究对象在不利扰动下的暴露程度,对扰动的感知程度和适应程度来衡量。

1. 暴露度

地铁系统的暴露度是指作为扰动承载体，服务于地铁运营的设备设施、员工和乘客暴露于扰动的程度。这种程度反应在暴露于扰动的时间、频率和范围上。暴露度主要考察承载体受到危害威胁的概率。暴露度越高，受到危害导致功能病态的概率越高，则脆弱性就相应提高，即暴露度对脆弱性的贡献是一个同向增长/减少的过程。暴露度越高，在防控风险中就越要关注，在脆弱性研究中的地位越是重要。

2. 易感度

地铁系统的易感度是指作为扰动承载体，受到扰动的干扰产生不利影响的程度。包括扰动出现多长时间就会影响其功能，影响会严重到什么程度。在地铁车站运营系统中，应主要考察是否可以实现自身应有的功能，如果相应的设备设施或人员组织在扰动作用下很快产生了运行功能的病态反应或者崩溃，则易感度强，脆弱性也相对提高；若相应的设备设施、人员在扰动作用下仍能正常运行则表示易感度几乎为零，也就是说地铁在扰动下发生的偏离正常运行的状态越多，则易感度就越强。易感度对脆弱性的贡献也是同向增长/减少的过程。

3. 适应度

地铁系统的适应度是指作为扰动承载体，在扰动下，应对不利影响，从受到了的不利影响中恢复的能力大小，也是一种适应和恢复的能力。包括应对不利影响的反应时间、反应力度等。如果地铁系统应对不利影响的反应时间很快、反应力度大，则说明地铁的适应度大，那么相对的地铁脆弱性就低，地铁系统适应度大反应的是地铁脆弱性低的方面，即适应度对脆弱性的贡献是反向增长/减少的过程。适应度的关键是考察系统是否做到了故障安全化，损失最小化。

(三)地铁脆弱性的影响因素

地铁脆弱性影响因素也将根据风险控制理论中的事故致因理论进行分析，以地铁系统的脆弱点作为研究对象，以地铁脆弱性概念为分析依据，具体以轨迹交叉论(如图2所示)中人的不安全动作和物的不安全状态为分析点进行研究，其中人包括乘客和员工，物包括设备和环境。风险事件的发生是人的

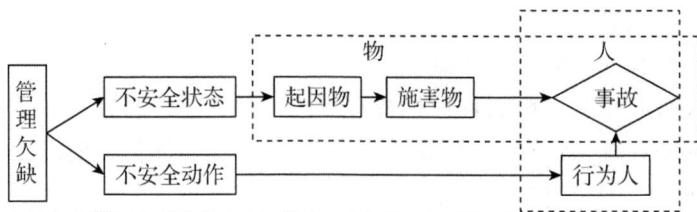

图2 轨迹交叉论

不安全行为与物的不安全状态造成的，而人的不安全行为和物的不安全状态则源于管理的失误。本研究从人（乘客与员工）、物（设备与环境）导致风险发生的直接原因入手，找到管理失误的因素，提出从解决存在于人与物的风险隐患问题为切入点，改善管理因素。

1. 人员因素

地铁系统中的人是事故的最直接受害者和最重要的承载体，事故对人的破坏性影响是事故本身和人的脆弱性共同作用的结果。因此，探讨人的脆弱性，既是地铁系统脆弱性研究的重要组成部分，也对安全学、人类可持续发展研究具有深远意义。人员包括站内的工作人员和乘客。

2. 设备因素

地铁系统中的设备是事故发生的最直接的载体和基础，事故的发生离不开设备的影响。因此，探讨设备的脆弱性，既是地铁系统脆弱性研究的重要组成部分，也对安全学、人类可持续发展研究具有深远意义。设备包括机电设备、信号与控制系统、乘客通行设备等。

3. 环境因素

地铁系统中的环境是地铁安全运行的支持，是影响地铁脆弱性的一大因素。因此，研究环境的因素具有重要意义。环境包括车站内部通道、站台、出入口以及站内外与自然环境相关的排水、防风、防冰雪雷电等。

从人员、设备和环境三个层面分析北京地铁 2010—2011 年的 41 起运营事故，如表 1 所示。深入剖析事故发生原因，综合人员、设备和环境对地铁脆弱性影响的前期实地调研和研究成果，根据解释结构模型计算分析可以得出地铁脆弱性的具体影响因素（如图 3 所示）。

表 1　北京地铁 2001—2011 年运营事故统计

编号	时间	事故地点	事故发生原因	事故造成后果
1	2011.06.23	1 号线古城车辆段与运营正线联络线	大雨积水，隧洞口积水猛涨	1 号线八角游乐园至古城段停运
2	2011.06.23	亦庄线旧宫至肖村桥站区间	大风刮入金属板，接触轨短路	该区段停运，乘客滞留
3	2011.06.23	13 号线西直门站	电缆被雨水浸泡，局部短路	西直门至大钟寺区段停运，乘客滞留
4	2011.07.05	4 号线动物园站	A 出口上行自动扶梯失控，倒行	1 人死亡，2 人重伤，20 多人轻伤
5	2011.09.12	2 号线积水潭站	洞顶电缆裸露，下垂侵入限界，导致停电	2 号线外环方向停运 90 分钟

续表

编号	时间	事故地点	事故发生原因	事故造成后果
6	2011.09.18	1 号线西单站	列车故障无法运行	西单站等多车站停运半小时,乘客滞留
7	2010.08.10	13 号 10 号知春路换乘通道楼梯	通道拥堵引发争执	一女乘客头部在楼梯处摔伤
8	2010.07.26	1 号线天安门东站	一男乘客跳轨	1 号线和八通线全线停运
9	2010.07.18	4 号线新街口站	信号系统故障	列车滞留半小时
10	2010.07.17	4 线号新街口站	乘客打架殃及列车车门	列车延误近 20 分钟
11	2010.05.11	10 号线苏州街站	列车故障	停运约 20 分钟
12	2010.05.27	13 号线龙泽站	列车故障	车门开着运行,乘客受到惊吓
13	2009.12.08	2 号线朝阳门站	自动扶梯故障(反转)	造成 8 名乘客受伤
14	2009.11.25	4 号线角门西站	信号故障	列车延误,大量乘客滞留
15	2009.11.16	10 号线太阳宫站	信号灯故障	列车间隔加大
16	2009.06.10	2 号线宣武门至复兴门	电力设备故障	内环列车停运 1 小时
17	2009.10.04	4 号线和平里至西直门站区	信号设备出现故障	停运 20 分钟
18	2009.09.16	13 号线龙泽站	列车故障	停运 30 分钟
19	2009.06.20	10 号线知春路站	工作人员操作失误	维修人员在电梯内被挤压至死
20	2009.05.19	1 号线古城站	信号故障	全线晚点 30 分钟
21	2009.03.19	10 号线芍药居到惠新西街南口上行	道岔故障	列车出现晚点,乘客被困 25 分钟
22	2008.08.13	机场线	线路检修轨道车发生故障	停运 10 多小时
23	2008.08.01	2 号线长椿街站	女子跳轨	擦伤,外环列车停运 15 分钟
24	2008.07.21	1 号线公主坟站	女子跳轨	中断运行 19 分钟
25	2008.07.06	2 号线崇文门站	暴雨	双向停运 3 小时
26	2008.06.06	2 号线朝阳门站	醉酒男子进入隧道	地铁断电暂停运行

续表

编号	时间	事故地点	事故发生原因	事故造成后果
27	2008.03.04	东单地铁站5号线换乘1号线通道内	水平电动扶梯故障	致11名乘客受伤
28	2008.01.11	2号线车公庄站	男子坠入轨道	摔伤
29	2007.11.09	1号线复兴门站	列车故障	停运8分钟,大量乘客滞留
30	2007.12.18	1号线复兴门站	乘客进入轨道	断电停运,复兴门停止售票
31	2006.10.23	1号线苹果园站	男子跳轨	当场死亡,1号线古城至苹果园区间停运30分钟
32	2006.10.18	2号线崇文门站	男子跳轨	当场死亡,内环线停运50分钟
33	2006.05.05	13号立水桥站	卧轨	当场死亡,列车延误停运30分钟
34	2006.03.27	1号线公主坟、军博、木樨地站	停电	列车停运,大量乘客滞留
35	2005.12.08	2号线北京站	人员进入内环隧道	被列车撞伤,停运40分钟
36	2005.11.21	13号线回龙观车辆段	车速过高或者失控	列车脱轨,停运
37	2005.08.26	2号线崇文门站	风扇线短路	内环地铁停运近50分钟
38	2005.08.26	2号线和平门站车厢起火	老旧车辆风扇短路	内环列车停运近50分钟
39	2004.09.29	1号线南礼士路站	人员掉下站台	双腿轧断,列车延误
40	2004.08.28	1号线古城站	人员操作不当,车辆脱轨	对隧道造成一定破坏,停运
41	2001.05.28	1号线木樨地站	列车故障	地铁1号线全线停运20分钟

从图3可以看出,19个影响地铁脆弱性的主要因素可分为三类九级。其中第1级因素是客流密度、人口比例、设备冗余度和误操作恢复能力。客流密度影响设备负荷;人口比例直接影响生理素质;设备冗余度影响设备性能完备性;误操作恢复能力影响设备稳定性。第2级因素是生理素质,生理素质影响心理素质。第3级因素是心理素质,心理素质影响业务素质。第4级因素是业务素质,业务素质影响安全关注度和设备位置。第5级因素包括安全关注度和设备位置。安全关注度影响设备负荷、设计合理性、标志功效性、

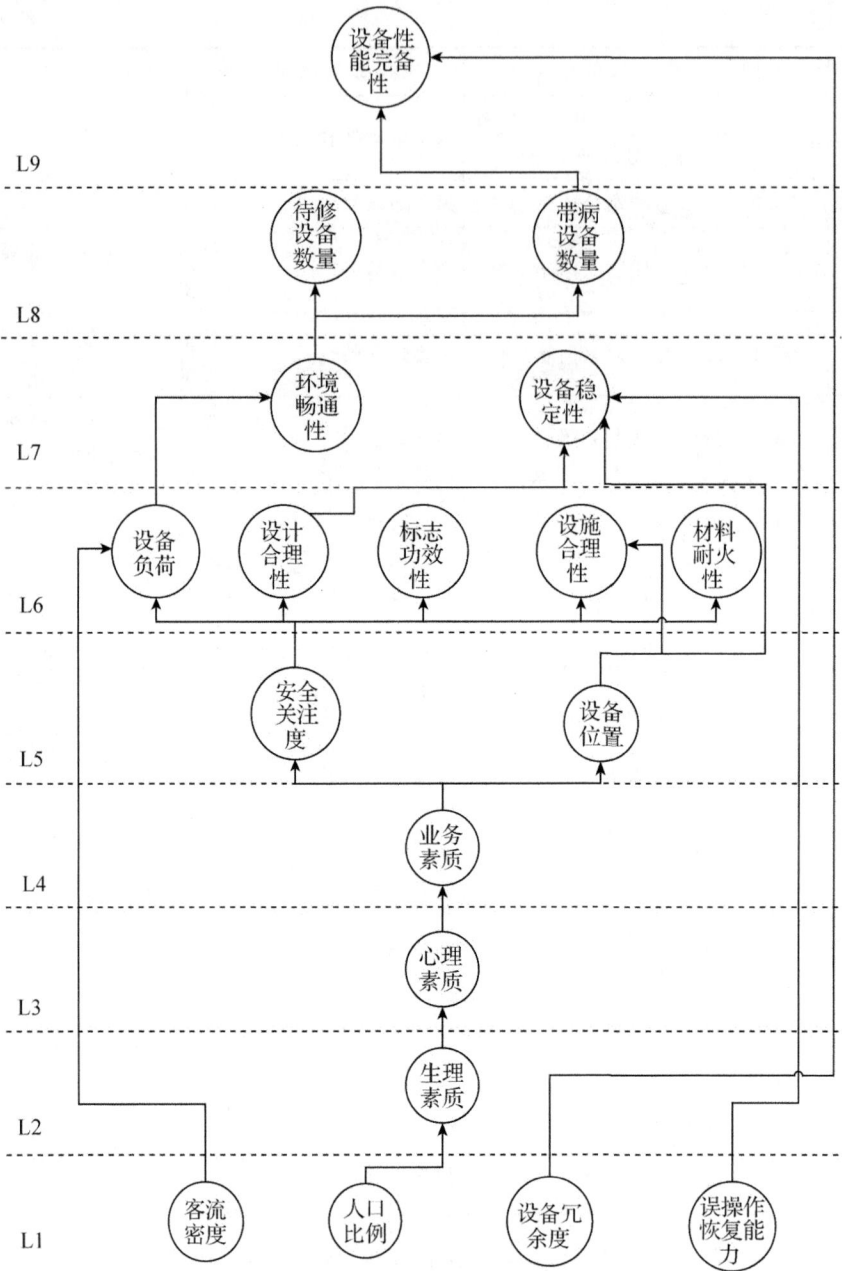

图 3　地铁脆弱性因素解释结构模型

设施合理性和材料耐火性；设备位置影响设施合理性和设备稳定性。第 6 级因素是设备负荷、设计合理性、标志功效性、设施合理性和材料耐火性。设备负荷影响环境畅通性；设计合理性影响设备稳定性。第 7 级因素是环境畅通性和设备稳定性，环境畅通性影响待修设备数量和带病设备数量。第 8 级因素是待修设备数量和带病设备数量，带病设备数量影响设备性能完备性。第 9 级因素是设备性能完备性。第 1 级因素是影响地铁脆弱性的最基本的因素，其他 8 级因素依次是影响地铁脆弱性的次要原因。

第 I 类因素是人的因素，反映了人是地铁事故中的最直接受害者和最重要承载体，事故对人的破坏性影响是事故本身和人的脆弱性共同作用的结果；第 II 类因素是设备的因素，是影响地铁脆弱性的外在因素，与第 I 类因素息息相关，是人的脆弱性评估的辅助因素；第 III 类因素为环境因素，是地铁脆弱性的依存点，是地铁脆弱性评估的"硬支撑"。这三类因素相互关联、相互促进，构成了对地铁脆弱性影响的递解结构关系，为地铁安全管理和风险管理决策提供了逻辑思路。

三、地铁脆弱性的控制策略

管理是事故因果连锁中的根本因素，管理工作的核心是控制，包括对人不安全行为的控制，也包括对物的不安全状态的控制。作为解决脆弱性问题的核心措施，在地铁运营管理工作中应突出重点，有针对性地开展相关工作。地铁运营日常管理中的制度可以有效降低暴露度和易感度，其中包括设备管理和客运组织。地铁运营的应急管理，是提升地铁适应度的有效方式。

(一)人员方面

1. 降低地铁员工自身易感度

面对多种扰动因素及其不确定性，地铁的运营管理能力会影响车站易感度。通过项目分析得出，在换乘站、始发站等客流相对集中，客流走向不明确的车站，运营组织工作的脆弱性更为突出。工作人员自身的易感度是运营管理落实与发挥作用的关键，降低员工的自身易感性，应不断提高员工个体素质，落实相关的培训工作。培训内容应根据现实情况做出相应的调整，减少员工管理运行活动中的失误率。同时应加强脆弱性管理资源和人员配备。

2. 加强管理人员的应急处理能力

在地铁出现故障隐患的时候，一线管理人员针对干扰的应急处理能力是消除隐患的最后一道保障。加强管理人员的应急处理能力，能够降低客流密度，保障客流的行进速度，从而保障疏散的效率，使得人员的适应度大大增加。

(二)设备方面

1. 依据运营要求加强设备管理，改善设备暴露度

设备的可靠性是保障地铁安全运营的基础。地铁车站运营设备众多，所以对于设备和管理工作不可忽视。历年事故统计以及实证检验表明，与乘客息息相关的，诸如电梯、自动人行道、升降梯以及进出站闸机等设备往往成为脆弱性的主体。从设备管理上应按照规程进行检修保养，通过降低设备的

故障率、待修率、带病作业率,提高设备稳定性和可靠性,来降低其易感度。设备管理作业中,应降低设备负荷,调整设备位置来降低其暴露度。

2. 适度增加设备数量,降低设备易感度

由于近些年来地铁客流量的急剧增加,越来越多的站点的人流负荷远远超出当时的设计容量,使得设备负荷增大,有些甚至已经超过设备能够承受的程度,适度的增加设备数量,可以减缓设备负荷,减少设备故障的可能性,降低设备的易感度。

(三)环境方面

1. 改善安全信息的沟通渠道,加强运营适应度

地铁车站安全信息沟通就是将安全信息提供给需要知道的人。改善与优化地铁车站的安全信息沟通渠道,克服阻碍地铁车站安全信息有效沟通的不利因素,形成一个积极健康的沟通环境,以提高地铁车站运营的适应性。随着安全意识的逐渐提高,地铁车站脆弱性水平也将显著降低。

地铁公司可通过与媒体、各级政府合作,宣传、引导、发挥客流疏导与控制作用。充分利用媒体,在发生应急事件时,向定制短信服务的乘客发布地铁客流控制信息;同时,通过电视广播等媒介,实时向外界传递地铁客流控制信息,引导乘客改乘其他交通工具或调整出行时间;积极联系市交通委员会、市区各级政府,并与属地政府建立联动机制进行客流组织。与此同时,建立开行道路平行公交应急预案,加强客流控制及疏导力度,提高响应的适应能力,以降低事故发生可能性,减少损失。

2. 优化乘车环境,降低乘客易感度和暴露度

良好的乘车环境可以提高乘客的满意度,并且舒缓乘客焦灼的旅途心情,避免不必要的站台或通道内的乘客冲突发生。为降低乘客易感度,应确保站厅、站台和通道的畅通,提供洁净的卫生环境,保障空调与通风设备的运转率,调整照明系统和站台的减震降噪能力,保证运营环境中的声、光、热等均衡,提高舒适度。设置科学合理的指示标识,提高人们对车站的熟悉程度,减少车站内逗留和观望的时间,从而降低乘客的暴露度。

(四)地铁安全风险文化建设

通过对地铁乘客的大量问卷调查得知,地铁乘客的安全风险文化水平基础较为薄弱,尤其是知识技能方面,近50%的人虽然具备一定的知识基础,但只停留在理论层面,缺乏实地操作经验,更没有从容应对危机的信心。假设出现紧急情况,表示会出现慌乱的情绪和行为的占总人数的11.8%,这是一个非常大的比例,势必会造成群体的恐慌和秩序混乱。

地铁脆弱性的降低,在短期内是管理部门出台的各种规章制度和行为规范所强力约束的结果,而在长期的时间里,却需要通过多样化的知识文化宣传手段将各部门浸润在风险文化的氛围中,共同营造地铁安全风险文化的良

好风气，如此才能使各方面的人员形成良好的安全意识、掌握并精通有关知识技能，从而在日常生活中和紧急的时刻做出适当合理并且安全的行为。

其中，安全意识主要是指位于地铁内的人员所具备的安全认知能力、不安全因素的辨别能力以及对安全引导设施设备的注意力等将自己和他人生命放在首位的一种保持戒备和警觉的心理状态。这要求地铁内人员角色无论是乘客还是工作者都要建立良好的沟通机制，对站内的设备环境有较好的观察能力和动态的警觉性。

安全知识技能则是强调地铁内的人员对防灾减灾设备使用方法的熟练掌握、秩序混乱情况下的指挥协调等救己救人的知识储备和技术手段，包括紧急事故发生前的预防能力、事故过程中的处理能力，还有事故发生后将损失和事故再次发生的可能降至最小的能力。这要求地铁内人员在平时就要加强安全知识的积累，主动学习保障安全的新技能，同时管理单位和部门也要加强地铁灾害演习以及对工作人员和社会上的志愿者进行不断培训。

安全行为是人们在地铁内应对平时的和突发的状况所发出的直接举措和动作，这些举措和动作在正确的情况下可以保障自己和他人的生命和财产安全，而在不当或错误的情况下则会给自己和他人的生命财产安全带来威胁甚至是严重伤害。安全行为需要人们在日常生活中及时纠正并逐渐养成，以便在突发状况下做出正确的有意识或无意识的反应。

四、结　论

在以往的地铁安全风险管理研究中，人们更多关注的是风险三要素中导致风险的危害和可能导致的资产损失，而对于作为风险承载体的地铁系统脆弱性研究相对薄弱。加强风险脆弱性研究，对于强化地铁系统风险承受能力和应对能力，提高风险管理效能尤为重要。

参考文献

[1]Margat J.. Vulnerability of groundwater to pollution, Orléans, France, BRGM-Publication, 1968.

[2]Timmerman P.. Vulnerability, Resilience and the Collapse of Society: A Review of Models and Possible Climatic Applications, *Environmental Monograph*, 1981.

[3]刘铁民：《事故灾难成因再认识——脆弱性研究》，《中国安全生产科学技术》，2010年第5期。

[4]李鹤、张平宇等：《脆弱性的概念及其评价方法》，《地理科学进展》，2008年第2期。

[5]詹承豫：《中国应急管理体系完善的理论与方法研究——基于"情景—冲击—脆弱性"的分析框架》，《政治学研究》，2009年第5期。

[6]张继权、冈田宪夫、多多纳裕一：《综合自然灾害风险管理——全面整合的模式与中国的战略选择》，《自然灾害学报》，2006年第1期。

[7]Adger, W. N.. Vulnerability, *Global Environmental Change*, 2006, 16.

[8]Smit B., Wandel J.. Adaptation, adaptive capacity and vulnerability, *Global Environmental Change*, 2006, 16.

[9]Gallopin G. C.. Linkages between vulnerability, resilience, and adaptive capacity, *Global Environmental Change*, 2006, 16.

[10]宋守信、陈明利:《关于信息社会安全理论发展的几点思考——甬温线动车事故的启示》,《中国安全科学学报》,2013 年第 3 期。

[11]袁朋伟、宋守信、潘显钟等:《气候变化条件下的城市脆弱性建模与仿真》,《城市发展研究》,2014 年第 1 期。

(作者:宋守信　北京交通大学教授
潘显钟　北京交通大学讲师
袁朋伟　济南大学讲师)

项目名称：北京都市农业、生态旅游和文化创意产业融合路径研究
项目编号：12JGB023
项目负责人：陈跃雪
项目信誉保证单位：北京农学院

北京乡村旅游与创意产业融合路径探析

内容提要：世界各国在全球化和信息化的推动下，产业之间相互渗透已成为趋势和必然。北京都市农业中以乡村旅游为代表的新经济增长点，成为北京重要的旅游支柱性产业之一。为使研究更贴近农村经济和农民的生产生活，本文选取都市农业、生态旅游中更有代表性的乡村旅游作为重点研究内容，在产业融合渗透发展主线下，从北京乡村旅游与创意产业发展的现状和功能特点入手，通过北京通州宋庄乡村旅游与创意产业的融合发展的研究，对宋庄的实践案例进行分析，探索两者的互动发展点，最后提出推动北京乡村旅游与创意产业融合发展的主要途径。

一、北京乡村旅游与创意产业的发展现状

乡村旅游提升了自然环境的经济价值，创意产业是国内外发展势头强劲的产业，建设美丽中国需要探索乡村旅游与创意产业互动发展的新途径。

我国现代乡村旅游起步较晚，出现于20世纪80年代的富裕农村，多以"吃农家饭、住农家院、干农家活"的传统乡村旅游为主，形式种类单一。北京乡村旅游20世纪90年代蓬勃发展起来，不同于传统意义上的乡村旅游，当代人们对乡村旅游的期望和要求有所改变。乡村旅游也正适应这一趋势不断融合创意产业进行"升级换代"。

（一）北京乡村旅游发展现状

随着经济发展和工作的"压力山大"，人们迫切需要放松身心，使得北京乡村旅游的总收入和总人数逐年递增。据北京市统计局、国家统计局北京调查总队统计，2010年到2012年三年中，北京乡村旅游总人数及乡村旅游收入逐年递增，乡村旅游接待户等组织越来越多，制度越来越健全，逐步发展成为首都经济的绿色支柱产业。

为把北京建设成为国际一流旅游城市，北京乡村旅游突出"一区（县）一色""一沟（村）一品"的特色，通过实施2012—2014年北京"三年行动计划"重

点工程项目,形成区域特色鲜明的产业布局(见表1),实现城乡旅游产业一体化战略。

表1 京郊旅游总体发展的指导性格局

总体规划	具体内容
三区改革	密云古北水镇 延庆"县景合一"的国际旅游景区 怀柔雁栖湖生态旅游体验区
四带整合	北运河、永定河、潮白河、长城旅游产业带
五轴拓展	东北向、东向、南向、西南向、西北向五条轴线区域
多园多区	房山文化旅游创意示范区、通州文化旅游区、昌平旅游休闲购物综合体、怀柔雁栖湖生态旅游体验区、丰台宛平城文化旅游功能区、密云古北水镇,以及大兴、石景山、门头沟、海淀西部等多个旅游综合区

资料来源:根据《关于加快推进京郊旅游发展的指导意见》整理

根据北京市旅游发展委员会公布的数据,2014年,北京市旅游总人数2.61亿人次,同比增长3.8%;北京市统计局、国家统计局北京调查总队统计:截至2014年年底,北京市乡村旅游接待户1.7万户,同比增加652户;从业人员6.9万人,同比减少2%。接待乡村旅游人数3825.4万人次,同比增长2%;乡村旅游收入36.2亿元,同比减少3.7%。2014年北京各区旅游业综合收入情况见表2所示。

表2 2014年北京各区旅游业综合收入情况

	2014年(亿元)	2013年(亿元)	增长(%)
各区合计	3117.4	2909.3	7.2
东城	668.8	624.3	7.1
西城	419.7	403.3	4.1
朝阳	883.3	802.8	10.0
丰台	167.1	157.3	6.3
石景山	44.2	38.7	14.1
海淀	464.6	443.3	4.8
门头沟	20.3	19.2	5.4
房山	40.6	38.3	6.1
通州	28.6	25.9	10.1
顺义	57.0	53.5	6.5
昌平	98.4	93.5	5.2
大兴	50.8	47.4	7.1

续表

	2014 年（亿元）	2013 年（亿元）	增长（%）
怀柔	48.8	45.7	6.7
平谷	29.2	26.8	8.7
密云	41.9	38.6	8.5
延庆	54.1	50.7	6.7

来源：北京市旅游发展委员会

（二）北京创意产业发展现状

当今世界创意产业每天都能创造百亿美元的价值，在我国创意产业也逐步成为重要的支柱产业之一，主要城市创意产业的发展大致呈金字塔结构。据中国创意产业研究中心统计，2011 年北京在 60 个大中城市中创意产业发展排名第一，是我国创意产业的第一集团军。

2012 年，北京市文化创意产业增加值达到 2205.2 亿元，现价增速10.8%，稳居第二支柱产业地位。2013 年北京市文化创意产业继续平稳较快增长，1-6 月，全市规模以上文化创意产业实现收入 4482.3 亿元，同比增长8%，比全市 GDP 增速高出 0.3 个百分点。

北京市按照《北京市"十二五"时期人文北京发展建设规划》，到 2015 年文化创意产业增加值翻一番，占全市地区生产总值的比重力争达到 15%，成为首都的战略性支柱产业，为打造中国特色社会主义先进文化之都和具有重大国际影响力的文化中心做出贡献。

二、北京乡村旅游与创意产业互动发展的功能特点

（一）依托文化创意实现互动发展

创意产业模式是利用乡村良好的生态环境、各地区不同的文化内涵，把创意产业与乡村旅游业有效结合起来，提高乡村旅游地的吸引力。这些新兴的创意发展点由于产业互动的影响，产业链得到拉长，带动了农民增收。例如通州区大营村旅游发展，以丰富的运河文化为底蕴，以创意盆景产业为基础，将盆景与运河有机结合起来，打造出独特的大营旅游特色。

（二）依托人文环境实现互动发展

北京乡村旅游的大部分区域都是依托人文环境与乡村旅游实现互动发展的。例如，房山区的中英水北台民俗旅游村以京西南深山区民俗农家生活为基础，是北京市新推出的乡村旅游特色业态——养生山吧的代表。还有延庆县著名的"豆腐宴"凤凰城，以及奶牛风情村，给北京乡村旅游带来了奇特的趣味。顺义区焦庄户村的地道战遗址、门头沟区的斋堂马兰村是北京红色旅游的重要基地，久居城市的人们在感叹历史的同时，也可对红色旅游有更深

一步的认识和理解,增添乡村旅游的特色。

(三)依托农业科技创新实现互动发展

北京乡村旅游依托技术创新和改进,通过科技支撑、农业创新等方式形成新的产业模式和旅游新业态,如,丰台区南宫村通过技术创新开发的地热温泉是"国家 AAAA 级景区"。另外,大兴区的东营二村则是依托农业创新另辟蹊径,通过对种植业科学的细化分工丰富乡村旅游的活动。

(四)依托当地社会环境实现互动发展

海淀区管家岭村的法兰西乡情、昌平区的瓦窑村俄罗斯风情小镇,把国外乡村景物的元素,融入艺术创作灵感,可在中国境内感受国外乡村文化,是国外乡村风物体验地。昌平区长峪城村里的百余户人家,则是依托长峪城的古迹和自然景观,进一步丰富了北京乡村旅游的功能特点。

表3　北京各区新兴乡村旅游创意互动发展点

互动发展点	辖区	辖区功能定位	乡村旅游创意策划
文化创意	朝阳区	中国商务旅游第一区	薰衣草庄园·楼梓庄村 盆景文化创意·大营村
	通州区	滨水新城、漕运古镇	文化创意产业·宋庄
	怀柔区	不夜怀柔	长城壁画·北沟村
民俗旅游	朝阳区	中国商务旅游第一区	国际水上驿站·高碑店村
	房山区	北京祖源、休闲胜地	养生山吧、创意空间·中英水北台村
	平谷区	休闲绿谷	边关山寨·玻璃台村
	怀柔区	不夜怀柔	栗花深处、休闲溪谷·六渡河村
	密云区	渔乐圈	京都游憩,渔味人家·口门子村 奶牛风情,魅力新村·大柏老村
	延庆区	国际旅游休闲名区	凤凰城、火盆锅、豆腐宴·柳沟村
历史遗址	海淀区	皇家园林旅游区	京西妙高文化·七王坟村
	门头沟区	山都水谷、北京第一山水庄园	京味文化·水峪嘴村
	房山区	北京祖源、休闲胜地	穆桂英故里文化·穆家口村
	昌平区	温泉胜地	边城文化·长峪城村
	密云区	历史事件发生地	边关文化·古北口村
新农村建设景观	房山区	北京祖源、休闲胜地	都市人的精神家园·水头村 乡土旅游的金凤凰·雕窝村
	平谷区	休闲绿谷	生态新农村·挂甲峪村
	怀柔区	不夜怀柔	青山、碧湖、农家·上王峪村

续表

互动发展点	辖区	各区功能定位	乡村旅游创意策划
农业创新旅游 科技支撑旅游	丰台区	国家生态休闲旅游示范区	地热温泉·南宫村
	通州区	滨水新城、漕运古镇	宠物犬休闲文化·大邓村
自然环境	昌平区	温泉胜地	原生态自然文化·长峪城
	门头沟区	山都水谷、北京第一山水庄园	生态养生休闲·韭园村
红色旅游	门头沟区	山都水谷、北京第一山水庄园	冀热察挺进军司令部·斋堂马兰村
	顺义区	临空型商务会展旅游之都	红色经典·焦庄户村
异域风情	海淀区	皇家园林旅游区	法兰西乡情·管家岭村
	昌平区	温泉胜地	异国风情·瓦窑村
分工体验旅游	大兴区	绿海甜园休闲旅游区	采育人家，葡萄酒坊·东营二村 梨花之乡，休闲庄园·梨花村 生态休闲，有机蔬菜大观园·留民营村

北京的乡村旅游通过与文化创意、人文环境、技术、分工等基点互动发展，形成了特色鲜明的产业布局，但是也存在着区（县）功能定位与乡村旅游创意策划错位，旅游形式相似，产品和服务雷同，乡村旅游产业链开发不完整等问题。

三、北京乡村旅游与创意产业互动发展的案例分析

北京通州的宋庄镇，处于通州区北部，距天安门 24 公里，途经中国传媒大学，构成了独有的首都中央文化产业走廊。镇域总面积为 116 平方公里，曾以传统农耕为主要经济支柱，20 世纪 90 年代初依托大运河深厚的文化底蕴和乡村良好的生态环境，努力发展文化创意产业，根据当地拥有的艺术画家村群落的特色，创建了北京最大的文化创意产业集聚区，产生了市场效应。

（一）宋庄乡村旅游与创意产业互动发展特点

在通州区的乡镇中，宋庄在乡村旅游与创意产业互动发展的过程中经济发展水平居于前列，奠定了经济发展的基础，具有如下特点：

第一，廉价的土地租金与佰富苑工业区互动。宋庄镇土地资源相对丰富，租金廉价，特别适合当代艺术家群落发展，具有发展原创艺术的比较优势。通过依托佰富苑工业区，在文化相关制造业、文化旅游业方面有一定发展空

间，也为发展相关文化加工业创造了条件。

第二，良好的生态环境与艺术家互动。宋庄镇地处潮白河洪积冲积平原地带，地势平缓，怡人的生态环境吸引了当代先锋艺术画家来到宋庄建立工作室。目前宋庄镇小堡村已形成拥有 200 多名艺术家的群落，还聚集了近 600 名艺术家。

第三，文化创意与乡村旅游互动。宋庄的创意产业园区以当地廉价的土地租金和良好的生态环境为依托，与乡村旅游融合而获得新的发展，创新出独具特色的乡村旅游产品和活动，开发可创造潜在财富的活动，有助于产业结构优化升级并带动当地经济发展。

(二)宋庄乡村旅游与创意产业互动拓展了发展空间

宋庄的乡村旅游和创意产业的互动发展，逐步形成了具有新内涵和新功能的产业。不仅拓展了乡村旅游的内涵和外延，产生了新的经济增长点，同时，乡村旅游也为创意产业的发展提供了市场空间。

在宋庄艺术聚集区基础上，北京市政府进一步提出了把宋庄逐步打造成为世界艺术活动、艺术品展览和艺术品交易的中心，将其规划成为北京市中央艺术区 CAD，分成不同的产业园区，宋庄各具特色的创意产业园区，满足了旅游者注重参与的需求，吸引了数十万人前来参观体验，使宋庄逐渐向世界级的文化创意产业集聚区迈进。

四、北京乡村旅游与创意产业融合发展中的问题

随着产业融合对各个产业广泛的影响与渗透，北京各区县对规划乡村旅游的发展都依托当地的优势，吸引游客体验旅游，把创意产业与乡村旅游融合起来发展，拓展了乡村旅游的新思路，创新了旅游方式。但是，在发展中也存在着一些问题，应该具体问题具体分析。

(一)乡村旅游与创意产业两者间缺乏深度融合，开发程度较低

北京的乡村旅游与创意产业之间开发的程度较低，大多停留在利用"看得见"的优势和资源，作为发展乡村旅游的资本和基础，属于低层次的开发和发展，两者间缺乏深度融合。创意产业可以打开旅游业的市场空间，面对不同层次、不同需求的游客，都可以满足其要求，还可以另辟蹊径，用"创意"换一个角度开发旅游新资源；不仅能合理使用"看得见"的优势，还能把"看不见"的资源创新发展也变成当地的优势，应该是北京乡村旅游与创意产业发展一定要面对的、深度融合的问题。

(二)缺少实践型的创意型人才，专业人才少

不仅能合理使用"看得见"的优势，还要把"看不见"的资源创新发展，变成当地的优势，这需要一定的创意型人才来支撑创意产业蓬勃发展。这些创意型人才应该具备以下素质：掌握关于旅游业基础的理论知识，精通创意产

业的理论基础，并且在乡村旅游地实践考察一段时间，对旅游目的地的现状有深刻的认识和分析。只有具备这些实践，并扎根于基层的服务人才，才能够有力的、科学的、脚踏实地地推动北京乡村旅游与创意产业的发展。但是具备实践的创意型人才在北京各区县农村中少之又少，很多地方只是利用一些文化素质高或者有一定权威的人来出谋划策，没有引进专业的实践型创意型人才，容易出现融合程度低，理论脱离实际等情况。

(三)网络宣传不到位，影响力不足

北京各区县的乡村旅游宣传力度不到位，很多地方的官方网站往往只是内部人士关注和使用，缺乏网络宣传。乡村旅游景区目前存在的共性问题是：(1)没有很好地利用微博、微信等新的社交工具进行旅游宣传，导致景区的影响力不足。(2)网络宣传的规划实施没有落到实处。有的景点虽然建立了多种平台，但是缺乏专业人士来管理、更新，网站内容信息量少，缺乏知名度。(3)缺乏专业技术人员设计和制作网络页面，没有利用网络做到与游客的意见互动和反馈。这些问题的存在会造成北京乡村旅游与创意产业宣传不到位、影响力不足等问题，丢失很多潜在的客源。

(四)基础交通设施不便利

基础交通是连接游客和旅游目的地的桥梁。交通便利、可以选择多种交通工具前往的旅游地，游客总人数自然多。在丰富多彩的社会中，各式各样的旅游目的地在使出浑身解数吸引各地游客，如果一个地方的交通不便利，人们很可能就会放弃它，选择一个"替代地"，所以，基础交通的便利程度会直接影响当地的旅游质量和评价。例如，调查显示，到宋庄旅游的游客中，大部分还是开私家车去；否则，由于没有直达的地铁，游客需要先乘坐地铁然后再换乘公交车，给不少游客带来麻烦。

(五)乡村旅游产品的开发程度低

乡村旅游的内涵非常丰富，应该具有多种功能服务于游客，供其参与娱乐活动和参观体验。可是，现实的乡村旅游地不少地方没有深度开发旅游产品，一些地方虽然有着不错的号召力，但是名不副实。例如，延庆县的"豆腐宴"是个非常有特色的乡村旅游产品，很多游客慕名来体验和享受豆腐大宴的美味与乐趣。但是来过的很多游客反应，表示不会再去体验，原因是产品并没有宣传的那样好，体验形式单一，质量和服务单一，整个过程缺乏趣味性，对"豆腐宴"的品牌挖掘不够，形式大于内容。乡村旅游产品是乡村旅游产业重要的经济表现形式，它的开发程度在一定程度上决定了乡村旅游的发展深度。游客对产品的认可度和满意度会直接影响乡村旅游的发展空间，所以必须要重视对乡村旅游产品的深度开发。

五、拓宽北京乡村旅游与创意产业融合路径的建议

(一)利用"三网融合"推动乡村旅游转型升级

随着互联网时代的到来,信息技术的发展和创新给人们带来了体验经济的便利和享受,利用"三网融合"(电信网、广播电视网、互联网实现网络互联互通、资源共享)的技术,推动了服务方式创新和商业模式创新。例如,乡村旅游产业活动可以通过设立官方网站,搭建活动展示与交流平台,使游客足不出户便可通过该网站了解到最新资讯、新闻、展览活动等信息,注册微博与民众互动,甚至门票的订购也可以在互联网上实现,以推动北京乡村旅游的转型升级。

(二)完善旅游产业链

为了避免各地区乡村旅游的产品和服务雷同,需要发展具有本地特色的创意旅游,创建标志性的艺术作品或建筑,形成该地区旅游独特的风格魅力和品牌形象,促进人们在旅游过程中深入解读城市文化。完善旅游产业链,使创意产业融入乡村旅游的产业部门中,作为"投入要素"为乡村旅游产业增加附加值,促进旅游产业要素在产业链的高端有机组合,推动乡村旅游的健康快速发展。

(三)提升乡村旅游产品体系

在推动北京乡村旅游与创意产业互动发展的过程中,应注意对乡村旅游产品的改进和完善,制定完整的乡村旅游产品体系。例如,针对每个阶段规划活动的主题,组织文化艺术节,通过网站的宣传,吸引全国各地乃至国外的游客前来参观购买,提升乡村旅游产品向大体量、高规格、高品质发展,通过整合产品的系统性提升乡村旅游产品体系。

(四)发挥政府主导的重要作用

政府主导对于推动北京乡村旅游与创意产业互动发展具有重要作用,政策支持可以引导和支持产业的成长和发展。在财政和信贷方面要统筹用好文化发展专项资金,建立创新项目征集、资金使用机制,引导社会资本投资文化创意产业。在管理方面,政府建立公平、合理、高效的管理机制是产业互动健康稳定快速发展的重要保证。

(五)健全高速交通等配套支撑体系

北京乡村旅游发展势头强劲,与之相关的交通系统建设就显得尤为关键。目前,通过自驾车进行乡村旅游的游客占了绝大多数,游客希望乡村旅游地有完善的基础设施。"十二五"时期,北京交通运行将得到进一步发展和改善,城市快速路达到 300 公里,建设城市主干路 200 公里,建设城市次干路支路微循环系统 400 公里,"十二五"末高速公路总里程达 1000 公里。高速交通体系的建立和完善,可以大大拓展游客出行距离和产业发展空间,还应完善相

应的配套支撑体系，才能使产业互动发展的基础稳固。

（六）为乡村旅游培养复合型创意人才

引进具有实践型的创意人才是推动北京乡村旅游与创意产业融合发展的关键。北京各区县的旅游地，只有储备一定的创意人才，才能更好的发展。重视人力资源的开发利用和人才创新，才能适应产业互动发展的趋势。因此，要加大对创意教育、旅游教育的投入，重视平时的培养与积累。对于全国各高等院校，政府要鼓励和支持他们专门设立文化创意相关专业，设立关于旅游与创意专业的培训机构，培养更多的文化创意旅游产业复合型人才。同时让从事乡村旅游的相关人员经常"走出去"，开阔视野，激励创意，互相学习，借鉴经验，推动北京各区县乡村旅游与创意产业融合发展。

参考文献

[1]鲁君悦、石媛：《北京市乡村旅游发展现状及对策研究》，《安徽农学通报》，2013年第12期。

[2]马亮、颜亭玉：《基于服务创新四维度模型的乡村旅游创新模式研究——以北京乡村旅游为例》，《安徽农业科学》，2013年第12期。

[3]党政军：《时代背景下对红色文化旅游资源开发的审视》，《世纪桥》，2013年第11期。

[4]王国华：《北京郊区乡村旅游产业转型升级的路径与方法》，《北京联合大学学报（人文社会科学版）》，2013年第4期。

[5]张功让、陈敏姝：《产业融合理论研究综述》，《中国城市经济》，2011年第1期。

[6]李亚薇：《文化创意产业视角下的城市发展——以北京市和上海市文化创意产业发展为例》，《特区经济》，2012年第11期。

[7]胡艳超：《北京市文化创意产业发展实证研究》，首都经济贸易大学硕士学位论文，2012。

[8]耿红莉：《北京郊区乡村旅游产业组织发展的模式、特征及升级研究》，《安徽农业科学》，2013年第3期。

[9]蒋三庚、张杰等：《文化创意产业集群研究》，北京：首都经济贸易出版社，2010年。

[10]单元媛、赵玉林：《国外产业融合若干理论问题研究进展》，《经济评论》，2012年第5期。

[11]任海林、郭坪、万永生等：《乡村旅游休闲业营销策略研究——以北京市门头沟区陈家庄为例》，《中外企业文化》，2014年第1期。

（作者：陈跃雪　北京农学院教授

张　硕　北京农学院研究生

吴上上　University of Vermont 研究生）

项目名称：北京居民消费价格指数波动规律及其驱动因素研究
项目编号：12JGB028
项目负责人：许光建
项目信誉保证单位：中国人民大学

北京居民消费价格指数波动规律
及其驱动因素研究

内容提要：本研究以对 2003 年以来北京市居民消费价格指数的波动情况进行分析，认为在这一时期，北京市居民消费价格指数的波动，具有季节性、周期性特征，并呈现出向上趋势。在对北京市居民消费价格指数波动进行构成分析的基础上，重点考察了农产品价格、居民居住成本、资源能源类产品价格、劳动力成本、通货膨胀预期和其他突发事件等驱动因素对 CPI 波动的影响，并分析了各个因素价格变动对居民生活的实际影响。提出了在宏观调控中应当更加注重价格指数内部结构变化特点，重视局部价格的变动情况，重视通胀预期等政策建议。

北京作为特大型城市，其价格水平的管理，要综合考虑能源、生活必需品对外依存度高，人口资源环境矛盾突出，以及首都政治稳定和城市安全运行等诸多因素。研究北京市 CPI 变动基本情况，分析北京市 CPI 波动规律和驱动因素，总结北京市和其他地区稳定价格的有效经验，提出有针对性的调控政策建议，可为经济预警和宏观调控提供政策依据，增加政策调控的灵活性和有效性，具有很强的应用价值。

一、北京市居民消费价格指数波动规律分析

(一)波动规律分析

2003 年至今，北京市 CPI 波动幅度较大。2007 年以前，北京市 CPI 波动较为平稳，仅有小幅波动。但 2007 年以来，北京市 CPI 波动幅度开始增大，至今已经历了两次较大幅度的价格上涨和下跌，目前 CPI 仍处于下降周期之中。另外，通过对比观察北京市 CPI 与全国 CPI 的走势可知，两者走势基本一致，且在 2009 年以前，北京市 CPI 的涨跌幅度要略小于全国走势，波动略滞后于全国走势。2009 年之后，北京与全国价格走势在波动幅度和时滞上已经逐渐趋同(可见图 1)。具体呈现如下特征：

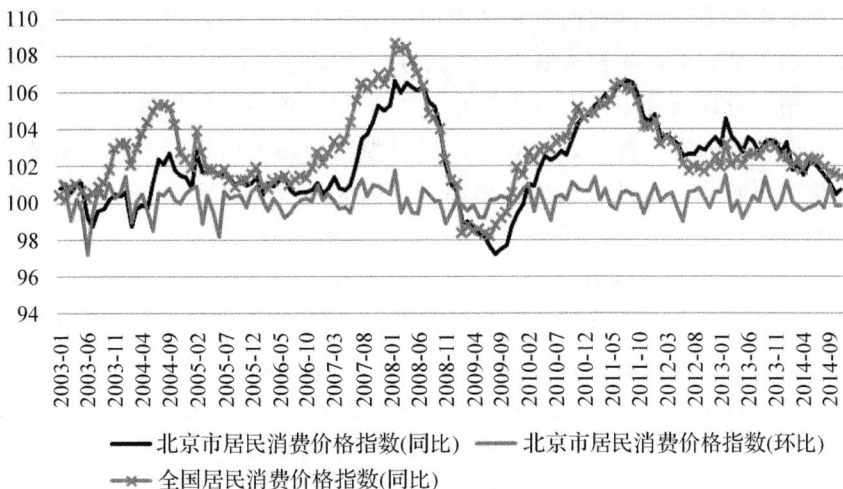

图1　北京市 CPI 波动规律分析

1. 呈现季节性波动特征

通过观察北京市 CPI 环比变动情况，可以发现具有较为明显的季节性波动规律。为更精确地描述这种季节性，本课题采用 X12 季节调整方法实现对序列的季节调整，在 X11 阶段选择乘法模型，考虑交易日效应，生成季节因子序列、不规则序列、趋势循环序列和季节调整序列，对北京市 CPI 进行季节调整，分离出季节因子（如图2所示）。

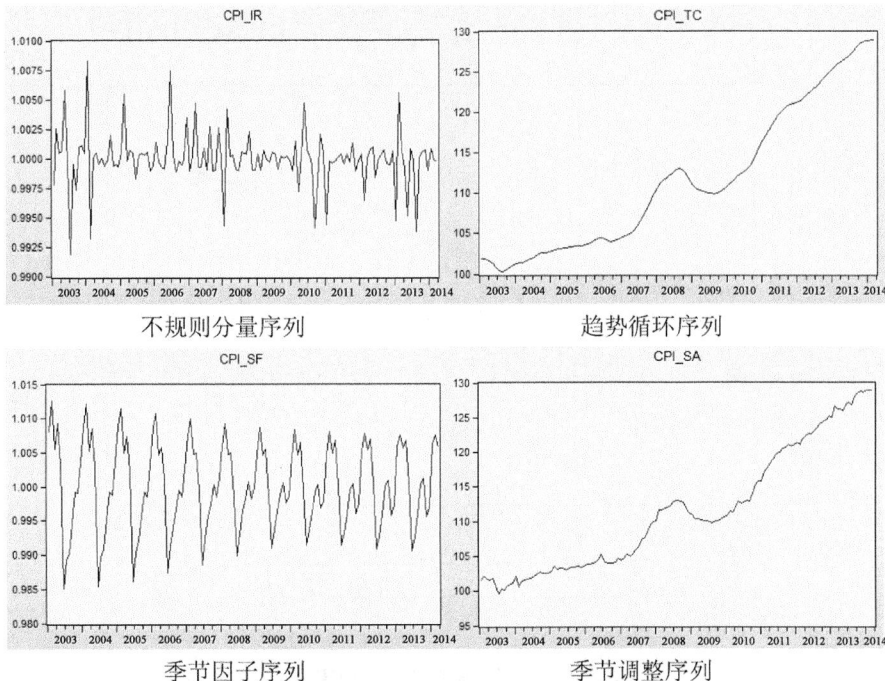

不规则分量序列　　　　　　　　　趋势循环序列

季节因子序列　　　　　　　　　　季节调整序列

图2　北京市 CPI 各部分波动分解

图 2 中季节因子序列的折线图表明，北京市 CPI 一般以一年为周期，具有明显的季节效应，年初价格指数受到春节假期的影响达到一年中的最高峰，之后价格一直在震荡中下降，在年中左右达到一年中价格指数的最低值。价格指数季节性的波动特点是与居民生活习惯密切相关的：春节和中秋节是我国传统的团圆节，也是居民的购物高峰，因此春节相对应的一、二月份和中秋节相对应的九月份往往就成为一年之中价格波动的最高点。

2. 呈现周期性波动特征

通过观察北京市 CPI 同比走势可以看出：2003 年至今，价格波动大致经历了 3 个较为明显的波动周期，分别为：2003 年年初至 2006 年中旬，这一周期的波动仅有小幅上涨，波动较平稳，指数最高仅为 102.8；第二周期，2006年中旬至 2009 年中旬，这一周期明显不同，价格指数波动幅度加大，最高指数与最低指数之间相差 9.4 个百分点，这一时期北京市 CPI 剧烈波动，主要是前期经济的快速发展尤其是投资过热引起价格较快上涨，而后期金融危机又对实体经济造成冲击和消费需求不振造成价格快速回落；第三周期，2009年中旬至今，这一周期与上一周期同样出现了价格的剧烈波动，但价格回落的周期较长，大致从 2011 年下旬持续至今。目前北京市 CPI 仍然处于回落的周期之中，这一时期的价格长期回落主要受我国经济增速结构性调整的影响。为了更加直观地测定北京市 CPI 的周期性，本课题运用 HP 滤波方法，从经过季节调整后的数据序列中剥离出周期性因素。观察图 3 的 HP 滤波分析可

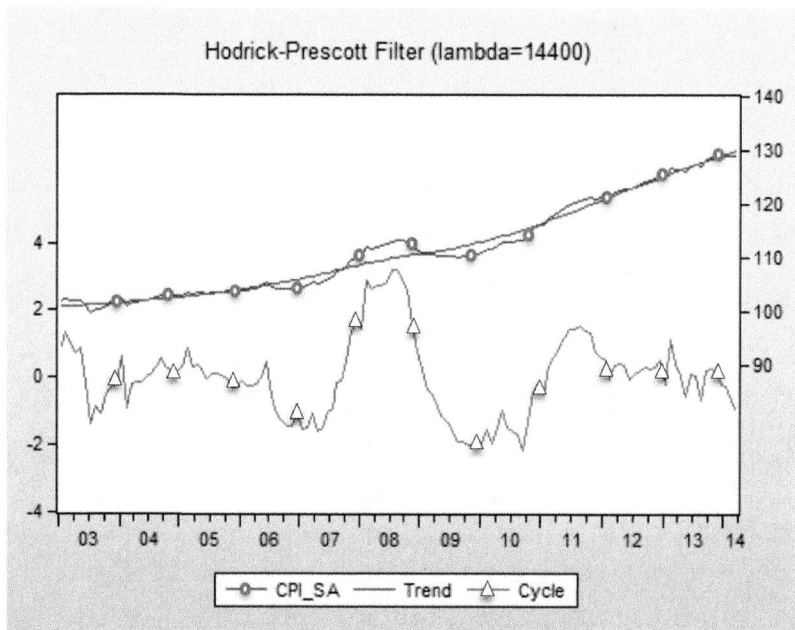

图 3　季节调整后的 CPI 的 HP 滤波

以发现，2003—2014 年，北京市 CPI 的周期逐渐拉长，周期性波动规律有缓和的趋势，价格指数周期性波动趋势逐渐减弱。这主要是因为：一方面北京市价格水平跟随全国宏观经济走势而波动；另一方面，随着价格改革的深入，市场主体更为成熟地进行经济活动，北京市政府及有关部门能够愈加娴熟地使用价格调控手段，缓和价格波动对居民生活的影响。

(二)指数构成分析

2012 年以来，全国以及北京市价格指数开始出现持续下跌的态势，加大了通缩的风险。尤其是价格指数内部某些分类指数的波动，对 CPI 整体影响更为显著。如图 4 所示，从价格指数的分类构成来看，居民食品类消费价格指数和居住类消费价格指数的波动均较大，而家庭设备用品及维修服务、交通和通信类消费价格指数的波动则较为平稳。

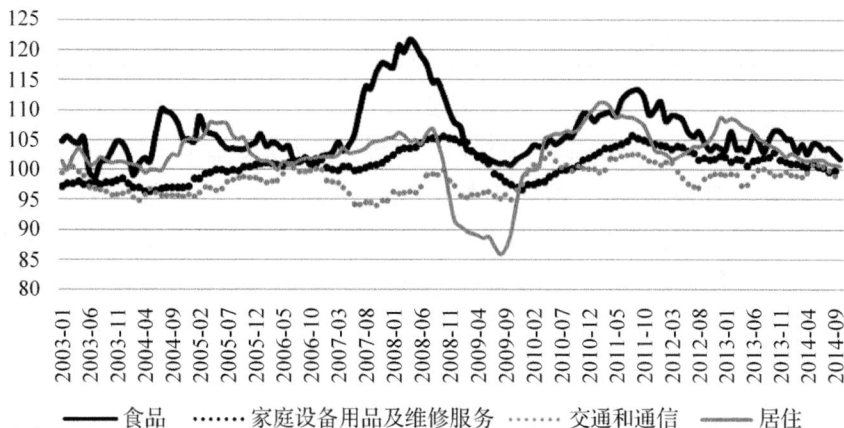

图 4　北京市 CPI 分类指数(价格波动幅度较大)

1. 食品类价格指数与 CPI 相关性最大

对北京市 CPI 与八大类价格指数进行相关性分析(见表 1)发现，食品类价格指数与 CPI 的关系最为密切，为强相关关系，相关性系数为 0.8549；其次是居民娱乐教育文化用品及服务类、居住类指数，与 CPI 的相关性系数分别为 0.5076 和 0.2338；烟酒及用品类、家庭设备用品及维修服务类和衣着类与 CPI 的相关性最弱，相关性系数分别为 0.0089、0.0594、0.1106。在北京市 CPI 构成中，只有食品类价格指数是强相关，即食品价格的波动与 CPI 的波动高度相关。近年来，北京市食品价格不仅波动较大，而且其在价格指数中的拉动作用最强，食品类价格变动对整个 CPI 以及居民的日常生活影响较大。居民娱乐教育文化用品及服务类价格指数与北京市 CPI 相关性属于中度相关，对北京市 CPI 波动的影响也比较大。北京市是我国的政治、文化中心，北京市 CPI 的波动深受娱乐教育文化用品及服务类价格影响体现了首都的特点。而其他类别的价格指数与北京市 CPI 的相关系数都低于了 0.3，可以被认为是弱相关关系。

表1 八大类价格指数与 CPI 的相关性系数

项目名称	相关系数
食品	0.8549
烟酒及用品	0.0089
衣着	0.1106
家庭设备用品及维修服务	0.0594
医疗保健及个人用品	0.1156
交通和通信	0.1658
娱乐教育文化用品及服务	0.5076
居住	0.2338

2. 食品类价格指数对 CPI 的弹性最大

对北京市 CPI 与分类价格指数进行弹性分析发现,居民食品消费价格指数对 CPI 的弹性是 0.313,即食品价格上涨 1% 会带动 CPI 上涨 0.313 个百分点,其对 CPI 的弹性最大;其次是居民医疗保健及个人用品消费价格指数,价格上涨 1% 会带动 CPI 上涨 0.273 个百分点;之后是居民娱乐教育文化用品及服务消费价格指数、居民交通和通信消费价格指数、居民居住消费价格指数,弹性系数分别为 0.2069、0.192 和 0.166;居民烟酒及用品消费价格指数、居民家庭设备用品及维修服务消费价格指数和居民衣着消费价格指数对 CPI 的弹性较弱,分别为 0.016、0.093 和 0.056。可见食品价格的上涨是推高北京市 CPI 的首要原因,同时也是拉动价格上涨最大的推动力量。因此,应当特别注意观测食品价格的变动情况,一旦食品价格发生较大波动,要特别关注其对居民生活的实际影响,特别是对低保、低收入等依赖固定收入的家庭的影响。另外,尽管居民医疗保健及个人用品消费价格对 CPI 的弹性仅次于食品价格,但是在北京市 CPI 波动的相关性分析中,居民医疗保健及个人用品消费价格在八大类价格指数中排在中间偏后的位置。这个分析表明,虽然居民医疗保健及个人用品消费价格的变动对北京市 CPI 波动的拉动力量比较大,但是医疗保健及个人用品消费价格的平稳波动并未导致北京市 CPI 的明显变化。这个分析结果说明了北京市对居民医疗保健及个人用品消费的价格管理是较为成功的。

二、北京市居民消费价格指数驱动因素分析

（一）农产品价格上涨对 CPI 的影响

北京市 CPI 与其他城市的一个重要区别在于北京市农产品主要依赖周边省区输入，农产品生产价格的波动幅度显著高于 CPI 的波动幅度，在最近的一次物价上涨中表现为农产品价格的波动幅度和上涨幅度导致了 CPI 的快速上涨。从食品内部构成来看，鲜菜和鲜果价格上涨与食品价格相关性最强，相关系数高达 0.8521 和 0.7451。

为了具体说明农产品价格对居民消费的拉动作用，使用 MATLAB 软件进行矩阵分块、矩阵求逆和矩阵乘法等运算可以得到农产品价格上涨 1% 对其他部门所带来的影响。

本课题使用北京市统计局编制的 2010 年北京市投入产出延长表，通过计算可知，农产品价格上涨影响最大的是食品制造及烟草加工业。农产品价格上涨 1%，则食品制造及烟草加工业产品价格上涨约 0.1805 个百分点。这一结论与我们日常观察到的，食品制造需要以农产品作为原料的结论是一致的。其他受农产品价格上涨影响比较大的部门还有住宿和餐饮业，纺织业，水利、环境和公共设施管理业，化学工业，研究与试验发展业及纺织服装鞋帽皮革羽绒及其制品业等。农产品价格上涨主要通过带动这些产业产品价格来影响居民消费支出的增加，农产品价格上涨 1% 对 CPI 的总影响为 0.1335%。

通过对 2003 年 1 月至 2014 年 4 月，月度数据进行协整检验、Granger 因果关系检验、方差分解模型等方法进行实证分析，得到如下结论：食品价格波动与 CPI 波动互为因果，具有显著的双向引导关系，两序列存在协整关系。图 5 表示食品价格对 CPI 当期值和未来值所带来的影响，食品价格对居民消

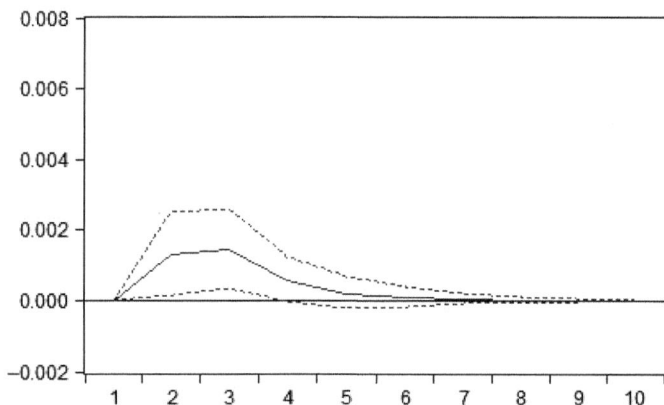

Response of LNCPI to LNSP

图 5　食品价格对 CPI 的脉冲响应

费价格具有正向冲击，影响随着时间逐渐减弱。

农产品价格的波动对居民生活的影响在于：一方面农产品价格上涨带来居民用于食品方面开支的增加。另一方面，农产品价格的上涨通过各个产业的关联关系，带动了其他产业产品价格的上涨，餐饮业、纺织业、文化娱乐业等产业产品价格上涨尤其明显。而农产品价格对于低收入家庭的影响更为明显，低收入家庭恩格尔系数较高，一旦农产品价格上涨，低收入家庭难以承受硬性支出的增加，生活更加窘迫。

（二）居民居住成本对 CPI 的影响

居民居住成本分为两个部分：购房支出和租房支出。居民居住成本上涨对北京市 CPI 的影响主要表现在两个方面：一方面，表现为房租上涨对 CPI 的影响。房租价格包含在 CPI 内，因此，房租价格的上升会直接导致 CPI 的上涨。另一方面，房地产价格上涨对居民消费价格存在间接的影响。对于间接影响的分析可以从产业关联角度考虑，分析房地产业的发展主要带动哪些行业，这种产业关联关系会对其他产业价格带来怎样的影响，从而导致 CPI 的上扬。通过投入产出价格影响模型的分析可以发现：房地产价格变动 1%，带来居民消费价格总指数变动 0.02 个百分点，影响较大的行业包括燃气生产和供应业、金融业、公共管理和社会组织、住宿和餐饮业和电力、热力的生产。

为了说明房地产价格变化与北京市 CPI 波动之间的关系，使用北京市房地产价格与 CPI 两序列做格兰杰因果关系检验，根据 CPI 与房价做格兰杰因果关系检验结果显示，两序列不存在双向的格兰杰因果关系，在 10% 的显著性水平下，可以认为房地产价格存在对 CPI 变动的影响。绘出房地产价格对 CPI 的脉冲响应图（见图 6），房地产价格对 CPI 第一二期为正向冲击，在第三期开始房地产价格对 CPI 的影响为负向。这表明从短期来看房价上涨之后，房租价格相应随之上涨，并通过带动其他产业产品价格上涨，作用于 CPI，导致了 CPI 的上涨。但从长期来看，房价的上涨，导致了对居民储蓄倾向的增长，消费减少，从而使需求减少，长期来看对 CPI 产生了一定的负面影响。

尽管房地产价格近年来上涨速度很快，但是由于居住消费价格在 CPI 中的权重不太高，对 CPI 指数的冲击并不非常明显。但也要看到，房价的上涨导致了房租价格相应随之上涨，租房者居住成本大量增加。房地产价格的持续上涨会形成通货膨胀预期。

Response of LNCPI to LNRP

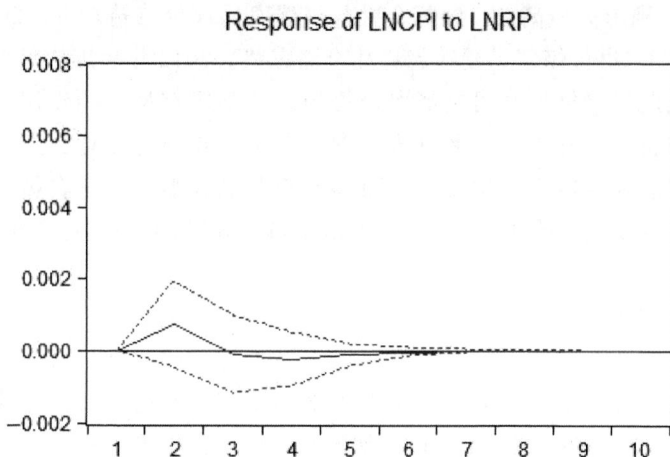

图6　房地产价格对 CPI 的脉冲响应

（三）资源性产品价格上涨对居民消费价格的影响

自来水、电力、天然气、热力、煤炭、成品油等资源性产品是居民日常生活必需品，其价格的变化会对整个经济以及居民生活产生重要影响。资源性产品处于产业链上游环节，自来水、民用电、天然气、供热、煤炭、成品油等产品及服务项目价格的波动将直接影响 CPI 的变化。

1. 水价

北京市现行水价包括水利工程供水价格、自来水供水价格、污水处理费以及水资源费。分析表明，水价上涨 1% 会带动 CPI 上涨 0.0023 个百分点。水价的上涨带动了卫生、社会保障和社会福利业、住宿和餐饮业等部门比较大的价格上涨。

2. 电力和热力价格

电力和热力价格的上涨对卫生、社会保障和社会福利业、住宿和餐饮业和食品制造及烟草加工业价格影响比较大。价格上涨的部门影响排名前三位与水价格上涨影响的前三位是一样的，这说明水、电、暖同为资源能源类产品，其产业关联关系是相似的，价格影响也相似。电力和热力价格上涨 1% 带动 CPI 上涨 0.0833 个百分点。

3. 燃气价格

燃气价格的上涨对电力、热力的生产和供应业，卫生、社会保障和社会福利业，住宿和餐饮业价格影响比较大。燃气价格上涨 1% 带动 CPI 上涨 0.0189 个百分点。

4. 煤炭价格

从煤炭价格指数代表之一 CR 动力煤价格指数的变动过程看，动力煤价格呈现出明显的波动态势。2007 年年底至 2008 年年底，煤价先是快速上涨，

2008 年中达到历史最高点。国际金融危机爆发后煤价急转直下。2008 年年底至 2011 年年末煤价恢复了慢速趋势性上涨态势。2012 年后煤价呈现趋势性下降态势。因此煤炭价格对居民消费价格的影响是既有推上的作用，还有下拉的影响。煤价的上涨对农林牧渔业、食品制造及烟草加工业、卫生、社会保障和社会福利业价格影响比较大，而其他资源能源类产品对农林牧副渔业的影响远没有煤炭价格影响大。煤炭价格上涨 1% 带动 CPI 上涨 0.0286 个百分点。

5. 石油价格

经过多年改革，目前国内油价已经能够较为灵敏地反映出国际油价的变化。因此，国际石油价格对居民消费价格的影响越来越直接。石油价格的上涨对石油加工、炼焦及核燃料加工业，卫生，社会保障和社会福利业，食品制造及烟草加工业价格影响比较大。石油价格上涨 1% 带动 CPI 上涨 0.293 个百分点。

6. 资源能源类产品价格同时变化对 CPI 的影响

煤炭开采和选洗业，资源、石油和天然气开采业，电力、热力的生产和供应业，燃气生产和供应业和水的生产和供应业五个部门产品价格变动对其他部门和 CPI 总体会产生价格冲击。资源能源类产品价格上涨影响最大的部分是卫生、社会保障和社会福利业，其次是食品制造业及烟草加工业。资源能源类产品价格同时上涨 1% 带来 CPI 上涨 0.13%。水、电、气、暖、热、煤炭、石油等资源能源类产品价格的上涨对居民生活开支的影响并不明显。但水、电、气、暖、热、煤炭、石油价格的上涨会导致资源使用的节约和能源利用效率的提高。

(四)劳动力成本上涨对 CPI 的冲击

北京市近年来价格波动呈现出与以往不同的特征之一是物价上涨往往伴随着工资水平的较大幅度提高。本课题运用投入产出法中的劳动报酬上涨政策分析，得到劳动力成本上涨 1% 带来 CPI 上涨 0.5186%。卫生、社会保障和社会福利业受劳动力成本上涨影响最大。工资、劳动保险和社会保障缴费是劳动力成本的重要组成部分，我国的劳动力成本中每一元钱里有两角来自社会保障相关项目支出。劳动力成本的上涨对于企业来说是成本提高，对于居民来说就是个人收入的提高和社会保障制度的完善。居民收入提高后可能会增加消费支出，尤其在社会保障制度更为完善之后，增加当期消费的倾向会加强，这就会进一步拉动价格的上涨。

(五)居民通货膨胀预期因素与其他影响因素

居民的通货膨胀预期对 CPI 有明显影响。中国人民银行 2014 年 6 月 25 日发布的《2014 年第二季度城镇储户问卷调查报告》显示，当期物价满意指数为 23.2%，比上季降低 0.4 个百分点。其中，56.5% 的居民认为物价"高，难以接受"，比上季上升 0.7 个百分点。未来物价预期指数为 63.8%，比上季下降 0.1 个百分点。其中，31.6% 的居民预期下季物价水平"上升"，50.1% 的居民预期"基本不变"，7.1% 的居民预期"下降"，11.2% 的居民"看不准"。

三、主要结论与政策建议

本课题对北京市 CPI 的波动规律进行了多角度的分析，从价格指数序列自身波动情况来看，北京市 CPI 具有季节性、周期性特征，呈现出向上趋势。从价格指数的对比来看，北京市 CPI 的波动幅度相较全国水平较为平稳，与天津市、上海市和广东省相比较，波动幅度相对较小，而且价格下降幅度比其他省市幅度大，价格上涨趋势则相较更为和缓。从价格指数的分类构成来看，食品价格、居住价格波动大，领涨 CPI；烟酒价格、交通和通信消费价格变动相对较为平稳，波动幅度相对较小。本课题重点考察了农产品价格上涨、居民居住成本的上涨、资源能源类产品价格波动、劳动力成本上涨、通货膨胀预期因素和其他突发事件等北京市 CPI 波动的驱动因素，分别介绍了各个因素价格波动情况及其对 CPI 的影响和对其他部门产品价格的影响，并分析了各个因素价格变动对居民生活的实际影响。

对北京市价格政策的考虑应首先从总体价格政策的角度出发，注意价格政策与其他政策的协调性，理性看待价格的合理波动，提高对价格上涨的容忍程度，不下猛药，力求保持价格波动在一定范围内平稳、可控。在结构性通货膨胀有所显现的情况下，应当更加注重价格指数内部结构变化特点，重视局部价格的变动情况。

(一)应对农产品价格波动

针对农产品价格领涨 CPI，农产品价格波动对居民生活影响较大的情况，应当重视农产品价格的变动情况，建立完善粮食风险基金制度和副食品价格调节基金制度等食品价格调节制度；及时监测市场价格变化，政府可以在价格波动比较剧烈的时期对粮食、蔬菜、猪肉等与居民生活密切相关的食品进行价格补贴；保证重点农产品供应，支持副产品生产基地的建设；建立与食品价格指数联系更为密切的低收入群体价格补贴制度，保障北京市居民，特别是低收入群体的日常生活水平。

(二)应对居民居住成本变化

房地产市场调控的目的不是降房价，而是保持房地产市场健康发展。房地产投资膨胀，引发投资过热、经济过热，房地产泡沫引发金融风险，这些都是房地产市场不健康的表现。而且房地产政策的微调容易形成预期，固化预期。房地产政策调控不应该仅仅把目标放在房地产价格上面，也要关注房租价格，关注房租价格与房价之间的关联关系。这不仅仅因为 CPI 中包含房租价格的波动，还因为合理的房租价格有利于抑制房地产泡沫的产生。在应对居民居住成本上涨方面还应当支持城市保障性住房的供给，大力发展廉租房，有效解决城市低收入者的住房问题。同时，开辟新的经济增长点，避免经济发展过度依赖房地产。

（三）应对资源能源类产品价格波动

深化水、电、成品油、天然气等资源能源类产品价格改革也是深化经济体制改革的重点之一。合理把握政府管理价格调整的时机、节奏和力度，积极稳妥地推进资源能源类产品价格改革，继续推进阶梯电价，在国家出台天然气价格改革方法的基础上，积极推进天然气价格调整，并在推进水资源费改革的基础上，适时调整水价体系。完善市场经济体制改革，放宽行业准入，强化政府监督，破除供水、供电、石油等行业垄断，引入民营资本，控制资源类商品的生产运营成本和价格。

（四）应对劳动力成本上涨

在通货膨胀率持续上升情况下，劳动力成本的上涨会加剧通货膨胀的发生，导致恶性循环。工资上涨不应与CPI完全挂钩，可以考虑采取CPI与非基本工资挂钩，这样则不会由于工资的向上刚性特征而使工资无法下降。当物价上涨时，可以考虑根据CPI的变动增加职工福利、津贴或进行一次性现金补贴；当物价下跌时，则不再进行此类补贴。

（五）应对通货膨胀预期和突发事件等导致的价格上涨

在应对由于通货膨胀预期引起的价格上涨时，应关注到居民对于价格的感受，及时通报居民消费价格的变动情况，合理引导群众的通货膨胀预期。利用报纸、杂志、电视、网络等全方位的媒体，通过增强群众对政府治理价格波动政策的了解，提高群众对于政府价格政策的信心，提高政府的公信力，防止由于物价上涨引起通胀预期，通胀预期又导致物价进一步上涨的恶性循环。

针对突发事件引起的价格上涨，政府应该建立价格监测预警体系，进行合理的物资储备。当突发事件发生时，通过有效披露事件信息，提高透明度，提升公众信心。加强北京与周边地区的商品与资质交流，平稳度过突发事件时期。

参考文献

[1]许光建：《论价格总水平调控》，北京：中国人民大学出版社，2003年。

[2]中国物价年鉴编委会：《中国物价年鉴（2001—2010）》，北京：中国物价年鉴社，2010年。

[3]中国人民银行价格监测分析小组：《价格监测分析报告（2004—2010）》，北京：经济科学出版社，2010年。

[4]盛来运：《物价上涨的微观基础研究》，北京：中国统计出版社，2012年。

[5]谭本艳、柳剑平：《我国 CPI 波动的长期驱动与短期驱动力》，《统计研究》，2009 年第 1 期。

[6]孟祥兰：《我国货币供应与经济增长及物价水平关系研究》，《统计研究》，2011 年第 3 期。

[7]王宏利：《通货膨胀与房屋价格关系的实证分析》，《经济研究参考》，2011 年第 33 期。

[8]范维、张磊、石刚：《季节调整方法综述及比较说明》，《统计研究》，2006 年第 2 期。

[9]龚六堂：《财政政策与价格水平的决定》，《经济研究》，2002 年第 2 期。

[10]国家统计局课题组：《我国新一轮通货膨胀的主要特点及成因——通货膨胀趋势研究课题系列之一》，《统计研究》，2005 年第 4 期。

[11]栾惠德：《居民消费价格指数的实时监测——基于季节调整的方法》，《经济科学》，2007 年第 2 期。

（作者：许光建　中国人民大学教授）

项目名称：美国"337 调查"对北京市机电产品出口的影响与对策研究

项目编号：12JGB062

项目负责人：彭红斌

项目信誉保证单位：北京理工大学

美国"337 调查"对北京市机电产品出口的影响与对策研究

内容提要："337 调查"作为机电产品出口面临的主要贸易壁垒之一，近年来被美国频繁地使用。北京市机电产品出口主要集中在美、欧、亚洲市场，"337 调查"直接涉及北京企业的案件中一半与机电产品相关。"337 调查"在短期内对北京市机电产品出口产生多方面的负面影响。北京市机电产品出口遭遇"337 调查"的原因是多方面的，应对"337 调查"，需要建立政府部门、企业和行业协会"三位一体"的反"337 调查"体系。

一、美国"337 调查"介绍

"337 调查"也称 337 条款诉讼，其名称由来是美国《1930 年关税法》第 337 条款，其本质是美国在国际贸易中对本国市场所采取的单方行政救济措施。由于主管机关美国国际贸易委员会(ITC)需要对被指控的不公平贸易竞争行为进行调查，并依据调查结果做出制裁决定，因此，人们习惯将根据第 337 条款所进行的一整套行政调查、审理、制裁活动统称为"337 调查"。为了不断适应新的贸易形势，337 条款经历了 1974 年、1979 年、1988 年和 1994 年的几次修订与完善，最终被编入《美国法典》第 19 篇第 1337 节。经过不断的修订，该条款从实体到程序，内容越来越丰富，目标越来越明确，成为美国贸易法中调整外国产品进口的法律制度的重要组成部分。

1994 年根据《乌拉圭回合协议法》修正的 337 条款规定，凡进口到美国的外国产品，不论以何种形式比如销售、出租、寄售等进入美国，若其侵犯了美国本土产业现有或正在建立中的合法有效的具有执行力的专利权、注册商标、著作权或外观设计、专有技术、不正当使用商业秘密等，即构成对 337 条款的违反，ITC 都可进行调查。如果调查指控成立，ITC 有权颁布命令禁止进口存在不公平贸易行为的外国产品。这里的不公平贸易行为是指：(1)进口和销售侵犯美国知识产权的违法产品。违法产品包括侵犯美国专利权产品，即未经授权制造、进口、销售带有美国专利权的商品；侵犯美国商标权的产品，即进口产品违反保护商标权的法律；与联邦登记注册的商标、装潢相似或相同，可能引起混淆的产品；侵犯美国版权的产品，主要是指载有受美国《版权法》保护的信息的产品或其后续产品。(2)制造、进口、销售违反美国《反不公平竞争法》的产品。包括进口产品假冒美国商标和装潢，或带有虚假的地理原产地标识、欺骗性的产品说明和描述足以误导他人购买；带有美国商标的平行进口商品；侵犯美国商业秘密的商品。(3)违反联邦《反垄断法》，非法地限制进口贸易，垄断商业，非法定价以及价格歧视。ITC 对现实的进口可以立案，对过去或是将来的进口同样可以立案调查。

337 条款的主要程序包括：①起诉。原告认为进口产品侵犯了其专利权时，可以向 ITC 提起诉讼，ITC 将在 30 日内决定是否进行调查。②答辩。被告必须在收到起诉状后 20 日内提出书面答辩材料，否则可被视为放弃出庭权及对指控的抗辩权。③反诉。在"337 调查"发起后到听证会开始前的 10 个工作日内，被告可以向联邦法院提起反诉。④披露程序。正式审理之前，当事人可以要求对方披露与案件有关的事实与信息，或从对方获取必要的证据。⑤初步裁定(ID)。初步裁定应在调查程序开始后 15 个月内做出，最长不超过 18 个月。⑥ITC 复审。任何一方当事人都可在初步裁定送达后 10 日内向 ITC 提出复审申请，如参与的委员至少有一人投票支持复审，ITC 将准予复审。⑦总统审查。总统有权从政策的角度对审查进行裁定，审查期限为 60 日，未在期限内做出否决，则视为批准了 ITC 的最后裁定。⑧司法审查。如果"337 调查"的任何一方当事人不服 ITC 的终裁裁决，均可在终裁生效后 60 日内向美国联邦巡回上诉法院上诉。

"337 调查"的制裁措施：若原告方发起的"337 调查"指控成立，ITC 有权采取下列几种措施：①永久排除令(Perpetual Exclusion Order)。永久排除令禁止所有侵权产品进入美国，它包括有限排除令和普遍排除令两种。②禁止令/停止令(Cease and Desist Orders)。针对已经进口到美国的产品颁布的指令，若原告可以证明该进口产品的库存量对本国相关产业构成威胁，则 ITC 有权命令特定的当事人停止销售侵权产品。③临时救济措施。在提起的调查程序进行过程中，为防止损害的进一步扩大而临时采取的措施，包括禁止侵权产品进口、销售或对其扣押等措施。

二、美国"337 调查"对华特点分析

近年来，我国越来越多的出口产品在美国遭到 337 条款调查，尤其是机电产品占到的比重最大。由于"337 调查"的成立要件相比反倾销、反补贴、保障措施这些贸易救济措施的构成要件要低，制裁措施严厉，加上我国应诉企业缺乏有效措施应对，被施以排除令的案件占到绝大多数比例，导致越来越

多的美国国内企业频频向我国出口产品发起攻击。总体来看，美国对华"337调查"呈现以下几个特点：一是涉华案件总量呈增长趋势。1986年12月29日，美国首次发起涉华"337调查"案件，至今，中国已成为美国"337调查"的最大受害国。据ITC发布的案件信息统计，截至2010年年底，全球共有752起"337调查"案件，其中涉华案件共计138起，占美国"337调查"总数的18.4%。2006—2010年，共发起196起"337调查"案件，其中涉华案件达92起，占比为46.9%（如图1所示）。二是粤苏浙沪京为主要受调查地区。目前，我国遭受"337调查"的企业主要集中在广东省、江苏省、浙江省、上海市和北京市。三是被调查产品结构不断升级，机电产品中的电子产品涉案最多（见表1）。1998年以前，美国"337调查"涉及的中国产品主要是轻工产品，1998年之后，受调查产品的范围不断扩大，包括电子、机械、轻工、化工、汽车、冶金、建材、医药等，且结构不断升级，计算机软件、半导体集成电路等产品已成为涉华"337调查"的主打产品。四是因知识产权侵权被起诉的"337调查"案件占绝大多数。截至2010年，在涉华的138起"337调查"案件中，除2009年1起案件未涉及知识产权侵权问题外，其余案件均与知识产权侵权问题相关。知识产权侵权问题已成为我国企业被提起"337调查"的主要原因。五是企业胜少败多，施以有限排除令是最主要的结案方式。

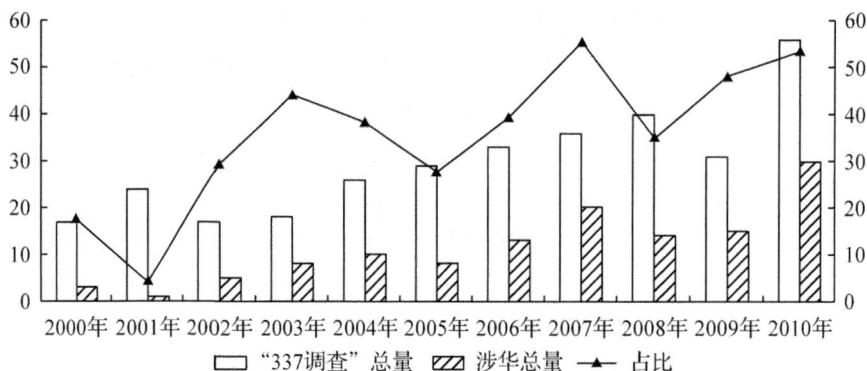

图1 2000—2010年全球"337调查"总量及涉华案件总量

数据来源：美国国际贸易委员会网站 http：//info. usitc. gov

表1 2000—2010年美国"337调查"涉华案件数量

年　份	涉华案件数	其中涉及机电产品案件数量	其中涉及电子产品案件数量
2000	3	2	1
2001	1	1	1
2002	5	2	2
2003	8	4	2

续表

年　份	涉华案件数	其中涉及机电产品案件数量	其中涉及电子产品案件数量
2004	10	6	5
2005	8	5	5
2006	13	10	7
2007	21	12	11
2008	13	8	7
2009	15	6	6
2010	30	25	24

数据来源：美国国际贸易委员会网站 http：//info.usitc.gov

三、北京市机电产品遭受"337 调查"概况与影响分析

目前，机电产品的出口占据北京市出口贸易的一半以上，在北京市对外贸易中占有十分重要的地位。截至 2011 年 7 月底"337 调查"涉华的 150 多起案件中，直接涉及北京市企业的案件有 14 起，其中有 7 起案件涉及机电产品，比例高达 50%。在这 7 起涉及机电产品的案件中，除 2011 年两起案件未被裁定外，其余有 2 起败诉，分别被施以普遍排除令、有限排除令；2 起双方和解以及 1 起胜诉。具体情况见表 2。

表 2　北京市"337 调查"涉案情况一览表

立案时间	涉案企业	涉案产品	产品类别	案件结果
1986 年 12 月 29 日	中国土畜产进出口总公司	毛皮大衣	纺织	美国发布普遍排除令
1996 年 5 月 24 日	北京三环新材料高技术公司	钕硼合金磁材料	五矿	美国发布排除令和停止令
1997 年 5 月 27 日	中国轻工业品进出口总公司	多功能刀具	轻工	申诉方撤诉
1998 年 3 月 25 日	中国电影器材公司	一次性相机用胶卷镜头贴面薄膜包装	化工	美国发布普遍排除令和停止令
1998 年 9 月 4 日	北京京马新型磁性材料有限公司	稀土磁性材料	五矿	美国发布普遍排除令
2003 年 2 月 10 日	北汽福田汽车股份有限公司	农用拖拉机、割草机	机电	美国发布有限排除令
2007 年 4 月 27 日	联想集团有限公司	锂电池	机电	双方和解

续表

立案时间	涉案企业	涉案产品	产品类别	案件结果
2007年5月7日	北京富邦信业化工有限公司、北京富邦信业贸易有限公司、北京格莱蒙特国际贸易有限公司	三氯蔗糖及含有三氯蔗糖的甜味剂	化工	因北京格莱蒙特缺席，对其发布有限排除令，裁定北京富邦信业侵权不成立
2007年7月6日	北京华腾橡塑乳胶有限公司	丁腈乳胶手套	化工	裁定不侵权
2008年5月30日	中国电子科技集团有限公司	同轴电缆接头	机电	被申请人未应诉，裁定侵权成立。同意发布普遍排除令
2008年12月18日	联想（北京）有限公司、北京索爱普天移动通信有限公司	三星闪存芯片及其下游产品	机电	侵权不成立
2010年4月15日	冠捷科技（北京）有限公司	显示设备，包括数字电视和显示屏	机电	双方和解
2011年5月19日	联想集团有限公司	动作感应声音效果器和图像显示装置、零部件及相关产品	机电	未裁定
2011年6月24日	北京敦煌网公司	便携式电子产品保护套及其配件产品	机电	未裁定

数据来源：美国国际贸易委员会网站 http://info. usitc. gov

在北京所涉及的案件中，最有代表性的两个涉案企业即北汽福田汽车有限公司和联想集团有限公司，前者涉及 2003 年的"农用拖拉机和割草机案"，后者涉及 2007 年的"锂电池专利侵权案"与 2008 年的"三星闪存芯片案"。前者北汽福田因未主动应诉，其生产的农用拖拉机、割草机及其零部件最终被全部禁止出口到美国。后者联想集团及其他申诉人则积极应诉，最终与原告达到和解或被判胜诉，但支付了高昂的诉讼费。

作为排挤竞争对手的一种贸易保护手段，"337 调查"在短期内对北京市企业的出口贸易产生了一定的负面影响，尤其对机电产品出口的影响较大。这些影响主要包括：一是未涉案的相关产品可能同时受到牵连。按"337 条款"的规定，如果侵权产品被判定包括部件和相关产品的话，则排除令的适用范围也包括上游的零部件产品和侵权产品的下游产品，这无疑使整个行业都受到牵连。另外，如果申请方的证据使 ITC 确信存在普遍的专利侵权行为，除了调查的被告外，还存在众多的外国厂商也同时向美国出口侵权产品，委员会就会考虑启用普遍排除令。它将禁止所有侵权产品进入美国，而不只限于被列入被告名单的生产厂商生产的产品。二是增加机电产品对美出口难度。一方面，机电产品出口企业为了避免侵犯他人已经在美注册的专利等知识产权，不得不选择通过规避设计或更换非专利的方法避开侵权，或支付一定的专利许可费，这意味着增加出口成本；另一方面，如果某一机电产品已经被认定侵权，意味着该产品，甚至是相同产品或使用该产品的下游企业也将受到波及，进而丢失美国市场。三是增加出口成本，出口产品竞争力下降。对于想打入美国市场的机电企业来说，为了避免遭到"337 调查"，唯有增加研发成本，开发自主品牌的产品，或者支付一定的专利许可费，这两种选择无疑都会增加企业的出口成本，削弱其在美国市场的竞争力。四是不利于北京市机电产品出口结构升级。近年来，北京市自主品牌的出口产品不断增加，出口产品技术含量不断提高，出口商品结构也不断优化，高新技术制造业已成为其制造业的核心，软件和信息服务业、科技服务业也已成为其经济发展的支柱产业。但随着国外对华发起"337 调查"数量的增多，占北京市机电出口比重较大的电器电子类产品面临的威胁较大，这对提升北京市机电产品出口商品结构及出口商品国际竞争力非常不利。

但从长远来看，"337 调查"的实施对北京市出口企业提高知识产权保护意识、注重产品技术研发等方面起到良好的促进作用；对北京市知识产权保护体制的建立与完善起到了一定的示范作用。

四、北京市机电产品遭受"337 调查"的原因分析

(一)美国原因

一是机电产品是美国进口最多的商品。"337 调查"对象是进口中的商品，而机电产品一直以来都是美国进口最多的商品；二是美中机电产品存在巨大贸易逆差。自 2000 年中国取代日本成为美国最大的贸易逆差来源国以来，机电产品作为美中贸易往来的主要商品，一直都是美中贸易逆差的主要来源；三是美国企业在高新技术领域具有知识产权优势及其完善的保护体系。随着世界制造业向中国转移，大多数跨国公司转移的重点转变为区域研发中心和高端制造业，以及为此服务的现代服务业，而不是转移低端制造业。这样就必然导致中国出口产品技术含量不断提升，进而对美国相关产业构成威胁。"337 调查"作为美国知识产权保护体系中必不可少的一环，其实施或监控对象主要以专利侵权产品为主，而专利申请大多集中在机电产品等高新技术领域，从而导致针对机电产品的"337 调查"案件偏多。

(二)中方原因

一是机电产品出口附加值逐步提高。北京市作为国家科研创新基地和创新中心，无论是科研实力还是技术水平均处于全国领先地位。在北京市机电产品出口技术结构中，高技术水平产品处于主导地位，并且处于上升趋势，这无疑同时增加了北京市机电产品出口遭遇"337调查"的风险。二是受调查企业应诉不积极。在遭遇美国"337调查"时，由于应诉费用高昂，加上缺乏应对"337调查"的有效经验，导致我国企业应诉不积极。三是企业知识产权战略缺失。首先，我国的专利水平与国外相比仍有差距。从确定发明创造保护范围的权利要求以及反映发明创造技术复杂程度的说明书来看，国内外专利水平差距明显。其次，知识产权保护意识薄弱的形象削弱了我国的国际竞争力。我国一些企业也确实存在侵犯美国相关知识产权的事实，知识产权保护意识仍然需要加强。最后，企业对知识产权价值的认识不足。知识产权保护意识的薄弱导致我国企业对知识产权价值认识的缺失。有不少被诉企业在自主知识产权研发方面投入的资金较少，许多产品依靠进口核心部件再行出口。

五、应对"337调查"的对策

"337调查"的负面影响不止关乎一个企业，对整个机电行业和北京市对外贸易而言都可能构成威胁，需要我国政府部门及北京市政府、行业协会和企业的积极配合，主动应对。

从政府角度来看，首先要充分利用中美战略与经济对话等政府间双边机制进行磋商，要求美国修改337条款中的不合理因素，解决中国企业进入美国市场的知识产权壁垒问题，避免我国企业频频遭到"337调查"。其次要建立跨部门的应对协作机制。目前国内应对"337调查"的机构设置是以商务部进出口公平贸易局为主导，地方商务主管部门的政策法规处、公平贸易处等相配合的组织架构。今后需要建立以商务部公平贸易调查局为主导，国家知识产权局、商标局、版权局等以及地方政府相关机构共同参与的"337调查"应对协作机制。再次要积极推动机电企业制定知识产权战略，提高企业自身的知识产权保护意识。建议北京市政府成立专门的技术创新基金，支持机电行业形成一批对北京市经济社会发展具有重大带动作用的核心技术和关键技术装备的自主知识产权，形成一批拥有自主知识产权和知名品牌、国际竞争力较强的优势产品。最后，北京市政府应加强知识产权信息服务系统建设，加快建立健全社会化、网络化的知识产权中介服务体系，促进机电企业将自主创新成果知识产权化、商品化。

对于相关企业角度而言，首先要做好产品出口前的预防措施。一是要进行必要的专利检索、商标查询等，或委托有关机构进行必要的知识产权分析，减少侵权的可能性。还可以委托美国律师出具出口产品不构成知识产权侵权的法律意见书，并要求其承担一定的赔偿金。二是要选择对涉嫌侵权产品进行规避设计，或者通过更换非专利方法来避开侵权，或在合同中明确约定知识产权免责条款，转嫁可能存在的"337调查"风险。三是要增加研发投入，加大在美国的专利申请力度，建立起知识产权的竞争优势，从根本上提高企业防范和应对"337调查"和其他知识产权纠纷的能力。其次，被调查的企业要做好应对措施。一是选择积极应诉；二是争取联合应诉，分摊应诉费用；三是聘请有经验的中美律师等。最后，要做好败诉后的补救措施。即使企业被判决败诉，也可以通过事后的补救措施维护企业利益。如可以根据分析或ITC认定的侵权绕过专利重新设计产品，重新获得美国市场；或者与原告谈判，争取成为被告的原始设备制造商（OEM）；或者获得使用专利的许可；还可以与原告谈判成立合资企业等，这些都可以是一种双赢的局面。

北京市机电行业协会、机电产品进出口商会等社会中介组织应充分发挥其组织协调能力、重视为机电企业服务，成为企业应对"337调查"的组织者、指导者和协调者。首先协会等社会中介组织要加强对重点机电产品的出口监测机制及预警机制建设，收集、统计和发布相关信息以及"337调查"最新发展动态等。其次要发挥它们的组织和协调作用，组织企业联合应诉，从而有效降低各企业的应诉成本，增强机电行业的凝聚力，增加胜诉的可能性。再次，建立人才培训机制。目前国内对"337调查"的研究偏向理论层面，实践经验的掌握情况并不能够满足整个机电行业的需求。因此，建议北京市机电行业协会专门成立"337调查"的人才培训机制，及时为企业提供专业的法律咨询服务和优厚的人才资源。

参考文献

[1]清扬：《美国对华337调查趋势及特点》，中国商标专网，2010年2月23日。

[2]张平、黄贤涛：《我国遭受337调查现状及对策研究》，《科技创新与知识产权》，2009年第3期。

（作者：彭红斌　北京理工大学副教授）

项目名称：成本快速上升对京郊观光农业的影响研究

项目编号：12JGC097

项目负责人：钟　真

项目信誉保证单位：中国人民大学

成本快速上升对京郊观光农业的影响研究

——基于农户视角的实证分析

内容提要：观光农业不仅与传统农业一样面临土地、劳动力、农资等多种生产成本迅速上升的压力，还面临着食品、能源、房屋、日用生活品等多种消费品成本不断上升的挑战。这对一二三产紧密融合的观光农业发展产生了深刻影响。基于北京市观光农业经营户的微观研究发现：要素成本的快速上升对京郊观光农业的确产生了较大压力，但这种压力的负面影响并没有预期的那么严重，反而为大多数从业户调整和改进经营方式提供了重要契机，为此政府应科学看待成本上升对观光农业的影响，采取合理措施促进北京都市型现代农业的健康发展。

一、问题的提出

观光农业是一种农业与旅游业紧密融合的交叉产业，它不仅有利于农村资源的综合利用与农业结构的优化调整，还能促进农民就业机会的增加与农民收入的提高(孔祥智等，2009)，是体现"以工补农、以城带乡"战略的一种重要乡村产业模式。尤其在大城市周边，观光农业的城乡互动性质更为突出。自2006年开始，北京市就将观光农业作为其建设都市型现代农业的重要内容来推进，京郊观光农业得到了迅速发展。截至2012年年底，北京市农业观光园个数为1283个，总接待量1939.9万人次，实现经营总收入26.88亿元；民俗旅游接待户8367户，接待游客1695.8万人次，总收入9.05亿元(北京市统计年鉴，2013)。这为满足首都市民庞大的闲暇消费提供了绿色、健康的释放空间。

然而，随着要素价格的持续走高，无论是农业生产成本还是农村生活成本都在不断上涨。作为融合了种植、养殖、餐饮、住宿、娱乐等多种经营形态乡村产业的观光农业不仅与传统农业一样面临土地、劳动力、农资等多种生产成本迅速上升的压力，还面临着食品、能源、房屋、日用生活品等多种消费品成本不断上升的挑战。数据显示，2001—2011年全国和北京市的农业生产资料价格指数和各类消费价格指数除个别年份外总体呈现持续上升态势；尽管 2008—2009 年有所回落，但 2010 年以来又再一次表现出持续而强劲的上涨势头。

各类成本不同程度地快速上升对观光农业的发展必然产生深刻的影响。而农户是目前京郊观光农业最为重要的经营主体，其经营方式、内容和效率决定了京郊观光农业整体水平和未来发展趋势。为此，本研究从观光农业从业农户的角度对京郊观光农业经营面临着哪些成本的上升，农户的经营行为和经营收益发生了哪些变化，哪些策略帮助农户成功应对了成本上升，又是什么因素决定了农户的策略选择等问题进行实证分析。

二、已有研究现状

(一)观光农业的相关研究

自 20 世纪 90 年代以来，观光农业在世界很多地区开始兴起，学术界对观光农业的关注也逐步升温。从已有文献看，关于观光农业的研究主要集中在以下四个方面：(1)从产业融合等角度探讨观光农业的概念、内涵和发展模式等问题的理论性研究(卢云亭，1995；Busby and Rendle，2000)；(2)介绍某个国家或地区观光农业发展历史、现状和趋势的总结性分析(Gao et al.，2009；Miller and Atanda，2011；De Bon，et al.，2010)；(3)从农业多功能性的角度探讨观光农业经济社会功能的研究(Tao and Wall，2009；Zasada，2011)；(4)从经济学、管理学视角探讨观光农业本身的市场需求、成本收益等发展问题的研究(Fleischer et al.，2000；Liu and Yen，2010)。文献梳理表明，国外关于观光农业的研究无论是在政府的宏观调控、企业的市场推广、消费者的行为特征，还是环境资源的保护和利用、地理位置的选择、管理和经营模式等方面都比较成熟，并且采用了比较多的先进研究方法。但是目前国内对观光农业研究的广度和深度都还处于初步阶段，大量研究仅仅停留在基本理论和政策探讨的层面上，而针对微观层面的观光农业经营主体、中观层面的观光农业产业组织结构，以及动态的宏观环境中观光农业转型升级的相关研究还极为缺乏。这为本研究提供了巨大的研究空间。

(二)农业成本上升的相关研究

进入 21 世纪以来，我国农业成本上升的问题日益突出，尤其 2007 年以来农业生产资料价格的上涨、农业用工成本和土地成本的上升引起了众多学者的关注(姜长云、张艳平，2009；马晓河，2011；方松海等，2009)。而将成本上涨与经营主体行为联系研究较少，涉及观光农业从业户的更少。学者对成本上涨的特征及影响研究多，对于微观主体应对成本上升的行为变动研究却较少，且对象多为企业及传统农户。反映出的可能调整行为主要为调整价格(金明华等，2009)、要素替代(Dalton，et al.，1997)、加入合作组织

(Maharjan，et al.，2006；唐宗焜，2008；杨群义，2012)、节约管理费用和减少非生产支出(廖建平，1994)等。这些调整行为是否适用于观光农业从业户，是否存在其他应对措施等问题尚未得到关注。

(三)文献评述

观光农业作为北京都市型现代农业的主要组成部分，在扩大京郊农民就业、促进农户增收、加快城乡一体化进程等方面发挥了十分重要的作用(孔祥智、钟真，2009)。但是，目前关于北京市观光农业的专门性研究还较少，已有研究还只集中在关于北京市发展都市型现代农业的宏观层面的讨论：如对北京都市型现代农业的概念与属性特征的辨析(刘军萍等，2005；王爱玲等，2007)，对北京都市型现代农业发展的定位与战略思考(王有年，2007；史亚军等，2006)，对北京都市型现代农业发展中存在问题的总结与政府支持策略的探讨(郭淑敏，2004；黄映晖等，2010；陈俊红等，2010)等方面。少数文献尽管涉及了京郊观光农业，但也仅是以某一区县或特定乡村为案例的定性分析(彭朝晖等，2006；李梅等，2010)。而对农户层面的微观定量分析十分缺乏，直接探讨要素成本上升与北京市观光农业之间关系的研究更是鲜见于各类学术平台。

然而，要素成本的持续上升已经成为我国当前农业发展的一个新的阶段性特征，也是未来一个时期我国农业现代化所面临的重要挑战(陈锡文，2010)。北京都市型现代农业的发展更是要积极应对要素成本快速上升的挑战。既有文献虽然在成本上升特点及影响、农户经营决策的特征及影响因素等方面都有涉猎，但将两者相结合，系统探究某类主体面临成本上升感知及特点、影响程度、应对策略及其行为选择影响因素的研究却很少，对于观光农业这类融合多种经营形态、面临农业生产成本和消费品价格上涨多重压力的特殊经营形态的研究更为少见。而基于农户在京郊观光经营中的主体地位，研究京郊从业农户的成本上升特点、影响及应对策略对于了解成本上升对观光农业发展的影响具有重要意义。本研究正是为此而做出应有的学术努力，试图从产业融合性强、城乡联动性高的观光农业这一角度提供应对成本上升的理论依据和政策建议。

三、实证分析及其结果

本研究所用资料主要源自于以下两部分：一是来自《中国统计年鉴》《北京市统计年鉴》《全国农产品成本收益资料汇编》等宏观统计资料，以及调研区县和乡镇所提供的相关的二手资料。二是来自2012年5—10月课题组对大兴、房山、通州、延庆、怀柔、顺义6个京郊区县的12个观光农业重点发展乡镇的实地调研。调研采用问卷和访谈相结合的方式进行，共获得从业农户样本190个，其中有效样本共169个，重点从业户案例11家。这些样本户涵盖了单独经营农家乐、单独经营采摘园、兼营农家乐和采摘园及其他类型等主要经营类型，且大都依托知名景点运营，经营年限多为 15 年以下，经营项目多样化，经营季节性明显，经营规模各异，兼业情况普遍。根据京郊观光农业发展的现实情况，这些样本资料基本涵盖了京郊观光农业的主要经营形式和基本特点，具有较好的代表性。依托这些数据资料，课题组重点从以下四个方面进行了实证分析：

（一）近年来京郊观光农业经营成本上升的特征与趋势

结合官方农业成本统计的分类，本研究将观光农业的成本具体细分为农业生产成本和旅游服务成本两个方面。其中，农业生产成本主要包括物质与服务费用（资本）、人工成本和土地成本；旅游服务成本主要有食品、交通和通信、居住等费用。

在观光农业经营成本上升特征方面：第一，由于物质与服务费用和人工成本的连续大幅上涨，观光农业中农业生产成本近几年来呈大幅上涨态势；第二，由于土地成本在观光农业成本中占比较小，故尽管在过去几年土地成本不断上涨，但其对农业生产成本的影响不如物质与服务费用和人工成本明显；第三，如果观光农业中的农业生产经营采取诸如温室大棚等设施农业方式，则物质与服务费用的占比将大幅提升，此时农业生产成本受物质与服务费用的影响更加明显；第四，食品消费价格上涨对观光农业旅游服务成本上涨影响最大，其中油脂、肉禽及其制品、蛋类和水产品价格上涨幅度较大，而粮食、菜类、酒和饮料价格保持稳定或者上涨幅度较小。

在观光农业经营成本变动的趋势方面：第一，自 2008 年以来的农业生产成本和旅游服务成本的普遍上涨，仍将在未来一个时期保持刚性上升态势；第二，以物质与服务费用为主的诸多成本依然具有较强的不可控性和波动性，导致诸如控制雇工规模、缩减物质与服务费用等应对方式的可持续空间将进一步缩小；第三，经营成本的上升在一定阶段内对观光农业的发展将产生某些不利影响，但也会促进观光农业在产业结构、经营方式等方面的适应性转型与升级。

（二）成本上升对京郊观光农业从业农户收益的影响分析

第一，自 2008 年以来农业生产成本和旅游服务成本普遍、快速的上涨，对京郊观光农业经营的确造成了较大压力。本研究从细分的投入要素角度，重点对土地或房屋租金、劳动力成本、设施维护与更新成本、能源成本、农业生产资料成本、食材成本、日用消耗品、宣传费用、资金借贷等十余种成本的变动情况进行了分析，发现 2009—2011 年从业户经营总成本年均上涨率达 39％，尤其是单独经营农家乐的经营户总成本年均上涨 60％。其中，雇工费、食材费、生产资料费用、能源成本、设施维护更换费用等诸多物质与服务费用上涨尤其明显，并呈现出较强的不可控性和波动性，这导致简单采取控制雇工规模、缩减资本投入等应对方式的可持续空间逐步缩小。而土地、房屋租赁、广告宣传、资金借贷等成本目前对京郊观光农业的影响还相对有限,但其影响程度或随着观光农业的发展进一步加大。

第二,面对成本快速上升,大多数观光农户成功保持了稳定甚至增长的利润率水平。从收入角度而言,在上述各类成本的不断上涨压力下,京郊观光农业的经营利润总体收窄,从业户平均的投资收益率也逐年下滑。然而,并非所有从业户都出现了明显的利润下降问题。相反,一些从业户依然保持了较为稳定的盈利水平,近70%的经营户基本维持了平稳的利润水平,且有25%的农户实现了利润率的持续增加或曲折增长。可见,大多数观光农业的从业户在成本快速上升的情况下成功保持了稳定甚至增长的利润率水平。这对处于成本快速上涨过程中的京郊观光农业而言,是一个十分积极和有利的信号:尽管观光农业面临双重成本压力,其经营收益存在收窄趋势,但在现有政策条件和经济环境下京郊观光农业总体上能够应对成本上涨的挑战。

(三)观光农业从业户应对成本上升的策略及其影响因素分析

面对经营成本的快速上升,观光农业从业户较普遍的应对措施主要有:调整产品或服务价格、改变投入品来源、改变投入数量或质量、调整经营规模、增加收益来源、积极争取客源、改善经营管理、寻求外界力量帮助共八种做法(当然,不采取措施和退出经营也是从业户应对成本上升的两个选项,但实际比例较低)。其中,不采取任何应对措施的经营户约占15%(26户),采取1种措施的约占58%(98户),采取两种及以上措施的约占27%(45户)。

根据对观光农业从业户应对策略选择和应对能力的影响因素的计量分析显示:经营者对劳动成本上升的强烈感知,平均经营收入对从业户选择调整价格、改变投入要素数量和质量、发挥规模效益等应对措施具有显著影响。调整价格作为最主要的应对措施还受到经营户多样化经营方式、周边是否有景点、是否有相关合作组织的显著影响。同时,经营户应对成本上升的能力和积极性虽然也受其感知到的劳动力等成本上升冲击程度和周边是否有景区等经营环境的影响,但观光农业的经营特点和经营者个人特征的影响并不显著。这一结果说明,虽然诸如调整价格等经营户应对成本上升的具体措施受到多方面的影响,但经营户应对成本上升的能力主要受到成本上升的冲击程度和经营环境等外生因素的影响,故控制成本过快上涨和改善经营环境将是促进观光农业在成本快速上升的背景下健康持续发展的两大政策方向。

(四)京郊观光农业从业户成功应对成本上升的案例启示

通过对15家京郊观光农业从业户的多案例剖析表明,从业户成功应对成本上升的主要方式可以归纳为调整价格、外出购置转向内部生产、投入要素替代、发挥规模效益、寻求外界帮助、增加收益来源共六条经验。农户因素、政府因素和产业本身因素影响着京郊从业农户应对措施的选择及其效果。其中，农户因素主要来源于观光农业从业户群体中持续扩大的异质性，而这种异质性正是京郊农户长期分化所致；政府因素主要来源于政府对观光农业的支持政策的差异，而这种差异主要是由于各区县发展都市型现代农业的方向和重点不同所致；产业自身因素则主要来源于各种观光农业发展模式所具有的特殊性（如合作化经营模式），当然这主要与不同区域观光农业发展的历史和成熟度有关。这表明，一方面加强基础设施建设，完善观光农业行业规范，积极培育当地特色品牌，可以为观光农业从业者提供良好的经营环境，并增强从业户抵御风险的能力和做出经营调整的可能性；另一方面重视观光农业相关的合作组织的发展，并鼓励其不断创新经营模式，使从业户获得更多的实际收益，可以减小成本上涨对从业户的负面影响，促进观光农业从经营形式到经营内容的多方面转型。

四、研究结论与政策建议

十八大报告提出，城乡发展一体化是解决"三农"问题的根本途径。而观光农业是促进城乡一体化发展的重要产业形式。2015年中央一号文件明确提出，要"增加农民收入，必须延长农业产业链、提高农业附加值"。而观光农业正是推进农村一二三产业融合发展的重要战略抓手。随着我国经济步入新常态，要素成本上升已经成为新时期中国农业农村发展的重要挑战，观光农业从业者更是面临农业生产成本和旅游服务成本齐升的严峻挑战。

通过对北京观光农业经营成本及其影响的宏观分析和对京郊观光农业从业户的实地调查及相关实证分析，本研究认为：要素成本的快速上升对京郊观光农业的确产生了较大压力，但这种压力的负面影响并没有想象的那么严重；相反，大多数从业户基本维持了稳定甚至增长的利润率水平。这说明成本快速上升为大多数从业户调整和改进经营方式提供了重要契机，而从业户经营模式的转变正是北京观光农业在新时期转型升级的基础。为此政府应科学看待成本上升对观光农业的影响，采取合理措施促进北京都市型现代农业的健康发展。

基于上述结论，本研究提出如下政策建议：

第一，准确把握观光农业经营成本上升的基本特征和未来趋势，努力将成本上升带来的挑战转化为适应高成本时代农业农村发展的新机遇。观光农业的产业性质决定了其经营至少涉及农业和旅游两大领域，故要素成本的上升必然使其面临农业生产成本和旅游成本的双重压力。并且，经营成本的上涨在未来一个时期仍将保持刚性上升态势，故观光农业面临的双重压力还将继续存在。但也需要看到，尽管经营成本的上升在一定阶段内对观光农业的发展产生某些不利影响，但也为促进观光农业在产业结构、经营方式等方面的适应性转型提供了重要契机。只有正确认识观光农业所面临的特殊的经营成本上升问题,才能进一步提高观光农业在城乡经济社会中重要作用。

第二,高度重视以农户为主体的观光农业经营主体,积极培育和发展观光农业新型经营主体。农户家庭经营依然是当前农村基本经营制度的基础。京郊观光农业的经营主体也依然以中小规模的农户经营为主。这是京郊乡村经济发展的必然结果和现实基础。政府相关部门必须高度重视这一基本事实,并采取措施切实支持农户家庭经营内容和方式的转变,有效保障其土地承包经营权、集体经济成员权等财产权性权利,进一步促进农民增收。但也需要看到,农户家庭经营也存在规模小、资源利用粗放等缺点,故必须要在坚持家庭经营的基础上鼓励观光农业的规模化和多样化经营,以资源集约利用、生态环境保护为导向鼓励专业大户、合作社、企业参与京郊观光农业的发展,进一步提高北京乡村地区的经济活力和对城乡居民的吸引力。

第三,有效抑制成本过快上涨和大力改善观光农业经营环境,促进京郊观光农业健康、可持续发展。一方面,在结合宏观物价控制手段的基础上,政府应根据北京都市型现代农业和旅游业的发展特点,研究建立针对观光农业(或休闲农业)的支持政策,如设立专项补贴、示范奖励、评优宣传等,有效管控要素成本过快上涨的势头,切实减轻成本上涨给观光农业带来的压力。另一方面,政府应进一步加强观光农业发展的重点区域和潜力区域,尤其是景点或特色乡村旅游区的基础设施建设,改善观光农业经营的区位条件,并重视和支持观光农业的组织化和社会化发展,强化合作组织、涉农企业发挥对普通经营户的带动作用,增强经营户抵御风险的能力和扩大其经营调整的潜在空间,加快京郊观光农业的转型升级。

第四,在"京津冀一体化"的要求下,强化北京"观光农业"的溢出效应,将其打造成为"大北京地区"城乡一体化的重要抓手之一。在资源约束和生态保护的要求下,北京市近年来大力推进都市型现代农业的发展,京郊各区亦对观光农业的发展给予了高度重视。尤其是一些观光农业发展较早的区(如怀柔、密云、大兴等),在基础建设、政府宣传、产业规划、资金扶持等方面已经采取了较多的措施,为观光农业从业户采取措施应对成本上升提供了政策保障。同时,北京庞大的消费需求亦对观光农业从业户成功应对成本上升提供了市场保障。但也需要看到,北京市应对成本上升的经验或许正是由于其特殊的"双重保障"而存在一定的局限性。在一些政府支持能力相对薄弱、观光农业需求不太旺盛的地区,从业户在成本快速上升的情况下或许无法利用这些经验来成功应对,进而面临更大的经营困境。如地处北京外围隶属河北省的一些区县,因距离城市较远、交通不便、知名度低等问题,其观光农业的从业户在应对成本上升方面与北京的情况形成较为鲜明的对比,但这恰恰是京津冀一体化发展战略所要突破的体制机制问题之一。只有区域间政策联动,市场互通,加强"双重保障"对提升观光农业从业户应对成本上升等风险的能力，才能实现经验共享，促进观光农业适应"高成本时代"的优化升级。

参考文献

[1]Busby G.，Rendle S..The transition from tourism on farms to farm tourism. *Tourism Management*，2000，21(6).

[2]Dalton，T. J.，Masters，W. A. and Foster，K. A. Production Costs and Input Substitution in Zimbabwe's Smallholder Agriculture. *Agricultural Economics*，1997，Vol. 17.

[3]Fleischer，A.，Felsenstein. D..Support for small-scale rural tourism：Does it make a difference? *Annals of Tourism Research*，2000，Vol. 27.

[4]Gao，S.，Huang，S.，& Huang，Y..Rural tourism development in China. *International Journal of Tourism Research*，2009，11(5).

[5]De Bon，H.，Parrot，L.，Moustier，P..Sustainable urban agriculture in developing countries. *Agronomy for sustainable development*，2010，30(1).

[6]Miller，J. W.，Atanda，T..The rise of peri-urban aquaculture in Nigeria. *International Journal of Agricultural Sustainability*，2011，9(1).

[7]Liu，C. H.，Yen，L. C..The effects of service quality，tourism impact，and tourist satisfaction on tourist choice of leisure farming types. *African Journal of Business Management*，2010，4(8).

[8]Maharjan，K. L.，Fradejas，C. C..Role of Cooperative in Improving Access to Production Resources and Household Economy of Backyard Pig Raisers in Batangas，Philippines. Poster paper prepared for presentation at the International Association of Agricultural Economics Conference 2006 Annual Meeting，Queensland，Australia，2006(August).

[9]Tao，T. C.，Wall，G..Tourism as a sustainable livelihood strategy. *Tourism Management*，2009，30(1).

[10]Zasada，I..Multifunctional peri-urban agriculture：A review of societal demands and the provision of goods and services by farming. *Land Use Policy*，2011，28(4).

[11]北京市统计局：《北京市 2012 年度统计年鉴》，北京：中国统计出版社，2012 年。

[12]陈俊红、王爱玲、周连第：《北京农业科技服务体系发展现状及创新模式研究》，《农业经济》，2010 年第 3 期。

[13]陈锡文：《当前农业和农村经济形势与"三农"面临的挑战》，《中国农村经济》，2010 年第 1 期。

[14]方松海、王为农：《成本快速上升背景下的农业补贴政策研究》，《管理世界》，2009 年第 9 期。

[15]郭焕成、刘君萍、王云才：《观光农业发展研究》，《经济地理》，2000 年第 2 期。

[16]郭淑敏：《都市型农业土地可持续利用问题研究》，中国农业大学博士学位论文，2004 年。

[17]黄映晖、孙世民、史亚军：《北京都市型现代农业社会化服务体系创新模式研究》，《中国农学通报》，2010 年第 20 期。

[18]姜长云、张艳平：《近年来我国农产品成本变化的特点、原因及趋势分析》，《经济研

究参考》，2009 年第 58 期。

[19]金明华、任泽洙：《面对成本上升压力企业调价策略探究》，《商业研究》，2009 年第
　　3 期。

[20]孔祥智、钟真：《观光农业对农民收入的影响机制研究——以京郊观光农业为例》，
　　《生态经济》，2009 年第 5 期。

[21]李梅、苗润连：《北京山区休闲农业与乡村旅游现状及对策研究——以昌平区流村镇
　　为例》，《广东农业科学》，2010 年第 1 期。

[22]廖建平：《企业成本上升的原因及控制对策》，《航天工业管理》，1994 年第 3 期。

[23]刘军萍、荣文笏：《北京都市型现代农业的定位与优势条件的耦合分析》，《中国农业资
　　源与区划》，2005 年第 6 期。

[24]卢云亭：《谈新型交叉产业——观光农业》，《中国旅游》，1995 年第 3 期。

[25]马晓河：《中国农业收益与生产成本变动的结构分析》，《中国农村经济》，2011 年第
　　5 期。

[26]彭朝晖、杨开忠：《政府扶持下的都市农业产业群模式研究——以北京市延庆县为
　　例》，《中国农业大学学报》，2006 年第 2 期。

[27]史亚军、黄映晖：《从战略高度认识北京新农村建设与都市型现代农业发展问题》，
　　《北京农学院学报》，2006 年第 4 期。

[28]唐宗焜：《合作社功能和社会主义市场经济》，《经济研究》，2008 年第 12 期。

[29]王爱玲、秦向阳、文化：《都市型现代农业的内涵、特征与发展趋势》，《中国农学通
　　报》，2007 年第 10 期。

[30]王有年：《新时期北京都市型现代农业的发展与创新》，《高等农业教育》，2007 年第
　　9 期。

[31]杨群义：《拓宽农民专业合作社服务功能》，《江苏农村经济》，2012 年第 6 期。

（作者：钟　真　中国人民大学副教授）

项目名称：京津冀都市圈生态休闲农业发展的关键问题及对策研究

项目编号：12JGC105

项目负责人：张　敏

项目信誉保证单位：北京市科学技术研究院

京津冀协同发展背景下生态休闲
农业发展瓶颈及对策研究

内容提要： 在京津冀协同发展重大国家战略实施的时代背景下，基于生态保护与市民休闲大力发展生态休闲农业，是缓解京津冀区域生态环境压力、消除区际经济社会发展水平差距、促进城乡统筹发展的一个重要突破口。本文立足京津冀协同发展的战略需求，围绕环境、社会、经济和空间四个维度阐明了生态休闲农业的功能定位体系，从生态环境保护与适度开发、环境公平利用与外部效应、低碳技术创新与辐射推广、产业集聚和区域品牌创建四个方面透视了生态休闲农业发展的关键问题，提出了发展生态休闲农业、加快京津冀协同发展、推进城乡统筹的对策建议。

进入 21 世纪以来，发达国家已经步入"城乡（都市圈）统一规划"和"环境保护与环境利用"阶段，休闲空间和绿色空间的创造已经成为大都市区农业发展的首要目标。当前，在京津冀协同发展重大国家战略实施的时代背景下，基于生态保护与市民休闲大力发展生态休闲农业已经成为新的重要议题。所谓生态休闲农业，是指围绕生态农业、生态旅游、生态文化、生态家园和生态科技等主题，以生态观光、郊野休闲、农耕实践、农趣体验、科普教育、旅游度假为主要内容的一种农业形态。它强调农业、生态、经济、人文等因素的统筹协调发展，目前已经成为世界大都市圈城乡互动过程中一种新兴的、融合的、高级的农业形态，在区域生态环境保护和经济协同发展中发挥着越来越重要的作用。京津冀区域区位条件优越、乡村腹地广阔、生态资源丰富、区际经济互补、文化同根同缘，该区域有望成为继珠三角和长三角之后中国经济增长的"第三极"。然而，京津冀三地经济社会发展水平差异过大和环京津生态环境恶化等问题严重制约着三地一体化发展。立足城乡统筹和区域协作发展生态休闲农业，将成为消除京津两大核心城市与周边地区经济社会发展相互脱节的一个突破口。本文从环境、社会、经济和空间四个维度构建分析框架，探讨京津冀协同发展背景下生态休闲农业的功能定位、当前存在的发展瓶颈及相应的突破对策，为国家及京津冀三地各级政府科学引导、相关生产经营主体有效参与生态休闲农业发展提供理论依据和实践指导。

一、京津冀生态休闲农业的功能定位

京津冀协同发展重大国家战略实施，将着力打造现代化新型首都圈和具有较强竞争力的世界级城市群，使之成为我国经济发展新的支撑带。京津冀区域的生态休闲农业作为一个空间开放的自然、社会、经济复合生态系统，不仅包含由农地、林地、湖泊、湿地、海洋、农业生物资源与环境等构成的自然生态系统；而且是一个以旅游观光为主体，集文化娱乐、产品供给、物质消费和精神服务为一体的社会系统；也是以商品生产、经营管理、销售与购买为主的经济系统；还是一个休闲空间、生产空间圈层布局或融合交叉的区域空间系统。因此，在京津冀协同发展进程中，生态休闲农业发展的总体目标与城乡经济社会发展目标是一致的，其功能定位应当满足京津冀协同发展所需的综合性功能。本文结合京津冀协同发展的战略需求，从环境、社会、经济、空间四个维度阐明生态休闲农业的功能定位体系，如图 1 所示。

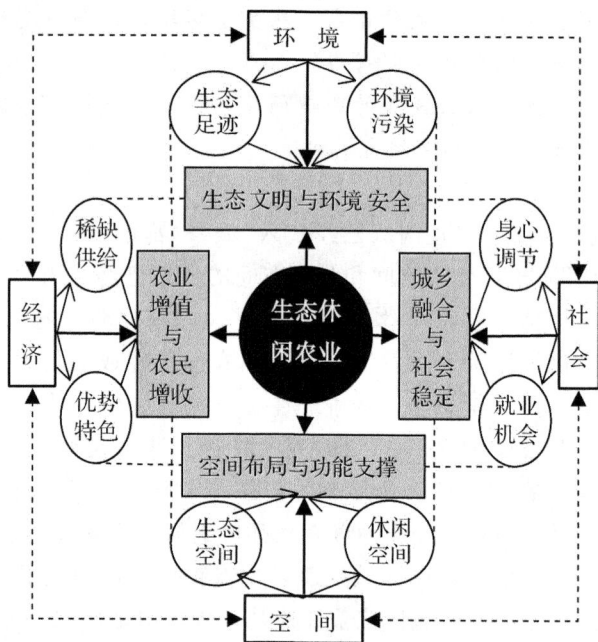

图 1　生态休闲农业的功能定位体系

(一)环境维度：建设生态文明与保障环境安全

在国家提出以人为本、全面、协调、可持续发展观的时代背景下，以京津冀三地要素资源共享、产业优势互补、生态环境同保为导向，立足于资源环境承载力，把绿色发展、循环发展、低碳发展作为基本途径，通过引进和创新、转化和示范、应用和推广低碳生态技术有效控制农业面源污染、改善农村生态环境，减少城市的生态足迹，有效保护环境，促进生态安全。这不仅是满足城市居民回归自然、放松身心的需求，也是加快建设资源节约型和环境友好型社会，实现京津冀区域经济社会可持续发展的基础前提。

（二）社会维度：加快城乡融合与维护社会稳定

目前，京津两市的经济发展已经进入后工业经济时代，强效拉动京津冀经济一体化发展格局正在形成。如何在有效保留农业用地、为农民提供更多就业机会，与为城市居民提供生态休闲场所、充分释放工作压力之间寻求平衡，成为京津冀一体化的关键。近年来，京津两市的都市农业快速发展，以农业的多功能开发为中心，依托京津冀都市圈广阔的消费市场和要素供给市场，农村和农业的发展与休闲、文化、精神、旅游等活动的联系越来越紧密，生态休闲农业发展态势良好。生态休闲农业借助农业活动，促进市民与农民之间的社会交往，既有效满足了上述需求，又促进了相互理解和城乡融合。

（三）经济维度：促进农业增值与实现农民增收

京津冀三地的农业和农村经济发展具有梯次互补性。北京市强化都市型现代农业的开放式发展，天津市农业定位于沿海外向型都市农业，两地农业生产主要供应本地居民或支持前往休闲观光园、生态农庄等地旅游者的消费，产业链条较短且以区内为主。河北省大部分地区的农业属于基地型现代农业，所生产的粮食、蔬菜、水果、禽蛋和肉类产品，除满足本省需求外大多供应京津市场。根据差异化的功能定位、自然资源与市场需求优化三地生态休闲农业结构，发挥特色农产品和生态休闲服务的稀缺性功能，提高资源使用效率、产业比较收益，促进农业增值，实现农民增收，加快京津冀城乡经济融合发展。

（四）空间维度：统筹空间布局与强化功能支撑

京津冀区域生态休闲农业的绿色空间包括京津城市近郊、津冀滨海地带、东南平原农区、坝上高原与山地丘陵区，该区域拥有优越的区位条件、坚实的经济基础、多元化的绿色空间和巨大潜力的生态休闲旅游市场，发展生态休闲农业具有得天独厚的条件。鉴于京津冀三地农业和生态资源分布的地域性以及生态休闲农业的城市依托属性，既可着眼于城市空间，基于近郊区和远郊区形成休闲体验或生态安全主导的圈层式布局，又可着眼于都市圈，基于田园乡村、山谷沟林、河塘湖海等载体，形成集群式或带状式布局，从而使生态休闲农业在发挥生态、经济和社会功能的同时，成为空间体系中不可或缺的部分。

生态休闲农业在上述四个维度的功能定位不是孤立的，而是相互影响、共同发挥作用的。从空间经济系统角度发展生态休闲农业，不仅要考虑为其市民提供生态休闲场所，还要因地制宜，发挥特色优势，提高生态休闲农业的经济效益；从社会环境系统角度发展生态休闲农业，既要考虑为当地农民创造更多的就业机会，又要考虑减少生态足迹，保障当地及周边生态环境安全，而并非以牺牲生态环境来满足市民休闲与农民增收的需求。

二、京津冀生态休闲农业发展的瓶颈问题

基于生态休闲农业的功能定位体系进行业态融合与创新，是加快京津冀大都市区现代农业发展和新农村建设的重要突破口，对推进京津冀协同发展和城乡统筹具有重要意义。本文以产业价值分析和主体利益分析为切入点，从生态环境、外部效应、低碳技术和产业集群等视角，剖析京津冀协同发展背景下生态休闲农业需要突破的瓶颈问题，如图 2 所示。

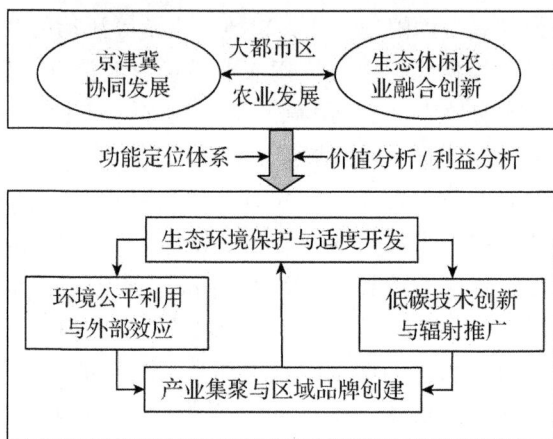

图 2　生态休闲农业发展瓶颈及其关系

（一）生态环境保护与适度开发问题

生态休闲农业强调人与自然的活动，其生态环境是村田人工复合系统与交通旅游系统的叠加，主要体现在农田、河流、池塘、海洋、果林、草地、森林、村落、交通、游览等系统在空间上的相互交错，以及人流、物流和能量流在各个系统中的交换，因此其对生态环境的质量诉求要远远大于传统农业及工厂化农业。京津两地的生态休闲农业起步较早，生态安全和环境保护早已成为产业发展的重要内容，目前拥有高科技和精品生态农业观光园、生态观光村和生态农庄等多种发展模式。河北省大部分地区发展生态休闲农业，很大程度上仍以提高农业效益、增加就业机会和实现城乡经济融合等功能为主，对生态环境开发有余、保护显著不足。尤其是环京津周边地区贫困与生态问题交织，近年来迫于脱贫压力遭遇了过度垦殖和旅游开发，生态环境呈退化趋势。

（二）环境公平利用与外部效应问题

生态休闲农业以促进生态、资源、农产品质量安全与提高农业综合效益

的协调统一为目的，其发展产生正外部性，如优越的生态环境、完善的基础和服务设施、对食品安全的推动等，周边农村居民生活质量提高、农家餐厅生意兴旺，社会公众因此而无偿获益；与此同时，休闲农业经营中也伴随负外部性，如游客对生态环境的随意和过度使用影响后来者的休闲体验效应。从京津冀三地生态休闲农业发展现状来看，受政府观念引导、物质和财力投入等因素影响，北京发展生态休闲农业产生的正外部性明显高于天津和河北；同时也因国内外游客汇集导致环境使用过度，负外部效应也比较明显。因此，如何将负外部效应内部化，促进环境公平利用，实现休闲农业发展与生态安全良性循环是京津冀生态休闲农业发展、生态文明建设的关键。

(三)低碳技术创新与辐射推广问题

生态休闲农业是以高新农业技术为先导，以绿色农业、生态农业和循环经济模式为主体，生态与经济协调共生的一种现代农业发展模式，其发展需要不断创新的农业科学技术来提供支撑。北京作为我国创新资源最富集地区，农业科技的创新主体众多、创新平台趋于完善、创新水平全国领先。近年来，在北京市发展都市型现代农业的战略部署下，农业科技创新成果增多、推广力度加大，以科技示范型、环境友好型、资源节约型农业为载体的生态休闲农业成为农业和农村经济发展的新的增长点。但是，作为有条件接受首都辐射的天津市和河北省，却不同程度地存在低碳生态技术转化困难、传播速度慢、产业化推广覆盖范围小等问题，这在很大程度上制约了京津冀生态休闲农业的同步推进、辐射带动和梯次发展。

(四)产业集聚与区域品牌创建问题

产业关联性是产业集群形成的基础。京津冀三地的生态休闲农业在培育发展之初多依托当地自然资源、特色文化或区位优势，以自组织形态不断衍生形成。由于普遍缺乏顶层设计，生态休闲农业经营和管理主体大都忽视了与精品农业、科技农业、循环农业之间的合理布局和交融互动，没有充分发挥对特色农产品生产、精深加工、储运配送以及特色手工艺品制造、商贸服务等环节的推动作用；加之同一区域生产经营主体之间模仿痕迹严重，存在重复建设及恶性竞争，没有打造成一系列知名度较高的生态休闲农业区域品牌，不同区域之间也没有形成特色差异明显的产业集群或聚落，导致生态休闲农业的品牌化、集群化和网络化发展存在瓶颈，难以支撑形成京津冀生态休闲农业的空间经济体系。

三、京津冀生态休闲农业发展的对策建议

国外大都市区生态休闲农业发展以法国的巴黎大区和日本的三大都市圈为代表，其成功得益于政府引导和适度扶持、行业协会积极推动、资源整合和开发经营模式多样化，取得了均衡的经济、社会和生态效益。国内以长三

角和成渝两大都市圈(生态)休闲农业为代表,通过统筹规划形成集聚发展格局,推行规模与特色开发模式,协调生产、发展与生态环境之间的关系,促使以城市(群)为中心的休闲农业区带动周围乡村地区休闲农业的发展,形成了点、线、面相结合的都市圈生态休闲农业新格局。针对京津冀生态休闲农业发展的功能定位要求及涉及的瓶颈问题,借鉴国内外大都市圈生态休闲农业发展经验,提出突破瓶颈、促进京津冀生态休闲农业发展的对策建议,以推进区域协作,加快京津冀一体化进程。

(一)统一思想,立足区域资源环境承载力

在新的发展阶段,国家及京津冀生态休闲农业管理相关部门统一思想,立足于资源环境承载力,将生态休闲农业作为一种可以永续利用资源、绿色环保的产业形态,既要保证农业发展的良好势头和生活环境的持续改善,又要增强民众珍惜资源、保护环境的自觉性,力争将生态休闲农业经济活动对自然环境的影响控制在尽可能低的程度,并把自然资源、生态环境等因素与低碳技术、土地、劳动力生产要素相融合,使之同时满足游客生态休闲需要、经营者和当地居民的生产生活需要。

(二)生态同保,京津冀休闲旅游一体发展

发达国家发展生态休闲农业已经开始"城乡(都市圈)统一规划",基于自然资源和环境保护与开发利用来创造生态空间和休闲空间。对于社会经济发展水平梯度差异显著的京津冀区域而言,要将生态休闲农业作为促进区域分工协作和城乡统筹发展的切入点,以生态环境一体的空间结构为导向,基于各自市场需求、资源和区位优势打造差异化的生态休闲空间,并借助三地联合推出的"京津冀休闲农业与乡村旅游"精品线路,促进生态休闲观光农业资源和产品整合开发、优势互补、共赢发展,共同打造京津冀生态休闲农业旅游圈。

(三)差异互补,低碳科技创新与服务支撑

根据京津冀各区域生态特点和农业定位选择差异化发展模式,设计相应的低碳农业科技创新与转化推广服务项目支撑,形成完整的科技价值链,全面推进生态休闲农业一体化发展。建议依托国家现代农业科技城,搭建科技创新服务平台;对于北京和天津两个城市化水平高、经济发展快速的地区,着重发展以低碳、生物、智能、信息等高新技术主导的生态农业观光园和生态休闲农庄;对于位于河北省的大中城市郊区,则适宜以现代设施、循环模式和优新品种主导发展精品型生态农业观光园,以提升生态休闲农业的经济价值。

(四)集群发展,打造区域化生态休闲品牌

国家及京津冀各级政府与相关部门共谋发展合作,以区域现有的生态休闲农业集群、聚落和节点为基础,综合考虑生态与农业资源的地域根植性、

生态休闲市场与客户的城市依托性，在产业发展极核、圈层、区带、集群等方面加强顶层设计。以集群为载体整合种苗繁育、特色农产品种养、采摘加工、流通销售等产业资源，实现各产业联动发展。发挥政府引导和行业协会的规范、监督、协调职能，营造区域品牌建设氛围，搭建专业的旅游服务宣传推介渠道，提升区域品牌知名度和影响力。

参考文献

[1]杨振山、蔡建明：《都市农业发展的功能定位体系研究》，《中国人口·资源与环境》，2006年第5期。

[2]刘娟、孙素芬、郭强：《发展生态休闲农业的理论与途径探析——以北京市为例》，《安徽农业科学》，2008年第2期。

[3]李林、蒋伟：《国内外休闲农业研究》，《农业研究与应用》，2011年第3期。

[4]夏显力：《大都市边缘区休闲农业发展内涵模式及其策略研究》，《生态农业》，2007年第12期。

[5]陈安国：《京津冀都市圈区域收入差距的演变趋势研究》，《京津冀都市圈理论与实践的新进展》，北京：中国经济出版社，2010年。

[6]王军、石嫣、董谦：《试论京津冀农业区域协作》，《天津行政学院学报》，2007年第8期。

[7]杨英法、袁彪：《关于河北休闲农业发展的思考》，《农业经济》，2010年第8期。

[8]裴红罗、王运圣：《休闲农业发展探析——基于生态环境的视角》，《中国农学通报》，2011年第1期。

（作者：张　敏　北京市科学技术情报研究所助理研究员）

项目名称：人民币国际化对北京市金融产业竞争力的影响研究
项目编号：13JGB030
项目负责人：涂永红
项目信誉保证单位：中国人民大学

人民币国际化对北京市金融产业
竞争力的影响研究

内容提要：北京金融业多年来保持快速增长态势，总部经济特征显著，是国家金融管理中心，也是科技产业汇聚、人才供应充足的高地。人民币国际化将为北京金融产业竞争力提升带来难得机遇，北京金融业将在世界平台上配置国内外资源。然而，在人民币国际化过程中，北京金融产业发展也将面临新问题、新挑战。北京应积极吸取国际先进经验，结合自身实际，科学构建地方金融管理体系构架，保证区域金融的健康稳定发展。

作为支柱产业，北京金融业多年来总体保持快速增长态势。2014 年，北京金融产业增加值达 3310.8 亿元，同比增长 12.3%，占地区生产总值的 15.4%。当前，北京金融业已形成了以银行业为主体、证券与保险业快速发展、地方性金融机构蓬勃活跃、科技与文化金融为特色、"一主一副三新四后台"的基本格局。相较于全国其他地区，北京金融业发展有其独特的优势，总部经济特征显著，是国家金融管理中心，也是科技产业汇聚、人才供应充足的高地。在人民币国际化背景下，北京金融业将在世界平台上配置国内外资源。课题组通过理论分析与实证检验发现，人民币国际化对北京金融产业竞争力的提升具有积极意义，将为首都金融发展带来四大机遇：金融业地位进一步上升；金融市场大幅扩容；业务模式优化，中介体系蓬勃发展；优化产业结构与经济竞争力。然而，在人民币国际化过程中，北京金融产业发展也将面临金融竞争加剧、业务风险加大等一系列挑战。北京应当积极吸取国际先进经验，结合自身实际，科学构建地方金融管理体系框架，保证区域金融的健康稳定发展。

一、人民币国际化对北京金融产业竞争力的影响机制

人民币国际化是新时期国家战略，将会对我国经济的方方面面产生影响，金融业更是首当其冲。立足北京视角，人民币国际化将从以下四方面作用于

北京金融产业竞争力（如图1所示）。

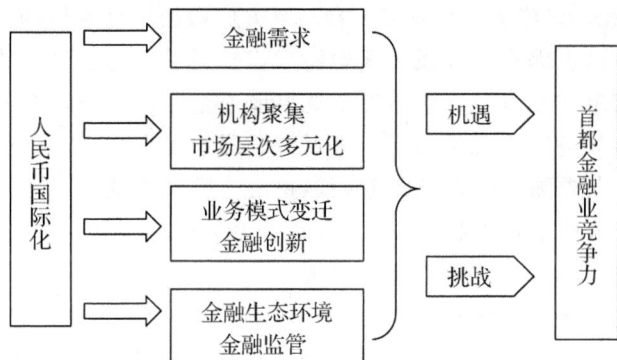

图1　人民币国际化对首都金融业竞争力影响机制

首先，人民币国际化将会使首都金融市场的外延得到极大的延伸，面对国内、国外两个市场，北京金融需求水平将大幅上升；其次，伴随资本市场开放步伐的加快与离岸人民币的多渠道回流，中国金融开放度不断提高，在金融需求快速增加的同时，由于金融资源的聚集，也会形成更加丰富、多层次的金融供给；再次，人民币国际化导致金融机构的业务模式随之变化，促使金融机构加快创新以适应新的金融发展环境；最后，人民币国际化将全面提升首都的金融生态环境，对金融监管也提出了全新的要求。

（一）人民币国际化为北京金融业发展带来的机遇

人民币国际化将为首都经济金融发展、金融环境建设、人才聚集以及金融基础设施完善等带来积极影响，北京应当抓住人民币国际化进程中的难得机遇，全面推进金融产业竞争力的提升。

1. 金融业地位进一步上升

当前，北京经济结构以服务业为主，金融业是经济发展的重要引擎。未来伴随人民币国际化的不断深入，北京金融业将迎来爆发式增长。纵观世界主要金融中心城市发展历程不难发现，随着本国经济与货币国际化的快速发展，金融中心城市都会涌现出更多的金融机构，聚集更多的金融资源，金融业发展速度必将快于其他产业。其根源在于与其他产业相比，金融业具有更强的辐射效应。北京是我国重要的金融中心城市，是众多金融、非金融企业总部与监管机构所在地。在人民币国际化背景下，更多的外资金融机构和国际金融组织将涌入北京，从整体上提升首都金融产业竞争力。由于市场外延的扩大，中资金融机构的服务对象也不再局限于境内客户，中资金融机构将进一步加快国际化步伐，积极推进金融创新，努力占领人民币业务制高点。

2. 金融市场大幅扩容

人民币离岸市场蓬勃发展，离岸人民币规模不断攀升。截至2014年年底,香港人民币存款规模已经突破 1 万亿元,新加坡地区的人民币存款规模也达 2770 亿元。离岸人民币规模上升,一方面增加了金融机构可调动的金融资源,另一方面也提高了人民币金融需求,扩大了市场容量。从金融需求端看,人民币需求方由境内企业拓展至更多境外企业,境内外企业均可选择在境内或离岸市场进行人民币融资、理财等金融服务;从金融供给端看,人民币国际化进程与中国金融市场开放相辅相成,可以预见未来外资金融机构也会更多参与到人民币相关业务中,人民币金融资产供给也将不断增加。

3. 业务模式优化,中介体系大发展

人民币国际化不仅将推动商业银行积极创新,完善人民币跨境相关业务,满足企业、个人的全方位综合金融需求,也将通过规模效应降低资金成本,促进股票、债券等直接融资方式发展。同时,人民币国际化也带动了人民币资产管理、人民币金融衍生品服务以及保险业的相关需求。金融功能的实现不仅依赖于金融机构,还需要一个健全的金融中介服务体系的支撑。例如伦敦金融实力的强大就与其金融中介体系发展密切相连。在人民币国际化的背景下,首都金融机构的服务对象变得更加广泛,金融中介服务业有望步入发展快车道,从方方面面配合人民币国际业务拓展需要,为金融机构与中资企业走出去保驾护航。

4. 优化产业结构与经济竞争力

金融市场的范围跨越国界,金融机构的服务对象也将跨越国界,首都作为我国金融机构的总部基地,将从人民币国际化、金融市场国际化中获得其他城市无法匹敌的开放红利。北京经济对外依赖程度较高,人民币国际化将降低外汇风险,提高贸易便利性,进而降低北京进口成本和输入性通胀风险,为实体经济与居民生活带来实实在在的改革红利,提升总部企业对外投资等国际资源配置的主动权,推动生产型服务业对外延伸,优化首都产业结构,推动创新与技术进步,为提升北京整体竞争力增添新的动力。

(二)人民币国际化给北京金融业发展带来的挑战

人民币国际化在为北京金融业发展带来前所未有的机遇同时,也带来了新的风险与挑战。如何有效应对这些挑战,直接关系到首都金融业能否在未来保持健康稳定的发展。

1. 金融竞争加剧

尽管目前北京地区外资金融机构的市场份额仅为 2.3%,然而伴随人民币国际化与中国金融市场的进一步开放,外资金融机构凭借其高度国际化与管理水平,已对人民币业务表现出极大的热情。未来,人民币境内外市场联动进一步加强,外资金融机构必将加快进入中国这个最大的人民币资金池,并且利用其先进丰富的管理经验,与中资金融机构在人民币理财、资产管理和保险业务中一较高下。而首都北京作为外资机构的首选之地,未来金融机构的竞争必然更加激烈。长期以来，中资银行，特别是大型商业银行，更多的是在利率管制的市场条件下从事存贷业务，中间业务的发展长期不足。因此，全新的市场环境对中资金融机构的业务发展提出了严峻的挑战。与此同时，中资金融机构加快走出国门，也将面临激烈的市场化竞争、法制文化冲突，其经营管理风险大幅增加，需要防范外部风险传染。

2. 金融机构盈利能力需加强

人民币国际化同时也是中国金融体系市场化与对外开放的一个过程，必将加速市场竞争，改变国内金融机构的盈利能力。以银行业为例，商业银行是北京地区金融业的主体，其主营业务主要分为存贷款与中间业务。从存贷款业务看，长期以来利息收入是我国商业银行的主要收入来源。利率市场化改革稳步推进，外资金融机构大量涌入，存贷利差逐渐缩小，中资银行传统盈利空间逐渐被压缩。从中间业务来看，人民币国际化要求中资金融机构国际化，而对于世界主要国际型银行，其中间收入份额大致应达 50%。因此，中资金融机构需要主动创新，改变现有经营模式，发展中间业务，利用人民币业务优势，与外资金融机构全方位竞争，提升整体金融竞争力。

3. 金融业务风险加大

伴随人民币国际化，大量中资企业走出去，在岸离岸市场联动性增强，金融业务风险不再局限于国内与北京区域内部，还会受到国际经济金融事态的影响与波及，信用风险、流动性风险、国家风险突出。此外，随着人民币汇率市场化进程的不断推进，人民币双向浮动弹性加大，人民币可能成为国际游资狙击的目标。人民币套利套汇活动可能会进一步加剧汇率波动，导致金融机构资产负债价值波动，影响区域经济金融稳定。

4. 宏观调控和金融监管的难度陡增

金融体系的开放将在一定程度上降低宏观调控的有效性，增加金融危机传导风险。随着人民币国际化，资本流动日益频繁。北京是我国的政治、文化、国际交往和科技创新中心，备受国际资本青睐，大量国际资本涌入北京，在助力经济发展的同时却也隐藏了大量风险。以房地产市场为例，国家与地方相继出台多轮严格的宏观调控措施，抑制北京地区房地产升温，然而外资的涌入降低了政策调控的有效性。2008 年北京房地产利用外资额增长97.4%，而危机后外资的紧急撤离则加剧了市场波动。另一方面，海外人民币存量增加，在利率、汇率等方面会对国内定价产生一定的冲击，降低国内货币政策的有效性。此外，人民币创新产品、跨国洗钱等，都对我国金融监管提出新的挑战。

5. 基础设施建设压力加大

金融发展需要相应的发展环境，一般来说可以分为软环境和硬环境两个部分。从软环境来看，目前人民币跨境清算支付系统一期已启动，在人民币纳入 SDR 后，还须进一步完善，才能满足对人民币的国际调拨需要。从硬环境来看，首都作为一个国际化大都市，目前正在经历严重的"城市病"。如果首都不能有效解决目前的交通拥堵和雾霾等环境问题，未来也将极大地削弱北京城市竞争力，进而影响其金融业发展。

二、人民币国际化对北京金融产业竞争力影响的实证分析

(一)人民币国际化指数

人民币国际化可定义为人民币在国际范围内行使货币功能，成为主要的贸易计价结算货币、金融交易货币以及政府国际储备货币的过程。本课题组从国际货币的基本职能出发，认为在人民币资本账户有序开放情况下，人民币的国际货币功能应该同时兼顾实体经济领域和金融领域，除了储备功能外，还强调人民币作为贸易计价结算和直接投资、国际债券交易货币的职能，并以此为指导思想选择适当的变量和指标，编制了一个综合的多变量合成指数——人民币国际化指数(RII，RMB Internationalization Index)，用来衡量和反映人民币国际化的真实水平。RII 具体指标如表 1 所示，数据来源于中国人民银行、国际货币基金组织、国际清算银行、世界银行、联合国贸易和发展组织。

表 1　人民币国际化指数指标体系

一级指标	二级指标	三级指标
国际计价支付功能	贸易	世界贸易总额中人民币结算比重
	金融	全球对外信贷总额中人民币信贷比重
		全球国际债券和票据发行额中人民币债券和票据比重
		全球国际债券和票据余额中人民币债券和票据比重
		全球直接投资中人民币直接投资比重
国际储备功能	官方外汇储备	全球外汇储备中人民币储备比重

注：世界贸易总额中人民币结算比重＝人民币跨境贸易金额/世界贸易进出口总额

全球对外信贷总额中人民币信贷比重＝人民币境外信贷金额/全球对外信贷总额

全球国际债券和票据发行额中人民币债券和票据比重＝人民币国际债券和票据发行额/全球国际债券和票据发行额

全球国际债券和票据余额中人民币债券和票据比重＝人民币国际债券和票据余额/全球国际债券和票据余额

全球直接投资中人民币直接投资比重＝人民币直接投资额/全球直接投资额

全球外汇储备中人民币储备比重＝人民币官方储备余额/全球外汇储备余额

RII 的指标体系中每一个指标本身都是比重，不存在数量级差别，因此无

须进行无量纲化处理，可以直接进行加权平均并编制 RII。RII 的经济含义应做如下解读：如果人民币是全球唯一的国际货币，则 RII 指标体系中的各项指标的数值就应该等于 100％，此时 RII 为 100。反之，如果人民币在任何国际经济交易中完全没有被使用，则其各项指标的数值就等于 0，此时 RII 为 0。2010 年以来，人民币国际化水平不断攀升，截至 2013 年年底 RII 为 1.69，同比增长 83.70％。

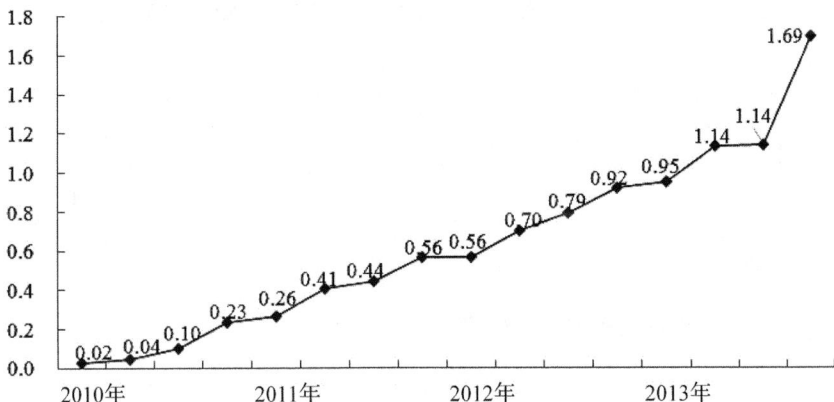

图 2　人民币国际化指数

(二)北京金融竞争力指标

本课题组基于瑞士洛桑国际惯例发展学院(IMD)提出的国家竞争力[①]，系统构建北京金融业竞争力指标体系。在金融发展规模指标中，包含金融存款规模、金融贷款规模、金融业产值、保费收入；在金融发展环境指标下，包含国内生产总值、第三产业增加值、固定资产投资、外商直接投资、进出口总额；在金融发展经济关联度指标下，包含保险深度。为全面度量首都金融业竞争力的水平，对以上 10 项二级指标进行主成分分析，重新组合成一组新的相互无关的综合指标来代替原来的指标，然后根据方差贡献率来确定权重，计算出综合得分，合成北京金融业竞争力指标，即式 1。

$$jrjzl = 0.8065\,prin1 + 0.1610\,prin2 \tag{1}$$

(三)实证研究

将北京市历年金融发展指标值代入公式 1 计算得到首都金融业竞争指数，记为 $bjcom$，以此作为被解释变量，并以对应年份人民币国际化指数($rmbdx$)作为解释变量，构建以下回归模型：

$$bjcom = \alpha_0 + \alpha_1 rmbdx \tag{2}$$

通过 ADF 单位根检验与回归，获得估计结果，如表 2 所示。人民币国际化

---

①　IMD WORLD COMPETITIVENESS YEARBOOK 2015 RESULTS.

指数变量前的系数为正且统计量显著，说明人民币国际化对首都金融业竞争力具有正向的影响。人民币国际化意味着人民币走出国门，在国际上发挥购买力。人民币国际化需要消除资本项目管制、利率非市场化、人民币国际支付结算系统不完善等制度和技术层面的关键性障碍。解决这些问题实质上就是重大的金融制度、金融市场创新，必然会给金融业带来巨大的发展机遇。金融业是北京成长性最好的产业，也是北京的经济支柱，人民币国际化带来的金融创新，不仅将推动北京金融业的发展，而且还将提升金融服务实体经济的能力。

表 2　估计结果

变量	系数	T 值
c	-0.8593	-3.8168^{***}
$rmbdx$	1.3797	4.7165^{***}

注：***表示在1%概率下显著

三、北京金融管理体系构建

北京市聚集了大量金融资源，是我国的金融总部，金融安全工作应当予以高度重视。当前，我国金融体系为分业经营，然而金融风险却是相互关联的，在金融管理中应当构建系统一体化框架。根据北京市金融发展实际，设计金融安全与危机处置的总体框架，实现金融安全工作制度化与规范化，并对各种突发状况做好处置预案。在日常监管工作中，实现各监管部门及时沟通，信息共享，防范化解地方金融风险。

北京金融安全应由一行三局与地方金融工作局共同负责，组成精简高效的北京金融安全委员会，对区域金融安全进行动态评估与处置。如图 3 所示，

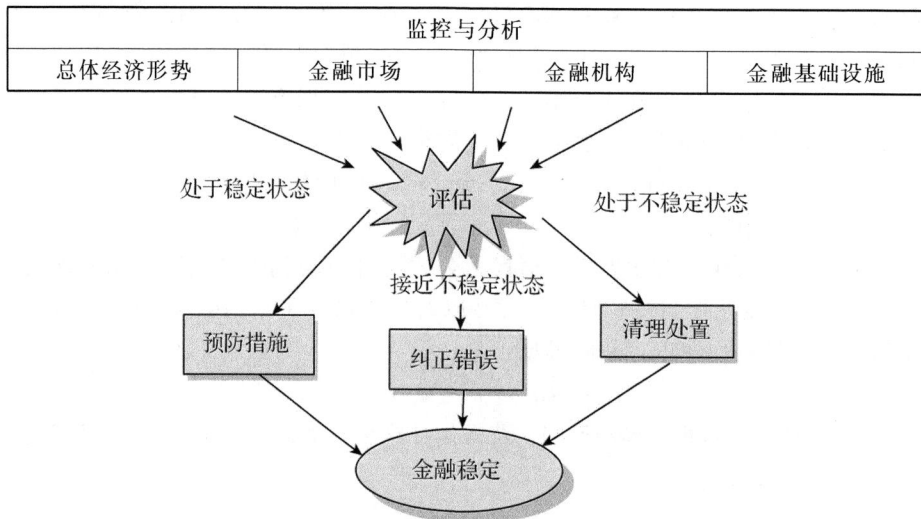

图 3　北京金融安全体系构架

通过对总体经济形势、金融市场、金融机构和金融基础设施等进行监控与分析，以区域综合金融失衡监测指标体系动态评估区域金融稳定状态。如果评估的结果是"处于稳定状态"，那么此时的应对策略是常规性的预防措施；一旦评估结果得出了"接近不稳定状态"或者"处于不稳定状态"的结论，那么，针对金融风险的纠正措施和清理处置方案就应该立即启动。

随着金融自由化程度的不断提升，风险内生化的特征日益凸显，北京区域金融安全预警机制必须要更多地考虑金融内生层面的因素，并以此为基础构建相应的监测体系，并对区域金融系统的脆弱性进行动态评价。根据 Kaminsky and Reinhart(1999)[1]和 Demirg-Kunt and Detragiache(1997)[2]对金融脆弱性的研究，可以使用以下指标来衡量区域金融外部冲击：短期债务与外汇资产比例失调、高利率、资本流入中的短期资本比例过高、汇率定值过高、货币供应量迅速增加。由于当前北京地方统计局统计范围有限，例如缺少国际收支方面的详细统计等，本文仅提出基本指标体系构架，见表3。考虑到地

表 3　北京金融监测指标体系

	监测指标	监测功能
微观监测指标	IMF 金融健全指标[3]	动态监控金融体系的个体风险与整体风险，监测金融部门绩效与总体经济间的关系
	利差水平	动态监测个别金融部门的经营状况
	民间借贷利率及违约率	通过调研真实反映民间金融运行状况
宏观监测指标	区域内社会融资总量[4]/地区生产总值	真实反映区域内金融体系信用扩张的程度
	区域内平均利差水平	动态监测金融部门整体的经营状况
	跨境资本流动中短期资本占比	动态监测短期资本流动是否出现异常情况，防范大规模资本套利，谨防国际风险投资对人民币的恶意攻击，维持人民币币值稳定
	股市收益率/证券市场日平均周转率	动态监测资本市场股价的偏离程度，谨防国际风险投资对我国资本市场的恶意攻击，维持资本市场的稳定发展

---

① Kaminsky, G. L. and Reinhart C. M. The Twin Crises: The Causes of Banking and Balance-of-Payments Problems. *The American Economic Review*, 1999, 89(3): pp. 473—500.

② Demirg-Kunt A. and Detragiache E. The Financial Liberalization and Financial Fragility. BIS, Principles for the Management of Interest Risk, 1997, Sep.

③ International Monetary Fund, 2004, Compilation Guide on Financial Soundness Indicators, July 30.

④ 指一定时期内实体经济从区域内金融体系整体及单独金融机构获得的全部资金总额，包括银行、证券、保险和信托等。

方监管资源与成本有限，在指标体系评价中可以每年进行一次全面评估，每季度或月度评估运用德尔菲专家法完成，以提升评估的便捷性。

四、结论与建议

(一)主要结论

(1)从实体经济来看，近年来北京实体经济在经济总量、失业率等方面都实现了优化，其经济质量明显强于其他直辖市。从银行、证券、保险这三大金融核心产业来看，北京金融产业在金融深度和金融广度方面都体现出其独特优势。科技金融是首都金融发展的核心竞争力所在，以中关村国家自主创新示范区为依托，北京有望在互联网金融等新型金融业态上有所作为。

(2)人民币国际化将会使首都金融市场的外延获得极大延伸，金融需求水平大幅度上升。伴随着资本市场开放步伐的加快，大量离岸人民币将通过多渠道加速回流境内市场，促使区域金融资源聚集，形成更加丰富的、多层次的金融供给。具体来说，人民币国际化将为首都金融业发展带来四大机遇：第一，金融业地位进一步上升；第二，金融市场大幅扩容；第三，业务模式优化，中介体系大发展；第四，优化产业结构与经济竞争力。与此同时，首都金融业发展也会面临五大挑战：第一，外资金融机构大量涌入，金融竞争加剧；第二，金融机构盈利能力削弱；第三，金融机构业务风险加大；第四，宏观调控和金融监管的难度陡增；第五，首都基础设施建设压力加大。

(3)实证检验发现，人民币国际化对首都金融竞争力存在正向作用。人民币国际化意味着人民币走出国门，在国际上发挥职能。然而，人民币国际化需要消除资本项目管制、利率非市场化、人民币国际支付结算系统不完善等制度和技术层面的关键性障碍。

(4)区域金融政策应兼具集中统一和地方个性，从区域差异出发，深刻认识地区发展状况与趋势，发挥区域经济金融比较优势，营造良好的金融发展环境。北京政府应着力减少干预，转变职能：一方面，消除"市场失灵"，对市场资源配置形成有效补充，重点维护区域金融市场秩序，提供公共产品，保护金融消费者权益，营造优质金融生态环境；另一方面，弥补与完善中央金融管理的缺位与薄弱环节，强化金融管理区域个性差异，充分利用地域信息优势，对于地方金融机构、民间金融等进行重点监管，化解区域性金融风险，防范区域性金融危机的发生。

(二)政策建议

为了实现北京金融产业的全面优化，增强北京金融产业的竞争力，拟提出以下五点可行性建议：

1. 把握人民币国际化机遇期，提升北京金融竞争力

政府应当制定明确的规划与政策，充分把握人民币国际化机遇，利用国

内外两种资源、两个平台，扩大以获取高端技术、品牌为目的的对外直接投资，加速北京自主创新能力建设和技术突破，夯实北京产业升级、核心产业稳健和可持续发展的基础。大力推动金融机构、金融市场和金融产品创新，促进贸易投资便利化，整合本地金融资源，加强高端金融人才建设。同时，针对可能受到的国际热钱冲击，构建危机预警系统，加强对房地产业与金融业的日常监管。此外，北京天竺综合保税区是全国首家依托空港口岸设立的综合保税区，是北京对外开放、发展外向型经济的重要战略基础设施。完善天竺综合保税区金融功能，制定明确规划，通过税收等优惠措施，鼓励跨境人民币业务发展，适度开放融资租赁与保险业，为大型航空设备、机械、医药、艺术品等交易提供配套金融服务。

2. 整合金融资源，营造高效的总部经济金融服务平台

总部经济是北京特有的经济特点。在人民币国际化过程中，各大型企业总部将会产生大量的人民币国际清算和投融资需求，服务好北京区域内的总部经济将会显著提升金融规模并改善金融质量。随着去杠杆化进程以及企业走出去战略的推进，国企总部依靠大规模贷款在北京拓展业务的扩张趋势已基本告一段落。盘活资产存量，整合国内、国际资源，实现规模效应和各地区分公司、子公司的协同效应，提高盈利能力和竞争力，成为国企未来十年深化改革的主要任务，也是北京金融服务方向之一。

3. 统筹协调金融区域布局，严控金融风险

人民币国际化过程中北京金融机构将更多地参与到国际金融市场当中来，国际金融风险向北京传递的可能性将会增加，因此防范金融风险是北京金融产业发展的重中之重。充分发挥市场作用，提升"一主一副三新四后台"建设效率与发展质量，增强政府各部门间沟通与合作，减少区域间无序竞争，促进区域协同发展。在功能区块完善与建设中，坚持市场定价、优化资源配置原则，引导鼓励社会资金参与，营造良好环境，促进金融机构和金融中介服务机构合理集聚，实现金融业的规模效益和协同效益。

4. 培养高端金融人才，大力发展科技金融

人民币国际化对北京金融产业的创新能力提出了更高的要求。增强金融创新能力就需要培养更优质的金融人才，使金融产业现代化、科技化。金融是现代经济的核心，而人才是金融的核心。北京最具竞争力的是科技产业，满足该行业的金融需求，需要跨学科的高端人才。政府应当明确金融人才引进、培养目标，加大与首都重点高校合作，给予基础设施、政策等方面优惠，建立国际一流的高端金融人才培育体系。依据金融市场发展变化，分层次培养各类金融人才，加强政府引导作用，以专项资金协作培养方式，实现学校、市场与监管部门的有效对接，国内与国际的人才互通。

5. 完善区域金融管理体系建设

在区域金融管理中，地方政府应当积极减少金融干预，充分发挥引导与管理职能。首先，积极转变政府职能，塑造"有限政府"，提升市场在金融资源中的配置作用；其次，着眼于长远，兼具集中统一与地方个性，科学制定区域经济金融发展规划，协调区域金融各调控主体，形成管理合力，降低管理成本与冲突；再次，构建区域金融安全体系架构，关注北京综合金融失衡监测指标体系并进行动态评估，完善区域信用信息体系，重点加强对民间金融、地方金融机构的监督管理；最后，健全北京金融监管法律基础，立"良法"方可行"善治"，参照国际标准，以法律形式明确监管主体、监管目标、监管原则、监管权责、监管结果处理机制等，保障区域金融稳定。

地方金融工作局权限虽然有限，但在北京金融可持续发展管理中具有重要作用，应充分拓展与发挥其服务、协调与监管三重职能，具体表现为"4＋4＋2"。其中，"4项服务"即引导区域金融资源服务于北京经济社会可持续发展，服务于北京地区企业总部，服务于金融机构与金融监管总部，服务于地方金融机构发展；"4方面协调"即协调中央与地方金融政策，协调区域金融监管机构间合作，协调区域金融监管机构与当地金融企业间协同，协调区域内金融机构间合作；"2层监管"即配合中央驻京金融监管部门的日常监管，对地方金融机构与民间金融的地区监管。北京金融局应立足北京发展实际，完善区域金融管理体系，在区域日常服务与管理中发挥更大的作用。

（作者：涂永红　中国人民大学教授）

法学学科

项目名称：在京外国人犯罪的规律分析与对策研究

项目编号：10BeFX094

项目负责人：于志刚

项目信誉保证单位：中国政法大学

城市、国家的国际化与法律准备

——以 2001—2010 年在京外国人犯罪为样本

内容提要：随着改革开放的不断深入和综合国力的迅速上升，中国的国际影响力日益上升，北京、上海、广州等中心城市的国际化程度日益提高。外籍人口数量和所占比例当然是衡量城市国际化的指标之一。改革开放以来，北京、上海、广州、深圳等中心城市的外籍人口数量急速增加。[①] 随之，中国大型城市中的外国人犯罪问题开始凸显，而与之相适应的立法、司法和理论上的准备却不充分。本文以北京地区 2001—2010 年的外国人犯罪为样本和视角，尝试分析在华外国人犯罪的规律和趋势，并以此为基础来思考与未来城市发展、国家转型相适应的法律配套问题。

一、城市和国家发展视野中外国人犯罪

第二次世界大战之后，特别是近几十年来信息社会和经济全球化的时代背景下，西方发达国家的国际化程度日益提高，一大批国际化的大都市逐渐形成，外国人犯罪开始呈现出爆发的态势，在发达国家的犯罪总量中比重开始日益增大，成为国际化国家刑事司法中日益突出的严重问题。

历史地看，一个国家及其内部城市的国际化程度，同该国境内的外国人犯罪数量之间有着内在的深刻联系，随着国家国际化程度的逐渐加深和世界性城市的出现、增多，外国人犯罪的现象也就会越发严重。庞大的外国人人口基数是世界城市和国际化国家存在着大量外国人犯罪的重要前提和基础，国际化国家和世界城市所具有的丰富资源和财富则为外国人犯罪的实施提供了土壤和空间。尤其值得注意的是，许多西方国家在本国公民犯罪率不断下

[①] 参见中华人民共和国国家统计局公报：《2010 年第六次全国人口普查接受普查登记的港澳台居民和外籍人员主要数据》，2011 年 4 月 29 日，http://www.stats.gov.cn/tjsj/tjgb/rkpcgb/qgrk-pcgb/201104/t20110429_30329.html。

降的同时，外国人犯罪却在日益攀升。一些国家开始出台更加严格的旨在加强外国人管理、严厉制裁外国人犯罪的法律规范，例如，2009 英国颁布了新的《移民与边境法》，2011 年 5 月法国通过了 2002 年以来的第 7 套《移民法案》。

中国改革开放前的近三十年间，中国对于大部分外国人而言处于封闭状态，境内的外籍人员总量较少，非法入境、非法滞留的外籍人员几乎没有，司法机关和社会公众对于外国人犯罪的认识基本局限在间谍罪等危害国家安全犯罪方面。20 世纪 70 年代末，随着改革开放政策的实施，中国开始了国际化的进程，来华投资和留学的人员日渐增加，这一阶段的外国人犯罪主要还是表现为在华留学生实施的偷窃、寻衅滋事等轻罪。20 世纪 80 年代中后期，伴随改革开放的进一步加大，中国的国际化程度也随之加深，前来中国的外籍人员的身份开始多元化，不再限于留学人员和投资人员，来华旅游、经商、访问、求学的外籍人员快速增多，随之而来的外国人犯罪现象也开始不断增加，逐渐成为当前中国犯罪统计中极为值得关注的热点之一。2006 年，北京市公安局全年共立案侦查外国人刑事犯罪案件 237 起，查处外国人违反治安管理条例案件 200 起，同比上升 49.2%；上海市涉外案(事)件也比之前两年上升 45.2% 和 99.7%；广州市全年查处涉外治安、刑事案件达 694 起。同时，外国人犯罪引发的群体性事件，已经出现多次[1]，严重影响和干扰了中国的社会秩序。

二、在华外国人犯罪的特征和规律分析

北京、上海、广州这样的国际化大都市是在华外国人的主要聚居地，其中，北京已成为在华外籍人员最为集中的地区。根据公安部出入境管理局的数据统计，在中国境内的外籍人员数量快速增长，2010 年，外国人出入境共计 5211.2 万人次，同比增长 19.2%，而北京地区仅北京首都机场一个出入境口岸 2010 年外国人出入境人数就近千万人次。[2]可见，北京地区外国人犯罪的数据具有典型的代表意义。通过对北京地区近十年来外国人犯罪的数据进行分析，可以显示在华外国人犯罪的特征、变化轨迹和发展规律。

[1] 例如，几内亚籍外国人 HASSEAM 于 2009 年 6 月 27 日晚在广州回家时刚走出电梯，就被躲藏在楼道中的 6 名非洲籍黑人男子持刀砍伤，被抢走 60 万美金，被害人认为作案男子有可能在广州市或者佛山市南海区出现，于是组织了约 250 名非洲籍外国人在南海区黄岐街面多个地点聚集，肆意到卡拉 OK、酒吧、旅馆、住宅小区等场所搜寻可疑男子，后在黄岐搜寻到两名认为可疑的非洲籍外国男子并将他们扭送到公安机关。

[2] 参见公安部出入境管理局网站通告：《2010 年出入境人员和交通运输工具数量同比稳步增长》，2011 年 1 月 12 日，http://www.mps.gov.cn/n16/n84147/n84196/2666368.html，2011 年 2 月 21 日。

（一）在京外国人犯罪的整体状况和发展趋势特征

根据北京市司法机关的统计数据，从整体上来看近 10 年北京市的外国人犯罪呈现出日益增多的趋势。北京市司法机关追究刑事责任的外国人犯罪案件，2004 年共 17 件 24 人、2005 年共 16 件 25 人、2006 年共 19 件 27 人、2007 年共 76 件 95 人、2008 年共 87 件 107 人、2009 年共 101 件 121 人、2010 年共 70 件 80 人。对于这一看似过低的数字，应当指出两点：(1)由于外国人在华停留时间短、流动性大，案件的侦破比率较低，因此，最终被追究刑事责任的外国人比例较低，实际的犯罪数量可能远远大于进入诉讼程序的案件数量；(2)这一数字仅仅指已经通过非法或合法途径进入中国境内的外国人在京犯罪的数量，而不包括非法进入中国而在首都机场等北京边防检查口岸被抓获的外国人偷渡案件，偷渡案件中抓获的外国人仅仅从 2006 年到 2011 年 3 月的 5 年间就达到 1800 余人。

（二）在京外国人犯罪的罪名分布特征

2004 年到 2010 年期间，北京市司法机关查处的外国人犯罪涉及罪名共 43 个，其中：危害国家安全罪 2 个，危害公共安全罪 2 个，破坏社会主义市场经济秩序罪 13 个，侵犯公民人身权利、民主权利罪 6 个，侵犯财产罪 6 个，妨害社会管理秩序罪 13 个，贪污贿赂罪 1 个。上述几类罪名在外国人所犯罪名中的比例及特征是：(1)妨害社会管理秩序罪和破坏社会主义市场经济秩序罪在外国人犯罪罪名中占据主要地位，二者占全部罪名的比例达到 60%。(2)北京地区的外国人犯罪还呈现出多样化的特征，我国刑法分则规定的十个类罪中，除了第九章渎职罪和第十章军人违反职责罪（由于外国人不具备中国国家工作人员身份、中国军人身份的犯罪主体条件而无法构成犯罪），其他的 8 个类罪，外国人犯罪都有所涉及，外国人犯罪的罪名有向多样化发展的趋势。

（三）在京外国犯罪人的来源地特征

2004 年到 2010 年期间，北京市司法机关追究刑事责任的全部 479 名外国犯罪人中，可以确认国籍的共计 409 人，犯罪的外国人来自于 72 个国家，其中非洲国家 28 个、亚洲国家 24 个、欧洲国家 9 个、大洋洲国家 3 个、北美洲国家 4 个、南美洲国家 4 个。实际上，从各个城市外国人犯罪的整体情况来看，在华犯罪人犯罪的整体特征和在京外国人犯罪的特征基本相似：来自于经济发达、法制较健全国家的外国人，以及来自于拉丁美洲、欧洲等特定区域和国家的外国人在华违法犯罪人数所占比率一直较小，绝大多数违法犯罪人员来自周边与我国交往较多的国家，或者相对贫穷落后、经济不发达的国家或地区。例如，韩国、日本、巴基斯坦、蒙古、尼日利亚、喀麦隆等国家。

（四）在京外国犯罪人的刑事责任特征

2003 年至 2010 年北京东部地区已经审理完结，刑事判决已生效的外国犯罪案件中共计外国人 299 人，其中判处免除刑事责任 5 人，单独适用驱逐出境 2 人，单处罚金 4 人，拘役 3 人，缓刑 5 人，不满 3 年有期徒刑 83 人，3 年以上不满 5 年有期徒刑 21 人，5 年以上不满 10 年有期徒刑 36 人，10 年以上有期徒刑 56 人，无期徒刑 83 人，死缓 1 人。

1. 犯罪人的刑事责任以自由刑为主

上述刑事责任承担方式中，判处有期徒刑的外国犯罪人人数最多，达到 196 人，其次是无期徒刑，达到 83 人。判处自由刑的外国犯罪人占到总数的 94％。仅有 1 人判处了死刑缓期执行，没有外国犯罪人被判处死刑立即执行。

2. 在整体犯罪中以重罪居多

全部 299 名犯罪人中，判处不满 3 年以下有期徒刑、缓刑、拘役、单处罚金、单处驱逐出境、免于刑事处罚的共计 102 人，判处 3 年以上有期徒刑、无期徒刑、死刑的共计 197 人。2003 年至 2010 年北京东部地区外国人犯罪轻罪、重罪比例分别为 34％和 66％，也就是说，在对外国人犯罪基于司法惯性已经予以普遍化的从宽处罚的背景之下，通过宣告刑体现出的外国人犯罪，仍然以重罪居多，充分说明了外国人犯罪日益严重的趋势。

三、城市、国家的角色转型与外国人犯罪应对体系的滞后

以上分析表明，在京外国人犯罪在犯罪数量、犯罪人数上都呈现出明显的上升趋势，在京、在华的外国人犯罪问题已经不容忽视。然而，中国针对外国人犯罪的刑事立法明显严重滞后，严厉制裁和全面预防外国人犯罪的刑事司法理念尚未确立，甚至尚未确立司法对等原则，对于外国人犯罪的超国民待遇现象依然十分严重，法学理论上对于以上问题的关注也严重不足。

(一)刑事立法、司法的自我错误定位和理念缺失

以偷渡犯罪为例，长期以来，中国刑法中的偷渡犯罪的假想敌毫无疑问地设为本国人，对于偷越国（边）境犯罪的立法关注和司法制裁重点是本国人的非法出境行为，基本上不关注外国人的非法入境行为。虽然《刑法》第 6 章第 3 节的"妨害国（边）境管理罪"中的罪名从解释学上可以理解为兼顾了非法入境和非法出境，但是，在司法观念上和司法实践中，实际上一直是以防范本国人偷渡出境为主。例如，刑法第 319 条单独规定了骗取出境证件罪，专门用来制裁为组织他人非法出境而骗取出境证件的行为，而对于为组织他人非法入境而骗取相关证件的行为却没有做出特殊规定；同样，刑法第 322 条规定了偷越国（边）境罪，理念上此罪当然可以同时制裁情节严重的非法出境和非法入境的行为，但是，偷越国（边）境行为构成犯罪的标准是"情节严重"，而根据 2002 年 1 月 30 日《最高人民法院关于审理组织、运送他人偷越国（边）境等刑事案件适用法律若干问题的解释》第 5 条的规定，"情节严重"的第一项判断标准就是"在境外实施损害国家利益的行为的"，也就是说，这一司法解

释显然只能适用于非法出境的行为，同时，司法解释对于"在境内实施损害国家利益的行为的"的非法入境行为却没有任何的入罪化评价。

(二)刑事实体法的体系性滞后

1997年刑法制定之时，外国人犯罪数量极少，刑法对于这一问题几乎没有予以专门关注，更没有试图去建立一个完善的制裁外国人犯罪的罪名体系，尤其是外国人入境后的后续犯罪方面，直接被立法机关忽视。随着在中国非法入境以及非法滞留的外国人日渐增多，协助甚至组织来华非法移民、非法居留、非法就业的行为已经开始大量出现，在此种背景下，设置专门的罪名体系来严厉制裁外国人非法入境、非法滞留、非法就业等行为，特别是严厉制裁组织、帮助外国人非法入境、非法居留、非法就业等逐渐产业化的犯罪行为，应当早日提上立法日程。

(三)刑事程序法中的历史残留：超国民待遇

中国的大量法律法规实际上在许多方面对于外国人、外国企业和外国组织给予了过高、过大的单方面优惠待遇，例如，《公安部关于对外国人和无国籍人以及港澳台居民采取留置措施有关问题的批复》(公复字〔2001〕16号)明确规定，"对外国人、无国籍人和港澳台居民采取留置措施，应当贯彻慎用的原则，原则上不用。不得已采取时，应当在设施较好的留置室进行。"并且，根据《刑事诉讼法》第20条的规定，外国人犯罪的案件，只能由中级人民法院管辖，基层人民法院没有管辖权。这种对待外国犯罪人的"超国民待遇"规则，在客观上也抹杀了刑事实体法的公平正义性，实质上违反了《刑法》第4条规定的"对任何人犯罪，在适用法律上一律平等"的基本原则，已经成为外国人犯罪刑事法律制裁体系中最为突出的问题。

(四)刑事司法中的过度礼遇：不自觉地贬损司法主权

多年以来，司法机关、司法人员在具体案件的司法裁量上较为普遍化地表现出极度的司法自信缺失，由此导致了几乎所有的外国人犯罪刑事案件在适用刑罚时都存在着明显的畸轻问题。甚至在是否构成犯罪的标准上也内外有别，例如，上海市《关于本市公安机关办理刑侦部门管辖外国人轻微犯罪案件的若干规定》(沪公发〔2010〕234号)第5条就明确规定："涉嫌轻微犯罪的外国籍犯罪嫌疑人，犯罪情节轻微，危害不大，并具有下列情节之一，可不追究其刑事责任：(1)未成年人、在校留学生或者70岁以上老年犯罪嫌疑人、残疾人、患有严重疾病或者怀孕、正在哺乳自己婴儿的女性犯罪嫌疑人；(2)主观恶性较小，初次或者偶然实施犯罪；或过失犯罪的，到案后有认罪悔过表现……"如果上述标准平等地适用于所有犯罪嫌疑人的话，在正当性上不存在问题，但其不合理性恰恰就是"内外有别"式的过度礼遇。

(五)刑事司法的经验不足：驱逐出境的混乱表现

实践中，过度从宽的司法惯性和严重缺乏的司法经验，导致对于外国犯罪人适用驱逐出境刑罚时颇为混乱，甚至多次出现了外国犯罪人被判处有期徒刑和驱逐出境后，直接予以驱逐出境、不再执行有期徒刑的情况，严重地损害了司法主权。[①]

驱逐出境的适用还缺乏实施细则。例如，对于驱逐出境的犯罪人是否可以再次入境，目前没有明确规定。同时，被驱逐出境的外国人再次入境非常容易，相当一部分被驱逐出境的犯罪人在境外换个方式或更换一本护照又重新入境，使驱逐出境只是增加了部分外国犯罪人的一个再次入境成本，基本上丧失了其作为刑罚的严厉性属性。

四、城市、国家的国际化与刑事法律准备

伴随着中国国际化进程的加快加深，境内外籍人员人数出现了激增的势头，而且开始由中心城市向中小城市、边远城市扩散。外国人犯罪问题在中国已然不再是潜在的、未来的威胁，它已经开始释放出较大的破坏力，给现有的犯罪预防和制裁体系带来了日益巨大的冲击。因此，西方发达国家国际化进程中曾经面临过的外国人犯罪所带来的严重社会问题，应当使中国引以为戒并未雨绸缪。

(一)重构符合大国地位的外国人犯罪刑事政策

刑事政策既是制裁和预防犯罪的整体策略，也是一个国家的社会总政策的组成部分，合理的刑事政策能够给予刑事立法和刑事司法积极的引导。为了应对外国人犯罪日趋严重的影响和挑战，有必要重新思考、确立符合中国社会现状和国际地位的外国人犯罪的刑事政策。

目前的中国刑法，过度关注中国公民的外向型犯罪和参与国际有组织犯罪，对于外国人的跨国犯罪关注过少。《刑法》第347条规定，"参与有组织的国际贩毒活动的"，加重处罚，无论数量多少，都"处15年以上有期徒刑、无期徒刑或者死刑，并处没收财产"，这一基本指向中国公民犯罪的加重条款，和前面提及的偷越国(边)境犯罪的假想敌一样，应当同样转换理念而一律适用于犯罪的外国人，甚至是要主要适用于外国人。在当前跨国有组织犯罪日渐猖獗的情况下，特别是国际恐怖组织有意识地加强向中国渗透的背景下，着力加大打击此类外国犯罪人的力度，势在必行。

(二)设置顺应国际人口流动趋势的出入境犯罪罪名体系

科学地设置与现实相呼应的外国人犯罪的罪名体系，是为中国的世界城市日渐增多、大国地位逐渐确立所做的刑事法律准备的基本内容。

1. 构建以严厉打击非法入境犯罪为中心的出入境犯罪罪名体系

目前，中国处于偷渡犯罪的出境国、过境国、目的国三种角色并存的状

---

① 详见翟中东：《驱逐出境司法问题研究》，《河南公安高等专科学校学报》，2001年第1期。

态，应当顺应国际人口流动的规律和趋势，及早建立以严厉打击非法入境为中心的出入境犯罪罪名体系。具体而言，《刑法》第 6 章第 3 节的"妨害国（边）境管理罪"应当在恰当的时机进行如下的调整：（1）将目前的"骗取出境证件罪"修正为"骗取出入境证件罪"，以适应中国快速成为偷渡过境国和目的国现实罪情的变化。将《刑法》第 319 条第 1 款修改为："以劳务输出、经贸往来或者其他名义，弄虚作假，骗取护照、签证、邀请函等出入境证件，为组织他人偷越国（边）境使用的，处 3 年以下有期徒刑，并处罚金；情节严重的，处 3 年以上 10 年以下有期徒刑，并处罚金。"以此加大对于非法入境犯罪的预防，严厉制裁和遏制近几年大量出现的骗取国内的商务邀请函、公务邀请函、留学邀请函等入境证件，组织外籍人员非法入境的案件。（2）增设"帮助他人非法入境罪"。组织他人偷越国（边）境罪难以将"帮助他人非法入境"的行为纳入到刑法的制裁范围内。因此，恰当的时候，应当增设帮助他人非法入境罪。

2. 外国人入境之后的后续行为的犯罪化

外国人在华非法滞留、非法就业的行为，已经日益成为一种社会不稳定因素。但是，组织、帮助国人非法居留、非法就业的行为实际上是将零散的外国人非法滞留、非法就业行为的危害性急剧地扩大，此类行为为来华非法移民提供了得以非法滞留的土壤，客观上成为大量非法移民源源不断地来到中国的重要诱因，具有严重的社会危害性。而根据 2010 年 4 月 19 日国务院通过的《外国人入境出境管理法实施细则》第 49 条的规定，鉴于此类组织、帮助行为严重的社会危害性和日渐产业化的现状，应当是中国今后外国人入境之后后续行为犯罪化的重点。

（三）完善预防外国人再次犯罪的刑罚制度

应当让驱逐出境制度真正发挥出它独特的价值，它不仅是让外国犯罪人承受一定权利被剥夺的痛苦，更是有效预防外国人再次入境实施犯罪的重要举措。

1. 增设禁止入境的具体期限

中国刑事立法应当借鉴相关国家的立法经验，结合中国的罪名体系，对于以下几类外国人犯罪应当考虑设定永久性禁止入境的规定：（1）对于判处 10 年以上有期徒刑、无期徒刑、死刑（缓期两年执行）的外国犯罪人；（2）实施《刑法分则》第一章的危害国家安全罪的外国犯罪人；（3）实施性犯罪的外国犯罪人；（4）曾经因为犯罪被判处驱除出境，在禁止入境期届满后再次入境，再次实施犯罪的外国犯罪人。

2. 明确驱逐出境的适用对象

明确驱逐出境的适用对象是准确适用驱逐出境的前提，现有的模糊性规定使司法实践缺乏统一的适用标准。笔者认为，对于以下几类外国犯罪人，需要以法律形式明确规定应当适用驱逐出境刑罚：（1）对于判处 3 年以上有期徒刑、无期徒刑、死刑(缓期两年执行)的外国犯罪人;(2)实施《刑法分则》第一章的危害国家安全罪的外国犯罪人;(3)实施性犯罪的外国犯罪人;(4)累犯;(5)曾经因为犯罪被判处驱除出境,在禁止入境期届满后再次入境,再次实施犯罪的外国犯罪人。对于其他的外国犯罪人,则可以根据其犯罪的具体情节,由法官酌定考虑是否适用驱逐出境刑罚。

3. 完善驱逐出境的执行效果

目前,驱逐出境和禁止再次入境之间的不衔接,导致驱逐出境作为刑罚实际上形同虚设。例如,1993 年,巴基斯坦人穆罕默德·阿克拉姆·纳扎尔因在华非法居留、涉嫌组织他人偷越国(边)境被拘留审查,并报请公安部将其列入不准入境人员名单并遣送出境。但自 1993 年以来他仍先后 7 次非法进入中国国境,从事组织运送他人偷越国(边)境、诈骗、伪造签证及印章、非法居留等违法犯罪活动。① 因此,切实提高对于驱逐出境的外国犯罪人的禁止入境制度,加强司法机关同出入境管理机关的互动与合作,确保驱逐出境刑罚效果的实现。

(四)全球化趋势下刑法适用范围的扩张和国际刑事司法合作的强化

应当适时地调整中国刑法的适用范围,强化国际之间的刑事司法合作,是为世界城市不断涌现、大国地位逐渐确立预先做好刑事法律准备。

1. 移民时代中国刑法适用范围的扩张:属人管辖的范围扩张

目前,中国刑法中的属人管辖的适用范围限定为中国公民,而从世界范围来看,普遍将本国公民和在本国拥有永久居留权的外国人都纳入到属人管辖的范围。因此,同中国的国际化发展相适应,为了更好地维护国家利益,有必要适度扩张中国刑法的适用范围,首当其冲的就是将在中国拥有永久居留权的外国人纳入到刑法的属人管辖范围之内。

2. 在华外国人犯罪的刑事管辖:坚守"属地管辖"的基本准则

《刑法》第 6 条第 2 款规定,"凡在中华人民共和国船舶或者航空器内犯罪的,也适用本法。"补充规则是:"犯罪的行为或者结果有一项发生在中华人民共和国领域内的,就认为是在中华人民共和国领域内犯罪。"因此,在中国领域内的一切犯罪行为,中国都有刑事管辖权,不能因为船舶或者飞机拥有外国国籍而否定中国的属地管辖权。应当强调的是,在中国领域内只能适用"属地管辖"原则,不能错位适用"保护管辖"原则。

3. 国际刑事司法合作的加强

应当尽快强化外国人犯罪的国际刑事司法合作,与尽可能多的国家签署刑事司法协助协议,在对等基础上解决在华的外国犯罪人问题,着力加大未

---

① 参见刘杰伟:《从纳扎尔七次非法入境引发的思考》,《北京人民警察学院学报》,2001 年第 4 期。

决犯移交和已决犯移管两项制度的实践力度。(1)未决犯的移交,通常是指外国人在他国犯罪后进入我国境内或者在我国境内实施针对他国公民或者国家犯罪的情形下,我国将在中国境内的外国人不经审判直接移交给他国。(2)已决犯的移管,是在中国对于犯罪的外国人行使了刑事审判权后,在刑罚的执行过程中可以移交给外国人国籍所在国执行,这就涉及已决犯移管的国际刑事司法合作。目前在对外国人具体执行刑罚时,由于语言、文化、宗教信仰的差异,我国司法机关在执行的过程中虽然投入了大量的司法资源,但是效果依然十分有限。

(作者:于志刚　中国政法大学教授)

项目名称：数字图书馆知识产权问题研究
项目编号：11FXB004
项目负责人：张慧霞
项目信誉保证单位：北京化工大学

数字图书馆的知识产权问题研究

内容提要：数字图书馆面临的主要问题是如何获得版权授权和如何进行法律保护。现有法律框架下的自愿授权模式可分为明示授权与默示授权。但是，无论哪种自愿授权模式，都难以避免数字图书馆海量授权的高额成本。国际图书馆界一直推动法定授权模式立法。保护数字图书馆的法律主要有版权法、特殊权利法和债法。在我国应当完善数字图书馆法律制度，如数字化复制的合理使用制度、网络传播的有限制默示许可制度，为数据库创设特殊权利保护制度等。

一、数字图书馆面临的主要知识产权问题

数字图书馆知识产权问题是指数字图书馆建设、使用过程中与他人之间发生的知识产权权利义务关系及相关的知识产权法律制度。由于数字图书馆建设、使用过程中的专利、商标、商业秘密等知识产权问题并不具有特殊性，专题研究意义不大，因此，主要针对数字图书馆知识产权问题的版权问题展开研究。

数字图书馆版权问题是随着数字图书馆的建设而出现，并随着数字图书馆的快速发展而大规模爆发，其演变的过程可以分为三个阶段：第一阶段从1945年布什提出数字图书馆的构想直至20世纪90年代前期，这一阶段数字图书馆的建设和使用基本处于试验阶段，文献资料数字化仅限于少量的无版权作品，规模较小，范围较窄，不存在侵犯版权的问题。信息检索虽然开始进入实用阶段，但是由于信息检索仅使用作品的题目、目录或少量摘要，属于版权合理使用的范围，人们的注意力主要集中在技术层面，版权问题对数字图书馆建设的影响尚未得到重视。第二阶段从第一阶段结束到20世纪90年代中后期。这一时期，版权问题主要表现在两个方面：一是未经权利人许可数字化复制作品；二是未经权利人许可在网络上传播数字化作品。但是，版权问题并没有因此而集中爆发，而是处于一个积聚阶段。第三阶段从第二

阶段结束至今，形成了版权诉讼高峰期。

究其原因，在于高速互联网的发展和普及，越来越多的人开始利用数字图书馆，而数字图书馆对作品的使用范围和数量迅速增加，数字图书馆的影响也越来越大，版权问题越积越多，终于在 21 世纪初形成了版权诉讼的高峰期。如美国的 Google 图书案，国内的超星图书馆、万方数据库、百度文库等案件都是这一时期的典型案件。

由于数字图书馆自身的特点，它与传统图书馆在建设、服务和保护上都存在很大差异，必然引起与传统图书馆不同的版权问题。主要有两个方面：第一，数字图书馆资源中的版权问题，包括馆藏纸质文献数字化、数据库建设与购买、网上信息资源本地化；第二，数字图书馆服务中的版权问题。由于数字图书馆与传统图书馆的建设、服务和运行方式存在诸多不同，导致了诸多版权问题的产生。数字图书馆作为一个巨大的数据库，需要受到版权法等相关法律的保护。依照不同的标准，数字图书馆版权问题可以划分为不同的类型。基于不同的法律地位，可将数字图书馆版权问题分为四种：一是作为用户的版权问题，主要表现为与权利人之间基于作品使用的形式、范围、数量、时间等产生的版权问题。二是作为 ICP（网络内容服务商，Internet Content Provider）的版权问题，主要是如何获得数字化文献使用权的问题。三是作为 ISP（互联网服务提供商，Internet Service Provider）的版权问题，主要是如何履行提供信息存储空间的网络服务商和设置链接者法定义务的问题。四是作为权利人，主要是如何保护自身版权等权利的问题。根据数字图书馆对作品使用方式的不同，可以将版权问题分为复制权问题、汇编权问题、网络传播权问题和数据库保护问题等。

本文主要从数字图书馆的授权模式和数据库权利保护两个方面进行研究：一是数字图书馆建设和服务过程中版权授权模式的问题，也就是通过何种途径取得文献资料的合法使用权。这是数字图书馆建设中最关键的问题，不解决授权问题，就无法向用户提供足够的文献资料，数字图书馆的作用要大打折扣；二是数字图书馆本身的权利保护问题。

二、数字图书馆授权模式

以授权许可是否以权利人自愿为原则，可以将数字图书馆授权许可模式分为自愿授权模式和法定授权模式。

（一）自愿授权模式

数字图书馆版权自愿授权是指版权权利人或其代理人、授权人基于本人意愿，将处于保护期作品的复制权、汇编权、信息网络传播权等著作财产权许可给数字图书馆。自愿授权是目前数字图书馆获得受版权法保护作品的许可使用权的最主要形式。依不同标准，自愿授权可分为如下几种类型：按照意思表示方式不同,可以分为明示授权与默示授权;按照要约发出方的不同,可以分为权利人发出要约和数字图书馆发出要约;按照使用人是否特定,可以分为特定授权和开放授权;按照是否需要支付使用费,可以分为有偿授权和无偿授权;按照是否由权利人本人授权,可以分为直接授权和间接授权。权利人与数字图书馆双方一对一协商授权,是数字图书馆建设中最基本、最常见的授权模式,也是最可靠、最传统的授权模式,由于其不具有数字图书馆的特殊性,本文不再赘述。本文主要研究一些适用于数字图书馆的,具有一定特殊性的版权明示自愿授权模式。

1. 明示自愿授权模式

适用于数字图书馆的,具有一定特殊性的版权明示自愿授权模式主要如下六种:(1)授权要约。指著作权人在作品发表时,随作品附有版权声明,明确作品的授权许可使用对象、条件、方式、范围、时间、报酬及违约责任等事项,接受该声明者可以按照声明规定的内容使用作品的授权模式。这种授权方式大大降低了版权交易成本,加快了作品传播速度,使馆藏海量作品成为可能。(2)开放获取(OA)。它是国际学术界、图书情报界为打破商业出版商对学术信息的垄断经营,采取的推动学术信息通过互联网免费自由利用的运动,是在网络环境下发展起来的一种全新的学术出版模式。[①] 作为一种全新出版模式,它为数字图书馆获得版权授权提供了极大的便利。开放获取运动虽然方兴未艾,但是由于 OA 库和 OA 期刊的权威性不高,对提高作者声望的作用不大,而且有时作者上传作品还要支付一定费用,因此,仍然难以成为主流的授权方式。(3)知识共享。开放获取过程中,版权人必须与使用者签订协议,授予使用者某些使用权,这便是开放获取许可协议。协议的类型很多,其中影响最大、应用最广泛的当属知识共享协议(Creative Commons,又译为创作共用协议,简称"CC 协议")。数字图书馆在 OA 库建设或从其他 OA 库获取作品过程中,涉及最多的协议也是知识共享协议。它实质上是互联网上数字作品许可合同的标准化形式,比传统许可合同更为简洁易懂,适于网络使用,使作者在网上发表作品的同时就可以发出授权许可,让更多的人分享作品。协议包括 4 个选项,可以组成 11 种授权方式。[②] 知识共享协议的快速发展为数字图书馆版权问题提供了较好的解决方案:一是数字图书馆在建设 OA 数据库时,可以推荐作者采用知识共享协议,作者只需要做几个简单的选择,就可以对上传的作品保留部分版权,极大方便了作者控制作品的使

---

① 黄燕影、周庆山:《开放获取自存档的版权许可障碍与解决措施初探》,《情报理论与实践》,2009 年第 6 期,第 36—38 页。

② 参见知识共享中国大陆项目官方网站之许可协议文本,http://creativecommons.net.cn/licenses/meet-the-licenses/,访问日期 2016 年 10 月 3 日。

用，能够吸引更多作者上传作品，快速丰富 OA 库。二是数字图书馆可以从采取知识共享协议的数亿作品中选择本馆需要的作品，丰富馆藏，节省了大量的成本。但是应当注意，如果授权人选择了非商业化使用，则数字图书馆向用户提供作品时，不能以营利为目的。(4)资源分享平台。它是网络服务商通过提供信息存储空间和相关程序，自动接收用户上传的文档、图片、音频、视频、软件等数字资源（即用户生成内容，User Generated Content，简称"UGC"），其他用户可以免费或付费下载使用，但一般不得以营利为目的使用。(5)著作权集体管理组织集中授权。这种模式降低了逐一协商产生的高额交易成本，授权数量巨大，但是我国著作权管理组织存在诸多问题，导致会员人数、作品数量和权利范围都与数字图书馆的需求有相当的差距，需要进一步改进。(6)其他集中授权模式。如版权公司代理授权、出版机构代理授权、学校代理授权等。

2. 默示自愿授权模式

默示自愿授权模式是指版权人以作为或不作为的间接方式表示授权使用的意思，按照行为的主动性，又可以分为默示推定授权与默示沉默授权。

默示推定授权，也可称作为的授权或默示推定许可，即授权人不用语言和文字，而是以自己有目的、有意义的积极活动来表达授权许可使用的意思，并借此可以推断出授权人意欲设立、变更、消灭授权许可法律关系的意图。数字图书馆可以设立数字化作品平台，并拟定若干授权条款，只要权利人向平台上传作品，又无明确的语言文字表示，则可以推定其默示授权图书馆以条款规定的方式使用作品，极大地降低了数字图书馆的搜寻成本和谈判成本。在叶根友诉无锡肯德基有限公司侵犯著作财产权纠纷一案中，法院认为叶根友将其字库作为免费软件在新浪网上提供免费下载后，相关公众有理由相信该字库是免费的，该字库的所有人已经放弃要求支付报酬的权利。[①] 从该案的二审判决的理由来看，权利人的行为具有授权的意思表示，并且相对方对此产生合理信赖，即可以推定默示授权成立。

默示沉默授权，也可称不作为的默示授权，即授权人既不用语言文字，也没有其他任何积极的行为来表达他许可使用的意思，但是可以从其沉默的行为中推断出授权使用的意思。数字图书馆可以与权利人约定沉默具有授权的意思表示，最早在这方面进行探索的当属 Google 公司。2005 年 Google 宣布"选择退出（opt-out）"策略，即由图书出版商提供一张禁止扫描的清单，Google 只扫描那些清单以外的图书，实质上是要求出版商以沉默来表示许可，这可以大大降低 Google 获得许可的成本。虽然 Google 提出的"选择退出"协议最终夭折，但是它却显示了默示沉默授权方式在数字图书馆大规模使用作

---

① 江苏省高级人民法院(2011)苏知民终字第 0018 号民事判决书。

品的情况下，节约交易成本的显著优势，为数字图书馆版权立法提供了重要经验。

此外，交易习惯、行业惯例也可以赋予沉默具有授权的意思。在菲尔德诉 Google 一案中，菲尔德明知非存档元标记的缺失会让 Google 认为他以沉默的方式允许通过缓存、快照的方式访问该网站，但是还是这么做了，因此原告是有意识地(即鼓励)令涉案行为发行，这可以解释为原告以沉默的方式授予了 Google 许可。法官指出：版权人可以通过明示或默示行为授予许可。只要版权人知道作品被使用且鼓励这种使用，并保持沉默，就可推定授权成立，而不需要明确的许可。① 双方通常的授权情况，可以作为沉默授权的考虑因素。在北京随心影视文化交流有限公司诉苏州市拓特广告传播有限公司侵犯著作权一案的判决表明，依照交易习惯，原告发现被告在无合法授权的情况下使用作品，却没有以语言、文字或行为表示异议，而是保持沉默，则视为该沉默为授权的意思表示。② 法律也可以直接规定沉默具有授权的意思，我国法律规定的扶贫作品网络传播的沉默授权③，就可以适用于数字图书馆。

目前，数字图书馆迅速发展，在获得版权授权方面积累了很多经验，典型的自愿授权模式有中国知网模式、超星模式、书生模式、YouTube 模式等。

(二)法定授权模式

法定授权，是指法律直接规定数字图书馆以特定方式使用特定作品的权利，无须取得版权人的许可。这种授权方式，可以极大地降低数字图书馆获得版权授权的成本，使数字图书馆向用户提供海量作品成为可能，当然与自愿授权相比，会不同程度地损害版权人的利益。因此，法定授权一直倍受关注，争议颇多。国际和各国图书馆界不断通过发表行业性的立场声明、行动指南、评论等方式，指出现有版权法关于数字图书馆版权授权方式的不足，表明对于数字图书馆法定授版权模式的立场和态度，反映自身诉求。合理使用制度是目前版权立法中数字图书馆法定授权的主要制度，已经体现在许多国家的成文法中，其基本含义是数字图书馆可以不经版权人许可，不向其支付费用，而以法律规定的方式使用其作品。虽然世界上很多国家都规定数字图书馆可以适用合理使用制度进行数字化复制和网络传播，但是对图书馆的主体资格和适用范围都有严格限制，难以解决数字图书馆大规模版权授权和网络传播的需求。④ 除合理使用制度外，还有法定许可和规避技术措施两种制度，这两种制度仅存在于少数国家的法律规定中，在现行法中并不占主流。

---

① Field v. Google, Inc., 412 F. Supp. 2d 1106 (D. Nev. 2006)
② 北京市海淀区人民法院(2004)海民初字第 389 号民事判决书。
③ 参见《信息网络传播权保护条例》第九条。
④ 参见《信息网络传播权保护条例》第七条。

三、数字图书馆的权利保护

数字图书馆具有重要的社会经济价值，作为一个超大型数据库，建设成本高昂，但是未经许可使用却比传统图书馆容易便利得多，因此，十分有必要给它提供强有力的法律保护。从保护模式来看，主要有版权法、合同法、竞争法、特殊权利法等。

(一)数字图书馆版权法保护

世界主要知识产权条约都对数据库给予版权法保护。如《伯尔尼公约》第二条之五，TRIPS 协议第十条之二，都明确规定了数据库可以受到版权法保护。另外，《北美自由贸易协定》《欧盟数据库保护指令》等地区性条约中，也规定了数据库的版权法保护。从各国国内法来看，世界知识产权组织成员国均立法对汇编作品给予版权保护。

数字图书馆适用版权法保护的条件是在文献的选择或编排上具有独创性。所谓独创性，要求数据库必须是作者独立创作，体现出作者的个性。就数字图书馆数据库内容选择而言，一方面数据库制作要求尽可能全面、客观，在内容选择上很难体现出个性特征，另一方面数字图书馆数据库在文献选择上只能以权利人授权或法定授权使用的作品为限，因此，选择的余地很小，不易体现出独创性。就内容的编排来讲，文献的分类与排列顺序，也大多趋于相同，不同数据库的特性难以体现，只有部分数据库在文献的编排上，特别是分类上，可以体现出自身的个性。[①] 因此，版权法的创造性标准使得大多数数字图书馆数据库都难以达到版权保护标准。即使符合版权法独创性标准获得保护的数据库，也只能涉及投资较小的结构方面，但是投资较大的数据库内容却不受版权法保护。

(二)数字图书馆的竞争法保护

在整个知识产权法体系中，竞争法是版权法、商标法和专利法的补充，如果同业竞争者未经许可、违反诚实商业信用原则，使用数字图书馆数据库，损害其他竞争者合法权益，就可以适用竞争法追究对方的侵权责任，而对数据库本身是否具有独创性却并不过问。

最早适用竞争法保护数据库的判例是 1918 年美联社诉国际新闻社一案。[②] 在这一判例中，联邦最高法院认为，虽然新闻材料不受版权法保护，但是发行商收集新闻付出的劳动和成本可以赋予他们对收集成果一种"准财产权"，

---

① 如海南经天信息有限公司诉上海徐溪商务咨询有限公司侵犯著作权纠纷一案中，原告创作的数据库因为在分类上体现了独创性，法院最终给予了版权法保护。上海市高级人民法院（2004）沪高民三（知）终字第 122 号民事判决书。

② 原、被告具有竞争关系，因为被告系统地抄袭了原告收集并出版的时事新闻，所以法院对被告发布了禁令，并通过判决限制被告取得或营利性使用原告的任何新闻，直到这些新闻失去商业价值。

权利人对这些新闻汇编享有特定利益。尽管这些利益将在出版物发行之后丧失，但是以营利为目的使用这些成果，并对权利人造成损害，构成了不正当的竞争，权利人应当获得衡平法上的救济。这一判例阐述的原则后来发展成为竞争法上的盗用原则。在英国、爱尔兰、德国，也发生过适用竞争法保护数据库的案件。

我国较早发生的数据库不正当竞争案是阳光公司诉霸才公司案。法院认为，阳光公司作为特定金融数据的汇编者，对数据的收集、编排，即 SIC 实时金融信息电子数据库的开发制作付出了投资，承担了投资风险。该电子数据库的经济价值在于其数据信息的即时性，阳光公司正是通过向公众实时传输该电子数据库的全部或部分内容而获取收益，阳光公司对于该电子数据库的投资及由此而产生的正当利益应当受到法律保护。被告的行为违反了经营者在市场交易中应当遵守的诚实信用原则和公认的商业道德，损害了阳光公司的合法权益，已构成同行业间的不正当竞争。[①]

适用竞争法保护数字图书馆数据具有相当的优势：一是可以全面保护数字图书馆在收集、数字化复制文献方面的投资。因为竞争法保护的主要是数据库内容而非结构，而数字图书馆在内容方面投资占总投资的主要部分。二是可以全面保护数字图书馆的各种数据库，而不问数据库是否具有独创性，这是相比版权法保护的优势。

但是，适用竞争法保护数字图书馆数据库也存在一些不足：首先竞争法无法为数字图书馆数据库设定一定范围的私有财产权，使得数字图书馆在积极行使私权方面缺乏法律依据；其次竞争法规制的主体有限。竞争法只能规制具有竞争关系的商业性非授权使用行为，但是对非竞争性或非商业目的未授权使用数据库行为，却不在其调整范围，如果有用户出于交流、破坏等目的，未经授权将数据库内容在线传播，虽然也会对数字图书馆的利益造成损害，但是竞争法却无能为力了。最后在利益平衡方面难以把握。适用竞争法保护数据库，没有保护期限制，数据库内容无法进入公有领域，很可能不合理地增加社会公众获取信息的成本。

(三)数字图书馆的合同法保护

由于合同采用私法自治原则，因此赋予数字图书馆保护数据库较多的自由空间，对机构用户可以通过签订书面合同约束对方的行为；对于个人用户可以通过点击合同、开封合同等形式约束对方。而且，还可以谋求一些财产法无法实现的利益，如不违反禁止性规定的搭售、限制数据库内容的复制或复制件的转售、限制转售范围、时间，等等。但是，利用合同法保护数据库，也存在明显的不足，最大的缺陷就是无法对抗第三人的侵权行为，其次，还

---

① 北京市高级人民法院(1997)高知终字第 66 号民事判决书。

可能产生一定的谈判成本。

(四)数字图书馆的特殊权利保护

由于现有法律资源在保护数据库方面都存在这样那样的缺陷,而数据库又是发展信息产业的重要工具,因此,信息产业发达国家和地区都在不断探索数据库保护的新模式。以欧盟为首的区域性组织率先提出了数据库保护的特殊权利模式,并于1996年正式通过了《欧洲议会及欧盟理事会关于数据库法律保护的指令》,根据该指令,数据库制作者对数据库享有15年的特殊权利保护。随后欧盟各国也根据该指令陆续国内立法转化。

数据库特殊权利本质上是一种财产权,是数据库制作者享有的专有权利保护。数字图书馆数据库适用特殊权利保护,与适用竞争法保护相比,可以对抗任何损害数据库权利人利益的行为,而不局限于竞争者和商业使用行为,保护范围更宽了。与适用合同法保护相比,大大扩展了可对抗的对象范围。与版权法保护相比,增加了不具有独创性的数据库的保护,符合数字图书馆大多数数据库的特点;而且保护范围扩展到数据库的内容,这正是数字图书馆投资最多,最需要保护的部分。因此,从总体上来讲,特殊权利保护更适合于数字图书馆数据库的法律保护。

四、我国数字图书馆知识产权制度的完善建议

当前,我国数字图书馆急需解决的知识产权问题主要包括数字化复制授权、网络传播授权和数据库版权保护。我国立法将图书馆适用合理使用制度数字化复制的范围局限在以保存为目的的复制,范围过于狭窄,建议在著作权法中规定图书馆因保存版权、制作数据库等自身业务需要,数字化复制作品,包括纸质载体上的作品和已经以数字化形式存在的作品,属于合理使用行为。对于馆舍内网络传播授权模式,应当区别不同作品类型做出不同规定。对数字图书馆通过互联网向馆舍外用户提供作品,建议采取法定默示许可授权模式,并进行一定限制。同时,完善现有法律,制定数据库特殊权利法,防止未经授权进入和使用数字图书馆数据库。

参考文献

[1]陈传夫:《开放内容的类型及其知识产权管理》,《中国图书馆学报》,2004年第1期。

[2]秦柯:《开放存取版权管理的特点分析》,《情报理论与实践》,2006年第4期。

[3]国家图书馆:《网上图书馆:Google的创新和挑战》,《国家图书馆学刊》,2005年第2期。

[4]韩红、刘晟、姜恩波:《版权制度对开放获取的影响综述——开放获取的法律视角分析》,《情报理论与实践》,2011年第3期。

[5]吕炳斌:《网络时代的版权默示许可制度——两起Google案的分析》,《电子知识产

权》，2009 年第 7 期。

[6]徐佳璐：《公益性数字图书馆的著作权附义务默示许可制度探究——从信息网络传播权论起》，《图书馆杂志》，2012 年第 9 期。

[7]宗诚、马海群：《数字图书馆视角的开放存取机制及著作权授权制度的优化》，《图书情报知识》，2009 年第 3 期。

[8]江向东：《版权制度下的数字信息公共传播》，北京：北京图书馆出版社，2005 年。

[9]马海群等：《面向数字图书馆的著作权制度创新》，北京：知识产权出版社，2011 年。

[10]王迁：《网络环境中的著作权保护研究》，北京：法律出版社，2011 年。

[11]朱理：《著作权的边界——信息社会著作权的限制与例外研究》，北京：北京大学出版社，2011 年。

（作者：张慧霞　北京化工大学副教授）

项目名称：北京市废物管理法律制度研究

项目编号：11FXB013

项目负责人：陈维春

项目信誉保证单位：华北电力大学

美国纽约市废物管理法律制度对北京之启示

内容提要：美国纽约市与北京有一定的相似性，人口多、废物产生量大。所以了解纽约市的废物管理法律制度对于北京市的废物管理具有一定的借鉴意义。纽约的废物分类及其管理细致、责任明确，且有专门立法予以规范。纽约市也有环卫基础设施的周全与系统化，从不同类型的废物箱、先进的废物清运车、功能齐全的废物中转站到先进的废物处理设施，都反映了废弃物处理基础设施建设齐全。此外，纽约市还因地制宜地选择多元化的废物的处理与处置技术与方法，善于利用市场机制与经济激励手段鼓励废物的优先回收利用。这些都值得北京学习。

一、纽约市废物管理现状

纽约市作为一个国际化的大都市，是一个名副其实的废物制造厂。据统计，1982 年，纽约市的废物日产量已达 22000 吨—24000 吨（美国环保局，1983）。自 2010 年以后，纽约市每年制造废物 2400 万吨，一半来自居民的生活废物，每一个纽约人平均每天产生废物约 5 磅（约 2.25 千克），这个数字是日本等许多其他发达国家居民每天废物产生量的 2 倍以上。[①] 面对如此庞大的废物产生量，如何处理就变得至关重要。

（一）废物分类管理以及废物回收是重要的废物管理方法

在纽约，废物分类被称为"废物管理"，在纽约市马路两旁堆放着一些黑色或者深棕色的废物集装箱，上面写着"废物管理公司"，废物管理公司是全美著名的废物收集和运输公司。无论是市区还是郊区，纽约市人家的前院或后院或厨房里，大都有 3 个垃圾桶，桶内套上不同颜色的大塑料袋，为的是在日常生活中随手就把废物分成三类：一个装玻璃瓶、塑料桶、易拉罐等可

---

① 廖如珺、黄建忠、杨丹蓉：《中国城市生活垃圾分类处理现状与对策》，《能源与环境》，2012年第 3 期，第 16 页。

回收废品；一个装废旧报纸、废纸箱等纸制废品；另一个则装完全没有回收价值的生活垃圾。装这些废品、废物的大塑料袋也有区别：可回收的废品使用的是天蓝色半透明或白色透明的塑料袋，这种袋子的好处是一眼便可看见里面装的是什么；处理生活废物的塑料袋是黑色的，结实程度明显强于前者。这几种塑料袋都有尺寸、厚度之别，根据所装物品的重量使用不同厚度塑料袋(包装箱上就写着可承受多少磅)。翻开纽约市电话电讯公司的黄页号薄，里面的年历上粗体字标出了一年中所有的废物回收日，接着又印出一幅绘制精确的曼哈顿岛地图，明确摆明岛上每一个地区的废物回收口，到了可回收废物日，纽约市环卫会派专人开车来收集可回收废物。

(二)填埋也是废物管理中重要的管理方法

利用现代填埋技术和操作可以保证和保护人的健康和环境，同时填埋场也可以转化成一种资源。弗莱希·基尔斯废物填埋场位于斯塔滕岛上，共占地 30 平方千米，日处理废物 18000 吨，是纽约最大的废物处理场。纽约市的废物先由废物收集车运到 9 个转运码头，装上废物运输船，再由莫兰托运公司的拖船将废物船拖往斯塔滕岛。每艘拖船可托运 3 艘废物船，每船装废物 600 吨(相当于 100 辆废物收集车的装载量)。该填埋场在 2001 年封场后被改造成纽约市最大的城市公园，并重新命名为"生命景观"。如今在寸土寸金的纽约市再建如此规模的填埋场已经不可能实现，用填埋方法处理废物在纽约市废物处理中所占的比例越来越少，就全美范围内而言，废物填埋量下降幅度明显。据统计，美国废弃物填埋量从 1988 年的 1.27 亿吨降低至 2001 年的 1.16 亿吨，同时填埋场的数量也从 1988 年 7924 座减少到 2002 年全国仅拥有 1767 座废物填埋场。填埋量大幅下降，体现了美国废物处理理念和处理方式的转变。

(三)堆肥处理也是一中有效的废物处理方法

2013 年，前任纽约市市长迈克尔·布隆伯格(Michael Bloomberg)在该市推出一个新的堆肥计划，目标直指每年送入废物填埋场的 10 万吨食物残渣[①]。布隆伯格视餐厨废物为"最后的回收前沿"。现在，纽约似乎正朝着这一"阵线"推进——该市已在一些居民区开展试点项目，为在全市范围内实施堆肥计划做准备。2012 年 4 月，有大约 100 家城市餐厅自愿加入了这项名为"餐厨废物挑战"的堆肥计划。到 2014 年年底，15 万户家庭以及 100 幢高层建筑、600 所学校也将参与进来。到 2015 年或 2016 年，整个城市都将进行食物残渣回收。堆肥计划起初是自愿参与，但纽约市有关官员表示，几年后，不对自家的餐厨废物进行分类的纽约市民可能会面临罚款，就像他们现在不回收纸张、

---

① 英国《卫报》援引《纽约时报》的报道说，纽约已经聘请了一家堆肥厂对每年多达 10 万吨的食物残渣进行处理，这一数量占该市餐厨废弃物总量的 10% 左右。

塑料或金属将受到处罚一样。纽约力争在 2030 年以前回收高达 75％ 的本应进入废物填埋场的固体废弃物，堆肥计划将成为实现这一目标的重要组成部分。减少废物填埋场的废物量也可削减导致气候变化的温室气体排放量。来自各处的餐厨废物占纽约市每天产生的 2 万吨废物的大约三分之一左右。

二、纽约市废物管理法律制度

（一）有关废物分类回收的法律制度

废物分类回收是纽约市废物管理最具特色的法律制度。1989 年纽约市通过《废物分类回收法》，之后在全市范围内全面推进该法，该法规定所有市民有义务将生活废物中的可回收废物分离出来，如果在居民废物中发现可回收物品，环卫部门将视情节轻重处以 25—500 美元的罚款。1990 年纽约市对《废物分类回收法》再次进行补充修订，要求市民必须将家中废电池、轮胎送到有关回收机构。这次补充法案使纽约市在环保立法中走在了全国的前列。纽约市法律还明确要求"居住在曼哈顿岛上的所有居民有义务参加纽约市的废物回收计划"。生活中免不了有一些需要特殊处理的废品和废物，如旧冰箱、废电视、大床垫、破沙发等，这些体积大的废品，需要事先通知环卫部门，以便做出特殊安排。环卫当局还规定：处理旧冰箱时，必须把冰箱的门拆掉，为的是防止留下隐患。

另外纽约市也是率先通过《瓶子法》（Bottle Bill）的城市之一。纽约市法律规定：顾客购买易拉罐饮料或塑料包装可乐、啤酒时必须为包装多付钱，一般来说是每一瓶 5 美分，但用完后顾客也可以将包装退还给商家换取报酬。许多大型超市专门在门口设立了收瓶机，只要顾客将瓶子分类投入机器，机器就会吐出一张小纸条，上面写着你一共投了多少瓶子，价值多少。拿着这张小纸条就可去同一家超市购买同样金额的物品。据资料显示，1985 年，纽约市的饮料瓶、罐约有三分之二被直接送到了废物填埋场，而 1998 年已有 80％ 的啤酒瓶、85％ 的易拉罐和 50％ 的塑料可乐瓶被回收，看来《瓶子法》功不可没。

（二）有关废物填埋场运作的法律制度

在 1970 年，纽约市政府和联邦政府都先后通过立法，对现行的废物填埋场进行监控，1973 年，纽约州议会授权环保部门制定法规，1977 年环保部门起草了名为"资源保护和回复法案"，对纽约市的废物填埋场进行管理。该法案明确规定了有害物质渗入地下水的标准，当时纽约市的两个最大废物填埋场——弗莱希·基尔斯和爱基米尔都没有达到该标准。基尔斯废物填埋场的地下水已经遭到铅和其他有害物质的污染，1989 年纽约州政府颁布新的行政命令，要求尽早关闭基尔斯废物填埋场，该填埋场于 2001 年正式关闭，并在其上建立了纽约市最大的城市公园。

(三)废物减排立法

要根本解决废物问题只有从减少废物的源头做起,刺激废物及拿牌立法的原因之一是,人们考虑到可用的填埋空间在逐渐缩小,但是废物的处理量在逐年上升;另一个刺激废物减排立法的原因是废物处理费用的增加。纽约州早在 1983 年就初步制定了废物减排法案,同时还限定了剩余的处理容量,该法案要求平均小于 10 年的剩余处理容量[①]。纽约市的废物减排立法主要是针对减少家用和商用废物,如减少一次性物品的使用,用玻璃杯代替塑料杯,用海绵代替纸巾等;尽量购买包装简单的大型经济包装的商品,减少包装废物;实施家庭堆肥等规定来尽量减少城市废物量。

(四)废物管理相关之经济制度

为促进纽约市废弃物的减量、回收利用和处理,纽约市通过财政手段向生活废弃物处理者提供必要的资金援助。纽约市采用美国废弃物处理及再资源化经济奖金制度,该制度规定:"对制定和修改固体废物计划的州、市或州间机关实行补助;对固体废弃物处理方法的研究开发,调查研究以及实际验证实行补助;对资源回收装置的设计、操作管理、监督和维护人员的训练计划实行补助。"这项经济制度极大地促进了纽约市废物治理的发展。

(五)与农村废物有关的法律

美国并没有直接管理农村废物专门的法律,而是通过与农业、畜禽养殖业、水产养殖业有关的法律,诸如《清洁水法》《清洁空气法》《资源保护与回收法》,规范其排放行为而达到迫使这些生产者资源化利用其产生的废弃物,纽约市农村废物管理亦是如此。

美国 1976 年的《资源保护与回收法》(以下称"RCRA")是有关美国固体和危险废物处置管制的国家基本法。它主要是为了解决美国面临的日益增长的城市和工业废物问题,并为此确立了四个国家目标:保护人类健康和环境免遭废物处置带来的潜在危害;保护能源和自然资源;减少废物的产生量;确保以环境友好的方式管理废物。RCRA 禁止所有废物的公开倾倒,鼓励从源头减少和循环,并促进城市废物的安全处置。该法也涉及农村废物的管理和促进废物循环和减少的经济激励,但并没有非常具体的措施,只是提出一个原则性的规定。

1978 年,居住在纽约州尼亚加拉瀑布市爱之运河地区的居民掀起了美国最早由当地居民反对有害产业废物污染的环境保护活动。以此为契机,为了应对日趋严重的环境污染危机和响应公民的环境保护运动,1980 年美国第 96 届国会在最后几个小时确定《综合环境反映、赔偿和责任法》,于 1980 年 12

---

① [美]乔治·乔巴诺格劳斯、弗朗克·克赖特著,解强、杨国华译:《固体废物管理手册》,北京:化学工业出版社,2006 年版,第 54 页。

月11日通过并签署成为法律。这一法律就是广为人们所知的"超级基金法"①，根据这个法规建立了第一个综合的联邦紧急授权和工业维护基金。前述两部法律及其修正案虽然是美国废物的管理法律，但其管制对象主要是工业和城市废物，并没有涉及农业废弃物的管理与综合利用，甚至都没有"农业废弃物"的概念。

（六）与大气和水污染防治有关的法律

美国 1955 年颁布的《大气污染法》开始授权资助空气的污染研究，后来的立法包括 1967 年《大气质量法》、1970 年《清洁空气法》和 1990 年《清洁空气法修正案》。1990 年《清洁空气法修正案》对于农产品生产者来说有非常重要的条款，因为该法的目标之一就是减少引起酸雨和消耗平流层臭氧的气体，如来自养殖业和农业生产活动中氨的挥发。

1972 年《联邦水污染控制法》使水污染控制的执行速度和效率得以改善。该法的目标就是恢复国家水体的化学的、物理的和生物的完整性。1977 年《清洁水法》确立了国家污染物排放削减系统。1976 年 3 月 18 日，联邦环保局最终确立了国家污染物排放削减系统许可发布的政策和程序。1980 年 5 月 19 日，国家污染物排放削减系统许可要求与环保局的其他许可计划进行了合并。该系统将规模化畜禽和水产生物养殖经营活动确定为需要取得许可的点源污染，但农业活动并不需要服从国家污染物排放削减系统许可程序。

所有处理大气质量和水质以及弃物处置的州法律必须满足联邦法律的最低要求。根据地表水和地下水水质要求，管理设施和土地用途，纽约市的法律、规则与规章都特别规定了农业废物管理。

三、纽约市废物管理法律制度对北京之启示

截至 2009 年年底，北京市常住人口为 1755 万人，土地面积为 16807.8 平方千米，人口密度为 1044 人/平方千米。据《2009 年北京市环境状况公报》披露，2007 年全市工业固体废弃物产生量达 1274.34 万吨，危险废物产生量为 19.75 万吨。其中，工业危险废物 14.21 万吨，医疗废物 1.20 万吨。从统计数据来看，工业固体废弃物与危险物的生产量呈现出逐年下降的趋势，市政废物日产生量 1.83 万吨，人均日产废物 1.04 千克；城八区废物无害化处

---

① 《超级基金法》是通过设立超级信托基金治理全美国范围内的闲置不用或被抛弃的危险废物处理场，即所谓的"棕色地块"（Brownfield Site），并对危险物品环境污染做出紧急反应。该法案授权美国环保局（EPA）敦促责任各方予以治污清理，同时立法授权当地环保局长通过颁布行政命令，指定任何只要可能对公众健康、福利和环境造成"实质性危害"的物质为"危险性物质"。在此基础上，当事人不管有无过错，任何一方均应当连带承担全部治污义务。该法允许在法定情形下由超级基金先行垫付治污费用，然后再通过诉讼等方式向最终责任方追索。

理率 100%，郊区废物无害化处理率 87.36%[①]。

(一)健全生活垃圾分类回收制度

与美国其他城市相比，纽约市的废物回收率是最高的，纽约市的废物回收再利用法规允许居民将容积较大的金属容器同食品残渣、饮料罐以及纸张一同放在街道两旁等待路边收集，同时，纽约市是一个人口稠密的地区，住户多为高层楼房居民，开展废物回收活动很容易见效。纽约市的中小学也组织学生参加废物回收活动。布鲁克林小学的学生们自 1986 年以来已为废物回收中心收集了大批废弃物。此外，纽约市还把"废物处理、废物回收与环境"编入小学课本之中。学校经常教育学生回家后向他们的家长宣传。幼儿园的废物箱上写有"不要乱扔废物，请将废物放入箱内"。纽约市环境卫生协会的一位负责人说："要从小教育他们爱护环境卫生，并使他们有一种废物危机感。"

虽然废物分类回收在北京已经倡导许多年，但是就目前情况来看，废物分类回收并没有达到预期的效果，对于北京这样的国际性大都市如何处理废物至关重要。鉴于上述纽约市生活废物分类回收的实施，建议北京在今后的废物处理中可以效仿纽约市的做法。首先，完善生活废物分类回收相关的法律，如：制定专门的《容器包装再利用法》《食品回收利用法》等。其次，继续加强生活垃圾分类回收的教育与宣传，利用各种宣传方式与媒体，向公众大力宣传废物分类回收的方式与意义，并在学校增加相应的基础课程和教育，以提高公众环境资源意识和环境法规观念。再次，提供方便实用的分类收集设施，北京市应加快加大有关研究和设备的投资，最终实现生活废物的分类回收。

(二)采用经济手段加强废物的管理

从经济角度来看，北京也可借鉴纽约市应用得相当成熟的以市场为基础的激励机制。例如，为引导社会更多地投资于固体废弃物处理活动，缓解固体废弃物处理服务的供需矛盾，鼓励固体废弃物的资源化和再利用。首先，鼓励废弃物处理和利用的技术创新，可借鉴纽约的做法，建立专门用途的"再循环基金"，补贴和奖励有创新实绩的研究和开发活动。其次，为对各区县、各企事业单位以及家庭和个人从源头上减少固体废弃物形成长效激励机制，可以在全市范围内实施固体废弃物总量控制，为各区县设置年度废弃物限额，并进一步向基层分解，在此基础上建立固体废弃物配额交易框架，允许"减量化"做得好、额度有富余的单位通过向市场出售富余配额而获得奖赏。再次，还可以学习纽约的做法，面向社会、公众、事业单位、大中小学等群体设置

---

① 冯中越、卫恭：《城市公用事业的市场化改革与政府管制研究——以北京市生活垃圾处理产业为例》，《北京社会科学》，2009 年第 2 期。

一年一度的固体废弃物处理和利用创新大奖，激发公众自发地进行"源头减量"以及身体力地加入其他"小创新"和"小发明"活动的积极性。在固体废弃物管理执法过程中适当引入一些以市场为基础的奖惩机制，如参照纽约市的做法对日常违法行为实施累进式罚款等。

(三)选择适宜的废物处置技术

纽约市由关闭填埋场向推行新的堆肥计划的转变，反映了纽约市生活废物处理方式和处理观念的转变。针对当前废物处理技术、北京市经济发展状况以及具体的环境状况，生活废物处理技术的选择应具备如下条件：一是技术成熟可靠；二是对环境造成的影响相对较小；三是处理设施简单；四是投资少、运行费用低；五是运行维护方便。当前对生活废物处理的最佳方式应该为废物综合处理方式。北京市各区县经济状况相差较大，各地的生活条件又有差别，所排放的废物种类和数量也有区别。由于对废物的处理需要有一定的人力、物力和财力的支持，各地由于经济发展的差别能够对废物的处理程度就有很大不同。因此各地区要根据自身的情况量力而行，选择合适的废物处理方法，减少农村废物对农村生态环境的进一步破坏。解决好这一问题，需要政府、企业和居民的全面参与和支持，从源头和末端全方位加以控制，最终使北京市有一个清洁的环境，从而实现经济的可持续发展。

(四)加强废弃物管理和处理的基础设施建设

纽约市不仅有良好素质的居民在家里就将废物进行了分类整理，同时也有环卫基础设施的周全与系统化，从不同类型的废物箱、先进的废物清运车、功能齐全的废物中转站到先进的废物处理设施，都反映了废弃物处理基础设施建设齐全。这些基础设施的建设不但方便了废物收运，也相应促进了废物作为资源的有效利用。因此，要实现废弃物的减量化、资源化和无害化，有赖于上级政府的财政支持，加大对环境基础设施建设。在农村地区，尤其需要加强废物箱、废物清运车和中转站的建设。同时引导并鼓励各类社会资金参与农村废弃物处理设施的建设和运营，逐步实现投资主体多元化，运营主体企业化，运行管理市场化。

(五)在农村大力宣传引导废弃物分类回收并督促规范

纽约市实施生活废物管理与处理已有几十年的历史，关于废物处理的法律法规众多，居民也已养成按规定办事的习惯，这些是和国家的广泛宣传分不开的。而在北京农村，居民大多按照传统的生活习惯生活，生活废物随意堆放，环境意识比较淡薄。但随着农村经济发展所带来生活条件的改变，广播电视、报纸杂志，甚至互联网都为广大农民了解外界信息的工具。农民也对周边环境的污染产生担忧和对环境保护意识的逐渐增强。据有关调查，在北京农村绝大多数农民赞成废物分类收集，表示愿意主动配合将废物分类进行处理。因此，尽管有关农村生活废物管理与处理的法律法规不完善，执法部门不健全，但应一方面通过媒介大力宣传，让村民人人知晓并参与其中，另一方面，村干部可以上门宣传、检查、督促、修订和完善村规民约，明确村民在环境保护和废物收集方面的责任和义务，让广大村民养成自觉分类收集废物的良好习惯。另外，建立一定的鼓励措施也可使广大农民增强废物分类收集的积极性。

参考文献

[1] 陈慈阳：《环境法总论》，北京：中国政法大学出版社，2003 年。

[2] [美]乔治·乔巴诺格劳斯、弗朗克·克赖特著，解强、杨国华译：《固体废物管理手册》，北京：化学工业出版社，2006 年。

[3] 国家环境保护总局污染控制司主编：《固体废物管理与法规：各国废物管理体制与实践》，北京：化学工业出版社，2004 年。

[4] 焦守田、冯建国主编：《农村垃圾的资源化管理》，北京：中国发展出版社，2007 年。

[5]《环境科学大辞典》编委会编：《环境科学大辞典》，北京：环境科学出版社，1991 年。

[6] Forbes McDougall 等著，诸大建、邱寿丰等译：《城市固体废弃物综合管理——生命周期的视角》，上海：同济大学出版社，2006 年。

[7] [美]J. G. 阿巴克尔、G. W. 弗利克等著，文伯平、宋迎跃译：《美国环境法手册》，北京：中国环境科学出版社，1988 年。

[8] 朱明主编：《农村废弃物综合利用技术》，北京：中国农业科学技术出版社，2007 年。

[9] U. S. Environmental Protection Agency：Solid Waste and Emergency Response，"Hazardous Waste Identification"，EPA530-R-04-012，September，2003，3.

[10] Franchetti，Matthew J. Solid Waste Analysis and Minimization：A Systems Approach，New York：McGraw-Hill，2009.

（作者：陈维春　华北电力大学副教授）

项目名称：北京地区民警执法权益受损应对策略研究
项目编号：11FXB018
项目负责人：任士英
项目信誉保证单位：中国人民公安大学

警察执法权益受损原因及保护路径探析

——以制约和激励为视角

内容提要：我国警察正面临着"职权"强者与"权益"弱者的角色冲突。强职权的不规范行使，侵害了公民的利益，直接影响警察在公众心目中的形象，拉大了公众与警察的距离。同时，警察执法权益受损，会影响诸多社会功能的实现，也会使警察产生挫败感，导致公众对警察不满，对社会绝望。拟从制约和激励两个视角探寻警察权益受损原因，探索警察权益保障的有效、合理路径，以期更全面、清晰、直观地分析和解决警察权益保护问题。

近年来，随着我国法制化进程的不断推进，警察的执法状况遭遇了严峻挑战，暴力袭警事件频发，警察权益遭受侵害的同时，警察权威的底线也一再遭遇挑战。实际上，我国警察正在面临着一个较为尴尬的境地——警察的"职权"强者与"权益"弱者的角色冲突。警察拥有法定的行政执法与刑事司法权力，强职权的不规范行使，易造成对公民利益的侵害，影响警察形象，拉大与公众的距离。同时，警察执法权益受损，会影响诸多社会管理功能的实现，也会使警察产生挫败感，加剧公众对警察不满，对社会绝望。本文拟剖析警察权益遭受侵害的原因，并具体探索警察权益保障的解决之道。

一、警察执法权益受损原因

(一)从"制约"范畴分析

1. 警察职能泛化

我国警察职权的过于宽泛加剧了警察职能泛化，导致了警察权实施过程中的扩张以及权责、职能的模糊。警察的职权具体体现为警察行政和刑事司法两个层面，基本覆盖了社会生产生活的各个领域。警察权具有强制性，警察强制又具有直接性特点。警察权相对于其他国家机关行政权力更为及时、高效，故而政府在处理社会事务时容易形成对警察权的依赖。这种对警察权的依赖往往使警察职能走向泛化，警察职能泛化势必容易造成警察权无限扩张甚至滥用。有学者指出,警察权力与公民权利在一定条件下成反比例关系,即警察权的扩大意味着公民权的缩小,警察权的滥用往往使公民权化为乌有。职能泛化、职权扩张引发的一系列负面效应,更易使警察执法权益受损。

2. 警察职权滥用

警察职权滥用尽管认识角度与表述千差万别,但是一个无法回避的话题。这是由我国警察行政职权配置的制衡机制的缺陷引起的。就狭义警察权而言,警察权是一种具有"高关联度""高扩张度""高自由裁量度"和"低透明度"的行政权力。尽管均认识到警察职权配置及其强化制衡机制等策略对警察权的制衡作用,但是对警察权实施有效监督并非易事。毋庸讳言,我国警察职权配置上的制衡机制并不完善:其一,法律赋予警察机关较多的行政管理职权;其二,现实中的警察行政职权缺乏相应的司法制衡和救济机制;其三,以法定程序与法律责任制约警察权尚存不足。另外,对警察权的监控尚没有形成系统完善的体系;另一方面,对警务活动的监督也出现了模糊甚至越位、错位的问题。

3. 警察行政强制权配置失衡

一方面我国警察的强制权限大,范围广,容易被滥用;另一方面,我国警察的即时强制权配置不合理,导致警察现场执法经常受到袭击而力不从心,公众对警察执法缺乏应有的理解和尊重。比如:一是现行法律法规缺乏对警察即时强制权配置的规定,"情节严重""必要""紧急情况""不适当"等用词模糊,显然与实际操作的要求还存在技术上的差距;二是警察即时强制权中的警械武器使用权适用条件过于烦琐;三是警示作用缺失,宣传力度不够,公众对警察即时强制权的使用极易产生误解。

4. 对侵权行为打击不力

一是个别部门领导为"顾大局",仅图息事宁人,客观上纵容侵权行为。二是打击处理力度不足,使得针对犯罪嫌疑人的调查取证等工作阻力重重。三是公安机关内部尤其是维权部门"重处理、轻保护"。四是权益保障制度性规定不足。公安机关的规章制度中,约束性、处罚性的规定居多,而保护性的规定则属寥寥。民警遭遇投诉特别是不实投诉甚至恶意投诉,往往被停止执行职务,缺少慰问,易挫伤民警工作积极性。

5. 警力与作战能力不足

各级公安机关都注重队伍建设与警力的提升,在新的历史时期与发展阶段,公安机关队伍建设的状况与实战需求之间还存在很大的差距。一方面是公安机关管理体制、工作机制上的问题,如机构设置不合理,警务运行过程中的职能分工,部门、警种之间联动协调能力等薄弱。另一方面是基层公安机关警力不足。由于专业工作繁重,影响了民警实战技能和战术的教育培训,导致民警超负荷工作、强度大、效率低、临战能力欠缺、查缉战术素养低,单兵作战能力弱。

6. 警务保障不足

精良的武器装备是打击犯罪、保障警察执法权益、维护社会稳定的重要保障，也是坚强战斗力的基础。由于经费紧张，许多基层公安机关警械、装备不足。有些公安机关警用车辆得不到及时更新，通信设备落后，侦查破案技术装备严重匮乏，加之侦查手段陈旧，在与犯罪分子的对抗中，不能处于强势和有利地位。

(二)从"激励"范畴分析

1. 公安机关维权意识匮乏，执法思维存在偏差

"从严治警一本书，从优待警一句话"反映出对民警执法权益保护工作存在差距。民警遇到不法侵害时，既不敢果断行使现场处置权，也不敢行使正当防卫权，沦为强势国家机器中的"弱势群体"。民警的执法思维存在偏差，执法不规范，部分民警"重实体、轻程序"的观念根深蒂固，给不法之徒以可乘之机。

2. 专职维权机构缺位

公安机关缺少统一、独立和综合的专职警察执法权益维权机构。公安机关内部，北京市局成立了维护民警执法权益办公室，但并非专职机构。普遍设置的组织人事部门、纪检、督察只是兼职做民警维权工作。执法维权牵涉多部门或警种，纪检、督察不可能牵头担纲临场组织协调、统一指挥的角色，只能由领导亲自指挥、协调较严重的维权案件。我们现阶段的维权基本上是公安机关在自我疗伤，外部缺少公检法司联动保护、法律援助和社会各界人士协助，维权在实际操作与运转上还存在诸多不畅与滞后，维权保护的范围、手段、力量局限性较大。由于民警的维权工作还没有形成统一的一整套具有科学性、可行性、规范化的机制，难免出现维权力量不足、渠道不畅、工作不到位的尴尬。

3. 民警执法环境与警察公共关系面对挑战

当前我国警察公共关系工作存在许多问题，导致了警民关系紧张和执法环境恶化，从而引发警察执法权益受到侵害。这突出表现为：一是外部沟通渠道不畅，警民联系面窄力薄，社会公众对治安状况的知情权难以得到满足，难以认同民警的付出。二是公关意识严重失位，舆论导向把握不准，在面对负面新闻时反应滞后、方法单调，危机处理能力较差，很难掌握话语主动权。三是形象战略定位不明，细节规范重视不够。警察机关的整体形象来源于每一个民警的具体外在表现，而不在于破案率的高低。细节决定成败，近年来各级公安机关普遍忽视细节，缺少对民警执勤细节的规范。四是公安民警群众工作能力欠缺。近年来，公安民警做群众工作的能力和水平呈下降趋势，基层民警不愿做、不想做、不会做群众工作成为较普遍现象。

二、警察执法权益保护路径选择

(一)"制约"视角下的保护路径

1. 科学、合理配置警察职权,准确定位警察部门职能

(1)警察权配置的立法控制。警察权的强制性和法定性决定了警察不仅要有所为,还要有所不为。"当警察权错误地被用于对法定之外的社会关系进行过分干预时,不幸的将不仅仅是市民社会的正常秩序,法律的权威、社会公众对政府的信任统统都将遭受践踏。"①因此,以法律形式对警察进行定位,才能使其具备抵御不当干预的绝对权威。

(2)警察权配置的立法完善。这需要我们重新审视法律程序的功能和价值,并运用程序制约警察权行使过程中的恣意和专断,以保障警察权能够合法行使,保障公民权利与自由的充分实现。在警察权行使制度安排方面,应当加快警察程序立法,完善现有警察法规体系。要在继续修订、完善业已施行的《公安机关办理行政案件程序规定》《公安机关办理刑事案件程序规定》等基础上,加快《行政程序法》的立法步伐,推进警察程序立法,完善警察法规体系,进一步明确警察权的行使范围和操作规程以及警察执法违法的责任和司法救济制度。

(3)警察权配置的体制性整合。一是将一般性和非治安性行政权从公安机关分离出去,交由有关社会组织。二是集中功能性警察权。按照公安机关内设机构的职能整合,减少行政掣肘与冲突,避免行政不作为。因此,不论是行政性警察权还是刑事性警察权,都要根据实际情况加以集中整合。

2. 加强权力制衡,强化监督

(1)强调警察权与司法权等权力之间的制衡。行政权相对于立法、司法权力而言,更容易造成实施程序不严整,又有相当自由裁量权。权力腐败最普遍的表现形式是行政权力的腐败,因此,公安机关的权力必须得到制约。有学者指出,从刑事法治的长远发展来看,应该将司法审查机制延伸到审判之前,刑事司法权应纳入到司法权的控制之下。确立司法授权、司法审查和司法救济机制,使所有涉及个人基本权益的事项都由中立的司法机构来决定,以有效地保障被告人的正当权益。

(2)多策并举强化监督。首先,构建并完善警务监督体系,坚持事前监督为主,事中监督为辅。将警务监督作为一种自觉行为,从国家权力机关、各级党委、民主党派、社会团体、群众性组织、社会舆论等都应成为警务监督体系的环节,形成一个良性的社会监督体系。其次,要以建立长效机制为契

---

① 洪更强、张娅娅:《法治的核心就是控制权力》,http://www.1488.com/gb/popular/lawnews/Default.asp? lawnews=105。

机，深化警务监督机制。主要应从制度建设、执法质量检查、绩效考核标准、警务装备规范及其他规范体系等建设着手，围绕中心，突出重点，贴近实际，提升和发挥警务监督机制的功能。最后，还要正视并发挥舆论监督的功能，增加媒体的透明度、时效性、纵深度。

（3）强化立法，使现场处置警务活动规范化、程序化、法律化。早有有识之士就制定《人民警察执勤装备配置和执勤战术规定》、修改《人民警察使用警械和武器条例》，及时修订《人民警察法》等提出了建议。

（4）严格教育、管理，切实提高队伍战斗力。加强教育培训工作，提高民警的业务素质。公安机关要高度重视公安队伍的教育培训工作，通过开展各类培训来释放警力、提高效率、强化战斗力；要加强对基层领导干部现场指挥、警力调配、个案指导和挖掘总结等能力的教育培训；要加强实战演练，提高民警现场处置能力；要加强安全意识培养，对民警伤亡案例进行深刻理性分析，及时汲取教训；要强化体能训练，提高民警身体素质；除每年集训外，还要教育、督促民警养成良好的运动习惯，要落实各种恢复与保养措施，建立民警因公伤亡紧急救治的"绿色通道"；要强化民警队伍科学管理，维护公安机关权威；各级领导要严格履行"一岗双责"，坚决摒弃重业务、轻队伍的错误观念，构建程序科学、职能定位合理、制度规范的运行机制。

（5）加大依法打击侵权行为的力度。各级公安机关要严格依法保障自身执法权益，公、检、法部门要加强协作，对袭警行为与袭警者，要依法处罚。要完善责任追究制度，对未能及时保护民警执法权益的部门领导问责。新闻媒体也要对造谣或不实报道者严肃处理直至依法追究其责任。

（6）加强经费保障，提高公安机关武器装备水平。积极探索改进公安经费保障的新机制，争取严格按照"高于地方，略低于军队"的原则，保障公安经费，改善警用武器装备。提升武器装备水平是减少民警伤亡，保护民警执法权益的重要方面。各级公安机关要加强高科技含量的警械装备的研发，最大限度地减少执法人员、违法犯罪嫌疑人以及公众的伤亡。

（二）"激励"视角下的保护路径

1. 激发警察执法权益的自我保护意识

一是民警自身要树立维权意识。各级公安机关要教育民警强化自我防范意识，思想上有警觉，行动上有防备，充分预估可能发生的紧急意外情况，争取主动，积极预防。二是民警要增强自救意识。在执行任务时，民警要注意分工与配合，主动防范嫌疑人的袭击与反抗。对过激行为要冷静对待，加强自我保护，要最大限度地争取周边群众支持，并及时向领导汇报，以便支援力量第一时间赶到现场。三是要培养民警自卫意识。可以借鉴国外"警察在执行职务中永远处于正当防卫状态"的说法，增强民警危险评估意识和安全防范意识，敢于依法自卫，避免无谓伤亡。

2. 端正执法理念，创新工作方法

一要坚持法治原则。依法行政是建设社会主义民主法制社会的重要标志，从公安机关角度出发，保护民警执法权益的根本途径在于依法行政、文明理性执法。要将执法运作机制纳入法制化、规范化轨道，最大限度地减少民警在执法中因违规、违纪而导致执法权益受损现象。二要坚持群众路线。民警在各项执法工作中，要带着对人民群众的深厚感情去执法，坚决维护人民群众的合法权益。三要创新工作方法。在新形势下，公安工作面临着许多新问题、新矛盾，只有采取灵活、新颖的方式方法才能避免不必要的损失。要注意区别不同的执法对象，采取灵活的工作方法，强化处警艺术，用法律、情理去说服人，用道德、人格去感化人，逐渐在群众中树立人民警察的良好形象和威望。

3. 建立独立的警察执法权益保护组织

可以借鉴北京市局成立"维护民警执法权益办公室"的经验，探索建立由政府牵头，公安机关主导，人大、政协、纪委、政法委、检察院、法院协调配合，社会广泛参与的人民警察权益保护委员会或者类似组织，并在公安机关内部工作条例、部门规章制度加以规范，做出明确规定。组建全国性的自上而下的警察执法权益保护部门，专职受理民警执法权益受损的案（事）件。探索成立公安机关人民警察权益受损的赔偿专项基金、维权专用保护基金和专职法律援助机构等。

4. 强化公共关系建设，营造良好执法环境

(1)注重警民互动，拓展沟通渠道。增加工作透明度，保障民众的知情权、参与权。减少群众的顾虑和猜忌，增加对公安机关的信任和理解，有助于提高工作效率，增强公安机关公信力。比如可以通过开展各种交流活动，如召开恳谈会、座谈会、通报会、信息反馈会、发放警民联系卡等多种形式加强与民众的交流与沟通，切实增进警民之间的了解和信任。

(2)注重形象建设，提高群众工作能力。一要在正规化建设中注重细节养成与民警正规化、规范化的职业习惯养成，向公众展示良好的警察形象。二要在教育培训中引入服务内容，导入服务群众的课程，并开展有针对性、实用性的训练活动，使服务思想根植于每个民警的头脑当中，提高服务意识和能力。

(3)注重主动宣传，时刻掌握舆论导向。树立主动的创新型宣传观念，就是要树立客观、及时、正确的宣传理念，忌遮掩式、浮夸式的宣传。既要在宣传内容上正面引导，围绕公安中心工作，反映公安成绩，展示公安形象，体现公安精神，又要在形式上贴近实际、贴近群众，赢得群众的共鸣和认同。同时，要增强危机处理能力，及时跟踪和预判、处置涉警舆情，建立专业化的涉警舆情危机处置队伍。

三、结　语

　　警察执法权益保障问题的提出，是社会不断进步的结果，更是法治不断得到完善的体现。在首都北京，构建和谐平安的首善之区的背景下，提出并关注民警执法权益受损与依法保障的问题，其意义也非同寻常。同时，这也意味着警察权得到依法控制，是公民权利不断彰扬的必然结果。如果仅仅注意到公民权利，而没有警察执法权益的保障，是一种显失"平衡"的状况。因此，从制约和激励两个维度探寻警察权益受损原因与警察权益保障的有效路径，可以更全面、清晰、直观地分析和解决公民权与警察权在实施过程中的不平衡问题，并在实践中找到有效解决的对策与思路。

参考文献

[1]陈兴良：《限权与分权：刑事法治视野中的警察权》，《法律科学——西北政法学院学报》，2002年第2期。

[2]洪更强、张娅娅：《法治的核心就是控制权力》，《法制与新闻》，2000年9月15日，第5版。

[3]李健和：《论我国警察权力配置的原则与优化路径——警察权力专题研究之三》，《中国人民公安大学学报（社会科学版）》，2007年第6期。

[4]申淑环：《维护警察正当执法权益途径探究》，《北京人民警察学院学报》，2007年第4期。

[5]吴超惠：《关于人民警察执法权益问题的思考》，见柯良栋主编：《公安法制建设理论与实践问题研究》，北京：中国人民公安大学出版社，2005年。

[6]王淑波：《维护公安民警健康权益的思考》，《吉林公安高等专科学校学报》，2006年第3期。

（作者：任士英　中国人民公安大学教授）

项目名称：北京食品安全法律对策研究——以促使生产经营者自律为中心

项目编号：11FXC022

项目负责人：龚刚强

项目信誉保证单位：北京农学院

北京食品安全法律对策研究

——以促使生产经营者自律为中心

内容提要： 生产经营者在食品安全中居于核心地位，解决食品安全问题的根本，在于使生产经营者自律。可以通过市场准入控制，设定一定的条件和资格门槛，提高食品生产经营者的资产专用性程度；可以通过食品安全信息公开制度，矫正生产经营者与消费者之间的"信息不对称"；可以通过法律责任，将生产经营者制售劣质食品的外部成本内部化为其自己的损失。建立生产经营者信用系统与信息平台，引入认证机构的专业化监督，辅之以法律责任的约束，特别是发挥惩罚性赔偿的功能，调动"职业打假"人士和律师等更广泛的社会监督力量，从而促使生产经营者自律，是解决食品安全问题的"治本"之路。

食品安全问题涉及多方主体，其中居于核心地位的是生产经营者，正是生产经营者的不良行为，导致了食品安全问题的产生。在市场经济下，食品生产经营者生产和销售的食品主要是给别人吃，而不是自己吃，因而，他们缺乏内在的动力去真正关心食品的安全性。因此，解决食品安全问题的根本，在于如何使生产经营者自律。这除了需要加强食品从业人员的道德教育之外，更需要建立能够促使生产经营者自律的有效机制。

一、食品生产经营者自律缺失的原因——基于法经济学的分析

(一)资产专用性与食品生产经营者的自律缺失

"资产专用性"是指为了支撑某种交易而进行的耐久性投资。[①] 这些投资属于沉淀成本，并且与该特定交易密切相关，一旦提前终止或改变用途将会变得非常不经济。资产专用性程度的不同将产生不同的激励作用，从而影响行

---

① ［美］奥利弗·E. 威廉姆森著，殷毅才、王伟译：《资本主义经济制度》，北京：商务印书馆，2002年版，第83页。

为人的行为策略。一般来说，资产专用性程度越低，越容易发生基于短期利益考虑的机会主义行为。也就是说，当发生问题后，生产经营者可以较为迅速的转产（或者逃跑），这样就会缺乏基于长远利益考虑的自我约束。

我国当前食品生产经营者自律缺失，食品安全问题难以解决，与我国当前所处的发展阶段和食品生产经营模式有关，其中的一个突出情况是食品生产经营者数量众多、非常分散、规模小，其资产专用性程度比较低，出了问题之后能够较为迅速地转产或者逃跑，因此缺乏基于长远利益考虑的自我约束，容易为了短期利益制售劣质食品。

(二)有限理性、信息不对称与食品生产经营者的自律缺失

食品行业竞争比较充分、较少存在垄断，假如不存在信息不对称，消费者对于生产经营者制售的食品了如指掌，也就不会存在制售劣质食品的机会主义行为，因为劣质食品不会有人买，从而也就没有人去制售。然而，在食品生产经营者与消费者之间，却存在着明显的信息不对称，食品生产经营者得以把劣质食品卖给消费者。

受专业知识等限制，消费者在获取食品安全信息方面面临着比较高的成本（搜寻和获取相关信息需要花费的时间、精力等，即信息成本）。按照信息经济学的分析，信息成本是一种沉淀成本，一旦付出，便不可收回，即便后来发现不值得投入。[①] 因此，人的大脑在信息成本的投入上天生比较慎重，除非获取某一信息的预期收益大于成本，否则将不去主动搜寻该信息（但是可以被动获知）。而且，大脑加工处理信息也需要耗费时间和脑力，过度损耗将损害健康，因此，当进行分析和计算所带来的收益小于对因此耗费的时间和脑力时，大脑将倾向于不去思考它。

相当多的消费者的在购买食品时具有这种"理性的无知"特征，只图一时之快，不考虑长远后果，很少积极主动地去关注食品安全信息。消费者的"理性的无知"，使得追求短期利益的生产经营者热衷于进行广告宣传，而不是产品质量。

(三)外部性与食品生产经营者的自律缺失

食品生产经营者把劣质食品卖给消费者，在没有实现消费者的利益时却能实现自己的利益，这说明市场机制存在失灵。这种失灵属于经济学上所说的"外部性"。

食品生产经营者制售劣质食品给消费者和社会造成的损失，对于生产经营者而言是一种外部成本，如果它们不能通过某种方式转化为生产经营者自己的损失，从而纳入其行为决策的"成本—收益"分析，生产经营者就不会约

---

① ［美］肯尼思·阿罗著，何宝玉译：《信息经济学》，北京：北京经济学院出版社，1989年版，第 197—199 页。

束自己的行为。因此，要想使生产经营者不去制售劣质食品，必须把这种外部成本通过某种方式转化为生产经营者自己的损失，即外部成本内部化。对此，经济学上有两种理论模式：一个是庇古的理论模式，一个是科斯的理论模式。

按照庇古的理论，"外部性"是市场机制失灵，需要用政府的强制手段来解决，所运用的强制手段可以是税收(或补贴)，也可以是赔偿和处罚等法律责任，以此来实现外部成本(或收益)内部化。

对于食品安全问题来说，税收手段不容易采用，因为税收要求行为主体能够事先确定，而制售劣质食品的生产经营者则很难事先确定。因此，更适宜采用的手段是法律责任，包括民事责任、行政责任、刑事责任等。通过让劣质食品的生产经营者承担法律责任，使其承受损失，从而将其行为的外部成本转化为内部成本，提高生产经营者制售劣质食品的成本，当其成本超过收益时，生产经营者就会自我约束，不去制售劣质食品。

庇古的理论模式从逻辑上说没有问题，但是它没有考虑现实中的一个重要问题，那就是法律责任的实施也要耗费一定的成本(交易成本)，这些成本可能会导致法律责任不能落实。

与庇古模式不同，科斯模式把交易成本作为考虑的核心问题。

按照科斯定理 I 的思路，具有"外部性"的食品安全问题之所以存在，是因为存在交易成本。相应地，解决"外部性"的根本出路，也在于尽可能地降低交易成本。也就是说，解决"外部性"问题，不一定要通过政府强制干预的方式，可以通过降低交易成本，特别是信息成本，让当事人自主解决。

但是，交易成本为零的情况在现实中是不存在的，当交易成本比较高的时候，按照科斯定理 II，通过协商谈判的后续调整只有在带来的产值增长多于交易成本时才能进行，也就是说，交易成本会阻碍后续调整的进行。一方面，当获取食品安全信息的成本高于劣质食品带来的损失时，消费者可能没有动力进行认真选择，劣质食品不会存在卖不出去的问题；另一方面，当索赔的成本高于消费者的损失时，即使法律规定劣质食品的生产经营者要赔偿消费者的损失，消费者可能也不去索赔。

这样，食品生产经营者制售劣质食品的外部成本就不会被内部化，不能转化为生产经营者自己的损失，从而纳入其行为决策的"成本—收益"分析，生产经营者就不会约束自己的行为，他只要"自己不吃那东西"即可。因此，外部成本在很多情况下不能内部化，导致成本和收益的不对等，正是食品生产经营者热衷于短期行为、机会主义行为的直接原因。

二、促使食品生产经营者自律的法律机制及其问题

(一)通过市场准入控制提高生产经营者的资产专用性

针对食品生产经营者资产专用性程度较低的问题,一个常用的法律对策是市场准入控制,对食品生产经营者设定一定条件和资格,提高其资产专用性程度,通常做法是食品生产经营许可制度。

对于食品和食品添加剂的生产,我国目前实行的是按照品种取得生产许可的制度,即 QS 食品质量安全认证。该制度虽然可以提高生产者的资产专用性程度,但是操作过于复杂、实施成本高,既浪费行政资源,也增加企业的负担,应当予以改革,可以考虑仅对部分需要严格监管的食品进行品种许可。

食品生产加工小作坊和食品摊贩是食品安全问题的高发区。对于食品生产加工小作坊和食品摊贩,《食品安全法》本身未规定是否需要进行生产经营许可,而是授权省、自治区、直辖市制定具体管理办法来确定。就当前我国的国情来说,小作坊和摊贩数量众多,而监管部门的人力有限,难以做到将其全部纳入食品生产经营许可制度。对此,一个解决方案是对小作坊和摊贩进行再分类:对于有固定生产经营场所的,包括小作坊和进入固定交易市场(集中交易市场、商场、超市、公园、游乐园等)的摊贩,纳入食品生产经营许可制度,由其单独或者由固定交易市场主体办理生产经营许可;对于没有固定生产经营场所的流动摊贩,则不纳入食品生产经营许可制度,由各地自行规定管理方式。

(二)通过食品安全信息公开制度矫正信息不对称

针对生产经营者与消费者之间的"信息不对称"问题,可以通过食品安全信息公开制度予以矫正,包括:通过法律强化生产经营者的食品安全信息公开义务、通过政府进行食品安全信息公开、通过第三方市场主体(特别是认证机构)进行食品安全信息公开。

生产经营者的食品安全信息公开义务主要表现在必须通过标签、说明书、包装等食品标识标明所制售的食品、食品添加剂的安全风险信息。其功能的发挥有赖于两点:一是生产经营者认真遵守法律关于食品标识的规定,二是消费者对食品标识认真关注。但是,根据调研发现,这两点都存在问题,食品生产经营者并未认真遵守标识的规定,大多数消费者对于食品标识上的信息也并不在意。

政府的食品安全信息公开涉及面比较广,包括:组织食品安全风险监测和评估,发布食品安全风险警示;制定和公布食品安全标准;食品安全信息公布;建立食品生产经营者信用档案、信用体系等。但是我国目前主要强调的是这些信息在监管中的意义,而不是在市场交易中矫正"信息不对称"的意义。

而且，无论是强制要求生产经营者进行食品安全信息公开，还是由政府进行食品安全信息公开，对于消费者来说，都存在认知的难题。消费者可能未必关注或理解这些信息，这使得其效果大打折扣。在降低消费者的信息成本方面，一个更简洁方法是引入第三方，如广告、认证，特别是认证。进行认证的是专业机构，相比消费者而言，它们更具有信息优势，通过认证，可以大大节省消费者的信息成本，矫正生产经营者与消费者之间的信息不对称，并且通过专业化的第三方监督，促使生产经营者关注产品质量和安全。

但是，认证是以认证机构的信用为基础的，只有当消费者信赖认证机构颁发的认证标志时，认证的功能才能发挥。这需要两个条件：一为消费者对认证标志的认可和关注，二为认证机构的尽职尽责。从我国的现实来看，这两点都不尽如人意，消费者对于认证标志没有那么关注，认证机构也没有那么尽职尽责。认证机构的尽职尽责有赖于两点：一是认证活动中基于市场竞争和信誉机制的内在约束，二是认证机构失职的法律责任外在约束。而这两方面我国目前都存在不少问题，特别是认证机构的法律责任往往被忽视，导致认证流于形式。

（三）通过法律责任使生产和销售劣质食品的外部成本内部化

针对"外部性"问题，可以通过法律责任，将生产经营者制售劣质食品的外部成本内部化为其自己的损失，包括民事责任、行政责任、刑事责任等。但是，法律责任的实施本身也要耗费一定的成本，当这种成本很高时，会阻碍法律责任的实施。因此，需要考虑实施成本问题来确定法律责任的设置。

就民事责任来说，当消费者在购买和食用了劣质食品后没有出现明显的人身损害时，碍于诉讼成本，普通消费者缺乏索赔的积极性。对此，可以通过设定惩罚性赔偿责任来解决。但是，《食品安全法》修订之前，关于惩罚性赔偿（十倍赔偿）的规定实际发挥的功能却并不尽如人意。"十倍赔偿"看似挺大，但是其计算的依据是食品价款而不是消费者的损失，以此为依据计算的十倍赔偿金并不会太大，因此对消费者索赔的激励作用并不明显。对《食品安全法》的"十倍赔偿"规定真正关心的，是一些"知假买假"的职业打假人士，但是在一些地方的司法实践中，"十倍赔偿"对于职业打假人士的适用受到限制，职业打假受到抑制。

当消费者在购买和食用了劣质食品后出现比较重大的人身损害时，消费者具有充分的动力去索赔。但是政府行政机关（特别是地方政府）往往也会介入其中并主导事故的赔偿问题，由此带来的一个结果就是，为了使事件"妥善处理"，原本法律规定的一些法律责任可能未必被充分落实，而且，这种处理只考虑了生产者的赔偿责任，导致销售者、认证机构等主体的连带责任容易被遗漏。

就行政责任和刑事责任来说，其需要依靠国家行政机关和司法机关来执行，会耗费一定的成本，当成本比较高时，会导致行政责任和刑事责任得不到充分落实。为克服这种缺陷，我国常常采用集中整治和问责。集中整治的优点是可以形成规模效应，降低执法成本，但是不能成为常态机制。而问责可能会导致执法者为了逃避问责而与肇事者结成利益共同体，对事件进行瞒报。

三、若干对策建议——兼评《北京市食品安全行动计划（2011—2015 年）》

（一）对重点食品实行较高的市场准入控制

食品生产经营者数量众多、分散、规模小、产业化程度低是我国当前的一个基本国情，因此，提高食品生产经营者的规模化程度是一个漫长的过程。在难以做到对所有食品生产经营者均进行较高的市场准入控制的情况下，为应对食品安全问题，一个更为现实的做法是将重点放在容易发生安全风险、危害性较大的食品。

《北京市食品安全行动计划（2011—2015 年）》提出要"严格首都食品市场的准入"，对进入北京的食品特别是食用农产品设定了比较高的市场准入门槛，[①]这种较高的门槛虽然有利于保障食品安全，但是操作起来难度很大，实施成本非常高，一旦其中某些环节做不到尽职尽责，有可能导致形式主义。

在难以做到对所有食品生产经营者均进行较高的市场准入控制的情况下，为应对食品安全问题，一个更为现实的做法是将重点放在容易发生安全风险、危害性较大的食品。例如，吸取"三鹿奶粉事件"的教训而制定的《乳品质量安全监督管理条例》，对于生鲜乳收购站，要求只能由取得工商登记的乳制品生产企业、奶畜养殖场、奶农专业生产合作社开办，并且必须具备一定的条件，并取得生鲜乳收购许可证；对于乳制品生产企业，要求还应当取得 GMP 认证（符合良好生产规范要求）；对生产婴幼儿奶粉的企业，要求还应当取得 HACCP 认证（实施危害分析与关键控制点体系）。

---

① 《北京市食品安全行动计划（2011—2015 年）》提出："严格首都食品市场的准入。……与外埠产地政府共同构建食品安全防控体系，逐步形成食品'产地要准出、销地要准入、产品有标识、质量可溯源、风险可控制'的全程监控链条。'十二五'期末，进京农产品种植养殖基地应当是经当地工商部门登记、具有独立法人资格的经济实体或农民专业合作组织，产品附产地证明和检测报告入市。进京蔬菜产品应来自标准化基地，符合无公害蔬菜产地环境条件要求，取得标准化基地证书、省级以上无公害蔬菜资格认证或农业部无公害农产品、绿色食品、有机农产品认证，露地生产面积不低于约 33.33 公顷（500 亩），保护地设施生产面积不低于约 13.33 公顷（200 亩），与北京市场的签约供应量达到年产量的 40% 以上。进京水产品基地的养殖面积在约 33.33 公顷（500 亩）以上或水产品年产量达到 400 吨以上，取得无公害以上农产品质量安全认证。进京畜禽产品应来自规模化养殖基地，具备标准化消毒、采光、通风、疫苗储存、无害化处理、动物隔离、兽医诊疗等设施。生猪、肉鸡（鸭）、蛋鸡、肉（奶）牛、肉羊规模化养殖场生产能力分别要达到 500 头、5000 只、3000 只、200 头、200 只以上。"

(二)建立食品生产经营者信用系统与信息平台

信用可以节省交易对象之间的信息成本，矫正信息不对称。对生产经营者特别是大型企业来说，信用具有巨大的商业价值。但是，在食品领域，生产经营者似乎并不太在意其违法行为对信用的负面影响，究其原因，除了生产经营者追求短期行为之外，与相关的信用体系缺失不无关系。因此，应当构建一套权威、全面的生产经营者信用体系，方便消费查询，从而降低消费者的信息成本，激励生产经营者特别是大型企业产生诚信经营。

《食品安全法》在建立生产经营者信用档案方面进行了一些规定，但是其主要强调的是生产经营者信用档案在监管中的意义，而不是在市场交易中矫正信息不对称的意义。因此，政府还应当采取更多的措施，构建一套权威、全面的生产经营者信用体系，方便消费查询和做出市场选择，从而对生产经营者起到约束作用。

《北京市食品安全行动计划(2011—2015 年)》提出要"构建统一的食品安全信用信息平台，推进诚信激励和失信惩戒机制建设。"①其措施虽然非常具体，但是重点仍然在于通过政府行为进行激励和约束，即"在政府采购、招投标管理、公共服务、项目核准、技术改造、融资授信等方面，给予诚信企业重点支持。加大对失信企业的惩戒力度"。而在降低消费者的信息成本，通过消费者的行为进行激励和约束方面，能否发挥功能，则取决于该信用平台能否被公众普遍认知和使用。

(三)强化认证机构的法律责任

在提高食品生产经营者的产业化程度、发展大型食品生产经营企业的基础上，规范和发展认证制度，引入认证机构的专业化监督，以此促使生产经营者自律，是解决食品安全问题的较好方向。如果认证机构能够尽职尽责，一方面可以减轻政府监管的压力，另一方面可以降低消费者的信息成本。但是这有赖于法律责任的督促。认证机构的法律责任类似于证券欺诈案件中的注册会计师、律师等中介机构的法律责任，在行政责任和刑事责任方面，不存在实施的障碍，在民事责任方面，认证机构一般财力有限，连带赔偿责任事实上难以充分落实，可以以所获收益(收取的认证费用)为基数，乘以一定

---

① 《北京市食品安全行动计划(2011—2015 年)》提出："构建统一的食品安全信用信息平台，推进诚信激励和失信惩戒机制建设。依托首都食品安全监控系统和北京市企业信用信息系统构建 49 个部门联网的食品信用信息平台，统一归集、公布食品生产经营者的身份信息、提示信息、警示信息、良好信息等信用记录并作永久保存。对所有食品生产经营者建立食品安全信用档案，实行分类分级管理。在政府采购、招投标管理、公共服务、项目核准、技术改造、融资授信等方面，给予诚信企业重点支持。加大对失信企业的惩戒力度，对其中纳入提示信息和警示信息记录的食品生产经营企业要作为重点加强日常监督抽检；对因严重违法行为被吊销生产、流通或餐饮服务许可证的，直接负责的主管人员 5 年内不得从事食品生产经营活动。"

的倍数，对受害者予以赔偿。只有这样，才能促使认证机构认真履行职责，强化审核和追踪检查，对食品生产经营者形成较强的专业性监督。

《北京市食品安全行动计划（2011—2015 年）》在强调"全面推动食品产业升级""严格首都食品市场的准入"等方面，提出发展对食品生产经营者的认证，如无公害农产品、绿色食品、有机产品、GMP、HACCP 等。但是，在追究认证机构的法律责任方面，没有任何提及，由此也表明该问题尚未受到政府的重视，是一个盲区。

（四）实行分级监管，完善对监管者的激励和约束机制

食品和食品生产经营者数量众多，分布广泛，而监管部门的人员、技术、设备等资源是有限的，要想对制售劣质食品的行为全部防范、发现和制裁是无法做到的。因此，为了提高监管的效率，应当依据安全风险和社会危害性程度，对不同的食品安全问题进行分级监管，合理配置执法资源。对于那些安全风险和社会危害性比较大的问题（比如食品生产中非法使用有毒有害物质），集中力量，重点监管；对于那些安全风险和社会危害性比较小的问题，则量力而行。

《北京市食品安全行动计划（2011—2015 年）》对此也有强调，提出要"根据风险评估结果对食品安全实施分级分类监管"。但是，在具体措施方面，仅对餐饮业的监管提到了"量化分级监管"措施，而对于整个食品生产经营，尚未明确如何进行分级分类监管。

那些安全风险和社会危害性比较大的问题，是监管的重心，但是由于该类问题对生产经营者的处罚会比较重，相应地，对生产经营者的利益影响也比较大，因此容易出现生产经营者为了逃避处罚而贿赂监管人员或者监管人员利用权力进行"寻租"等情形。对此，需要完善对监管人员的激励和约束机制。

从我国目前的制度来看，比较强调对监管部门和人员的责任追究，一旦发生比较严重的食品安全事故，往往会追究相关监管人员的行政责任（行政处分）乃至刑事责任。《北京市食品安全行动计划（2011—2015 年）》也沿用了这一思路，提出要"完善责任追究机制。对食品安全事故频发，发生重大、特别重大食品安全事故和区域性食品违法生产经营现象长期不能解决的地方，要依法追究相关负责人的责任"。

表面看来，这似乎对监管者起到很好的约束作用，但是从实际效果来看，却容易导致瞒报或推诿现象。因为当发生重大食品安全事故时，不仅肇事者要受到处罚，还意味着监管人员失职，需要受到处罚，由此导致监管人员与违法者成为利益共同体，共同利益就是瞒报或推诿。

针对这种结果，可以通过两种方式予以避免：一是将日常监管职责与事故处置职责分开，分别由不同部门和人员实施；二是转变考核指标，建立一种以发现、解决问题和隐患为导向的激励机制，对能够主动发现问题和隐患，及时上报、处置、公开信息、减少损害发生或缩小损害发生范围的，应该予以积极鼓励，对履行了日常监督检查职责的监管部门和人员，在发生重大食品安全事故时，不应过分强调问责。

（五）发挥民事诉讼的作用

《北京市食品安全行动计划（2011—2015年）》以"强化企业主体责任"作为指导思想之一，对于如何强化企业主体责任，该计划主要采用的是政府监管手段，虽然也提出"强化社会各界共同参与监管"，但仅包括"构建食品安全教育培训体系、加大食品安全宣传力度、完善社会监督和举报奖励机制"等，而对于民事诉讼，则只字未提。这反映出我国长期以来的一种习惯做法，那就是，对食品安全的治理偏重于行政监管手段。很多人也存在一种思维定式，一谈到问题的解决对策，就很自然地想到"加强政府（行政）的监管"。固然，行政监管具有强制、主动、快捷等诸多优点。但是，面对大量的制售劣质食品的行为，行政监管的能力和效果是有限的，食品安全的治理还需要动员更广泛的社会力量参与。那么如何把更多的社会力量激发出来，并且纳入法治的轨道？民事诉讼是一种比较好的途径。

民事诉讼由受害的消费者发动，存在充分的实施动力，也具有吸纳和整合社会监督力量的功能，应当使这种作用充分发挥出来。

当未发生重大食品安全事故时，虽然普通消费者缺乏足够的动力进行民事诉讼，但是，基于《食品安全法》等法律关于惩罚性赔偿的规定，对一些"职业打假"人士来说，则具有充分的索赔动力。职业打假人士的参与，可以形成社会性的监督制约力量，弥补行政监管的不足。因此，对于"职业打假"，应当鼓励。

当发生重大食品安全事故时，消费者出现比较大的人身损害，具有充分的动力去索赔，应当以民事诉讼作为处理重大食品安全事故赔偿的核心方式。通过民事诉讼，一方面可以对受害人的损失进行精确地核算；另一方面可以把律师群体引入对食品安全的监督中，形成一支对制售劣质食品行为进行制约的社会力量，此外，还通过连带责任，可以激励其他主体对生产者进行监督制约。

（作者：龚刚强　北京农学院副教授）

项目名称：论网络谣言的法律规制
项目编号：12FXB020
项目负责人：齐小力
项目信誉保证单位：中国人民公安大学

论网络谣言的法律规制

内容提要：文章对网络谣言的概念做了辨析，并从以下方面探讨了网络谣言的法律规制：一是从网络谣言的立法规制方面，分析了现行立法的状况和存在的不足，提出制定《网络安全法》，完善现行法律关于打击网络谣言的规定，注重行政法规、部门规章和地方性法规的配套，注重国家立法和地方立法的结合等建议；二是对规范打击网络谣言的执法活动的探讨，指出了目前打击网络谣言的执法中存在着执法过程中用政策代替法律、对于质疑公权力的行为缺乏容忍的度量以及打击网络谣言有扩大化的趋势等问题，提出规制网络谣言应依循法治原则，即公共利益原则、法律保留原则和均衡原则；三是提出完善信息公开制度，让谣言止于政府，对政务微博、微信和新闻发言人制度进行了探讨。

谣言是一个非常古老的话题，《辞海》的解释为：谣言是指没有事实根据的传闻，捏造的消息。[①] 法国学者卡普费雷认为，谣言是一种"与当时事件相关联的命题，是为了使人们相信，一般以口传媒介的方式在人们之间流传，但是缺乏具体的资料以证实其确切性"，并"在未经官方证实的情况下广泛流传"。[②] 我国有学者将谣言定义为："一种非官方的、在一定时期和一定范围内传播的包含有虚假成分的信息。"[③]

从上述对谣言的各种定义看，谣言具有以下特征：一是谣言是一种传闻，传统的谣言往往是人们口口相传；二是谣言缺乏事实依据；三是谣言流传在民间，没有被官方证实。客观上讲，符合上述特征，没有事实依据的传闻多种多样，情况非常复杂，既有蓄意扭曲事实、捏造虚假信息、有意作伪者；

---

① 参见《辞海》(缩印本)，上海：上海辞书出版社，2000年版，第493页。
② ［法］卡普费雷著，郑若麟、边芹译：《谣言》，上海：上海人民出版社，1991年版，第6页。
③ 李若建：《虚实之间：20世纪50年代中国大陆谣言研究》，北京：社会科学文献出版社，2011年版，第2页。

也有以讹传讹或编造善意谎言者。从法律规制的角度出发,应将谣言定义为:主观上蓄意捏造的,没有事实依据的虚假信息。

哈佛大学法学院教授卡斯·R.桑斯坦将互联网看作是谣言滋生的土壤,他认为:"谣言几乎与人类历史同龄,但是随着互联网的兴起,谣言变得俯拾皆是。实际上,我们正生活在谣言的时代。"[1]网络谣言是依托于互联网技术而兴起的一种新形式的谣言,从广义上讲,通过网络介质(例如微博、微信、邮箱、聊天软件、社交网站、网络论坛等)传播的没有事实依据的传闻都属于网络谣言。在网上发表违法言论,理应纳入追责范围,但是,言论自由是我国宪法确认的公民基本权利,国家对其负有尊重和保障之义务。因此,在保障公民充分享有言论自由及有效追究网络谣言违法责任的意义上,不能把没有事实依据的传闻都作为打击的对象,应对网络谣言做狭义的理解,即网络谣言是指"主观上蓄意捏造的,没有事实依据并通过网络介质传播的虚假信息"。

当下,我国网络谣言内容涉及面很广,包括政治、经济、文化、社会生活等各个方面,网络谣言传播速度快,信息量惊人,危害性强,不仅侵害公民名誉、伤害个人感情,更损害国家形象、阻碍经济发展和影响社会稳定。规制网络谣言需多管齐下,通过法律的手段、技术的手段和教育的手段等,本文专门谈规制网络谣言的法律手段。

一、网络谣言的立法规制

在规制网络谣言的各种手段中,完善我国相关立法是根本保障。针对我国网络安全面临的严峻形势,2014年2月27日中央网络安全和信息化领导小组成立,习近平总书记在成立会上发表重要讲话,他强调:"要抓紧制定立法规划,完善互联网信息内容管理、关键信息基础设施保护等法律法规,依法治理网络空间,维护公民合法权益。"[2]

(一)规制网络谣言的立法中存在的问题

1. 缺乏专门的立法

在我国互联网专门立法中,具有法律性质的有两部,一是2000年12月《全国人民代表大会常务委员会关于维护互联网安全的决定》,主要内容是保障互联网的运行安全和信息安全、促进我国互联网的健康发展,其中明确规定"利用互联网造谣、诽谤或者发表、传播其他有害信息,煽动颠覆国家政权、推翻社会主义制度,或者煽动分裂国家、破坏国家统一"的行为构成犯罪的,依照刑法有关规定追究刑事责任,以及利用互联网实施违法行为应受治

---

① [美]卡斯·R.桑斯坦著,张楠迪扬译:《谣言》,北京:中信出版社,2010年版,第1页。

② 罗丹阳、邹春霞:《习近平:抓紧制定互联网立法规划》,《北京青年报》,2014年2月28日,A5版。

安处罚、行政处罚、纪律处分和承担民事责任的情形。二是2012年《全国人民代表大会常务委员会关于加强网络信息保护的决定》，主要是针对公民个人电子信息安全所做的规定。从这两个规定的情况看，都是针对一个时期我国互联网出现问题较多的情况，做出原则性的规定。并没有创设反复适用的制度规则，严格讲并不是法律，只能称作"准法律"，或带有国家法律性质。

2. 立法位阶较低、系统性不强

在我国规制网络谣言的立法中，除全国性的法律外，属于行政法规层级的只有《中华人民共和国电信条例》《中华人民共和国计算机信息系统安全保护条例》《计算机信息网络国际联网管理暂行规定》《计算机信息网络国际联网安全保护管理办法》《互联网信息服务管理办法》《计算机软件保护条例》《互联网上网服务营业场所管理条例》《信息网络传播权保护条例》等区区几部。在部门规章层面，政府的各个职能部门几乎都根据自身的职责，制定出职能范围内的部门规章，以便于管理。总的来看，立法中呈现出各自为政的情况，缺乏统一的协调，法规和法规之间，法规与规章之间的衔接存在着较多的问题，多是从自身的职责出发，缺乏统一的认知。

3. 立法滞后、内容陈旧

我国的网络立法大多是在十几年前甚至二十年前制定的，如全国人大常委会《关于维护互联网安全的决定》是2000年制定的，针对当前打击网络谣言等新形势，存在着制裁网络谣言的部分罪名刑期偏低，与网络谣言的社会危害性不相适应等情况，难以发挥应有的作用。

(二)完善我国规制网络谣言的相关立法

完善立法的原因在于，言论自由是宪法赋予公民的政治权利，而我国《立法法》第8条第5项规定："对公民政治权利的剥夺、限制人身自由的强制措施和处罚"只能制定法律。针对我国立法的现状，需在以下方面有所加强。

1. 制定《网络安全法》，作为维护我国网络安全的基本法

从国外的经验来看，网络安全立法起步早的国家，大多都有一部基本法，并在此基础上形成完备的网络安全法律体系。2015年6月，我国第十二届全国人大常委会第十五次会议初次审议了《中华人民共和国网络安全法(草案)》，该草案明确规定网络安全法的立法目的是"为了保障网络安全，维护网络空间主权和国家安全、社会公共利益，保护公民、法人和其他组织的合法权益，促进经济社会信息化健康发展"，并对适用范围、原则，网络安全监督管理体制，国家的网络安全战略，保障网络运营安全和网络信息安全等做了全面的规定。《中华人民共和国网络安全法》一旦通过实施，将是我国第一部规范网络秩序的专门法律，该法将全国人大常委会《关于加强网络信息保护的决定》中规定的一些原则转化成了具体的管理制度，如确立网络身份管理制度即网络实名制，明确网络运营者处置违法信息的义务，即网络运营者发现法律、

行政法规禁止发布或者传输的信息的,应当立即停止传输等。对于打击网络谣言、规范网络秩序意义重大。

2. 完善现行法律关于打击网络谣言的规定

2013 年 6 月 26 日,国务委员兼公安部部长郭声琨在第十二届全国人大常委会第三次会议上做了《国务院关于公安机关执法规范化建设工作情况的报告》,他指出:现行法律制度尚未完全满足新形势下打击违法犯罪、维护国家安全和社会稳定的迫切需要。比如,尚无实践急需的惩治恐怖活动、有组织犯罪和网络犯罪的专门立法;治安管理处罚法、人民警察法需要结合新的治安形势和任务要求修改完善。①

我国有学者认为,我国《刑法》对涉及言论的犯罪虽然规定了多个罪名,"但基本上采用的是简单罪状,更没有一个条文涉及网络言论,司法实践中势必须要进行刑法解释。鉴于刑法解释的严格性和言论自由的重要性,过于简单的规定无疑会对法官的自由裁量带来困惑。全国人大常委会《关于维护互联网安全的决定》规定也比较笼统,难以作为对网络谣言进行刑事处罚特别是认定网络谣言犯罪之标准的依据。"②

针对愈演愈烈的网络违法犯罪,我国有必要在《刑法》中补充关于网络犯罪的内容,加强对新型网络犯罪的打击,以避免仅仅依靠司法解释来弥补立法不足的局面;通过修改《治安管理处罚法》加大对危害网络安全违法行为的处罚力度;通过健全信息网络安全的民事法律规范,完善电子商务、网络知识产权、隐私权保护等民事法律制度。

3. 注重行政法规、部门规章和地方性法规的配套

由于网络形势千变万化,十几年前甚至二十年前出台的行政法规和部门规章早已跟不上形势的需要,不修改难以发挥保障网络安全的作用,国务院及其各主管部门应及时做好立、改、废的工作。另外注重国家立法和地方立法的结合也很必要,目前我国有些城市已制定了有关网络安全的地方性法规,如早在 1998 年重庆市人大常委会就通过了《重庆市计算机信息系统安全保护条例》,2006 年重庆市人大常委会予以修订并施行,该条例规定了计算机信息系统安全保护的主管部门及职责,规定了计算机信息系统安全等级保护制度以及对危害计算机信息系统安全的行为进行处罚。

二、规范打击网络谣言的执法活动

打击网络犯罪活动,与互联网发展相伴而生。自 2013 年起,我国开展了

---

① 参见《中国人大网》相关报道,http://www.npc.gov.cn/npc/xinwen/jdgz/bgjy/2013-06/27/content_1798652.htm,最后访问时间 2014 年 4 月 14 日。

② 李乐:《网络谣言刑事追责问题探讨》,《福建法学》,2012 年第 3 期,第 65 页。

六次国家统一范围内的关于网络言论的专项治理活动，使不当网络言论泛滥的趋势得到遏制，净化了网络言论环境，但是执法中也存在一些问题，需进一步予以规范。

(一)打击网络谣言的执法中存在的问题

1. 执法过程中用政策代替法律

规制网络谣言是一项长期的工作，面对某一时期网络谣言肆虐的情况，需要开展专项治理运动，也要在法治的框架下进行，避免运动式执法，运动式执法虽能收到一时之效，但是以牺牲法治为代价，未免得不偿失。从发展的眼光看，应不断完善我国的有关法律，健全网络管理的相关制度，而不是从一个时期的工作重心出发，将政策异化为法律。

2. 对于质疑公权力的行为，缺乏容忍的度量

1964 年，在美国发生的《纽约时报》诉沙利文案中，美国联邦最高法院确立了"实际恶意原则"，凡报道和批评政府官员执行公务的言论，即便侵害了被报道者，原则上都受到宪法上言论自由所保护，即使其言论内容不实，只有在原告负责举证媒体"明知不实而故意报道，或过于轻率疏忽未尽媒体查证事实真伪"的"实际恶意"时，媒体的诽谤性言论才会受到制裁。大法官在判词中指出："公民履行批评官员的职责，如同官员恪尽管理社会之责"，"对公共事务的讨论应当不受抑制、充满活力并广泛公开。"[①]

网民批评或质疑政府及其官员，是基于宪法而产生的权利，因为政府及其官员行使的是公共权力，在我国，这种权力是人民赋予的，接受人民的监督和公众的批评质疑是政府及其官员的义务，即公民有质疑的权利，政府有澄清的义务，哪怕这种质疑并不完全客观和正确，只要不是捏造或者歪曲事实进行诬告陷害，也要负有容忍的义务。但是在实践中，一些官员面对公众的批评和质疑，缺少容忍的度量，近年来滥用公权力，抓网民、抓记者等打压网络舆论的现象多有发生。对此，早在 2009 年，公安部就在发布的《关于严格依法办理侮辱诽谤案件的通知》中指出："一些群众从不同角度提出批评、建议，是行使民主权利的表现。部分群众对一些社会消极现象发牢骚、吐怨气，甚至发表一些偏激言论，在所难免。如果将群众的批评、牢骚以及一些偏激言论视作侮辱、诽谤，使用刑罚或治安处罚的方式解决，不仅于法无据，而且可能激化矛盾，甚至被别有用心的人利用，借机攻击我国的社会制度和司法制度，影响党和政府的形象。"

3. 打击网络谣言有扩大化的趋势

2013 年 8 月，一场以打击网络谣言为主的网络"严打"行动，席卷全国。

---

① [美]安东尼·刘易斯著，何帆译：《批评官员的尺度》，北京：北京大学出版社，2011 年版，第 11 页。

2013 年 8 月 20 日到 8 月 31 日，短短 12 天内，数以百计的网民因"制造传播谣言"而遭处理。其中，仅湖北一地就刑事拘留 5 人，行政拘留 90 人。[①] 随着秦火火、周禄宝和傅学胜三个"大 V"落网，一些普通网民也因为在网上发表言论被抓。2013 年 8 月 26 日晚，河北省清河县公安局网安大队民警在工作中发现百度贴吧"清河吧"网名为"宁 05021"的网民赵某发布消息称："听说娄庄发生命案了，有谁知道真相吗？"的信息，该信息迅速被点击 1000 余次。清河县公安局网安大队与相关部门进行核实，确定该信息为谣言信息，迅速启动应对网络谣言处置机制，于 8 月 28 日，将违法人员赵某行政拘留。[②] 很显然，该案中赵某主观上并没有蓄意捏造发生命案的故意，只是对是否有命案的发生持一种怀疑的态度，对于这种质疑，公安机关应及时查明真相，澄清相关事实，而不是随意对质疑的群众乱用公权力。

对此，新华社于 2013 年 9 月 2 日发表评论称，打击网络谣言，初衷是好的，但不能把自己不喜欢听到的声音，都扣上谣言的帽子。要警惕一些地方在执行中滥用、跑偏。[③]

（二）规制网络谣言应依循法治原则

网络言论涉及公民的言论自由问题，而各国对言论自由的限制，无论是对内容还是对表达手段和方式都十分谨慎，在建立网络秩序的同时，应避免对公民的表达自由造成损害，对不当网络言论违法行为处罚要谨慎，否则，因言获罪容易产生"寒蝉效应"。结合我国的国情，规制网络谣言的法治原则包括以下具体环节：

1. 公共利益原则

只有出于维护公共利益时，才能通过法律对言论自由设定限制。美国著名学者德沃金认为："一个负责任的政府必须准备证明它所做的任何事情的正当性，特别是当他限制公民权利的时候。但是，一般情况下，即使是对于一个限制自由的行为，如果认为这个行为是为了增加哲学家们所称的公共利益，即它将给全社会带来的利益大于所带来的损害，这个证明就是很充分了。"[④]《公民权利和政治权利国际公约》第 19 条中规定"本条第一款所载权利之行使，附有特殊义务及责任，因此得以限制，但是此限制必须是由法律所规定的并且为下列所需：（1）尊重他人权利或者是名誉；（2）保障国家或者是公共秩序，

---

① 刘俊、鞠靖：《打击网络谣言台前幕后》，《南方周末》，2013 年 9 月 5 日。

② 《发帖问"是否发生命案"河北清河县一女子被拘》，参见长城网相关报道，http://heb. hebei. com. cn/system/2013/09/01/012955075. shtml，最后访问时间 2014 年 5 月 18 日。

③ 《打击"网络谣言"须防范执行跑偏》，参见新华网相关报道，http://www. js. xinhuanet. com/2013-09/02/c_117187144. htm，最后访问时间 2014 年 3 月 17 日。

④ ［美］罗纳德·德沃金著，信春鹰、吴玉章译：《认真对待权利》，北京：中国大百科全书出版社，1998 年版，第 252 页。

或者是公共健康或道德"。

从我国规制网络谣言的目的看，是为了更好地维持网络公共秩序、净化网络环境，其目的具有正当性。因为言论自由是一种相对的权利，如果滥用言论自由，以谣言的方式侵害国家的公共安全、侵害他人的权利和公共利益则不在宪法和法律保护之列。例如，公安机关打击色情网站，堵截淫秽、色情信息的传播是为了维护公共秩序，净化公共环境，不能视作侵犯了色情网站制作者或色情信息传播者的表达自由。

但是，公共利益并不完全是政府利益，批评和质疑政府并不意味着背叛国家和人民，也不意味着有违公共利益。邓小平同志曾指出："人民群众提出的意见，当然有对的，也有不对的，要进行分析。党的领导就是要善于集中人民群众的正确意见，对不正确的意见给以适当解释。对于思想问题，无论如何不能用压服的办法，要真正实行'双百'方针。一听到群众有一点议论，尤其是尖锐一点的议论，就要追查所谓'政治背景'、所谓'政治谣言'，就要立案，进行打击压制，这种恶劣作风必须坚决制止。"①如果以规制网络谣言为由，对于质疑真相和批评政府等言论，都以"网络谣言"为由加以规制，则缺乏正当性。

2. 法律保留原则

法律保留原则是指行政行为只能在法律规定的情况下做出。强调对公民宪法权利的限制应以立法规定为限，即受限制的权利必须是国内立法有明确的规定，不允许由行政权来任意设定。我国《立法法》第8条规定"对公民政治权利的剥夺、限制人身自由的强制措施和处罚"只能制定法律，便是法律保留原则的体现。

坚持法律保留原则要求在打击网络谣言的过程中，不能用政策代替法律，更不能以行政法规或司法解释取代法律的作用。以损害法治的原则作为代价，是得不偿失的，因为动摇了法治的原则，就等于动摇了现代民主社会安全与稳定的基础，而在缺乏安全与稳定的社会中，公民的权利是难以得到有效保障的。

3. 均衡原则

即我国刑法中的罪刑相适应原则和行政法中的狭义比例原则。罪刑相适应原则是指对一个人刑罚的轻重应当与他的犯罪行为的轻重相当，不能过轻或者过重。狭义比例原则是指行政机关为达到行政目的所采取的行政手段所造成的损害，不得与欲达成行政目的之利益显失均衡。例如《行政处罚法》第4条规定，设定和实施行政处罚必须以事实为根据与违法行为的事实、性质、情节以及社会危害程度相当。公安机关在规制网络谣言的执法中，应按照上

---

① 邓小平：《邓小平文选》，北京：人民出版社，1994年版，第144—145页。

述原则，注重发挥法律的不同功能，规制网络谣言不仅仅依靠刑法，要做到刑事的归刑事、行政的归行政、民事的归民事。

当然，规制网络谣言也不仅仅依靠法律，还应本着法律问题与道德问题分流的原则，法律的归法律，道德的归道德。

三、完善信息公开制度，让谣言止于政府

我国有的学者认为，治理网络谣言的核心在政府，"关键之一就是政府的诚信，以诚信取信于民，不隐瞒、不撒谎，不打官腔、不假大空。而要做到这一点，就要靠透明政府、良性沟通、切实问责。谣言止于智者，更止于透明，只有阳光才能最好地让谣言无所遁形。在阳光下运行的权力，能够让老百姓全方位观察和参与的政府，才更能够取信于民，从而在根子上将谣言消灭。"[1]

如前所述，官方信息公开不及时，或隐瞒实情，是网络谣言产生的重要原因之一。一旦做到了政府信息公开，就会在源头上遏制谣言，谣言就会不攻自破。2003 年在我国发生的"非典"，经历了从隐瞒疫情到公开疫情的过程，社会上并没有因为疫情的公开而加大恐慌情绪，反而随着对"非典"认识的增强，那种"只要和病人打个照面，或同乘一辆公交车都可能得病"的谣言不攻自破。最终取得了抗击"非典"的胜利。当下，在规制网络谣言的过程中，完善信息公开制度，扩大信息公开范围的举措主要包括政府网站，新闻发布会，服务"窗口"，政府出版物及依公民、法人以及相关组织的申请公开。本课题着重研究政务微博、微信和新闻发言人制度这两种新形式。

(一)通过政务微博、微信等新媒体公开

2013 年 10 月 15 日《国务院办公厅关于进一步加强政府信息公开回应社会关切提升政府公信力的意见》(国办发〔2013〕100 号)发布，提出要着力建设基于新媒体的政务信息发布和与公众互动交流新渠道，要求各地区各部门应积极探索利用政务微博客、微信等新媒体，及时发布各类权威政务信息，尤其是涉及公众重大关切的公共事件和政策法规方面的信息，并充分利用新媒体的互动功能，以及时、便捷的方式与公众进行互动交流。10 月 11 日，中央人民政府门户网站官方微博客和官方微信上线。截至 2013 年 12 月 31 日，在新浪网、腾讯网、人民网、新华网四家微博客网站上认证的政务微博客账号总数为 258737 个，其中党政机构微博客账号 183232 个；党政干部微博客账号 75505 个。[2]

---

① 支振锋：《治理网络谣言关键靠法治》，《法制日报》，2012 年 4 月 17 日，第 7 版。

② 参见国家行政学院电子政务研究中心：《2013 年中国政务微博客评估报告》，http://www. egovernment. gov. cn/，最后访问时间 2014 年 5 月 1 日。

在实践中，政务微博、微信以其即时发布权威信息的优势，已成为克制网络谣言的"利器"。政务微博、微信对于澄清事实真相，保证公民的知情权发挥了重要的作用。例如，2013 年 8 月，济南市中级人民院通过微博进行薄熙来案庭审的直播，在五天的审理和一个月后的宣判过程中，数亿人"围观"庭审实况，满足了公众的知情权。2013 年 7 月，在"大兴摔死女童案"和"首都机场爆炸案"中，"平安北京"持续通报详细信息，杜绝了谣言的产生，稳定了社会情绪。

但也应看到，一些政务微博自其开通之日起，就停留在了只"开"不"发"的状态。"一些政务微博在关键性事件中沉默缺位，顾左右而言他，有损政府公信力。又如部分政务微博日常的信息发布大多为养生常识、心灵鸡汤。"①不但起不到澄清事实真相的目的，反而对政务部门的公众形象带来了不利影响。

（二）完善政府新闻发言人制度

新闻发言人是政府和公众沟通的桥梁，是网络谣言的克星，这种良性的舆情沟通机制对于改善我国互联网生态具有不可替代的作用。

我国新闻发言人制度发端于抗击"非典"的过程中，在"非典"期间，国新办一共举行了八场新闻发布会。这个时期，北京、上海、广东、四川、吉林、深圳等地，也纷纷建立起新闻发布模式。"非典"过后，国内新闻发言人制度全面铺开。据报道，至 2010 年年底，中央 13 个部委、31 个省（市、自治区）和新疆生产建设兵团的党委，都已设立了新闻发言人，并建立起新闻发布制度。②

新闻发言人制度为什么在遏制网络谣言方面拥有巨大的优势？答案是公众对政府的信任。例如，2008 年发生在四川广元"蛆橘事件"让全国柑橘严重滞销，仅在湖北省，大约七成柑橘无人问津，损失或达 15 亿元。③ 10 月 21 日，当传言已经严重影响全国部分地区的橘子销售时，四川省农业厅对此事件首次召开新闻通气会，指出相关传言不实，疫情已得到很好控制，使谣言逐渐得以平息。

但是如果长期得不到官方的权威性信息，或者官方故意隐瞒实情，网络谣言即会随之产生，政府就会渐渐失去公信力。例如贵州"瓮安事件"、云南"躲猫猫"事件、杭州"70 码"事件等，都出现了官方隐瞒事实真相的问题，在这种情况下，再要得到公众的信任就要付出几倍的努力。

新闻发言人应在第一时间将最客观的信息传达给公众，起到正本清源的

---

① 《"成都共识"：抵制恶炒不传网络谣言》，《成都商报》，2013 年 12 月 1 日。

② 刘刚：《流言倒逼信息公开》，《新京报》，2013 年 3 月 25 日，特刊第 12 版。

③ 刘萍：《盘点近年十大网络谣言及社会危害》，参见《国际商报网》相关报道，http://ibd.shangbao.net.cn/b/i/247077.html，最后访问时间 2014 年 5 月 31 日。

作用，并通过对舆情的监测和研判，针对可能引发社会恐慌的谣言，及时发布官方权威信息，打消公众的疑虑。

总之，规制网络谣言的目的在于正本清源，保障公民言论自由的实现，在完善法律的基础上，依循法治原则规制网络谣言，当然，彻底铲除网络谣言存在和滋生的条件需要做出更大的努力。

参考文献

[1]周裕琼：《当代中国社会的网络谣言研究》，北京：商务印书馆，2012 年。

[2]李若建：《虚实之间：20 世纪 50 年代中国大陆谣言研究》，北京：社会科学文献出版社，2011 年。

[3]周滨主编：《"微博问政"与舆情应对》，北京：人民出版社，2012 年。

[4]侯健：《表达自由的法理》，上海：上海三联书店，2008 年。

[5]甄树青：《论表达自由》，北京：社会科学文献出版社，2000 年。

[6]王四新：《网络空间的表达自由》，北京：社会科学文献出版社，2007 年。

[7]焦宏昌、李树中主编：《宪法教学案例》，北京：中国政法大学出版社，1999 年。

[8][美]卡斯·R. 桑斯坦著，张楠迪扬译：《谣言》，北京：中信出版社，2010 年。

[9][美]约翰·D·泽莱兹尼著，王秀丽译：《传播法判例：自由、限制与现代媒介》，北京：北京大学出版社，2007 年。

[10][美]亚历山大·米克尔约翰著，侯健译：《表达自由的法律限度》，贵阳：贵州人民出版社，2002 年。

[11][美]安东尼·刘易斯著，何帆译：《批评官员的尺度》，北京：北京大学出版社，2011 年。

[12][法]卡普费雷著，郑若麟、边芹译：《谣言》，上海：上海人民出版社，1991 年。

（作者：齐小力　中国人民公安大学教授）

项目名称：在押人员未成年子女救助问题研究
项目编号：12FXB024
项目负责人：田宏杰
项目信誉保障单位：中国人民大学

在押人员未成年子女救助问题研究

内容提要：受困于制度缺失、实际操作困难等多方面因素影响，我国在押人员未成年子女的救助尚未得到有效解决，甚至没有引起社会的普遍关注。这种状况不仅不利于服刑人员的安心矫正，也损害了服刑人员未成年子女的身心健康。本研究在广泛调查我国相关地区在押人员未成年子女的生存、教育状况以及救助模式的基础上，着重阐述了服刑人员未成年子女亟须救助的紧迫性和无法得到切实有效救助的深层次原因，明确了政府相关职能部门主导、社会各层面广泛参与的救助模式将是今后开展救助工作、完善在押人员未成年子女救助机制的行进方向。

"在押人员未成年子女的救助问题"是一个实践性很强的课题，脱离实践"纸上谈兵"难免"终觉浅"，因此本研究始终保持极强的问题意识和实践面向，实现如下层层推进式的三步走模式：（1）从法律层面厘清在押人员未成年子女救助的主体及其义务范围与内容；（2）梳理出各地区业已存在的在押人员未成年子女之救助模式与办法，检验其有效性及推广价值；（3）结合前述正当性论证与有效性评估的结果建构起全国范围内的针对在押人员未成年子女救助的法律体系和具体操作模式。具体说来，本研究主要包括以下内容：

一、导言："工欲善其事，必先利其器"

全文在导言部分对本研究的问题之"的"、现状之"实"、方法之"器"、内容之"核"都进行了系统的梳理与明确，避免偏离问题的"纸上谈兵"，也警惕大而全所导致的虚而空。

（一）问题之"的"

在押人员未成年子女救助问题具有极强的必要性与紧迫性，这些未成年子女在其监护人由于违法犯罪难以行使监护权的情况下，原本的生活状态发生剧变，其生存条件和心理状况都需要国家和社会给予格外的关注，然而这一部分群体不但没有受到额外的重视，反而常常被忽视甚至漠视，其中暗藏隐忧、危机四伏，我们不得不正视解决。因此，如何使在押人员未成年子女的生活平稳过渡，极力维持其原本正常的生活状态，是我们亟须研究的关键问题和核心命题。

(二)现状之"实"

在押人员未成年子女救助问题绝非单一体系内部的问题，而是一个综合性的社会问题，因此针对本问题的研究也横跨多学科多领域，是系统化协作的结果。本文便选取法学（包括理论与实务）、心理学和教育伦理学这三大视角，立足于先辈智慧成果的基础上开展自身的研究。

(三)方法之"器"

目前我国在押人员未成年子女救助的研究，选取的理论角度还不够全面，且大多停留在理论层面。我们将通过实证调查研究，运用法学、社会学、统计学、管理学、经济学等相关理论，具体包括文献研究法、问卷调查法、个案研究法、跨学科研究法等对我国在押人员未成年子女救助运行现状、特点和存在的问题，进行科学而理性的分析和界定，从而提出适合我国国情的有关在押人员未成年子女救助的法律对策和建议。

(四)内容之"核"

本文着力于从宏观和微观两个方面进行考察。宏观层面上主要聚焦于探讨在押人员未成年子女研究现状的分析，在押人员未成年子女保护的必要性及途径，国家机关在法律孤儿社会救助中的作用，在押人员未成年子女的救助体系以及救助方式等；微观层面上主要围绕实地调研展开，从救助模式、人员组成、资金来源、资金使用、管理模式、现实困境等多角度进行考察研究。

二、现状梳理："仰望星空，脚踏实地"

本部分首先厘定"在押人员未成年子女"的概念，是指因受刑事追诉而被羁押的，无法正常行使监护权的犯罪嫌疑人、被告人或已经判决有罪人员的未满18周岁的子女，为全文的研究对象圈定范围。接续从法律（应然）和实践（实然）两个层面对现有体系和已有经验进行系统化的梳理，力图全面呈现在押人员未成年子女救助问题中具备的现实制度保障、业有实践及困境、可借鉴的域外经验，等等，具体来说包括：

(一)现实制度保障

我国法律体系中直接涉及保护、救助未成年人的法律制度主要包括：《宪法》《民法通则》《未成年人保护法》《预防未成年人犯罪法》《中华人民共和国监狱法》《中华人民共和国义务教育法》《中华人民共和国收养法》《中华人民共和国婚姻法》等。

同时，间接涉及保护、救助未成年人的法律包括：《中华人民共和国居民身份证法》《教育法》《中华人民共和国民办教育促进法》《中华人民共和国母婴保健法》《中华人民共和国继承法》《中华人民共和国劳动法》《中华人民共和国刑法》《中华人民共和国刑事诉讼法》《中华人民共和国民事诉讼法》《中华人民共和国公益事业捐赠法》《中华人民共和国社会救助法（草案）》《中华人民共和国慈善法（草案）》《中华人民共和国公司法》《中华人民共和国企业所得税法》《中华人民共和国个人所得税法》《中华人民共和国税收征收管理法》等。

上述法律虽众，但大多出台于 20 世纪 90 年代，尽管近年来经历不断修订，仍无法有效应对因经济、社会剧变而出现的新问题，在试图运用法律来解决在押人员未成年子女救助的问题时不免捉襟见肘。

值得注意的是，2005 年以降，在司法部预防犯罪研究所课题组进行的有关"监狱服刑人员未成年人子女基本情况调查"后不久，中央综治委预防青少年违法犯罪工作领导小组、中央综治办、民政部、司法部、共青团中央、全国妇联共 6 家部委和社会组织在全国范围内启动了"为了明天——全国服刑人员未成年子女关爱行动"，此后以民政部为领衔的各部委组织以及相关部门相继出台了《关于加强孤儿救助工作的意见》《关于加强流浪未成年人工作的意见》《"十一五"流浪未成年人救助保护体系建设规划》《关于进一步加强刑满释放解除劳教人员安置帮教工作的实施意见》《关于深入开展服刑在教人员未成年子女排查帮扶工作的通知》等一系列规范性文件，采取"政府主导、联动执法、社会共治"的治理路径在不断深入的探索、反馈和矫正之中寻求针对在押人员未成年子女救助问题最为行之有效的解题模式和体系建构。

（二）业有实践

作为国内专门救助在押人员未成年子女的民办机构，"太阳村"从创建至今已有 18 年的历史。经过 18 年的发展，目前全国共有 9 家"太阳村"，分布在北京、天津、辽宁、河南、陕西、青海等地。本课题组于 2014 年 7 月 19日前往北京"太阳村"进行了实地调研，并围绕"太阳村"的历史背景、救助模式、人员组成、资金来源、资金使用、管理模式、现实困境等多个角度进行了系统化的梳理和分析，同时结合大连阳光溢鸿儿童村和西安儿童村的救助模式和运行状况进行了类比和对比，在肯定成绩的同时也指出了存在的诸多问题与困境：除了普遍存在的主体资格身份、探监难、监管权责不明、社会参与度不高等问题之外，北京地区在押人员未成年子女的学籍和户籍问题最为突出，而西安地区儿童村的资金筹集问题更为严峻。

（三）域外经验

本文注重引入域外视角，对国外的一些较为成熟的制度和成功实践进行考察分析，以期借鉴。

1. 立法层面：国外成熟的监护制度

在欧美一些主要国家，对于监狱服刑人员未成年子女实施监护，是法定的国家(或政府)职责。英国制定的《儿童法》、德国制定的《儿童与青少年救助法》、挪威制定的《儿童福利措施法案》都有相应的规定。如果监狱服刑人员的子女尚未成年，国家将采取"设立母子监狱"和"安置于儿童福利机构"两种途径，切实保护未成年人的合法权益。

2. 司法层面：国外成熟的监护制度

司法干预是启动审判程序，通过裁定、判决的方式保护和救助服刑人员未成年子女的一种司法制度。当未成年人的父母双方因监禁不能履行监护权或者父母一方被监禁而另一方不履行或者无力履行监护权，致使未成年子女遭受虐待、忽视、遗弃等状况时，法院有权依法受理相关起诉，通过诉讼程序，以司法手段"确保父母养育儿童的权利与国家保护儿童的义务之间的平衡"[①]，进而维护服刑人员未成年子女的合法权益。法院的司法干预主要涉及重新指定监护人和重新确定监护人的职责范围。另外像波兰、挪威等国专门设立儿童权利监察(调查)官制度，以确保法律赋予儿童的合法权益得以及时、公正、有效实施的法律制度。

3. 社会层面：大量的社会慈善组织

西方国家大量运用社会慈善形式，利用社会救助手段，达到保护和救助服刑人员未成年子女的目的，最具代表性的有家庭寄养制度、民间慈善机构代养制度和经济救助制度(儿童保障金制度)。

三、救助之模式、主体、内容："三足鼎立"

该部分是本文的主体内容，也是本研究的亮点所在，立足于前述的制度梳理、实践考察和域外经验的基础之上，试图游走于应然与实然之间，在现有法律规范体系下架构出以救助模式、主体和内容为核心的在押人员未成年子女救助制度。

(一)救助模式

1. 集中救助模式

国内目前普遍采取儿童村式的集中救助模式。其直接目的是对特殊未成年人实施生活、教育等方面的帮助，间接目的在于提高罪犯服刑效果。有些监狱服刑人员不能安心服刑的最主要原因就是家里的状况，特别是其未成年子女的生活安置问题；集中救助模式中的发起者多来自于民间热心人士，但其原有身份却有着较大的差异，有来自于监狱系统者，有来自于教育系统者，有的是普通市民；集中救助模式在运行过程中面临着相同的困难，一方面其主体地位难以获得认可，另一方面缺乏经济来源。因此，集中救助模式在救

---

① 郗杰英、鞠青：《家庭抚养和监护未成年人责任履行的社会干预研究报告》，北京：中国人民公安大学出版社，2001年版，第218页。

助机构法律地位、救助对象的确定、人财物来源和救助措施监管等方面都亟待完善。

2. 家庭寄养模式

家庭寄养模式起源并成熟于英美国家，在我国目前尚处于起步阶段，2003年我国民政部颁布了《家庭寄养管理暂行办法》（以下简称《办法》），其将寄养定义为经过规定的程序，将民政部门监护的儿童委托在家庭中养育的照料模式。这种模式无疑更有利于少年儿童的健康成长，通过家庭关爱使其获得生活、教育、心理等方面的关照，提升他们融入社区与社会的能力。然而目前在押人员未成年子女寄养家庭基本是以近亲属家庭为主，非亲属家庭寄养既有法律障碍又有社会观念阻碍，社会大众对此类弱势群体仍怀有较大的排斥心理，推行起来难度较大。

3. 其他模式

除集中救助模式与家庭寄养模式外，各地相关部门与人员根据实践情况发展出其他模式。其类型主要有吸收模式、社区模式及专项模式等。吸收模式是指适当拓宽具有救助弱势群体的制度适用范围，将在押人员未成年子女纳入该制度范畴。社区模式是指由政府出资，社区主管的扶助模式。专项模式是指通过开展专项活动，以帮助在押人员未成年人，具体可包括专项基金、专项教育帮助、专项心理辅导活动等。相较于集中救助与家庭救助，其他救助模式具有单一化特点，这提示我们，以吸收、社区及专项为代表的其他模式与集中救助和家庭寄养模式并非并列或独立关系，而是补充关系，处于救助的补充地位。

（二）救助主体

1. 政府组织的主导地位

在押人员未成年子女的救助，政府组织理应居于关键性主导地位，然而无论是政府机关、民政部门、司法部门、教育部门还是其他政府组织，都存在不同程度的缺位，导致服刑人员未成年子女的救助长期存在法律空白，政府组织对救助工作未能引起足够重视。虽然惨案频发，但政府组织仍没能下决心将这些特殊儿童的救助工作提上议事日程，导致在押人员未成年子女的救助总体上存在以下问题：第一，由政府政策向福利制度构建推进，但政策尚待落地，现实中以临时性救济为主；第二，救助尚未制度化，现有的以一对一救助为主，对象选择具有偶然性。第三，救助方式仍停留在初级阶段，以信息收集与财物救助为主，尚未涉及服务性救助。

在押人员未成年子女的救助必须依托政府公权力，因此，必须坚持政府组织的救助主体地位。其中，民政部门长期以来致力于救助弱势群体，具有丰富的救助经验。对在押人员未成年子女救助领域，民政部也积极探索通过将在押人员未成年子女纳入孤儿、流浪儿童、甚至低保、特困等单项财政救助,通过资源整合,利用政府现有的社会救助途径为这些特殊儿童提供基本生活、教育、医疗等国家保障,我们认为可以考虑将民政部门作为主要救助部门,领导其他政府组织、社会团体共建在押人员未成年子女救助机制。

2. 非政府组织的拾遗补阙

在押人员未成年子女的救助体系中,扮演重要角色的,除政府组织以外,另一类重要主体是社会团体,主要有两类:一类是政府化团体,另一类是民间的非营利团体。政府化团体的典型代表是团中央和妇联,另一种是纯民间团体,根据法人人格取得情况,分为法人团体和非法人团体两种。非政府组织在政府缺位或者力有不逮时能够更好地探索灵活性、变通性的方案以弥补前者的不足,同时为了警惕利益风险必须保障信息的充分透明和公开,理顺与政府组织的关系,公开服务内容、提升服务质量,完善财务制度,使慈善资源供给规范化,并引入专业社会工作者,使管理透明化,此外,大胆接受社会监督,让非政府组织曝光在媒体和公众的阳光下,让权力受到监督,让社会信任慈善。

(三)救助内容

1. 在押人员未成年子女的生存救助

生存权是一切人权的基础,而对在押人员未成年子女生活物质救助的开展主要在于满足其基本生存需求。就在押人员未成年子女救助现状来讲,救助内容以物质救助为主,救助内容存在单一化现象已经成为救助水平徘徊不前的重要指征。相对于在押人员未成年子女物质救助需求来讲,相关救助主体的救助内容仍然停留在解决在押人员未成年子女温饱问题的阶段。以课题组对北京市太阳村的实地调研情况来看,该救助机构的资金缺口一直是困扰其正常开展救助工作的头等难题。因此,在谋求加大政府财政转移支付力度的同时,建立救助主体资金走向的监管体系,从而为在押人员未成年子女救助提供可供保障的资金来源,是今后救助制度设计工作中的重中之重。

2. 在押人员未成年子女的教育救助

从相关课题研究来看,在押人员未成年子女接受教育救助不足已经是不争的事实。在押人员未成年子女救助内容方面存在问题具有多方面原因,但现阶段仍未树立起符合救助需求的教育救助理念是最为根本的原因。从教育救助理念上来讲,现有的教育救助建立在一种不平等的施舍、怜悯的理念上,不尊重或者忽视救助者的人格尊严,教育救助仅仅是基于道德诉求的消极补偿和济贫式救助,尚未树立起消除社会排斥、实现社会整合的意识。除此之外,教育救助责任主体不明、救助资源缺乏长效保障机制、教育救助程序设计烦琐、缺乏对在押人员未成年子女隐私权的保护等问题也是导致救助难以落实到实处的原因。

3. 在押人员未成年子女的法律援助

鉴于在押人员未成年子女社会角色身份的特殊之处并非由其自身行为引起的，而是由其监护人因为涉嫌违反刑事法律规定、身陷囹圄无法履行监护责任导致的，因而在押人员未成年子女在获取法律援助方面的需求要远比其他类型的未成年弱势群体更为强烈。相关法律知识的缺乏和法律意识的淡薄都成为其自身乃至社会的隐忧，目前开展的法律救助也存在结构单一、内容局限等诸多弊端。

4. 在押人员未成年子女的心理救助

据相关课题研究表明，在押人员未成年子女多呈现不同程度的心理健康问题。从个性发展上来看，在押人员未成年子女一般情感脆弱、缺乏安全感、自信心受损、易于自责，性格内向、孤僻且自我掩饰性强等特点，然而内在变化往往容易被忽视，甚至可能成为事实上影响未成年人健康成长的最大隐忧。现有的在押人员未成年子女心理救助存在的问题包括以下几个方面：一是现有心理救助仍然没有有效逆转在押人员未成年子女贴有贬义的心理标签；二是在押人员未成年子女脱离监护人有效监护的经历对他们的成长有着极其不利的负面影响；三是现有的在押人员未成年子女救助制度和社会支持系统存在着一定的局限性。就我国目前的情况来看，集中承担在押人员未成年子女救助职责的部门主要是民政部门或者相关非政府组织。而这些民政部门的救助机构由于经费设施人力等各方面的原因，救助制度还不健全，救助体系还不完善。从对在押人员未成年子女救助的社会参与机制上来讲，家庭、学校、社区、政府等各部门都有相当大的资源潜力，却几乎没有发挥应有作用。

四、对策建议

"文可载道，以用为贵"。本文始终秉承法治精神、坚守学术品格、直面现实问题、探寻修缮之路，针对在押人员未成年子女救助中存在的制度保障缺失、实践步履维艰等问题提出如下对策，以期实现法律与实践的良性互动：

第一，实现在押人员未成年子女救助相关法律制度层面的纵向完善，即指从效力层级上，整理和分析与在押人员未成年子女相关的法律规范，寻找其纵向体系化的空间。同时，积极推动较高效力层级法律的出台，明确将在押人员未成年子女的救助问题纳入社会保障体系，并规定其救助机制、救助主体和责任等具体内容。

第二，确立政府管理为主导，鼓励社会力量参与的救助模式，形成一个有法律保障、社会保障、财政保障、心理救助等为一体的救助体系。

第三，完善社会保障体系，将在押人员未成年子女的生活教育保障纳入社会保障体系中来。

第四，扩大非政府组织救助的范围和途径，加紧建设太阳村、儿童村等公益性儿童社会福利机构，明确将无人监护的在押人员未成年子女作为接受对象。

第五，出台相应政策，鼓励社会团体、民间机构或个人助养助教在押人员未成年子女。

第六，成立在押人员未成年子女救助基金会，并建立健全基金会的相关制度。基金会筹集到的资金将用于支付在押人员未成年子女的生活教育费用，尤其是接受高等教育的费用。

第七，开展心理辅导，在设立的各太阳村等救助机构内，应同步设立青少年儿童心理诊所，针对在押人员未成年子女心理问题进行跟踪辅导，建立心理档案。

（作者：田宏杰　中国人民大学教授）

项目名称：社会救助体系中的残疾人就业指导法律问题研究
——以北京市残疾人就业服务体系为考察对象
项目编号：12FXC036
项目负责人：徐　爽
项目信誉保证单位：中国政法大学

北京市残疾人就业服务指导体系研究

——兼论我国社会救助体系中的残疾人就业指导问题

内容提要：随着社会保障的深入与完善，北京市在残疾人权益保障方面，形成了覆盖全市的多政府部门协同的市、区、街道三级残联残疾人就业服务网，反映了国家人权行动计划（2012—2015 年）中"稳定和扩大残疾人就业"、北京市"十二五"规划纲要中"残疾人定向就业扶持"等任务的落实与成绩。但是，这一残疾人就业服务体系目前仍存在服务被动、执行不力、优惠政策未落实等问题。因此，本课题组以北京市残疾人就业现状为调研对象，分析了北京市残疾人就业权保障不力的原因，提出以"尊重主体权利，增强服务能力"为指导思想的若干具体建议，以提高、完善现有的残疾人就业服务体系效能。

就业是残疾人谋生之前提、自主独立之保障。保障残疾人就业权对于全面实现残疾人权利意义重大。北京市在保障残疾人就业权上投入巨大，但距预期目标尚存差距。目前，北京市尚有 10 万左右就业年龄段残疾人处于失业状态，因而，考察北京市残疾人就业状况、提出残疾人就业服务体系改进方案无疑具有较强的理论与现实意义。

本研究对北京市残疾人就业服务现状进行调查，掌握了大量一手资料，按类别进行了残疾人就业现状数据统计和图表绘制，详陈问题及原因，为实务部门提供直观可视的决策依据；同时，提出切实可行的对策建议，转化为职能部门改进工作、提高管理水平的工作指南。这些成果集中反映在最终的研究报告中。以下，课题组以该报告为蓝本，对研究取得的主要内容进行介绍：

一、北京市残疾人就业权保障中存在的问题

残疾人就业权保障主要通过各级残联提供的就业服务来实现，各级残联、

尤其是基层残联是直接为残疾人服务的事业团体。区民政局福利生产办负责对福利企业集中安排残疾人就业进行管理和指导。福利企业和其他私企依法承担安排残疾人就业的义务，承受着就业服务措施的影响，是就业服务过程的参与者。因此，我们选择区残联、街道残联、区民政局福利生产办、福利企业、私企等作为访谈对象，通过他们了解残疾人就业服务提供情况。

(一)街道残联权利保障中现存问题：依"天"而应

街道残联的残疾人就业服务工作成果，不取决于其提供的种种就业服务，而取决于是否有企业愿意主动招聘残疾人并且招聘数量大，取决于是否有残疾人自主创业进行个体经营。如果没有这两点，街道残联的就业服务甚至无从启动，其唯有等待就业服务机会的来临，然后"回应式"地提供职业介绍和个体就业资金扶持服务，此即依"天"而应。街道残联就业服务的提供方式显得十分被动。

具体来说，街道残联提供的残疾人就业权利保障存在以下问题：

首先，在促进残疾人按比例就业中，街道残联被动地发布招聘信息、推荐适宜人选。只有当用人单位主动提供招聘信息时，街道残联才提供这方面的服务，如此，则通过该途径实现残疾人就业全仰用人单位之自觉。北京市共有注册企业 44.5 万家，仅有 2.1 万家企业招用残疾员工。

其次，残疾人自主就业方面的服务缺损且被动。根据北京市《关于进一步做好本市残疾人劳动就业工作的实施意见》和《北京市扶持残疾人自主创业个体就业暂行办法》，街道残联要为自主就业残疾人提供项目选择和资金扶持服务。但是实践中，项目选择是残疾人自主就业的启动环节，街道残联并未帮助残疾人启动自主就业，而是在残疾人自主就业完成后为其提供资金扶持服务，为其"锦上添花"。

最后，社区岗位开发类型单一、年新增量少。社区岗位开发是街道残联独力实现残疾人就业的有效方式，但基本是社区协管员，单一的岗位类型使得岗位的总量和年新增量都少。街道社区协管员总数多在二十人以下，年新增量为一两个，实在是杯水车薪。此外，这种方式也是街道残联独立实现残疾人就业的唯一方式。

(二)区残联权利保障中现存问题：执行不力

总体上讲，区残联履行保障和促进残疾人就业职能执行不力，主要体现在以下三个层面：

第一，残联发动用人单位招用残疾人之职能薄弱。只有在企业愿意招聘残疾人的情形下，区残联联系招聘单位、传递招聘信息这些事项才得以展开，因此按比例安排残疾人就业过程中企业的招聘意愿至关重要。而残联与企业直接沟通、使企业产生招聘意愿的措施即审核保障金时宣传残疾人就业法律政策，整个过程在几分钟内完成，此外再无其他的协商、谈判。

第二，残疾人自主就业服务在执行中发生转变，偏离制度原意。这主要是指"指导残疾人选择经营项目"被置换为"创业培训"，应向残疾人创业前的"扶持资金"蜕变为对其创业成功后的"创业奖励"。

第三，新兴岗位开发职能、新式职业培训、预留岗位政策未有效执行。新兴岗位主要指电子商务、文化创意等岗位。新式职业培训指订单式、定岗职业培训。这些政策都未被执行。

(三)福利企业权利保障中现存问题：纸上优惠

残疾人就业权保障数量趋于饱和、无力扩展保障数量是北京市福利企业中残疾人就业权保障的总体状况。在这一总体状况之下存在如下问题：

第一，残疾人就业权保障只在加工制作型福利企业中贯彻较好。加工制作型福利企业更愿意招用残疾人，残疾人在这类企业有更多就业机会，此为其权利保障在该行业中较有力的表现。但是在生产操作流程复杂的行业，残疾人一般难以掌握，无法成为生产单位的人力资源，因而这些行业很少招用残疾人，且招用的残疾职工多在生产线之外的岗位。

第二，福利企业"专产专营"政策未被执行。福利企业"专产专营"的优惠政策是保障福利企业残疾人就业权的重要措施，其通过保障福利企业的生产量，使其能够维持稳定的市场份额，从而使福利企业得以存续并壮大，进而吸纳更多残疾人在福利企业就业，以此保障残疾人就业权。指定福利企业进行"专产专营"是政府为残疾人提供的间接就业服务，是在福利企业执行残疾人就业权保障的方式之一，但在北京市这一权利保障措施未能得到执行。

第三，政府优先采购福利企业产品的政策未被执行。与福利企业"专产专营"的优惠政策相似，政府优先采购福利企业产品的政策也是保障福利企业残疾人就业权的重要措施，它通过保障福利企业产品的销量使福利企业得以存续并壮大，进而吸纳更多残疾人在福利企业就业，以此保障残疾人就业权。课题组了解到北京市各级政府部门基本未采购过本区福利企业的产品，因此该政策事实上未被执行。

二、北京市残疾人就业权保障不力的原因分析

作为北京市残疾人就业服务提供者及重要参与者的街道残联、区残联及福利企业，在残疾人就业权保障中分别存在依"天"而应、执行不力、纸上优惠等问题。现从残疾人就业服务的提供过程出发，反观具体的制度安排，依次论述上述问题之成因，并对相关问题进行探讨。

(一)街道残联：重要且常规的"临时"工作

在街道残联的众多职责中，就业服务是一项重要、常规的"临时"工作。应当说，这项工作只是保障残疾人就业权充分实现整个链条上的其中一环，而且并非决定性的一环，加之其天然存在的各种局限，它承载不了残疾人事

业发展规划等残疾人就业政策对其寄予的期望。这主要是因为：

第一，发动用人单位安置残疾人、发动残疾人自主创业并非街道残联的职责所在。街道残联就业服务的内容依区残联年初的年度工作安排而定，经街道残联工作人员介绍，区残联并未安排其发动用人单位安置残疾人、发动残疾人自主创业。

第二，街道残联缺乏与用人单位谈判、发动其安置残疾人的资源。发动用人单位安置残疾人对残联而言本身有难度。无论是《残疾人就业条例》，还是按比例就业方面的法律法规和地方法规，都未为残联发动用人单位安置残疾人就业提供正面资源，虽然残疾人就业保障金对用人单位不安排残疾人就业有相应威慑作用，但事实表明其作用有限。缺乏正面的谈判资源，区残联也难以胜任该事务，何况是街道残联。

第三，就业服务在街道残联各项职能中较边缘。就业服务是街道残联的一项重要、常规的"临时"工作。该工作需要大量人力、物力，如发动用人单位加大安置力度，为残疾人自主创业提供项目选择服务和经营场地方面的便利，而这些都是街道残联难以提供的。在这种有限投入之下，街道残联实际提供的就业服务同样有限，因而其就业服务职能实际是一项较边缘的职能。

(二)区残联：责权不对等

区残联权利保障执行不力之原因可归结为责权不对等。

第一，法律未向残联提供促进其与企业合作的职权和资源。在按比例安排残疾人就业这一就业形式中，残疾人能否就业用人单位的意愿起决定作用。但是，由于法律既未授予残联发动企业安排残疾人就业的职权，也未提供残联与企业磋商和谈判的资源，仅规定以保障金作为惩罚手段，而保障金数额偏低，且无强制征缴措施。当企业不愿执行按比例就业政策法规时，残联没有挽回局面、促进企业与其合作的职权与资源，其在按比例安排残疾人就业上的服务只能到此终止。

第二，残疾人自主就业缺乏项目选择指导、信贷担保扶持和风险保障，扶持资金变为事后奖励。残疾人自主就业效果不佳的原因，除残疾人的创业意愿、能力不强外，更主要的在于创业资金和风险保障的缺乏。现行的扶持政策不能为残疾人创业提供启动资金，残联为残疾人自主就业中提供资金扶持流变为事后创业奖励，加之其抵御创业风险的能力很弱，又无其他风险保障制度，残疾人的创业意愿和创业成功的可能性都受到影响。

第三，新兴产业岗位开发职责主体不明，残联不擅此业务，且无对应负责人员。国家提出通过各种形式为残疾人开发岗位，但并未对该职责的承担者、内容、实施措施做出进一步规定，实践中只得由残联接任。但是，残联作为人民团体，目前主要通过购买社会组织管理岗位、安排社区协管员的方式为残疾人开发岗位，而这并不适用于上述新兴产业的岗位开发。残联也无力独自创办或与生产单位合力创办该类产业，只能号召、发动社会力量创办新兴产业。

第四，岗位预留政策与公共部门精简编制政策矛盾。国家提出实行预留岗位制度以促进用人单位按比例安排残疾人就业，但实际只在公共部门具有可行性。国家无法干涉民营企业的岗位安排。而眼下公共部门均在精简机构，并无相应编制可预留给残疾人，因而其基本未得到落实。2012 年 3 月，北京市残联发布消息，北京市计划年内出台指导性意见，强制要求北京市所有政府机关、事业单位、国有控股企业录用残疾人数字必须脱零，但至今尚无明显进展。

第五，残疾人就业服务职权制度不完善。这包括职权行使与分配两部分。在职权行使上，残疾人工作委员会的协调职能发挥不充分。《残疾人就业条例》规定政府残疾人工作委员会要"组织、协调、指导、督促有关部门做好残疾人就业工作"，但实践中，残疾人工作委员会成员单位之间的业务协作还很缺乏，需进一步深化业务协作。在职权分配上，残联就业服务的责权不相称。残联在就业服务上承担了首要职责，但法律并未授予其充足的职权。残联在残疾人就业服务上的职权主要有保障金使用审批、用人单位应缴保障金审核、残联系统福利企业管理等，除保障金审核外其管理职权主要是内部管理，而促进残疾人就业需要相应对外管理职能，这是残联欠缺的职权之所在。

（三）福利企业：优惠政策配套制度不衔接

第一，福利企业"专产专营"政策职责主体不明、实施措施缺乏。《残疾人就业条例》规定"根据集中使用残疾人的用人单位的生产特点确定某些产品由其专产"，但地方并无这方面的实施细则，也无政策文件，北京市也不例外。因未出台地方法规政策导致职责主体不明和实施措施缺乏，"专产专营"未被执行。此外，推行"专产专营"还有来自福利企业本身的困难。福利企业规模小、技术含量低，独自难以满足需求方对产品产量和规格的要求，这是推行"专产专营"的现实障碍。

第二，涉及政府优先采购福利企业产品的法律法规不衔接。这种不衔接表现为如下两方面：

首先，政府采购专项法律法规中缺乏"优先向福利性企业采购"条款。《政府采购法》《政府采购货物和服务招标投标管理办法》等政府采购全国性法律法规和北京市政府采购方面的专项政策文件均未规定政府优先采购福利性企业的产品和服务。

其次，缺乏实施措施，并让渡了政府采购评标因素决定权。北京市政府采购的政策文件系每年度的《政府采购集中采购目录及标准的通知》，其援引《政府采购法》作为制定依据，但未规定评分因素。只有《政府采购货物和服务招标投标管理办法》规定了评分因素，其中不包括"福利性企业"，而评分因素的最终范围根据招标文件确定，这等于国家将"福利性企业"能否作为评分时加分因素的决定权授予了招标单位。福利企业在行业竞争中大多处于劣势地位,招标单位自然不愿将"福利性企业"作为评分时加分因素。这种措施缺失和决定权让渡为实践中不执行"政府优先采购福利性企业的产品和服务"预留了空间。

(四)专门性残疾人医疗保险缺失

用人单位不愿招聘残疾人有多重顾虑,其中之一就是残疾人病假多。除影响用人单位正常的工作效率外,病假多还伴随着经常性的医疗费用支出,这些支出又通过医疗保险报销,最后由用人单位承担。而残疾人医疗康复服务和医疗保险不完善是残疾职工病假多、企业为残疾职工支出的医保费用高的重要原因。此外,国家也没有为残疾人提供专门的医疗保险。医疗康复服务中医疗救助部分偏少,又没有为残疾人提供医疗保险,当用人单位招用残疾人时,便承担了大量医疗费用。

(五)残疾人岗位指导目录缺失

用人单位不愿招用残疾人的原因还在于主管部门未引导其合理使用残疾人人力资源,未编制残疾人适宜岗位目录,因而用人单位习惯性地忽视残疾人人力资源,并不知如何给残疾人安排岗位。

三、完善北京市残疾人就业权保障的建议

促进和保障残疾人就业权的充分实现,作为一项综合性事业,除了完善医疗保险、岗位指导目录、优惠政策配套制度等内容以落实现行制度中的保障措施,还须重新分配国家、用人单位和残疾人之间的权利成本,将用人单位的成本适当转向国家与残疾人,并重新划分残联的残疾人就业权保障职权,以应对现存困境。由此,我们拟从完善法律条文、细化配套政策、扩展服务措施三方面入手,提出以下五点对策建议,以期对残疾人就业权保障实务工作有所助益:

(一)在未来立法中,明确残疾人就业法律法规中的权责罚条款

明确残疾人就业法律法规中的权责罚条款,改变用人单位消极合作的现状,从而增强残疾人就业服务法律法规的执行力度。具体包括:明确残联在按比例安排残疾人就业、残疾人自主创业、新兴岗位开发等事项上的职权,如检查落实权、处罚权,使其在安置残疾人就业上有条件与用人单位谈判、协商,有能力开发新兴岗位;赋予政府公共部门在吸纳残疾人上以更重责任;明确未按比例安排残疾人就业的惩罚措施,如禁止未达标单位招聘健全职工,直至其招满法定数额的残疾人,以改变用人单位"交金不招人"的局面。

(二)细化"专产专营"和政府优先采购的配套政策

细化"专产专营"和政府优先采购的配套政策,衔接立法与政策,以全面覆盖残疾人就业服务各领域。需要出台政策法规对福利企业"专产专营"的职

责主体和实施措施做明确规定，并降低福利企业认定门槛；由福利企业主管部门、企业主管部门组织协调，联合多家福利企业共同进行"专产专营"产品的生产，并在高科技企业与福利企业之间开展科技援助合作，从技术人员、生产工艺方面为福利企业提供技术。

同时，在北京市政府采购政策及落实的基础上，在《政府采购法》《政府采购货物和服务招标投标管理办法》等政府采购全国性法律法规中逐步增加将"政府优先采购福利性企业的产品和服务"的内容；并在《政府采购货物和服务招标投标管理办法》中将"福利性企业"作为评标评分时的加分因素。

(三)创建残疾人创业风险保障制度

建立合理的残疾人社会保险制度，由市政府为自主创业残疾人购买创业风险保险，当其因创业风险而遭受损失时，能够从保险公司获得相应补偿，这对于残疾人抵御创业风险无疑具有重要作用。

(四)赋予政府公共部门在吸纳残疾人上以更重责任

政府公共部门本身具有较大的用工需求，能为残疾人提供大量岗位；此外，政府公共部门在吸纳残疾人上承担更重责任能起到带头示范作用，更能树立法律的权威，从而促进私企依法按比例安排残疾人就业。德国与日本便实行了这种措施。

(五)培育庇护性就业场所，制定残疾人适宜岗位目录

国家要进行长远规划，持续投入，培育庇护性就业场所的自生能力，重点打造有品牌的庇护性就业场所；在残疾人适宜岗位类别上，我们结合前期研究成果、各类残疾的代偿效益和用人单位的用工实践，草拟了一份残疾人适宜岗位指导目录(见表1)，以备决策部门及立法机构参考。

表1　残疾人适宜岗位指导目录

残疾类型	适宜工作岗位
视力残疾人	针灸推拿、话务员、钢琴调律、专业文艺团体的演奏及演唱
听力残疾人	电工作业、金属焊接和切割作业、起重机械作业、锅炉作业、压力容器作业、制冷作业等高噪声环境工作，计算机应用、动漫设计与制作、艺术广告、园艺技术、厨师、电脑程式设计、会计文员、工艺品手工制作
智力残疾人	包装、装嵌、信差、快餐店服务、厨房助理、清洁、搬运、仓库看管、速递服务、工匠帮工、五金工人、工艺品手工制作
肢体残疾人	会计文员、柜位出纳员、电脑资料处理员或程序设计员、品质控制员、电话客户服务员及调查员、装配工人、修理员、机床工人，只要身体条件准许，基本适应除频繁走动以外的各类岗位
语言残疾人	义齿加工、质量检查、装配、工艺品编织、服装厂缝纫工作、工艺品手工制作
精神残疾人	进工疗机构工作

四、结　语

诚如诺贝尔经济学奖得主阿玛蒂亚·森教授所言，经济的匮乏最终源于权利的匮乏。保障残疾人就业权，授之以渔，助其就业，方能从根源上使其摆脱经济匮乏，才能帮助残疾人实现自我独立，进而赢得尊重和平等。

我们以北京市残疾人就业服务体系研究为个案，实地考察残疾人就业现状及就业服务体系存在的各种问题，量化分析、综合评判，从制度根源上寻找当前存在残疾人就业歧视的缘由以及就业服务法律体系中存在的缺陷，并提出改进措施，是希望能够促进现实中残疾人就业服务体系的改进。我们更希望作为全国首善之区的北京市残疾人就业服务体系能成为一扇"窗口"，坚持政府及相关部门的"服务者"的身份意识，以点带面，不断改进和完善残疾人就业服务保障体系，增强法律法规和政策的针对性和可操作性，为切实提高残疾人生活、实现社会的公平正义做出贡献。

参考文献

[1]李运华：《就业权：概念的建构与分析》，《社会保障研究》，2011 年第 4 期。

[2]谢德成、穆随心：《试论就业权性质》，《宁夏社会科学》，2005 年第 1 期。

[3]赖德胜、胡仲明：《我国残疾人集中就业扶持政策分析》，《残疾人研究》，2011 年第 3 期。

[4]李冬梅：《论残疾人人力资源开发》，《中国特殊教育》，2003 年第 6 期。

[5]黄震、宋颂：《残疾人人力资源特殊比较优势研究》，《残疾人研究》，2011 年第 3 期。

[6]李宁、陈功、崔斌、郑晓瑛：《我国残疾人康复需求及康复服务利用情况分析》，《残疾人研究》，2011 年第 4 期。

[7]曲学利：《建设和发展首都的应用型残疾人高等教育的探索》，《中国特殊教育》，2005 年第 6 期。

[8]Winston P. Nagan. Human Rights and Employment. *Cadmus Journal*，October 1，2010 Volume I，Issue 1.

[9]Philip Harvey. The History of Right to Work Claims. The Rutgers Camden Series of Occasional Papers，Paper presented at the annual meeting of the Law and Society Association，May 1998.

[10]黄震主编：《中国按比例安排残疾人就业研究报告》。

[11]陈功、吕庆喆、陈新民：《2010 年度中国残疾人状况及小康进程监测报告》，《残疾人研究》，2011 年第 2 期。

[12]《北京 44.5 万企业仅 4.7% 接纳残疾人》，http：//www.bjnews.com.cn/news/2011/08/23/146062.html。

[13]Module 10：The Right to Work and Rights at Work，http：//www.umn.edu/humanrts/edumat/IHRIP/circle/modules/module10.htm.

[14]《北京将出台指导性意见：政府机关必须录用残疾人》，http：//www. gov. cn/fwxx/ sh/2012-03/22/content_ 2097134. htm.

（作者：徐　爽　中国政法大学副教授）

项目名称：医疗纠纷诉讼外解决机制研究

项目编号：13FXB019

项目负责人：梁　平

项目信誉保证单位：华北电力大学

医疗纠纷诉讼外解决机制的
实证调研与具体构建

内容提要：调研数据表明，医疗作为一项社会性课题，因"看病难、看病贵"等与民众切身相关的现实问题日益凸显，使这种社会矛盾转化为医方与患者之间的对立乃至直接冲突，特别是医闹、辱骂殴打医务人员等过激行为频发，医患双方的紧张关系不断强化并显化，不仅给医院和医务人员带来困扰，而且成为影响社会和谐稳定的矛盾多发领域。因此，如何预防和解决医疗纠纷，是医学界、法学界和广大患者共同面对的难题。为此，亟须从制度上建立包括协商和解、人民调解、行政调解、仲裁等在内的多元化的、能为民众利用的医疗纠纷解决机制，使之成为及时疏解医疗纠纷的有效"出口"，从而避免医患冲突升级，危害医疗秩序。

一、医疗现状与医疗纠纷发生状况调查

(一)医疗现状的总体认知

总体而言，医疗现状包括两个层面：一是患者的医疗成本，包括经济成本和时间成本。调研数据显示，大部分民众经济收入居于一般水平，以其经济收入、每年就医次数、每次就医费用等予以综合分析，对于月平均收入3000元的民众而言，若每年就医3次，每次就医花费200元，每年的医疗支出占到年收入的1.67%，一个三口之家的医疗支出则占到年收入的5%，而月收入3000元及以下的民众占总人口的45%以上，医疗支出是普通民众的经济负担之一，"看病贵"现象确实存在。从患者就医的时间花费来看，超过1/3(33.46%)的患者就医平均用时1—2小时，在"1小时之内"和"2—3小时"的分别为24.26%和22.06%，即接近80%(79.78%)的患者就医用时在3小时以内，表明就医用时相对较长；此外，医患双方对实际接受门诊的时间长短存在认识偏差，患者理想的门诊时间与医务人员的认知具有趋同性，但患者认为医务人员实际上并未达到此诊断时间标准。二是对医患关系的总体认知。

医务人员认为医患关系"很紧张"(占 35.51％)和"比较紧张"(占 47.66％)的达到 83.17％，认为"一般"的不足 15％(14.95％)，而选择"还算融洽"的仅为 1.87％，可见医患关系问题成为困扰医务人员的重大问题，而且，医务人员对医患关系的评价普遍低于患者。医务人员产生此种认知的主要原因是，医务人员是医患关系的直接当事者，一旦自身卷入或周围发生医患冲突，对其心理产生较为明显的影响，使其深刻地感受到该项职业存在的风险性以及风险转为现实所造成的难以承受的心理压力；此外，当前医疗纠纷频发，进一步增强了他们的认知。

(二)医疗纠纷发生状况调查

1. 医疗纠纷数量

就绝对数量而言，医疗纠纷总体上呈逐年增长趋势；就相对数量而言，医疗纠纷发生率虽然出现不平衡或波动，但每年高达 6.5—13.2 人次/100000，发生率较高；医疗纠纷绝大多数为患者或家属直接来访，此外包括少量的来电和来信，且主要来自于住院病人，而门诊病人相对较少。

2. 医疗纠纷中患者身份特征

患者性别比例大体上男性略高于女性，性别比为 1.22：1；患者年龄从 1 天到 90 岁不等，40—60 岁年龄段居于首位，占 30.67％，其次为 60 岁以上，占 26.13％，而 20 岁以下以及 20—40 岁各占近 20％(19.96％)，另有 3.28％的被调查者年龄不详。

3. 医疗纠纷责任医生职称构成

从医疗纠纷责任医生的职称来看，中级职称居于首位，占 45.41％，其次为初级职称，占 27.16％，高级职称亦超过 20％(21.71％)，而护理人员、后勤以及辅助科室占 5.72％。这种分布趋势，与医院的医务人员专业、职称结构紧密相关，即中级职称医师是医院中的主体，也在医疗纠纷当事人中占较高比例。

4. 医疗纠纷发生科室

外科医疗纠纷发生率较高，占 38.33％，居于首位；其次为内科，占 16.14％；妇产科亦为医疗纠纷高发科室，占 13.57％，儿科、五官科、医技、门诊、急诊科室的医疗纠纷发生率相对较低，但均有相当比例。

5. 医疗纠纷发生原因

医疗纠纷发生原因具有多样性，65.26％的患者认同"医疗过程本身存在一定风险性"。38.79％的患者认为医疗事故是引发医疗纠纷的主要原因，居于首位；其次是未达到预期医疗效果，占 27.94％，二者合计为 66.73％；"服务态度恶劣"(16.73％)和"乱收费"(13.97％)大体为 30％左右(30.70％)。对 4502 例医疗纠纷的发生原因予以统计分析，位于前三位的依次为"缺乏告知和沟通"(796 例，占 17.68％)、"治疗效果差"(595 例，占 13.22％)和"服务态度生硬"(503 例，占 11.17%），合计占 42.07%；然后依次为"专业技术水平低"(358 例，占 7.95%）、"医疗差错"(340 例，占 7.55%）和"并发症"(319 例，占 7.09%）以及"其他"。

6. 病历资料与相关单据

患者日常就诊时，"只收集保存重要的病历资料"者占 41.54%，"收集保存所有病历资料"者为 26.65%，同时亦有 5.15% 的患者"收集资料并全程记录诊疗护理行为"，上述合计为 73.34%，选择"不收集保存病历资料"仅占 26.65%，表明大部分患者会保留病历资料等。

鉴于病历资料的重要性，医务人员对其保持相当的严谨态度，56.07% 的医务人员不会修改或补正病历资料，表明他们对自己的医疗行为保持充分的自信；27.10% 的医务人员则"偶尔会"修改或补正，13.08% 的医务人员则需要"看情况"。此外，3.75% 的医务人员表示会"经常"修改或补正病历资料。

7. 医疗鉴定

医疗纠纷发生后，绝大部分患者(78.13%)与医务人员(97.20%)认为"有必要"进行医疗鉴定，且医务人员和医院方更青睐于由"医学会"进行鉴定，分别占 84.06% 和 95.24%；目前，医学鉴定中存在的问题，无论是患者还是医务人员，居于首位的均选择"鉴定程序复杂、耗时久"，分别为 77.39% 和 83.18%；其次均为"鉴定费用高"，分别为 65.81% 和 54.21%；然后，患者认为"鉴定结论偏袒医院"(57.17%)，医务人员则选择"鉴定结论可信度低"(29.91%)和"鉴定人员不够权威"(22.43%)，可见，耗时久、费用高、鉴定结论公正度低是患者与医务人员对医疗鉴定的共同诟病。此外，对医疗纠纷方式的选择中，24.30% 的医务人员希望通过保险公司处理，96.09% 的医务人员和 85.71% 的医院领导层认为应当建立医疗责任险制度。

二、医疗纠纷解决机制调查

(一)医疗纠纷解决机制认知度

1. 医疗纠纷解决的考量因素

医疗纠纷解决的考量因素，患者首先关注的仍是自身的身体状况能否得到尽快康复，然后依次为公正性、经济赔偿、合法性，患者并不会因纠纷解决成本高而断然放弃。对于医疗纠纷带来的损失，医务人员最看重的依次为精力与时间、名誉、经济支出，而医院方则更看重名誉。

2. 对医疗纠纷解决方式的选择

患者首选"与医院协商解决"(67.65%)，高于"向卫生行政部门控告(行政调解)"(40.63%)与"法院起诉"(40.26%)20 多个百分点；然后分别是"向媒体曝光"(34.74%)和"第三方调解"(26.25%)；此外，尚有极少数患者选择"群体事件、暴力解决"(5.15%)和"其他方式"(2.02%)，然而，尽管患者对医疗纠纷的解决方式首选"与医院协商解决"(67.65%),但他们对该方式的信心严重不足。就第三方解决机制而言,公正性是首要价值取向,而效率、约束力、中立性、透明度等,尽管在医患双方心中的位次略有差异,但亦是他们共同关注的问题。同样,患者对行政调解的信心亦不容乐观。

3. 医疗纠纷解决的主要障碍

医疗纠纷发生后,医患双方最难以达成共识的方面,患者与医护人员一致首选"是否存在医疗过错",且比例相近,分别为 38.05% 和 36.45%,表明医方的医疗过错认定是解决医疗纠纷的基础;其次,医务人员认为患者更关注"经济赔偿数额多少"(33.64%),而患者则要求应当明确"责任分担比例"(27.21%),"经济赔偿数额多少"居于第三位(20.77%),与医务人员将"责任分担比例"排于第三位(20.56%)略有差别。

4. 对医疗纠纷诉讼外解决机制的信心度

对于医疗纠纷诉讼外解决机制是否有信心,表示"一般有信心"的医务人员和患者及家属分别占 59% 和 72.2%,表示"非常有信心"者分别为 12% 和 19.9%,患者及家属的比例均高于医务人员,而表示"没信心"的医务人员的比例(29%)是患者及家属(7.9%)的 3.67 倍,可见,患者及家属对医疗纠纷诉讼外解决方式寄予更高的期待。

(二)医疗纠纷解决方式的实践运行

1. 对医疗纠纷解决机制的选择

对医疗纠纷解决机制的选择,无论医院(61.90%)、医务人员(59.68%),还是患者(70.91%)均首选"自行协商";其次,医院和医务人员对保险公司介入医疗纠纷寄予较高期待,分别占 47.62% 和 43.08%;医院领导层选择"法院起诉"居第三(与"保险公司处理"并列,占 47.62%),医务人员则希望中介组织调解(24.51%),然后才是"法院起诉"(22.92%);对于"行政调解",医院领导层占 33.33%,位于中介组织调解(23.81%)之前,而医务人员占 18.58%,居于第四位,患者则将之作为仅次于"自行协商"的解决方式(19.22%);对于"法院诉讼",除医院领导层外,医务人员(22.92%)和患者(9.87%)大体上均作为最后的解决方式。在医院领导层看来,医疗纠纷发生后,患者最常用的解决方式是"找医院协商,希望通过谈判解决"(94.12%)和"找卫生局投诉,要求处理并赔偿"(5.88%),患者也是将"找医院协商,希望通过谈判解决"作为首选(55.84%),也会出现诸如"闹事、打骂医护人员"等过激行为(29.44%),部分患者会"找卫生局投诉,要求处理并赔偿"(8.66%)。尽管患者没有将中介组织调解作为解决医疗纠纷的方式之一,但从调研结果来看,患者普遍反映其难以与医院展开充分"对抗",特别是大多数医疗纠纷涉及专业知识,医院或医务人员的"知识壁垒"对其带来很大障碍,90.98% 的患者认为急需建立类似于消费者协会的中介组织来维护医疗患者的合法权益。

2."医闹"等群体性事件

针对近年来愈演愈烈的"医闹"行为,79.04%的患者听闻或经历过。"据北京市医疗纠纷人民调解委员会调查,北京市72%的医院发生过殴打、威胁、辱骂医务人员等'医闹'事件;77%的医院出现过患者在诊疗结束后拒绝出院且不缴纳住院费用的问题。这些事件严重扰乱了医疗秩序,威胁着医生的人身安全。"[①]研究数据表明,某市四所医院2007—2011年每年"医闹"发生次数占医疗纠纷总数的15%以上,最高达到30.19%,五年间平均比例为22.31%。对此现象,41.91%的患者认为"情有可原",仅有13.60%的患者认为"绝不可以",而认为"很有必要"者亦达10.85%,33.64%的患者则认为应"看情况"。曾有研究指出,"群体性医闹"的主要表现形式是"聚众闹事扰乱医院秩序"(34.48%)、"侮辱谩骂医务人员"(29.31%)以及"殴打医务人员"(8.62%)。此次调研中,医务人员对"发生医疗纠纷后,患者或家属出现过哪些扰乱医院秩序的过激行为"的选项亦对此加以证实。此外,还存在"拉横幅标语"(12.07%)、"损害医院公私财物"(6.90%)、"围堵医院"(6.90%)以及"停尸、设灵堂"等形式。究其原因,"诉讼耗时长、成本费用高"居于首位,占39.65%;其次为"医闹成本低、小闹小赔大闹大赔"(25.86%);此外,"对医疗事故技术鉴定不满"与"患者对医学的无知、心理障碍"(各占15.52%)亦占较大比例,而因"医患双方协商不成"引发"群体性医闹"的比例相当低(3.45%)。

三、医疗纠纷诉讼外解决机制的一般理论与具体构建

(一)医疗纠纷解决机制构建的一般理论

医患关系出现转入"冰冷期"的趋势,其原因在于医疗纠纷频发以及由此带来的负面影响。协调医患关系的关键在于如何有效地预防和妥当地解决医疗纠纷。探索适合于医疗纠纷的解决机制,既应立足于医疗行为的人身侵害性、高度风险性和试验探知性等特点,同时也应以医疗纠纷法律性质为基石。本质上,医患双方属于民事法律关系,医疗纠纷可分为医疗合同、侵权和无因管理三个层次,医疗纠纷法律适用应回归到以《民法通则》和《侵权责任法》为核心的民事法律框架内;应充分考虑医疗行为的不确知性和伦理性,坚持公正、保密和有助于医疗技术创新的价值取向,构建能为当事人所用且行之有效的医疗纠纷多元解决机制。

---

① 王君平:《告别"无奈的赔偿"——北京医疗纠纷调解模式调查》,《人民日报》,2012年3月22日第19版。

（二）医疗纠纷诉讼外解决机制的具体构建

1. 医疗纠纷协商和解机制

调研数据表明，医患双方对协商和解给予较高期待，现实中大部分医疗纠纷亦是通过协商得以解决的，但当事人对其信心度却严重不足。造成这种局面的原因在于医疗信息不对称、医患互信度低、协商和解效率低下以及医务人员人身安全缺乏保障等。对此，可通过以下措施防范医疗纠纷和促成和解：

首先，加强医疗资料数据的过程管理。一是医务人员严格落实《侵权责任法》第55条规定的说明义务，向患者充分、详细地说明病情和医疗措施，使患者对此具有充分的理解。二是在经验诊断确实无法确定病因的情况下，及时详细告知患者辅以医技检查，为避免患者误解为"过度医疗"，可明确建议患者可去别的医院另行诊断。三是对于客观病历和主观病历，医院除了向患者提供必要的原件外，应允许患者复印不宜提供的病历资料；医疗结束后，医务人员应将病历资料及时归档，并放置在安装监控装备的特定档案室，由专人专管，作为医方自我保护的一种内部管理措施。

其次，健全医事援助等公共服务体系。一方面，可"建立医事援助制度，赋予患者向本地医学会申请医事援助权利，这可弥补患者医疗知识之不足，改变其弱势地位，加强与院方的谈判实力，增强其对抗的能力，保持医患双方力量的平衡，保证和解结果的公正。"①另一方面，可建立医学院专家数据库，开通网络服务或电话热线，患者对涉及医疗的疑难问题，可随时向其咨询，通过中立第三方专家的答疑解难，进一步明晰医疗纠纷的定性（属于医方过失、正常医疗风险还是患者自身原因），使患者对不良医疗后果的发生原因具有清晰的认识，消除患者对医方的不信任感，为协商和解奠定基础。

最后，完善医疗纠纷协商和解程序，使协商和解成为有限度、有特色、有效用的医疗纠纷解决机制。一是对协商和解的次数予以必要限制，在三次实质性谈判无果或自医疗纠纷发生30日内无法通过协商解决的情况下，医务人员应明确告知患者寻求其他解决方式。二是医患双方协商谈判时，医方应至少2人参与，一般情况下当事的医务人员不宜直接参与，以免患者与其发生直接冲突；当患者出现情绪波动时，医方协商谈判人员应及时中止协商，必要时向安保部门报告，让其配合维持医院秩序；如出现患者严重扰乱医疗秩序或出现"医闹"等过激行为时，医疗机构应及时向公安部门报案，由其出面维持社会治安。三是卫生行政部门可制定制式的"医疗纠纷和解协议"，一方面规范和解协议的内容和形式，增强和解协议的合法有效性；另一方面，对于构成医疗事故的和解协议，要求医疗机构必须严格按照《医疗纠纷处理条例》的规定向卫生行政部门备案并接受其监督。四是为增强和解协议的执行

---

① 卢顺珍：《论医疗纠纷协商和解的法律规制》，《重庆三峡学院学报》，2010年第2期。

力,可先建立和解与调解的衔接机制,医疗机构可与患者共同持《和解协议》向医疗纠纷人民调解委员会申请出具《调解书》,经医调委审查后出具《调解书》,然后双方对《调解书》向法院申请司法确认;在时机成熟时,实行和解与司法确认的直接衔接,医患双方可共同持有《和解协议》向法院申请司法确认。

2. 医疗纠纷行政调解机制

医疗纠纷行政调解的主持者为卫生行政部门,在某种程度上可能克服调解制度的一些缺陷,从而有效地发挥其制度优势,即医疗机构与卫生行政部门之间的隶属性,同时也可充分地发挥调解的共同优势,从而为医患双方沟通对话提供可行的平台。然而,尽管医疗纠纷行政调解具有一定的制度优势,但医患双方对该机制的信心并不乐观,这亦折射出该机制的不足,大体上可分为两个层面:一是对于个案纠纷而言,该机制因存在某些缺陷而无法有效地予以化解,即短期效用不足;二是尽管可有效地解决个案纠纷,但纠纷的解决闪耀着行政权力的影子,可能消解具有全局性的法治,即长期效用欠佳。为此,应以专业化调解为核心,通过对行政调解队伍建设来消除当事人对该机制的顾虑或误解,从而满足他们对中立性、公正性、法治性的需求;同时,应通过多种方式提高行政调解主体的调解能力和调解艺术,使其主持下的行政调解能够成为发现、凝聚和达成当事人共识的有效机制。

具体而言:一是规范调解主体行为。卫生行政部门应当牢固树立服务意识,认真对待患者的诉求,注重接待细节,从服务礼仪方面做到热情服务,让患者深切地体会到这些机构及其工作人员"接地气",没有官僚习气,这也是卫生行政部门赢得患者信赖的基础;调解者应具有中立性意识,做到以理服人。二是实行专业调解。市、县级卫生行政部门可有针对性地培养或聘用具有医学专业知识的人员担任调解员,专门负责医疗纠纷行政调解工作,并建立相应的考核机制,既解决了行政调解专业性不足的问题,也可提高调解员的调解积极性。三是提高强制执行力。可申请司法确认、公证或向法院申请支付令。

3. 医疗纠纷人民调解机制

医疗纠纷人民调解是人民调解的一个分支,医调委的成立,有力地加强了医疗纠纷人民调解的专业化程度,该机制化解医疗纠纷的成效较为显著。与基层人民调解相比,医疗纠纷人民调解的突出特点在于:一是强化了调解的专业性,注重调解组织的医学专业和法律知识;二是建立医疗责任风险共担机制和医疗纠纷人民调解与保险理赔的衔接机制;三是细化了医疗纠纷人民调解程序,并建立了防范机制,将医疗纠纷的个案调解与共性防范相结合。此种运行模式,提高了医疗纠纷人民调解的适用率和效果,对人民调解的发展具有促进作用。但由于立法层面尚未对医疗纠纷人民调解做出明确规定,各地在探索过程中进行着"实验性立法",导致各地执行标准不一。

为此,一方面,应理顺医疗纠纷人民调解与《人民调解法》的关系,按照上位法与下位法、一般法与特别法的关系，找准规范医疗纠纷人民调解的文件的定位，将专业性、行业性人民调解纳入人民调解的框架下，其适用于《人民调解法》的一般规定，对于特殊情形，由《人民调解法》明确授权一定级别的部门制定相应的规范，达到规范性文件的协调适用。另一方面，统一医调委的受理范围，任何类型的医疗纠纷均可申请人民调解，若存在着不同层级的医调委，可根据患者索赔数额，对各个层级医调委的受理范围做出规定，以此达到分流案件的目的；若仅存在一级医调委，对医调委可受理的患者索赔数额的上限做出规定，以此表明超过该上限的医疗纠纷较为复杂，超出了医调委的调解能力，但不应以索赔数额作为划分协商和解、人民调解以及诉讼等不同的医疗纠纷解决机制的标准。

4. 医疗纠纷仲裁机制

仲裁具有独立性、保密性、效率性、终局性等特征。对于医疗纠纷而言，目前最大的争议在于其是否具有可仲裁性，然后才是如何构建医疗纠纷仲裁机制。医疗纠纷是否具有可仲裁性，至少取决于两个因素：一是《仲裁法》对可仲裁事项和不可仲裁事项的规定，此为可仲裁的民事纠纷确定了范围，也为仲裁机制的适用划定了边界；二是医疗纠纷是否符合《仲裁法》中规定的可仲裁事项。从《仲裁法》第2条来看，无论是医疗合同纠纷还是侵权纠纷，均具有财产性，均属于可仲裁事项。随之而来的是关于医疗纠纷仲裁模式的理论分歧，主要包括以下两个层面：一是在仲裁与诉讼的关系方面，应采取强制还是任意仲裁；二是在现有的《仲裁法》以及仲裁机构的框架内进行医疗纠纷仲裁还是设立单独的医疗纠纷仲裁机构。我国适宜采取任意仲裁模式，并根据《仲裁法》以及利用现有的仲裁机构解决医疗纠纷，而不需单独设立医疗纠纷仲裁机构。

为此，法理层面，尽管医疗纠纷具有可仲裁性，应适用于《仲裁法》，但实践中，医疗纠纷仲裁案件非常少，各地对仲裁的研究也较晚，仅有少数地方近年来才关注并致力于如何运用现有的仲裁资源解决医疗纠纷，但各地采取的模式各异，足见人们对医疗纠纷仲裁的认知不仅起步晚，而且未达成共识。因此，医疗纠纷仲裁机制的运行，应着力于解决以下问题：一是立法层面对医疗纠纷可仲裁性的确认；二是加强对医疗纠纷仲裁的宣传和引导；三是仲裁协议的签订，应重点着眼于向当事人准确地宣传该机制的运作模式以及优势，使其在充分认知的基础上做出理性的选择，因而，一般应在纠纷发生后。总之，医疗纠纷具有可仲裁性，但人们对医疗纠纷仲裁的认知度较低，该机制的利用率不高，因而，需要多措并举，加强对医疗纠纷仲裁的宣传和引导，使之成为可供当事人利用的、高效的医疗纠纷解决机制。

（作者： 梁　平　华北电力大学教授

陈　焘　华北电力大学助教）

社会学学科

项目名称：北京市社会化养老服务体系建设
项目编号：09BaSH050
项目负责人：张文娟
项目信誉保证单位：中国人民大学

北京市社区养老服务发展现状及问题分析

内容提要：本文对北京市社区养老服务体系的发展状况进行了探讨，对该体系的服务人群和服务方式进行了规划设计，并以西城区的抽样调查为基础，对各项养老服务以及活动场所和服务设施的利用情况进行了深入分析，指出了目前居家和社区养老服务建设过程中存在的问题。

一、研究背景

北京市目前已经进入人口老龄化的快速发展时期，第六次人口普查数据显示，2010 年北京市 65 岁及以上老年人口在常住人口中的比重达到 8.7%。与其他地区相比，北京市的人口老龄化程度高、速度快、高龄化趋势明显，面临的人口老龄化挑战更为严峻。截至 2010 年年底，北京市户籍人口中，80 岁及以上高龄老年人口占 60 岁及以上老年人口总数的 14.4%；纯老年人家庭人口 45 万人，占老年人口总数的 18.2%。同时，北京市的家庭也呈现少子化趋势，养老功能进一步减弱。如何在家庭养老资源不足的情况下，寻求适当的社会服务资源进行有效替代，以满足越来越多的老年人的养老服务需求，使他们安度晚年，不仅成为社会各界日益关注的现实问题，同时也是政府决策者关注的重要民生问题。

家庭养老功能的弱化是伴随社会现代化进程出现的一个必然现象，社会化养老方式通过引入社会资源来满足老年人的养老需求是解决这一问题的有效对策。按照北京市制定的养老规划设想，到 2020 年，90% 的老人应该能够在社会化服务协助下通过家庭照顾养老，6% 的老年人可通过政府购买社区照顾服务养老，其余 4% 的老年人则入住养老服务机构集中养老（又称为"9064"）。可见，通过引入社会化养老服务来满足老年人的日常养老服务需求是北京市解决老年人养老问题的重要思路，而其中居家和社区养老又占据着绝对的主导地位。过去十年间，北京围绕"9064"养老服务模式，积极探索和建设以居家养老为基础，社区为依托、机构为补充，多元化投资、多层次发展、专业化服务的社会化养老格局。在社会化养老服务体系建设过程中政府和社会将更多的目光和资金投向了养老机构的建设,从而使面对居家和社区养老人群的社会化养老服务业在很长一段时间内面临冷遇,发展相对滞后。2010 年以来的居家养老(助残)服务券制度的实施,使得这一局面有所改善。但是,对于其建设效果的评价目前更多的借助于对投资规模和养老服务设施设备的建设数量等指标,而居家和社区养老服务体系在满足老年人社会化养老服务需求方面所发挥的实际效率如何还有待考察。为了对北京市居家和社区养老服务体系所发挥的作用进行更加贴合实际的评估,本文将从社会化养老服务利用的角度出发对其进行深入分析。

二、资料来源

文章使用的资料来自于 2013 年在北京市西城区进行的《老年人基本情况和服务需求调查》。调查的主要目标在于深入了解目前老年人对社会养老服务的使用情况,目前以及潜在的社会化养老服务需求;同时,通过对典型老年人、基层养老服务组织和相关各级政府职能部门的访谈,评估社会养老服务体系发展的现状,探析在建设过程中存在的问题,并寻求解决的途径。问卷调查使用 PPS 抽样方法,涉及西城区的八个街道,40 个社区,共获得 2000份有效问卷。

北京市西城区由于其独特的地理位置和辖区内众多的政府和大型企事业单位家属住宅区,使得其在社会化养老服务建设中接受了多方位的监督,面临很大压力。此外,由于地处核心城区,土地资源紧张,机构养老资源严重不足,西城区的居家和社区养老服务发展显得尤为重要。由于以上多方面因素,西城区在北京市的居家和社区养老服务体系建设方面一直保持领先地位。这一地区在社区养老服务发展过程中存在的问题也集中反映了北京市在社会化养老服务体系发展过程中存在的突出矛盾和亟待解决的难点问题。

三、社区养老服务的制度设计

在北京市的社会化养老服务体系的建设目标中,居家养老、社区养老和机构养老三种方式扮演着不同的角色。其中居家养老和社区养老方式得以实现的关键是由家庭之外的社区或者其他社会组织和个人提供养老服务,作为家庭养老资源的补充,使得老年人尽可能独立地在熟悉的家庭或者社区环境中生活。由此可见,为选择居家和社区养老的老年人提供社会化的养老服务是社会化养老体系建设中最重要的环节,也是解决绝大部分老年人养老问题的关键。从目前的社会养老体系发展过程来看,居家和社区养老之间的界限并不清晰,两种养老方式很难划分,而针对上述两类人群的养老服务均归属于广义上的社区养老服务范畴。

依照目前的社会养老服务体系的制度设计，社会化养老服务体系的三个组成部分可以进行如下划分(见表1)：居家养老服务，以家庭为老年人获得养老服务的主要场所，通过为老年人提供上门服务(如上门护理、送餐、家政服务等)或由活动能力较好的老年人或者其他家庭成员在家庭之外的其他公共场所，就近获得特定的服务支持或者帮助(如老年餐桌、协助购物、协助出行等)，以满足居家生活的老年人的养老服务需求；社区养老服务，在老年人生活的社区中设立养老服务场所(比如社区老年活动中心、托老所、日间照料室、喘息式照料中心等)，在这些场所内为老年人提供综合性的照料服务，以缓解老年人家庭的照料负担，解决照料人手不足或时间不充裕等问题；机构养老服务，以养老机构为依托，为入住机构的老年人提供综合性的养老服务。从居家和社区养老服务来看，上述两种服务均侧重老年人居住的社区在提供养老服务中的作用，如社区相关社会服务资源提供的日常生活起居服务、医疗和护理服务、日托服务，甚至是短期的全托服务等，鉴于目前很多养老服务依托社区的机构和场所来进行，因此很难明确区分两种养老服务方式；而机构化养老服务是老年人长期居住在养老机构中，由机构负责其一切的饮食起居照料。

表1　社会化养老服务体系的构成

构成内容	服务场所	服务人员	服务内容	服务对象
居家养老服务(90%)	以家庭为主	家庭成员为主、社区及其他组织机构人员为辅	专项服务，包括家政服务、起居照料、送餐、专业护理等上门服务；以及老年餐桌、协助出行、购物、就医等社会参与性服务等	以生活自理(ADL)、但行为能力(IADL)受损的老年人为主
社区养老服务(6%)	主要以社区托老所、日间照料室、喘息式照料中心等养老机构/场所为主	家庭成员为辅，社区及其他组织机构人员为主	提供日间或者短期的24小时综合照料及康复护理服务	以生活自理能力(ADL)受损的老年人为主，包含其他需要日间照料和陪伴的老年人
机构养老服务(4%)	养老机构	养老机构	长期的综合照料及康复护理	以生活不能自理的老年人为主

注：生活能够自理(Activities of Daily Living，ADL)包括吃饭、穿衣、如厕、室内走动、上下床等能力完好；行为能力受损(Instrumental Activities of Daily Living，IADL)指扫地、日常购物、做饭、洗衣、提起10公斤重物、管理个人财务、步行1500—2000米、上下楼梯、使用电话及乘坐公交车等活动中至少一项无法完成

在北京市"9064"的社会化养老服务体系规划中，居家、社区和机构养老服务的人群存在一定差异。生活能够自理（ADL）、行为能力受损（IADL）的老年人是居家养老服务的主要人群，对于他们因为身体状况下降而无法完成的家务、起居活动可以通过社区其他养老服务的支持来完成，从而保证其独立生活的状态。对于一些生活自理能力部分受损、家中照料人手短缺、孤独寂寞、希望有人陪伴的老年人可以选择到社区养老服务场所。而对于那些因生活自理能力受损而失去独立生活自理能力的老年人如果无法获得满意的家庭和社区照料，他们将成为机构养老的重点服务人群。在这一制度设计之下，我们可以发现，绝大多数的老年人的身体健康状况适合居家或社区养老，而机构养老的服务目标人群仅占老年人中很少的一部分。以2010年《中国城乡老年人生活状况调查》数据推算，北京市48%的老年人生活基本自理（ADL），但行为能力受损（IADL），需要接受家政服务以及外出、购物、就医等相关的社会性活动方面的帮助，类似养老服务需求可以通过提前预约，有计划地在家庭或社区寻求支持。此外，有5.4%的老年人生活无法自理，这部分老年人需要照料者长时间的陪伴并提供起居照料服务，通常由专人在家庭、社区照料机构或其他养老机构提供服务，而机构养老是在家庭和社区养老服务无法满足老年人照料需求时的最终解决方案。

结合北京市目前老年人群的健康状况，基于满足老年人因为身体原因而衍生的基本养老服务需求的目标，"9064"的社会养老服务体系的规划设计是合理的，足以适应老年人的社会养老服务需求。但是，目前各个养老服务体系的实际服务人群和服务内容与制度设计之间存在错位，从而导致众多存在切实需要养老服务的老年人需求无法得到满足。

四、居家和社区养老服务开展的现状分析

北京市的社会化养老服务体系以满足老年人的养老服务需求为目标，提供生活照料、医疗护理、精神危机和社会参与等服务，实现养老服务的均等化。随着社会化养老服务体系建设的不断推进，居家和社区养老服务的内容、规模和质量都得到逐步提升，惠及更多老年人家庭。各级政府组织在社会化养老服务的提供方面发挥了主导作用，成为养老服务的主要提供者，由市场提供的养老服务也逐步增多。

（一）社会化养老服务内容分析

随着北京市社会化养老服务体系建设的不断推进，居家和社区养老服务日趋多样化。对西城区各个社区的养老服务项目进行综合分析后发现，目前的居家和社区养老服务依据服务方式和服务对象大致可以分为如下三类：

1. 居家老年人在社区获得的社会服务

包括到指定商家接受老年餐桌、理发、洗衣、助浴等服务，到社区卫生

站接受医疗卫生服务、康复护理、定期体检以及健康咨询服务，到老年活动室参加聚会聊天解闷、读书看报，参加社区组织的文体娱乐活动以及接受精神慰藉室提供的心理咨询等精神关爱服务。

2. 对居家老年人提供的上门服务

对于居家生活的老年人，部分社区由指定的服务机构或者人员提供上门服务，比如，通过社区卫生服务中心，以家庭病床或者上门看病的方式为失能和患病的老年人提供医疗和护理服务，通过家政服务公司或者雇用的家政服务人员为特定的老年人群提供综合性的日常照料，或者通过老年人服务热线获得电话咨询和电话预约上门服务。此外，北京市的各个城区普遍建立了养老巡视员制度，通过定期巡视、入户访问的方式为老年人提供安全确认、聊天解闷服务，甚至在紧急情况下提供协助出行、购物以及就医取药等帮助。

3. 在社区养老机构提供的照料服务

对于一些活动能力受损的老年人可以到托老所接受短期的健康护理或日常照料，或者到日间照料中心接受社区服务人员提供的日间照料或就餐服务等。

从以上居家和社区养老服务包含的具体内容来看，该服务体系涉及日常生活的各个方面，既考虑到了老年人的基本生理需求，也兼顾到了他们对健康安全、情感关爱以及自我实现等更高层面的需要。在资源相对紧缺、服务体系尚不完善的阶段，如何满足老年人对生理和健康安全的需求是社会养老服务体系建设的首要任务，也成为建设基本养老服务体系的关键目标。

（二）社会化养老服务利用效果分析

从居家和社区养老服务的内容分析可以看出，目前北京市的居家和社区养老服务涉及了老年人的生存、健康、安全以及精神慰藉等多方面的需求。而政府在满足不同层次的养老服务需求方面是存在优先等级的。诸如空巢、独居、高龄、失能老年人群作为家庭照料资源相对匮乏、对社会照料需求更为迫切的人群，他们的生存和安全需求应该优先得到满足。为了准确评估各项社会化养老服务在满足老年人养老服务需求方面所发挥的作用，研究者就目前社区内为老年人提供的主要养老服务的使用情况进行了统计。通过对西城区的调查发现：

1. 在社区获得的养老服务

从目前北京市社会化养老服务开展的现状来看，针对居家老年人群的服务主要是老年人通过走出家庭在社区相关组织机构或公共场所获得服务支持和精神关怀。目前现有的服务主要包括陪同老人看病、康复理疗、老年餐桌服务、聊天解闷等内容，场所主要有老年活动室、老年大学、图书室等。对西城区老年人的抽样调查显示（见表2），老年人对目前现有的四类主要社区养老服务的需求率均超过18%，其中对老年餐桌服务的需求率最高，达到

35.1%，其次为康复理疗，需求率超过20%。尽管老年人对上述各项养老服务均存在不同程度的需求，但是他们对各类服务的知晓率并不高，服务的使用率也都保持在10%以下的极低水平。在各类养老服务中，老年餐桌服务在社区的覆盖率最高，超过39%，该项服务在老年人群中的知晓率和使用率也最高，分别达到78.2%和6.8%；而社区康复理疗服务的知晓率最低，仅为66.4%；陪同看病服务的覆盖率和使用率均为最低，分别为14.1%和1.8%。

表2　社区养老服务和活动场所的覆盖率、知晓度、使用率和需求状况

单位：%

类型	覆盖率和知晓率			使用率			需求率
	有	没有	不知道	未使用	偶尔使用	经常使用	需要
陪同看病	14.2	53.3	32.5	98.2	1.3	0.5	18.15
康复理疗	16.2	50.2	33.6	98.0	1.4	0.6	20.3
聊天解闷	18.7	52.0	29.2	95.5	2.8	1.7	18.85
老年餐桌服务	39.1	39.1	21.8	93.2	4.5	2.3	35.1
老年大学/学校	22.8	47.2	30.0	94.5	3.1	2.4	34.0
老年活动室	56.0	21.7	22.3	73.0	15.4	11.6	—
图书室	45.2	29.6	25.1	82.7	11.7	5.7	—

注：覆盖率指老年人中回答"有"的老年人所占的比率，知晓率指老年人中回答"不知道"的老人所占的比率，使用率指老年人中偶尔或者经常使用者所占的比率

表2的统计数字表明，虽然老年人对各项社区养老服务均存在一定的需求，但是与目前的养老服务覆盖率相比较，除老年餐桌服务以外，其余各项服务的需求率均超过覆盖率，说明目前的养老服务从数量上来看，尚无法满足老年人的需要。尽管各项养老服务的覆盖率均已超过10%，但是从目前服务的使用情况来看，经常使用各项养老服务的老年人比例极低，对绝大多数老年人而言，居家养老服务并未走进他们的生活。

与社区各项养老服务相比，社区老年活动场所的覆盖率、知晓率和使用率相对较高。其中，老年活动室和图书室的覆盖率均超过45%，使用率也超过17%，尤其是老年活动室的覆盖率、知晓率和使用率远远高于其他各项社区服务和活动场所。与服务相比，活动场所的建设时间较早，其对服务人员的数量和专业化的要求也相对较低，便于控制和监督，因此，老年活动场所覆盖率和使用率相对较高。但是这些活动场所同样也存在覆盖率和使用率相差较大问题，这一方面是受场地限制，另一方面也存在服务人员人手不足，活动内容与老年人需求错位的现象，服务的方式和质量需要进一步改善。

2. 为居家老年人提供的上门服务

社区为老年人提供的养老服务主要是在家庭以外的社区机构、场所进行，

因此，对获取服务的老年人的身体健康有一定的要求。鉴于活动能力较差的老年人以及失能老年人在获取社会养老服务方面受到的限制，为了满足这部分老年人的需求，社区需要为他们提供必要的上门服务。表3中列出了西城区目前为居家老年人提供的四种主要上门服务的需求和使用情况。四种养老服务中，上门护理和上门看病的覆盖率和知晓率均比较高，这主要是得益于西城区在每个社区均设有卫生服务站，但是这两种服务的使用率均未超过5％。帮助日常购物服务的覆盖率和使用率最低，原因是该项服务是以应急的形式由社区工作人员提供，尚未成为常态化服务；老年服务热线作为"九养"政策的一个重要组成部分，其对距离的限制较小，与其他服务相比使用率相对较高，但是究竟通过服务热线能够获得何种服务，服务的质量如何，还有待进一步考证。

表3　居家老年人对上门服务的覆盖率、知晓度、使用率和需求状况

单位:％

服务类型	覆盖率和知晓率			使用率			需求率
	有	没有	不知道	未使用	偶尔使用	经常使用	需要
上门护理	26.2	44.6	29.2	96.8	2.2	1.0	23.6
上门看病	27.1	46.6	26.3	96.6	2.7	0.8	25.8
老年人服务热线	24.2	43.0	32.9	95.7	3.6	0.7	25
帮助日常购物	13.7	54.1	32.2	98.5	1.1	0.4	15.2

就餐服务是居家老年人养老服务需求的重要组成部分，但是在上述分析中该项内容并未被列入现有的主要上门服务之中，其原因在于目前西城区的老年餐桌服务主要是定点就餐，或者固定地点取餐，而送餐上门服务仅仅是零星的若干特殊老年人群。尽管调查显示，需要老年餐桌服务的老年人群中有大约40％的老年人倾向于接受入户送餐，但是目前由于服务标准、行业规范以及人工成本限制等问题，尚无法找到合适的服务商提供该项服务。日常照料是失能老年人最需要的入户服务之一，然而同样由于缺乏相应的服务规范，以及受专业照料人员匮乏的限制，社区无法为居家老年人提供常态化的照料服务，只能根据老年人的健康和家庭状况采取雇佣保姆或者小时工等完全私人化的行为。对西城区的居家养老助残服务券的消费情况调查显示，老年人将消费券用以购买家政公司服务的比重很小，可见他们对家政服务的消费意愿很低。

3. 社区照料服务机构

社区建立托老所和日间照料室是实现社区养老服务的重要途径，北京市的社会化养老服务体系规划将每个社区建设老年活动室或者托老所作为重要

建设目标。对西城区的调查显示，23.3%的老年人认为其所在的社区有托老所或日间照料室。比较其他服务项目可以发现，托老所和日间照料室的覆盖率相对高于康复理疗、协助就医、协助购物、聊天解闷等照料服务。但是，因为托老所/日间照料室的服务对象相对狭窄，也造成了很多健康老年人对类似场所和服务并不关心的情况。西城区的调查结果显示，42.5%的老年人明确回答社区"没有托老所/日间照料室"，而34.2%的老年人不知道社区内是否有托老所/日间照料室(见图1)。在这些老年人中，高达97.6%的老年人从未参加过托老所/日间照料室的活动，只有0.8%的老年人经常参加(见图2)。因为托老所/日间照料室的主要服务对象是活动能力较差的老年人，对场所设施以及人员的专业性要求较高，导致很多社区的类似照料场所难以运行，陷入"名存实亡"的境地。在西城区的实地走访中发现，类似场所和机构普遍存在闲置现象，这也是造成该服务项目的使用率和知晓率较低的重要原因。由此可见，社区养老机构的作用尚未得到充分的发挥，结合老年人对日常照料服务的旺盛需求可以判断，社区照料机构的发展将是下一步社会养老服务体系建设的重点。

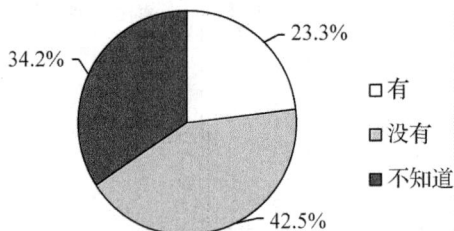

图1　老年人对托老所/日间照料室的知晓情况

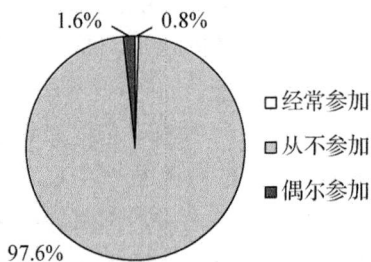

图2　老年人对托老所/日间照料室的使用情况

(三)居家养老(助残)服务券使用分析

为了鼓励居家和社区养老的老年人使用社会化养老服务，北京市自2010年开始实施养老(助残)服务券制度，凡具有北京市户籍的80周岁及以上老年人、60至79周岁的重度残疾人均可申请居家养老(助残)服务券，用以购买生活照料，医疗保健、送餐和日托等方面的服务，增强老年人家庭对社会养老服务的购买力,在鼓励人们以社会服务弥补家庭照料不足的同时,促进社会养老服务产业的发展。然而自服务券制度实施以来,对该项制度的质疑一直未曾消失,为了准确评价服务券制度的效果,研究者就服务券的使用情况对街道和社区的相关政府工作人员以及老年人和服务供应商进行了访问。从目前服务券在西城区的使用情况来看,在指定的餐馆、理发店、家政服务公司、护理保健机构、蔬菜食品店、超市、药店,甚至是残疾人用品店均可使用服务券购买服务或者货品。但是,从各个服务商最终收取的服务券数额来看,餐饮行业收取的服务券数量最多,超过总服务券消费额的80%,理发店、蔬菜食品店等与日常生活密切相关的服务商次之。由此可见,服务券使用的范围较为单一,老年人主要利用服务券购买食物或者餐厅就餐,服务券制度的推行便利了老年人的就餐,但是因为绝大多数餐饮业的服务运营商并不提供上门服务,所以对于生活无法自理的老年人而言,他们是最需要该项帮助的人群却因为无法走出家门而被隔离在外。对于在居家和社区养老服务中扮演重要角色的家政以及护理保健服务行业,相关服务商所获得的养老服务券仅占服务券总支付额的极低比例,服务券制度对该行业的促进作用微乎其微。

五、居家和社区养老服务体系建设中存在的问题

比较以上居家和社区养老服务的覆盖率和使用率可以发现,尽管老年人群对各项养老服务存在较高的需求,而社区内的养老服务覆盖率也达到一定水平,处于需求大于供给的状态,但是实际上对各项服务的利用率却处于极低的水平。因此,目前北京市的居家和社区养老服务呈现出一种怪相,一方面是老年人的各项养老服务需求无法得到满足,另一方面却是各项养老服务设施的闲置。通过深入访谈分析各项养老服务的具体运作过程可以发现,造成上述现象出现的原因主要有以下两点:

第一,各项养老服务的质量还有待提高,服务方式需要改进。比如社区康复治疗服务,上门看病和护理等服务质量不高,这是造成养老服务的覆盖率和使用率之间差异较大的主要原因。通过对西城区的深度访谈资料的分析发现,尽管社区配备了至少专科以上学历的医护人员,但老年人对社区治疗技术持怀疑态度的比例仍较高,约46.3%的老年人认为社区卫生服务站的医疗技术和手段无法满足日常的治疗需求。

第二,有些服务目前并没有专门的人员或适当的机构提供,诸如陪同看病、帮助购物、聊天解闷等,也无法从社会上找到能够提供该类服务的组织或运营商。因此,很多服务实际上是社区工作人员和养老巡视员提供的应急帮助,并未形成常态化、制度化,从而在客观上降低了该项服务的使用率。

针对社区老年服务场所/机构的使用情况的分析发现,老年活动场所和养老服务机构也普遍存在覆盖率远远高于利用率的现象,这说明社区老年服务

场所/机构的使用效率也亟须提高。比如，研究者通过对社区老年活动场所和养老服务场所管理人员的访谈发现，西城区所有的社区都设有老年活动站或者托老所，但是运行情况却并不理想。场地严重不足，服务人员尤其是专业人员匮乏，许多场所处于挂牌但不运行的状态。

如果从健康的角度审视，老年人是一个相对脆弱的群体，他们在意外和突发事件中对伤害的抵御和规避能力较差。目前，服务运营机构和组织普遍存在对于老年人在老年活动场所、照料机构内或在上门服务过程中发生意外所带来的伤害赔偿问题的恐惧，以及对于各种服务操作方法的不确定性可能引发的摩擦或争执的担忧，极大地限制了居家和社区社会化养老服务，特别是针对脆弱老年人群体的日常照料和护理服务的开展，导致服务运营组织和机构目前实际开展的活动和服务人群并不多。因此，作为针对脆弱老年人生存和安全需求的基本养老服务，社区日常照料和护理服务的发展相对滞后，无法满足老年人的需求，而服务券制度对其所产生的促进作用也微乎其微。如何推动面向居家和社区养老的老年人群的照料服务行业的发展是目前社会化养老服务体系建设面临的一项重大挑战，也是推动长期照护制度实施的重要基础。

（作者：张文娟　中国人民大学副教授）

项目名称：社会建设中的老龄工作模式研究
项目编号：11SHB011
项目负责人：姜向群
项目信誉保证单位：中国人民大学

社会建设中的老龄工作模式研究

内容提要：近年来，老年服务工作得到了很大的发展。本文对老年社会保障、社区服务、老年人权益、老龄工作供给模式和管理体制等老年服务工作中的常见问题展开研究，试图考察社会建设中的老龄工作模式的现状、问题和对策。

一、引　言

党的十七大报告指出，要努力使全体人民病有所医、老有所养，提出推进社会建设要以改善民生为重点。当前，民生问题之一的社会养老及服务问题比较突出，引起社会的广泛关注。北京市作为首都，人口老龄化速度快、程度严重，高龄老年人口较多。根据最新发布的第六次全国人口普查公报，2010 年北京市常住人口中，60 岁及以上人口有 246 万人，占常住人口的12.5%。全市常住人口中 65 岁及以上老年人口为 170.9 万人，占常住人口的8.7%。与此同时，北京市的家庭结构出现了小型化趋势，2010 年平均每个家庭户人口为 2.45 人，比 2000 年第五次人口普查的 2.91 人减少了 0.46 人。同时，相伴随的是老年人家庭空巢化以及老年人口高龄化、失能老年人不断增加所导致的大量社会问题。随着人口、家庭的变化以及社会主义市场经济的快速发展，基层特别是社区层面的老年社会工作变得愈加重要。这些都对老龄社会工作提出了更高的要求。

近年来，基层老年社区服务工作有了很大的发展，但是目前在资金、服务和政策法规方面仍存在较多不足，本研究有利于探索有价值的社区老龄工作模式。此外，老年人权益的法律保护工作也面临一些新情况、新问题，传统的尊老敬老观念及行为方式受到了冲击，无论是在农村还是在城市，侵犯老年人权益的现象时有发生。对此类问题，也有必要通过研究，建立有效的老龄工作模式予以预防和克服。此外，学术界对于老年保障资金的可持续性、资金的多渠道来源缺乏足够的研究；对地方或基层的养老津贴、老年贫困救助资金的研究也不够深入,特别是基层老龄工作模式和方式,还需要做更多的考察。

二、研究内容

本文涉及的"老龄工作模式"指的是依靠社会资源、采取社会支持、依托社会帮助实现的老龄工作体制和方式。从具体内容上说,老龄工作模式系统是指资金保障系统、服务提供系统和法律政策支持系统三个方面的有机统一体;从工作实施的角度看,这个模式包含了老年社会保障(包括社会救助)、老年社会福利与社会助老服务和老年文化事业几大板块;从社会建设和老龄工作的机制上看,二者有着必然的内在联系:老龄工作是社会建设的重要组成部分和重要内容,老龄工作对整体社会建设有直接的影响作用。

本文主要通过文献研究探讨本文所涉研究领域的研究现状,同时采用政策分析的方法,对老年社会保障、社区服务、老年人权益、老龄工作供给模式和管理体制等社会建设中的老龄工作模式展开研究,分析其中存在的问题,并提出相应的对策建议。

三、研究结论

(一)老龄工作在社会建设中处于重要地位,具有重要影响作用

人口老龄化的加快发展以及大量老龄问题的出现,对我国社会建设以及社会经济的长期发展产生了重要的影响作用。从社会建设和老龄工作的机制上看,二者有着必然的内在联系:老龄工作是社会建设的重要组成部分,对整体社会建设有直接的影响作用。党的十七大报告明确提出要加快推进以改善民生为重点的社会建设。积极应对人口老龄化,建立起与人口老龄化进程相适应、与经济社会发展水平相协调的社会养老服务体系,实现党的十七大确立的"老有所养"的战略目标和十七届五中全会提出的"优先发展社会养老服务"的要求,必须在社会建设的过程中加强老龄社会工作。

(二)政府老龄工作的基本任务是积极发展老年社会保障,解决好老有所养问题

1. 发展社会保障是积极应对人口老龄化的重要措施

积极应对人口老龄化的基本要求是实现人口与社会经济的健康、可持续发展,实现社会的和谐发展并保持社会经济发展的活力,使每一代人的生活得到基本保障并使得生活质量得到普遍的提高,实现公平与正义和社会利益的最大化。在这一过程中,如果老年人的社会保障问题不能得到合理的关注和解决,那么积极应对人口老龄化的目标就难以实现。

2. 社会养老保险制度是老年社会保障的重要组成部分

社会养老保险是现代工业化社会的一项正规的制度安排。不论在传统社

会还是在现代社会，老年人都必须能够具有自己可以支配的经济资源，具有属于自己的财产或收入来源，才能够保证得到养老保障。在中国目前城镇生活中，退休金是老年人的主要收入来源。在社会现代化和建立与发展市场经济的过程中，扩大社会保障覆盖面，将更多的老年人、准老年人和未来的老年人纳入社会保障体系，是实现老年人经济保障的主要途径，也是我国解决和应对人口老龄化社会问题的公共制度性的措施。

3. 老年人收入中社会保障仍较为缺乏

低收入老人的一个明显的特点就是在他们收入来源中离退休金收入比例非常低，成为影响他们收入的一个重要因素。另外，对于女性老人、高龄老人、丧偶老人，他们不仅离退休金水平较低，政府转移的比例也较低，也就是说，受到的政府保护也不够。对于身体不健康的老人，虽然离退休金和其他收入的比例较低，但是，政府转移和子女亲戚供养的比例较高，他们多数人处于被救助或受人帮助的境况，是老年群体中生活更加困难和亟须社会保障的群体。

4. 我国老年人社会保障面临的主要问题

在社会发展中如何解决好老年群体的贫困问题，如何使那些缺乏劳动能力、体弱多病、不能以自己的劳动获取收入的老年人得到有效的保障，真正实现老有所养，已成为当前我们必须面对的普遍问题，也成为我国快速转型社会中所面临的巨大挑战之一。然而，目前我国的老年经济保障制度还处于起步或初期发展阶段，仍然存在大量的现实问题和我们不得不面临的困境。我国老年人社会保障所面临的主要问题有：

(1)老年人收入来源较少，结构单一，社会保障及经济自养能力不足；

(2)老年人收入来源的群体差异较大，弱势群体的社会保障明显不足；

(3)家庭非正式支持资源减少、家庭养老方式快速转变对老年人造成不利影响；

(4)社会养老保障水平偏低，制度建设面临诸多问题及困难。

因此，要建立和完善我国老年社会保障体系，需要从以下几方面进行探索和改善：

(1)加大财政转移支付，提高社会养老保险水平；

(2)实现老年人社会救助的全覆盖，补充家庭养老的不足；

(3)建立以公共财政资源为主体，以社会资源为补充的老年社会救助服务体系；

(4)培育和建立多支柱的养老保障格局，完善社会保障的补充机制。

(三)加强老龄工作需要解决好社区养老服务供需失衡的问题

在社区养老服务发展过程中，存在着明显的供需失衡现象。社区养老服务的供给内容单一，且层次较低，不能依据具体情况和不同需求而定，也使一些老年人不愿意选择利用其服务。目前我国社区养老服务的供给内容主要集中在低层次的物质生活保障方面，而精神慰藉、法律援助等方面的供给相对较少。随着人们生活水平的提高，老年人的需求层次也逐渐提高并呈现多元化，社区养老保障供给严重不足；同时，社区养老服务的供给也没有依据不同社区、城乡以及老年个体的具体需求而定，一定程度上造成了养老资源的浪费。以老年人的需求为导向，从需求与供给相结合的角度出发，完善社区养老服务以实现养老服务的供需平衡具有十分重要的现实意义。为了解决社区养老服务供需失衡的问题，需要从以下几点进行改善：

(1)加强社区养老服务网络建设，实现规模化发展；

(2)统筹规划、因地制宜，合理配置服务资源；

(3)转变观念，提高老人的有效需求；

(4)加大宣传力度，提高全社会的参与意识。

(四)提高老年人的生活质量，加强老年文化工作是老龄工作的重要任务

随着我国经济的发展，人民生活水平的提高，老年人的基本生活需求得到满足之后，开始追求丰富多样的精神文化生活。老年人的文化活动状况作为老年人日常生活的重要方面对老年人的身心健康和晚年幸福起着至关重要的作用。

党的十七届六中全会提出了深化文化体制改革、推动社会主义文化大发展大繁荣的任务。国务院发布的《中国老龄事业发展"十二五"规划》也提出了加强老年文化建设的重要任务。从我国实际出发，老年文化建设应该注重开展以下工作：

1. 加强社区老年人文体活动的组织和管理服务工作

(1)要以老年人需求为导向开展社区老年文化工作；

(2)加大对老年人文体设施建设的投入和规划力度；

(3)建立规范的社区文体活动组织管理办法；

(4)培养一批高素质的社区管理和服务人员。

2. 重视和发展老年大学教育

(1)坚持"以人为本"的科学发展观，重视老年教育；

(2)加大老年教育的财政投入，鼓励社会力量办学；

(3)壮大老年教育师资队伍，提高办学质量；

(4)整合社区教育资源，实现资源共享；

(5)考虑老年人的特点和需要，完善教育内容和教学形式。

(五)关注失能老年人的社区照料服务需求，把做好失能老年人的照料服务作为老龄工作的重点

在我国快速发展的人口老龄化和高龄化过程中，失能老年人的照料服务需求呈现不断增长的态势。从社会效益、经济效益等多重角度考察，我国现阶段应该对以社区为依托的养老照护服务给予更多的重视，并引导更多的社会资源进入这个领域，切实有效地落实有关政策措施。

根据本文课题组 2013 年对北京市西城区的调查，失能老年人占比 10％，其中尤以高龄老人为主；有一半的失能老年人处于无配偶状态，以丧偶居多。在收入方面，失能老年人中有 7％没有养老金，而生活自理老年人仅有 3％没有养老金。失能老年人的各项服务需求率均高于生活自理老年人，尤其是对上门护理、上门看病、陪同看病、康复治疗、帮助日常购物、老年餐桌这几项的需求较高，且以上门看病、上门护理、老年餐桌的需求率最高。在所有的社区服务项目中，医疗健康服务是失能老年人最需要的服务，其次是生活照料服务。其中上门治疗和社区医疗服务的需求量最高，二者合计接近 40％；重度失能老年人较中度和轻度失能老年人更需要上门治疗、社区医疗、康复护理服务。

失能老年人由于生活部分或完全不能自理，生活上依赖他人，是社区服务工作的重要对象。医疗和照护问题是失能老年人面临的最主要问题，也是社区服务的重点所在。

但是，失能老年人对社区养老服务设施的知晓度和利用率低，社区养老服务项目供给率低，尤其是失能老年人需求最高的医疗健康服务与生活照料服务供给率低。笔者认为可以从以下方面着手推进失能老年人的社会服务发展。

1. 应区分盈利与福利的界限

中低收入失能老年人作为社会弱势群体，应划归于福利救助范畴，并对其给予相应的服务补贴。应加强政府层面的转移支付，根据家庭经济状况、老年人的失能程度，规定失能老年人的政府补贴标准，根据财政情况、物价水平给予相应的配套补贴，并以养老服务券形式予以支付。

2. 社区养老服务工作应转变思路

服务重心由"娱乐型"向"医养型"转变，建立专业养老服务站和托老机构，培训专业养老服务员及志愿服务队伍。一要加强社区与医院、社区卫生服务站、养老服务机构的合作，打破行政阻隔，促进三方互动，优势互补，最大限度地实现资源共享，保证失能老年人的照护服务需求得到充分满足。二要建立专业养老服务员与志愿者相结合的居家养老服务队伍，增加对养老服务人员专业知识的职业技能培训。三要提高养老服务人员的社会地位并改善其待遇，为从事养老服务的专业人员落实相应的工资福利待遇，保证服务队伍的稳定性和可持续性。

3. 建立失能老年人的社会照料体制

建立长期照护保险、政府对家庭及个人的补贴、养老机构补贴制度及其评估制度、人员培训制度等。将对老年人的长期照护需求纳入公共卫生服务政策中。使税收、信贷、土地出让等方面的优惠政策得到更有效的落实，为养老服务业的发展创造良好的环境。

4. 划清政府和市场的界限，推进失能老年人社会服务市场化的发展

将福利化的社会服务与市场运作相结合，将无偿和有偿服务相结合。政府的公共资源主要保证低收入困难老年人的需要，即保基本。逐步弱化政府行政干预手段，主要通过市场化运作解决多数老年人的照护服务需求，实现服务资源的优化配置。

(六)在社会建设中必须通过法律途径加强老年人权益的保障工作

基于法律的公平价值，社区服务工作中要通过法律途径，保障老年人的基本权益。当前存在的主要问题是：(1)老年人基本人权受到侵犯，相关法律条文缺乏可操作性；(2)老年人的生活照料和精神赡养的法律措施缺乏；(3)缺乏对老年人的特殊法律保护措施。对此，提出加强老年人权益保障工作的几点对策：

1. 加快发展老年人权益法律保障措施，扩大老年人权益的法律保障范围和保障项目

除了养老金的保障措施之外，还要为老年人提供长期护理保险、住房补助、交通等服务。从以往侧重对老龄社会问题的事后"治疗"转变为事前"预防"，对老年人经济贫困化、健康下降等问题提供综合性的预防和解决措施。

2. 加快推进老年人法律的具体化和可操作化的工作

充分考虑老年人的特点，从弱势群体保护的角度制定和完善法律规则和相应的措施；提高相关法律的可执行度；加强相关法律的社会监督工作；建立完善的执法和监督体系。

3. 从法律和制度上保障老年人参与法律的建设和完善的工作

从法律上保护老年人的自我决定权和参与法律的制定和监督的权力。只有老年人参与其中，才能使法律更好地反映和保护老年人的利益，才能正确评估有关老年人的各项法律法规的效力，保障老年人权益。

(七)加强老龄工作需要建立和完善养老服务的供给和管理模式

养老服务的任务是指由国家、社会和个人为老年人提供的生活照料、康复护理、社会福利、精神慰藉以及救助等服务。根据国务院关于社会养老服务体系的内涵和定位，我国的社会养老服务体系由居家养老服务、社区养老服务和机构养老服务等三个部分组成。

1. 老龄工作需要建立以老年人需求为导向的养老服务供给模式

首先要解决好高龄、失能老年人的照料问题，使困难老年人能够正常生活。处理好护理费负担问题，探索建立长期护理保险制度，使失能家庭获得经济支持而不至于陷入困境。其次要解决照料者的社会支持问题，提高包括子女、亲属、家政服务人员的社会保险和政策待遇。再次要在工作实践中建

立提高老年人生活质量的服务模式，保证老年人精神文化生活的需求得到满足；发展老年人的文化事业，弥补家庭精神关怀的不足；提高老年人的社会参与能力，完善相关的政策措施。

2. 建立和完善养老服务的管理模式

养老服务管理应由政府主管部门、社会行业组织和养老服务单位分工负责，通过政策引导、行业自律和内部自治机制来实现。具体包括：

（1）建立科学有效的管理制度，对养老服务实行全程管理，在划分养老服务事权的基础上，分清政府责任与社会责任；在明确养老事业与养老产业界限的基础上，发挥好政府与市场的互补作用。

（2）建立和完善运行机制，通过制度化保障使养老服务相关的管理权、经营权、监督权、受益权得到落实。

（3）优化运营和资助机制，形成以社会化、产业化、市场化为发展基础和以公共服务、社会福利为引导推动的养老服务发展新格局。

参考文献

[1]邬沧萍、姜向群主编：《老年学概论》，北京：中国人民大学出版社，2006 年。

[2]邬沧萍、穆光宗：《中国人口的现状和对策》，北京：清华大学出版社，1998 年。

[3]中国老龄科学研究中心编著：《中国城乡老年人口状况一次性抽样调查数据分析》，北京：中国标准出版社，2003 年。

[4]肖童：《天津居家养老社区服务的现状与需求研究》，广西大学硕士学位论文，2012 年。

[5]赵迎旭：《城市社区养老的需求与供给现状调查》，厦门大学硕士学位论文，2007 年。

[6]王舜华主编：《老年人权益的法律保障》，北京：经济管理出版社，1995 年。

[7]李超：《老年维权之利剑——老年人法律保障制度研究》，上海：上海人民出版社，2007 年。

（作者：姜向群　中国人民大学教授

山　娜　中国人民大学博士研究生）

项目名称：志愿者组织社会动员与社会参与研究
项目编号：11SHB012
项目负责人：魏　娜
项目信誉保证单位：中国人民大学

志愿者组织在转型期的社会动员机制研究

内容提要：现代志愿服务通常是以组织形态开展的，所谓"志愿者组织"是指主要由志愿者组成，专门从事志愿服务活动的非营利性社会团体。《北京市志愿服务促进条例》中把"志愿者组织"界定为"市和区、县志愿者协会及各类专业性志愿者协会等依法成立、专门从事志愿服务活动的非营利性社会团体"。志愿者组织作为公众参与志愿服务的载体，能够广泛动员社会资源，有效弥补政府服务和市场服务的不足。因此，在社会转型期，研究志愿者组织为动员广大社会公众积极参与志愿服务等公益活动而采取的方式、手段、规则和模式具有重要的理论和现实意义。

一、改革开放前的社会动员机制：以行政化动员为主

改革开放前受到全能主义国家的理念影响，个人被视为完全负面意义的"私"，源于个人善意的公益行为被扣上伪善的帽子，被认为是消极、负面的行为。个人公益行为在全能主义国家的影响下完全被政府公益取代了，公众参与行为更多的是一种在党和国家行政化动员下的群众参与。当下的公益参与行为仍然延续了行政化动员、群众参与的历史传统。行政化动员，实际上是指在"总体性社会"[①]或"全能主义政治"[②]、"极权主义"背景下的一种社会动员方式，也有学者称其为"组织化动员"[③]或"组织性动员"[④]。本文认为，行政

---

① 孙立平：《总体性社会研究——对改革前中国社会结构的概要分析》，《中国社会科学季刊》(第1卷)，1993年。

② 邹谠：《二十世纪中国政治：从宏观历史与微观行动的角度看》，香港：牛津大学出版社，1994年版。

③ 孙立平：《动员与参与——第三部门募捐机制个案研究》，杭州：浙江人民出版社，1999年版，第68页。

④ 刘继同：《组织性动员与政治经济运动：20世纪60—70年代中国城市社区工作模式》，《北京科技大学学报(社会科学版)》，2005年第1期，第32页。

化动员是中国共产党受苏联政治动员模式影响,在长期的革命与政权建设中发展成熟,在新中国成立至改革开放前这一段历史时期广泛使用并影响至今的一种动员模式。行政化动员之所以为新政权广泛使用并影响至今,是因为在"总体性社会"背景下,单纯依靠行政系统不足以完成社会资源分配和管理的任务,而行政化动员则满足了党和国家实现自己意图的重要手段。行政化动员的运行机制是,党政系统和群众组织在爱国主义、集体主义、群众路线等名义下,运用举办仪式、召开会议、宣传教育、思想改造、诉苦、群众运动、树立典型等策略,引发民众对其的认同、支持、配合,从而实现群众参与的过程。行政化动员得以顺利实施的基础是党的科层制组织。行政化动员的长处在于能够促进政府执行,往往可以收到立竿见影的效果,并有助于克服官僚主义现象,在幅员辽阔、人口众多而行政组织又存在一定的结构—功能缺陷的中国,适当采用动员模式是十分必要的。行政化动员的副作用在于:容易失控,出现结果与意图相反的情况;容易引起官僚模式和动员模式的冲突,不利于政府执行。

二、改革开放以来社会动员机制的特征

(一)多元动员主体的产生

经过 30 多年的改革,我国的"社会领域"和"经济领域"得到了很大的发展,并且相互渗透和影响。公益动员主体的"一元构造"局面被打破,三大领域的主体都深深卷入其中,经济领域的企业、社会领域的非营利组织以及个人、家庭和大众传媒,都参与到公益活动中来,并且依据各自的渠道优势和行动逻辑,纷纷开展动员,吸引公众的广泛参与。当前,我国主要的公益动员主体有:党和政府、企业、人民团体和"免登记社团"①、社会团体、基金会和民办非企业单位、草根志愿者组织、媒体、社会精英和普通公众。

(二)动员客体的变化

1. 公益资源的增长与动员客体的拓展

首先,随着民营经济的发展,民营企业及企业家、职业经理人已成为公益慈善捐赠的中坚力量。2011 年中国慈善排行榜捐赠数据显示,民企在数量上依然占据绝对的优势,在上榜的 707 个企业中,民营企业数量为 374 个,

---

① 由国务院机构编制管理机关核定,并经国务院批准免于登记的团体主要有:文学艺术界联合会、作家协会、新闻工作者协会、中国人民对外友好协会、国际贸易促进会、残疾人联合会、宋庆龄基金会、法学会、红十字会、职工思想政治工作研究会、欧美同学会、黄埔军校同学会、中华职业教育社、电影家协会、戏曲家协会、美术家协会、音乐家协会、曲艺家协会、舞蹈家协会、摄影家协会、书法家协会、民间文艺家协会、杂技家协会、电视艺术家协会。

占总数的 52.9％，捐赠总额约为 65.3 亿元，占全部捐赠总额的 56.3％。① 民营企业家不仅直接从事公益慈善捐赠，还通过成立企业基金会的方式来从事公益活动。据张峻玮的一项统计，国内的企业类非公募基金会总量已达 135 家，90％以上由民营企业发起，其中全国级 20 家，地方级 115 家，如果以最低注册资金起算，则企业基金会基金至少有 26.7 亿元，按照每年 8％公益投入额的最低标准计算，则企业基金会每年投入在公益领域的资金量至少有 2.1 亿元，这还没有考虑母企业对基金会的额外捐赠。②

其次，就普通公众而言，市场化改革大大提高了居民的可支配收入，这也使得其有能力进行慈善捐赠。从 1978 年到 2005 年，城镇居民人均可支配收入由 343 元提高到 10493 元，农村居民人均纯收入由 134 元提高到 3255 元。改革开放 30 年是人均收入增长最快的时期。③ 随着城乡居民收入的快速增长，普通公众的捐款行为日益增多。据康晓光 1997 年对希望工程捐款人阶层结构的分析，人均月收入低于 300 元的捐款人占到捐款总量的 6.2％，人均月收入介于 300 元和 1200 元之间的中等收入组占 61.5％，人均月收入高于 1200 元的高收入组占 32.3％。④ 这说明，希望工程的捐款人主要是以有稳定收入来源的工薪阶层为主。根据中民慈善捐助信息中心的数据分析，2010 年，在普通公众中，公务员捐赠份额最高，占普通公众捐赠总额的 76％，普通单位职工捐款参与度较高，占到个人捐款次数的 44％，但是其捐赠份额只占 14％。另外，一些具有较好收入的专业人士捐款较为踊跃，其捐赠额占 10％，部队官兵捐款占 1％(见表 1 所示)。

表 1   2010 年普通公众捐赠情况

身份	参与频次	捐赠金额 （万元）	所占比例	
			频次	金额
公务员	138	110149.80	29％	76％
职工	208	19679.41	44％	14％
军队/官兵	19	1471.75	4％	1％
专业人士	111	14211.82	23％	10％
合计	476	145512.78	100％	100％

数据来源：中民慈善捐助信息中心

---

① 《陈光标未进慈善排行榜 民企捐赠数额超国企》，新华网，http：//news. xinhuanet. com/ fortune/2011-04-27/c _ 121351705. htm。

② 张峻玮：《企业基金会，青青涩果何时可摘？》，基金会中心网，http：//news. foundationcen-ter. org. cn/html/2011-05/24889. html。

③ 高尚全：《深化改革是中国的唯一出路》，《炎黄春秋》，2006 年第 9 期。

④ 康晓光：《创造希望——中国青少年发展基金会研究》，桂林：漓江出版社、广西师范大学出版社，1997 年版，第 57 页。

2. 公众公益理念的增强

公众所掌握的公益资源，还不足以促使公众参与公益活动，重要的是公众公益理念的增强。首先，随着经济的快速发展，人们生活水平的提高，公众对更高层次的精神生活和文化生活的追求日益增长。人们在自己权利意识、利益意识日益强化的基础上，社会责任意识、公益意识，也呈现逐渐增长的趋势。其次，教育和媒体在培养公众的公益理念方面发挥了重要的作用。20世纪90年代，公民德育中开始重视个人取向的价值观教育，如1990年，国家教委颁布了《关于进一步加强中小学道德教育工作的几点意见》，在重申进行爱国主义和集体主义教育的必要性的同时，也强调培养学生自我管理、自我教育能力的必要，以及把集体主义与个性发展结合起来，主张在集体中发挥个性。[1] 在高等教育领域，随着西方政治学、法学、社会学以及经济学等具有西方自由主义基因的社会学科在高校的恢复，潜移默化中给受教育者灌输了权利、自由、平等、法制等自由主义的意识形态，这使得传统的重集体轻个体、重义务轻权利的公民意识受到冲击和挑战，而重视个人权利、自由和参与的现代公民意识逐渐觉醒。与此同时，媒体对慈善捐赠和志愿服务等公益活动进行了大量报道。以志愿服务为例，通过对2001年至2010年十年间《人民日报》有关志愿服务的新闻报道的定量分析，发现针对志愿者的报道总体篇幅从2001年的22篇增长到2010年103篇，总量呈大幅度上升趋势。[2]魏娜主持的"北京奥运会、残奥会志愿者工作成果转化研究"发现，有48%的社会公众通过媒体了解志愿者和志愿服务。83.3%的人认为通过举办北京奥运会，志愿服务理念逐渐深入人心，87.7%的人认为"志愿者"变得家喻户晓。这说明媒体的报道有效增强了公众的公益理念。最后，中华传统慈善文化的复兴和西方公益理念的引入从不同方面影响了公众的公益理念。中国传统的慈善理念强调"人性本善"，认为行善不仅是人的本性，还是公共责任和公共意识的一种体现。而随着西方文化和价值观的引入，西方的公益理念特别是公民社会话语也深深影响了我国公众。

3. 动员策略的变化

（1）行政化动员方式的应用受到限制。首先，资源配置的市场化限制了行政化动员方式的运用。在新的市场经济资源配置格局下，大部分社会物质资源不再由政府直接支配和管理，而由市场分配，这无疑大大削弱了党和政府行政化动员的能力。其次，社会结构的多元化限制了行政化动员方式的运用。改革的深入无疑加剧了社会利益格局的分化，使得多元利益主体开始出现，其中最典型的是"社会的利益单元日益缩小到社会的最小单元——家庭和个

---

[1] 国家教委：《关于进一步加强中小学德育工作的几点意见》，《人民教育》，1990年第Z1期。

[2] 崔玉开、施佳莹：《媒体对我国志愿服务发展的影响分析》，《甘肃理论学刊》，2011年第6期。

人。这就使原来人们在利益关系上的整体联系迅速地化解为无数个小的碎片。"①张雷等学者认为，由于不同利益群体的结合主要是以互利为基础，而不是依赖于共同的利益，这使得党和政府很难运用传统的动员方式将他们凝聚起来。② 再次，意识形态的多元化限制了行政化动员方式的运用。随着西方文化和价值观的进入，文化思想领域的多元化日益增强。政府对媒体和意识形态管控的放松，也为个人提供了更多的思想和言论自由的空间，人们逐渐学会了独立思考，保持思想的独立性，强调自己的权利。最后，媒体和网络的监督作用对行政化动员方式形成了约束。网络社会的公开、透明与互动等特性，使每个网民都发展成为一个自媒体，在接受外部信息的同时，也发布信息。这使得传统行政化动员方式中私密、低效、浪费乃至腐败等负面新闻很容易被公之于众，进而严重削弱行政化公益动员的公信力。

（2）新兴动员方式的出现。首先，互联网的发展催生了"网络公益"等社会化的动员方式。网络公益依托互联网的信息传播的广泛性、快捷性、交互性、超时空性以及平等、公开等特点，在团结和凝聚个体参与公益活动方面具备的天然优势，正逐步搭建起一个低门槛、透明化、方便快捷且高效互动的网络公益大平台，更重要的是把原来由少数企业、团体或个人参与的慈善活动，变成了人人便于参与的社会公益全民运动。其次，企业对公益活动的参与催生了市场化的动员方式。市场化的改革为企业参与公益活动提供了基础和可能，而政府的倡导以及社会舆论对企业社会责任理念的强调，则使得企业参与公益活动变为可能。在开展公益活动时，企业不知不觉地会把自己的理念、行为逻辑体现出来，并对公益活动的开展产生影响。

三、转型期社会动员机制分析

（一）准行政化动员机制

通过对"北京市应急志愿服务队伍"这一典型案例的分析，本文将动员主体依托科层组织体系，通过层层发动的方式开展动员的机制称为"准行政化动员"。"准行政化动员"的主体是官方背景的志愿者组织；其开展动员的目的是为了履行自身职能，维系政府合法性，实现公共利益；官方背景的志愿者组织开展动员的基础是"强制性"权威和公信力；其开展动员的方式是运用科层组织结构和激励机制，体现了行政化的运行逻辑。在"准行政化动员"方式下，公众之所以选择参与志愿服务活动，主要是基于与单位之间的"支配"和"依附"关系。其特征包括：

① 邓伟志主编：《变革社会中的政治稳定》，上海：上海人民出版社，1997年版，第185页。
② 张雷、程林胜等：《转型与稳定》，北京：学林出版社，1999年版，第76页。

1. 维系合法性与合法性约束

"准行政化动员"主体动员公众参与公益活动的目的是为了履行政府职能，维系政府的合法性。首先，动员的目的是为了维系政府合法性。作为一种动员机制，行政化动员在产生之初，无论从价值的、还是工具的角度来看，都是党和政府在特定条件下的合理化选择。新中国成立后，党和政府面临着巩固政权、发展经济和实行社会主义改造三大历史任务，但控制体系的内部资源严重不足，使得以强有力的方式开发必要资源，实现社会动员，成为新政权的首要任务。在此背景下，为了维持政权的合法性，就必须在常规的行政控制基础上，采取更为有效的治理模式，动员新的社会资源和开拓新的控制网络。其次，动员主体的选择受到合法性约束。政府为了维系合法性而不得不动员公益慈善资源，但动员方式的选择也是受到合法性约束的。制度学派提出，组织面对两种不同的环境：技术环境和制度环境。技术环境要求组织有效率，即按最大化原则生产。制度环境要求组织要有"合法性"，即一个组织所处的法律制度、文化期待、社会规范、观念制度等等为人们"广为接受"的社会事实。如果组织的行为有悖于这些社会事实就会出现"合法性"的危机，引起社会公愤，对组织今后的发展造成极大困难。

2. 依托科层组织体系开展动员

首先，动员信息的传播依托科层组织体系。在科层组织体系中，信息的流程是单向的，信息的中心在"金字塔"的最顶部。这种设计，目的在于实现控制和效率。组织间的互动关系也遵循"自上而下"的原则，互动的主动者是上级部门，互动的内容是指令或命令，下级部门是互动的接受者。凭借这种科层组织网络，动员主体能够快速、便捷将动员信息传达到每一个人。其次，动员的实施依托科层组织体系。在动员的实施过程中，动员主体也依托科层组织体系，采取层层发动、归口对接、建立考核制度的方式来开展工作。这种动员实施的基础是我国科层组织体系中的"等级制"特征。[①] 依托这种"等级制"的科层组织网络，动员主体几乎可以将全部公众都吸纳进来。人民团体、官办社会团体和基金会在开展动员时，也依托一定的层级结构，但这种层级结构与科层制组织结构并不完全相同，其中重要的差别在于组织结构中纵向关系的非依赖性、自治性。有学者称其为"类科层化的层级结构"。[②] 类科层化组织与真正科层化组织的区别在于社团组织仅仅是在形式上具有科层序列和

---

① Walder, Andrew G. Property Rights and Stratification in Socialist Redistributive Economies, *American Sociological Review*, 1992, 57(3), pp. 524—539.

② 王颖、折晓叶、孙炳耀：《社会中间层——改革与中国的社团组织》，北京：中国发展出版社，1993 年版，第 158 页。

一定程度的上下级关系,并不存在权力和特权的分层以及对资源的控制。① 类科层化社团组织工作任务的完成往往需要依赖政府系统下的其他组织或者主管单位的支持才能实现,而且越到基层,由于人员、资源有限,往往对行政组织的依赖性表现越突出。类科层化的层级结构与客体之间没有强制性的权力关系,渠道与成员之间是一种网状的整合关系。渠道与客体之间的链接纽带主要为兴趣爱好以及对组织开展业务的认同感。

3. 支配的力量

公众之所以选择参与公益活动,主要是基于与动员主体之间的"支配"和"依附"关系。在"准行政化动员"中,最基本的关系是行政隶属关系。按照这种隶属关系,个人也形成了对单位的全面依附性。正是这种动员主体对动员客体的支配性,使得客体在接到动员指令后,会感受到一种来自组织的压力,认为参与公益活动是一种必然的选择。如果客体积极参与活动,得到的回报是被树立为典型,获得更好的发展机会。如果客体不积极参与活动,得到的可能是隐形的惩罚。这也是行政化动员主体经常使用的两种动员策略。

准行政化动员的效果可以归纳为:动员范围广、规模大、效率高。首先,由于具有自上而下的科层组织体系,在长期的动员实践中又掌握了娴熟的动员策略,积累了丰富的动员经验,拥有强大的动员能力,这在幅员辽阔、人口众多的中国,是其他类型的组织所不具备的优势。其次,准行政化动员主体具有较强的公信力。长期以来,党和政府在社会公众心中的公信力一直较高,这与长期以来中国传统文化中"强公抑私"的传统有关。当官方背景的志愿者组织发起公益活动时,往往能获得公众的信任,公众能够参与也会获得很强的荣誉感,认为是为国家排忧解难。再次,准行政化动员主体由于拥有较多的资源,并具备整合资源的能力,所以能为公益活动的开展提供经费、人力上的保障,使得一项公益活动能持续开展。适当采用行政化动员机制是十分必要的,特别是针对应急突发事件、大型赛会活动等特殊的领域,采用准行政化动员机制往往能在短期内募集大量的资源,弥补政府的不足。准行政化动员机制的局限性主要体现在以下几个方面:(1)随着社会主义市场经济的发展、社会结构的调整,单位制受到了强烈的冲击,这大大缩小了准行政化动员所能作用的范围。(2)由于政府机制自身的内在缺陷和外部制约力量的匮乏,而导致准行政化动员出现"形式主义"等问题。特别是由于动员主体对客体具有一定的支配性,对未参加活动者往往以落后分子、消极分子、怠工分子等名义进行隐性惩罚,使得参与者根本无"自愿"和"热情"可言。这就会导致在行政化公益动员中一旦体制力量消退,动员效果随之消减。这也是每

---

① 王颖、折晓叶、孙炳耀:《社会中间层——改革与中国的社团组织》,北京:中国发展出版社,1993年版,第165页。

年学雷锋活动中雷锋精神"三月里来，四月里走"现象出现的重要原因。(3)在外部监督机制缺乏的情况下，准行政化公益动员容易产生公开透明度低、运作效益低、针对性差等问题，引发公众的信任危机。总之，准行政化动员主要适用于暂时性的涉及面广、资源需求量大的应急突发事件和大型公益活动，诸如奥运会、汶川地震救灾等，而常态化、日常性的公益活动中行政化动员往往呈现出效率低、成本高、效果不彰等弊端。

(二)社会化动员机制

结合"快乐童行"活动动员方式，本文将动员主体依托社会关系网络和大众传播媒介，通过激发公众的认同感而开展动员的方式称为"社会化动员"。社会化公益动员的主体是非营利组织。从严格意义上讲，我国当前绝大多数非营利组织并不具备西方国家非营利组织的基本特征，比如组织性、民间性、非利润分配性、自治性和志愿性。[1] 能够符合这一界定的组织，只是我国非营利组织中的一小部分，即草根性志愿者组织。非营利组织开展公益动员的目的是为了回应社会需求，实现组织的公益宗旨和公益理念；非营利组织开展公益动员的基础是公众对于其宗旨、理念的"认同"；非营利组织开展公益动员的方式是运用社会关系网络，激发公众的公益心，体现了社会化的运行逻辑。其特征包括：

1. 回应社会需求

社会合法性是公益性草根组织开展公益动员的基础。所谓"社会合法性"，是指"因为符合某种社会正当性而赢得一些民众、一定群体的承认乃至参与"。[2] 可见，"社会合法性"的获得主要取决于是否回应了社会的需要。活动的设计紧紧围绕服务对象而不是主体本身的需求进行设计。活动之所以在短时间内能引起公众的巨大反响，创造巨大的社会价值，就是因为公益活动主题所涉及的领域有着巨大的社会需求，而政府又无法提供足够的服务，其开展有效地回应了公众需求，弥补了政府的不足。

2. 依托社会网络和大众传媒开展动员

(1)依托社会网络开展动员。非营利组织在开展公益动员时，主要是利用组织的社会关系网络开展动员。这个网络的中心是非营利组织的负责人、活动的发起人、核心志愿者等，他们通过动员自己的亲人、朋友以及熟人参加组织的活动。结果就形成了以他们为圆心的网络型参加模型。另外，他们的亲人和朋友也会动员自身的亲人和朋友参加，那么这个圆的范围就开始不断地扩大。非营利组织的规模越大，这个多重圆的范围就能延伸地越广，动员

---

① 李亚平、于海选编：《第三域的兴起——西方志愿工作及志愿组织理论文选》，上海：复旦大学出版社，1998年版。

② 高丙中：《社会团体的合法性问题》，《中国社会科学》，2000年第2期。

的人数也就会越多。经常采用的动员策略包括信函邮递、面对面的沟通以及电话沟通等。

(2)依托大众传媒开展动员。在我国，报纸和广播、电视等尽管属于大众传播媒介，但同时也是党的宣传网络的一部分，更多的属于组织型媒介。一般的草根性公益组织和普通公众不可能支配这些传统媒体，除非这些媒体主动予以草根组织以关注并为其进行宣传。互联网的发展则为草根组织开展动员提供了新的动员渠道和平台。2011年，"微博"发展起来，成为增长最快的互联网应用方式。很多公益组织和公益人士也运用"微博"开展公益活动的动员，催生出了"微公益"这种新的动员方式。

3. 认同的力量

非营利组织既不能像政府一样，基于对公众的"支配"关系而动员公众参与，也不能像企业一样，基于与公众的"交换"关系而动员公众参与。非营利组织获取资源的方式只能是公众的"志愿"参与，这种参与的基础在于公众对非营利组织理念、使命的高度"认同"。通过这种"认同"的确立，公众表现出参与活动的主动性、创造性，并获得满足感和成就感。

社会化动员机制的效果可以归纳为：首先，社会化动员从服务对象而不是动员主体的角度设计项目，动员效果更加扎实，影响更为深远。其次，社会化动员机制具有很强的生命力。一些公益活动及其动员机制是否具有生命力，主要取决于志愿者对活动理念是否认同，参与活动是否能够满足自己的精神需要。如果志愿者对公益项目的认同度不高，通过参与活动也不能获得精神上的满足，很难愿意长期坚持。再次，社会化动员机制更加灵活。特别是互联网发展起来后，网民可以自发成立网络公益组织，凝聚网民志愿者力量，开展公益活动。网络公益组织一般规模不大但效率高、运转成本低，由于成员地理分布突破了空间障碍，往往能渗透到社会底层，能最大限度满足受助者的需要。受到动员主体本身属性的影响，社会化动员机制也存在着局限性。萨拉蒙把非营利组织的缺陷称为"志愿失灵"，主要包括四个内容：即慈善不足、慈善的特殊主义、慈善的家长式作风和慈善的业余主义。[①] 这种不足在社会化动员机制中也充分体现出来：首先，非营利组织动员公众参与公益，全凭参与者自愿，难以保障志愿者参与的稳定性和足够的慈善捐赠；其次，非营利组织的服务对象往往是社会中的弱势族群，而现有的非营利组织可能无法覆盖所有处于需要状态的弱势群体，因此，仅靠非营利组织的社会化公益动员对弱势群体的救助无法实现均等性和普惠性；再次，在公益活动中，非营利组织往往由于资金的限制，无法提供足够的报酬来吸引专业人员

---

① 〔美〕莱斯特·M.萨拉蒙著，田凯译：《公共服务中的伙伴——现代福利国家中政府与非营利组织的关系》，北京：商务印书馆，2008年版，第47页。

的加入。这些工作只好由有爱心的志愿者来做，由于志愿者的不稳定性而影响服务的质量。

四、社会动员机制的优化与创新

(一)准行政化动员：领域收缩

孙立平指出，在后发外生型现代化国家，在缺乏现代性因素积累的情况下，由软弱而分散的新兴社会力量来启动现代化需要很漫长的时间。因此，政府不仅要直接介入现代化过程，而且往往成为现代化的实际组织者。但随着现代化进程的深入，社会力量的成长，现代化的任务应越来越多地由民间力量来承担，逐渐弱化政府在现代化过程中的直接介入。[①] 公益事业的发展是社会现代化的一个重要方面。公益动员在本质上属于自愿、自主和自治性的社会活动，政府应依循低度管理、高度自治的原则发展社会公益事业。在当下的社会转型期非营利组织数量少、力量弱的背景下，行政化动员有其现实合理性，但随着经济社会的发展，非营利组织的完善与成熟，公益动员最终还要回归社会本位。这就要求政府应调整自身角色，除了发起社会无力组织承担的大型公益动员活动、应急救援活动外，应从日常公益动员领域退出，让位给社会力量和市场力量，转而扮演营造宏观法制环境、强化法制监督、提供资金支持等角色。

(二)社会化动员：主体培育

社会化动员主要是通过非营利组织发起组织的。因此，一个社会非营利组织整体发展水平是衡量其社会化公益动员能力的一个重要标尺。从总体上看，政府以控制为取向的非营利组织管理模式阻碍了非营利组织的发展，造成非营利组织对政府的依赖性强，自治能力偏弱，因此，有学者将我国非营利组织的政府性作为其成长发展过程中的一个重要特征。[②] 在非营利组织发展的外部法制环境方面，目前尚存在非营利组织的准入门槛高、行政干预过强、非营利组织的自主治理性弱、政府对非营利组织实质性监督缺位、营利组织的社会监督缺失、自律机制不健全等一系列问题。为促进非营利组织的发展，应进一步完善非营利组织发展的外部制度环境，拓宽非营利组织的准入范围，改革现行的双重管理体制，强化对非营利组织财政收支状况的监管，健全社会监督机制，解除对非营利组织间竞争的限制，建立适度的非营利组织间竞争机制，健全与完善非营利组织民主治理机制、行业自律机制与信息公开制度，增强其社会公信力，进而提升其公益动员能力。

---

① 孙立平：《后发外生型现代化模式剖析》，《中国社会科学》，1991 年第 2 期。
② 王名、佟磊：《清华 NGO 研究的观点和展望》，《中国行政管理》，2003 年第 3 期。

（三）复合型动员：机制创新

本文认为应建立复合型动员机制，即在社会动员倡议发起和项目设计的过程中，应充分挖掘不同动员机制的动机契合点，有效结合政府、市场和社会三者的力量，以实现其机能互补。除了大规模的社会动员需要政府直接发起组织外，在常态化的社会动员中，在动员倡议、发起组织方面，应以社会化动员为主；行政化动员应以其强大的体制优势，在动员中扮演法制规范、辅导监督、资金支持、激励保障以及媒体宣传等角色。对此，本文提出三种复合型动员机制：

1. 行政—社会化动员机制

一种以行政化动员为主导，带有一定社会化动员色彩的动员模式。实践中典型的表现形式为"大学生志愿服务西部计划"。在该项目中，行政化动员的特质体现在动员主体是共青团中央、教育部、财政部、人事部等体制内单位；动员主体的动机是推进西部发展，促进青年成长与就业，同时也是为了满足体制需要，这一点从动员口号："到西部去、到基层去、到祖国最需要的地方去""新西部、新生活、新成长"中不难看出。该计划的动员激励措施包括公务员考录和研究生考录加分和优先录取等措施，这也是行政化动员所特有的激励措施。该项目社会化动员的特征主要体现在作为动员客体的志愿者具有社会大众性和参与自愿性。

2. 社会—行政化动员机制

以社会动员机制为主导，同时结合体制力量的一种动员模式，动员目的也在于维持体制合法性和履行政府职能。实践中典型的表现形式就是政府购买公共服务项目。在政府购买服务时，政府为履行其公共服务职能，有效实现公益目标，在公益事业领域，通过提供资金支持、法制监督等形式，利用社会公益组织提供公益服务。该项目的社会化动员属性体现在它是由非营利组织来运作公益项目；行政化动员属性则体现为非营利组织是利用公共财政资源，协助政府完成其公益服务职能，在项目运作中需要接受政府的合同监管。

3. 行政—市场—社会三元复合型动员机制

行政化动员、社会化动员与市场化动员三种公益动员机制有机结合的公益动员模式。在大型公益活动的动员过程中，几乎都需要三种动员机制的有效结合。比如，北京奥运会作为大型公益体育运动会，政府作为主办方无法包办一切，也需要通过社会化动员机制招募志愿者，也需要结合市场化动员模式，寻找合作伙伴和赞助商，为志愿者提供保障和激励。

社会动员的开展应更多地运用复合型动员机制，以有效结合不同动员机制的优势，弥补单一动员机制的不足。从更宏观的社会治理模式来看，社会动员机制的优化与创新需要在合理厘定政府、市场与社会边界的基础上，实现三者的有效镶嵌与整合。美国著名经济社会学家弗雷德·布洛克和彼得·埃文斯通过追踪国家、经济和市民社会三者在发达福利国家、发展中国家以及转型国家不同情境下的关系，得出结论：成功并不依赖于在政府和经济之间找到神奇的平衡，而在于建设能够在政府结构、市场行动和市民社会间产生互动的体制。① 三者之间通过制度性革新建立起联系，只有通过制度革新才能建立起促进发展的有效动力机制。所以，一个国家发展的成功取决于国家、经济和市民社会间的良性互动。这一结论同样适用于社会动员机制的优化与创新。

参考文献

[1]孙立平：《总体性社会研究——对改革前中国社会结构的概要分析》，《中国社会科学季刊》（第 1 卷），1993 年。

[2]邹谠：《二十世纪中国政治：从宏观历史与微观行动的角度看》，香港：牛津大学出版社，1994 年。

[3]孙立平：《动员与参与——第三部门募捐机制个案研究》，杭州：浙江人民出版社，1999 年。

[4]刘继同：《组织性动员与政治经济运动：20 世纪 60—70 年代中国城市社区工作模式》，《北京科技大学学报（社会科学版）》，2005 年第 1 期。

[5]《陈光标未进慈善排行榜　民企捐赠数额超国企》，新华网，http：//news. xinhuanet. com/fortune/2011-04-27/c＿121351705. htm。

[6]张峻玮：《企业基金会，青青涩果何时可摘?》，基金会中心网，http：//news. foundationcenter. org. cn/html/2011-05/24889. html。

[7]国家教委：《关于进一步加强中小学德育工作的几点意见》，《人民教育》，1990 年第 Z1 期。

[8]崔玉开、施佳莹：《媒体对我国志愿服务发展的影响分析》，《甘肃理论学刊》，2011 年第 6 期。

[9]邓伟志主编：《变革社会中的政治稳定》，上海：上海人民出版社，1997 年。

[10]张雷、程林胜等：《转型与稳定》，北京：学林出版社，1999 年。

[11]Walder，Andrew G. Property Rights and Stratification in Socialist Redistributive Economies，*American Sociological Review*，1992，57(3).

[12]王颖、折晓叶、孙炳耀：《社会中间层——改革与中国的社团组织》，北京：中国发展出版社，1993 年。

[13]王绍光：《多元与统一——第三部门国际比较研究》，杭州：浙江人民出版社，1999 年。

[14]李亚平、于海选编：《第三域的兴起——西方志愿工作及志愿组织理论文选》，上海：复旦大学出版社，1998 年。

---

① ［美］Fred Block，Peter Evans 著，杨莉编译：《国家与经济》，《经济研究导刊》，2009 年第 18 期。

[15]高丙中:《社会团体的合法性问题》,《中国社会科学》,2000年第2期。

[16]赵鼎新:《政治与社会运动讲义》,北京:社会科学文献出版社,2006年。

[17]刘文勇:《新时代传播的宠儿——病毒式传播》,《东南传播》,2007年第9期。

[18][美]莱斯特·M.萨拉蒙著,田凯译:《公共服务中的伙伴——现代福利国家中政府与非营利组织的关系》,北京:商务印书馆,2008年。

[19]孙立平:《后发外生型现代化模式剖析》,《中国社会科学》,1991年第2期。

[20]王名、佟磊:《清华NGO研究的观点和展望》,《中国行政管理》,2003年第3期。

[21][美]Fred Block, Peter Evans, 杨莉编译:《国家与经济》,《经济研究导刊》,2009年第18期。

[22]何增科:《公民社会与第三部门》,北京:社会科学文献出版社,2000年。

[23]李珍刚:《当代中国政府与非营利组织互动关系研究》,北京:中国社会科学出版社,2004年。

[24]康晓光:《NGO扶贫行为研究》,北京:中国经济出版社,2001年。

[25]蔡前:《以互联网为媒介的集体行动研究》,南昌:江西人民出版社,2009年。

[26][美]艾尔东·莫里斯、[美]卡洛尔·麦克拉吉·缪勒主编,刘能译:《社会运动理论的前沿领域》,北京:北京大学出版社,2002年。

[27]冯仕政:《西方社会运动研究:现状与范式》,《国外社会科学》,2003年第5期。

(作者:魏 娜 中国人民大学教授)

项目名称：北京市老旧社区养老问题研究

项目编号：12SHB003

项目负责人：康　越

项目信誉保证单位：北京化工大学

北京市老旧社区养老困境与对策分析

内容提要："老年友好型城市与老年宜居社区"是北京市城市建设的重要方向之一。建设"包容、便利老年人，并有助于提高老年人生活质量的生活环境"意义深远。北京市现有城市社区 2816 个，其中 1990 年以前建成的老旧小区 1582 个，占 56.18%。由于建设年代较早，老旧社区不仅老年人分布较集中，且养老条件滞后问题突出，亟待解决。本文根据北京市老旧社区建设年代和分布特点，选取了有代表性的 34 个老旧社区，随机对 200 位老人进行了一对一访谈式问卷调查，分析总结了老旧社区老年人口特点及在养老方面存在的问题，并从无障碍环境建设、确保居家养老场地、完善为老服务内容、提升社区医疗服务功能、注重精神慰藉等方面有针对性地提出了对策建议。

社区养老是指把家庭养老和机构养老的最佳结合点集中在社区，让老人住在自己家里，在继续得到家人照顾的同时，由社区的有关服务机构和人士为老人提供上门服务或托老服务。在我国老龄化快速发展的背景下，社区养老作为继家庭养老、机构养老之后的第三种养老模式，彰显了独特的优势和作用。社区养老服务也因此成为应对我国人口老龄化的重要手段，在养老服务体系中占有重要地位。而老旧社区作为社区中的一个特殊类型，对丰富社区养老实践具有重要意义。

一、北京市老旧社区的分布及老龄化现状

（一）北京市老旧社区由来及分布

目前学术界对老旧社区的概念尚无定论，现有对老旧社区的理解，多以时间段界定。北京市政府 2012 年制定的《北京市老旧小区综合整治工作实施意见》指出，"老旧社区是指 1990 年（含）以前建成的、建设标准不高、设施设备落后、功能配套不全、没有建立长效管理机制的老旧小区（含单栋住宅

楼)。"①

北京作为首都,长期以来人口持续快速增长,人口规模从新中国成立初期的 200 万人,增加到了 2014 年的 2151.6 万人。从城市住宅建设进程看,为了应对不断增长的人口需求和改进市民的居住条件,新中国成立后到 20 世纪 80 年代末,北京市分批建设了 1582 个(见表1)住宅区。从分布看,主要在东城、西城、朝阳、海淀、丰台、石景山城六区。其中,较为集中建设的住宅小区有 1953—1957 年的八里庄、十里堡、白家庄、三里河、百万庄、北太平庄、和平里、虎坊路、白纸坊、范家胡同、幸福大街;1976 年建设的团结湖和劲松住宅区;20 世纪 80 年代建设的文慧园、刘家窑、魏公村、蒲黄榆、天坛南、青年湖、西三旗、樱花园、黄庄南、五路居、西坝河东里、富强西里、复兴门外大街等。②

表 1 北京市不同时期老旧小区建设比例

年代	小区(个)	比例(%)
1969 年前	222	14.03
1970—1979 年	313	19.78
1980—1989 年	1047	66.18
合计	1582	100

资料来源:李健:《北京亟待更新改造老旧小区的现状及评估》,《城市》,2007 年第 3 期

据北京市老龄委统计,截至 2013 年年底,北京市老旧社区较多的城六区,60 岁及以上老年人口已达 185 万人③,占全市老年人口总数的 66.24%。除海淀区外,老年人口比例均已超过 24.26%,比北京市平均值的 21.20%高出 3.00%。另外,城六区 80 岁及以上老年人口(35.5 万人)占到全市(47.4 万人)的 74.89%,凸显出高龄老人集中分布的特点。为进一步了解北京市老旧社区老龄化现状、社区养老服务需求及存在的问题,作为北京市哲学社会规划项目"北京市老旧社区养老问题研究"课题内容之一,笔者自 2013 年 6 月至 2014 年 6 月,选取北京市目前老旧社区保存数量较大且比较集中的和平里、团结湖、三里河、魏公村、羊坊店、青年湖、樱花园等地区的 34 个老旧社区,随机对 200 位老年人进行了一对一的访谈式问卷调查,基本涵盖了不同性别、职业、年龄段的老年人群,较为系统地了解了北京市老旧社区的养老现状。

---

① 北京市人民政府:《北京市老旧小区综合整治工作实施意见》,《北京市人民政府公报》,2012 年第 4 期。

② 丁世华:《当代北京居住史话》,北京:当代中国出版社,2009 年版,第 60 页、第 65 页、第 77 页。

③ 北京市老龄工作委员会办公室:《北京市 2013 年老年人口信息和老龄事业发展状况报告》,2014 年 9 月。

　　本次社区调查根据北京市老旧社区建设年代和分布特点选取，老年人所居住的住宅涉及四个不同年代（见表2），比例基本与前述北京市不同时期建设的社区比例持平。

表2　本次调研所涉及的不同年代住宅比例

年代	数量（个）	比例（%）
20 世纪 50 年代	13	6.50
20 世纪 60 年代	24	12.00
20 世纪 70 年代	38	19.00
20 世纪 80 年代	125	62.50
合计	200	100.00

资料来源：笔者依据调查数据整理

（二）北京市老旧社区老年人口特点及其养老意愿

从此次调查数据看，北京市老旧社区老龄化程度与全市整体水平差异较大。

1. 高龄化趋势显著

在全市 60 岁及以上老年人口中，60—69 岁占到 50.70%，而老旧社区老年人口中同比只占 29.50%，比全市水平低了近 21.20%，比城六区低 16.69%。但是，70 岁及以上老年人口比例则明显高于全市及城六区平均水平，其中，70—79 岁占老年人口比例高达 45.50%，比全市同比 32.30% 高出 13.20%，比城六区的 33.62% 高出 11.88%；80 岁及以上老年人占老年人口比例为 25.00%，比全市平均水平 17% 高出 8.00%，比城六区 19.19% 高出 5.81%。整体而言，老旧社区 70 岁及以上老年人占到老年人口的 70.50%，远远高于全市同比 49.30% 和城六区的 52.80%，呈现出高龄老人居多的特点。

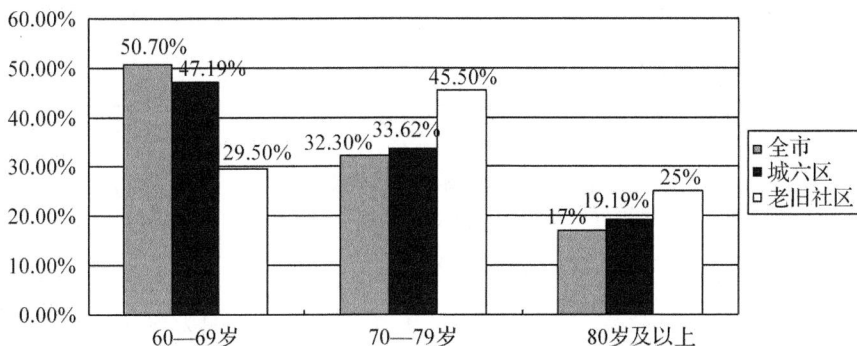

图1　60 岁及以上老年人口结构比较

资料来源：笔者依调查数据整理及北京市老龄工作委员会办公室《北京市2013 年老年人口信息和老龄事业发展状况报告》，2014 年 9 月

2. 空巢老人居多，老老照护现象突出

从居住形态看，老旧社区老年人中，单身独住老年人为 15.50%，夫妇同住为 56.00%，与子女同住 26.00%，与保姆同住 2.00%，养老机构 0.50%。单身独住和夫妇同住合计 71.50%，空巢现象明显。

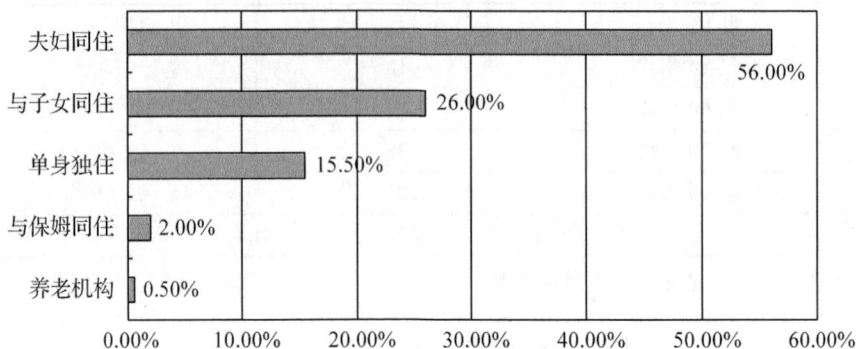

图 2　老旧社区老年人居住方式

资料来源：笔者根据调查数据整理

从日常生活看，自己或夫妻共同料理的高居榜首，共计 143 人，占 71.50%；受子女照顾的 38 人，占 19.00%；另有 8 人雇佣小时工，6 人雇佣保姆，5 人依托社区托老所养老，合计仅占 9.50%。老年家庭中，老老照护现象突出。

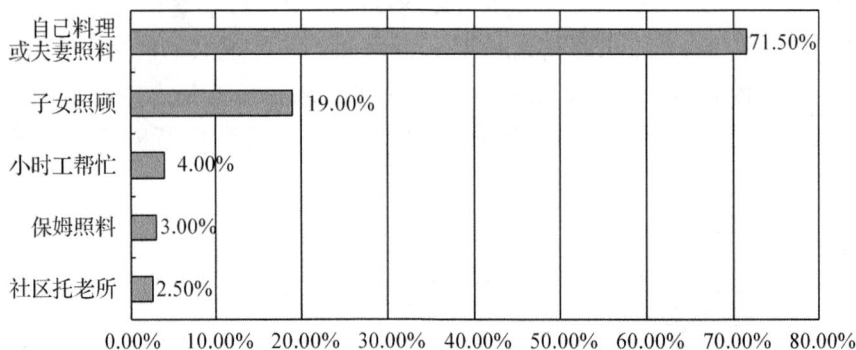

图 3　老旧社区老年人养老方式

资料来源：笔者根据调查数据整理

3. 老年人社区养老意愿强烈

目前老旧社区老年人的养老方式，基本是以家庭照顾为主的居家养老模式。对于今后的养老方式，55.00% 的老人(110 人)希望依托社区日间照料或上门服务居家养老；31.50% 的老人(63 人)希望在子女照顾下居家养老；此外，13.00% 的老人(26 人)希望机构养老；0.50% 的老人(1 人)选择雇佣保姆。多数老人希望依托社区或子女居家养老，对于社区居家养老寄予很大

希望。

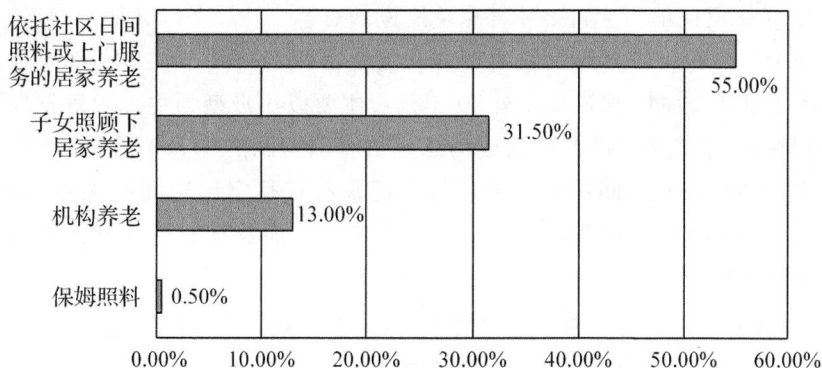

图4 老旧社区老年人理想的养老方式

资料来源：笔者根据调查数据整理

二、北京市老旧社区养老条件及不足

虽然北京市老旧社区已明显呈现出高龄化、空巢与老老照护的特点，且老年人社区养老意愿强烈，但是与现状和现实需求相比，老旧社区的居住环境和社区养老服务却令人担忧。

(一)老旧社区老年人居住环境状况

随着全球人口老龄化的加剧，老年人生活环境也日益受到关注，老年宜居社区建设逐步被提到重要议程。[①] 部分国家和地区的老年宜居社区建设取得了一定的成效。[②] 我国在"十二五"规划中明确提出，将世界卫生组织的《全球老年友好城市建设指南》相关指标作为老年宜居社区建设重要的参考依据。新修订的《中华人民共和国老年人权益保障法》提出国家推动老年宜居社区建设。[③] 北京市"十二五"时期老龄事业发展规划则进一步提出，开展"老年友好型城市"和"老年宜居社区"创建活动。[④] 可以说，在国家宏观层面、法律层面、地方层面对老年宜居社区建设都给予了高度重视，但是，老旧社区作为一种特殊的社区类型，面临着诸多困境，其中最为突出的就是无障碍环境建设举

[①] 2006 年，世界卫生组织发布《全球老年友好城市建设指南》，倡议建立具有包容性、方便老人，并有助于改善老年人生活质量和生活环境的社区。

[②] 康越：《香港长者友善社区建设及经验简析》，《北京行政学院学报》，2014 年第 3 期。

[③] 2013 年 7 月 1 日起实施的《中华人民共和国老年人权益保障法》(2012 年修订版)第一次将"国家推动老年宜居社区建设，引导、支持老年宜居住宅的开发，推动和扶持老年人家庭无障碍设施的改造，为老年人创造无障碍居住环境"列入其中(在第六章"宜居环境"总第 64 条)。

[④] 按照全国老龄办关于开展"老年友好型城市"和"老年宜居社区"创建活动的要求，开展老年人宜居社区的创建评定工作。改善城乡居住和空间环境、人文和社会环境、生态与自然环境、生产和生活环境，努力将首都建设成为"老年友好型城市"。为实现积极老龄化和健康老龄化，加快建设"人文北京、科技北京、绿色北京"和"中国特色世界城市"创造良好的社会环境。

步维艰。

1. 居住空间小,室内无障碍环境改造滞后

老旧社区在居住空间方面的主要特点是面积相对较小。北京市的老旧社区基本上建于 20 世纪 50 年代至 80 年代,主要以小户型为主。调研发现,建筑面积在 60 平方米以内的一居或两居室占全部房源的 47.50%,普遍存在没有独立的客厅、卫生间小等问题,且普遍没有进行室内空间的无障碍改造,不仅导致与子女同住困难,而且对于失能、半失能及高龄老人日常生活、照护等多有不便。

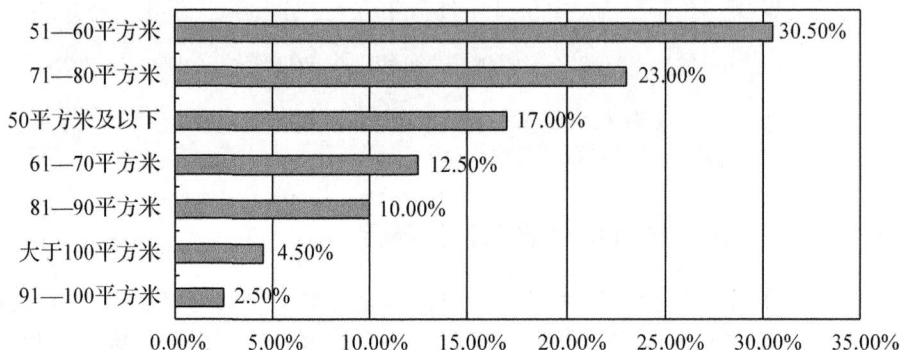

图 5 老旧社区老年人住房面积比例

资料来源:笔者根据调查数据整理

2. 步行梯居多,上下楼不便现象突出

在老旧社区的居民楼中,除 20 世纪 80 年代建设的部分社区以外,住宅楼基本以 5 层左右的步行梯为主,普遍没有配套电梯。调研数据显示,89% 的老年人居住在无电梯楼,其中,56% 的老年人居住在三层及以上楼层。如表 3 所示,老年人认为上下楼不方便的比例与居住楼层成正比,尤其居住在五层及以上的老年人中,90% 的人都认为现住房不适合养老。上下楼不方便已成为困扰老旧社区老年人日常生活的重要原因之一。调研中有 53.8% 的老年人希望增设单元电梯,呼声较高。

表 3 北京市老旧社区老年人居住楼层与方便程度

楼层	人数(人)	比例(%)	方便(%)	不方便(%)
一层	27	13.50	70.40	29.60
二层	39	19.50	53.80	46.20
三层	30	15.00	20.00	80.00
四层	38	19.00	21.10	78.90
五层	21	10.50	9.50	90.50

续表

楼层	人数（人）	比例（%）	方便（%）	不方便（%）
六层	23	11.50	6.50	93.50
电梯楼	22	11.00	77.30	22.70
合计	200	100.00		

资料来源：笔者根据调查数据整理

北京市政府 2012 年发布的《北京市老旧小区综合整治工作实施意见》指出，针对房屋建筑本体，根据实际情况增设电梯，并提出无障碍设施改造费用，由市、区两级财政按照 1∶1 比例承担。但是，调研中发现，部分小区虽然已经完成保暖及防震加固改造，却普遍没有增设电梯。其原因，一是增设电梯的前期建设和后续维护需要很大投入，二是老旧社区缺乏物业管理，建设和运营主体不明确，运行管理和安全责任大，落实有一定难度。

（二）老旧社区为老服务现状

2000 年以来，为改善社区基础建设和养老条件，北京市采取了一系列相关举措。如，2001 年为贯彻落实民政部"社区老年福利服务星光计划"，筹建老年人福利服务设施、活动场所和农村乡镇敬老院等；2008 年推出了"9064"养老新模式①，2009 年推出"九养政策"②，推进北京市社区养老条件的改善。但是，老旧社区相关服务缺失仍旧明显，在诸多方面还有待逐步完善。

1. 配套设施滞后，缺乏老年室内活动场所

闲暇时间长是老年人的共同特点。对于多数居家养老的老人而言，社区内的室内外活动场地具有重要的意义。但是，老年活动设施缺乏仍是目前北京市老旧社区面临的突出问题之一。在调研中，48.7% 的老年人认为本社区缺乏室内老年活动设施；31.6% 的老年人认为一般；15% 的老年人认为较充分，只有 4.7% 的老年人认为充分。老年人对所居住社区的老年设施满意度较低。普遍存在无室内活动空间或室内活动空间小的问题。如前所述，为落实"星光计划"，北京市于 2001 年提出将民政部下拨的福利资金、市和区县两级发行的福彩基金的 80%，约 2.5 亿元用于"星光计划"，并计划到 2003 年完成城区各社区老年人福利服务设施、活动场所建设以及农村乡镇敬老院改造工作。③ 但是，在"星光计划"推出十年之后，接受调研的 95% 以上的老旧社区

---

① 到 2020 年，90% 的老年人在社会化服务的协助下通过居家养老，6% 的老年人通过政府购买社区服务照顾养老，4% 的老年人入住养老服务机构集中养老。

② 弘扬尊老爱老传统美德；社会福利适度普惠和重点特困帮扶结合；解决老年人、残疾人就餐难、照料难等问题；开发新的就业岗位和充实基层为老服务队伍相结合；方便老年人、残疾人日常生活；老年人的精神关怀。

③ 戴卫东：《中国长期护理保险制度构建研究》，北京：人民出版社，2012 年版，第 97 页。

的老年人并不知道"星光老年之家"的存在,仅有的少数"星光老年之家"常年处于关闭状态。现有的一些室内活动空间,主要是各单位的老年活动站,服务对象以本单位离退休人员为主,多数不对外开放。许多老旧社区的老年人常年在户外的露天环境中下棋、打牌、聊天,冬冷夏热,加之雾霾,既不方便,也不利于健康。

2. 社区医疗服务站场地小,服务内容单一

经过近十年的建设,北京市的社区医疗服务站已基本普及,但是服务内容单一的问题尚未解决。尤其老旧社区受场地等因素影响,问题更为突出。调研的老旧社区医疗服务站多为借助原有的居民楼或社区办公用房,有的只有 50 余平方米。由于场地小、工作人员少,社区医疗服务站的服务内容主要以提供日常药品为主。调研中,92.2%的老年人认为去社区医疗服务站主要是去取药。同时,78.3%的老年人反映社区医疗服务站目前提供的药品种类无法满足老年人的需求,因药品种类少,经常为买常用药到大医院排队。而与老年人日常健康管理息息相关的体检、康复等服务合计只有 5.8 %,并且普遍未开展预防、上门等服务。整体而言,截至 2014 年,与国家提出的到2010 年,大部分地区要建立首诊制,实现社区医院双向转诊等目标差距较大。

3. 社区日间照料及上门服务薄弱,服务失衡问题突出

社区日间照料机构和上门服务是缓解失能、半失能、失智老人家庭照顾压力的重要渠道之一。调研中发现,老旧社区普遍没有建立起相应的机构。所有调研社区中没有一家独立的日间照料机构,只有 18 位老人选择社区的养老院有日间照料和上门服务。与居家养老意愿强烈的现状相比,日间照料机构缺乏问题更显突出。原因之一是日间照料需要一定的无障碍空间,普遍缺乏场地,前期投入较大。原因之二是日间照料涉及老年人日常生活的方方面面,接收半自理和半失能老年人,对照护人员数量和能力有一定要求,确保工作人员的难度较大。原因之三是由于日间照料和上门服务不同于养老机构,对照料过程中出现的一些安全问题责任界定难度较大。

4. 老年饭桌供需矛盾仍突出,量和质均有待提升

2010 年年初,北京市推出老年人"九养"政策,内容之一为利用三年左右时间,在全市具备条件的城乡社区(村)建立养老餐桌,为老年人提供安全的配餐、就餐服务,并为行动不便的老年人提供家庭送餐服务。老年餐桌成为北京市近年推进社区为老服务的重要内容之一,目前全市老年餐桌总量已达到了 4240 个[①],整体发展较为迅速。但是,调研的老旧社区仍存在老年餐桌分布不均衡问题。在相关调研中,只有 32 位老年人表示社区内有老年餐桌。

---

① 北京市老龄工作委员会办公室:《北京市 2013 年老年人口信息和老龄事业发展状况报告》,2014 年 9 月。

关于对老年餐桌的看法,老年人的回答呈两种倾向:一是在电视里经常能听到报道,但是在周边找不到。二是社区里曾经办过,但是又贵又不好吃,没开多久就关门了。多数老年人认为饭菜不合口、价格偏贵、位置不理想、缺乏可持续性,是老年餐桌利用率低以致被迫关门的原因。月坛街道是调研社区中老年餐桌和送餐服务普及度最高的地区,广电新302餐厅向周围老年人提供了就餐、外卖、送餐等服务,老年人普遍反映很方便。但是,走访中也了解到,目前老年餐桌的经营主要靠市、区、街道三级补贴,能否坚持下去依然是问题。另一方面,关于希望社区今后提供的为老服务中,有66.5%的老年人希望社区提供送餐服务或老年餐桌,反映出老年人对此需求非常大,供需矛盾仍很突出。

5. 精神慰藉服务少,志愿活动及老年人互助服务有待提高

随着老旧小区空巢家庭的增多,日益凸显的新问题是精神慰藉服务缺失。对于一般老年人而言,精神慰藉有三个支撑点:老年人的社会角色、老年人的挚爱亲人、老年人的身体状况。而退休之后,随着社会角色的弱化,其他两个支撑体系就变得更为重要。因此一旦丧偶,就容易出现支撑体系崩塌现象。尤其是对于丧偶独居家庭而言,容易出现精神孤独、对生活缺乏信心的现象。因此,构建居丧期老人、独居老人的心理平衡体系尤为重要。从实践来看,有经验可供借鉴。一是老年人之间结对帮扶,二是搭建集中活动交流平台。由我国第二位南丁格尔奖获得者、朝阳医院原护士长司堃范发起的团结湖街道中路北社区"姐妹聊天组",充分利用老年人之间的年龄差,以结对子的形式,组成低龄独居老年人帮助高龄独居老年人的服务组,促进老年人之间互相关怀,成效显著。近年,中路北社区不仅定期为"姐妹聊天组"提供活动场地,还在活动经费方面给予适当的补助。访谈中,老年人普遍反映良好。这种低龄老年人服务高龄老年人的模式较为适合老年人比较集中的老旧社区。另外,月坛街道自2013年1月开始的"夕阳茶座"每周开展唱歌、安全常识教育、倾诉交流等活动,对缓解老年人身心压力起到了一定作用。但是,整体而言,老旧社区这类组织数量少,无法满足老年人的需求。而随着老旧社区人口的日益高龄化,预计这一问题将越来越突出,急需采取相应的对策。

三、完善北京市老旧社区养老条件的对策建议

截至2013年年底,北京市60岁及以上老年人口已达262.9万人,占户籍人口的20.3%,正逐步进入深度老龄化阶段。

国外纵向研究表明,就养老方式而言,老年人最初依靠配偶和其他家庭成员,在条件不得已时才转向寻求公共支持。在北京市老旧社区调研中,也可以清楚地看到,有居家养老意愿的老年人达到86.5%。在高龄化和空巢化趋势日益显著的当下,完善老旧社区养老条件已刻不容缓。

（一）调动各方力量，完善老年人无障碍环境

一是做好加装电梯工作。一方面要认真落实《北京市老旧小区综合整治工作实施意见》，对符合条件的老旧社区，落实市、区两级财政经费，加快增设电梯工作步伐。另一方面要着力研究破解增设电梯中的问题。对于后期运营，结合目前老旧社区缺乏物业服务的现状，可以采用外包服务模式，由政府通过统一竞标方式选取服务商，居民协商承担运营费用，实行政府监管下的市场化运作。二是落实居家环境无障碍改造。一方面进行无障碍环境改造调研，摸清情况，制定科学合理的方案；多渠道宣传为高龄、独居老人创建无障碍环境的必要性，凝聚社会共识。同时，积极引导市场研发适合老旧社区小空间的无障碍改造产品。而对部分特困群体，政府可以通过设立相关基金、提供低息贷款等形式提供一定的帮助。

（二）高度重视预防和康复服务，提升社区医疗服务站功能

预防和康复服务是国外为老服务的重要经验，良好的预防措施和康复条件，对控制和缓解各种老年疾病，提升老年人生活自理能力具有重要影响。老旧社区高龄化趋势明显，应将预防和康复服务放到首要位置。尽快解决社区医疗服务站场地和医师资源配置不足的问题，积极探索服务新模式。一是通过为社区医疗服务站配置全科医生、增加老年人常用药品种类、开设社区医院双向转诊，方便老年人就医。二是鼓励开展上门服务、预防讲座、康复服务，将服务和护理带进老年人的住所，控制和延缓高龄老人进入失能、半失能状态的速度。三是在建设小型养老院或日间照料中心等社区养老服务机构时，应充分考虑与社区医疗站的医养结合。以街道为单位，根据辖区内社区医疗资源、老年人口总量、分布特点，划分若干个区域，进行资源整合或配套建设，为老年人提供便捷的服务。就诊环境和预防条件的改善，对提高老旧社区老年人的晚年生活质量，缓解老年空巢家庭长期老老照护的压力都将产生深远影响，也有利于降低家庭及社会养老成本。

（三）挖掘资源，逐步解决配套设施不足问题

老旧社区与新社区的主要区别之一是缺乏配套设施，因此，要落实为老服务必须解决场地不足的问题。一是用好周边单位资源。老旧社区周边的单位资源较为丰富，政府应出台政策鼓励有老年活动场地的单位向附近居民开放，通过轮换使用等方式，达到一场多用，既实现资源效益最大化，也为无活动场地的老年人提供方便。二是充分利用剩余公房。1998年房改之后，虽然绝大多数公房产权私有化，但是，在老旧社区中仍有部分房屋产权属于公房性质，可以积极探讨对符合条件的此类房源的再利用。三是注重住宅改造与为老服务机构设计的一体化。首先，充分利用我市已列入改造计划的882栋简易楼，对有重建计划的简易楼，应明确规定必须配套建设社区服务设施，如日间照料中心、医疗服务站、活动中心等。其次，做好长远规划。目前，老旧社区中约有 6.5% 的住宅建成时间已接近 60 年，有 18.5% 接近 50 年，合计达 1/4，未来应充分利用旧楼改造机会，合理规划设计，从根本上解决老旧社区场地不足的问题。

（四）老年餐桌与送餐服务并重，加大规范化建设力度

老年餐桌和配餐服务不仅方便老年人生活，而且在确认独居或高龄老年人健康安全状况方面具有重要意义。但是，从老旧社区现状看，老年餐桌和送餐服务是多数老年人渴望但满意度有待提高的社区服务之一。因此，确定老年餐桌和送餐服务的需求群体以及适合本社区的老年餐桌与送餐服务的经营形式尤为重要。各社区在开设老年餐桌和送餐服务之前，应该通过走访、问卷等方式充分排查社区老年人家庭情况，了解老年人的实际需求，在此基础上确定开展服务的规模、规格，确定并委托第三方服务机构。另外，应该在全市层面制定老年餐桌和送餐服务标准，使服务提供方有章可循，并根据标准，加强对服务机构的监管，确保服务质量和安全性。

（五）发展志愿组织和公益服务，构建持续有效的支援与互助网络

香港的老年宜居社区建设、日本的居民共建计划、德国的储存时间制度等，都积极鼓励志愿组织参与老年社区照护工作，取得了成功的经验。调研发现，北京也有一些社团组织以志愿服务方式开展为老服务工作。如北京中医药大学耳针协会自 1986 年开始，利用周末深入社区为老年人提供义诊服务，深受社区老年人的欢迎。一方面，要发挥外力作用，即推动发展为老服务志愿组织，倡导社会组织开展志愿为老服务，以此带动不同年龄、不同职业人群以多种形式参与为老服务公益活动，既为老年人提供切实的帮助，也有利于增进不同群体对老龄社会的了解，增强社会责任感。另一方面，也要发挥老旧社区自身居民关系相对稳定、周边社会资源丰富的优势，通过发展邻里互助组织、让周边社会组织结对帮扶等方式，积极探索建立持续有效的老年人支援和互助网络，带动社区居民及周边社会组织力所能及地参与到为老服务相关的公益活动，形成良好的社会氛围。

参考文献

[1]许方:《北京社区老年支援体系研究》,北京:中国建筑工业出版社,2013年。

[2]赵仲杰:《北京城区独生子女家庭的养老问题研究》,北京:知识产权出版社,2012年。

[3]孟令君:《社区居家养老服务》,北京:中国社会出版社,2012年。

[4]戴卫东:《中国长期护理保险制度构建研究》,北京:人民出版社,2012年。

[5]李翀骏:《原居安老:理念、理论基础与实务》,香港:香港中文大学香港亚太研究所,2007年。

[6]丁世华:《当代北京居住史话》,北京:当代中国出版社,2009年。

[7]康越:《日本的"金色计划"及其主要成效》,《科学社会主义》,2014年第1期。

[8][日]太田贞司:《大都市の地域包括ケアシステム》,东京:光生馆,2012年。

（作者：康　越　北京化工大学副教授）

项目名称：北京市社区犯罪防控研究——以"通过环境设计预防犯罪"理论为视角
项目编号：12SHB004
项目负责人：李春雷
项目信誉保证单位：中国人民公安大学

北京市社区犯罪防控研究

——以"通过环境设计预防犯罪"理论为视角

内容提要：当前，北京市正处于城乡一体化建设迅速推进的转型期，新社区建设如火如荼，旧社区改造也在深度推进。在此背景下，本项目研究将 CPTED 理论和犯罪理论充分结合，集中对重点社区和犯罪人员进行调研，因地制宜地提出适应性的理论，充分将 CPTED 理论实践化、本土化。在此基础上，课题组通过充分的国内外比较，运用 GIS、SPSS 等数据软件分析大量数据和实地调研图片，对北京地区利用 CPTED 开展的社区预防工作，提出了从北京市的特殊地位、社区治安防控体系和社区基础设施建设等方面入手的展望。

自从 CPTED 理论（即"通过环境设计预防犯罪"理论，Crime Prevention Through Environmental Design）在 19 世纪 70 年代首次被提出以来，作为理论研究的手段和目的，相关实践应用也在国外不同地区相继展开，并在防控各类"机会型""侵入型"社区犯罪方面，取得了良好效果。当前，北京市正处在城乡一体化建设迅速推进的转型期，新社区建设如火如荼，旧社区改造也在深度推进。为此，可大力借鉴上述理论与防控措施，做强城乡一体化背景下的首都社区犯罪防控，做好重点地区的规划、设计工作。

一、概　述

（一）城市社区中的犯罪

由于在不同国家、不同地域、不同文化以及不同的历史发展阶段中，社区研究有着不同的实践，因此学者们对于社区内涵和外延的界定出现了多元化的趋向。总体来说主要包括两类观点：一类是功能主义观点，认为社区是由有共同目标和共同利害关系的人组成的社会团体，即功能社区；另一类是地域主义观点，认为社区是在一个地区内共同生活的有组织的人群，即地域性社区。我国社会学界更多地把社区界定为地域性社区。作为一个相对独立和有一定封闭性的社会共同体，社区内会形成一个小型的社会环境，也会出现多种社会问题，其中，犯罪问题是对社区居民日常生活影响最严重的一类问题。社区中的犯罪，几乎可以囊括所有的犯罪类型。以犯罪人是否为社区居民为标准，社区中的犯罪可以分为社区外部人员在社区内的犯罪和社区内部人员在社区内的犯罪；按照犯罪侵害的对象，社区中的犯罪包括侵害财产的犯罪、侵害人身的犯罪、侵害社区管理秩序的犯罪等；按照法定犯罪行为类型，社区中可能出现的犯罪范围极其广泛，包括盗窃犯罪、诈骗犯罪、各种暴力犯罪、部分经济犯罪、危害公共安全的犯罪等等。其中，侵财类犯罪在社区中的犯罪所占比例最高。

（二）"通过环境设计预防犯罪"理论概述

CPTED 这一概念最早是由美国犯罪学家 C. 雷·杰弗里（C. Ray Jeffery）最早提出。杰弗里的《通过环境设计预防犯罪》一书于 1971 年出版，他认为：环境是同时由物理与社会条件所构成。环境与居民会彼此互动，互相影响。除非考虑社会因素，增加人际互动与情感维系，否则单纯改善城市或小区物理环境，并不足以有效预防犯罪。杰弗里精致地建构出 CPTED 理论的模式，奠定了日后犯罪预防的基本架构。然而其研究成果在整个 20 世纪 70 年代都没有得到重视。1972 年，纽曼的《可防卫空间——通过城市设计预防犯罪》一书一经问世，他在书中提出的可防卫空间理论被广泛接受，随后得到了 CPTED理论中的建筑环境相关理论的补充而更加完善。纽曼把这一整套的相关理论都统称为 CPTED 理论，并把杰弗里看作是 CPTED 理论的创始人。

简单地说，CPTED 是基于这么一种假设：一个人在一个既定的物理环境中的行为，尤其是出现越轨行为的可能性，会受到这个环境的设计特点的影响。犯罪人在选定目标时，通常会在犯罪所得利益、危险性、接近目标的难易度间做一衡量。CPTED 就是针对某些独特的犯罪类型，以一种较有系统、常设的方法，将犯罪环境加以整理设计或操作，增加对犯罪的监控能力，进而达到减少犯罪行为并提高生活品质的目的。CPTED 有如下几大核心原则：

1. 自然监视原则（Surveillance）

这一原则的目的是对空间内活动进行最大化的监视，让各种异常行为能够被及时发现，进而让在空间内活动的居民觉得更有安全感。可行的做法如：监视可分为非正式/自然监视（如增加透视性材料的使用和适度的照明等）和正式监视（如 CCTV 系统等）。

2. 接近控制原则（Access Control）

这一原则主要是对接近潜在犯罪目标的各种途径加以控制，以增加实施犯罪的风险，减少犯罪率。接近控制也可以分为非正式/自然接近控制（如明确的空间界限）和正式接近控制（如门禁、治安保卫人员等）。

3. 强化领域原则(Territorial Reinforcement)

这个原则是 CPTED 刚被提出时(第一代 CPTED)的首要原则,主要是创造一种明确的空间领域感和私人所有性,让外人知道该空间是属于某人的,不欢迎任何外部人员的擅自闯入。

4. 活动支持原则(Activity Support)

提倡合法的公共空间,为市民交往提供场所,引导合法公共行为的产生,为必要的自然监视提供行为支持,将合法的行为引入不安全地带(place safe activities in unsafe locations),或将有可能招致违法行为的地带引入安全地区(place unsafe activities in safe locations),能在一定程度上阻止犯罪。

5. 维护保养原则(Maintenance)

社区的形象不仅直接影响犯罪行为的机会,也对当地居民产生积极或消极的态度和行为,同时也为潜在的犯罪分子提供社区凝聚力强弱的暗示。"破窗"连锁反应原则(broken window thesis, Wilson and Kelling, 1982)真实显示了形象维护对抑制犯罪的重要性。为此有必要保持社区的干净整洁,清除废弃物品,处理闲置空房,创造和维护社区安全形象。

6. 目标强化原则(Target Hardening)

CPTED 理论在发展过程中,发现通过强化和坚固易于为罪犯提供便利的对象,例如不带锁的门窗,利于攀援的水管等,减少可利用因素,能够对抑制犯罪起到推波助澜的作用。

CPTED 的各个原则之间并不是绝对独立的,它们彼此之间存在着交叉和共通。研究表明,犯罪率和城市环境结构,二者之间有密切的关系。此外,包括设计特点在内的环境因素与犯罪恐惧感的密切相关,它对降低犯罪恐惧感起到了非常重要的作用。

二、北京市社区犯罪现状分析

在对北京市社区的犯罪现状分析中,课题组通过调研,将北京市社区类型系统分为四大类型:一是传统型社区。这类社区虽然在城区,但建成时间较长,多为老旧平房,一般在新中国成立之前建成,当时土地制度尚未建立,祖辈世代在此居住,经过简单修缮后一直使用至今。二是福利型社区。这类社区多建于 20 世纪七八十年代,最早原多为政府、企业、学校等单位建设的职工宿舍,后经房改作为福利房将产权分配给了职工个人。三是商品型社区。即从 20 世纪 90 年代后兴起的由开发商开发经营的商品房组成的小区。四是边缘型社区。这类社区一般位于城乡结合地带。

(一)北京市社区犯罪区域特点分析

北京市社区犯罪的类型集中以入室盗窃、入区盗窃、机动车盗窃和抢劫为主。其中入室盗窃是北京市社区犯罪的主要特点。据统计,从 2007 年至

2011年的五年间，北京市入室盗窃的案发数分别高达 27239 件、18724 件、21417 件、21693 件、28717 件，可谓逐年攀升，形势严峻。故本研究报告系统的对北京市入室盗窃的相关情况进行了梳理。借助违法犯罪综合信息管理系统的数据统计，如图 1 所示，北京市入室盗窃案发案区域主要集中在二环路至五环路之间的环城区域，其中京津塘高速以西三、四环路之间，京石高速两侧三、四环路附近，京通快速两侧，以及西北三、四环路附近地区为高发案地区。

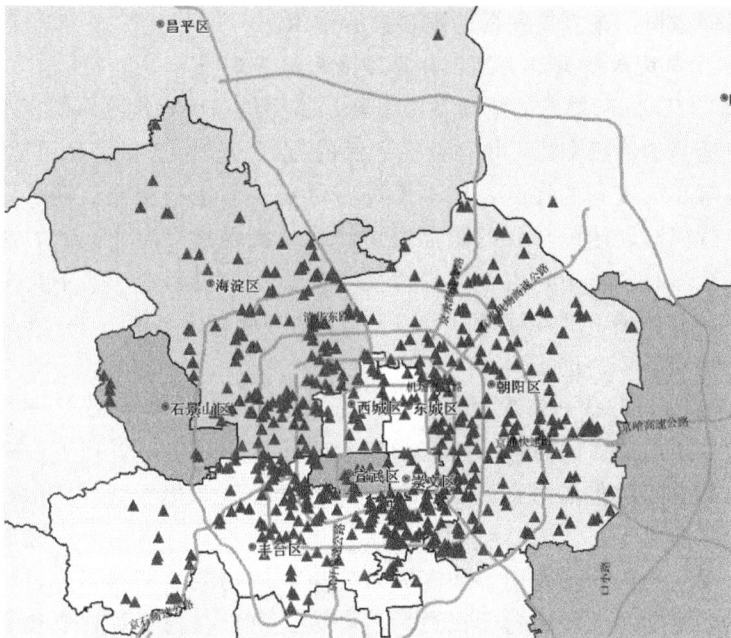

图 1　北京市入室盗窃案件分布图

从图 1 中，我们可以看出北京市的入室盗窃案件的分布遍布了各个区县，但是其又具有明显的规律性。一是，社区犯罪案件以北京城八区为代表的市中心地区的分布较为密集，而远郊县的案件发生率相对较低。二是，案件多发生在现代化的居住小区内，而城中心的老城区则发案率较低，市郊区别墅区发案较低。三是，处于市郊结合部、商业区与居住区交界处的区域，案件发生率最高。

(二)北京市社区犯罪预防中存在的问题

总结并结合 CPTED 六大核心原则对北京市社区犯罪所存在的问题进行分析主要表现在以下几个方面：

1. 商业区与居住区交界处的社区犯罪问题突出，难以解决

此类区域的人员构成相对复杂，暂住人口和流动人口较多，甚至会有出租转租、人户分离、施工装修等现象的同时并存。比如北京市西城区卓成门

地区的万明园社区,地处阜外心血管医院和万通商城和天意批发市场附近,商贩、流动人口较多;通过对阜外派出所的调研发现,平均一天有近10起辖区内案件与万明园小区有关;入室盗窃案件多发。

2.福利型和边缘型社区存在基础设施建设不足、管理混乱等问题

通过走访丰台、西城和大兴等地的社区,发现社区由于建成时间过久,大量基础防备设施老化。部分视频监控系统如同摆设;单元门禁锁年久失修;小区部分铁栅栏损坏严重;路灯损坏较为严重,小区内部照明设施不足;社区保安形同虚设,未真正发挥巡逻看护的作用。

3.社区居民人情关系淡薄,自身防范意识不足

按照CPTED所提出的活动支持原则,需要给居民提供更多的正常交往场所,进行适当的情感交往,增强社区居民的凝聚力。由于住房和用地的紧张,在市中心等年久较老的社区,根本无场所供居民们进行交流活动,导致邻里关系较差。同时,居民自我的防范意识淡薄,特别是在商业区和居住区混杂小区和边缘型小区当中,由于大量房屋用来出租,故租户一般不会主动采取防范措施,责任感不足,触犯了CPTED中的目标强化原则,进一步刺激了犯罪人进行犯罪。

4.物管公司与住户矛盾冲突激烈,物业管理工作开展不足

在北京市新建成的商品型小区和别墅类小区中,物业管理工作开展全面而系统,整体的防范措施良好;但在年久的老社区和边缘型社区中,物管公司自身水平较差,对出入口管理,小区设施维修不足。再加上小区人员流动性较大,导致拖欠物管费用等情况时常发生,从而激化了物管公司和小区业主的矛盾。比如北京市的鸳鸯街道金桥社区,由于在物管费收取和车库等问题上与业主产生矛盾,在两年时间内被业主拖欠物业费130万元,最终物管撤出小区,导致小区无人管理。这无疑是违反了CPTED原则中关于维护保养的内容,给犯罪分子提供了可乘之机。

三、CPTED 理论在社区犯罪防控中的应用探索

(一)CPTED 理论在国外的实践应用和绩效评估

自CPTED理论在19世纪70年代首次被提出以来,作为理论研究的手段和目的,相关实践应用也在国外的不同地区相继展开,并取得了良好的成效。本文将在CPTED理论的众多实践计划中,选取有代表性的实践个案来追问CPTED理论在城镇社区犯罪防控方面的有效性。

1.North Asylum Hill 居民区改造计划

North Asylum Hill 是临近肯塔基州哈特福德市商业中心的一个居民区,在20世纪70年代初街头犯罪现象严重,导致很多中产阶级家庭搬迁。为改变这种状况,减少居民区犯罪案件和居民犯罪恐惧心理,在美国国家司法研

究所的资助下，专家小组在 1973 年开展专门的居民区改造计划，提出了三叉戟方案：改变社区的物理环境(如限制汽车交通，通过建立死胡同、使街道的出口变窄等措施明确划分社区的界限)，促进社区的联合，改善社区的警民关系。专家小组先后五次采集数据评估居民区改造计划，最终调查结果显示：居民表达主权的行为变得更加频繁；居民更愿意相互守望对方的财产；居民对入门盗窃和抢劫的恐惧感下降。

2."五棵橡树"(Five Oaks)社区改造计划

在 20 世纪 80 至 90 年代，坐落于俄亥俄州的代顿市居住区与商业区之中"五棵橡树"社区的过半居民为形形色色的短租客，社区成了毒品和色情买卖的"天堂"，暴力犯罪率更是以 77％的速度快速上升。在此背景下，根据可防卫空间理论的相关原则，纽曼为"五棵橡树"社区制定了"迷你—邻里"改善方案，通过以下几个具体措施对该社区进行改造："小"是"迷你—邻里"的基本原则；"尽端式"道路规模不宜过大；社区内部应由一系列具有相似特征的道路构成；为保持紧急通道的便捷性，保证每个"迷你—邻里"的通道与城市主动脉相接；应在通往主动脉处设置必要的障碍设施，但不影响其通行。该改建计划实施以来，总的犯罪率下降了 26％，暴力犯罪案件下降了 50％。纽曼在这个社区改建计划中运用此手法成功地降低了社区犯罪率。

3. 达德利(Dudley)社区改善公共照明计划的绩效评估

佩特(Kate A Painter)和法林顿(David P Farrington)于 1992 到 1993 年间对英国的达德利社区公共照明改善之后的犯罪防控效果进行了科学而严谨的评估。佩特和法林顿所选择的达德利社区的照明情况非常差，因而常常有居民对此进行投诉，他们选择了另一个与达德利社区相邻的社区作为对照社区。研究人员在达德利社区和对照社区先后通过问卷调查的形式将进行了两次数据收集，并分别对成年人和未成年人的越轨状况进行调查显示：在达德利社区，认为犯罪是社区里的严重问题的居民减少了 23％，对犯罪的恐惧也大幅降低；与之形成鲜明对比的对照社区，认为犯罪是社区里的严重问题的居民仅下降了 5％，对犯罪的恐惧更是显著上升。

对上述三个实践应用个案的绩效评估表明，针对各个改造对象所进行的环境改善措施，有效地降低了犯罪率和犯罪恐惧感，提升了居民的安全感。当前我国经济高速发展，侵财性犯罪增加，为加倍增加犯罪困难，提高犯罪风险，隔阻犯罪机会的环境设计、规划、管理方案，未来将有更大的发展空间，尤其在城市犯罪预防上将扮演更为重要的角色。

(二)CPTED 理论在我国社区犯罪防控中应用的可行性分析

为了在力所能及的范围内，最大限度地获取相关资料，了解我国社区犯罪问题和环境因素之间的具体关联，充分结合 CPTED 理论开展在社区的犯罪防控，课题组选取 A 监狱在押人员、B 区公安分局工作人员、S 社区居民三类调研对象进行了调研分析和理论论证的工作。从犯罪的类型、主体、时间和地点四个方面的特征入手,结合在各地调研所获取的数据资料,对社区运用 CPTED 理论开展犯罪防控的可行性进行分析。

第一,犯罪类型的可防卫性分析。根据对文献资料的分析和从北京市公安局所获取的数据资料来看,入室盗窃案件和非机动车、机动车盗窃案件最多的地区就是在居民小区之中。这类特定案件在特定的环境中发生必然与该环境有着千丝万缕的联系。因此,我们可通过 CPTED 理论的几大原则,改变社区环境,达到减少侵财类犯罪的目的。

第二,犯罪主体的可防卫性分析。在我国社区的入室盗窃等侵财类犯罪案件当中,其行为动机主要是追求经济利益。在活动方式上,以北京市为例(外来人口近 1000 万),其犯罪主体也由静态向动态发展,主要是外来人口流窜作案。在文化程度方面,在社区中从事犯罪行为的犯罪主体的文化水平较低,其作案动机较为单纯和直接。因此,对这类犯罪主体的犯罪行为,可以通过对潜在的作案目标,即环境的可防卫性欠佳的社区环境,进行有针对性的环境优化,影响这类犯罪主体在环境中的感知,进而消除这类犯罪主体的作案机会。

第三,犯罪时间的可防卫性。在长时期的监控和大量案例分析后,可发现以入室盗窃、盗窃非机动车案件为代表的侵财类社区犯罪存在一定的时间规律性,在一年内有一至两个比较明显的发案峰值。2012 年北京市警方公布的社区犯罪入室盗窃案件的特点分析指出,进入 5 月份后,尤其是夏季,是入室盗窃等社区侵财类案件高发期。在案发时间上,主要集中在晚 22 时至次日凌晨 4 时(发案占全天发案总数的 40% 以上)。在统计中,白天上班时段入室盗窃和下班之后盗窃非机动车案件也呈高发趋势。为此,我们可通过对城镇社区的环境进行科学的完善,强化昼夜侵财作案高峰时段的非正式控制,增加犯罪成本,有效降低居住区的犯罪率。

第四,犯罪地点的可防卫性分析。通过前文论述发现,在犯罪区域类型上,城乡接合部地区、商业区与居住区混杂地容易产生严重的社区犯罪;在小区类型上,边缘型小区、福利型小区由于其老旧的基础设施建设和物业的管理不到位,导致其成为社区犯罪案件的高发地区。因此,我们应该针对重点区域的重点部位,以 CPTED 中的维护保养原则,加强基础设施建设,改善老旧小区的生活环境;以监视原则为指导,在平房地区加装监控设备等手段,以提升对整个犯罪的非正式控制功能。

四、CPTED 理论与北京市社区犯罪防控密切衔接的展望

(一)将 CPTED 理论与首都功能分区和城市社区规划相结合

作为我国的首都城市和历史文化名城,北京市同时具有政治中心职能、

文化中心职能和重要的经济职能等多重职能，在进行城市功能分区和具体城市规划时，应考虑与 CPTED 理论进行结合。通过运用地理信息系统以及犯罪地图技术，进行犯罪数据的时空分析，对北京城市犯罪的时空分布进行研究，将研究结果与 CPTED 理论相衔接，提高城市功能分区和城市规划对城市犯罪预防的科学性、针对性。

(二)将 CPTED 理论与北京市社区治安防控相结合

CPTED 理论要在北京市社区犯罪防控的大局中立足，关键要在社区治安防控体系建设中找到准确的定位。北京市社区治安防控网络体系的建设在北京市各个城区的具体体现是不同的，但各有关组织在进行社区治安防控网络体系建设过程中，都普遍坚持立足实际，突出重点，以点带面，分类实施的原则，试图构筑警防、民防、物防、技防"四位一体"全覆盖的治安防范网络。将 CPTED 理论纳入北京市社区治安防控体系，就是要将该理论与"四位一体"的治安防范网络进行衔接。一是要织密"警防网"，提升严打整治力。科学配置警力，确定重点部位，增派防控警力，增加巡防次数，提高见警率。二是织密"民防网"，提升治安管控力。组织建立社区群众的志愿者组织，开展自防互助、邻里守望等群防群治工作。三是织密"物防网"，提升日常防范力。按照 CPTED 理论对社区环境进行改造、新建，如增设楼道防盗门、对底楼围墙进行防盗改造、进行科学绿化改造等。四是织密"技防网"，提升社会面防控力。安装图像监控探头，做到社区死角全覆盖，并将监控系统交由公安派出所图像监控中心管理。为社区住户安装快速报警装置，与 24 小时社区联防队治安岗亭实现无线接收，等等。

(三)推动国内 CPTED 理论研究工作从理论研究走向应用研究

目前，与国外相比，我国关于 CPTED 理论的研究基本处于探索、起步阶段。在城市社区犯罪防控的研究中，我们仍然主要依靠法律治理和治安管理手段，更多强调公安与有关行政管理部门的作用；而在社区的前期规划、建筑设计、功能搭配等阶段，却鲜有犯罪防控措施的同步跟进，相关研究异常薄弱、远未深入。国内学者在广泛而深入的比较研究基础上，加强立足国情、紧接"地气"的本土研究与实证研究，便显得十分必要而迫切。

(四)积极推动以 CPTED 理论为指导的社区试点工作的开展

在实践中，我国尚无在 CPTED 理论指导下的城市社区项目建设和改造案例。而在美国等西方国家，按照 CPTED 理论进行的社区建设和改造早已开始并取得了一定的犯罪防控效果。如美国德克萨斯州的休斯敦市提出的旨在加强社区安全性的社区标准振兴计划。针对该地区的社会问题，工作人员对当地居民进行了走访调查，整理公共设施、调整街道照明、维修道路、清理垃圾、整修下水道、美化马路，优先满足当地居民的要求，对社区环境进行改进。经过这种积极的努力，安全化的"绿洲效应"逐渐显现。没有社区的试点实践，CPTED 理论在社区犯罪防控中的价值就难以体现，我们在这些CPTED理论成功案例中，应得到一些有益的经验，有关组织应尝试在北京市社区中推动 CPTED 理论试点工作的开展。

如上所述，CPTED 理论与社区犯罪防控的结合，是一个极有发展前景的犯罪预防方向。而且，在我国的社会治安综合治理的实践中，其某些具体措施实际上已开始应用于社区犯罪防控之外的公共场所、企事业单位及其他各种重点场所的暴力犯罪、侵财型犯罪、网络犯罪等类型犯罪的防控活动中，其有效性也得到了一定程度的检验。同样，在当前暴恐犯罪对我国社会安全压力明显加大的情势下，在探讨 CPTED 理论在社区犯罪防控中应用的理念与措施的基础上，尝试探析以 CPTED 理论为核心的情境预防理论在暴恐犯罪中的应用，将是一个极有学术价值与现实意义的问题。[①]

五、结　语

在整个研究过程中，课题组始终清醒地认识到研究存在的三大前提和挑战：其一，既定的介入因素与犯罪的发生之间可能存在的关系是具有不确定性的；其二，除环境以外，其他与环境预防相结合的因素，会共同影响犯罪防控效果；其三，人作为防控主体，本身的差异性是很难预测的。为此，本研究报告始终坚持认为，集合人类所有的智慧，综合运用各种现有的犯罪防控手段，才是当前社区犯罪治理工作中永远的方向。

（作者：李春雷　中国人民公安大学教授）

[①]　详见作者发表于《中国人民公安大学学报（社会科学版）》2014 年第 6 期《情境预防理论在暴恐犯罪防控中的应用探析》一文对防控暴恐犯罪的应用探析。

项目名称：从健康视角探讨新生代农民工的城市融合问题
项目编号：12SHB006
项目负责人：和　红
项目信誉保证单位：中国人民大学

新生代农民工健康状况及健康融入研究

　　内容提要： 本研究对象为 1001 名新生代农民工，其平均年龄 23.68 岁，男性占 52.4%，已婚占 39.6%，初中及以下教育程度者占 49.8%。他们在进入城市后以非正规就业居多，经济收入较低，居住环境较差，健康风险意识不强，导致新生代农民工目前健康状况与离开老家时相比变差，健康融入状况不好。应通过多种宣传形式加强对新生代农民工的健康教育，提高健康风险意识，更好地融入城市生活。

　　从古至今，人人希望健康，并且把健康与家庭幸福、社会进步，甚至于国家安全紧密地联系在一起。1986 年，世界卫生组织在《渥太华宪章》中提出，要在发达国家率先实现"人人享有卫生保健"的战略目标，并指出健康是生活的资源而不是生活的目标。健康不仅是个人的福利，也是社会的财富。Donna Koch 认为，在整个社会层面采取措施帮助解决流动人口的健康，也是保护好整个社会的健康。

　　随着城市化和工业化进程的加快，大量的农村剩余劳动力涌入城市成为农民工，他们在城镇从事非农工作，对我国经济社会发展产生显著的推动作用。外出的农民工逐渐出现代际分化，80 后逐渐成为主体，即新生代农民工。他们是 20 世纪 80 年代后出生，于 90 年代前后开始流动，兼有第一代和第二代的若干特点的新生代。他们在成长环境、个人特征、城市适应性、就业情况、与家乡的联系及流动模式等方面均与老一代农民工不同。[①] 研究资料表明，2011 年，我国流动人口总量已接近 2.3 亿，占全国总人口的 17%。流动人口的平均年龄约为 28 岁，"80 后"新生代农民工已占劳动年龄流动人口的近一半。[②] 新生代农民工在融入城市的过程中，往往面临各种问题，其中健康问

---

　　① 陈金鑫、陈道银、李根宝：《外来流动人口新生代在城市现状调查》，《青年探索》，2007 年第 4 期。
　　② 国家人口计生委：《中国流动人口发展报告 2012》，2012 年 8 月。

题日益突出。有研究表明农民工进入城市生活后，与其流动前的健康状况相比，流动后健康状况可能变差。[1][2] 新生代农民工能否顺利融入城市生活，不仅关乎该群体权利诉求的实现，而且关乎我国的城镇化、工业化进程及社会和谐与稳定的大局。

从 20 世纪 70 年代以来，国内外学者对流动人口开展了大量研究。研究内容大致包括流动人口流动的影响因素和流动的结果，而后者主要集中在对流动人口的经济收入和社会融入等方面的研究，较少关于健康融入的研究。本课题从健康融入的独特视角出发，提出了健康融入的概念，对新生代农民工的健康状况、融入状况及影响因素进行了研究。同时，为更好地提升新生代农民工的健康意识、促进健康发展，提出了有针对性的健康教育策略。

一、研究对象

本研究于 2012 年 11—12 月在北京市，对出生时间介于 1980 年 1 月 1 日—1994 年 12 月 31 日的本地人口（调查时户籍在北京的人口）和流动人口（来调查地一个月以上，并且户籍不在北京的人员）进行了抽样调查。本研究中新生代农民工是指出生时间介于 1980 年 1 月 1 日—1994 年 12 月 31 日的流动人口中的乡—城流动人口，即调查时年龄介于 18—32 岁的农民工。所有对象均签署书面知情同意书。

二、研究方法

本调查采用调查员面对面问卷调查，多阶段、分层、随机抽样方式。第一阶段：抽取街道。采用 PPS 抽样，按 2012 年各乡镇街道的流动人口规模，从北京市抽取 10 个乡、镇、街道作为抽样街道；第二阶段：在抽中的每个乡、镇、街道随机选取 100 名流动人口和 50 名本地人口进行调查。本次调查共发放问卷 1550 份，回收合格问卷 1502 份，有效回收率为 96.9%。其中，新生代农民工 1001 份，当地人口 501 份。

三、主要研究结果

(一)新生代农民工的社会人口学特征及流动情况

1. 新生代农民工的社会人口学特征

在 1001 名新生代农民工中，男性为 525 人(52.4%)，女性为 476 人

---

① McDonald, J. T. & Kennedy, S. Insights into the "healthy Immigrant Effect": Health Status and Health Service Use of Immigrants to Canada, *Social Science & Medicine*, 2004, 59.

② Gushulak Brian. Healthier on Arrival? Further Insight into the "Healthy Immigrant Effect", *Canadian Medical Association Journal*, 2007, 176(10).

（47.6％）；年龄介于 18—32 岁，平均年龄 23.68±3.56 岁；汉族为 969 人，占 96.8％；未婚者为 605 人，占 60.4％，低于当地人口的 69.9％。女性在婚比例（43.9％）要高于男性（33.3％）；新生代农民工初中及以下文化程度的比例达到 49.8％，而当地人口中该比例仅为 3.2％。这种受教育程度，决定了他们进入大城市后对于职业的选择存在局限性，就业必然以非正规就业居多。他们主要从事的行业包括销售、保姆、钟点工及餐饮服务等。当地人口的职业分布以技术人员、职员和教师所占的比例最高，这与当地人口普遍的受教育程度较高有关。

2. 新生代农民工外出流动时间

《中国流动人口发展报告 2012》中指出，超过三成的流动人口在流入地居住生活时间超过 5 年，从事目前工作的平均时间接近 4 年。[①] 随着生活、就业的稳定性增强，流动人口家庭化迁移趋势日益凸显。调查数据显示，新生代农民工的流动时间，以 3 年内居多，占 44.0％，其次有 10.9％的新生代农民工表示累积流动时间为 10 年及以上（见图 1）。

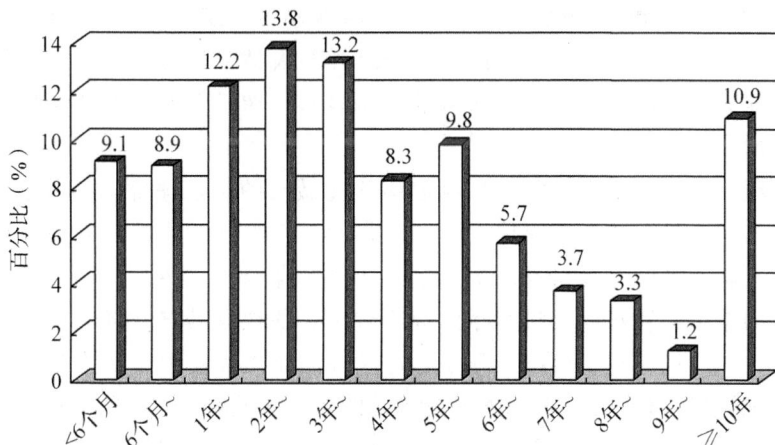

图 1　新生代农民工外出流动累积时间分布情况

3. 新生代农民工的城市生活状况

本研究对调查对象的最近个人月均收入、月均生活费支出、饮食支出情况进行了分析。结果显示，农民工个人平均月收入为 2096 元，同期北京职工平均月收入为 5223 元。随着月收入的增高，新生代农民工的比例逐渐降低，当地人口高收入的比例要高于农民工。农民工在居住地月平均生活支出为 997 元，其中用于饮食支出的平均为 529 元，占 53.06％；而同时期当地人口月平均生活支出为 2378 元，平均饮食支出为 852 元，占 35.83％，两组人群间有

---

① 国家人口计生委：《中国流动人口发展报告 2012》，2012 年 8 月。

显著性差别($P<0.05$)。

研究发现 65.5%的农民工租房居住，29.8%的人住在单位宿舍，自购住房的比例非常低，仅为 1.5%。而当地人口主要以自购住房(44.7%)为主，还有 36.7%的人与父母共同居住。我们对农民工居住条件调查发现，有 41.2%的住房既没有厨房，也没有卫生间，8.5%的只有独立厨房，9.4%的只有独立卫生间。

(二)新生代农民工的健康状况及参保情况

1. 新生代农民工健康状况

本部分主要从体质指数、健康自评、两周患病率，定期体检及心理健康状况进行分析。

体质指数(BMI，Body Mass Index)是国际上通用的最简便的评估肥胖状况的指标，可反映全身性超重和肥胖。其计算公式为：体质指数(BMI)＝体重(千克)/身高^2(米^2)。根据中国肥胖问题工作组推荐的 BMI 切点分析(中国肥胖问题工作组数据汇总分析协作组，2002)：BMI$<$18.5 为消瘦，BMI 介于 18.5—23.9 为正常，BMI 介于 24.0—27.9 为超重，BMI$>$28 为肥胖。[1] 在农民工中，68.6%的人在正常范围内，13.4%的人消瘦，18%的人属于超重和肥胖。与当地人口相比，消瘦所占的比例较多，超重和肥胖的比例要少于当地人口的 30.2%。

健康自评是由调查对象对自身健康状况做出的主观评价，可以是对个体目前综合健康状态的自我评价，也可以是对自己将来健康状况发展的自我评判，它反映了被调查者对现时健康的认识和未来健康的期望。研究证实，健康自评的结果能较好地反映实际的健康状况，往往是其未来健康和死亡风险独立的预测变量。本研究结果显示，74.8%的新生代农民工认为自己身体的健康状况较好，只有 2.1%的人认为自己的健康状况较差。这与本次调查的对象较为年轻有关；另一方面，当流动人口出现身体健康问题无法继续在外打工时，大多数都选择了返回家乡养病。因此，新生代农民工的健康自评调查结果显示大多数人身体健康。

本研究资料显示，当地人口的两周患病率(157.7‰)高于农民工(124.9‰)，这可能与城市居民教育水平、健康意识，以及对疾病的认同程度较流动人口高，自报疾病比流动人口多有关。进一步对病种进行分析，显示新生代农民工及当地人口均以患感冒的人数较多，分别为 77.6%和 83.5%，同时发现流动人口消化系统的疾病较多，占 10.4%，这与其居住环境、卫生条件和饮食习惯有关。

---

① 中国肥胖问题工作组数据汇总分析协作组：《我国成年人体重指数和腰围对相关疾病危险因素异常的预测价值：适宜体重指数和腰围切点的研究》，《中华流行病学杂志》，2002 年第 1 期。

《黄帝内经》中说：圣人不治已病治未病。那么，防患于未然最好的方法就是定期健康体检，通过体检可以尽早发现疾病，尽早治疗，同时还可节省医疗费用。在流动人口中，定期做健康体检的有 298 人（29.8%），远低于当地人口的 55.9%。但也可以看出，即使是当地人口，能够定期体检的比例也不高，这可能与被调查对象的年龄、健康意识、经济条件或健康保障制度有关。

我们对新生代农民工的心理健康状况进行了分析，目前感到压力较大的占 25.9%，与当地人口的 22.6% 没有显著差别。根据调查对象的心理健康自评得分分析发现，新生代农民工的心理健康状况明显不如当地人口（自评得分分值介于 0—10 分，分值越大表示越健康）（见图 2）。

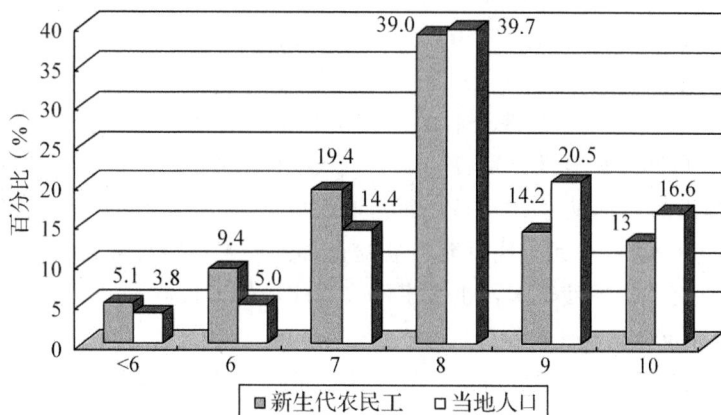

图 2　调查对象心理健康自评得分情况

2. 新生代农民工的参保情况

我国新农合自 2003 年开始试点、2008 年实现全面覆盖以来，参合人数从试点初期的 0.8 亿人逐年稳步增长，截至 2013 年，已经达到 8.02 亿人，参合率 99%[①]。在本研究中，新生代农民工参加新农合的比例并不高，只有 65.6%，远低于同时期全国新农合的 98.7% 的参合率。这可能有两个方面的原因：一方面，新生代农民工的家人已帮他们参保，但农民工自身可能并不清楚；另一方面，可能各个地区在计算参保率时，并未将这些流动在外的人群计算在内。当地人口参加城镇医疗保险的比例也只有 86.8%，可能也存在部分被调查者并不清楚是否已经参保的情况。

---

① 国家统计局：《2013 年卫生统计年鉴》，http：//data. stats. gov. cn/easyquery. htm?cn＝C01 2015.6.28。

(三)新生代农民工健康风险意识及健康知识的获取和需求

1. 新生代农民工的健康风险意识

很多年轻人没有健康风险意识,不重视身体健康。在面对病痛时选择"扛着",能忍则忍,不能忍时就吃几片止痛药,而不是积极治疗,这样很容易造成小病变大病,大病变成顽固性疾病,严重影响生活质量。本部分主要对新生代农民工就医行为及健康支出进行分析。

遇到常见病时,43.5%的流动人口选择自己买药,24.5%到社区卫生服务中心,16%到大医院,11.2%去个体诊所,4.9%选择不理会、顺其自然。当地人口选择去大医院的为46.5%,而选择自己买药的仅为18.8%。选择去医院的情况表明,在流动人口中45.6%考虑的是与医院的距离远近,其次是自身的收入水平(36%),选择医疗条件的占16.3%。而在当地人口中,大部分人选择的是距离远近(42.7%)与医疗条件(41.3%),而收入水平仅占14.4%。

新生代农民工用于与健康有关的支出月平均为42元,而当地人口为68元,两组人群间有显著性差别($P<0.05$)。新生代农民工与健康有关的支出为100元及以上的比例仅为18.9%,而当地人口为25%;有75.2%的新生代农民工健康支出不足50元。这可能与被调查对象较为年轻有关;另外,也可能与经济条件有关,即使得病,也大多不去治疗,任其自愈。

2. 健康知识获取途径和障碍

新生代农民工获取健康知识最多的途径是报纸杂志书籍(58.7%),依次为电视广播(46.6%)和同学朋友(36.1%)、学校教育(34.6%)、互联网(30%)、父母(24.4%)及专业人员的介绍(11.9%)。当地人口获取健康知识最多的途径也是报纸杂志书籍(55.9%),其次为电视广播(50.5%)、互联网(45.9%)、学校教育(40.5%)、同学朋友(25.7%)、父母(23.4%)和专业人员(9.8%)。政府相关部门,可以利用报纸杂志书籍和互联网进行相关知识的健康教育。

在被问及获得健康知识的最大障碍时,新生代农民工和当地人口均表示没有时间(38.9%及51.1%)和缺乏途径(27.2%及32.7%);新生代农民工文化水平低(17.9%)和缺乏经济条件(14.4%)的比例要高于当地人口(9.2%及4.6%)。

3. 健康知识需求内容及途径

新生代农民工对健康知识的需求量大、内容广泛,包括常见病多发病的防治(76.3%)、保健知识(50.8%)、心理健康知识(42.8%)、生殖健康知识(29.1%)和营养知识(44.9%)。与当地人口在希望获取健康知识的内容方面未见差异。

新生代农民工希望获取健康知识的前三个途径分别是报纸杂志书籍(58.1%)、电视广播(47.3%)和专业人员(35.2%);而当地人口希望获取健康知识的前三个途径分别是报纸杂志书籍(56.3%)、电视广播(52.7%)和互联网(51.7%)。

(四)新生代农民工的健康融入及影响因素

本研究提出"健康融入"的概念，基于研究宗旨及所使用的数据特点，将其界定为：新生代农民工在进入城市打工过程中，随着流动时间的延长，健康状况与离开老家时的健康状况相比变好。

1. 新生代农民工的健康融入状况

将新生代农民工目前的健康状况与在老家时的健康状况进行对比，将其自评健康变化分成三个有序类别，即变好、一样和变差三类。结果显示，目前健康状况与在老家时相比变差的比例为18%，认为没有变化的为58.2%，但有23.8%的流动人口认为自己目前的健康状况较在老家时要好。

我们按照流动人口外出流动累积时间进行分层分析，结果见图3。随着外出流动时间的延长，其健康状况变好的比例逐渐下降，变差的比例逐渐增高。表明新生代农民工在流入大城市后，其健康融入状况不好。

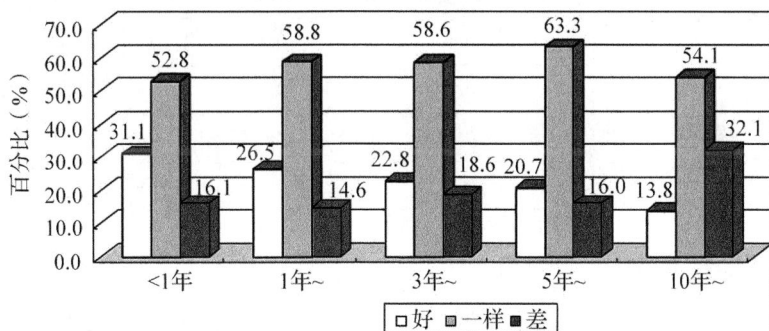

图3　新生代农民工健康变化与外出流动时间的关系

2. 新生代农民工健康融入的单因素分析

对研究对象的一般特征及可能的影响因素进行单因素分析。结果显示，年龄较大、在婚状态、较高月收入、外出流动时间较长、睡眠时间减少、父母健康状况不好、压力较大的农民工，更易表现出健康状况变差($P<0.05$)；而性别、受教育程度、是否在业、住房情况、是否参加保险、居住条件、是否定期做体检对健康融入的差异没有显示出统计学意义($P>0.05$)。

3. 新生代农民工健康融入的多因素分析

在单因素分析的基础上，以新生代农民工健康状况变化作为三分类因变量(1"变差"，2"一样"，3"变好")，以"变差"作为参考类别，进行多分类 Logistic 回归分析，结果有统计学意义的因素见表1。由表1结果可知，健康状况"一样"与健康状况"变差"相比，外出流动时间短、平均每天睡眠时间长、父母健康状况较好、压力较小者，其健康状况与在老家时相比一样，没有变差($P<0.05$)；

同时，我们也发现健康支出较少者，其健康状况不变差。因为本研究是一个横断面研究，并不能说明这些因素与健康状况改变间存在因果关系，只能说明存在相关性。故，健康支出较少也可能是由于新生代农民工健康状况较好的缘故。健康状况"变好"与"变差"相比，外出流动时间短、平均每天睡眠时间长、父母健康状况较好者，其健康状况与在老家时相比变好($P<0.05$)。

表1 新生代农民工健康融入影响因素的多分类 Logistic 回归分析结果

健康融入*	自变量		回归系数	Wald	P 值	OR 值	95% CI for OR	
							Lower	Upper
一样	常数		−1.036	1.603	0.206			
	每月与健康相关支出（元）(vs. 100 及以上)	<50	0.682	9.226	0.002	1.979	1.274	3.073
		50～	0.346	0.701	0.402	1.413	0.629	3.174
	外出流动时间（年）(vs. 10 及以上)	<1	0.509	1.855	0.173	1.663	0.800	3.459
		1～	0.838	5.634	0.018	2.311	1.157	4.614
		3～	0.597	3.158	0.076	1.817	0.940	3.510
		5～	0.856	7.355	0.007	2.354	1.268	4.371
	平均每天睡眠时间(小时)(vs. ≥10)	<8	−0.858	5.069	0.024	0.424	0.201	0.895
		8～	−0.417	1.362	0.243	0.659	0.327	1.327
	父母健康状况(vs. 均无病)	父母都有病	−0.851	9.139	0.003	0.427	0.246	0.741
		父或母有病	−0.211	0.565	0.452	0.810	0.467	1.404
	压力情况(vs. 压力较大)	没有压力	1.203	8.078	0.004	3.332	1.453	7.640
		压力较小	0.582	8.189	0.004	1.789	1.201	2.665
变好	常数		−2.015	4.258	0.039			
	外出流动时间（年）(vs. 10 及以上)	<1	1.271	7.900	0.005	3.565	1.469	8.648
		1～	1.302	8.899	0.003	3.675	1.563	8.643
		3～	0.891	4.396	0.036	2.437	1.060	5.603
		5～	0.965	5.662	0.017	2.625	1.186	5.813
	平均每天睡眠时间(小时)(vs. ≥10)	<8	−1.304	9.699	0.002	0.271	0.119	0.617
		8—	−0.605	2.503	0.114	0.546	0.258	1.155
	父母健康状况(vs. 均无病)	父母都有病	−0.868	6.129	0.013	0.420	0.211	0.835
		父或母有病	−0.206	0.384	0.536	0.814	0.424	1.562

注：＊以"变差"为基准

本研究结果发现，在控制其他变量之后，随着流动时间的延长，总体健康状况变差。流动时间为"1年"的新生代农民工健康状况变好的发生比要比流动时间"10年及以上"的新生代农民工高。即控制其他变量不变的情况下，与流动时间"10年及以上"相比，流动时间短的新生代农民工更倾向于报告健康状况变好。新生代农民工大多在城市中从事着劳动强度大、工作环境差、收入低的工作，面临的健康风险较大，随着流动时间和工作时间的延长，健康风险进一步积累，导致健康状况变差甚至疾病的发生。此外，农民工的特殊身份使其往往不能享受社会保障的福利。① 有研究表明，新生代农民工加入社会保险的比例低，社会保障缺失。② 2008年中国卫生服务总调查表明，85％的农村外出务工人员参加了新型农村合作医疗，然而目前新农合自付比例高、异地报销难等操作技术上的问题，使得新生代农民工不能享受到应有的福利。③ 这些都会导致新生代农民工在出现健康问题需要治疗时不能及时得到报销，加上可自由支配的收入较少，从而导致他们看不起病，甚至生病之后不愿医治的现象。随着流动时间的延长，更进一步地加剧了他们健康风险的积累，导致健康状况变差。

睡眠是维持精力、保持和增进身体健康的重要因素，然而随着人类社会近半个世纪的飞速发展和生活方式的改变，人们的睡眠时间有不断减少的趋势。一般来说成人睡眠时间不小于8小时。结果显示，平均睡眠时间＜8小时的新生代农民工健康状况变差的发生比要比平均睡眠时间≥10小时的新生代农民工增加，即与平均睡眠时间≥10小时相比，平均睡眠时间＜8小时的新生代农民工更倾向于报告健康状况变差。睡眠是机体非常重要的、不可缺少的生理活动，良好的睡眠对人的身心健康有着绝对的积极作用，不仅能消除疲劳，还能防病祛病，改善精神状态。据美国学者的相关研究表明，睡眠是影响人体寿命的7种因素中的重要一项，由此可见，睡眠对于健康的重要性。④

父母的健康状况对新生代农民工的健康影响是有显著性意义。结果显示，父母都有疾病的新生代农民工健康状况变好的发生要比父母都无疾病的新生代农民工低。即控制其他变量不变的情况下，与父母都无疾病相比，父母都有疾病的新生代农民工更倾向于报告健康状况变差。我国当前的农村老年人口的养老方式仍然是以家庭养老为主，如果父母都有疾病，新生代农民工需要投入更多的医疗费用及营养费用，会导致新生代农民工从事一些劳动强度

---

① 郭蕊：《新生代农民工的社会保障对策研究》，《理论探讨》，2011年第6期。

② 夏丽霞、高君：《新生代农民工市民化进程中的社会保障》，《城市发展研究》，2009年第7期。

③ 卫生部统计信息中心：《2008中国卫生服务调查研究》，北京：中国协和医科大学出版社，2009年版。

④ 孙萍、廖林楠：《关注睡眠，享用健康》，《中国初级卫生保健》，2005年第12期。

较大但劳动报酬较多的工作或者靠打多份工来增加家庭的经济收入,而无暇顾及自身的健康状况并且会减少用于自身健康费用的支出,同时还要花费更多的时间和精力照料生病的父母,在很大程度上会影响到新生代农民工的心理和生理甚至精神健康。相反,父母都无疾病的新生代农民工在照料父母方面花费的费用、时间和精力较少,对自身的健康情况更关注一些,因而相对于父母都有疾病的新生代农民工更倾向于健康状况变好。

现代社会,人们往往面临生活、工作等各方面压力。本研究结果显示,压力较小的新生代农民工健康状况不变的发生比要比压力大的新生代农民工多。即控制其他变量不变的情况下,与压力大相比,压力较小的新生代农民工更倾向于报告健康状况不变。由于城乡二元体制和户籍制度的存在,新生代农民工很难融入城市中,同时他们往往承担着社会中比较累、比较脏、比较危险的工作,劳动强度大、工作环境较差而且收入又少,与本地居民相比在社会竞争方面处于劣势地位,这些在一定程度上会给他们造成心理上的压力。研究表明,适度的压力对人体有一定的积极意义,但是长时间的过强的压力对健康是有害的。压力对健康的危害主要表现为生理上的不适(比如新陈代谢紊乱,呼吸频率加快,血压升高,等等)、心理上的症状(比如焦虑、感情压抑、厌烦工作、情绪过敏、精神疲劳,等等)和行为症状,即在压力下人们往往出现拖延和逃避工作,养成吸烟、酗酒等不良行为习惯,与家人朋友关系恶化甚至采取自杀,等等。[①] 可见压力可以直接或间接地影响新生代农民工的生理、心理以及精神健康,导致其健康状况变差。另一方面,也可能与新生代农民工由于身体健康状况较差而导致自身压力的产生有关。

四、政策建议

以上研究结果表明,大多数新生代农民工目前健康状况与离开老家时相比没有变好,健康融入状况较差。依据本研究结果,应从以下几个方面来改善新生代农民工健康融入的现状:(1)进行制度上的创新和完善,改革二元户籍制度,使社会保障能惠及所有公民。深化社会保障制度改革,尽快建立与城镇接轨的农民工的社会保障体系。(2)对于女性农民工应给予更多关注,尤其是孕期和产后的妇女。同时,尽可能为她们提供定期的免费基础体检项目。(3)建立健全相关法律法规,保障新生代农民工的合法权益,重视职业病及工伤等问题的预防及解决措施。(4)加大对新生代农民工的健康教育和健康宣传力度,提高其健康知识知晓率和健康风险意识,通过各种教育途径提升新生代农民工的综合文化素质,减少新生代农民工对城市文化的排斥,缩小与本地居民的差距,增加心理归属感,从而提高新生代农民工的健康融入程度,

---

① 颜琴:《新生代农民工身心健康问题研究》,《中国劳动关系学院学报》,2010 年第 5 期。

使他们更好地融入城市生活。

参考文献

[1]陈金鑫、陈道银、李根宝:《外来流动人口新生代在城市现状调查》,《青年探索》, 2007 年第 4 期。

[2]国家人口计生委:《中国流动人口发展报告 2012》,2012 年 8 月。

[3]McDonald, J. T. & Kennedy, S. Insights into the "Healthy Immigrant Effect": Health Status and Health Service Use of Immigrants to Canada, *Social Science & Medicine*, 2004, 59.

[4]Gushulak Brian. Healthier on Arrival? Further Insight into the "Healthy Immigrant Effect", *Canadian Medical Association Journal*, 2007, 176(10).

[5]中国肥胖问题工作组数据汇总分析协作组:《我国成年人体重指数和腰围对相关疾病危险因素异常的预测价值:适宜体重指数和腰围切点的研究》,《中华流行病学杂志》, 2002 年第 1 期。

[6]国家统计局:《2013 年卫生统计年鉴》,http://data.stats.gov.cn/easyquery.htm?cn= C01 2015.6.28。

[7]郭蕊:《新生代农民工的社会保障对策研究》,《理论探讨》,2011 年第 6 期。

[8]夏丽霞、高君:《新生代农民工市民化进程中的社会保障》,《城市发展研究》,2009 年第 7 期。

[9]卫生部统计信息中心:《2008 中国卫生服务调查研究》,北京:中国协和医科大学出版社,2009 年版。

[10]孙萍、廖林楠:《关注睡眠,享用健康》,《中国初级卫生保健》,2005 年第 12 期。

[11]颜琴:《新生代农民工身心健康问题研究》,《中国劳动关系学院学报》,2010 年第 5 期。

[12]叶俊:《提升新生代农民工健康意识的策略探讨》,《中国健康教育》,2011 年第 3 期。

(作者:和 红 中国人民大学教授)

项目名称：首都人口红利延续机制研究——北京"用工荒"现象探微
项目编号：12SHB013
项目负责人：尹德挺
项目信誉保证单位：中共北京市委党校

北京会出现"用工荒"吗？

——基于人口结构变化的分析

内容提要：本研究利用 2010 年人口普查数据和 2012 年劳动力市场数据，深入分析了首都人口红利的基本特征和走势。研究发现：第一，户籍劳动适龄人口总量充足，但未来可补给的人口减少；35 岁以前户籍就业人口占比不高，户籍人口分年龄别的就业率"两头"偏低；第二，2020 年以后，支撑北京人口红利的人口流出省份劳动年龄人口规模将减少，北京常住劳动年龄人口的存量和增量都会受到影响。由此判断，未来北京将可能遭遇"用工荒"，既有"总量荒"问题，也有"结构荒"问题。对此，我们提出四项政策建议：加快人口红利向人力资本红利转变；加快经济方式转变，提升就业需求层次；在促进流动人口社会融合的同时，充分调动户籍人口参与就业；北京人口调控切勿伤害刚性需求，注意保持城市生机和活力。

近些年，"用工荒"现象愈演愈烈，从珠三角、长三角等一些沿海发达地区扩散到我国中西部的部分省份，甚至扩散到一些传统的劳务输出大省(翟振武、杨凡，2011)。那么，作为全国流动人口的重要集散地，首都北京短期内是否也会遭遇"用工荒"，人口红利是否会迅速消失，并对首都的经济发展产生实质性影响，这些都是亟待回答且应高度预警的人口经济问题。本研究利用近十余年的统计年鉴数据、2010 年全国第六次人口普查数据(以下简称"六普")以及近十年的北京劳动力市场供求数据，深入分析了首都人口规模、结构的基本特征和未来走势，对首都是否会出现实质性的"用工荒"问题做出形势预判，以期为未来的政策决策提供依据和预警。

一、北京常住人口的历史变化及关键性特点

总体来看，在人口规模、人口素质、人口结构、人口流动与分布等方面，当前北京市常住人口发展具有以下几大关键特点：

（一）常住人口总量继续增长，但未来需要补给

进入 21 世纪，北京市常住人口①规模进入高速增长时期。1949 年，北京市常住人口总量为 420.1 万人，1990 年为 1086.0 万人，2000 年达 1363.6 万人，2011 年首次突破 2000 万人，2013 年增至 2114.8 万人，2000—2013 年十三年间人口净增 751.2 万人，年均增长 57.78 万人。

近两年来，常住人口的增速出现下降趋势。与 2010 年相比，2011 年人口年增加量为 56.7 万人，自 2006 年以来首次出现增速放缓的趋势，2013 年人口年增量再降至 45.5 万人，与 2012 年相比，降幅为 2.20%，为近七年来常住人口增量最少的一年。人口增速下降既与居留成本提升、限购政策出台等因素有关，也与全市产业结构升级、经济增速减缓有关。

户籍人口总量稳步小幅增长。② 2000 年全市户籍人口规模为 1107.5 万人，2013 年增至 1316.3 万人，十三年间年均增长 16.1 万人，年增幅基本稳定在 14 万人至 20 万人之间。2011 年户籍人口年增量为 20.1 万人，创近十年来的最大值，而 2013 年为 18.8 万人，与 2011 年相比有一定幅度下降，这与北京市实行户籍指标调控人口规模等措施有关。

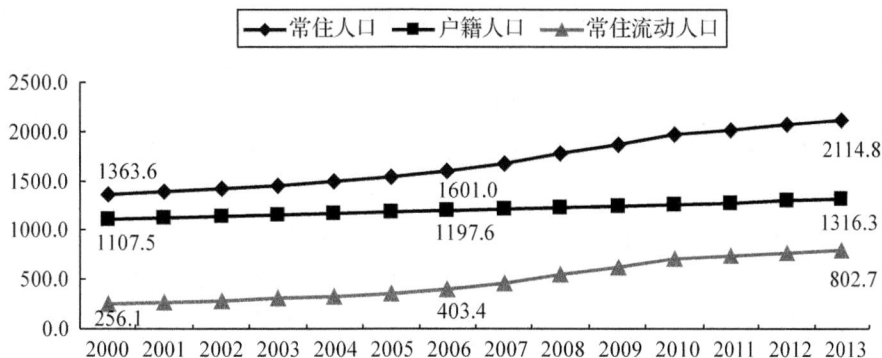

图 1　2000—2013 年北京市常住人口、户籍人口及常住流动人口变动（单位：万人）

资料来源：《北京统计年鉴 2014》

北京市常住人口虽然目前处于人口红利期，但未来需要更多补给。不过，从人口年龄金字塔来看，北京市常住人口的年龄结构表现出明显的"底部收缩"态势，也就是说，未来新进入劳动年龄阶段的人口将会出现明显减少。另一方面，北京市人口年龄结构的变动受外来人口流入影响较大，常住流动人口的年龄集中在 20—39 岁，这部分人口占流动人口总量的 62.8%，而 16—

---

①　常住人口是指实际经常居住在某地区半年及半年以上的人口。常住人口＝常住户籍人口＋常住流动人口。

②　户籍人口数据由北京市公安局提供。由于统计口径不同，所以户籍人口与常住流动人口之和与市统计局公布的常住人口数据有略微差距。

34 岁常住流动人口占常住人口的比例为 52%,已经成为北京劳动力市场的主体人群。"六普"数据还表明,2010 年全市常住人口的年龄中位数为 35.7 岁,常住户籍人口的年龄中位数为 41.5 岁,常住流动人口的年龄中位数为 29.6 岁。因此,在假定经济发展方式等条件不变的情况下,北京市的经济发展可能需要其他外省市流动人口更多的补给。

(二)流动人口膨胀是常住人口增长主因,增量超六成①

常住流动人口(以下简称"流动人口")规模突破 800 万人,占常住人口的比例升至近四成。从规模来看,2000 年以来北京市流动人口总量加速膨胀,2000 年为 256.1 万人,2010 年突破 700 万人,2013 年增长到 802.7 万人,十三年间增加了 546.6 万人,年均增加约 42.0 万人。

流动人口增量占常住人口增量的比例超六成,但增量近年略降。2001 年流动人口年增加量为 6.7 万人,2005 年为 27.5 万人,2008 年为 78.4 万人,2010 年达到近十年来的峰值 90.5 万人,之后逐步下降,2012 年降为 31.6 万人,2013 年降至 28.9 万人,增速放缓。从增量所占比例来看,2000—2013 年十三年间,北京市流动人口总增量占常住人口总增量的 72.8%,2008 年、2009 年和 2010 年的年增量占比更是分别高达 82.5%、82.1% 和 88.8%,2011 年回落至 66.1%,2012 年降到 62.3%,2013 年又略升至 63.5%。由于流动人口占北京市常住人口的比例越来越大,那么随着未来京津冀区域内的产业转移,可能会引导流动人口由京内转移到京外,从而可能造成北京市人口和用工的波动。

(三)户籍人口总量相对充足,但分年龄段就业率"两头"偏低

第一,户籍劳动适龄人口总量充足,但未来可补给的人口减少。从人口的年龄结构来看,目前北京户籍劳动适龄人口总量是相对充足的,15—64 岁人口为 978 万人,占常住户籍人口总量的 77.83%,65 岁以上人口仅占 12.6%,不过,未来进入劳动年龄段的人口明显减少,0—14 岁人口仅占 9.6%。

第二,35 岁以前的户籍人口就业占比不高,年龄别就业率"两头"偏低。从"六普"就业结构数据来看,北京常住就业人口约为 977 万,其中,常住户籍就业人口 529 万左右,约占全部就业人口的 54%;从就业人口的年龄结构来看,16—34 岁的常住就业人口中,户籍人口占 40%,35—64 岁的常住就业人口中,户籍人口占 67%,而且随着年龄的增长,常住户籍就业人口占常住就业人口的比例逐步上升。由此可见,在 35 岁以后,北京劳动力市场中户籍就业人口比例较大。

然而,值得注意的是,户籍人口的就业率呈现"两头"偏低的情况,即在

---

① 本文中的"流动人口"都是指"常住流动人口",即在北京居住半年及以上的流动人口。

20—24 岁、55—59 岁、60—64 岁组就业率分别仅为 33.95%、29.74% 和 10.16%，这些年龄段的劳动力资源存在很大的开发空间。未来一旦出现流动人口的外流，那么可能需要户籍人口在这些年龄段及时补充，否则就有可能出现一定程度的用工荒。

表1　2010 年北京市常住人口分年龄段就业人口占比　　　单位:%

年龄段	常住外来就业人口占比	常住户籍就业人口占比	合计
16—19 岁	92.42	7.58	100
20—24 岁	69.08	30.92	100
25—29 岁	54.17	45.83	100
30—34 岁	51.13	48.87	100
35—39 岁	45.52	54.48	100
40—44 岁	38.46	61.54	100
45—49 岁	25.34	74.66	100
50—54 岁	17.74	82.26	100
55—59 岁	19.67	80.33	100
60—64 岁	25.61	74.39	100

表2　2010 年北京市常住户籍人口分年龄段的就业率　　　单位:%

年龄段	常住外来人口就业率	常住户籍人口就业率
20—24 岁	66.44	33.95
25—29 岁	75.26	73.06
30—34 岁	76.06	78.82
35—39 岁	76.11	79.04
40—44 岁	75.73	77.92
45—49 岁	73.35	70.35
50—54 岁	59.68	50.07
55—59 岁	39.11	29.74
60—64 岁	19.74	10.16

(四)超低生育水平格局未变，"四二一"的家庭结构催生服务需求

常住人口出生率达到 9‰ 左右，总和生育率在 0.7 左右波动。在人口学研究中，一般把出生率在 10‰ 以下(总和生育率约在 1.3 以下)称为超低生育水平。2000 年，北京市常住人口总和生育率为 0.67，2005 年 0.68，2010 年 0.71。[①] 也就是说，在育龄期间，北京市每个常住妇女平均生育子女数可能仅

---

①　总和生育率是基于假想生育队列估算出来的生育水平，并不能简单等同于终生生育水平。一般来讲，如果总和生育率小于 2.1，新生人口则不足以弥补生育妇女和其伴侣的数量。

为 0.7 个左右；从出生率来看，2000 年以来，北京市常住人口出生率一直低于 9.1‰，且低于全国的出生率，属于超低生育水平。不过，北京市从 2007 年开始正形成新一轮的生育小高峰，2011 年出生率升至 8.29‰，2012 年达 9.05‰，比 2000 年上升 2.85 个千分点，比 2011 年上升 0.76 个千分点，而到 2013 年出生率又回落至 8.93‰，相比 2012 年稳中有降；从常住人口出生数来看，2000 年北京市仅出生 8.08 万人，2011 年上升到 16.5 万人，2013 年增至 18.89 万人。

户籍人口出生率总体先降后升，但 2013 年略有回落。2000 年以来，户籍人口出生率由 2000 年的 6.5‰降至 2003 年的 3.92‰，创近十余年的最低点，之后回升至 2012 年的 11.18‰，比 2011 年上升 1.4 个千分点，出生率自 2000 年以来首次超过 10‰，而 2013 年又下降约 0.8 个千分点(见表 3)。尽管如此，北京市户籍人口的生育状况仍属于超低生育水平。与常住人口相比，2001—2004 年，户籍人口出生率略低于常住人口，2005 年之后户籍人口实现反超，直至 2013 年，这一反超现象仍然持续。

表 3　2000—2013 年北京市常住人口、户籍人口出生率及出生人数变动

年份	常住人口		户籍人口		全国出生率 (‰)
	出生率 (‰)	出生人数 (万人)	出生率 (‰)	出生人数 (万人)	
2000	6.20	8.08	6.50	7.2	14.03
2001	6.10	8.38	5.35	6.0	13.38
2002	6.60	9.26	5.28	6.0	12.86
2003	5.06	7.34	3.92	4.5	12.41
2004	6.13	8.99	5.68	6.6	12.29
2005	6.29	9.53	6.35	7.5	12.40
2006	6.22	9.76	6.43	7.7	12.09
2007	8.16	13.37	8.16	9.9	12.10
2008	7.89	13.59	8.62	10.6	12.14
2009	7.66	13.90	8.75	10.9	11.95
2010	7.27	13.90	8.11	10.2	11.90
2011	8.29	16.50	9.78	12.5	11.93
2012	9.05	18.49	11.18	14.5	12.10
2013	8.93	18.89	10.33	13.6	12.08

资料来源：

1. 北京市常住人口出生人数和出生率来源于相应年份的《北京统计年鉴》。2000 年和 2010 年数据为人口普查推算数，1995 年和 2005 年数据为 1%人口抽样调查推算数；其余为人口变动抽样调查数。北京市户籍出生人口数源自《北京统计年鉴 2013》，出生率根据出

生人口与户籍人口总数计算得出

　　2. 2000—2003 年全国出生率来源于国家统计局国民经济综合统计司编《新中国 55 年统计资料汇编》，中国统计出版社，2005 年版，第 6 页；2004—2009 年数据来源于国家统计局人口和就业统计司编《2010 中国人口和就业统计年鉴》，中国统计出版社，2011 年版，第 7 页；2010—2012 年数据来源于相应年份的《中国统计年鉴》，2013 年数据来自《北京统计年鉴 2014》

　　与全国其他地方相比，北京人口生育率已经处于一个很低的水平。这样的生育率可能会进一步加速形成北京"四二一"的家庭结构，并对保姆、护工等流动人口聚集的行业产生大量需求，此点需要提早应对。

（五）少子化与老龄化并存，户籍人口养老问题严峻

　　常住人口少儿比例整体性下降，老龄化因人口流入而得到部分缓解。从少儿比例来看，2000 年以来，0—14 岁人口比例在波动中下降，2000 年为 13.6%，2010 年急剧下降为 8.6%，即使之后略微回升，2011 年升至 9%，2012 年达 9.4%，2013 年增至 9.5%，但与 2000 年相比，仍下降了 4.1 个百分点。国际上通常认为，0—14 岁人口占总人口的比例在 15% 以下为"超少子化"。目前，"少子化"是北京市长期低生育水平造成的结果，预示着未来人口减少的内在趋势，这对北京市的社会经济发展将产生重大影响。

　　从常住老年人口比例来看，2000 年以前，北京市就已进入老龄化社会，且老年人口规模大，增长速度快，人口老龄化程度一直高于全国平均水平。2000 年北京市 65 岁及以上老年人为 114.29 万人，占总人口的比重为 8.4%，2005—2009 年徘徊在 10%—11%，2010 年降为 8.7%，2013 年 65 岁及以上老年人 194.5 万人，占总人口的比重回升至 9.2%，比 2000 年上升了 0.8 个百分点，比 2012 年上升 0.1 个百分点。2009 年之后北京市人口老龄化程度略微有所缓解，主要得益于户籍迁移人口和流动来京人口年龄结构的年轻化，北京市享受着来自于全国的人口红利，但北京市人口老龄化程度仍有潜在的上升趋势。2010 年"六普"数据显示，60 岁以上流动人口占流动人口总数的比例仅为 3.39%。

　　常住劳动适龄人口规模在增长，比例近年出现下降。2000 年以来北京市 15—64 岁人口规模一直在增长。2000 年、2010 年、2011 年、2012 年和 2013 年北京市劳动年龄人口规模分别是 1058.3 万人、1621.6 万人、1653.2 万人、1684.4 万人和 1720.1 万人，但劳动适龄人口占常住人口的比例，在 2000 年为 78%，2010 年达到峰值，为 82.7%，2011 年首降为 82%，2012 年再降至 81.5%，2013 年持续降至 81.3%。与全国相比，北京市劳动年龄人口的比重从 2011 年开始下降，比全国早 1 年，这可能与北京市低生育率、高老龄化以及流动人口回流等因素有关。

　　从家庭户规模来看，随着少子化和老龄化的加剧，家庭户的平均户规模日趋缩小。2013 年常住人口家庭户以二人户为主,占 30.7%,较 2012 年下降了 0.2 个百分点;其次是三人户占 29.7%,亦较 2012 年下降了 0.1 个百分点;一人户占 20.7%,较 2012 年下降了 1.3 个百分点。家庭户的小型化和核心化将对家庭养老和照料护理等产生重大影响。

户籍人口老龄化程度不断加深,形势十分严峻。2011 年户籍人口中 65 岁及以上人口的比例 14.1%,2012 年进一步上升到 14.6%,人数达到 187.9 万人,2013 年则继续上升至 14.9%,人数达到 195.7 万人。国际上通常认为,当 65 岁及以上人口占总人口的比例超过 14%,则进入"深度老龄化社会";超过 20%则进入"超级老龄化社会"。近些年,少子老龄化导致的养老问题逐渐由隐性转为显性,人口老龄化引发的社会经济问题将逐步凸显。

表 4　2000—2013 年北京市常住人口年龄构成　　　　单位:%

年份	常住人口			
	0—14 岁	15—64 岁	65+岁	老少比
2000	13.6	78.0	8.4	61.8
2005	10.2	79.0	10.8	105.9
2006	10.0	78.8	11.2	112.0
2007	9.7	80.2	10.1	104.1
2008	9.7	80.1	10.2	105.2
2009	10.1	79.8	10.1	100.0
2010	8.6	82.7	8.7	101.2
2011	9.0	82.0	9.0	100.0
2012	9.4	81.5	9.1	96.8
2013	9.5	81.3	9.2	96.8

资料来源:2000 年数据来自第五次人口普查数据,2005—2012 年数据来自相应年份的《北京统计年鉴》,2013 年数据来自《北京统计年鉴 2014》

(六)人口城市化水平达 86%,市内可转移的劳动力资源相对有限

2000 年北京市城镇人口比例是 77.54%,2005 年首次突破 80%,达到 83.62%,2013 年升至 86.30%,十三年间增加 8.76 个百分点,城镇化状况已达世界发达国家的水平。北京市人口城市化的提速,前期源于县改区和乡改镇,之后郊区县户籍人口农村城镇化进程加速以及流动城镇人口数量增加等因素也起到了推动作用。在如此之高的城市化率背景下,北京户籍人口中能够向市区转移的农业人口已经相对有限,这将对未来北京市部分行业的用工状况产生潜在威胁。

二、近五年北京常住人口发展的趋势预判

（一）常住流动人口是黄金劳动年龄段的主体人群，但 2020 年以后明显减少

第一，主要来源省份：冀豫鲁皖黑。从 2010 年普查数据来看，北京常住流动人口达 704.5 万人，占常住人口的 35.9％。常住流动人口的来源地涉及了 30 个省、自治区和直辖市，其中，82.5％的流动人口来自东北、北部沿海、黄河中游及长江中游地区。从流动人口的来源省份看，56.3％的流动人口来自河北、河南、山东、安徽和黑龙江五个省。其中，河北省来京人口最多，为 155.9 万人，占常住流动人口的 22.1％；其次是河南省，为 98.0 万人，占 13.9％；山东省位居第三，为 59.8 万人，占 8.5％；安徽省、黑龙江省的来京人口分别为 43.0 万人、40.3 万人，分别占 6.1％和 5.7％。

第二，主要来源省份的人口年龄结构变化：2020 年以后供给明显萎缩。从支撑北京的五个人口流出大省年龄结构来看，"六普"数据显示，目前除黑龙江省年龄金字塔底部有明显收缩之外，其他四个省份 0—14 岁人口所占比例依然较大，这对于北京来说，似乎是一个较好的人口信号，然而，从五个人口流出大省的抚养比来看，虽然五省的总抚养比均低于 50％，但五省的老年抚养比均大于 10％，属于理论上的"虚假人口红利"，这与现行的生育政策及人口流动有很大关系。如果不考虑已有人口的流出以及其他省市人口的再流入，从未来 5 至 10 年的人口年龄结构状况来看，五个人口流出大省中的部分省份将可能会出现 15—64 岁人口规模的减少。到 2015 年，河北和黑龙江将会出现劳动年龄人口的略微减少，但由于人口年龄结构的影响，河南、安徽和山东将依然会增加 205 万人、71 万人和 7 万人；然而，到 2020 年，除河南依然会增长 80 万人以外，其他四个人口流出大省都将出现较大程度地劳动年龄人口的减少。届时，五个人口流出大省的劳动年龄人口规模将会缩小约 393 万人。如果不考虑经济发展方式的转变，那么五大人口流出地劳动力资源补给不足将会对北京流动人口的规模和结构产生实质性影响。

表5　2010 年六省市的人口年龄结构和抚养比　　　　单位:％

省份	0—14 岁	15—64 岁	65 岁及以上	总抚养比	少儿抚养比	老年抚养比
北京	8.60	82.68	8.71	20.94	10.41	10.54
河北	16.83	74.93	8.24	33.46	22.46	10.99
黑龙江	11.94	79.78	8.28	25.35	14.97	10.38
安徽	17.77	72.00	10.23	38.89	24.69	14.20
山东	15.74	74.42	9.84	34.37	21.15	13.23
河南	21.00	70.64	8.36	41.56	29.73	11.83

表6　2010—2020年五大人口流出省份15—64岁劳动年龄人口规模变化匡算

单位:万人

省份	2010年				2015年	2010年		2020年
	15—64岁人口数	15—64岁人口比例	10—14岁人口数	60—64岁人口数	劳动年龄人口净变动	5—9岁人口数	55—59岁人口数	劳动年龄人口净变动
河北	5384.14	74.93	327.39	342.25	—15	404.13	480.70	—77
河南	6642.33	70.64	616.02	410.89	205	648.00	568.04	80
山东	7128.88	74.42	477.15	470.08	7	496.79	663.48	—166
安徽	4283.98	72.00	355.72	284.70	71	332.56	364.13	—32
黑龙江	3056.62	79.78	169.75	181.93	—12	149.72	267.83	—118
合计	26495.95	73.70	1946.03	1689.85	256	2031.20	2344.18	—313

(二)北京未来的"用工荒":流动人口聚集的服务性行业短缺明显

"六普"数据显示,在2015年左右,五大人口流出省份的劳动年龄人口规模持续增长,在人口流动趋势不变的情况下,将为北京继续提供丰富的劳动力资源,北京常住劳动年龄人口规模将不会发生太大的变动,北京将仍然处于"人口红利"期,北京的经济持续增长潜力依然强劲。然而,在2020年左右,除河南省以外,其他四个人口流出大省的劳动年龄人口总量都将出现不同程度的减少,北京劳动年龄人口的存量和增量会受到实质性影响。

从北京劳动力市场的供求状况来看,改革开放以来,随着经济的持续发展,北京劳动力市场在很长一段时间内处于供大于求的状况。供求关系发生变化是在2004年第一季度。此时,北京劳动力市场需求人数第一次超过了供给人数,此后,供不应求的状况一直保持至今。进入2014年第三季度,需求人数更是迅速增加,需求人数超过了求职人数的近四倍,达到225002人,供需缺口达到170417人。2014年第三季度北京人力资源市场需求大于供给缺口最大的十个职业分别是推销和展销人员、简单体力劳动人员、营业人员、餐厅服务员和厨工、电信业务人员和话务员、治安保卫人员、计算机工程技术人员、其他商业和服务业人员、饭店服务人员、清洁工。可见,北京劳动力市场需求大于供给的职业主要集中在商业服务业和生产运输设备操作工,这也是流动人口主要从事的职业。未来这些行业中流动人口的补给状况将对北京劳动力市场的供求关系产生更加深刻的影响。

表7 2014年第三季度人力资源市场需求大于供给缺口最大的十个职业

代码	招聘岗位	招聘人数	求职人数	招聘—求职	求人倍率
401020000	推销、展销人员	22928	1016	21912	22.57
699030000	简单体力劳动人员	21462	8819	12643	2.43
401010000	营业人员	12733	2824	9909	4.51
403050000	餐厅服务员、厨工	8802	1129	7673	7.8
303020000	电信业务人员、话务员	8253	1002	7251	8.24
302020000	治安保卫人员	8585	1521	7064	5.64
202130000	计算机工程技术人员	8210	1805	6405	4.55
499010000	其他商业、服务业人员	6690	1232	5458	5.43
404010000	饭店服务人员	5897	455	5442	12.96
407130000	清洁工	6609	1950	4659	3.39

数据来源：北京市人力资源和社会保障局

从以上分析可以初步得出两点结论：第一，2020年以前，户籍劳动适龄人口总量充足，但未来可补给的人口减少；35岁以前户籍就业人口占比不高，户籍人口分年龄别的就业率"两头"偏低；第二，2020年以后，支撑北京人口红利的人口流出省份劳动年龄人口规模将减少，北京常住劳动年龄人口的存量和增量都会受到影响。由此判断，未来十年北京将可能遭遇"用工荒"，既有"总量荒"问题，也有"结构荒"问题。2020年左右可能会出现北京劳动力供给的转折点，应提前有所预警。

三、延续首都人口红利的对策分析

未来北京人口发展有两个不可逆转态势，即劳动力规模的萎缩和劳动力资源的老化，进而影响首都的经济发展。面对这一趋势，为了延续"人口红利"，促进经济的可持续发展，北京应该未雨绸缪，早做应对。

(一)加快北京市人口红利向人力资本红利转变

以劳动力数量为基础的人口红利消失并不可怕，反而有利于构建首都经济发展方式转变和社会发展转型的倒逼机制。为此，在总体布局上，必须把人力资源建设作为经济社会发展的根本动力，挖掘以人口素质为基础的人力资本红利。在要素投入上，注重通过人力资源的充分开发利用来促进经济发展；在目标导向上，要在确保经济持续健康发展的同时，促进就业持续扩大，不断提升劳动力素质，实现经济结构调整和就业能力提升的有机结合；在具体措施上，要大力推进职业教育改革，继续加强劳动力市场准入制度，进一步探索工学结合、校企合作、订单式培训的职业教育新模式；通过培训补贴、免费培训、培训就业一体化等方式，进一步做好就业技能培训工作。

(二)加快经济发展方式的转变，提升就业需求层次

加快转变经济发展方式，意味着未来北京的发展要由依靠增加资源投入带动向依靠提高资源利用效率带动转变，由主要依靠资金和物质要素投入带动向主要依靠科技进步和人力资本带动转变，支持企业走"专、精、特、新"的发展道路，注重把自主创新、节能减排、兼并重组、淘汰落后等工作有机结合起来，尽快完成高污染、高耗能、高耗水和"五小"企业的退出任务。传统落后产能的大力淘汰和新兴产业的大量发展，必然会带来与之相应的就业结构变化，有助于就业需求层次的提升，有助于北京摆脱劳动密集型产业对于劳动力需求的大量依赖，从而为推动自主创新、发展先进生产力创造广阔空间。

(三)对于"事实移民"，实现彰显人性关怀的城市社会融合

从制度层面看，要积极推动有稳定住所和稳定就业的流动人口逐步实现本地化，加大教育制度、就业制度、户籍制度和养老保障制度的改革，为人口自由流动扫除制度障碍。对于在现代服务业和高新技术产业就业的外来人口，在居住证制度设计的时候，要特别注意最高福利的可及性。这类人群由于寻求个人发展机会，预期收益高，因此，与其他外来人口群体相比，他们离开北京的可能性相对较小，大多数属于"事实移民"，这样，在政府保障性住房、户籍等福利问题方面应如何设计和供给，需要仔细研究，并逐步落实，以实现这一群体定居城市的现实需求。

从长远来看，在人口有序管理的同时，北京必须树立社会融合的理念。对于"非事实移民"式的外来人口，可以尝试利用市场的手段进行调控，而对于"事实移民"式的外来人口，需要逐步树立社会融合的理念并建立社会融合的机制，即在一定的财力和监管机制等客观约束下，流迁人口应该能够有机会逐步获得包括政治选举权、平等就业权、家庭团聚权等在内的多项权利，但是这种权利的赋予应该是有条件的、分阶段性的。总之，促进外来人口的城市社会融合，应该成为北京未来人口服务管理工作所要达到的最终目标。

(四)充分调动户籍人口参与就业，降低对流动人口的过度依赖

要组织专项调研，深入研究部分年龄段户籍人口就业率不高的深层次原因，通过就业补贴、税收减免等多种制度安排，鼓励企业招募本地人口，提升户籍人口就业意愿和行为，从而减少对流动人口的过度需求。

(五)北京人口调控不能伤害刚性需求，确保城市生机

目前北京正在进行人口调控工作，此乃市委市政府工作的重中之重。但是，北京的人口调控要特别注意与"城市生机"的统筹。北京人口调控不能将人口一推了之，伤害北京自身对劳动力的刚性需求，抑制城市活力。"六普"数据显示，流动人口已成为北京黄金年龄段的就业主体，如在北京 16—19

岁、20—24 岁、25—29 岁的常住就业人口中,流动人口分别约占 92%、70% 和 54%。这已经充分说明不管是产业需求还是人群需求,其中都存在着一部分的刚性需求。如果没有良好的调控设计,很有可能对城市活力、居民生活产生实质性影响。北京亟须研究三次产业间、户籍人口与非户籍人口间、就业人口与非就业人口间的"人口生态链"数量关系,明确北京人口调控"适度增速"和"适宜结构"的"双适"目标。

参考文献

翟振武、杨凡:《民工荒:是刘易斯拐点还是伊斯特林人口波谷》,《经济理论与经济管理》,2011 年第 8 期。

(作者:尹德挺　中共北京市委党校副教授
　　　　耿月红　中共北京市委党校硕士研究生)

项目名称：网络社会中的信息传播与组织动员机制研究：以北京地区网络集
　　　　　群事件为研究对象
项目编号：12SHB014
项目负责人：彭知辉
项目信誉保证单位：中国人民公安大学

论基于社会沟通的网络舆情工作模式

内容提要： 网络舆情表达和网络舆情工作实际上是政府与网民开展社会沟通的过程。综合网络舆情工作与社会沟通的基本要素，可构建基于社会沟通的网络舆情工作模式。为确保这一工作模式的顺利实施，应充分认识网络舆情表达的合法正当性，正确界定网络舆情中政府与网民的关系，坚持标本兼治的网络舆情工作策略。

　　随着互联网的快速发展以及网络信息技术的不断进步，我国以网络为载体的舆情表达呈激增态势。作为现实社会舆情问题在网络空间中的延伸，网络舆情深刻影响着我国政治、经济、文化和生活的各个方面。我国政府高度重视网络舆情所表达的民意，并将它视为加强执政能力建设和行政管理的重要内容。在具体工作中，目前主要推行政府主导的网络舆情工作模式，即将网络舆情纳入政府管理对象，通过舆情引导与有效应对，避免舆情危机或舆情事件的发生。然而，这种工作模式是一种被动反应的模式，在工作理念、策略等方面存在一些偏差，导致网络舆情工作成效不明显。例如，漠视网民的舆情表达自由而片面强调舆情管控，忽视网民的主体地位而导致舆情引导沦为"自说自话"，无视网络舆情的积极作用而试图实现"舆论一致"，过于倚重舆情监测技术而忽略网络舆情所反映社会问题的根本解决，等等。只有认可网民在网络舆情中的主体地位，尊重网络舆情所表达的民意，在政府与网民之间真正建立沟通渠道，才有可能实现网络舆情问题的真正解决。本文出于对政府主导的网络舆情工作模式的反思，提出建立基于社会沟通的网络舆情工作模式。目前，仅有少数文献对这一问题做出初步研究。它们提出，应打通官方与民间两个网络舆论场域，既呼吁公众理性表达和有序参与，同时政府也要触摸民意脉搏，认真倾听民意。在具体做法上，采用柔性管理方式，把政府管理网络舆情的意志变为网民的自觉行动；政府与网民良性互动，对网络舆情所反映的问题做出及时回应；政府在与网民的沟通中，应采取"态度第一、事实第二"的策略；将沟通始终贯穿于网络舆情事件发生的前、中、后各个时期，而不仅仅是危机发生之后。然而，上述文献基本上仍是从政府角度提出沟通策略的，即政府利用公共权力，与网民进行信息交流，进而说服、影响网民；是以政府为主体，以满足网民需求为目的来设计沟通模式的。因此，基于社会沟通的网络舆情工作模式尚未构建起来，它还是一个值得深入探索的领域。

一、社会沟通与网络舆情工作的契合点

网络舆情是作为主体的网民对作为客体的政府所产生和持有的社会政治态度的反映。网民的舆情表达与政府所开展的网络舆情工作，实际上始终贯穿网民与政府之间不断变动的相互利益关系；舆情主客体之间围绕各种利益，需要不断进行社会政治态度的互动。政府与网民之间只有加强双向、对称的交流沟通，建立基于政府与网民之间社会沟通的网络舆情工作模式，才能化解舆情危机，真正解决舆情问题。

社会沟通是指社会上处于不同社会层次或不同社会部门的个人或组织彼此交流各自的思想、观点、情感等各种信息的过程。政府的运作及其功能的发挥，同样需要通过有效的社会沟通机制，与公众协商与对话，从而达成共识。政府与公众之间的沟通，一般称之为政治沟通。它既指政治主客体之间政治信息的发布和利益诉求的表达，更强调双方经由对话而互相理解，最后达成共识。公共领域——社会生活中能够形成公众舆论的领域——的形成与发展，是社会沟通实现的前提和基础。网络空间具备公共领域的基本属性，它为实现"无扭曲的意见表达、沟通及对话"所需的"理想说话语境"提供了条件。而且，当前网络公共领域呈理性化发展趋势，为社会提供了一个充分讨论与协商的公共空间。因此，网络是社会沟通的重要媒介，基于网络空间的社会沟通，对于加强政府与网民的相互理解，重构政府与网民的关系等，具有重要的意义。网络舆情是社会沟通的一种表现形态：公众以网络舆情形式表达诉求，政府则通过网络舆情工作了解网民诉求，并借助信息发布等与之进行沟通。网络舆情工作实际上是政府以网络为媒介与网民开展社会沟通的过程。社会沟通与网络舆情工作结合，形成基于社会沟通的网络舆情工作模式。

社会沟通遵循对等原则，即沟通主体与客体是平等的关系。从社会沟通角度分析，网络舆情工作实际上是各种信息的表达、传递与沟通活动。因此，基于社会沟通的网络舆情工作主张以科学的态度看待网络舆情。即网络舆情是网民参政议政、表达诉求的重要方式，是网民行使知情权、参与权、表达权和监督权的重要方式；政府应视网络舆情为科学决策的依据，尊重网络舆情，妥善、宽容、积极地对待网络舆情。

社会沟通的目的是沟通主体与客体之间达成共识。基于社会沟通的网络舆情工作实际上就是政府与网民之间通过社会沟通化解舆情危机的过程，即双方互为主客体，通过多次信息传递、反馈活动，最终达成共识。因此，基于社会沟通的网络舆情工作模式区别于传统政府主导的工作模式，它要求重新界定政府的职能，树立新的理念：一是突出社会管理理念。社会管理创新要求政府"尽可能通过平等地对话、沟通、协商、协调等办法，来解决社会问题，化解社会矛盾"[①]。网络舆情是社会管理的一项重要内容，政府应把网络舆情作为听民声、察民意的重要渠道，通过平等对话，及时回应公众诉求。二是突出多元参与理念。重视网络舆情生成中网民维权的法治价值，形成以上下或水平等多维互动沟通与合作协商为主的"治理"理念，尊重网络舆情生成中网民维权意愿并维护网民权利行使的消极自由。三是遵循公开对话理念。政府与网民双方充分利用网络这一公共空间，以舆情形式表达观点。网民通过舆情表达释放怨气，起到"社会减压阀"作用；政府则应履行信息公开义务，及时发布信息，并与网民平等对话。

社会沟通的基本方式是协商民主，通过协商民主的规范意义和价值取向，有效维护权利、达成共识、化解冲突、促进和谐。协商民主既能培育社会沟通所需要的良好的公民精神，如理性、妥协、积极的态度；也能促进政府作用的发挥，在政府与公众之间建立起良性的互动关系。基于社会沟通的网络舆情工作不是从政府的立场、角度来探索网络舆情的"控制""管理""监测""引导""应对"，而是着重探讨政府与网民之间围绕网络舆情，以协商民主的方式，双方开展社会沟通，平等地表达意见，最后达成共识。

二、基于社会沟通网络舆情工作模式的构建

开展基于社会沟通的网络舆情工作，应综合网络舆情与社会沟通的基本要素，构建一种新的工作模式。网络舆情由网民、政府、舆情、媒介等要素构成：网民是网络舆情的主体，是网络舆情的发生源；政府是网络舆情的客体，是网络舆情的聚集点；舆情是网民网络表达的表现形态；媒介指舆情表达或传播的载体，即网络。网络舆情工作的一般模式是：(1)某一与政府具有关联性的现实社会事件发生，引起网民关注；(2)网民借助网络媒介表达社会政治态度，形成网络舆情；(3)网络舆情广泛传播，指向政府并引起政府关注；(4)政府实时监测网络舆情，并根据其发展动态，借助网络及其他媒介引导舆情；(5)政府平息网络舆情，同时关注网民动态，做好跟踪反馈工作(见图1所示)。

---

① 马凯：《努力加强和创新社会管理》，《国家行政学院学报》，2010 年第 5 期。

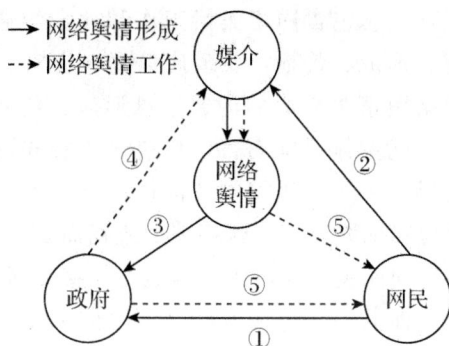

图 1　网络舆情的基本要素及工作模式

社会沟通由沟通者、接受者、沟通渠道和信息构成。沟通者和接受者构成社会沟通的主体，它们相互依存，也相互转化；信息是在沟通者和接受者之间传播的各种信息内容，既包括由沟通者形成的沟通信息，也包括由接受者形成的反馈信息，它们是社会沟通的基本内容；沟通渠道是信息交流的通道，使信息得以传播，社会沟通得以形成。社会沟通的一般模式是：（1）沟通者产生社会沟通需求，并确定接受者；（2）沟通者将社会沟通需求表达出来，形成沟通信息；（3）沟通者通过沟通渠道，将沟通信息传递给接受者；（4）接受者接收沟通信息后，形成反馈信息；（5）接受者通过沟通渠道，将反馈信息传递给沟通者（见图 2 所示）。

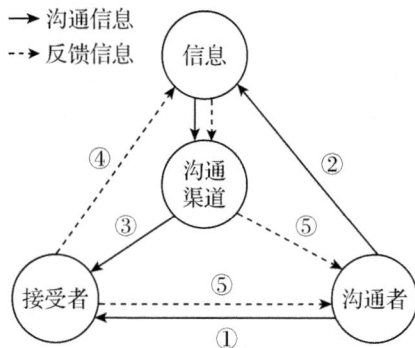

图 2　社会沟通的基本要素及工作模式

网络舆情和社会沟通的基本要素存在对应关系：网络舆情中的政府与网民，在社会沟通中互为沟通者与接受者；网络舆情的载体网络媒介，在社会沟通中体现为沟通渠道；网民的舆情表达及政府的舆情应对，在社会沟通中体现为各种信息。将社会沟通融合于网络舆情工作中，就形成了基于社会沟通的网络舆情工作模式（见图 3 所示）。其基本思路是，在网络舆情形成、发展与应对过程中，网络舆情主客体即网民与政府之间以网络为主要媒介进行有效的信息传播，围绕舆情事件进行充分的沟通，逐渐达成共识，最后化解舆情事件。就内容而言,它包含网络舆情工作和社会沟通两种表现形态,前者包括网络舆情兴起、形成、传播,及政府监测、应对、平息网络舆情的全过程,后者包括以网络舆情为核心的沟通信息形成、传播、接收,及反馈信息形成、传递的过程。就主体对象而言,它包含政府和网民两大主体,一方面网民以网络舆情的形式表达沟通需求及沟通信息,另一方面政府采用社会沟通方式及时、科学应对网络舆情。就环节、流程而言,它是一个循环往复、不断优化的系统,一方面网民与政府作为沟通者与接受者可以相互转换角色,实现全面沟通,达成全面共识;另一方面网络舆情工作与社会沟通不是彼此分割、截然对立的关系,它们融合为一体,构成一个完整的体系。就性质而言,它不对网络舆情做消极作用或积极作用之类简单的定性判断,而是将网络舆情视为网民舆情表达即信息沟通的过程,将网络舆情工作视为政府回应舆情即信息反馈的过程。

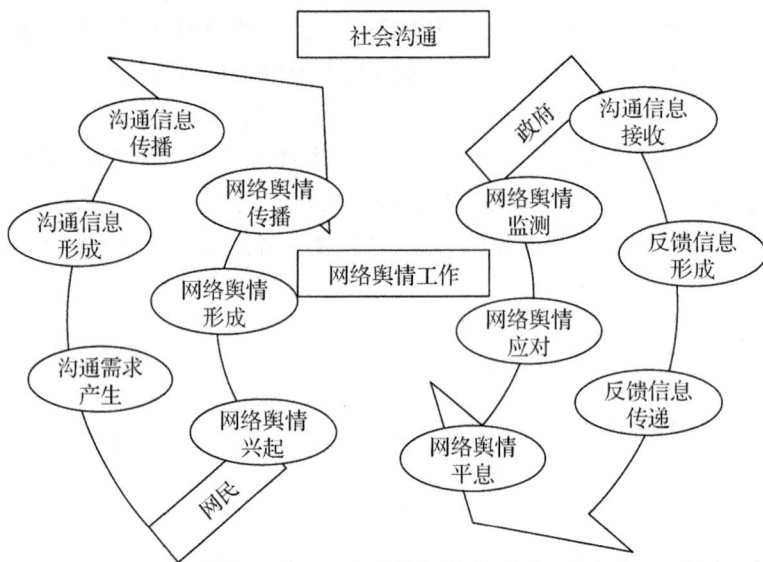

图 3　基于社会沟通的网络舆情工作模式

具体来说,基于社会沟通的网络舆情工作模式包括以下环节:(1)网络舆情兴起与沟通需求产生。网络舆情兴起于网络,却来源于现实社会。一些涉及公共利益的社会现实事件往往是网络舆情的触发源。它们受到社会广泛关注,激发网民通过网络平台传播信息以表达自己的利益诉求。因此,网络舆情兴起实际上是网民社会沟通需求的反映。(2)网络舆情和沟通信息的形成。众多网民通过网络进行意见表达,在互动交流的过程中产生聚集效应,网民个体意见迅速汇聚形成公共意见,即网络舆情。网络舆情是网民社会政治态度的反映,网络舆情的形成也标志着网民沟通信息的产生。(3)网络舆情和沟通信息的传播。网络舆情以新闻跟帖、网络论坛、博客、微博、即时通信群和手机短信、微信等形式广泛传播。网络舆情其实质是网民的一种沟通信息。传播范围越广，公众关注度越高，则沟通信息的传播效力越高，最终就能引起政府的重视，达到社会沟通的目的。（4）网络舆情监测与沟通信息接收。网络舆情触动政府敏感神经，会引起政府监测网络舆情动态。政府通过网络舆情了解社情民意及网民诉求，实际上也就接收到了网民所传递的沟通信息。（5）网络舆情应对与反馈信息形成。政府根据网络舆情监测结果，分析舆情内容及动向，并及时回应网民诉求，形成反馈信息。（6）反馈信息传递与网络舆情平息。政府的反馈信息通过网络及其他媒介向社会发布，同时根据实际情况与网民进一步沟通互动，双方达成共识，最终促成网络舆情的平息或舆情危机的化解。

三、基于社会沟通网络舆情工作模式的实施

基于社会沟通的网络舆情工作模式是对传统政府主导工作模式的一种变革与创新。实施以社会沟通为导向的网络舆情工作模式，政府部门应准确把握网络舆情的本质，视网民为平等的主体，科学掌握网络舆情工作策略。

（一）充分认识网络舆情表达的合法正当性，把握有限治理的基准

网民基于表达自由，拥有舆情表达的合法正当性。表达自由，即言论自由，是构成人类社会的基本价值，是公民的一项基本权利。它作为一条基本原则，我国宪法及相关法律法规予以了明确规定。网络的发展，为表达自由权利的实现创造了良好的条件。网络舆情表达是以网络为媒介、以舆情为表现形态的一种特殊表达方式，其实质是权利的表达。网络舆情表达的合法正当性是以法律赋予的言论自由权利作为其存在的合法性和正当性基础的。

然而，由于网络语境具有虚拟性、匿名性、多元性等特征，以及舆情传播容易发生"群体极化""沉默的螺旋""蝴蝶效应"等现象，这样使得日常规范失效，网民在网络舆情表达中会出现一些情绪化、非理性倾向，有时会形成主观化的、极端的、偏激的意见走向。同时，网络舆情表达也是一个容易出现政府治理缺失的公共空间，它可能引起公共秩序的紊乱，诱发多数人意见对少数人的暴政，并导致政府在网络语境下的行为失态。因此，实施以政府为主体的网络舆情治理是完全必要的。但在网络舆情治理中，政府应明晰其权力运行边界并把握必要限度。要在政府控制和网络舆情表达之间寻求平衡：既通过政府控制，确保公共利益和私人利益不受侵害；又要注意政府的控制活动边界不能无限扩大或任意作为。确立正当治理宗旨，以正义价值引领并协调网络舆情治理中自由与秩序的价值冲突，实现公民维权与政府维稳的法治统一。

（二）正确界定网络舆情中政府与网民的关系，尊重网民的主体地位

网络舆情中作为主体的网民和作为客体的政府是对等的。然而，当前的

网络舆情工作总体上是政府以一种支配、主宰网民及其舆情表达的方式,试图"控制""管理""引导""监测"或"应对"网络舆情。虽然随着对网络舆情认知的深化,政府在网络舆情工作中的角色经历了由"控制者""监测者""管理者"到"引导者""应对者"的变化过程,然而整体上仍忽视网民的主体地位,政府保持对网络舆情的支配地位。如果网民在网络舆情中的主体地位得不到保证,政府缺乏对网民舆情表达的尊重,那么,政府再怎么放低身段,网络舆情问题也不可能获得真正的解决。

建立基于社会沟通的网络舆情工作模式,关键是要确立政府与网民的平等关系。首先,要从观念上接受网民群体。这样政府才能和网络社会产生互动,和网民形成共鸣。应转变居高临下的表达方式,少说官话、虚话、套话,多用平等亲和的话语;坚持平和理性,正确对待网民意见,包容网民评论。其次,充分认识网民及网络舆情作为公众和民意代表的普遍性。当前我国网民数量达 6.18 亿人,互联网普及率为 45.8%。网民所表达的网络舆情虽不能等同于全部公众的社会政治态度,但仍具有广泛的代表性。再次,要从根本上纠正视网络舆情为"敌情"的偏见。充分认识到网络舆情的价值和功用,善于从网络舆情中了解民意、汇集民智,使网络成为公众有序政治参与、政府汲取民间智慧的一个重要平台。

(三)坚持标本兼治的网络舆情工作策略,建立畅通的信息沟通渠道

政府主导下的网络舆情工作采用一种被动应对的模式,即在舆情产生并形成舆情危机的情况下,政府再采取措施,如发布信息、引导舆情、平息事件、满足诉求等。在这一模式下,政府时时陷于网络舆情旋涡,疲于应对,处处被动。为加强网络舆情工作的主动性,各级政府部门大量引进网络舆情监测软件,试图实时监控网络舆情突发事件,实现对复杂舆情的自动识别。然而,过度迷信与依赖技术,将网络舆情应对捆绑在技术之上,过于倚重监测数据,往往阻碍了对网络舆情的真实判断。在网络舆情应对上,政府部门片面依赖一些方法、技巧的习得,着眼于"灭火"而不好好"防火",只注重危机应对而忽视对网络舆情所反映社会问题的根本解决,这实际上并不能真正消弭舆情危机。

网络舆情是传统社情民意借助现代网络技术的一种新的表达。网络舆情与现实社会中的诉求表达,存在着此消彼长的关系。要根除网络舆情形成的社会基础,应畅通民意表达渠道,加强政府与公众之间的沟通。基于社会沟通的网络舆情工作模式应将政府与网民之间的沟通交流放在突出位置,尊重网民批评政府施政缺失、开展舆论监督的权利,为公众舆情表达提供方便、快捷的渠道;完善网络民意的审核、答复和转办机制,实现网民诉求回复的制度化和解决问题的常态化;将社会现实问题的解决放在第一位,把舆情处置和问题解决结合起来。

本文通过对政府主导网络舆情工作模式的反思，提出将社会沟通融于网络舆情工作中，构建基于社会沟通的网络舆情工作模式。这是由于两者在构成要素、工作模式等方面存在契合点，可以相互融合，互为一体。构建基于社会沟通的网络舆情工作模式，要求政府放弃对网络舆情的支配，重视网民的舆情表达，尊重网民的主体地位，在与网民的沟通互动中达成共识，促成网络舆情问题的解决。当然，这一工作模式目前只是一种理论预设，其真正实施，还有待政府转变观念，在体制、机制上确保它切实发挥作用。

参考文献

[1] 人民网舆情监测室：《打通"两个舆论场"——善待网民和网络舆论》，http：//opinion. people. com. cn/GB/15119932. html。

[2] 黎慈、邵杰：《论政府应对网络舆情能力的有效提升》，《中共贵州省委党校学报》，2011 年第 2 期。

[3] 姜胜洪：《网络时代如何实现官民良性互动——地方党委政府应对网络舆情热点问题的经验和做法》，《社科纵横》，2011 年第 6 期。

[4] 郑智斌、王诗雨、陈冲：《重大突发事件的网络舆情及其沟通——以"7·21"北京暴雨事件为例》，《湖南大众传媒职业技术学院学报》，2013 年第 1 期。

[5] 刘金荣：《危机沟通视角下微博舆情演变路径研究》，《情报杂志》，2012 年第 7 期。

[6] 李秀忠：《我国政府网络沟通的问题与对策》，《山东师范大学学报（人文社会科学版）》，2013 年第 2 期。

[7] 王来华：《舆情研究概论：理论、方法和现实热点》，天津：天津社会科学出版社，2003 年。

[8] 刘祖云：《社会沟通：社会稳定与协调发展的内在机制》，《社会主义研究》，1990 年第 4 期。

[9] 周清：《试论执政党社会沟通机制的内涵及其基本功能》，《求实》，2006 年第 1 期。

[10] 谢金林：《论网络空间的政治沟通》，《社会科学》，2009 年第 12 期。

[11] [德]哈贝马斯著，曹卫东译：《公共领域的结构转型》，北京：学林出版社，1999 年。

[12] Shah D，Cho J，William E，et al. Information and Expression in a Digital Age：Modeling Internet Effects on Civic Participation. *Communication Research*，2005(5).

[13] 杜骏飞、魏娟：《网络集群的政治社会学：本质、类型与效用》，《东南大学学报（哲学社会科学版）》，2010 年第 1 期。

[14] 马凯：《努力加强和创新社会管理》，《国家行政学院学报》，2010 年第 5 期。

[15] 齐卫平、陈朋：《论协商民主与社会主义和谐社会的政治沟通机制》，《华东师范大学学报（哲学社会科学版）》，2008 年第 3 期。

[16] 向加吾、许屹山：《政治沟通：社会转型期政治合法性资源重构的重要视角》，《湖北社会科学》，2006 年第 2 期。

[17] 张淑华：《网络民意表达的实质》，《青年记者》，2008 年第 2 期。

[18] 张小明：《规范网络舆情管理中的政民互动关系》，《学习时报》，2013 年 6 月 10 日，

第 4 版。

［19］陈伯礼、徐信贵：《网络表达的民主考量》，《现代法学》，2009 年第 4 期。

［20］包巍：《民主进程中的政府网络舆情干预论》，《东方论坛》，2010 年第 6 期。

［21］胡朝阳：《论网络舆情治理中维权与维稳的法治统一》，《学海》，2012 年第 3 期。

［22］徐敬宏、蒋秋兰：《党政机构微博在网络舆情引导中的问题与对策》，《当代传播》，2012 年第 4 期。

［23］中国互联网络信息中心：《第 33 次中国互联网络发展状况统计报告》，http：//www.cnnic.net.cn/hlwfzyj/hlwxzbg/hlwtjbg/201401/P020140116395418429515。

［24］刘国军：《网络舆情发展与地方政府社会治理考量》，《理论研究》，2010 年第 3 期。

［25］党生翠：《当前网络舆情管理中的技术主义倾向：反思与超越》，《现代传播（中国传媒大学学报）》，2012 年第 12 期。

［26］《网络舆情面前，不能止于"应对"》，《新京报》，2010 年 4 月 13 日，第 A02 版。

［27］王娟：《网络舆情的分级响应与处置》，《人民论坛》，2012 年第 29 期。

（作者：彭知辉　中国人民公安大学教授）

项目名称：北京市完善养老服务体系研究——对居家养老的现状分析和供需预测

项目编号：13JDSHC010

项目负责人：陶　涛

项目信誉保证单位：中国人民大学

北京市完善养老服务体系研究

——对居家养老的现状分析和供需预测

内容提要：本研究详细分析了北京市居家养老服务发展现状，并借助 2013 年中国人民大学老年学研究所组织的北京市西城区老年人基本情况和服务需求研究调查数据和北京市第六次人口普查数据，分别对 2015—2050 年北京市老年人居家养老服务的保障性客观需求和市场性主观需求规模进行低线预测，预测结果显示，北京市未来居家养老服务在满足基础保障性需求以及全面市场性需求方面面临的压力和挑战均不容小觑。

老龄化问题是中国即将面临的最为紧迫、最为严峻的问题之一。快速老龄化进程与家庭小型化、空巢化以及家庭传统功能弱化相伴随，与经济社会转型期凸显的深层次矛盾和问题相交织，社会养老保障和养老服务的需求将急剧增加，老龄事业发展既迫在眉睫又任重道远。受中国传统文化的影响，老年人大多需要家人精神上的支持、关心和帮助，大多喜欢居住在家中养老，而不愿意选择机构养老。在人们"居家"与"养老"的共同要求下，居家养老社区服务应运而生，既取得了一定的发展成果，同时也面临着许多挑战。

北京是国家的首都，作为正在建设世界城市的国际大都市，其老龄化严重程度和经济发达程度都受到全国瞩目。因此，在家庭核心化、空巢化与老龄化、高龄化共同出现，居家养老服务事业正在起步的关键时刻，非常有必要通过对北京市居家养老服务事业发展现状的调研分析，掌握目前居家养老服务发展中存在的主要问题以及供需状况，并对未来的需求趋势进行预测。在此基础上，考虑到以往的养老服务需求研究往往将老年人视为一个整体，并未重视其中的异质性，故非常有必要着眼于不同年龄、不同身体状况老年人的差异化需求，通过对未来需求情况进行人群细分来尽可能准确地预测北京市老年人居家养老服务的需求趋势，本着"按需供给"的原则，为北京市今后居家养老服务政策的进一步调整以及服务体系的健全完善提供数据支持，从而使北京市未来社区居家养老服务的供给更加具有针对性，资源整合效率更高。总之，在真正的需求高峰来临之前未雨绸缪，不仅有益于北京市居家养老服务事业的发展以及老龄化问题的应对，更对全国各大城市有着很强的借鉴意义。

一、国内外研究现状述评

借助文献回顾法分别对国外和国内有关社区居家养老的研究进行搜集、整理和分析。梳理了国外有关社区居家养老服务理论、供需状况、供给主体、运行机制及管理方式等多个方面的研究，并梳理了国内有关社区居家养老服务合理性分析、现存问题、供需现状及具体模式等方面的研究。

通过归纳总结现有文献发现，国内外的研究尽管都对社区居家养老服务发展中存在的问题以及供需状况进行了大量分析，但分析过于宽泛和笼统，仅将老年人群体视为无差异的人群，并未对其进行人群细分和需求细分，以至于得出的结论因调查对象特征分布的不同而存在很大差异。此外，国内外研究缺乏对于居家养老服务未来需求趋势的预测，已有的预测性研究往往仅是笼统地指出未来需求将会集中的主要服务领域或仅按照老年群体的某一种特征分类进行预测。因此，本研究拟在此方面进行拓展，对各种类型老年人的需求进行人群细分，并从不同的政策视角出发，对北京市未来社区居家养老服务需求的变动趋势进行分类别预测，以此为科学决策提供统计依据。

二、北京市居家养老服务发展背景分析及现状简介

（一）发展背景

从北京市居家养老服务发展的人口背景来看，北京作为率先进入老龄化社会的大都市之一，当前正面临着严峻的户籍人口老龄化形势，老龄化及高龄化程度快速提升，老年抚养负担不断加重。截至 2013 年年底，北京市户籍总人口 1316.3 万人中，60 岁及以上户籍老年人口 279.3 万人，占总人口的 21.2%；65 岁及以上户籍老年人口 191.8 万人，占总人口的 14.6%；80 岁及以上高龄户籍老年人口 47.4 万人，占总人口的 3.6%。从 2012 年年底至 2013 年年底，60 岁及以上户籍老年人口增加 16.4 万人，增长 6.2%，占户籍总人口比例从 20.3% 增至 21.2%；65 岁及以上户籍老年人口增加 7.2 万人，增长 4%，占户籍总人口比例从 14.2% 增至 14.6%；80 岁及以上高龄户籍老年人口增加 4.8 万人，增长 11.3%，占户籍总人口比例从 3.3% 增至 3.6%。不断提升的高龄化速度以及庞大的老年人口规模使得北京市养老问题日益凸显，成为未来经济社会发展的重大挑战。

从北京市居家养老服务发展的政策背景来看，在全国各大城市着力发展居家养老服务的大趋势下，北京市作为老龄化程度位于前列的城市，其居家养老服务体系建设也一直处于领先地位，从 2000 年开始，北京市的部分区县

就开始居家养老服务试点工作，2008 年正式确立了居家养老服务的十个补贴试点区并制定下发了配套的政策措施，从 2009 年开始，北京市居家养老服务进入推广阶段，确立了"9064"养老模式并正式启动实施"九养政策"。

（二）发展现状

在《北京市"十二五"时期老龄事业发展规划》的指导下，北京市居家养老服务在"十一五"期间所取得的成果上又有了进一步发展："九养"政策得到进一步的贯彻落实，社会化管理服务不断完善，社区医疗服务持续发展，法律援助服务大力推进。

但通过对北京市西城区抽样调查数据的定量分析发现，北京市居家养老服务发展中依然存在一些问题：一方面，随着北京市老年人生理状况的下降以及经济状况的改善，对养老服务的需求明显增长，北京市老年群体对于各项社会化养老服务的需求率越来越高；另一方面，目前的社区养老服务宣传不力、内容单调、质量偏低，供给不足且缺乏监督。从服务供给数量及内容来看，在本研究所调查的社区中，有近九成的社区仅拥有不到十家的居家养老服务提供商，社区内各项居家养老服务设施的供给率低于 50%，而且服务种类比较单一，大部分社区所提供的居家养老服务主要属于日常照料、上门家政、简单护理等基础型的服务，很少有社区能够提供心理咨询、文体娱乐、医疗保健等专业性较高的高层次服务。从服务的宣传及监督力度来看，被调查社区内有高达 20%—30% 的老年人根本不知道自己所在社区是否提供居家养老服务以及具体提供了哪些服务项目，并且大部分老年人服务质量意识、反映问题意识以及权利意识较为薄弱，没能实现对居家养老服务过程的有效监督以及建言献策。从服务质量来看，八成以上的被访者认为北京市社区居家养老服务存在的主要问题是服务（护理）人员短缺且素质偏低、服务人员培训机构缺乏以及服务水平不高。由此可见，目前北京市居家养老服务发展中存在的主要问题是供给与需求不匹配，无论服务供给的宣传和监督力度，还是服务供给的内容与种类，抑或是服务供给人员素质和供给质量都不能满足北京市老年人的需求及预期。

三、北京市居家养老方式选择影响因素分析

对养老问题的讨论，最基本的方面莫过于如何养老。以往的研究经验显示，一方面，受到中国传统文化的影响，老年人大多需要家人在精神上的支持、关心和生活照料，喜欢在熟悉环境中生活，大多不愿意机构养老，依然愿意居住在家中；另一方面，随着老龄化的日益严峻和人口流动的越发频繁，小型化、空巢化的家庭，快节奏的生活，使得家庭养老的现实性逐渐降低。在此情形下，面对不同的养老方式，北京市老年人的养老意向如何？是哪些因素对老年人的养老方式选择产生重要影响？老年人对养老方式的选择是迫

于客观条件(如身体健康问题、经济状况限制、家庭照料和资源不足等)还是基于主观自愿(如思想开放、拥有经济能力、市场供给充分)？这些都是亟待探究的问题。

为了探寻上述一系列问题的答案，本研究采用中国人民大学老年学研究所 2013 年北京市西城区 60 岁及以上老年人基本情况和服务需求研究调查数据，将可能影响北京市老年人养老方式选择的各个因素分为自身特质、健康状况、家庭环境、社区环境四类，针对家庭养老、机构养老、居家养老三种方式进行多分类 Logistic 回归，以此比较各类因素对不同养老方式的影响，进而分析北京市老年人选择居家养老服务模式的内在原因。

表 1　北京市老年人养老方式选择的三分类 Logistic 回归模型

纳入模型的自变量	模型 1 机构养老 VS 家庭养老			模型 2 居家养老 VS 家庭养老		
	回归系数	标准误	发生比率	回归系数	标准误	发生比率
自身特质类						
年龄	-0.024^*	0.012	0.976	-0.032^{**}	0.012	0.968
受教育年限	-0.024	0.012	0.976	-0.032	0.012	0.968
男性	0.442^{**}	0.156	1.556	0.169	0.149	1.185
是否有离退休待遇	-1.044^*	0.440	0.352	-1.69^{**}	0.600	0.185
健康状况类						
心理健康	0.355	0.206	1.426	0.583^{**}	0.196	1.791
身体健康自评	0.036	0.072	1.037	0.030	0.070	1.030
家庭环境类						
配偶是否健在	0.039	0.186	1.040	-0.281	0.196	0.755
孩子个数	-0.148	0.089	0.862	-0.056	0.088	0.946
孩子的孝顺程度	0.232^*	0.097	1.261	0.041	0.100	1.042
社区环境类						
是否有托老所	-0.260	0.176	0.771	0.143	0.185	1.154
是否有上门护理业务	-0.333	0.176	0.717	-0.122	0.176	0.885
是否有老年餐桌	0.346^*	0.167	1.413	0.164	0.160	1.178
常数	-0.265	0.879		0.280	0.869	
Nagelkerke R 方	0.082					
-2 对数似然值	2537.135					

注：$***\ p<0.001$，$**\ p<0.01$，$*\ p<0.05$

表1展现了对北京市老年人养老方式选择进行三分类 Logistic 回归的模型拟合结果，从中可以发现：一些以往在单独研究中与养老方式选择存在显著相关的因素在本研究中变得不再显著，如老人身体状况、有无配偶、子女数量等。而在本研究考虑到的所有因素中，老年人的自身特质因素（性别、离退休待遇）以及心理感受对其养老意愿的影响最为显著而强烈，年龄、子女孝顺程度以及部分社区配套设施变量等也对城市老年人的养老方式选择有着较为显著的影响。

北京市目前面临着加速老龄化、高龄化以及大批独生子女父母即将进入老年人行列的巨大压力，以西城区为例的实际调查数据显示，这些经济有保障、配偶子女有支持、身体健康状况尚佳、可获得的养老市场供给在全国领先的老年人多数依然对家庭养老青睐有加，但也显示出了部分人群对机构养老和居家养老的主动选择。在真正的老年服务需求高峰来临之前，只有摸清形式，搞准不同特质的老年人群的养老倾向和需求，才能有针对性地、有效地制定政策，提供恰当的养老供给和服务。

四、北京市居家养老服务需求趋势预测

如前文所述，一方面北京市老龄化及高龄化趋势不断发展，养老服务需求量日益扩大；另一方面现有的社会化养老服务供给量严重不足，服务质量十分有限，再加上家庭依然在养老服务中扮演重要角色，但家庭结构变迁又导致家庭传统养老功能削弱明显，故非常有必要在现行政策基础上，继续推进居家养老服务事业，特别是大力发展协助性的社会化养老服务。为了给今后北京市居家养老服务供给规模的设定以及服务体系的健全完善提供数据参考，本研究需要尽可能全面地对北京市老年群体的居家养老服务需求变动进行预测。

具体而言，本研究从不同的政策视角出发，利用已有预测及调查数据对2015—2050年北京市老年人居家养老服务的客观需求和主观需求变动趋势分别进行预测。

（一）客观需求预测

居家养老服务的客观需求是指在不考虑老年人个人主观意愿的前提下，随着生理机能的衰老退化，存在不同程度功能障碍的老年人由于在日常生活中部分或完全不能自理，因而在客观上不得不依赖于外界的养老服务及支持，进而产生对上门护理、上门家务、帮助日常购物等日常照料型居家养老服务的需求。从政策含义上看，客观需求可以被界定为基本需求或应有保障，它所强调的是被动性的、政府亟须满足的基础型需求，仅仅包含了社区居家养老服务体系中的部分基本内容。本研究假定没有任何功能障碍、完全自理的老年人对居家养老基本服务不具有客观需求，而只有存在功能障碍的老年人

才是未来居家养老基本服务的潜在客户群,即客观需求的预测对象。在此假定下,利用西城区老年人调查数据分"轻度依赖""中度依赖""重度依赖"和"完全依赖"四种类型分别进行客观需求预测。具体预测公式如下所示:

$$OD^x_{total} = \sum B_i \times P^x_{60+}$$

$$= B_{75\sim95} P^x_{60+} + B_{50\sim70} P^x_{60+} + B_{25\sim45} P^x_{60+} + B_{0\sim20} P^x_{60+}$$

注:公式中各参数含义:

OD:客观需求规模

x:年份

B_i:分不同功能障碍等级的老年人比例

i:功能障碍分级的 Barthel 指数分数段

P_{60+}:60 岁及以上老年人口数

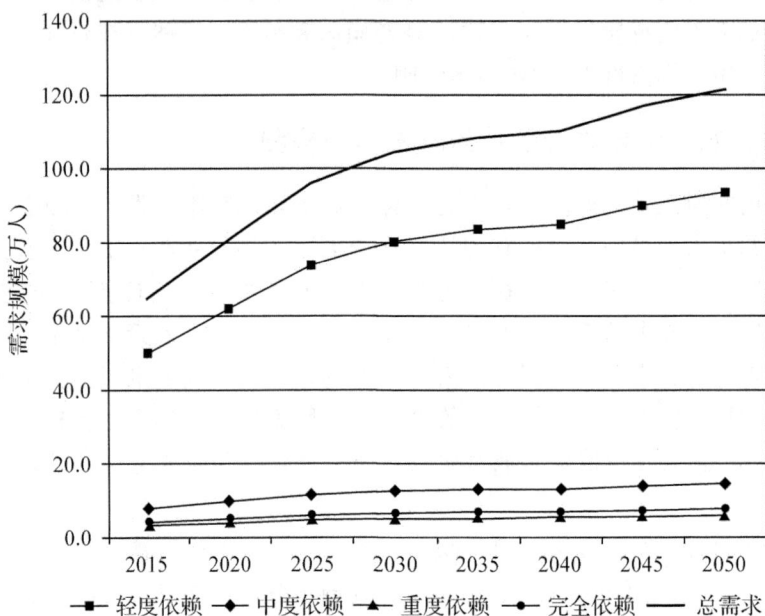

图 1　2015—2050 年北京市老年人居家养老服务客观需求变动趋势

图 1 展现了本研究对未来北京市老年人口居家养老服务客观需求的预测结果。可以看出,在总需求中,功能障碍等级属于"轻度依赖"的老年人需求规模最大,2015 年预计达到 49.9 万人,此后经历一个相对快速的增长期,至2025 年达到 73.3 万人,接下来增速有所放缓,至 2040 年达到 84.6 万人,接着又开始提速增长,最终于 2050 年达到 93.3 万人,期间需求量共增加了43.4 万人。与"轻度依赖"的需求规模及变动趋势相比,"中度""重度"以及"完全"依赖的需求量比较小,并且变化相对平稳。值得关注的是,未来一段时间北京市"完全依赖"老年人的照料压力将持续大于"重度依赖"老年人,"完全依

赖"老年人由于丧失全部自理能力，因而需要更多以及更专业的居家养老服务，这对北京市未来居家养老服务供给量以及供给水平都是较大的挑战。

(二)主观需求预测

居家养老服务的主观需求则是指在目前的养老服务体系发展状况以及家庭养老服务供给能力下，老年人主动产生的对于各类居家养老服务的需求。从政策含义上看，主观需求可以被界定为全面的市场性需求，由于主动选择居家养老服务模式的老年人在家庭社会经济状况、受教育程度、身心健康状况、自理能力等方面存在异质性，因此其主动选择居家养老服务模式时重点希望获得的服务类型也存在差异，其覆盖了社区居家养老服务体系中从日常照料类基础保障型服务到医疗保健类、精神慰藉类等较高层级服务在内的全部服务内容。与不考虑老年人个人主观意愿的客观需求不同，居家养老服务主观需求的预测完全建立在对北京市老年人养老方式选择主观意愿分析的基础上。亦即，完全自理的老年人中也有主动选择居家养老服务的，而完全不能自理的老年人中也有不选择居家养老服务的，此处界定的主观需求考察的是市场性需求，而非保障性需求。北京市西城区老年人基本情况和服务需求研究调查询问了被调查老年人"您最愿意选择以下哪种方式养老?"答案有三个选项，分别为"养老院""家庭养老"以及"社区提供服务的家庭养老"。被调查的老年人中有14.7%选择了"社区提供服务的家庭养老"，也即目前居家养老方式的主观选择率为14.7%。我们假定目前人们对居家养老方式的主观选择率在2050年之前保持不变(事实上随着居家养老服务的发展，主观选择率会逐年上升，这里预测出来的仅仅是最低水平)，故主观需求的预测公式如下:

$$SD_{total}^x = 14.7\% \times P_{60+}^x$$

注:公式中各参数含义:

SD:主观需求规模

x:年份

P_{60+}:60岁及以上老年人口数

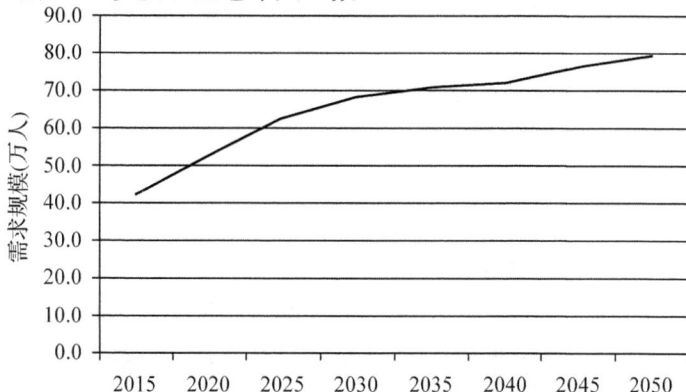

图2 2015—2050年北京市老年人居家养老服务主观需求变动趋势

图 2 展现了本研究对未来北京市老年人口居家养老服务主观需求的预测结果。可以看到，居家养老服务的主观需求总量从 2015 年的 42.4 万人，增加到 2025 年的 62.6 万人，2040 年的 71.9 万人，最终于 2050 年达到 79.3 万人，呈现出增速由快到慢再到快的趋势，期间共增加 36.9 万人。与未来的客观需求量相比，主观需求规模并不大，这反映出在目前的社会经济发展状况以及社会化养老服务体系建设水平下，人们对于居家养老服务模式缺乏了解、信心不足。当然，随着今后北京市居家养老服务事业的发展完善，北京市老年人对于居家养老服务的主动选择率会将有很大的提升空间。考虑到在目前较低的主观意愿下，到 2050 年尚且有近 80 万老年人需要获得各种类型、层级的居家养老服务，可见北京市居家养老服务体系建设所面临的压力之大。

需要特别指出的是，虽然客观需求和主观需求出于不同的政策视角、关注于居家养老服务的不同方面，但是二者反映的都是低线需求，都是北京市政府在今后的社区居家养老服务建设中必须尽快满足的需求。本研究在预测北京市老年群体居家养老服务主、客观需求时都是以 60 岁及以上人口整体来计算的，但真正的需求量与老年人口的内部结构是密切相关的，不同年龄段老年人口对于居家养老服务的主、客观需求是存在差别的，因此，北京市未来居家养老服务格局需要按照老年人口的年龄结构进行动态调整。

五、北京市居家养老服务供需矛盾分析及对策建议

综合上述分析可以发现，北京市居家养老服务体系目前的供给水平不能满足北京市老年人群体当前以及未来的居家养老服务需求，也即北京市居家养老服务体系存在供给与需求不匹配的问题。

(一)北京市居家养老服务供需矛盾分析

1. 服务供给的宣传与监督力度与老年人需求不符

北京市西城区老年人基本情况和服务需求研究调查数据显示，西城区各社区老年人对于各项居家养老服务的使用率几乎全部低于 10%。由此可见，目前北京市各大社区对于所提供的居家养老服务缺乏有力宣传，导致广大老年人群体对居家养老服务的认识和接受程度较低，很少主动寻求及使用各项居家养老服务，这一方面造成北京市社区内现有居家养老服务资源的闲置与浪费，另一方面不利于老年人充分表达自己的真正需求，以促进各项居家养老服务的调整完善。

2. 服务供给的内容与种类与老年人需求不符

首先，老年人身体状况上的差异会引发不同需求。其次，老年人家庭关系及子女状况上的差异会引发不同需求。再次，老年人经济状况上的差异也会引发不同需求。然而，目前北京市的居家养老服务对象过于单一、覆盖面过窄，且服务内容单调、服务种类匮乏，无法随着不同老年人群体不断变化

的需求而提供不同的服务，灵活适应性低。

3. 服务供给人员素质与供给质量与老年人需求不符

目前北京市社区居家养老服务存在的主要问题之一便是服务（护理）人员短缺且素质偏低、志愿者队伍缺乏以及服务人员培训机构缺乏。由于北京市居家养老服务从业人员队伍呈现年龄偏大、文化程度偏低、服务技能和专业素养缺乏等特点，进而导致各项居家养老服务的供给质量难以满足广大老年人的需求及预期。

(二)完善北京市居家养老服务体系的对策建议

1. 发展居家养老服务宣传及监督工作，提高老年人认知程度及监督意识

老年人是居家养老的服务对象，是居家养老服务的主体，要推进北京市居家养老服务的快速发展，必须全面提高北京市老年人群体对于居家养老服务的认知水平，并充分尊重其需求表达意愿以及服务监督权利。

首先，政府应该加大宣传力度，开展各种居家养老服务的宣传和教育活动，让更多老年人了解、认识并认同居家养老服务。其次，在居家养老服务实施过程中，应想方设法提高老年人的参与度，帮助他们真正参与到居家养老服务体系的建设完善中来。一方面要积极宣传老年人在居家养老服务中所享有的权益，增强老年人在使用居家养老服务过程中的权利意识，另一方面应当设立专门的部门广泛征求老年人的意见，并将征求到的老年人对居家养老服务的意见和建议进行汇总和分析，对其中可行的部分予以采用，使老年人有主人翁的感觉。

2. 细分老年人服务需求，提供个性化、差异化的居家养老服务

面对异质性强的老年人群体及其多样化的居家养老服务需求，北京市社区居家养老服务急需告别当前经验式、粗犷式的发展方式，实现精细化、产业化发展。居家养老服务是一种细分产品，要在对老年群体进行科学划分的基础上有针对性的按需提供。

"按需提供"需要依据老年人的实际状况进行适当分类，强调按照个人需要与要求设置服务内容，并根据不同类型的服务采取不同的工作手段，解决不同服务对象的问题。因此，需要在北京市各区县建立起老年人服务信息库，为差异化服务的供给提供准确而丰富的信息支持。在此基础上，需要细分服务内容，仔细梳理目前的北京市各社区提供的各项居家养老服务，适当归类，确定哪些服务可以依托市场重点展开，哪些服务应该依托志愿者重点展开，哪些服务能够依托社会组织重点展开。例如，针对高龄、非自理老人，应以上门服务为主，为老人提供医疗、康复、护理、洗涤、购物、餐饮、家务、心理咨询等全方位上门服务；针对刚退休的低龄老人、空巢老人，应采用弹性服务方式，根据老人自己的实际需求选择服务，并鼓励他们走出家门，到社区内参加各种有益的文化、体育活动等。

3. 开发居家养老服务人力资源，构建多层次的服务队伍

养老服务的人力资源队伍是居家养老服务事业发展的基础，一个完整、立体、多层次的居家养老服务队伍，人员配置应由正规照顾人员与非正规照顾人员进行合理搭配，应该是在专业人员指导下，集合政府、社区、家庭、志愿者、社会组织、老年人自身等多重力量的综合服务体系。为了改变现如今分散化、非专业化的服务人员格局，构建多层次的居家养老服务队伍，应该做到：第一，强化现有的服务队伍建设；第二，强化基层的激励保障机制；第三，做好老年人家属的教育和培训工作；第四，发挥好志愿者的作用，积极引导老年人实现"自助"。

参考文献

[1]陈赛权：《中国养老模式研究综述》，《人口学刊》，2000 年第 3 期。

[2]郭竞成：《居家养老模式的国际比较与借鉴》，《社会保障研究》，2010 年第 1 期。

[3]桂世勋、倪波：《老人经济供给"填补"理论研究》，《人口研究》，1995 年第 6 期。

[4]郭志刚、陈功：《老年人与子女之间的代际经济流量的分析》，《人口研究》，1998 年第 1 期。

[5]马小红：《北京市未来 50 年户籍人口变动趋势预测》，《北京社会科学》，2003 年第 4 期。

[6]任炽越：《城市居家养老服务发展的基本思路》，《社会福利》，2005 年第 1 期。

[7]周元鹏、张抚秀：《上海市社区居家养老服务发展的背景、需求趋势及其思考》，《人口与发展》，2012 年第 2 期。

[8]张丽萍：《老年人口居住安排与居住意愿研究》，《人口学刊》，2012 年第 6 期。

[9]张婷：《我国居家养老服务的发展路径探析》，《现代商业》，2011 年第 14 期。

[10] Eleanor Palo Stoller, Karen L. Pugliesi. Size and Effectiveness of Informal Helping Networks: A Panel Study of Older People in the Community Journal of Health and Social Behavior, June 1991, Vol. 32, No. 2.

[11] Stoltz, Peter, Udén, Giggi, Willman. Ania: Support for Family Carers Who Care for an Elderly Person at Home-a Systematic Literature Review. *Scandinavian Journal of Caring Sciences*. June 2004, Vol. 18 Issue 2.

（作者：陶　涛　中国人民大学讲师）

城市学学科

项目名称：北京新城规划建设与人口均衡发展研究
项目编号：10AaCS021
项目负责人：叶裕民
项目信誉保证单位：中国人民大学

新城建设对北京市人口发展的影响

内容提要：自 2005 年新城建设以来，北京市常住人口仍旧持续增长，远远超过《北京市城市总体规划（2004—2020）》（以下简称《规划》）要求。新城发展集聚大量京外流动人口，也通过一系列独特机制助推中心城区常住人口的增长；同时，劳动人口的流入为北京市尤其是新城区提供人口红利。新城规划建设主要依靠行政手段下郊区县政府主导，而且新城公共服务水平与中心城区差异明显，加之新城流动人口的结构特征和心理期待，使得新城规划建设对于中心城区人口疏解作用甚微。对此，本文建议多层面协同推进新城规划建设与人口均衡发展：市级层面加强人口管理与政策调控；区县层面注重公共服务与设施发展；社区层面强化人口管理与社区治理。

一、新城建设以来北京市人口发展状况

自 2005 年新城建设以来，北京市常住人口从 2005 年的 1538 万人增加到 2012 年的 2069.3 万人，增长 34.5％，年均增加 75 万人，远远超过《规划》要求。新城区人口变动与中心城区人口变动存在一定的差异，而且其人口结构的变动也存在一定的差异。

（一）人口规模

北京市户籍人口比重高，但是流动人口增加是北京市常住人口增加的主要动力。2012 年北京市户籍人口为 1295.5 万人，占常住人口的 62.6％，流动人口占 37.4％。北京市流动人口占常住人口的比重不断增加，从 2005 年的 357.3 万人增加到 2012 年的 773.8 万人，增加一倍；同期，户籍人口仅增加 114.8 万人，增长 9.72％，较低的自然增长率及相对严格的落户门槛是户籍人口增长缓慢的主要因素。

新城区人口增长速度明显高于中心城区，但是户籍人口的增长微乎其微。自 2005 年至 2012 年新城建设以来的七年间，新城的常住人口占总人口的比重从 2005 年的 38.0％提高到 2012 年的 40.7％（见表 1 所示）。北京市常住人

口增加的 531.3 万人中，户籍人口的增长仅占 21.6%，流动人口的增长占 78.4%。新城区户籍人口的增长却显得微乎其微，七年间常住户籍人口增长 13.15%，常住流动人口增长 174.22%。一方面，新城流动人口的迅速增加缓解了中心城区流动人口的增加压力，而另一方面，户籍人口增长率过低，这反映了新城建设目前并未达到吸引中心城区具有户籍的人迁移的目的。

表 1   2005—2012 年北京市人口变化

		2005 年（万人）	2012 年（万人）	2005—2012 年增减（万人）	2005—2012 年变化（%）
常住人口	北京市人口	1538.0	2069.3	531.3	34.54
	中心城区人口	953.2	1227.7	274.5	28.80
	新城人口	584.8	841.6	256.8	43.91
常住户籍人口	北京市人口	1180.7	1295.5	114.8	9.72
	中心城区人口	707.6	760.2	52.6	7.43
	新城人口	473.1	535.3	62.2	13.15
常住流动人口	北京市人口	357.3	773.8	416.5	116.57
	中心城区人口	245.6	467.5	221.9	90.35
	新城人口	111.7	306.3	194.6	174.22

数据来源：北京市统计局：《北京市统计年鉴》

（二）人口结构

新城建设以来，劳动年龄人口的流入为北京市提供人口红利，人口抚养比下降。其中，新城区的流入人口更加年轻，其劳动年龄人口比重高于中心城区。从常住人口来看，2005—2012 年，北京市中心城区 15—64 岁的劳动年龄人口占总人口的比重从 79.2% 增长到 81.2%，同期新城区从 78.6% 增长到 81.7%，这意味着更多的劳动力人口流入新城区。人口老龄化程度是衡量人口年龄结构的另一个重要指标。2010 年北京市老龄化系数为 13.5%，已经进入老龄社会，[①] 受人口流入的影响，到 2012 年时北京市常住人口中人口老龄化系数降至 9.2%。具体来看，中心城区 65 岁及以上老年人口比重从 2005 年的 11.7%，下降到 2012 年的 9.7%，同期内新城区则从 2005 年的 9.3% 降至 2012 年的 8.0%，人口老龄化趋缓，且新城区较中心城区更为年轻化。

中心城区及新城区常住人口中高文化素质人口所占比例不断提高，但中心城区的大学本科及以上的人口所占比例仍远远高于新城区的比例。2005 年，

---

① 吕盛鸽、宣丹萍：《北京市人口老龄化系数预测》，《统计研究》，2012 年第 3 期。

北京市中心城区大学本科及以上文化程度的人口占 16 岁及以上总人口的 15.73%，较中心城区的 4.2%高 11 个百分点。2011 年时，中心城区大学本科及以上文化程度人口所占比例提高到 26.1%，增加 10 多个百分点；同年，新城区该比重提高到 11.4%，比中心城区低接近 15 个百分点，二者差距进一步扩大。

表 2　北京市 16 岁以上常住人口受教育程度分布　　　　单位：%

		小学	初中	高中	大学专科	大学本科及以上
2005 年	全市	14.32	32.19	25.12	11.18	11.36
	中心城区	11.36	26.54	26.80	13.96	15.73
	新城	19.20	41.49	22.36	6.61	4.16
2011 年	全市	10.38	32.73	22.12	12.64	20.20
	中心城区	8.31	27.27	23.08	13.97	26.10
	新城	13.48	40.89	20.69	10.65	11.37

数据来源：北京市统计局：《北京市统计年鉴》

　　北京市人口密度分布极其不均，呈典型的同心圆分布，人口过度集聚在中心城区。人口密度最为集中的地区是传统的功能核心区，超过 20000 人/平方千米。2012 年北京市总体人口密度为 1261 人/平方千米（按常住人口统计），比 2005 年增长 34.58%。其中，2012 年中心城区的人口密度为 8972 人/平方千米，远远超过新城（每平方千米仅 559 人），人口分布极其不均；但从 2005 年到 2012 年间的变动来看，新城区常住人口密度增长 43.70%，中心城区增

表 3　北京市人口密度　　　　单位：人/平方千米

	年份	按常住人口统计	按户籍人口统计	按常住人口统计的增长率（%）	按户籍人口统计的增长率（%）
全市	2005	937	718	34.58	10.03
	2012	1261	790		
中心城区	2005	6966	5257	28.80	12.63
	2012	8972	5921		
新城	2005	389	306	43.70	5.88
	2012	559	324		

数据来源：北京统计局：《北京市统计年鉴》

长 28.80%，这也意味着新城区吸纳了更多流动人口。从户籍人口口径来看，2012 年北京市人口密度仅为 790 人/平方千米，中心城区人口密度仍远高于新城。从 2005—2012 年的人口密度增幅来说，中心城区户籍人口统计的增长率(12.63%)高于新城(5.88%)。

二、新城流动人口对北京市人口发展的影响

在前文对新城建设以来北京全市、中心城区、新城区人口发展变动的分析中已经发现，不论新城还是中心城区常住人口均有不同幅度的提升，而且新城区流动人口的增长速度远高于中心城区。在这种差异性的增长背景下，新城建设是否起到疏散中心城区人口的作用并不能得到判断，而是有两种可能状况：第一，如果新城区增长的流动人口是来源于中心城区，或者新城区新增的流动人口是原本计划直接流入中心城区的流动人口，那么，我们可以得出新城建设起到了预期效果；第二，如果新城建设中新城区新增的流动人口是来自京外，是受新城建设带来的机会吸引，而之前并未有流入北京的意愿，那么，这种情况下新城区起到了相反的作用，即吸引了更多的人口流入北京，而且，这些流动人口下一步计划进一步流入中心城区，则带来了与预期相反的效果。对此，课题对新城区流动人口的特征、来源、未来意愿进行分析，充分关注流动人口在中心城区和新城区之间的流动问题，从相对微观的视角分析北京市的人口流动问题，以深入探讨新城建设对北京市人口均衡发展的影响机制。

(一)新城区流动人口流动意愿与行为分析

根据研究需要，本课题在北京市哲学社会科学基金和中国人民大学公共管理学院资助下开展"2010 年和 2011 年北京新城流动人口调查"，在亦庄、顺义与密云通过地图法抽取样本调查，最终回收有效问卷 931 份。受访新城流动人口中，男性占 58.4%(544 名)，平均年龄 29 岁，未婚者与初婚有配偶者为主，分别为 52.3% 和 45.3%；农村人口占 73.9%；受访者以初中和高中受教育程度为主，分别为 39.7% 和 33%，大专和高职占 10.4%。通过与北京全市范围内的流动人口相关数据①比较可以初步发现，新城流动人口平均年龄更低，未婚人口比重更大。

1. 新城流动人口的未来流动意向

在"北京市新城流动人口调查"中，我们对流动人口未来去向进行意愿调

---

① 由于笔者缺乏调查时点在 2010 年左右的相关数据，这里主要参考了中国人民大学人口与发展研究中心 2006 年 9—10 月组织的"北京市 1‰流动人口调查"相关数据。该调查显示，在 15 岁以上流动人口中，未婚者占 22.4%，有配偶者占 75.4%；在已婚流动人口中，75.3% 的流动人口与配偶同时在京流动。

查。根据调查结果显示，对于未来工作的打算，接近一半的被调查者认为只要"工作机会好就去中心城区"，占 45.5%，有 37.2% 的被调查者没有计划，17.3% 的被调查者则"一直在寻找机会，迟早得去中心城区"。值得注意的是，密云流动人口"一直寻找机会，迟早得去中心城区"的比例最大，占 31.2%，顺义和亦庄的这一比例为 17.8% 和 15.7%。综合前文数据，我们可以发现，密云的流动人口中，从中心城区流入的比例相对高，同时有强烈流向中心城区意愿的比例也相对高。

结合前文关于流入新城原因的分析，本课题认为这一现象的背后可能存在两个重要的机制：其一，从中心城流向密云的流动人口中，存在大量的临时性流动现象，相当数量的流动人口主要是迫于经济压力暂时流入生活成本较低的新城，他们一直在寻找重新回到中心城的机会；其二，对大量从京外聚集到密云的流动人口而言，存在"外地—北京郊区—北京中心城"的发展与流动预期，新城只是他们在北京就业的过渡地。这些机制也可以从另外的一项数据得到印证。从期望流向中心城的原因来看，超过一半的被调查者认为中心城区"发展机会更多"，占 59.9%，其次为"城里更长见识"，占 16.4%，而选择"环境设施好""以后说起来也体面些""城里更有北京味儿"的比例则很低，分别为 7.2%、5.3% 和 1.3%。

2. 未来意向的影响因素分析

为更好地了解新城区流动人口未来流动意愿，分析新城区流动人口的流动机制，我们以"是否要去北京中心城区"为因变量，该变量答案为二分变量（"是"=1，"否"=0），因而采用二分 Logistic 回归分析法。回归中以受教育程度、来京时间、来新城时间、来新城之前所在地、收入水平为自变量，将性别、年龄、民族、户口性质作为控制变量（具体描述见表 4 描述所示）。

表 4　变量描述

	变量名称	变量类型	特征说明
因变量	是否要到中心城区发展	二分虚拟变量	
自变量	受教育程度	虚拟变量	小学及以下为参照组
	来京时间	连续变量	均值=8个月
	来新城时间	连续变量	均值=6个月
	来新城之前所在地	二分虚拟变量	其他省市为参照组
	收入水平	连续变量	均值=3190元
控制变量	性别	二分虚拟变量	女性为参照组
	年龄	连续变量	均值=28岁
	民族	二分虚拟变量	少数民族为参照组
	户口性质	二分虚拟变量	农业为参照组

数据来源：中国人民大学"北京市新城流动人口调查"数据

从 Logistic 回归结果可以看出（表 5 所示）：与从其他省市来到新城的流动人口相比，从北京市中心城区迁往新城的流动人口更倾向于再迁往北京市中心城区，可能性增加 45%。

表 5　Logistic 回归结果

变　　量		B	Exp(B)	Sig.
受教育程度（小学及以下为参照组）	初中	0.63	1.878	0.188
	高中	0.677	1.969	0.17
	大专	1.323	3.754	0.016
	本科及以上	0.591	1.806	0.345
	收入水平	0	1	0.813
	来京时间	−0.004	0.996	0.778
	来新城之前所在地（以"其他省市"为参照组）	0.371	1.45	0.082
	来新城时间	0.001	1.001	0.279
	年龄	−0.009	0.991	0.49
	性别（"女性"为参照组）	0.189	1.208	0.38
	户口（"农业"为参照组）	0.31	1.364	0.23
	常数项	−1.509	0.221	0.035

数据来源：中国人民大学"北京市新城流动人口调查"数据

受教育程度对新城区流动人口流向中心城区的意愿有较为显著的影响。与小学及以下文化程度相比，初中文化程度更希望流向北京市中心城区的可能性增加 87.8%；高中文化程度更希望流向北京市中心城区的可能性增加 96.9%；大专文化程度更希望流向北京市中心城区的可能性增加 275.4%；值得注意的是，本科及以上文化程度更希望流向北京市中心城区的可能性增加 80.6%，低于初中、高中和大专。应该说这一结果是嵌入于学历层次与职业类型的关系之中。结合访谈来看，大量高学历层次流动人口的职业地位与其就业期望比较一致，因此对于新城工作环境、收入、居住的满意度相对较高。

来京时间越长，希望流向北京市中心城区的意愿越弱，来京时间每增加一个月，更希望流向中心城区的可能性减小 0.4%。相反，来新城时间越长，希望流向中心城区的意愿越强，但是不强烈，来新城时间每增加一个月，更希望流向中心城区的可能性增加 0.1%。应该说单从这些数据还不能直接得出具有说服力的结论，但是可以在很大程度上显示存在这样的一类流动人口：已经在北京生活多年，近年来迁入新城并具有在新城长期居住的期望。

对于控制变量，年龄越大，迁往北京市中心城区的意愿越弱，年龄每增加一岁，更希望流向中心城区的可能性降低 0.09%；与女性相比，男性更希望迁往北京市中心城区的可能性增加 20.8%；与农业户口相比，非农业户口人们更希望迁往北京市中心城区的可能性增加 36.4%。

（二）新城建设对北京市人口发展的影响机制

第一，在人口规模方面，新城规划建设对北京常住人口规模急剧扩大影响显著，一方面新城发展集聚大量京外流动人口，另一方面也助推了中心城区常住人口的增长，其主要的机制在于：新城规划建设过程中为大量外来流动人口提供的就业岗位具有临时性和不稳定特征，而且大量流动人口是流动成本较低、流动社会性动机显著的年轻人，这两方面的现象与北京中心城区公共服务水平较高，尤其交通、生活必需品的低成本相结合，使得新城成为流动人口从外地流向北京中心城区的"跳板"。

第二，新城规划建设对新城地区人口结构优化具有积极作用。这一方面得益于教育与社会发展带来的人口素质总体的提升，另一方面也有产业发展与转移过程人才转移的贡献。一批学历较高、就业层次较高、相对稳定的流动人口在新城建设过程中由于单位迁移等原因流向新城，他们在中心城激烈的劳动力市场竞争中不占优势，但是在新城劳动力市场上还具有一定优势，他们愿意选择压力更小的工作环境，具有在新城长期居住生活的期望。不过，这一人群在目前还没有形成较大规模。

第三，新城规划建设对于中心城区人口疏解作用甚微。一方面，新城基础教育、医疗卫生、公共交通、治安服务等公共服务水平相对中心城区而言存在较大差距，一些单位即使有计划向新城搬迁以争取更多的发展空间和更低的运营成本，也常常因为员工的集体抵制而将搬迁计划搁浅。另外一些单位将部分机构迁往新城，或者在新城设立分支机构，都常常伴有扩张的过程，实际转移的人口数量很少。另一方面，从当前新城流动人口的结构性特征和心理期待来看，由于新城基础设施建设和产业发展聚集的流动人口已经在很大程度上呈现出"京外—新城—中心城"的流动路径和流动期望。

三、不同模式下的新城区人口发展状况

根据《北京市城市总体规划（2004—2020）》"两轴—两带—多中心"的城市空间结构，为统筹经济社会资源和生态环境的协调和可持续发展，根据不同区域的现状发展特征、资源禀赋及生态环境承载能力划定次区域，通过对次区域的限制条件、开发强度、开发模式和管理模式的分类指导，实施分区域的城市发展策略。根据各新城区的功能定位，本研究选取昌平区、大兴区、通州区和密云区四个新城，分析新城建设下不同模式新城区人口的发展状况。

第一，昌平新城位于北京西部发展带，是北京重要的高新技术产业研发基地。昌平新城常住人口增长快、总量大，人口规模居北京市远郊区县之首，其中外来人口的增加是常住人口增加的主要动力。外来人口主要是从省外流

入。作为北京的高新技术研发基地，昌平新区留存了大量高素质人才，整体文化素质相对较高。便利的交通、较低的生活成本，以及与之配套的批发零售、住宿餐饮的发展是昌平区吸纳流动人口流入的主要因素，而且中心城区改造溢出人口、城镇化裹挟的外来常住人口也是昌平区外来人口增加的主要动力。

第二，大兴区位于北京的东南部，根据《规划》要求，大兴区承担引导发展生物医药等现代制造业，以及商业物流、文化教育等功能。大兴区是新城中人口规模最大的，增长幅度仅次于昌平区，这说明大兴对于流动人口具有相对较高的吸引力。人口机械增长是大兴区人口增长的最主要动力，流动人口增加占常住人口增加比重在70%以上；其中，大兴区流动人口几乎全部来自外地，有一半直接从老家来到大兴，有接近五分之一的调查对象原来是在中心城区打工，可见，大兴区对于中心城区的流动人口具有一定的吸引力。但是，出于对未来发展考虑，大部分人未来仍旧打算迁往中心城区。

第三，通州区位于北京城市空间结构"两轴—两带—多中心"的重要节点上，必然要承担疏解中心城区人口的功能，集聚新的产业。新城建设以来，通州区人口总规模不断增长，其中流动人口为主要的增长动力。流动人口主要来自外省，同时吸引部分中心城区人口流入，居住成本相对较低，但基础设施尚不完善。通州区流动人口流向中心城区的倾向很小，目前常住人口中有大批"钟摆族"。

第四，密云区位于北京市东北部，是五个生态涵养发展区中常住人口最多的区。密云区人口流入规模相对较少，2011年常住人口较户籍人口多4.3万人，可以说密云区的经济发展尚不足以吸纳区域外的劳动力。

四、城市人口与功能疏解问题与政策建议

（一）城市人口与功能疏解问题讨论

本课题结合国内外新城规划建设理论和当前北京新城规划建设实践，进一步就新城规划建设与城市人口和功能疏解问题进行了讨论，提出中国新城规划建设之所以难以发挥人口疏解作用，原因在于：（1）新城规划建设主要依靠行政手段而不是在市场环境下"自然生长"的过程。（2）新城规划建设在很大程度上源于北京市郊区强烈的发展张力，这种由郊区政府主导的新城建设，显然不可能将疏解中心城区人口和功能作为新城建设核心要务。（3）国外新城谋求发展过程中即使对大城市或中心城区具有一定的依赖，也会努力通过发挥区位、资源、环境、产业等方面的优势，寻求自身的发展空间，维护自身的独立性和利益。这种状态使得新城政府会在经济发展与公共服务供给之间形成均衡。新城发展必须重视居民的诉求，满足居民不断增长的生活需求。显然这一机制在北京新城规划建设过程中并不存在。

（二）协同推进新城规划建设与人口均衡发展的若干建议

基于前文的分析和讨论，课题组就协同推进新城规划建设与人口均衡发展形成了一些思考，提出如下建议：

1. 市级层面：人口管理与政策调控

首先，在理念和方向上，要落实以人为本，树立治理思维，在新城规划建设过程中要充分尊重经济发展规律和全体居民的选择，政策制定和实施要真正吸纳社会力量的参与。目前的实践已经表明，通过户籍制度等行政性手段管控城市人口在短期内效果并不明显，而从长远来看则既违背社会公平的基本原则，也给政府带来巨大压力。推进新城规划和建设，既要加强领导和统筹，又要界定政府职能的边界，充分发挥市场的基础性作用。

其次，着眼于市域层面，通过全市公共服务均等化，特别是在新城区充分投资建设中高端医院、学校等生活性基础设施，以及博物馆、文化馆、艺术馆等文化性基础设施，吸引中心城区的企业投资，扩大就业机会，吸引中心城区人口，减少向中心城区的聚集。

2. 区县层面：公共服务与设施发展

首先，在战略上，应当将公共服务水平提升作为北京新城规划建设的重点。这并不是说新城产业发展不重要，而是说在当前的体制环境和发展基础上，新城公共服务已经成为承接中心城区功能和人口疏解的瓶颈，尤其是医疗卫生、公共安全、基础教育、文化体育设施等方面的投入更为迫切，亟须突破。

其次，通过高端服务在城市群层均等化引导城市群之间人口分布。在区县之间充分投资建设基础设施，覆盖全部人口，从而分散集中到特大城市中心城区的短期流动人口，甚至吸引中心城区的人口前来享受高端服务。例如，上海市嘉定区的保利剧院在建成后不仅满足了嘉定区居民的需求，而且吸引了中心城区的人前来。

3. 社区层面：人口管理与社区治理

首先，就当前工作而言，当务之急需要做好人口信息整合等基础性工作。在方向上，要尽快推进人口信息的整合，建立全市城乡一体、户籍人口与流动人口全覆盖、动态更新、定期统计的人口信息管理系统，坚决打破人口信息的部门分割，逐渐实现人口数据同源管理，为科学研究人口流动规律、制定人口政策奠定基础。在具体路径上，可以充分运用大数据思维，落实手机卡实名制，推进市政一卡通实名制和"一人一卡"制度，真正摸清北京实有人口居住和就业的空间分布，掌握流动方向和规律，并形成将相关数据和信息合法运用于决策和管理的机制。

其次，在城市更新中实现流动人口社区化管理，促进流动人口的社会融入。推动流动人口享受本地居民同等的公共服务权利，在公共设施及相应公共服务的配套建设中，根据常住人口规模配置；在社会管理中，推动流动人口参与管理公共事物权利，达到一定年限后享有选举权，但是不能参与和享受集体资产经营和分配的权利。在此过程中，以社区化管理方式逐步实现流动人口迁移家庭化、家庭生活社区化、社区服务信息化、社区生活艺术化、社区治理民主化。通过社区服务信息化，为农业转移人口搭建可获得的、便利的信息平台，引导居民更好地融入社区；通过社区生活艺术化，重构城市空间，激发社区活力，引导居民更好地享受社区；通过社区治理民主化，形成多元治理主体，通过数字化管理手段，引导居民更好地融入社区。

参考文献

[1]吕盛鸽、宣丹萍：《北京市人口老龄化系数预测》，《统计研究》，2012 年第 3 期。

[2]潘允康：《社会学视野中的大城市发展模式研究》，天津：天津社会科学院出版社，2006 年。

[3]王圣学：《大城市卫星城研究》，北京：社会科学文献出版社，2008 年。

[4]邢海峰：《新城有机生长规划论》，北京：新华出版社，2004 年。

[5]陈劲松、罗守坤：《新城模式——国际大都市发展实证案例》，北京：机械工业出版社，2006 年。

（作者：叶裕民　中国人民大学教授
　　　　唐　杰　中国人民大学副教授
　　　　杨胜慧　中国人口与发展研究中心助理研究员）

项目名称：北京市保障性住房运行机制研究

项目编号：12CSC010

项目负责人：张远索

项目信誉保证单位：北京联合大学

基于房价现状分析的北京市保障性
住房运行机制研究

内容提要：从分析北京市房价现状入手，研究北京市保障性住房运行机制优化对策。通过测算房价收入比、房屋售租比、房屋空置率等指标，发现对于北京城市社会整体而言，房价存在较大泡沫。认为现阶段最有效化解房价泡沫风险的措施是科学推进保障性住房的规划建设和管理。在分析北京市保障性住房发展历程、建设现状和存在问题的基础上，从房源分类、房源调控、建设融资、准入退出、日常管理和配套政策等方面提出优化北京市保障性住房运行机制的对策建议。

自 2003 年以来，我国城市房价迅速上涨。北京作为国家首都，对政策信号和市场需求的嗅觉更为灵敏，房价上涨幅度更大。在此期间，政府采取土地、财政、金融、税收等市场调整手段对房价进行调控，但成效差强人意。北京保障性住房的规划建设和市场投放，给很多中低收入家庭带来希望，并切实解决了相当一部分中低收入人群的住房问题。但实践证明，保障性住房在规划、建设、准入、分配、管理等环节存在很多问题，比如规划数量与投放节奏与市场实际需求不符、区位过于偏远、质量与配套水平不够、对提供虚假材料家庭的核查不严等等，导致政策初衷大打折扣。这不仅起不到抑制房价过快上涨的作用，还造成国有资产流失，进一步拉大贫富差距，给国民经济健康发展带来潜在威胁。在此背景下，本文在分析北京市房价发展现状的基础上，探讨保障性住房建设在解决中低收入者群体住房问题和促进房价理性发展过程中所处的地位及其发展历程、建设现状、存在问题等，并在此基础上研究北京市保障性住房运行机制的优化对策，以期为政府部门出台后续相关政策提供参考。

一、北京市房价现状分析

有学者根据国家统计局发布的数据，粗略推算出近十年来北京市房价上涨 50％左右。由于统计口径、新盘位置等不同，导致该数据并不能客观反映出北京房价的上涨幅度。有人曾通过监测实际楼盘价格变化，绘制出北京市部分区县 2000—2010 年房价走势图，结果显示，2010 年北京市房价较 2003 年上涨 7—8 倍。如果考虑 2011—2014 年实际上涨幅度，可以认为北京市房价近十年来大约上涨十倍。很明显，如此大的上涨幅度，严重脱离了房地产市场健康发展应有的指标范畴。

(一)房价泡沫水平测度

那么，现阶段北京住房价格存不存在泡沫呢？国际上用来衡量一个地区房价健康运行与否的常见指标包括房价收入比、房屋售租比、房屋空置率等，本文据此对北京房价的泡沫情况进行粗浅判读。

1. 房价收入比

房价收入比，是指住房价格与城市居民家庭年收入之比。按照国际惯例，目前比较通行的说法认为，房价收入比为 3—6 倍为合理区间。为说明实际问题，采用情景模拟法对北京市房价收入比进行推算。首先根据知名房地产门户网站，通过条件搜索和电话咨询北京在售楼盘信息，以楼盘建筑面积为权数进行楼盘报价平均，得出北京在售楼盘实际价格。然后根据北京市统计局发布的职工平均年工资，测算出家庭年收入。在此基础上，可以推算出北京实际房价收入比。根据前期相关研究，2012 年年末，假定北京普通中等收入双职工家庭在四五环之间购买一套 90 平方米的住房，房价收入比为 23.8。

2. 房屋售租比

房屋售租比是房屋的总售价与每月房租之间的比率。房屋的售价租金比是用来判断某一区域房产是否存在价值泡沫的一个衡量指标，也是用来判断某一区域是否具有投资价值的普遍标准。国际上用来衡量一个区域房产运行状况良好的售价租金比一般界定为 200∶1—300∶1。如果售价租金比超过 300∶1，意味着房产投资价值相对变小，房产泡沫已经显现；如果售价租金比低于 200∶1，表明该区的房产投资潜力相对较大，房产后市看好。售价租金比无论是低于 200∶1，还是高于 300∶1，均表明房产价格偏离理性真实的房产价值。

据京城房产中介的数据显示，2007 年 8 月份北京市普通住宅平均售租比已达到 315∶1；据《京华时报》报道，2009 年 11 月北京楼市售租比再创纪录，首次突破了 500∶1，达到了 525∶1，部分区域甚至达到了 700∶1。另有研究也显示，2010 年北京地区的房屋售租比已经突破 600∶1，部分商品房的售租比甚至超过 700∶1。由此可以看出该指标也已经超过合理区间。值得指出的是，该指标脱离正常轨道的时间较"房价收入比"相对晚一些。这是因为该指标公式的分母"每月房租"是假定的健康的租赁市场上形成的房租水平，而事实上，北京市房屋中介良莠不齐，市场上充斥着大量的无良中介，他们利用住房是生存必需品这一特征，推动房租朝虚高方向发展。因此，北京市市场的房租本身是虚高的，而且是持续性走高。房价售租比的"超标"，说明房价本身上涨速度更快，且进入严重的泡沫阶段。

3. 房屋空置率

住房空置率是指某一时刻空置房屋面积占房屋总面积的比率。空房率指的是开发商建好房子后，空置的房子与建成的房子之比。按照国际通行惯例，商品房空置率在5%—10%为合理区间，商品房供求平衡，有利于国民经济的健康发展。

2010年有关媒体报道：国家电网公司近期在全国660个城市的调查显示，有高达6540万套住宅电表连续6个月读数为零，这些空置房足以供2亿人居住。关于具体城市的住房空置率问题，有学者也曾经做过研究。比如2007年孟斌等人组成课题组，对北京50个小区进行了空置率的调查，最后的有效样本量为880个，并依据调查家庭电表度数变化情况得出27.16%的空置率数据，推算出北京2007年有5400多万平方米已购商品房闲置。这说明，当前投机投资性需求已占据北京市住房总需求量的相当份额，如果考虑到大量出租用住房，这种充斥在市场上的投机投资性需求所占比例之高，令人咋舌。

需要特别说明的一点是，北京这样特殊的大城市，吸引各路资金前来置业投资，住房需求量巨大，房价超出本地职工平均收入从而体现出"泡沫"是很正常的现象。但是，目前这个泡沫有多大？是不是超出了合理范围？这些是需要进一步定量研究的问题。在此，本文仅从定性层面提出两个观点：一是北京市贫富差距足够大，"两极分化"到富人觉得房价过低、穷人觉得房价过高的局面，因此，单就某一群体而言，无法判定房价是否存在泡沫；二是就北京城市社会经济整体发展现状而言，可以认为当前房价存在较为严重的泡沫。

(二)有效抑制房价过快上涨的手段分析

本文认为，现阶段来看，抑制北京房价过快上涨，甚至促进房价合理回归的有效手段有以下三个：

1. 统筹城乡，真正实现城乡一体化

统筹城乡发展，切实缩小城乡发展差距，缩小不同规模、不同区位城市之间的差距，加大中小城市、西部城市、经济落后城市的政策和资源倾向。北京市等一线大城市房价之所以上涨幅度大过其他城市，在抗跌方面也最有底气，一个重要原因在于城市基础设施完备、条件优越、资源丰厚、教育等政策优惠，对其他各地民众而言具有强大的吸引力。李克强总理多次指出要力推新型城镇化建设，并强调本轮新型城镇化要以人为本，重视中小城市发展，强调区域间、城市间的联动性和平衡发展。这需要通过政策普惠、资源均衡、城乡一体化，实现中小城市与镇域经济发展，实现周边农村人口的就

近城镇化，消除或大幅度减少大城市人口扎堆现象，从而彻底缓解大城市住房资源垄断投机导致的房价过快上涨的局面。

2. 开征梯度累进制房产税

近几年，"房产税"成为热词，房产税的试点及扩容问题都备受关注，关于其政策成效定位，各方观点莫衷一是。有观点认为因为住宅用地出让年限为70年，实质上属于"租"，再开征房产税从法理上说不过去；有观点认为开征房产税，只会通过转嫁下家的方式进一步推高房价。事实上，应该征收梯度累进制房产税，即对住房面积或套数超标的家庭课以重税，而且随着超标程度的加大，税率累进增加，以此促使房源囤积垄断者向市场回吐。为避免概念重复和消除法理障碍，可以将此税种改成"资源调节税"，旨在促进住房资源合理分配。同时，减少一部分房地产其他相关税费。另外，要推动全国住房信息联网制度建设，这是合理开征此类税种的必要前提。

3. 加大保障性住房建设

香港、新加坡的保障性住房比例分别占据住房市场的50％与90％，对中低收入群体应保尽保，大幅压缩了商品房炒作空间，因此其房价水平相对收入而言，处于非常合理的区间。因此，通过重新布局住房市场板块结构，降低商品房比例，加大各类保障性住房建设规模，是降低房价的有效措施。当然，保障性住房定价机制方面，要采取以不超过民众收入较低比例的正向思维，而不是以低于商品房价格较低比例的逆向思维，方能体现其"保障性"。

以上三个对策中，城乡均衡发展是国家调控目标，摊子过大，且历史成因复杂，难以在有限时间内实现完美转舵，操作难度可想而知。基于构建全国住房信息联网系统的累进制房产税开征，势必会遭到利益既得群体的百般阻挠，而且这个群体往往决定或影响着政策的走向，无异于与虎谋皮。真正具有可操作性的，唯有大规模建设保障性住房。通过增大保障性住房供给，最大限度满足中低收入群体居住需求，降低刚性需求之刚性程度，通过釜底抽薪，冷却市场投机炒作热情，对促使房价回归理性具有相当重要的意义。

二、北京市保障性住房发展历程、建设现状及存在问题

（一）发展历程

1998年23号文件规定"建立和完善以经济适用住房为主的住房供应体系……城市80％以上家庭应由政府供应经济适用房"，同时提出，最低收入者租用政府或单位提供的廉租住房。北京市保障性住房建设初期，其规划思路紧跟该文件精神，保障性住房主要包括经济适用房和廉租房两大类。2007年北京市引入"两限房"这个概念，两限房全称为限房价、限套型普通商品住房，

也被称为"两限"商品住房，后被习惯性称为"限价房"①。2009 年北京提出"公共租赁房"的概念，并付诸实施。从政策定位和发展趋势看，这种住房形态可能成为将来保障性住房市场的主体。2010 年，北京市将定向安置房也纳入"保障性住房"板块之中，而且占各类保障性住房用地总量的比例呈现上涨态势。当前，北京定向安置房用地总量约占各类保障性住房用地总量的 50%。2013 年 10 月、2014 年 9 月，北京分别提出"自住型商品房""合作型保障房"概念并付诸实施。每种保障性住房类型都有其相应租售形式及惠及对象定位。北京市保障性住房体系结构如图 1 所示。

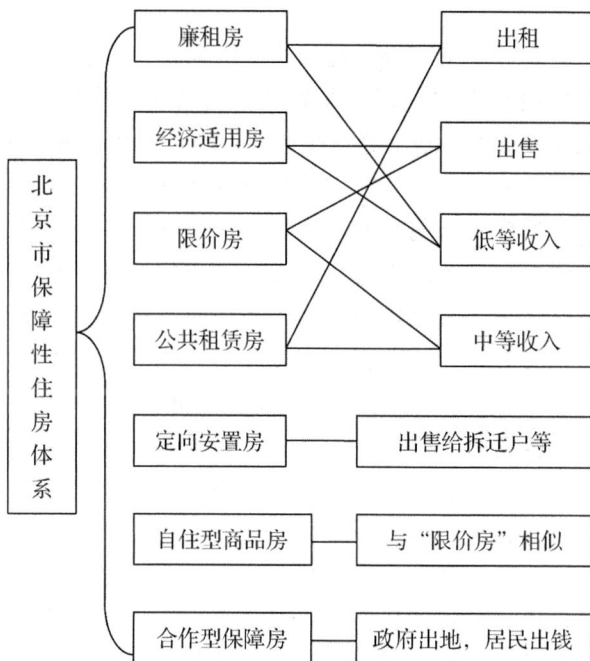

图 1　现阶段北京市保障性住房体系

① 2007 年 8 月，国新办举行的新闻发布会上，建设部副部长齐骥表示"目前为止，我们没有把两限房作为保障性住房，限价房是一种政策性的商品住房"，也有很多学者持有这种观点，认为限价房只是一种特殊的商品房，因此称之为"限价商品房"。但是更多的人(笔者列其中)将其视为一种具体类型的保障性住房。从其定位上看，限价房是出售给中等收入阶层的一种住房形式，其定价机制带有强烈的行政色彩，通过确定终端住房产品价格，形成价格倒逼机制，进而决定土地出让金收入的多寡。在这种情形下，土地出让金的数额肯定是介于商品房用地和经济适用房用地之间。据此可以理解为，经济适用房这种形式下政府完全让渡土地出让金收入，而在限价房这种形式下，是做出一部分让渡。很明显，这也应该纳入保障性住房体系之中。北京市近几年的土地出让收入中，明确将限价用地纳入了保障性住房用地之中。从 2013 年 4 月 19 日开始，北京市执行廉租房、经适房、两限房和公租房四种保障房统一申请审核程序，明显也将限价房纳入保障性住房体系。为了解决这种认识上的混乱局面，北京市于 2013 年 10 月提出"自住型商品房"概念，除了申请门槛在户籍和收入方面有所区别外，其他各环节规定理念和内容完全与限价房相同。摘自张远索：《我国各种具体类型保障性住房内涵探析——兼论住房市场板块化的必要性》，《福州党校学报》，2013 年第 5 期。

(二)建设现状

根据北京市统计局发布的数据,2012年北京市投资857.5亿元进行各类保障性安居工程建设[其中经济适用房、限价房、廉租(公租)房、定向安置房分别占61.2亿元、153.9亿元、49.3亿元、593.1亿元],占房地产开发总投资的25.09%①。施工面积达4821万平方米[其中经济适用房、限价房、廉租(公租)房、定向安置房分别占557.7万平方米、689.6万平方米、296.3万平方米、3277.4万平方米],占房地产开发总施工面积的24.05%。据此也可以看出,无论是投资额还是施工面积,定向安置房都成为北京市保障性安居工程建设中的主要形式。

在空间布局方面,北京市经济适用房建设初期,项目集中在回龙观、天通苑等地,后来倾向于南城三四环等发展相对落后、价格相对低廉的地方,近几年的经济适用房选址,基本分布在五环边缘至六环以外、新城城市外围,多沿城市交通主线附近分布。廉租房的建筑方式基本以几栋或十几栋经济适用房配一栋廉租房的形式出现,配建比例达到10%—15%,独立的廉租房小区较少,因此体现出与经济适用房大致相同的空间布局特征。限价房作为一种出售型的保障性住房,出现较晚,其分布特征与经济适用房后期建设项目分布特征类似,多集中在五环甚至六环以外。公共租赁房项目有以往的独立式小区建设形式,也有新型的混合式居住形式,分布也多集中在五环以外。

(三)存在的主要问题

北京市保障性住房在解决中低收入者住房问题进程中做出了巨大贡献,但实践证明,还是存在很多问题。主要体现在以下几个方面:一是理论体系建设不够明晰,尤其是将定向安置房、自住型商品房、合作型保障房等纳入保障性住房体系以后,保障性住房体系板块结构混乱且更替过于频繁,不利于稳定市场预期和维护政策威信;二是保障性住房建设规模不够,市场投放节奏还不够科学合理;三是保障性住房建设融资问题,融资渠道不够,制度创新不足,导致地方政府积极性不高;四是准入准出环节存在问题,对弄虚作假者惩罚力度不够,导致保障对象错位;五是日常动态管理方面,还需要有更多创新。

三、北京市保障性住房运行机制的完善途径

(一)北京市保障性住房房源分类

建议重新划分北京市保障性住房市场板块结构,首先要分析现阶段北京

---

① 北京市统计数据显示,2012年房地产投资额为3153.4亿元,同时指出"2010年起,商品房销售面积中包含定向安置房数据",因此商品房投资额为3153.4−593.1=2560.3(亿元)。进而,保障性安居工程投资额所占市场投资额比例为857.5/(857.5+2560.3)×100%=25.09%。

市整个房地产市场发展态势。然后结合市场板块现状研究，通过进行大量社会调查，对民众收入、住房消费习惯与意愿等聚类分析，确定有利于我国保障性住房市场调控和发展的合理的板块个数，即确定市场板块的数量；根据确定市场板块个数过程中的大致定位，设计每类住房产品的区位、质量、配套、价格、年限、交易类型与交易限制等，即确定市场板块内容；在调查保障性住房供需关系的基础上，结合上述确定的市场板块个数，将住房总供给量、总需求量进行相应分割，确定每个子市场板块的容量；借鉴香港等地区先进经验，采用税收倒推法等科学方法，确定上述各板块的受众群体，明确准入标准，即划定北京市保障性住房市场板块的边界。在确定板块边界的过程中，需要保障的群体全覆盖，并做到"穷举互斥"，以体现公平公正。

（二）北京市保障性住房房源调控

一是要完善各类保障性住房的建设规模和比例，二是要注意合理的市场投放时序和节奏。研究数据分析显示，北京市各类保障性安居工程投资额和开工面积等仅占据市场的四分之一左右，比例过低，而且其中定向安置房占据了绝对比例。为实现十八大提出的"居者有其屋"的目标，宜将保障性住房比例与商品房比例调转，即实现以保障性住房为主的住房市场结构，回归房改初衷。在投放时序与节奏上，既要根据市场需求，又要保持政策的独立性。比如市场火爆时，并不能一味地加大投放，而是要对市场进行全方位诊断，做到既不流失国有资产，又要切实解决中低收入家庭的困难；市场冷清时，并不能因为开发商拿地热情不够就停止保障性住房用地供应，而应审视土地价格形成机制、房源配售等是不是存在问题，将提供住房保障常态化。

（三）北京市保障性住房建设融资

要尽快建立健全住房保障制度法律体系，发挥政府在保障性住房融资机制中的主导地位，建立完善保障性住房金融风险分担机制，创新推进金融机构住房贷款产品多元化，创新多元化融资方式，拓宽保障房融资渠道。政府部门应积极探索债权融资、股权融资、投资基金等多种融资模式，多渠道拓宽保障性安居工程的融资渠道。

（四）北京市保障性住房准入退出

保障性住房准入条件宜在调研市场供需双方真实情况基础上，定义市场涵盖范围，划分待保群体，规定各种保障性住房租购资质。在退出机制方面，北京市保障性住房宜以租赁型为主，即以廉租房、公共租赁房为保障性住房的绝对主体，两者可以合并管理，采用统一水平租金，根据对租户经济及收入水平的动态监控，按相应级别发放租住补贴。对于承租廉租住房的家庭，因人口、收入、住房等情况发生变化，不再符合廉租住房实物配租条件但符合公租房条件的，承租家庭可申请按照公共租赁住房政策继续承租原住房。承租家庭不再符合公租房条件的，统一按照公租房退出管理的有关政策执行。

无论是准入还是退出,最大的难题是如何准确把握居民家庭收入。私营业主偷税漏税下的利润收入,权力群体的灰色收入等,都难以衡量。因此最大限度将多元收入纳入纳税系统,以缴税额倒推居民收入是相对理想的做法。另外,必须要加强对弄虚作假、骗购骗租者的惩处力度,不能仅以取消其几年保障性住房租购资格作为惩罚。

(五)北京市保障性住房日常管理与配套政策

一是加强保障性住房规划的统筹性,建立长效机制。保障性住房是一项重大的民生工程,需要统筹规划,不但要保障中低收入者的住房问题,而且要稳定包括中低收入者群体在内的市场各方的心理预期。二是设置监管站,严禁转租转售。在保障性住房的日常管理中,确定特别的物业管理公司,不但承担传统物业的管理服务工作,还要负责掌握业主动态租住信息。三是针对不同类型保障性住房采取不同回收机制。对于租赁型保障性住房,房源回收后出租给新的符合条件的待保家庭,是一个业主动态更迭的过程;对于少量的出售型保障性住房,宜坚持其产权的现阶段定义,即"不完全产权"或"共有产权",出售时只能实行政府回购的"内循环"机制,除按前期投资的一项固定年期银行存款利率回报业主外,增值利润的剩余部分归政府所有。四是完善保障性住房基础设施和公共服务设施,构建和谐社会环境。

参考文献

[1]张远索、杜姗姗、张璋:《北京:人口剧增背景下的房价综合治理》,《北京市经济管理干部学院学报》,2013 年第 3 期。

[2]邢丘丹、王世欢、王玫元:《我国房地产市场调控政策影响力度评估与未来取向研究》,《经济与管理》,2013 年第 1 期。

[3]孟斌、张景秋、齐志营:《北京市普通住宅空置量调查》,《城市问题》,2009 年第 4 期。

[4]温宗勇、甄一男、董明、李伟:《"居者有其屋"之路——北京市保障性住房现状调研》,《北京规划建设》,2013 年第 2 期。

(作者:张远索　北京联合大学副教授)

历史学学科

项目名称：北京东周时期玉皇庙文化青铜带钩与带饰研究

项目编号：11LSB009

项目负责人：王继红

项目信誉保证单位：北京市文物局

玉皇庙文化青铜带钩与带饰研究

内容提要：玉皇庙文化是古代中国北方地区一支骑马民族的文化，20 世纪 80 至 90 年代，在北京北部地区曾经发现了这支文化的大型墓地，科学发掘了近 600 座墓葬，出土了六万余件反映其文化面貌、经济类型的多种类别文物，是目前北京地区规模最大、资料最为系统的古代少数民族文化。本文系统地整理了北京及周边地区玉皇庙文化出土的青铜带钩与带饰，试图对其分布地域、纹饰、造型、演变规律、源流等一系列问题进行研究和探讨，总结出这两种器物各时期特征及其发展变化，从而揭示出这支文化的特质。在梳理了中国古代青铜带钩的出土资料和各阶段的研究成果后，本文提出中国北方地区青铜带钩很可能起源于玉皇庙文化，发掘者推断其族属应为先秦时期的北方游牧民族——山戎。

青铜带钩和带饰是古代骑马民族男性武士的服饰用品和具有代表性的装饰品，方寸之间集中了古代民族的铸造工艺、美学意境、生活情趣。其纹饰取材反映了民族居住环境和审美取向，其形制特征和演变规律，是该民族服饰与服装发展史不可多得的研究素材，且在一定程度上反映了其生活方式和经济类型。

一、课题的确立

20 世纪 90 年代以前，在冀北山地和辽西一带发现了一支以直刃匕首式青铜短剑为主要文化特征的北方草原青铜文化踪迹，这一文化就是活跃于东周时期的玉皇庙文化。玉皇庙文化的出土器物多达六万余件，就质地而言，包括陶器、金器、青铜器、石器、骨器，等等，青铜器是最重要、最具代表性的一类器物，含礼器、兵器、工具、马具和装饰品，其中不乏完整、成系列的标本。笔者选取服饰中数量比较多、延续时间完整的青铜带钩和带饰，进行区域分布、纹饰特点、造型特征、型式演变、功能用途、分期断代、时空流向等诸方面研究，总结了玉皇庙文化青铜带钩与带饰的独特面貌及发展演变规律,试图揭示玉皇庙文化的服饰特征、文化内涵;并在综合分析、考量了目前关于青铜带钩的研究成果之后,提出青铜带钩很可能起源于玉皇庙文化,而玉皇庙文化的主人推测应是从西周至战国时期活跃于燕山南麓的山戎一族的结论。

二、玉皇庙文化的青铜带钩和青铜带饰的特征与发展演变规律

(一)玉皇庙文化的青铜带钩

青铜带钩从古至今一直以来都比较受关注,东汉、魏晋、唐、宋、清各代都有著述。不仅中国著名学者如王国维有所著述,外国学者如日本学者江上波夫、藤田丰八等也屡次撰文。特别是王仁湘先生对考古发现和私家藏品进行了全面系统的梳理,对带钩流行的时限、区域、用途,以及分类、发现与分布、分期与发展、起源与传播和带钩名称的由来等诸多方面,进行了多方位的分析与研究,但有关青铜带钩的认识似略有偏颇。玉皇庙文化青铜带钩的发现,对校正以往的错误认识提供了实证依据。

玉皇庙文化的青铜带钩分布在河北省北部的怀来县、宣化县和滦平县,辽宁省西部的凌源市和北京市北部的延庆区一带,是春秋时期玉皇庙文化最活跃的地区。目前出土的玉皇庙文化青铜带钩总数为78例,延庆境内出土的数量最多,占60%以上,其形制也是玉皇庙文化最具代表性的青铜带钩型式。

玉皇庙文化青铜带钩图案,取自动物、植物形象,或者二者演变而来的抽象图案。从构图分析,有横向构图和纵向构图之分。前者在春秋中期之前比较活跃,后者是春秋中、晚期,乃至战国前期的代表。

横向带钩采用具象动物图案比较多,有羊形、马形等,还有一些幻想形动物形象,如反首螭龙形、反首双兽形、瑞兽等,共有5型,大多数是单体形象,仅1例是双兽并列的形象,在春秋早期已经发展成熟。早期注重镶嵌手法的运用,带钩正面一般嵌窝数量多、形状规整,后期简化了装饰手法,基本取消镶嵌,所以嵌窝也不复存在。

纵向构图的带钩取材更为广泛,形象更加丰富,基本采用象征、抽象手法设计,共有2型13亚型,此外还有一些孤例带钩,归入异型带钩。其中开放同心圆形、展翅鸟形、凸目兽面形和长颈兽面形带钩发展演变的规律性特点比较突出。

开放同心圆形带钩,钩面的图案有一个由简入繁,又由繁入简的过程。Ⅰ式只在钩面上设计一个粗率的放射性方格纹;Ⅱ式方格纹整齐规范,还在钩颈根部顺势设计出兽面纹图案;Ⅲ式同心圆和兽面纹都更加精致而富于变化;Ⅳ式同心圆不甚规整,兽面纹也很草率;Ⅴ式同心圆的中心位置偏离一端,兽面纹已经很难辨识;Ⅵ式同心圆更加粗率,兽面纹不见。

展翅鸟形带钩的发展经历了从具象到抽象、从动态到静态的过程。Ⅰ式

鸟体振翅欲飞，双翅饰乳丁纹，尾饰线纹；Ⅱ式通体素面，双翅初敛，由动至静；Ⅲ式鸟体演化成四分椭圆形，似敛翅收尾静立的小鸟。

凸目兽面形带钩的发展变化是对兽目不断强化的过程。Ⅰ式兽面眼、鼻、口、须均备，圆目中心突起小钉状瞳孔；Ⅱ式省去鼻子，胡须和嘴巴也简化成三联弧，双重圆目更显突出；Ⅲ式口、须均略，特别突出重重外鼓的双目。

长颈兽面形带钩的演变是由颈部的长度和通体线条曲度的变化。Ⅰ式兽面长度占带钩总长的比例超过 1/3，Ⅱ式为 1/3，Ⅲ式只占 1/5；钩颈后曲度越来越大，兽面的线条由折线到曲线、弧线，表情似乎由凶悍变得温和。

横向构图的带钩大部分型式活跃于春秋中期以前，只有反首螭龙形带钩在春秋晚期还会出现，羊形带钩在战国中晚期仅出现 1 例。纵向构图的带钩情况比较复杂，有在各个时段零星分布的，也有集中分布于某个时段的。比较重要的时间分界线是春秋晚期和战国早期，明显地看到在春秋晚期前段带钩的型式和数量激增，到春秋晚期后段迅速衰退，至战国早期又重新进入繁荣阶段，之后几乎绝迹。在春秋晚期以前，封闭同心圆形、鸟形、抽象兽形是主流形带钩；嵌窝组合形是跨春秋和战国的类型，在两大时段分布比较平均；开放同心圆形和长颈兽面形是战国早期的带钩主流型式。

从时代分布来看，玉皇庙墓地出土的青铜带钩无疑是时间最早、持续时间最长的类型，葫芦沟和西梁洼墓地的带钩是春秋中期偏晚阶段到战国早期的类型，龟山东坡、甘子堡和小白阳墓地的带钩是春秋晚期的类型，梨树沟门墓地的带钩是跨春秋晚期至战国早期的类型。通过带钩分布年代的统计可以看出，玉皇庙文化的青铜带钩经过了明显的三个时期，就是春秋早期至春秋中期的起始阶段，春秋中晚期至春秋晚期前段的繁荣阶段，春秋晚期后段至战国中晚期的继续发展至尾声阶段。玉皇庙墓地是经过科学发掘的墓地，资料系统而完整，有着明确的地层依据，类型演化轨迹清晰，是带钩研究的重要资料。第一期和第二期的玉皇庙文化青铜带钩典型标本均出自玉皇庙墓地，第三期的典型标本以梨树沟门为主。从带钩的发展方向可以看出，有以玉皇庙墓地为中心，分别向东北方和西北方辐射的迹象。

在玉皇庙墓地使用青铜带钩者均为男性武士。从出土部位分析，带钩的用途除了束系革带以外，还有佩器和佩物之用。带钩是骑马民族服饰的重要配件，玉皇庙墓地出土的青铜带钩是目前发现的年代最早的青铜带钩，属于春秋早期。

(二)玉皇庙文化的青铜带饰

青铜带饰是玉皇庙文化男性武士垂挂于腰间的装饰品，出土数量可观，达 3700 多例，从春秋早期一直延续到春秋晚期后段。共有 9 型 4 亚型。其中延续时间较长、数量较多、最具代表性的有 3 型。

小鹿形带饰和环鸟首形带饰是春秋晚期之前最主要的带饰类型，型式相当稳定，小鹿形带饰从春秋早期中空式昂首扬尾形，延续至春秋晚期前段型式才有所改变，鹿角由三联环形变成回转钩形。环鸟首形带饰也是从春秋早期延续到春秋晚期后段型式才略有变化，三鸟首变为四鸟首。小马形带饰虽然在春秋早中期就已经出现，但春秋中晚期以前数量非常有限，春秋晚期前段开始，中空马形小带饰的型式不仅有了变化，而且数量陡增，Ⅱ式的数量为Ⅰ式的 15 倍之多，成为春秋晚期带饰的主流型式，也是数量最多、最普遍的带饰型式之一（见表1）。

表1 玉皇庙墓地出土青铜带饰型式表

型	式	器物号	图例	式	器物号	图例
A	Ⅰ	YYM32:12-1		Ⅱ	YYM175:13-1	
B		YYM32:18-1				
C	Ⅰ	YYM34:11-1		Ⅱ	别墅区 36:25	
D		YYM18:17-1				
E		YYM13:17-1				

续表

型	式	器物号	图例	式	器物号	图例
Fa		YYM282:9-1				
Fb		YYM227:11-1				
G	I	YXM5:6-1		II	YYM151:17-1	
Ha		YYM52:19-1				
Hb		YYM158:14-1				
J		YYM7:15-1				
K		YYM142:9-1				
L		YYM174:8-1				

玉皇庙墓地的带饰还有一个特点是，春秋中期前，中空式带饰更普遍一些，春秋中期以后，正面为镂雕或浮雕式、背面设条形穿鼻的带饰类型增多。

玉皇庙文化的带饰是男性武士的装饰品，级别高的人群中，佩带的比例偏高；级别低的人群中，佩带带饰的比例也偏低些。这和青铜带钩的分配规律有类似之处，但是青铜带钩在不同级别人群中的分配比例差别要小一些。青铜带钩作为具有实用功能的配件在各级别中均有需求，而青铜带饰只具装饰性，所以在级别高的人群中普及率更高。

三、关于青铜带钩的起源

关于青铜带钩的起源，迄今主要有四种学术观点：

一是王国维《胡服考》中提出的北方氏族（匈奴）输入说。他通过对赵武灵王提倡并实行胡服骑射史实的考证，认为中原诸侯国的带钩之制必源于匈奴之胡服习俗。这种提法的大方向是对的，但历史上首先创制带钩的中国北方民族（胡），到底是哪一支？他们分布在哪一地区？尚需以考古实物资料来回答。

二是日本学者江上波夫提出的斯基泰·西伯利亚文化传播说。他认为具有动物纹图案的带钩之属，是由欧亚大陆草原地带向东传播而进入匈奴的，战国中期，赵武灵王采用胡服之际才传入中国，以后便迅速地流行起来。另一位日本学者秋山进午先生提出了反对意见，他认为，在东俄、南俄地区发现的具有动物纹的带钩，钩首都向内弯曲，与钩钮同朝一个方向，钩钮虽有钮柱，但钮面并不呈圆帽形，而是作靴形，或根本没有钮面，这些特点都与中国带钩完全不同。我们赞成秋山进午先生的意见，这种"外来说"可以否定了。

三是日本学者秋山进午提出的中原独立发展说。他认为中原的带钩绝不是来自匈奴的影响，而是自己独立发展的。他根据桃红巴拉的出土实例，指出匈奴的带扣并不是带钩。

四是王仁湘先生在《带钩概论》中提出的关中地区起源、为秦人发明说。他依据洛阳中州路西工段 M2205 出土的一件时代定为春秋中期的带钩标本，还有 20 世纪 60 年代初于陕西长安客省庄发现的三件年代相当于春秋晚期至战国早期出土的以扁平铜片制成的（无钩柱与钩钮）、侧视成"S"形的疑似"带钩"标本和在 20 世纪 80 年代初于陕西凤翔高庄 49 号秦墓及八旗屯 31 号秦墓（年代均相当于战国早期）出土的两件类似标本，做出推断说带钩最早很可能出现在关中地区，带钩的发明权大概属于春秋秦人，也不能完全排除晋人始作带钩的可能性。

至于第三种和第四种观点，因为现在已经发现了冀北地区玉皇庙文化的一大批自成体系、有独自文化特征、有发展演变序列的青铜带钩实物，种类和型式比较丰富，特别是其中 13 件可以确定属于早期阶段（春秋早期至春秋中期）的具有代表意义的青铜带钩标本，所以有理由重新斟酌青铜带钩的起源问题。

军都山玉皇庙墓地不仅有属于春秋早期的带钩，还有属于春秋早中期的带钩，在年代上均早于洛阳中州路 M2205 出土的那件"似为水禽形"的仅属孤例的约当春秋中期的青铜带钩。玉皇庙墓地还有属于春秋中期的一批带钩，均属与洛阳中州路 M2205 时代一致的，亦非偶然孤例。这样一批带钩集中出土于同一文化的同一墓地，特色十分鲜明，富于规律性特点。此外，在军都山玉皇庙、葫芦沟和西梁垙三处玉皇庙文化墓地，还出土了属于春秋中晚期的带钩十余例，并在延庆县玉皇庙、葫芦沟、龙庆峡龟山东坡，在河北省滦平县梨树沟门、宣化县小白阳和怀来县甘子堡等玉皇庙文化墓地又出土了属于春秋晚期前段的带钩十余例。而这些带钩均早于长安地区客省庄和陕西凤翔高庄 49 号秦墓及八旗屯 31 号秦墓的 3 例青铜带钩。因此我们有理由认为中国带钩很可能起源于两周之际至东周时期活动于冀北山地的玉皇庙文化。

因为玉皇庙墓地发掘的科学性、完整性，已经成为玉皇庙文化研究的极为重要的考古资料，也为中国古代北方民族文化的研究提供了弥足珍贵的实物资料，必将为中国史研究、民族史研究、考古学研究，乃至科技史、青铜铸造艺术等一系列的研究提供依据。玉皇庙墓地的出土器物数量庞大，种类众多，需要长时间、多角度、多方位的比较研究。目前的研究还在起步阶段，只有做好玉皇庙文化的基础研究，才能为进一步、高端研究创造条件，玉皇庙文化的起源与流向、玉皇庙文化的族属、玉皇庙文化的社会结构和经济类型、玉皇庙文化与夏家店上层文化的关系、玉皇庙文化与燕文化的关系等，都是有待研究的课题。为此，有必要将玉皇庙文化的器物类型研究分门别类分阶段持续做下去。

（作者：王继红　北京市文物研究所研究员）

项目名称：北京地区古城址现状调查与保护研究
项目编号：11LSC022
项目负责人：刘新光
项目信誉保证单位：中国人民大学

北京地区古城址现状调查与保护研究

内容提要：首都北京城有着悠久的发展历史，市辖域内留存下来不下数百座古城遗址，是重要的文化财富。在大规模的现代化经济建设大潮中，除少数得到重点保护外，众多古城址濒临被破坏以致消失的危险。对于这些古城遗址尚未有一个全面系统的梳理，许多古城的保存状况也十分令人担忧。本项目计划对北京现存的古城址进行一次全面系统的调查与研究，力争拟出一份切实可行的保护建议，为古城址的保护贡献一分力量。

一、项目研究缘起

随着我国经济的飞速发展与城市化进程的不断推进，高速公路网、高速铁路网等基本建设项目纷纷施工，大规模城乡建设项目与日俱增。尽管各级政府和文物部门力争做到工程避让文物点，但文物遗址消失的情况仍旧与日俱增，大规模城乡建设项目使得文物保护和工程建设之间的矛盾前所未有的激烈。城市化进程的加快对文物保护形成了巨大的挑战，文物保护工作现在处于最紧迫、最关键的时期。全国第三次文物普查的调查数据最能说明问题。据 2009 年 12 月 3 日《人民日报》消息：至 2009 年 10 月 31 日，全国共调查登记不可移动文物 776215 处，其中新发现 550283 处，复查近 225986 处，全国调查登记的已消失文物达 30955 处。而到 2011 年 12 月，普查发现全国消失不可移动文物已达 4 万余处。普查工作结果显示，我国文物保存状况较差的占 17.77%，保存状况差的占 8.43%，我国已登记不可移动文物的保护现状不容乐观。

在全国经济建设的大潮中，北京可谓首当其冲，原有的城区、城乡接合部，甚至乡村的景观都有大规模的变动。侵占原有住房、农田乃至文物古迹的情况时有发生。北京城有着源远流长的发展历程，保存下了极为丰富的历史文化遗存，而古城址尤其是其中至为重要的一部分。北京的建城史，最早可追溯到西周初年，历经数千年的发展，至于今日，留下了数量众多的古城遗址。对于这些古城遗址尚未有一个全面系统的梳理,许多古城的保存状况也十分令人担忧。本项目计划对北京现存的古城址进行一次系统的调查与研究,考察其现存状况,努力做出一份切实可行的保护建议,为古城址的保护贡献一份微薄之力。

北京地区的古城址是学界较关注的一个课题,除古籍文献的记载与考证积累了大量成果外,当今学者的贡献同样令人瞩目。如尹钧科先生的《北京历代建置沿革》①及《北京建置沿革史》②等,从文献的角度对北京地区历代建置沿革做了系统的整理。特别是结合实地考察,对治所今地、现存古城址尽可能地做了明确说明。北京市文物局、文物研究所等在文物普查及资料整理方面有较大贡献,尤其是《北京市文物地图集》的编绘,对现有的文化遗存做了一个全面的总结。但本书侧重在对总体情况的记述,又因内容浩大繁多,对城址信息没能详尽的介绍,尤其城址信息相对较旧,亟须更新相关的信息。以历史地理学家侯仁之教授领衔绘制的《北京历史地图集》一、二册③,为我们提供了详细的历代建置沿革及相关信息。不过,对于城址特别是郊区城址的调查与研究,从事北京历史地理学研究的学者们,主要从典籍文献的角度进行考证,限于表现形式及当时的技术手段,实地考察的内容不能完美地表现出来。还有一些研究往往只选取一个断代,如《北京地区汉代城址调查与研究》④,在为我们提供大量翔实的实地考古调查材料的同时,也提供了大量的文献资料佐证。不过断代调研的不足也显而易见。这些都需要我们试图通过文献与田野调查相结合,在前人研究的基础上,对北京古城址进行一个更深入的调查与总结。特别是有些成果随着近年来新首都大规模建设的进展,考古发现的新材料,需要做重要审视以至于修订。

另一方面,一些原来暴露于荒野、少有人问津的城址,在"新北京"的大规模建设浪潮中,面临着被进一步毁坏甚至消失的危险。过去的几百数千年间,以当时的生产能力,一座废弃的古城可以在野地中存在上千年而不会有太大的变化,以至于后世的学者可以不断地进行实地考察乃至发掘工作。而如今,面对高科技带来的大规模改造自然的伟力,一座原本需花费古人数年甚至数十年功力夯筑的土城、砌筑的砖城,既能在数月甚至数日内"克隆"出来,更能够在极短时间内将古城址从地图上抹去。北京有着悠久灿烂的历史,除众多王朝以北京为都外,人们还在这块地域上筑有众多的要塞城堡。据不完全统计,北京地区遗存至今的古城址不下数百座,这其中,除少数得到重

---

① 尹钧科:《北京历代建置沿革》,北京:北京出版社,1994 年版。
② 尹钧科:《北京建置沿革史》,北京:人民出版社,2008 年版。
③ 侯仁之主编:《北京历史地图集》第一集,北京:北京出版社,1988 年版;第二集,1997 年版。
④ 周正义主编:《北京地区汉代城址调查与研究》,北京:燕山出版社,2009 年版。

点保护外，许多郊区的城址濒于破坏甚至消失。这无论是对古都历史的深入研究，还是对古城现状的重视与保护，都是极为危险的，无异于对我们身边宝贵的历史资源的无情扼杀。过去的历史，例如老北京城的命运已经证明，在一切为经济建设让路的思路掌控下，如不注重古城的保护，我们就一定会受到历史的谴责，并且很快又会为失去它而后悔不已。如今这股浪潮已经席卷到整个北京市境，一些原本裸露在郊外、孤零零的古城址，若不及时加以有效保护，将难免重蹈老北京城的覆辙。严峻的现实，呼唤我们对北京市境内所有的古城址进行系统的摸底排查，同时结合古籍文献及前人研究成果，进行更深一步的调查与研究，才是切实可行且越早进行越正确的工作。综合起来，本研究意义有以下几点：

（1）通过文献资料及实地考察综合研究，结合文献研究与田野考察方法，将北京地区遗存至今的古城址全部排查清楚，尤其是现状，这是一份宝贵的资料。

（2）不仅仅将视线局限于都城或北京城内部，而是将视野扩大，对郊区古城进行考察与研究，让北京地区的历史更加完整。历史不仅仅存在于金碧辉煌的宫殿中，斑驳的断壁残垣也是历史的真实写照。

（3）结合古籍文献、方志地图等材料，对北京历史研究，特别是一些涉及城市的问题，做出一定补充或者修正。

（4）综合研究城市兴起与废弃的原因，思考地形、水系对城市变迁的影响，从城市职能、选址规律、时代背景等方面对古城遗址的保护进行全方位思考。

（5）随着北京城市扩建，古城址的保护迫在眉睫，对古城址的调查研究与保护提出具有建设性的建议，特别是，这些建议的基础夯得很实！

对北京地区现存古城址进行一个深入的调查与重新审研，是本课题研究的主要内容。本研究将对北京市境内所有的古城址进行系统的摸底排查，结合古籍文献及前人研究成果，进行更深一步的调查与研究，依据此项课题能够提供出一份关于北京现存古城址的详细报告，留下更多的图片及影像资料，并从专业的角度出发，提出切实可行的保护计划，为相关部门的保护工作提供最直接的借鉴，为学界提供最新的材料，为后世留下一批宝贵的实物与信息财富。

二、项目研究过程及成就

本研究对北京地区古城址开展的调查与保护，是对北京地区历史文化资源的摸底，因此考古学、历史地理学的研究方法是其中最基本的两个。负责承担这项课题的学人即是历史地理学专业出身，不仅多次参考野外实地考察，获得了古城址调查的专业技能，还经常与考古专业的学人共同进行相关的考古调查活动，具备相关的知识技能。并且，两位推荐人：一为历史地理学教授，一为考古学教授，都是本学科内专家，他们的热情关心和帮助，定会在业务上给予本研究极大的帮助和指导。此外，古籍文献的研读与前人成果的检阅都是同样重要的工作，

同时，项目的开展过程中，负责人还将不断地向各领域各地区的专家学者，特别是市域内各区县的考古文博专家采访、求教。所有这些，都给项目的顺利完成以坚实的保障。

本课题研究的重点与难点有三：一为整理古籍文献，包括正史、实录、地方志甚至古地图等资料中相关的信息，这是一项耗时耗力却又非做不可的前期工作，即便在实地调查过程中也要不断地进行。二是野外实地调查工作。北京市辖境近 1.7 万平方千米，除平原上散落的城址外，群山河谷间同样排布了大量的古城。对这些城址的调查，工作量难免会非常大。三是经费受限。众所周知，野外调查，不仅需要付出异于书斋的体力和脑力，经费的开支也一定大大增加，而这又是做好一项结合考古、历史及地理等领域研究所必需的。

有限的经费难以完成全部的调研工作。经过两年多的文献整理与野外实地考察，目前项目仅完成先秦秦汉时期北京地区部分古城的调查工作。单是这些，已经花费掉负责人非常多的时间与精力。若要完成预计的项目，恐怕需要成倍的人力、物力和财力的投入。仅就目前取得的成果来看(见表 1)，该项目还是取得了较为丰硕的成果，研究也具备一定前瞻性。这些成果丰富了北京史地研究的内容。北京作为历史文化名城不仅要保护市区这一座元明清古老都城的地域，更需要在空间及时间上拓展与深入。目前的成果也成为这项研究的创新之处：宝贵的古城址现状资料汇编(并附有多幅地图、照片等影像资料)、相关的研究论文及建设性的保护建议，等等，期待未来对该研究可以再进一步深化与提高。

表 1　重点调查古城遗址列表

古城名称	建城时期	性质	遗址位置	保存现状
蓟城	西周初	都城	今北京广安门一带	(略，下同)
古燕都	西周初	都城	今房山琉璃河董家林	
临易	春秋	都城	今河北容城县	
武阳	战国晚期	都城	今河北易县	
良乡	战国晚期	都城	今房山区窦店古城	
沮阳	战国晚期	郡治	今河北省怀来县官厅水库南之大古城村北	

续表

古城名称	建城时期	性质	遗址位置	保存现状
渔阳	战国晚期	郡治	今怀柔区东梨园庄东南	
广阳	西汉	县治	今房山区东北隅南、北广阳城二村处	
阴乡	西汉	县治	今丰台区以南、永定河左岸	
狐奴	西汉	县治	今顺义区东北二十五里、狐奴山西	
路县	西汉	县治	今通州区东八里古城村	
平谷	西汉	县治	今平谷区东北十二里大、小北关村一带	
安乐	西汉	县治	今顺义区西南古城村北里余	
犀奚	西汉	县治	今密云区东北古北口内、潮河右岸	
犷平	西汉	县治	今密云区东北石匣至瑶亭一带	
军都	西汉	县治	今昌平区西十七里	
居庸	西汉	县治	今延庆城区或稍东	
夷舆	西汉	县治	今延庆区东北二十里古城东	
良乡	西汉	县治	今房山区窦店西一里	
西乡	西汉	县治	今房山区长沟东	

北京是一个拥有三千多年历史的文化名城，拥有众多历史遗迹。但由于各种原因，一些历史遗迹(如城墙遗址等)没有得到应有的保护。根据《中华人民共和国文物保护法》的相关规定，国家和当地政府、文物研究和主管部门、社会组织和个人都有义务保护文物免受非法侵害。我们此次调查的先秦至两汉北京地区的古城址遗存，由于大多分布在郊区，长期处于无人看管状态，在风吹雨淋以及人为取土破坏下正加速消失。我们项目组本次的调查研究，主要是想在系统梳理北京地区先秦至两汉古城址遗存的基础上，查明古城的保存现状，为古城址的保护拟出合理的建议措施，提请相关保护部门，以促进古城址的保护工作。

三、古城址现存问题及对策

本次调查发现绝大多数古城址的保存状况都非常令人担忧，因缺乏意识造成的保护不力，使得城址在自然和人为的侵蚀与破坏中逐渐湮没。多数古城仅存的遗迹在周围工厂及居民的不断取土中不断缩减，几处残垣，遍地衰草，一派苍凉景象。在调查中发现的问题可以总结为以下几点：

（一）古城目前还处于不断的人为破坏与侵蚀中

人为破坏主要表现为侵占古城址、取土烧砖等直接破坏，以及排放生活污染物侵蚀古城遗址等间接破坏。

1. 直接破坏方面

现代生产生活用地不断侵占古城址。在历史长河中幸存的古城址经历了战火与风雨，却难以抵抗现代人为侵害。通过本次调查数据与之前资料的对比，我们发现这种破坏有日益加剧的趋势。例如，良乡城遗址保存相对完好，而板桥村正好压在古城的西北城墙上，板桥村南的砖厂更长期在古城遗址取土烧砖，几乎将古城墙破坏殆尽。又如西乡古城，城垣在数次平整地面中遭到破坏，后又因改造耕地而受到破坏，海拔降低，夯土层被现代耕作扰乱，难以辨认。再如阴乡城，唯一残存的北垣已经被村民用作宅基，布满生活垃圾，更有部分包裹了水泥。

2. 间接破坏方面

除了用作民宅地基的部分，古城多为村中废弃的一片高地，多被当地居民选为墓地或堆放生活垃圾。良乡古城城墙内部分布着大小的坟冢，焚烧的纸钱洒落遍地，但与我们所见的生活垃圾排放相比，选为先人墓地似乎反而成了对古城的保护。良乡古城的西南角就是当地一个巨大的垃圾场。在西乡古城，我们在调查时发现，古城遗址西南建有一水泥厂，污水直接排入城西的长沟中，各种生活垃圾也被扔在沟中，使得沟内污水充溢，垃圾遍地。

（二）文物保护部门对古城址缺乏重视，导致保护工作缺失

古城址被肆意破坏而无人问津，大多古城址周围竟然没有丝毫的保护标志，良乡、西乡、渔阳、狐奴等城，皆是如此。如阴乡古城，残北垣遭到严重破坏，据村民介绍，当地曾有区政府建立的文物保护碑，但后来村民自行建造住宅，竟将该保护碑毁坏，其间并未遭到相关部门的问询和阻止。文物保护似乎过多地停留在重要文物上，殊不知，一段断壁残垣，可能书写着独有的辉煌，不同于一次次重建中千年不倒的辉煌建筑，不同于一次次鉴定中价值连城的珍贵文物。

（三）人们缺少对古城历史地位和价值的认识

居住于古城址周围的村民往往不知古城是何年代所建，具有怎样的意义，在西乡古城，当地村民为我们指出了古城墙所在，却不知道古城墙是什么时代所建，在我们向其介绍后欢喜地去跟其他村民说。正是因为缺乏意识，居民也自然没有保护古城址的心理。若要对古城进行保护，古城址附近的居民尤为重要，让他们能够认识到古城址的历史文化价值，自觉参与古城的保护工作中来，而这，就需要相关部门的宣传和教育。

四、古城址保护建议

针对以上问题，我们项目组初步拟出了以下几点保护建议：

(1)加强国家文物部门对城址的调查保护力度，加强文物保护领域的立法和监督工作。完善的立法和监督是文物得到妥善保护的基本保证。许多古城遗址连基本的保护碑等标志都没有，使得一般人不能认识到古城的历史与价值，缺乏对古城的保护意识。在此次调查中，我们甚至发现有立好碑却被村民挖走毁坏的情况。在古城址周围，我们发现存在较多小型水泥厂、沙厂等，这些小工厂就地取材，挖取古城夯土，对古城址造成了巨大的破坏。对此，文物保护部门必须采取相应的惩处措施，阻止其对古城遗址的破坏。

(2)应该有组织地向当地村民宣传该遗址的历史文化价值，以期得到当地村民的重视和保护。我们在此次调研中，打印了数百份宣传资料，每到一处古城址，必和当地村民交流并分发传单，向他们大致讲解该城的历史，同时也聆听他们关于该城现状的直观描述。我们还会找到当地的文博部门，进一步了解该城的保护现状。这样的情况在良乡古城显得尤为突出：当地村民将城垣附近变成垃圾堆放场所，也有利用城垣的突起部位在上面搭建饮水设施，建议在现存城垣之上栽种树木，既可保持水土，又可以让村民获得一定的经济利益；城垣周围还建有水泥厂和烧砖厂，就地取土，破坏了城垣。建议迁往它处，或者到别处取泥。我们认为国家文物部门应该界定该古城保护范围，尽量保存原状，建议周边不要开发房地产等经济项目。

(3)将古城遗址的保护和利用融入当地的城镇规划，边保护，边开发利用，将古城的历史价值和社会经济效益有机结合，让千年古城在新世纪重获新生。历史与现实的有机融合，传统与现代的无限对接可以让我们的生活更具有人文和历史气息。如今的中国兴起了历史旅游热，我们应该不失时机地将古城址保护和古城旅游开发有机结合起来，条件允许的地方可以开展特色古城游，据我们所知，西安和咸阳在这方面可以说是走在了前列。我们认为，即便在古城址上仿建古色古香的汉代建筑以期开发旅游市场也是可取的。就怕人们为了单纯的经济利益而破坏古城遗址，这样的后果是可怕的，人们在收获微不足道的经济利益的同时，丢掉的东西实在是太多了！今日依然矗立在这片大地上的古城址遗存，是中华民族先祖们血汗铸就的文明，承载了极为丰富的历史文化信息，我们必须对之珍惜和维护，将这笔文化遗产代代传承！

(作者：刘新光　中国人民大学讲师)

项目名称：北京考古史
项目编号：12LSA001
项目负责人：宋大川
项目信誉保证单位：北京市文物局

北京考古史

　　内容提要：《北京考古史》以北京市进行考古以来主要是新中国成立六十年来的考古成就为研究对象，分为史前、夏商周、东周、汉代、魏晋南北朝隋唐、辽代、金代、元代、明代、清代（上、下各一卷）考古共 10 卷，系统地对北京市的考古史进行总结，分析每个时期的阶段特点，从而建立起北京地区的考古编年体系。以丰富的史料、深入的分析和客观的论述，帮助读者正确理解北京考古学的形成、发展和繁荣，全面展示北京考古的辉煌成就，并借此究明古代北京考古学文化的历史变迁，探讨考古学文化的地域性、时间性的特征。它不仅是北京考古学史，也是考古学发现与研究考古学遗存所认识的北京史，各时期的考古以实物资料串联起了北京历史发展的链条，进一步丰富和完善了北京社会发展史的历史文化内涵。

　　北京作为历史文化延续未曾间断的历史名城，有着数十万年的人类居住历史，3000 多年的建城史和 850 年的建都史。漫长的发展岁月中这里积淀了极为广博深远的文化遗存，它们是北京不同历史发展时期的代表性文物遗迹，是数千年来北京从最初的原始聚落发展到今天迈向国际化大都市的物证，而这些历史的印迹只有一部分见于文献典籍，绝大部分则尘封于地下，需要通过考古发掘和研究去再现。

　　自 20 世纪 50 年代以来，北京地区的考古发掘与研究工作成绩卓然，展示了北京这座历史文化名城深厚的历史文化底蕴，在构建和诠释北京地区社会发展历史与城市变迁历史方面发挥着极其特殊的作用。

一、史前时期考古

　　北京地区的史前时期是一个十分漫长的过程，大约指距今约 60 万年至距今 4000 年之间的时期。如果从 1927 年周口店遗址的发掘算起，北京地区的史前考古已经走过了 80 余年的历程，基本建立了北京地区史前考古的文化序列。周口店遗址发现的北京猿人头盖骨及猿人使用的石器和用火遗址，证实

50 万年以前北京地区已有人类活动，其创造出颇具特色的旧石器文化，对中国华北地区旧石器文化的发展产生了深远的影响。新中国成立后，北京地区的史前考古得到了长足的发展，除继续对周口店遗址进行发掘和多学科研究外，还新发现了一批史前文化遗存，获得了大量的实物资料，对推进北京地区早期人类及其文化演进历程的探讨具有重要作用。北京地区在不晚于 1 万年前已开始进入新石器时代。新石器时代的地质年代属全新世，人们逐渐使用研磨的方法制造石器，开始制作陶器，定居生活固定化，产生原始农业并饲养家畜。这一过程中，人们从山洞中迁徙出来，选择平原地区定居。严格地讲，这时已从依赖天然赏赐到生产经济阶段。北京地区的新石器时代考古资料，都是新中国成立后获得的。通过长期的考古工作和研究，北京地区的新石器文化发展的基本框架已经建立起来，历经新石器时代早期、中期、晚期到铜石并用阶段，从距今约 11000 年到距今 4000 年，典型遗址有东胡林、转年、上宅一期、北埝头、镇江营一期、镇江营二期、上宅二期、上宅三期、燕落寨、镇江营三期、雪山一期、镇江营四期、雪山二期，文化发展脉络是清楚的。据统计，北京地区已发现的旧石器时代文化遗址和石器出土地点约 48 处，新石器时代的遗址、墓葬和零散遗存点四十余处。这些遗址分布在北京城区和多个郊区，共同构建了北京地区史前历史发展的脉络，为认识北京地区史前文化结构和研究不同史前文化相互关系及其发展创造了极为有利的条件。

二、历史时期考古

北京地区的历史时期考古内容丰富，在反映北京文化内涵方面具有重要作用。

大约在公元前 2000 年，北京地区进入了青铜时代。从简略的文献记载并结合考古发掘资料来看，这一时期的北京及周围地区生活着多个部族，创造了具有显著地方特色的青铜文化。周武王灭商后，采用"封邦建国""以藩屏周"的统治政策，为巩固西周王朝东北边疆，分封周王室同姓贵族召公于北燕，即今天的北京及周围地区。北京夏商西周考古工作始于 20 世纪 60 年代，此后，特别是 20 世纪 70 年代以来，取得了重大突破。具体表现在通过科学发掘所获得的考古信息不断增多、考古学文化的确立、年代谱系的日趋完善、聚落考古的初步探讨等。这些成果为研究夏商西周时期北京地区的历史提供了重要的资料。北京地区夏商西周时期重要考古发现有刘家河墓葬、张营遗址、龙坡遗址、塔照遗址、镇江营遗址、琉璃河遗址、牛栏山墓葬、白浮村墓葬等。北京处于中原文化与北方草原文化的交接地带，其古代文化特别是青铜时代文化不可避免地受到中原与北方文化的相互影响。多种文化的汇聚与碰撞、冲突与交融使这里的考古学文化面貌显得错综复杂。北京地区夏商西周时期的考古学文化，主要包括了大坨头文化、围坊三期文化、张家园上层文化以及西周燕文化。其中，大坨头文化是北京地区最早的青铜时代文化，是在继承相当于龙山时期的雪山二期文化的某些因素的基础上发展起来的，在其形成和发展过程中，受到了夏家店下层文化等周邻文化的影响。围坊三期文化是在当地大坨头文化的基础上，吸收了西边的朱开沟文化和北上的商文化因素而发展起来的。张家园上层文化(镇江营类型)是在承继围坊三期文化(塔照类型)的基础上，吸收融合了包括周文化在内的多源头文化而形成的一体文化。以北京为中心的西周燕文化是在中原周文化的基础上，融合了大量商文化和当地土著文化以及其他外来文化的某些因素而形成的。因此，对北京地区夏商西周时期考古学文化类型谱系进行探讨，对于把握这一时期该地区诸考古学文化演变轨迹、认识这一时期历史发展面貌具有重要意义。

北京是春秋时期燕国的政治、经济、军事与文化中心，燕国的都城上都蓟城就建于北京。自公元前770年周平王东迁洛邑至公元前221年秦灭齐，这一时期史称东周。东周又分作前后两个阶段，前一阶段称作"春秋"(前770年至前476年)，后一阶段称作"战国"(前475年至前221年)。春秋时期偏于北方燕山之野的燕国，因其地处中原与北方交通枢纽之间，是华夏农耕民族与北方游牧、畜牧部族频繁接触或杂处之地。燕国经常遭受来自北方游牧部族的侵伐和掳掠，因此在整个春秋时期其国力一直十分衰微，非但不在华夏诸侯大国之列，即使与鲁、宋、郑、卫等小国相比，其国力也相形见绌。因此，这一时期的燕国从未被诸夏重视，史籍中关于春秋时期的燕国及其北邻各部族事迹的记载均十分简约。至战国时期，燕国成为七雄之一，影响力增强，关于其记载也略显丰富，但在学术史上尚有重重迷雾。但在东周时期的考古工作中，工作者在房山区拒马河流域发掘的镇江营与塔照遗址中，发现了属于春秋早期和战国早、中期的燕文化遗存；在延庆军都山的调查与发掘中，则找到了属于春秋早期至战国早期的玉皇庙文化的部落墓地。这两项考古成果清楚地表明，北京地区在春秋、战国之际，确实存在着两种文化，一种是代表农耕文化的燕文化，而另一种则是代表北方游牧和畜牧文化的玉皇庙文化。这两种文化性质差异明显，特征迥然不同，分布地域有南、北之别，燕文化分布在居庸关以南的南部平原地域，玉皇庙文化则分布于八达岭以北的北部山区，即延庆的军都山及以北更深远的冀北山地一带。这些发现进一步展现了通过考古学构建北京地区夏商周时期历史的可能。

公元前206年，汉王刘邦即皇帝位，汉帝国正式建立，由此开创了中国历史上一个伟大的时代。汉初的北京地区，历经秦末的战争和异姓诸侯王的叛乱之后，逐渐稳定了下来，最终形成郡、国并行的统治局面，今北京地区先后封建燕国、广阳国。公元8年，王莽篡汉自立，新朝对天下郡国县邑名称多有变更，然而旋即覆灭。东汉光武帝起自河北，上谷耿弇为其北道主人，燕蓟地区成为汉世中兴的坚强后盾。东汉初，仍置广阳国，然与西汉诸侯国不可同日而语，幽州则成为统治今北京及其附近地区的最高级别的行政区。强盛的汉帝国，在今北京地区留下了丰富的遗存。自 20 世纪 50 年代以来，北京地区发现的汉代遗存，已逾两百余处，时代历西汉、东汉，跨越四百余年。发现的汉代遗存类型丰富，包括城市遗址、墓葬、聚落遗址、铸钱遗址、窑炉、窖藏以及零星发现的汉代文物，等等，其中汉代城址的数量发现二十余座，类型包括封国都城、郡城、县城和专门性城市，城市等级高低不同，规模亦大小不等；汉代墓葬的数量，则已超过两千余座；其他类型的汉代遗存，发现数量虽不多，一般与城市或墓葬相关。这些考古发现，对研究北京地区汉代的社会生活的方方面面具有重要意义。

魏晋南北朝期间，北京地区历经曹魏，西晋，十六国时期的后赵、前燕、前秦、后燕，北朝的北魏、东魏、北齐、北周 10 个王朝，政权频易，匈奴、鲜卑、羯、氐、羌等各个少数民族统治者纷纷入主中原，建立政权。在这个时期，北京地区基本处在幽州的行政范围内。蓟城在前燕朝还曾一度作为都城。北周大象三年(581 年)，杨坚建立隋朝，结束了魏晋以来北方长期混战的局面。这个时期是中国历史上南北分裂、政权频繁更替、军阀混战的一个特殊时期，也是中国历史上继春秋战国之后的第二次民族大融合时期。各政权、民族间相互攻伐，形成复杂动荡的社会局面。北京在这一时期成为北方的军事重镇，不仅是汉族政权防御少数民族进攻的屏障，也是诸少数民族南下中原的必争之地。北京地区魏晋北朝时期的遗存发现较少，从已发表的材料来看，共计 23 处，但这些考古材料却都反映了这个历史时期的真实面貌。

隋文帝统一全国后，废燕郡存幽州，大业初年又改幽州为涿郡，均治蓟城。唐初改涿郡为幽州，仍治蓟城。唐玄宗时幽州改称范阳郡，仍设治蓟城。节度使安禄山于天宝十四年(755 年)起兵蓟城，以范阳(幽州)为大都。后安禄山部将史思明夺安氏权，自称大燕皇帝，并以范阳为燕京，北京正式称燕京。安史之乱成为唐代由盛而衰的转折点，安史之乱平定后，唐肃宗改范阳郡为幽州，自此，幽州成为唐后期一个重要的割据藩镇。五代十国时期，北京先后历后梁、后唐两个朝代。隋唐五代时期，北京的地理位置处在北方草原文化与农耕文化的融合过渡区，农耕民族与游牧民族交杂混居，幽州成为汉族与少数民族杂居融合的重要区域。明确为隋和五代时期的北京地区的遗存较少，且主要集中在房山地区。新中国成立后已发现唐代遗存近百处，这些遗存分为城址、墓葬、宗教遗迹、窑址四类。这些考古发现反映了这个时期社会经济、文化、民族等各方面多元化的特点，对研究隋唐五代时期的北京历史不无助益。

辽代是中国三个王朝并存的时期，作为北方草原民族与中原传统的政治、文化共同作用的产物，辽代在中国历史上具有特殊并重要的地位。在辽统治范围，辽南京（今北京）人口密度最大，各族人民在这片热土上遗留下丰富的文化遗产，所有这些文化遗产都与曾生活在这片土地上的各族人民息息相关，而来自不同区域、文化背景各异的各民族对北京地区的民族融合都有所贡献，遗留下来的古墓葬等文化遗产也各有不同。北京处于辽朝统治区的最南部，其境内所生活的各个民族无论人数多寡，除当地自汉唐以来形成的文化以外，必然受到以契丹族文化为主的北方草原民族文化与来自北京以南的北宋中原文化的强烈影响。新中国成立以后，北京辽代考古工作逐渐开展起来，发现和发掘了大量辽代墓葬、塔基、瓷窑址、窖藏、石刻等，几乎每年都会发现和发掘一定数量的辽墓，其中的纪年墓、壁画墓以及具有鲜明民族特点的墓葬具有较高的研究价值。北京地区辽代佛教塔基中出土了较多的文物，为北京辽代考古的一大亮点。此外，北京地区瓷窑址的发现和发掘在学术界也引起较大的反响。经过了辽南京地区的民族融合进程，北京地区逐渐形成了兼容并蓄的文化传统和文化积淀，当时所遗留下来的墓葬、碑刻、城址等也与此相关联。北京地区考古调查、发掘所发现的各类辽代文化遗存丰富且多样，在民族大融合的背景下，具有较高的学术研究价值。

金朝是由女真族建立的政权，历时 120 年。在此期间，北部中国社会发生了重大而深刻的变化，这些变化不仅对金朝本土，而且对同时期的南宋以及后来中国历史的发展都产生了深刻影响。尤其是金帝完颜亮正式迁都燕京（今北京），改称中都，开启了北京作为我国政治中心的历史序幕，确立了北京在我国古代都城发展史上的重要地位。金朝统治者在金中都的精心经营，为北京留下了丰厚的文化遗产，大量金代遗迹、遗物的发现，为我们揭开了北京这座古代都城的厚重历史。北京地区的金代考古工作，在新中国成立前开展较少。新中国成立六十年来，北京地区的考古事业蓬勃发展，进入了一个全新的阶段。金代考古工作中，除了对金中都的城垣、内城、宫殿等遗址进行考古调查、勘探和发掘外，还发现了金代皇陵以及大量的金代贵族墓葬群和较多的平民墓葬。此外，还有较为重要的窑址以及窖藏、塔基遗迹等。日渐丰富的考古成果，涉及北京城市发展史研究的诸多方面，使得北京地区的金代历史文化和考古研究能够向着更深的层次推进。

北京是元大都所在地，自此它开始正式成为封建统一王朝的国都，是中西交往、南北汇集的中心区域，在经济、文化、社会生活等方面展现出前所未有的繁荣景象。新中国成立之后经过考古工作者们的多年不懈努力，在元大都城址、内部的居住遗址、宗教活动遗址、窑址、墓葬等的考察、发现以及整理、研究方面取得了巨大成果，为我们真实地了解、复原元代北京的政治、经济、文化、宗教、生活等提供了大量丰富且翔实的珍贵材料，有助于推动并深化对元代北京历史面貌的认识和探讨。元大都的设计、规划和修建在中国古代都城发展史上占有重要的地位，并具有鲜明的时代特点：元大都三城相套而成的重城式结构是自汴梁城以来的新形式；其开放式街巷制的道路系统则彻底改变了唐长安城的方块形的里坊制街道系统；中轴线更为明确，且为明清北京城所继承。可以说元大都的建筑形制，上承唐宋，下启明清。元大都规模宏大，功能完备。作为元朝都城，中西往来频繁，南北交流畅通，为保障粮食供给和商品贸易，开凿了大运河，北段的终点就设在积水潭。水路的贯通，为元大都商品交易的兴盛、人们生活的丰富提供了有利条件。在元大都城址内外发现了大量精美的瓷器，其中很多是来自南方景德镇诸窑、龙泉窑等著名窑场的产品，其数量和质量大大超出了北京地区辽金时期的发现。元代对于各种宗教都采取了优待和扶植政策，尤其是佛教和道教，根据史料典籍的记载，元大都城内外寺庙、道观林立，遍布各处。海云禅师塔基的发掘，大延洪寺栗园碑、兴隆寺置地记碑的出土，以及福寿兴元观遗址和相关碑刻的发现，见证了北京地区元代宗教的发展状况。在历史时期的众多考古遗存中，墓葬具有分布广泛、内涵丰富、时代延续性强等特点，因此是非常重要的一类古代文化物质遗存。墓葬的发现是北京元代考古的重要组成部分，原始材料的积累日渐深厚。在各类型墓葬中，包含有丰富的随葬器物、绚丽的墓室绘画及精致的雕刻物品。将这些元代墓葬资料承载的历史信息加以归纳、整合，或从不同角度进行细致划分，将会使我们更加真实、全面、多方位地了解元代的历史和社会文化。建立元朝的蒙古族为少数民族，为了更好地控制疆域、巩固统治、稳定庶众，蒙古贵族尽可能地招揽各个民族、不同地区的精英人物，任贤用能。耶律铸、张弘纲、铁可、耿完者秃等人多数为蒙元时期的中高级官吏，虽然具有不同的家族背景，但均成为元朝统治的重要支柱。其墓葬的发掘，随葬器物的发现，墓志的出土，为了解、研究当时的历史提供了宝贵的实物资料。此外，还发现了大量平民的墓葬，为我们了解当时一般群众的生活状况、风俗习惯等提供了大量素材。

自 1421 年永乐帝迁都北京后，北京成为明代全国的政治、经济、文化中心长达 224 年。明代经济高度繁荣，在统治者对首善之区的长期经营下，明北京城在元大都的基础上又发展到一个新的历史高峰。明王朝营建的北京城以及十三陵，毋庸置疑是明代考古学中最重要的组成部分；而诸王、公主、妃嫔、太监、外戚以及百官臣工、商贾缙绅、文人士子的墓葬，无论是规格还是数量，都要远远超过其他地区；统治者们调动全国的人力物力资源，营建兴造大批宫殿、苑囿、寺观、园林、衙署、离宫、坛庙、府库，以供他们处理政务、举行宗教仪式、游玩宴乐；而整治漕运、修建长城，更是牵动全国、影响深远之举；统治者们还利用各种官办手工业或通过海上贸易等方式，搜刮占有大量的奢侈品，以满足他们的奢靡生活。以上种种，都是北京地区明代考古的重要内容。1951 年北京西郊董四墓村明代妃嫔墓的发掘，使北京明代考古工作有了一个高的起点。1956 年开始的定陵考古发掘，更是北京明代考古的最重要收获。1962 年为配合大规模拆除北京城墙工程，对北京城垣进行的发掘清理，是明代都城考古的重要内容之一。20 世纪 80 年代以来，随着生产建设的大规模开展，明代考古发掘数量迅猛增长。同时，经过长期考古资料的积累和酝酿，研究成果也大批出现，并达到了新的广度和深度。北京这座古都遗留下来的明代遗存，是全国等级最高、规模最大、水平最高、特征最典型的，是明代高度发达的物质文明的集中体现。

顺治元年(1644 年)，清军在吴三桂的引领下出山海关，占领北京。同年十月，迁都北京。1912 年，清帝发布退位诏书。北京作为最后一个封建王朝的首都，共历时 268 年，期间创造并留下了丰富的遗存。1949 年以来，尤其是进入 21 世纪以后，考古工作者配合蓬勃开展的基本建设，发掘出大量的清代遗存，这些遗存大致可分为园林水系、宫苑署邸、寺庙宫观和墓葬等几类。满族兴起于白山黑水之间，定鼎北京之后，满族统治者对北京夏日的炎暑闷热很不适应。随着统治的巩固，经济的发展，统治集团遂大兴土木，在多处兴建起规模空前的皇家园林，把北京的古典园林建设推向鼎盛时期。在已经勘探和发掘的园林水系遗址中，清理宫殿、斋、堂、亭、轩、楼、馆、榭、寺庙等建筑基址，还清理了广场、假山、水池、水闸、桥、道路等遗迹。从清理的遗址来看，均占地广，规模大。这些园林是以自然风景作为创作的依据，对自然环境或多或少地加以删减、提炼和优化，再加上花木、建筑的点缀，赋予其某种特定的意境，体现一定的艺术境界。园内的建筑物多而复杂，但布局并不局促。宫廷区的布局严格按照中轴线左右对称的格局，自南而北形成严谨的空间系列，类似于具体而微的宫城。每个建筑物又都形态不一，各成其态，既见北方建筑之大气，又有南方民居之秀丽，格调尽量与周围环境相协调。作为都城，最有特色的应当属于当时遍布于城内各地的宫苑署邸。这些宫苑署邸有些至今仍然保存完好，而有的则因为历史的原因早已被破坏。因此，在对清代的都城研究中，对当时的宫苑署邸遗址进行考古调查、勘探和发掘，是一项非常重要的任务。新中国成立以来，共发掘清代宫苑署邸遗址五处。结合考古发掘和文献记载，在清代封建等级制度下，各级衙署、府第规制均有严格的规定，主要体现在以下几个方面：中轴线上的建筑重数；主要建筑如正门、殿、堂、寝、楼等的数量、规模；建筑物上的装饰，如瓦、压脊、梁栋彩绘、门钉、望兽、门柱油漆的种类、数量等。清代北京地区的寺庙宫观众多，也是当时社会风俗的一道靓丽风景线。新中国成立以来，北京地区经考古发掘的清代寺庙宫观遗址不少于 12 处，其性质包括佛教、道教、伊斯兰教场所。除少数小规模寺庙外，一般寺庙宫观的香火延续时间都比较长，即使是中间或因战乱等因素中断，但最后总能传承下来。就总体布局而言，北京地区的佛教、道教和伊斯兰教建筑受中国传统建筑风格的影响，多是以中轴线为中心，主要大殿位于中轴线上，配殿左右对称，形成多进院落式布局。由于等级和财力的差异，这些寺庙宫观在进数和建筑体量有着一定的差距。当然，有的寺庙宫观因地形、地势修建，在布局上做出了相应的应变。根据已公布的资料，北京市先后对 42 处清代墓地进行了考古发掘，清理墓葬千余座。按照墓葬规格和等级，可以分为园寝、其他高等级墓葬、太监墓和普通墓葬。

三、结 语

北京地区的众多考古发现，极大地扩展了人们的视野，丰富了人们对北京史的认识。考古工作以实物资料串联起了北京历史发展的链条，从不同的侧面揭示了北京城市历史上各个时期的经济、文化状况，社会生活和生产发展水平，不断地为我们对北京古代社会不同阶段城市发展的认识增加新的内容，从而进一步丰富和完善北京社会发展史的历史文化内涵。

（作者：宋大川　北京市文物研究所研究员）

项目名称：元明清北京官方的典籍编纂、诠释与文化认同
项目编号：12LSC017
项目负责人：姜海军
项目信誉保证单位：北京师范大学

元明清北京官方的典籍编纂、诠释与文化认同

内容提要：北京是元明清三朝的首都，在这八百多年的历史中，在北京的朝廷借助政治、教育、科举、制度等多形式传承、弘扬以儒学为核心的中华文化，由此成为全国的文化政治中心，同时也借助文化的形式实现了基于文化认同的国家认同。今天，我们可以借鉴元明清三朝的历史经验，以其独特的文化魅力、地理位置、政治角色等优势实现中华优秀文化的传承、诠释与现代转化，成为全国各地继承、弘扬优秀传统文化的标杆。

北京有着 3000 余年的建城史和 800 多年的建都史。北京从元朝开始，由地域性大城市正式被确立为全国的首都，此后历经明清几百年时间。如今，中华人民共和国仍定都北京。北京作为历朝历代的北方重镇，在文化传承、地域安定、边疆民族、国家控制等诸多方面扮演着至关重要的角色。尤其是在北京作为元明清三朝首都之时，开始在政治、文化、经济等诸多方面扮演着主导角色，成为大一统帝国的核心。在 800 多年的时间里，北京的文化建设始终注重尊孔崇儒，即使是元、清统一中国之际，统治阶层也都主动认同以儒学为核心的中华文化，积极儒化、汉化。北京朝廷还通过科举考试、文化传播、官员升迁等诸多形式将儒学推广到各地，从而促使臣民及周边民族基于官方经学、儒学的文化认同而形成对政权合法性、合理性的政治认同，从而实现了基于文化大一统的国家大一统。

一、元代北京对辽、西夏、金"尊孔崇儒"的继承与发展

在元朝建立之前的辽、西夏、金之时，北京还是北方地区非常重要的军事重镇、政治中心，同时也是一个文化中心。它虽然没有像元代那样成为全国性的首都，但是这一时期已经得到了辽、西夏、金的高度重视，尤其是他们在控制北方地区并逐渐向中原扩张的过程中，为了减少当地臣民尤其是社会精英阶层——儒士大夫阶层对之的抵触心理，他们基本上都非常主动认同以儒学为核心的中华文化，由于北京是当时辽、金的重要城市，所以北京地

区的儒化、汉化程度也日渐增强。反过来说，北京地区儒化程度的增强，加速了辽、金等北方少数民族的文明程度及扩展进程，由此更是极大地赢得了北方汉族臣民对辽、西夏、金的文化认同与政治支持。

与北方的辽、西夏、金不同，元朝依赖强大的军事力量不但扫平了中国北方的割地政权，更是迅速打败了江南地区的南宋政权。不能否认的是，统治阶层重视经学、儒学，并促使理学的北传，进而使得北京成为北方经学、理学的重镇，这一点极大地赢得了北方臣民对元朝统治的认同。毕竟，在中原汉族臣民的眼中，谁统治他们并不重要，重要的是能否推行中华文化，因为对中原的社会精英阶层来说，文化差异是华夷之辨的根本所在。不过，汉儒也认为"能用士，而能行中国之道，则中国之主也"[1]，"王道之所在，正统之所在也"[2]。所以，元朝推行儒学，并促使理学北传，且使北京成为最重要的文化中心、儒学中心，极大地收拢了南北各地的人心。

蒙古建元之后，北京成为全国的首都。统治者一方面广泛吸收各征服民族的文化，另一方面坚持民族文化本位的政策，在这种政策下，促成了元朝思想文化的大发展、大繁荣，尤其是北京作为政治中心的同时，也成为当时举世闻名的国际文化中心。可以说，蒙古在元朝建立之后，元大都文化的发展、繁荣，对国内文化的发展起到了重要的典范作用，尤其是儒学、程朱理学在元大都的盛行，直接促成了程朱理学在北方地区的广泛传播，这无疑强化了北方民族对蒙古政权的政治认同。从另一个角度来说，元朝对当时程朱理学的重视与推广，使得儒学并没有因为蒙古的入侵而中断，相反以儒学为核心的中华文化在统治者的重视与推动下，在更加广阔的地区传播，由此实现了自汉代以后儒学最大领土范围的传播，这为之后明清理学的深化与发展奠定了坚实的基础。进而言之，程朱理学是汉儒对元朝政治认同、国家认同的重要基础，而且是最深层次的思想基础，也是元朝多民族认同、凝聚力的基石与纽带。

二、明朝北京官方对程朱理学的尊崇及对心学的控制

明朝作为继元朝之后的新政权，它在强调政权的合法性、合理性，以及维护政权的稳定与秩序方面，依旧强调以儒学为核心的中华文化的重要地位，并将之作为国家意识形态。所以，明朝在定都北京之后，随即将程朱理学视为官方之学向全国推广，由此促使了程朱理学开始渗透到社会各个阶层之中。

---

① （元）郝经：《陵川集》卷三十七《与宋国两淮制置使书》，影印文渊阁《四库全书》本，台北：台湾商务印书馆，1986年版，第432页。

② （元）杨奂：《还山遗稿》卷上《正统八例总序》，影印文渊阁《四库全书》本，台北：台湾商务印书馆，1986年版，第228页。

反过来，程朱理学的普遍性、全面性、深入性，进一步强化了明朝政权。

程朱理学在明代的大兴主要开始于明成祖朱棣时期，尤其是随着《五经四书性理大全》的颁行，程朱理学被明朝廷借助教育、科举等形式向社会各个层面、各个地域渗透，并最终促成了程朱理学在全国的广布。程朱理学在当时作为一种非常强势的文化形态，更是一种政治化的意识形态，不但进一步规范了社会各个阶层的行为规范、道德伦理，更是赢得了宋元以来江南地区重视并传承程朱理学的儒士大夫的文化认同，由此明朝进一步巩固并强化了对江南地区的控制。

当然，程朱理学的科举化、政治化，使它在某种程度上统一了学术思想，统一了民众观念的同时，也桎梏了人们的思维，限制了人们的思想，尤其是随着明代中叶中央集权的衰微、江南地区经济社会的迅猛发展，官方形式化、桎梏化的程朱理学已经难以满足江南民众尤其是儒士大夫阶层的心理、精神需求，这种内在矛盾直接消解着民众对朝廷基于文化认同而形成的政治认同。反过来讲，这种文化认同所形成的内在矛盾也加速了江南地区对北京中央集权的离心力，或者说地方对中央政治认同感的弱化。

正是在这种意识形态与民众精神需求日渐分化、认同减弱的前提下，王阳明心学得以出现。它在某种程度上满足了社会各阶层尤其是江南地区儒士大夫阶层的精神需求。但由于心学代表着江南地区的精神需求与政治诉求，由此极大地触动了程朱理学及以此为信仰、为政治立身的官僚士大夫的利益，心学遭到了支持程朱理学的北京官僚集团及东林学派的不满与抵制，使之难以成为扮演具有全国性意识形态的角色。何况，心学倡导一种更加人性、自由的观念，在某种程度上它的盛行，加速了地方对中央的离心离德，加速了民众对纲常名教、人伦道德的排斥，更是消解着朝廷对地方的控制力。正是因为如此，到了明末诸多儒士大夫基于政治秩序稳定的需要，重新提倡程朱理学，以纠正心学的偏颇。

总之，从社会政治、经学儒学的发展历程来看，明代经学、儒学的发展并不与当时社会政治、思想文化的演变完全同步，或前或后，或有交叉。但是总体来看，明代程朱理学、经学的盛行在赢得民众对北京中央集权的文化认同、维护社会政治稳定方面扮演着至关重要的角色。但由于程朱理学过于官学化、意识形态化，反而促使它在理论层面上的固化，使得不能及时有效地做出自我调整，以适应社会政治、思想文化的变迁，从而导致心学的出现。当然，在整个过程之中，朝廷始终扮演着主导的角色，一方面借助中央权威、制度的力量推行程朱理学，与此同时根据形式的需要及时做出调整，心学也是及时调整的结果，尽管心学对中央集权、意识形态有一定的消解作用，但也在中央的管控范围之内。相比较元代而言，明朝廷在意识形态与文化建设方面更加收放自如，只是在心态上不如元朝更加的宏阔、包容而已。

三、清朝北京的崇儒、《四库全书》的编纂及思想一统

清朝作为一个少数民族建立的政权，为了赢得广大汉族臣民尤其是社会精英阶层——儒士大夫的文化认同，积极认同并推崇盛行于当时的儒学。尽管在清代初年，儒学依旧呈现为明末理学、心学并提的局面，但在康熙、乾隆时期，朝廷开始明确强调以程朱理学作为当时的官方意识形态，并借助多种形式推广理学，包括编纂《古今图书集成》《四库全书》等大型书目来强化儒家观念，以赢得汉族臣民对中央皇权的文化认同、政治认同。清朝较元朝，更加彻底地尊崇以儒学为核心的中华文化，更加彻底地推行汉族制度、中华文明，所以作为中国皇权社会最后一个王朝，它对民众基于文化认同而形成政治认同方面做得更加彻底。这既巩固了清朝的统治，更传承了以儒学为核心的中华文化及文明。

清朝在借助典籍编纂、诠释方面，依旧如元明两代一样，推行盛行于中原的程朱理学。在具体实施方面，借助科举考试、教育内容、大型图书编纂、经筵制度等多种形式来推行儒家经典，并用儒家思想理解并诠释经典，使程朱理学成为全民的基本信仰与价值体系。其中，清朝统治者借助编纂《四库全书》广泛任用并笼络江南儒士大夫，将程朱理学、江南考据学会通为一，建立了清学范式，使之成为基本的价值判断与观念信仰。即使在嘉道以后，中央皇权衰微之际，清统治者依旧通过各种形式，推行清学。可以说，有清一代，尤其是在乾隆之后，朝廷利用基于清学范式的认同，进一步强化了中原地区百姓，尤其是江南儒士大夫对中央的政治认同。

换句话说，有清一代，从前期中央对学术思想界的宽容，使得汉学、宋学与理学、心学并行于世，随着康熙时期文治武功的凸显，到了乾隆时期，大一统帝国政治、经济趋向稳定，朝廷希望通过思想文化的规范、统一来强化民众，尤其是江南儒士大夫对朝廷的文化认同、国家认同。作为清朝的首都——北京，更是在思想文化认同方面做出了卓越的贡献，清朝将儒家学说，尤其是程朱理学为治国的基本理念，并将之贯彻到社会政治的各个层面，直接促进了清朝政权的儒化、汉化，由此极大地加速了清朝及周边少数民族的文明进程，更是建立了一个超越"华夷之别"、基于儒学认同、文化大一统而形成了中华民族之共同体，因此扩大了宋元以来以中原汉族为核心的东亚文明之共同体。

当然，有清一代，在北京的统治阶层，他们的文化建设从本质上来讲并没有改变宋明以来理学为主导的思想之格局，尽管康乾之际考据学大兴、编纂《四库全书》、建立清学范式，但在思想体系上并没有建构出异于理学的新儒学思想体系，由此造成了思想的衰微、朝廷的无力，对此梁启超也曾评价

说"有清一代之学术，大抵述而不作，学而不思，故可谓之为思想最衰时代"①。这种思想的沉寂，主要源于朝廷道、政合一，意识形态为官方所控制，加上政治的强压，使得学者们很少注重思想体系的建构及对社会政治的关注，以致政治、经济领域缺乏正直之人，导致贪庸当道，社会风气颓坏，最终在道光、咸丰时期，各种矛盾开始集中爆发，并最终导致了清廷的瓦解。

四、元明清三朝北京典籍编纂、诠释与文化认同的启示

北京是元明清三朝的首都，更是三朝在社会政治、思想文化管理中的枢纽所在。即使是少数民族建立的元朝、清朝也都积极认同以儒学为核心的中华传统文化，以北京为核心，通过教育人才、科举选拔、政治制度、文化习俗等多种形式促成了中华文化继续传承、发展与弘扬，由此赢得了中原百姓，尤其是社会精英阶层——儒士大夫阶层的文化认同、政治认同，进而实现了对大一统帝国的控制。

(一)元明清北京理学盛行、思想一统及文化认同的意义

在元明清三朝，北京朝廷所采取的重要手段便是通过教育、科举手段，来强化臣民的文化认同。在教育、科举推进的过程中，三朝都非常注重认同、支持已经在中原盛行的程朱理学作为中华文化重要的展现形态，并将之作为文化的内核编纂、诠释各种经典，其中比较著名的如三朝科举考试，都采用了程朱理学所指导的儒家经典诠释之作——《四书章句集注》《周易本义》《诗经本义》《春秋胡氏传》等作为士子必读书目，由此将这些经典编纂所承载的程朱理学向社会各个阶层渗透。

在北京的三个大一统政权通过科举考试对程朱理学指导的经典编纂之作的推行，极大地统一了臣民的宇宙观、人生观、价值观，统一了臣民的思想意识，更是强化了宋代以后儒学在全国乃至东亚地区的盛行，而儒学的盛行又极大地扩大了儒家文化圈，以至于今天的韩国、日本、越南等地依旧深受以程朱理学为核心的儒家文化的影响，而这些地区儒家文化的存在也极大地增强了他们对中华文化及文明的认同，便利了不同国家之间的社会政治、思想文化之交流。

元明清三朝除了通过教育、科举的形式，积极推动以程朱理学为核心的中华文化的广泛传布与渗透之外，也将程朱理学作为史学编纂、文学创作的核心价值体系。比如元明清三朝编纂的正史《宋史》《辽史》《金史》《元史》《明史》等，他们的价值体系基本上都是程朱理学。另外，又如这三朝编纂的大型类书、丛书，如《永乐大典》《古今图书集成》《四库全书》《五经四书性理大全》等，无一例外地将儒家思想尤其是程朱理学放在首要位置，以凸显它在典籍

---

① 张品兴主编：《梁启超全集》第2册，北京：北京出版社，1999年版，第617页。

编纂、诠释中的指导地位，其目的就是希望通过北京、中央特殊的核心位置，来向地方展现其价值观及思想体系。正是由于北京所在的朝廷通过这种方式，使得各地方皆以此为榜样，进行自己的文化建设，比如编纂各地方志、文学创作等，极大地将程朱理学向更广阔的空间传播，除了极大地促进了以儒学为核心的中华文化的传承、发展外，也极大地强化了民众基于文化认同的政治认同、国家认同。

总体来说，元明清积极推广以儒学为核心的中华文化，有极大的文化意义与政治意义，毕竟文化认同是政治认同、国家认同的重要基础，而且是最深层次的思想基础，也是元明清三朝多民族认同、凝聚力的基石与纽带。

(二)元明清北京典籍编纂、诠释及文化认同的历史反思

元明清三朝作为中国的重要历史时期，虽然已经成为历史的一部分。但是，我们回顾元明清三朝朝廷所在地北京的文化建设及其相关做法，至今对我们依旧有着重要的启示意义。

北京以其特殊的地理位置、历史积淀成为元明清三朝首都，并在政治统治、文化思想发展等诸方面发挥着主导、引导的作用。北京以其得天独厚的政治与文化优势，可以借助政治力量笼络全国的文化资源，也可以借助政治力量向全国推广文化产品，进而实现官方的政治意志与文化认同、政治认同，比如编纂《五经四书性理大全》《永乐大典》《四库全书》等便是如此。北京作为首都，可以通过广泛招徕人才编纂典籍，由此来展现自己的文化形态、价值体系，比如清朝中期，鉴于当时朝廷与民间、北方与南方的思想文化对立，为了强化中央皇权统一下的文化政治大一统，乾隆借助政治优势，通过编纂《四库全书》、以"寓禁于征""寓作于述"等手段，整顿了江南文化，整合了南北分立的学术思想，重构了适应当时社会现状的知识与思想体系，形成以经学、考据学为主要表现形式，以理学为价值旨归的全新学术形态——清学。清学的盛行统一了时人的思想，实现了清初以来的思想文化大一统，更是实现了对当时在经济、文化诸多方面具有强大影响力的江南地区的社会控制与政治统治。

总的来说，元明清三朝借助文化认同强化了政治认同、国家认同，但文化认同的形成并非杂乱无章、没有内涵可言，而是需要一种可以系统而融通的知识价值体系，作为各种文化体系的基础，由此更能获得广大民众的认同。另外，文化认同是柄双刃剑，它一方面需要适应各族群、时代的需求，另一方面也需要不断地对文化认同的知识价值体系做以调整，换句话说，文化认同的基石——意识形态也需要不断的迎合时代的需求，而不是故步自封、墨守成规，否则它会在不断阻碍社会政治发展的同时，极大地影响基于文化认同的政治认同。反过来，时代、历史的变迁所引发的新形势，必将形成新的文化形态，而这种文化形态的发生又必将影响、消解着固有文化认同的存在和延续。比如清廷在面临西方势力及其文化的强势入侵之时，依旧没有放弃程朱理学的主导地位，只是适当做以妥协，吸纳今文经学、宋学乃至西学的精髓，希望建立一个"中体西用"的文化模式。由于朝廷始终固守传统经学、清学，以致难以将"中体西用"作为一个系统的思想体系进行整合，以致难以建立一个适应当时王权体系的思想意识形态。之后随着科举制度的取消，能够增强清朝王权文化认同的儒学也失去了凭依，反过来儒学在制度上的失势，也极大地消解了民众对清廷的文化认同与政治认同，最终导致了清廷的瓦解。

（三）元明清北京典籍编纂、诠释及文化认同的现代启示

自近代以来，北京尽管没有被持续作为首都，但是却以其深厚的文化底蕴、强大的政治影响力，一直在近现代尤其是自中华人民共和国成立之后扮演着至关重要的角色。由于近代以来，北京经历了诸多社会政治、思想文化的变迁，以至于在文化传承、创新方面始终拥有很多的机遇，但也面临着各种各样的挑战，这种挑战不仅仅来自政治、经济、社会、国际等多个方面的影响，也有文化多元化对文化传承、文化创新带来的挑战。

从元代开始，北京已经成为一个世界性的大都市，在这里居在着各个民族、各个文化背景的居民。近代以来，随着西方的入侵，各个民族、种族、国家的文化也随着外来人口的迁入而变得多元化。20 个世纪 80 年代改革开放也迎来多元文化的涌入。有学者统计认为，作为世界性的大都市纽约、伦敦的国际人口比重都超过 15％，东京国际人口比重最少，但也超过了 6％，而北京目前的国际人口比重只有 1％。鉴于东西方文化世界观、价值观、意识形态、文化理念等诸多方面的差异，北京能否弘扬中华文化，理解、兼容甚至融合不同民族、种族的思想文化，无疑是一个非常严峻的挑战。尽管北京作为中国的首都，是全国的政治中心、文化中心，在很大程度上代表和反映着中国的形象与城市发展水平。尤其是北京在改革开放以来，在发展速度与质量上可与世界著名大城市比肩，但实际上，文化是一个世界城市的灵魂所在。毕竟，世界城市不仅仅以经济数据来衡量，更重要的是城市文化和城市精神。在经济飞速发展、物质文明不断提高的同时，还需要提升文化品位，塑造城市精神。因为没有与经济繁荣相称的文化繁荣，没有广泛影响的国际文化中心地位，一个城市是没有资格被称为"世界城市"的。

文化是一个城市的灵魂，也是提升城市内涵、发展质量的重要手段。文化是一种软实力，也是一种生产力，文化产业具有稳定性、低碳、高附加值等特点，符合未来产业发展的方向。所以，北京要想真正成为世界一流的大城市，不仅要拥有一流的经济水平与规模，更为主要的是还要打造北京特色的文化软实力。尽管北京在文化传承、创新与认同诸方面面临着巨大的挑战，但北京也有自己的诸多优势。比如北京历史悠久，战国以来一直是中国北方的重镇，作为我国六朝古都，有三千多年的建城史。自元明清北京作为首都之后，更是产生了丰富的文化积淀，至今北京作为世界城市拥有着众多闻名海内外、底蕴深厚的历史文化遗迹。政府除了可以借助历史文化遗迹来传承、弘扬中华优秀传统文化之外，也可以通过政治、学术、教育、文化、传媒、交流等多种手段实现优秀传统文化的现代转化，从而形成中央政府所需要的文化形态，由此也可以成为全国其他地方、地区传承、弘扬中华优秀传统的典范。可以说，北京以其独特的历史文化、政治优势，不仅仅在自身文化传承、发展上努力跟进，也应当做好全国文化的标杆。

总的来说，北京作为首都，尽管文化的发展呈现多元化趋向，但是依旧扮演着作为全国文化发展枢纽和主导的重要角色，这就需要北京不仅仅通过官方所支持的典籍编纂、诠释来传承、弘扬传统优秀文化，还要努力整合传统、现代、马克思主义的优秀思想，不断完善已有的意识形态，使之向全国传播。

（作者：姜海军　北京师范大学副教授）

语言·文学·艺术学科

项目名称：英国小说城市书写研究
项目编号：11WYB016
项目负责人：吴庆军
项目信誉保证单位：外交学院

英国小说城市书写研究

内容提要：城市书写是一种空间批评和德里达书写思想相结合的文学批评方法，城市书写是城市的文本化再现，小说中的城市是一个多维的社会文化指涉系统。英国小说有着深厚的城市情结，众多的小说家在城市空间书写中融入了作者的城市理念、创作方法以及多维的社会文化信息。英国城市小说家主要通过景观呈现、漫游叙事和杂糅叙事等城市书写方法和策略将英国社会中的政治权力、文化杂糅、精神异化等多维社会文化信息印记在文本中。城市书写研究旨在还原作者的城市书写策略和城市文本中的社会文化印记。

城市书写是在 20 世纪后期"空间转向"背景下产生的文学批评方法，城市书写关注城市空间在小说叙事和主题阐释中的作用和意义，是作者在小说中对城市的多维社会文化解读，其中融入了作者的城市理念、创作方法以及主题思想。英国小说中的城市书写通过景观呈现、漫游叙事、杂糅印记等多种书写方法将英国社会中的政治权力、文化杂糅、精神异化等多维社会文化信息印记在文本中，城市书写成为小说中重要的人物刻画和主题阐释手段。

一、文学批评视域下的城市书写研究

城市书写一词属于后现代语境下的文化研究范畴，它是根据雅克·德里达(Jacque Derrida)等西方后现代学者的"书写"定义引申而来。书写最初指的是运用文字对情景和事件进行的记录。但是德里达认为书写"已超越了能指表面和所指表面本身。'书写'表示一切产生记忆的东西，不管它是否是文字形式，即使它在空间上的分布有异于言语顺序。比如电影、舞蹈、绘画、音乐以及雕塑等，甚至可以指运动书写，从现代军事和政治统治技术的角度来说，还可以有军事书写和政治书写。"①因此，德里达的书写理念强调了书写的记忆

---

① Jacque Derrida. Of Grammatology. Trans. Gayatri Chakravorty Spivak. Baltimore and London：The John Hopkins University Press，1997，p. 9.

功能,城市作为一种空间形式,其书写就是通过空间的社会文化印记功能来实现。可见城市书写不仅仅是对景观的展现,而是将城市理念、城市记忆、社会文化等要素巧妙地构成一个有机体,在景观选择和组织中赋予更深的历史文化内涵,具有更深刻的社会意义。在英国文学史上一些作家有着浓厚的城市情结,他们往往出生在城市、成长在城市并且成名于城市书写。这些小说家在作品中对某个城市格外青睐,他们往往借助城市书写将一座城市在特定历史语境下的社会文化信息构建到了小说文本中,在创作中他们力图通过城市书写表达更为深刻的社会文化意义。

首先,社会属性是文学作品中城市空间的重要特征。一方面,文学作品中城市书写的社会属性表现为社会语境的再现,因此,城市小说是城市的文本化再现。一些特定历史语境下的社会信息必然会被作家镶嵌在文本的城市书写中。另一方面,文学作品中城市书写的社会属性还表现为深层次社会关系的揭示。如《一九八四》(*Nineteen Eighty-four*)对城市空间的权力冲突做了细致展现,空间成为控制冲突的权力场,城市空间的权力冲突进一步揭示了思想空间中的权力控制,可见文学作品的城市书写具有根深蒂固的社会属性。

其次,文学作品中无论是地域环境还是城市空间,往往都隐藏着多维的文化意蕴,城市空间也因此具备了一种广泛的文化属性。一方面,文学作品中城市书写的文化属性表现为特定文化现象在作品中的反映。文学作品中的城市书写常常蕴含着某个特定历史时期特有的文化气息,如《都柏林人》(*Dubliners*)编织出都柏林令人窒息的空间:杂乱的街道、幽暗的夜晚、恐怖的阁楼、阴沉的严冬特别是那种弥漫在都柏林城市中的压抑和挫败感,突出了这一城市空间瘫痪的文化意义。这种文化意义是20世纪初欧洲普遍存在的文化危机感。另一方面,空间的身份印记也是文学作品中城市书写的重要特征之一。文学作品是由不同种族、性别和身份的作家创作的,其中的空间也会被作家潜移默化地赋予不同的"身份"特征。两百年来,西方人一直以为自己的文化优越性是天经地义的,西方被称之为"自我",而东方则被贴上了"他者"的标签。这样的一种文化身份特征必然也会出现在文学作品的城市书写中,此外,在一些少数族裔作家的作品中则会同时出现宗主国和殖民地两种鲜明不同的城市书写,这些都展现出城市书写中复杂的身份印记。

最后,碎片化是文学作品特别是现代主义和后现代主义文学作品中重要的空间特征,在英国小说城市书写中也有典型的表现。碎片化在实体空间研究中,一般表现为超空间特征,侧重关注空间的形式建构及其意义。文学作品中的碎片化空间同样是给读者一种时空碎片的无限叠加,使之失去现实意义的空间感。在一些后现代英美小说城市书写中,应用了大量的诸如戏仿(parody)、拼凑(pastiche)和拼贴(collage)等后现代时空的建构和叙事技巧,构建出一个具有异质性和碎片化特征的杂乱空间,体现了文学作品的碎片化特性。城市书写的碎片化展现是指作家有意将完整的空间事件打碎以增加形式和内容上支离破碎的质感。包括借用各种艺术形式将城市进行碎片化描写，凸显城市支离破碎和异质性特征，从而揭示现代社会的精神异化。

由此可见文学作品中的城市书写包含有历史语境、身份认同、政治权力、伦理道德以及宗教信仰等多维社会文化要素。对此空间批评学者提出了多维度的社会学阐释方法，他们以城市空间作为文学研究的切入点，从一种新的视角分析文学作品中城市空间在叙事、情节和主题等方面的作用。他们关注文学作品中城市空间所蕴含的诸如社会、文化和超空间等要素，探究其在文学作品创作和主题阐释中的作用及意义。

二、英国小说城市书写中的权力机制

文学与权力历来都是息息相关，从古希腊的荷马史诗到当代的英国小说，权力冲突一直存在于文学作品之中。英国小说的兴盛伴随着英国城市化的不断发展，19 世纪的英国社会贫富差距显著，社会公权常被滥用。以狄更斯为代表的英国城市小说展现了当时以伦敦为城市代表中的社会权力的滥用。在历经了两次世界大战以及 1929 年的世界经济大危机之后，大英帝国也经历了从殖民扩张时期的"日不落帝国"到殖民地的纷纷崛起和独立以致最终帝国分崩瓦解的历程。随着 1945 年德国等法西斯列强的战败，世界新的政治格局出现，美苏冷战状态开始形成，这一过程直到 20 世纪 80 年代末 90 年代初苏联解体才得以告终。在这种背景下，许多小说家在创作中开始关注战争、政治、权力冲突等主题，并创作了一批反乌托邦小说。在这些小说中，城市空间成为权力的角斗场，这些小说的城市空间被小说家融入激烈的政治权力冲突，争夺空间的控制权成为这些小说的主要情节。空间批评学者认为"之所以存在空间政治，最根本的原因在于空间内在于政治"①因此小说中所展现的权力角逐的世界，成为英国小说城市书写新的客体。

(一)英国小说城市书写中的权力话语

在小说叙事学中，话语指的是故事内容和事件的表现方法，在文化研究中，话语被赋予更加宽阔的空间，福柯将权力与话语联系在一起。福柯在权力话语层面对建筑和景观规划中的权力关系做了细致的研究，他认为"空间就是权力话语和知识话语转变成实际权力关系的场所。在这个前沿知识里，知识就是美学、建筑业和规划学"②。福柯的空间理念凸显了建筑和景观作为一

---

① Stuart Elden. Between Marx and Heidegger：Politics，Philosophy and Lefebvre's Production of Space，*Antipodes*，36（1），2004，p. 93.

② Edward W Soja. Thirdspace：Journey to Los Angeles and Other Peal-and-Imagined Places，Oxford：Blackwell，1996，p. 234.

个空间符号被赋予的权力象征，也就是说，在现代社会中只要存在权力冲突，它就必然以某种方式体现在社会空间中，而建筑及景观作为空间的具体物理形态，总能凸现一定的权力机制。成为一种特殊的无声的权力话语。

首先，19 世纪末，随着英国殖民地的不断扩张，英国已成为世界最强大的国家，一度被称为"日不落帝国"，其殖民地通达除南极洲之外的所有大陆。在这样的背景下，很多英国小说城市书写中都留有明显的殖民印记，其中城市书写中的殖民权力话语尤其突出，主要体现为在小说的城市景观中，英国的殖民入侵、统治和管理等一系列历史事件，被小说家以空间书写的方式印记在小说中，如詹姆斯·乔伊斯笔下的都柏林、伍尔夫笔下的伦敦，他们的城市书写侧重于呈现具有大英帝国权力象征的城市景观和显著地标，城市景观聚焦在英国的帝国殖民历史之上，是英国殖民权力的无声彰显。而福斯特在《印度之行》则通过城市书写中的空间对比彰显出一种无声的殖民权力话语。

其次，城市书写中的社会权力话语体现了社会同个人之间的一种关系。社会权力话语在小说城市书写中往往构建起景观布局的对立和冲突，凸显某种景观背后的权力象征。如小说家在城市书写中经常借助不同景观中的光明与黑暗、高大与低矮、辉煌与惨淡、贫穷与富有、中心与边缘的对比体现不对称的权力关系，呈现城市书写中的权力机制。空间批评先驱列斐伏尔就曾指出"城市具有象征维度，纪念碑以及空地、广场和大街，象征着宇宙、世界、社会或者再简单点如国家。它具有范式维度，它隐含有如下的对立，城市社会中的内与外、中心与边缘、统一与非统一"①。小说城市书写同样可以借助景观布局中的对立关系呈现作者的世界观以及权力关系，成为一种无声的权力话语。小说家在城市书写中将那些产生社会权力话语的机构，或者说将那些限制、约束和惩戒人物的权力"空间"同人物成长紧密联系，推动情节的发展，并使这些城市空间布局成为小说主体阐释不可或缺的叙事手段。

(二)英国小说城市书写中的权力规训

所谓规训是指一种权力类型，一种行使权力的轨道。它包括一系列手段、技术、程序、应用层次、目标。权力规训是一种惩罚手段，它不同于权力话语，权力话语是一种隐性的，它常常是作者在小说城市空间中通过对地标、场所以及人物活动场所的布局和设计来彰显某种权力，权力规训则聚焦于小说中城市空间对人物行为和思想的约束、限制和惩戒。在英国小说中，权力规训存在于城市书写的各个角落。

首先，现代社会就像在某种权力机制运作下的全景式监狱，空间中的权力规训在城市随处可见，学校、医院、工厂、办公室都是这种权力规训空间。

---

① Henri Lefebvre. Writings on Citie, Eleonore Kofman and Elizabeth Lebas (eds). Oxford: Blackwell, 2000, p.116.

福柯曾在《规训与惩罚》中论述了学校如何成为一个权力规训空间，除了书写漂亮以外，小学生还有很多规矩，比如在书写时要保持姿势端正，"左臂肘部以下应放在桌子上，右臂应与身体保持三指宽的距离，与桌子保持五指宽的距离，……当学生改变姿势时应用信号或其他方法予以纠正"①。因此，在一个具体的空间中，人们的行动自由有可能受到约束或训诫，权力规训存在于社会的各个角落，这些必然会潜移默化地存在于文学作品中，特别是一些以政治为主题的小说中。如《一九八四》通过无处不在的空间监控体系而进行权力规训和《美妙的新世界》(*Brave New World*)所创造的技术极权的反乌托邦社会。

其次，城市书写中的权力规训不仅仅存在于行为空间中，权力规训还以一种无形的力量控制着每个成员的思想意识和行为规范。空间批评的先驱列斐伏尔指出，"权力到处都是，它无处不在，充满整个存在。权力遍布于空间，它存在于老生常谈中，存在于警棍和装甲车下……它在事物之中也在符号之中……它无处不在，……权力已然将其领域扩展到了每一个人的骨髓之中，扩展到了意识的根源，到了隐匿在主体性的皱褶下的'地方'里"②。社会生活中统治者为了规训臣民，制定出一系列的法律规章制度在人们的心理空间中实施权力规训，也就是通过一系列的手段，对人们的思想、意识和情感等心理空间进行约束，从而达到规训言行的目的。

三、英国小说城市书写中的杂糅印记

城市书写中的杂糅印记强调城市空间叙事方法和城市空间中身份认同的矛盾和冲突。换言之，之所以称之为杂糅，就在于其方法内在的矛盾性。19世纪晚期，一些英国现代主义小说家开始了城市书写方法的创新，他们借鉴了诸如戏仿、蒙太奇、拼贴画和元小说等现代主义和后现代手法，这些方法在城市书写中与传统城市展现手法相互结合，形成城市书写中的杂糅印记。另一方面，第二次世界大战后特别是 20 世纪 80 年代以后，英国文坛涌现出一批少数族裔离散作家，这些离散作家的城市书写大多围绕在其少年时代生活过的"祖国"，即前殖民地的城市，但是由于这些作家对其原初文化的一种复杂、矛盾的情结，即对原初文化的渴望与排斥并存，形成城市书写中身份认同的杂糅。

(一)英国小说城市书写中的叙事杂糅

小说在城市书写中的叙事杂糅表现为在一部作品中城市书写由两种及两种以上不同的空间展现形式构成，这种叙事杂糅是小说家的整体空间展现策

---

① ［法］米歇尔·福柯著，刘北成、杨远婴译：《规训与惩罚》，北京：生活·读书·新知三联书店，1999 年版，第 172 页。

② Henri Lefebvre. The Survival of Capitalism，London：Allison & Busby，1976，p. 86.

略,目的是在展现多维城市风貌的同时对人物进行个性化塑造,进而达到进一步深化小说主题的目的。

首先,英国小说城市书写中的叙事杂糅表现为城市书写中蒙太奇式的并接杂糅。在英国小说的城市书写中,小说家常常在叙事中同时借助现代主义和现实主义相互交错的时空叙事方法形成空间形式杂糅。在传统的景观展现中,小说家多以线性叙事展开城市生活的纵向发展,而蒙太奇叙事则展现横向、并列和多维的城市生活空间。蒙太奇式的杂糅是指小说家在传统的线性空间叙事模式的基础上,混杂进现代主义的蒙太奇叙事技巧,这些文本叙事有时呈现出复合、碎片或者交织状的异质性状态,有时会呈现出明显的人为拼装的痕迹。但是这种异质性却有着内在的统一性,是作者叙事策略重要的一环——通过这种蒙太奇式的杂糅展现小说城市空间的内涵。在英国小说城市书写中,这种蒙太奇叙事往往不占据小说叙事的主体,而是作为一种传统的城市景观呈现方法的辅助叙事方法。

其次,英国小说城市书写中的叙事杂糅表现为城市书写中话语模式的拼贴杂糅。城市书写中的拼贴式杂糅体现为传统线性叙事与拼贴画叙事模式的混杂。拼贴是立体派画家常用的一种技法,他们强调从不同视角获得的众多画面,并将这些画面并置在一起,形成多角度融合的瞬间画面。文学作品中的拼贴画叙事是指作品中原本的时空关系和叙述模式被打破,转而运用各式各样的话语模式进行叙事,这些话语模式包括报纸片段、新闻报道、历史文献、书信日记、诗歌韵文、有的作品中甚至采用了菜单、病历乃至一些音乐符号等。小说家们不再以线性的顺序勾勒小说世界,而是把现代人的精神世界通过不同人物,以不同的视角和话语模式展开,然后像立体派画家的创作一样,将这些从不同角度透视而来的异质的素材,按照一定的模式并置在一起,最终形成一个有机的整体,使读者读起来恰似一幅拼贴画。作者正是在小说的城市书写中借助多维的叙事手段,通过叙事杂糅进而更好地进行人物刻画和主题阐释。

(二)英国小说城市书写中的身份认同杂糅

小说空间书写中的身份认同杂糅不同于简单的殖民身份认同,而是一种"杂混的产物,既不是高声的殖民统治者的权威,也不是无声的土著传统压迫"①。城市书写中的身份认同杂糅指的是在一部小说的城市书写中被融入身份认同的印记,并且在这些城市空间中身份并没有呈现简单的"欧洲中心主义"以及简单的东方和西方的区别,而是一种混杂的身份认同。

首先,英国小说城市书写中的身份认同杂糅体现为一种文化认同之根。英国小说城市书写中的身份认同杂糅主要出现在英国少数族裔离散作家的作

---

① Homi Bhabha. The Location of Culture, New York: Routledge, 1994, p. 112.

品中。这些少数族裔作家成名之前往往处于主流社会的边缘，而同时他们又远离自己的原初文化，即使有些作家生活在英国的少数族裔社区，原初文化也是居于次文化地位。因此这些少数族裔作家实际上是处在主流文化和原初文化之间的中间地带，或者说是两种文化的边缘交叉地带。他们游离于主流文化身份的这种状态恰恰符合霍米·巴巴在《文化的定位》中提出的"第三空间"，也就是"既不仅仅属于自我，也非仅属于他者，而是居于两者中的一个中间地带，混杂着两种文化特征"①。正是在这一杂糅文化语境下，英国少数族裔离散作家对原初文化以及孕育其原初文化的祖国有着一种强烈的渴望和冲动。这种渴望和冲动体现在两点：一方面他们的作品将原本边缘的域外城市推向了文学的中心，出现了一批以亚洲、南美洲等异域城市为特色的域外城市小说。另一方面他们在作品中关注自己的文化之根，他们致力于追寻自己的民族之根，在对域外城市书写中刻记下深深的民族认同感。

其次，英国小说城市书写中的身份认同杂糅体现为一种文化认同之殇。英国少数族裔离散作家的城市书写所表现的身份认同杂糅实际上是两种文化及价值观念的冲突，由于这些离散作家成年后大多生活在英国，欧洲中心主义思想对他们产生了很大的影响，因此在对其原初文化的书写中不可避免地存在着一种独到的"优越感"，小说家的离散身份使得他们对祖国有种复杂的认同感：一方面对原初文化洋溢着一种眷恋之情，另一方面由于他们长期生活在大英帝国的强势文化之中，因此对原初文化又有一定的排斥，这种杂糅情怀形成文化移植过程中的认同之殇。这种认同之殇主要表现为在作品中他们往往以一种"复杂宗主国"的视角审视甚至批判原初文化，进而呈现一种文化认同的差异与断裂。这种认同之殇，在离散作家的作品中被小说家真实地印记在小说的城市书写之中。

四、英国小说城市书写中的精神异化

精神异化是西方文学尤其是现代主义文学的重要主题之一。异化是指人与自身和社会的疏远。当"感受到同他的社会地位、认同感、人际关系和事业等之间有意义的联系已经消失的时候，精神异化就出现了"②。精神异化强调人的精神世界，具体表现为人们在现代社会的孤独、疏离、迷茫和失落等，是精神危机的个体表现。英国小说的城市关注同英国社会的城市化进程有着一脉相承的关系，随着英国工业革命和城市化进程的发展，城市中的人们越来越像被一种无形的力量驱使着一样，人们之间的情感交流减少，彼此情感疏离，思想迷茫，这些现代社会中人们的精神异化现象被细心的小说家所感

---

① Homi Bhabha. The Location of Culture, New York: Routledge, 1994, p. 28.

② Morton A Kaplan. Alienation and Identification, New York: The Free Press, 1976, p. 118.

悟到,并被成功地以城市书写的方式构建到了小说的文本中。

首先,英国小说城市书写中的漫游式叙述具有鲜明的精神异化的城市印记。漫游式叙述是一种城市书写方法,小说家往往借用漫游者在城市的所见所闻及感受深刻揭示现代社会的精神异化。城市漫游这一观点源自波德莱尔对现代都市的研究,他指出"漫游者就是为了感受城市而在城市游逛的行者"[①]。他同时指出漫游者对城市的漫游犹如将城市看作是一本书进行阅读。本雅明(Walter Benjamin)在波德莱尔的基础上进一步指出这种城市漫游可以看作是一种对阅读功能的模仿。英国小说家乔伊斯、伍尔夫、赫胥黎以及伊夫林·沃等都善于在作品中运用主人公的城市漫游来展开故事情节,并在城市漫游中巧妙地将城市景观、人物塑造和主题阐释融合在一起。这些作家往往通过一些边缘小人物的城市漫游展开一幅幅现代都市的空间地图。乔伊斯笔下的布卢姆、斯蒂芬和伍尔夫笔下的达洛维夫人、史密斯以及伊夫林·沃笔下的亚当和罗斯柴尔德等都是城市中典型的漫游者,小说中的城市书写恰恰是以他们的运动轨迹展开的,这些人物通常不是社会的精英,而是社会的小人物,他们的生理或心理往往处于典型的"亚健康"状态,尽管如此,他们并不一定值得同情,因为他们往往精神萎靡、行为萎缩、缺乏进取心和正义感,甚至一些人物具有某种病态的道德观和价值观。小说家正是通过这些社会边缘人物的城市漫游,以他们的视野观察和记录进而书写这座城市,最终形成精神异化的城市印记。

其次,城市景观书写中的碎片化书写展现了一种支离破碎的精神异化。城市书写的碎片化展现是英国小说家表现精神异化主题的重要叙事手段和技巧。城市书写的碎片化展现是指作家有意将完整的空间事件打碎以增加形式和内容上支离破碎的质感。包括借用各种艺术形式将城市景观进行碎片化描写,凸显城市支离破碎和异质性特征,从而揭示现代社会的精神异化。克朗评论现代主义文学的空间书写时指出,"文学空间处理方式[也]发生了重要的变化,即城市空间的碎片化"[②]。英国小说中,表现城市空间碎片化的作品并不多见,其中比较典型的当属作家乔伊斯和伍尔夫的作品。如《尤利西斯》中的蒙太奇拼贴、《达洛维夫人》中主人公的漫游、《青年艺术家的画像》中斯蒂芬的城市漫游,它们从不同角度展现了都柏林和伦敦城市空间的碎片化和异质性,进而揭示出现代社会的精神异化。

综上所述,伴随着西方现代城市化进程,英国小说家准确地把握了城市社会的精神危机和权力机制等社会问题,小说家在城市书写中将权力机制、

---

① Charles Baudelaire. The Painter of Modern Life and Other Essays, Trans. Jonathan Mayne, New York: Phaison, 1995, p. 56.

② Mike Crang. Cultural Geography, London and New York: Routledge, 1998, p. 55.

精神异化和文化杂糅，艺术地再现进小说城市书写中，丰富了小说空间构成和叙事方法。

参考文献

［1］Charles Baudelaire. The Painter of Modern Life and Other Essays，Trans. Jonathan Mayne，New York：Phaison，1995.

［2］Homi Bhabha. The Location of Culture，New York：Routledge，1994.

［3］Mike Crang. Cultural Geography，London and New York：Routledge，1998.

［4］Jacque Derrida. Of Grammatology，Trans. Gayatri Chakravorty Spivak. Baltimore and London：The John Hopkins University Press，1997.

［5］Stuart Elden. Between Marx and Heidegger：Politics，Philosophy and Lefebvre's Production of Space，Antipodes，36（1），2004.

［6］［法］米歇尔·福柯著，刘北成、杨远婴译：《规训与惩罚》，北京：生活·读书·新知三联书店，1999年。

［7］Morton A. Kaplan Alienation and Identification，New York：The Free Press，1976.

［8］Henri Lefebvre. The Survival of Capitalism，London：Allison & Busby，1976.

［9］Henri Lefebvre. Writings on Cities，Eleonore Kofman and Elizabeth Lebas（eds）. Oxford：Blackwell，2000.

［10］ Edward W Soja. Thirdspace：Journey to Los Angeles and Other Peal-and-Imagined Places，Oxford：Blackwell，1996.

（作者：吴庆军　外交学院教授）

项目名称:宋元时期华夏美学新变研究
项目编号:11WYC021
项目负责人:李艳婷
项目信誉保证单位:北京农业职业学院

从绘画风格的变化透视宋元"写意"审美范畴

内容提要:文章在透视宋元美学整体文化背景的前提下,回顾唐前绘画美学发展的特点和成就,着重阐释了"写意"美学范畴。通过分析文人画成熟与写意的关系,认为宋元文人画逐渐成熟的过程正是写意审美范畴确立的过程。从宋人反复申说的"形""神"联系到写意论中"笔""意"的互涵互补生发关系,发现绘画写意审美内涵的实质。它们在鉴赏批评领域的争论,恰好表明宋元文人审美观念的自觉和创作追求。写意论在宋代表现出一定程度的矛盾,以苏轼为代表的宋代文人做了系统的阐说和一定的调适。元代文人纷纷遁隐的政治选择加速了写意论最终指向内心的进程,并真正确立了后来明清文人抒写自我的基调。文章最后分析了当下中国画写意性的缺失并提出了一些建议。

一、宋元美学发展的文化背景

所谓华夏美学,是指以儒家思想为主体的中华传统美学,中国哲学、文艺、历史乃至伦理政治等,都与之息息相关。众所周知,宋元文化在中国传统文化中具有划时代的文化转型意义,这使得华夏美学相应地产生了深刻变化。可以说,宋元美学是华夏美学的重要转折时期。宋代有着广博的文化内容和深厚的文化涵蕴,宋代文化与宋代美学之间产生了内在的互涵式联系,宋代文化所具有的史学精神、议论风格、求异思维等影响并铸合了宋代美学精神和形态。

宋元时期社会的主流思想是理学。宋代的理学家要求复兴儒学、敢于怀疑经典、倡导义理之学,他们在注释儒经时,否定了汉唐注疏传统、阐发道德义理,又建立了一套包括宇宙论、心性论、修身工夫论等各种理论问题在内的思想体系。到元朝,理学北传,元代知识分子的人格与思想受到当时统治者严格的控制和压抑,这些处于进取无门的文人士大夫被迫放弃"学而优则仕"的传统道路,纷纷隐遁山林。理学对"时止则止,时行则行"思想的推崇,便是文人选择由"隐"而"逸"的推动力。理学使"逸"从"任自然"回归到"心即理"的本位性思考，是对人自身的思考。

在这样的文化背景下，宋元美学在各个艺术门类相应地受到影响，诗、书、画、文、建筑等相较于之前的唐五代展现出不同的风格和面貌，在理论和批评领域也表现出明显的发展变化。不同的文化品格铸就不同的美学形态，宋元美学在审美文化发展史上相应地也产生了特有的理论范畴，对"逸""法""意"的探讨尤为明显。文章以绘画美学为研究对象，探讨"写意"范畴在宋元时期的变化，以此来推演和总结宋元审美文化发展规律，进而提炼中国古代的艺术精神。

二、写意画风审美变化的基础

（一）写意溯源释义

"写意"这个词，最早出现在汉代，但是"写意"这一理论范畴直到宋元时期才普遍用于审美批评领域，在整个美学发展史上影响甚大，并且它贯穿于整个中国绘画美学的发展。写意有广义和狭义之分，广义的写意即指心灵的表现和传达。我们所要讨论的是狭义的写意，即在画论方面具体指的是关于绘画中的写意因素。写意性不仅仅在写意画中存在，工笔画也具有写意性。因此，我们重点探讨宋元美学存于工笔画和写意画中的写意特征，从而对中国绘画传统做重新认识。循着中国绘画史发展的脉络宏观地审视，工笔画是宋代以前中国画的主要存在形式，随着文人写意画的出现，才相对独立出来；写意画是到了宋代才成为普遍的绘画形式。从根本上讲，都来源于中华民族悠久的传统文化和丰富的美学思想。①

中国传统绘画的"写意性"指的是绘画作品融笔墨、自然灵性、人格精神为一体，将表现主观情趣摆在重要的位置，强调主体对自然的观照中感于心而发于外的"不在乎迹、在于意"的自由状态，是内在升华的精神归宿与绘画语言的契合。

北宋后期苏轼等人发起一场声势浩大的文人画运动，把绘画引向了写意的方向。狭义写意又有两种表现：一种是在整体上把握描述对象形体的前提下，运用笔墨时跟工笔画相比，较为简练、生动，不拘泥于特定的范围；另一种是抓住描述对象特定的特征，并对之进行概括，适当地运用夸张，用非常准确的笔墨来传神达意。可见，绘画写意至少具备两个特征：其一，用笔简练；其二，笔墨传神，就是说绘画写意是用简练的笔墨勾勒出物象的形态，并且表现出物象内在的精神风貌和神采气度，也即形神兼备而脱略形迹之状态。

---

① 彭吉象：《艺术学概论》，北京：北京大学出版社，2005 年版，第 303—304 页。

(二)从"形""神"到"笔""意"

唐宋以来,中国画论有了很大的发展。总体来说,唐前绘画以传神为主,宋元发展为以写意为主。东晋顾恺之较早用"以形写神"来概括形和神的关系,又用"迁想妙得"说明绘画主体的作用,强调画家的主观认识作用,突出传神达意的绘画技巧与主观情趣的表达,其所突出的是客体与主体的统一,客观与主观的统一。顾恺之的传神论和谢赫的"六法论"在唐代画论中得到进一步重视。唐代张璪在总结自己的创作经验时提出"外师造化,中得心源"的理论主张,高度概括了山水画从客观自然吸取素材,经过艺术构思而创造艺术形象的规律。辩证地从主体和客体、主观和客观两方面的统一来解释绘画。张彦远《历代名画记》提出"意存笔先,画尽意在"的命题,指出:"象物必在于形似,形似须全其骨气。骨气形似,皆本于立意而归乎用笔"。但是他更强调立意和用笔对于创造形象的重要作用,强调气韵的传神作用,将"形""神"关系自然地关联到创作的"意"与"笔"关系。他认为绘画写意的审美内涵不仅在于对象客体的形神,更主要在于融注着画家的主观情思,由此"写意"的成分加强。唐代以来许多诗人兼画家在作画时很自然地把诗的因素融入绘画,用画来抒情写意,绘画写意的风格得以确立。以苏轼为代表的宋代画家总结唐代以来抒情性绘画的创作经验,倡导绘画写意。他在《书鄢陵王主簿所画折枝二首》提出"论画以形似,见与儿童邻""诗中有画""画中有诗""诗画本一律,天工与清新"[①]等重要理论主张,强调诗画一致,二者相通而又互补。中国画论由此而发生了根本性的变化,从传统的传神论转向写意论。

三、宋代写意论审美取向的变化

(一)写意论的审美本质

宋代文人画创作普遍尚意,对形意关系的认识也有了进一步发展。欧阳修有一首题画诗说:"古画画意不画形,梅诗咏物无隐情。忘形得意知者寡,不若见诗如见画",从写意的角度出发来象形,对于形似就不是很要求细节的形似。然而欧阳修的"忘形得意知者寡",则道明了"形"对"意"形成中的重要作用,抑或者说形与意同样重要,二者互补生发的存在意义。同样,郭若虚《图画见闻志》的"意存笔先,笔周意内,画尽意在,像应神全",也是通过"意"与"笔"的关系表明和强调"形"和"神"合力表现画意和主观情趣的艺术主张。郭若虚《图画见闻志》卷四评价西蜀画家刘赟时,提出了以"迹意兼美"为特征的新标准,这似乎可以涵盖他的审美趣尚和绘画批评。他所提倡的"迹意兼美"不是简单的形神兼备、气韵生动,而特地表现出另一番意味。他崇尚的

---

① (宋)苏轼:《书鄢陵王主簿所画折枝二首》,见俞剑华《中国古代画论类编》,北京:人民美术出版社,1986年版。

是不以傅彩为功的"迹"而又有清雅为核心的"意"。他发现了宋画之变，并以其所评优劣，指出了宋人富有时代特色、极受文人情趣影响的审美取向，这就由盛唐之"雄"变而为宋代之"清"。

宋代抒情性绘画重写意，即使传统工笔画也着意从笔力中表现画家的主观情思意绪。正如有的学者所言：在理学的格物致和思想影响下，在宋徽宗等帝王的极力倡导下，院画形成了精微完备的艺术风貌。当时，绘画上虽多讲究"形似"，但此"形"是一种理学格物精神下的对事物的体察与审视的反映，并非是当今有些人所说的"写实"，实际仍为写意。① 这一说法正是从另一侧面反映了宋代绘画写意之不同于唐代对形意的认识和追模。

（二）写意论在宋代的矛盾及调适

1. 从逸品地位的升迁看宋人审美观念的变化

以品论画或者说中国古代画论中的品鉴，对画作级次第的评鉴很值得注意。在诠次翻复之间，我们可以寻绎出诸多有关品鉴的画论，从中所体现的绘画审美观念和评价体系具有鲜明的反差。由此，这一路的认识和对比是最能代表唐宋之际绘画审美观念的变化的，其中影响最大的当属"逸品"审美范畴的形成和变化。从宋代"逸品"观念的形成过程可以得到很好的诠释，其中唐朱景玄《唐朝名画录》和宋黄休复《益州名画录》对"逸品"的品鉴次第的不同主张最值得注意。唐朱景玄最先将"逸品"之目引入绘画批评领域，提出神、妙、能、逸四画品，逸品居后，但他对逸品的阐述尚未涉及逸品最本质的东西，他以"不拘常法"作为逸品的特征却没做深入的解释，也只是从技法规矩等艺术创作的角度来评价作品。到了宋代，黄休复一反朱景玄把逸品附于神、妙、能之末的做法，擢逸品于神品之上，以逸、神、妙、能为序，并且首次对逸、神、妙、能四个概念给出了说明，这种以逸品为首的评价系统，对宋代的文人画批评产生了巨大影响。黄休复逸品之所以不重法度、不尚形似，是因为它有指向物外（象外）的绘画追求，是回归具有高情远趣的方外之心的主体。宋代"逸品"所追求的最高境界是建立在"笔简形具"上的，其所楷模的是不在规矩法度之内而又出于意表的状态。

2. 宋人对写意矛盾的调适

既然"逸品"要突破法度、俗习，超越物象。那么它会突破到什么程度，与物象之间维持什么样的距离才算合适？黄休复对逸格画法做出了限制："笔简形具，莫非自然"，这就在吾意和物象之间保持了某种平衡，亦即晁以道"画写物外意，要物形不改"之意。于是在逸品之中，形成了平淡自然的画法与高情远趣的意境的匹配。《益州名画录》介绍孙位时，有一个细节"虽好饮酒，未尝沉酩"。相比于《唐朝名画录》介绍王墨"好酒，凡欲画图障，先饮，

---

① 常欣：《五代两宋中的写意因素分析》，《四川文物》，2010 年第 5 期。

醺酣之后，即以墨泼"，这微妙的变化，亦可见唐、宋人对于逸之品格的不同
要求。朱景玄认为王墨随性而发，近似魏晋"竹林七贤"的行止，表现出雄逸
的风格；而黄休复等人指出孙位即使饮酒也没到烂醉的地步，这样的行为举
止和风范气度，表现出清逸的风格。黄休复所列五十八人中，"逸格"仅孙位
一人，"神格"为赵公佑、范琼二人。孙位画作多以山石、松石、墨竹之类为
题材，赵范二人却以画佛像、天王、罗汉、神鬼为主，相比较而言，孙位为
宋文人画开拓了"逸"的内容。而且，与赵公佑"天资神用，笔夺化权，应变无
涯，罔象莫测"相比，孙位又多了"性情疏野，襟抱超然"的内容，因"情高"而
能"逸格"等为人的因素，故又为北宋文人画开拓了"逸"的人品、性情一面。
于是，属于唐风飞动、雄壮之"纵逸"终于渐变为宋人的清逸，且逸之重心，
亦渐转至性情、襟抱、人品一侧。黄休复对逸品审美内涵所做的规定和调整，
得到了宋代其他同仁的认可。苏辙在申发黄休复的逸品观念时说："孙氏纵横
放肆，出于法度之外，循法者不逮其精，有从心不逾矩之妙。"[①]米芾论逸格画
家孙知微亦云："孙知微……逸格，造次而成，平淡而生动。"[②]苏辙所谓"从心
不逾矩"，米芾所谓"平淡"，都有自然的意思。这是宋人对逸品品格进行调适
之后的表现，是普遍的现象。

我们也可以从苏轼对孙位画作的评价看出他对"逸"的理解比之前代又有
新的发展：

古今山水多作平远细皴，其善者不过能为波头起伏，使人至以手扪之，
谓有洼隆，以为至妙矣。然其品格，特与印板水纸，争工拙于毫厘间耳。唐广
明中，处士孙位始出新意，画奔湍激浪，与山石曲折，随物赋形，尽山水之
变，号为神逸。[③]

苏轼的评鉴，至少包含三层含义：第一，苏轼笔下"逸"之风格已没有了
黄休复笔下孙位纵横放肆式的狂放之气，而是"随物赋形，尽山水之变"，归
于萧疏淡远一流。后来元代夏文彦《图绘宝鉴》画家小传中赞赏陈潭写连州山
水"野逸不群，高情迈俗"等语，就是自然清逸的风格。元丰八年(1085 年)他
在《书吴道子画后》称道"画至于吴道子，而古今之变，天下之能事毕矣"。又
在《王维吴道子画》中说："道子实雄放，浩如海波翻。当其下手风雨快，笔所
未到气已吞。"说明他对吴道子画作的称道是无出其右的。但是他在对吴画的
"雄放"做了生动的描绘之后，又对王维做了不同寻常的赞美："吴生虽妙绝，
犹以画工论。摩诘得之于象外，有如仙翮谢笼樊。吾观二子皆神俊，又于维
也敛衽无间矣。"可见，苏轼实际称赞的是王维，认为王维的诗"敛衽无间"，

① (宋)苏辙：《栾城后集》卷二一，影印文渊阁《四库全书》第 1112 册，第 751 页。
② (宋)米芾：《画史》，《丛书集成初编》，北京：中华书局，1991 年版，第 36 页。
③ 俞剑华：《中国古代画论类编》，北京：人民美术出版社，1998 年版，第 628 页。

就是自然的意思。诚如苏轼说王维的画:"今观此壁画,亦如其诗清且敦。"正指出了王维诗画相通并且画作亦表现出清新自然的风格,而这正是苏轼提倡和追崇的。第二,"争工拙于毫厘间",表明苏轼在崇尚绘画自然清逸的同时,并不排斥"规矩",对绘画技术的把握也是严格要求的。他在《书吴道子画后》又说:"道子画人物,如以灯取影,逆来顺往,旁见侧出,横斜平直,各相乘除,得自然之数,不差毫末"。其中,"以灯取影",如同照相术一般真实再现了物象的形态。第三,"始出新意",表明苏轼认取的"逸品"与之前的人论断不同,这个"新意"即是随"物"赋"形",是"神逸",正如他后来在《子由新修汝州龙兴寺吴壁画》一诗中再度称赏吴道子画"细观手面分转侧,妙算毫厘得天契"①。"毫厘"属技术层面,"天契"归于自然一流,这种自然是出于具体形象的刻画中。可见,苏轼论画固然重视"天工""自然",但并非一味以纵逸无拘为尚,而是希望能以"法度"的人工,求得"自然"的"天工",以符合"妙算""妙理"之举,得"天契"的创造。这又一次印证了李泽厚先生总结的宋代美学"诗意追求"和"细节真实"的和谐统一,或者说是写实性的诗学。

宋代邓椿《画继》重视传神和立意,倡导自然、清逸的风格。他所理解的"意"是见解极高的:"盖复古先画而后命意,不可略具掩霭惨淡之状耳。后之庸工学位此题,以火炬照缆,孤灯映船,其鄙浅可恶。"他所赞赏的风格,是自然、清逸。他也明确反对狂逸,卷九《论远》云:"画之逸格,至孙位极矣。后人往往溢为狂肆。石恪、孙太古犹之可也,然未免乎粗鄙。至贯休、云子辈,则又无所忌惮者也。意欲高而未尝不卑,实斯人之徒欤!"②中唐以来一直存在一种刻意追求笔力狂肆或形象夸张的怪异画法和风气,尤其是五代后期至宋初,以释贯休为代表的一些画家刻意夸张笔力,描摹释道人物,影响很大。对此,宋代文人又反过来反思画坛的风气和画法,针对不良风气批评反对,邓椿对"运奇布巧"之刻意的笔力经营和安排是反对的。刻意追求笔力狂肆或形象夸张的怪异画法是对逸格之"拙规矩于方圆,鄙精研于彩绘"的曲解变异。可见,由逸格而溢为狂肆,刻意离俗求怪,最终坠于粗鄙恶俗,"意欲高而未尝不卑"了。而且南宋梁楷和僧人画家法常(牧溪)仍走这一路,虽然他们的禅画物象后来较为工整,但总体不免粗简鄙野,所以后来元代文人画家赵孟頫题武宗元《朝元仙仗图》很不客气地嘲讽了梁楷道释人物画的品位,夏文彦《图绘宝鉴》也批评牧溪画"粗恶无古法,诚非雅玩"③。

宋人对逸品的改造恰恰表明宋代审美观念的变化,从唐人尚法到宋人尚

---

① (宋)苏轼:《子由新修汝州龙兴寺吴壁画》,《三苏全书》第九册,北京:语文出版社,2001年版,第136页。

② (宋)邓椿:《画继·杂说》,《丛书集成初编》,北京:中华书局,1991年版,第118页。

③ (元)夏文彦:《图绘宝鉴》卷四,《丛书集成初编》,北京:中华书局,1991年版,第147页。

意转变过程中文人画的审美趣尚逐渐占据了画坛主流。但是，逸品风格的审美追求在宋代绘画理论上的主张并没有大量应用于实践创作中，只有到了元代，才真正形成了审美表现的自觉。元代以后，文人画对"逸品"的追求基本上就是清逸一路的走向，写意风格真正成熟。

四、元代写意论的成熟与审美人生建构

元代绘画尤以"元四家"为代表，审美趣味为之一变，逸格、士气开始成为绘画的主流。宋代绘画强调的是师造化，是传神；元代绘画强调的是法心源，是写意。元代绘画重"意"，视画为"写"，把表达主体的生命感受和精神境界视为唯一追求与满足。元代文人在创作和品评画作时明确主张写意。倪瓒"聊写胸中逸气"，使"逸笔草草"的描绘为写胸中逸气服务。元代文人画家以书法入画，强调笔墨的表现功能，并用题诗以补笔墨表现的不足，融诗书画于一体。宋代院体画所重视的细节形似和工整细致，一变而为元代文人画的形体简略和粗率放纵。元代写意论的本质特征是强调主体修养，讲求内在心灵的高标脱俗和返归内心。更进一层看，元人提倡的"写意"，其审美旨归在于回归自然，追求平淡天真的意境，是对晋唐风韵的回归。正如汤垕《画鉴·杂论》所言："先观天真，次观意趣，相对忘笔墨之迹，方为得之。"总结起来，元代写意审美特征主要表现在三方面：其一，突出主体情趣，表现内心情感。元代绘画重"意"，视画为"写"，倪瓒"聊写胸中逸气"，汤垕《画鉴》也以"写"为尚："高人胜士，寄兴写意者，慎不可以形似求之。"又说："画梅谓之写梅，画竹谓之写竹……"。其二，写意重在强调表现对象于"似"与"不似"之间。其三，写意要求笔墨本身的审美表现。元代文人画寄兴写意、不求形似、由画到写的过程，可以说是自宋到元审美风气一个大的变化，客观真实地再现自然景物已不是绘画的重点，只是通过或借助自然景物，以笔墨为媒介来传达出主观的心绪，更加注重和强调笔墨的艺术表现力和感染力。

如前所述，元代文人画家以书法入画，强调笔墨的表现功能，并用题诗以补笔墨表现的不足，融诗书画于一体。宋代院体画所重视的细节形似和工整细致，一变而为元代文人画的形体简略和粗率放纵。由画梅到写梅一字之差，却概括着绘画审美观念由写形到写意的历史性转换。东晋顾恺之首先提出"以形写神"和"一像之明昧，不若悟对之通神也"的著名论断，特别是"迁想妙得"的艺术思想和"神似"被提到了空前的高度。在顾恺之看来绘画不在描绘"手挥五弦"，而在表现"目送归鸿"，前者仅为动作，后者则需具有个人性格和微妙的神情变化。汤垕吸取并延伸扩展了后者对个性的表现，他从文人画的需要出发谈"写"，更明确地要用"写"摆脱形的束缚，越向神似，以便更有利于个人情感的抒发。夏文彦《图绘宝鉴》中也有关于宋"僧促仁，以墨晕作梅，如花影，然别成一家，所谓写意者也。"从顾恺之、谢赫到汤垕等人可以

画一条线:顾恺之的"形神兼备"虽已是以神为主,把神视为人物的生命之所在,但毕竟未舍形求神;谢赫处在形似和神似之间,在六法中已公开以"气韵生动"为神似的首要标准;汤垕根据文人画的审美要求,完全否定了形似,和倪瓒同出一辙,自此,中国文人的审美追求发生了根本性的变化。

五、当代中国画写意性的缺失

纵观当代中国画创作、大型展览和国画专项展览,写实性工笔画不仅数量众多,而且占据了获奖作品的大部分,写意性绘画却相应地减少了。除了写实性工笔画对于水墨写意中国画生存空间的挤压外,写意画自身也存在诸多问题,在某种程度上丧失了其传统内涵与意蕴,造成了写意性缺失。今天,写意画中所缺失的那一部分,也正基于缺少内涵。写意性绝不单单只是纸面层次、技术性的具体形式,而是通过形式折射出对生活、艺术的观照,对品格的追求。因此,当代中国画家应该师古人之所长、补今人之所短。可喜的是,中国画界不少同仁正致力于写意精神的研究,甚至提出"写意工笔"的口号,他们试图通过自己的作品去实践、去创新,致力于将中国画的写意精神延续下来,把精力聚集在写意创作的内涵与修养上,由此引领当代水墨写意中国画向一个健康的方向发展。

参考文献

[1]杨身源:《"写意篇"——读中国画论扎记》,《美苑》,1982 年第 3 期。

[2]傅合远:《宋元文人画的审美追求》,《文史哲》,1999 年第 6 期。

[3]卢志强:《论传统工笔画的"写意性"》,《福建师范大学学报(哲学社会科学版)》,2006 年第 5 期。

[4]常欣:《五代两宋绘画中的写意因素分析》,《四川文物》,2010 年第 5 期。

[5]谭玉玲:《比神品更高的逸品——从写实到写意的发展看唐宋前后审美理想的变化》,《大众文艺》,2010 年第 15 期。

[6]张晶、张佳音:《以品论画:中国古代绘画审美观念的变迁》,《艺术百家》,2011 年第 4 期。

[7]杨卓、李林:《论中国艺术的士人心态与尚逸审美取向》,《求索》,2012 年第 8 期。

[8]李泽厚:《美的历程》,北京:文物出版社,1981 年。

[9]周积寅:《中国画论辑要》,南京:江苏美术出版社,1985 年。

[10]俞剑华:《中国古代画论类编》,北京:人民美术出版社,1986 年。

[11]胡经之主编:《中国古典美学丛编》,上海:江苏古籍出版社,2009 年。

(作者:李艳婷　北京农业职业学院副教授)

项目名称：80年代文学的转折——以1985年为中心
项目编号：11WYC031
项目负责人：杨庆祥
项目信誉保证单位：中国人民大学

80年代文学的转折

——以1985年为中心

内容提要： 1985年的文学的分化和转折不仅是中国当代文学"历时性"的发展演变，同时更深深植根于中国80年代特殊的"空间"中，是文学制度、文学观念和文学形态互相规划、较量、妥协和重组的产物。本研究重点考察1985年文学场的复杂构成和历史性变化，考察文学的外部环境和内部因素如何通过各种具体的文学形态联系起来，在各种复杂表征的背后，历史的必然性和偶然性是如何进入历史并改写历史的。

一、对"文学1985年"的建构和反思

1978年，随着"文化大革命"的结束和改革开放进程的启动，中国社会又开始面临新一轮的调整和变换。在这一社会大转型的过程中，中国当代文学也从高度趋向一致的"左翼"国家文学开始面临新的选择和发展，与此同时，所谓"新时期文学"的想象和建构得以展开，1978年5月11日发表在《光明日报》上的《实践是检验真理的唯一标准》一文第一次提出了"新时期"这一说法，因为这一"命名"非常鲜明地表达出了与"旧"的政治秩序和社会阶段（严格来说是"文革"时期）的断裂，所以很快成为一个普及性的名词，被转喻为各种意义上的与新的意识形态相关的概念。周扬在1979年第四次文代会上做了《继往开来，繁荣社会主义新时期文艺》的主题报告，"至此，周扬以官方权威发言人的身份，正式确认了新时期的提法，新时期成为一个崭新的文学史分期概念。"[1]不仅如此，周扬还对"新时期文学"进行了六大方面的阐释和规定，而在邓小平的祝词中，也对新时期文学的评价标准和写作任务做出了方方面面的

---

[1] 丁帆、朱丽丽：《新时期文学》，洪子诚主编：《当代文学关键词》，桂林：广西师范大学出版社，2002年版，第152页。

"规定"。① 从某种意义上说，"伤痕文学""反思文学""改革文学"等文学思潮一直都在"新时期文学"演绎的范围之内，但与此同时，随着思想解放潮流的深入，对于新时期文学边界的"越位"也一直在进行中，比如 1981 年关于"苦恋"的论争，1982 年关于现代派文学的讨论，虽然由于官方意识形态力量的介入，这些讨论都没有继续深入下去，但是却在一定程度上说明了"新时期文学"本身的复杂性以及由此可能会产生的分化。

到了 1985 年，中国改革的重心由农村转移到城市，新一轮的经济改革和城市化进程进一步削弱了官方意识形态对文学的控制，在这一年，文化界"文化热"兴起，大量西方著作的翻译、传播改变了国人的时空观念和世界想象。文学理论界"主体论"的发表意味着"人道主义话语"到了一个总结的阶段。文学史研究界"二十世纪文学"的提出引发了对现代文学史持续的重评热潮。创作界更是变化繁杂，"创作自由"成为当时普遍的共识，以现代派文学、寻根文学、实验文学为代表的"新潮文学"出现，文学的功能开始分化。更具有激进意识的现代诗歌运动也在悄悄酝酿。在严肃文学之外，通俗文学开始勃兴并迅速占领了更大份额的读者市场。这一切，构成了一个错综复杂的文学场，在这个场域里面，各种文学力量之间互相较量、妥协、渗透，通过不同的方式对 1985 年的文学走向进行着有利于自我的规划和讲述，正是在这样的情况下，我们发现一个完全不同于新时期文学想象和文学规划的文学格局正在开始浮现和形成：不同的世界文学图景、不同的写作资源、不同的作家群体、不同的读者想象、不同的小说美学、不同的文学等级，等等。1985 年文学场由此充满了差异、缝隙和变化，从这个意义上说，我们可以认为，经过近十年的变换和调整，中国新时期文学进入了一个分化、重构、转折的临界点。

首先是批评家敏锐地觉察到了这种转折的意义。在 1985 年，吴亮就坦言："一九八五年的小说创作以它的非凡实迹中断了我的理论梦想，它向我预告了一种文学的现代运动正悄悄地到来，而所有关在屋子里的理论玄想都将经受它的冲击"②。李陀也在稍后的一篇文章③中说："一场新的文学革命已经剧烈地改变了、并且继续改变着中国当代文学的面貌"，李陀担忧的是："如果新的批评不正视这一挑战，批评落后于创作的形势也将会重演。"实际上从1985 年开始，批评界已经开始建构"1985 年文学转折"的文学史意义。这其中的集大成者应该首推李劼。

李劼是 20 世纪 80 年代最活跃的新潮批评家之一，亲身参与并推动了 80

---

① 邓小平：《在中国文学艺术工作者第四次代表大会的祝词》，《文学评论》，1979 年第 6 期；周扬：《继往开来，繁荣社会主义新时期的文艺——在中国文学艺术工作者第四次代表大会上的报告》，《文艺报》，1979 年第 11、12 期。

② 吴亮：《新小说在 1985 年》"前言"，上海：上海社会科学院出版社，1986 年版。

③ 李陀：《昔日顽童今何在》，《文艺报》，1988 年 8 月。

年代新潮小说的发展进程，在进行批评的同时，他也同样关注文学史的研究和撰写，并在 1986 前后参与到当时很热闹的"重写文学史"的运动中去，在 1986 年对李泽厚的批评和 1988 年左右和黄子平的对话中，李劼提出了一个观点，即：1985 年是中国当代文学史的开端。他在 1987 年和 1988 年分别写出了《中国现代文学史(1917—1984)论略》和《论中国当代新潮小说》两篇长文。在这两篇文章里面，李劼对 20 世纪中国文学史进行了非常独特的划分，1917 年到 1984 年被命名为中国现代文学史，而从 1985 年开始为当代文学史，其主要依据是中国当代新潮小说在 1985 年的发生。李劼的这种文学史划分标准来自两个方面，一个是所谓的语言意识，一个是所谓的文体意识，而这两个标准的背后其实是一个以西方现代派文学为参照系的文学"现代化"的标准。李劼受到 20 世纪 80 年代先锋批评的语言意识和回到文学本身思潮影响至深，将文学完全撤离于历史联系之中，在李劼的视野中，"1985 年"被描述为一个"新潮文学"起源发生的神圣时刻，因此它天然地具有比其他的文学类型和美学趣味更高的等级，这种"历史叙述"背后隐藏着的是一种文学上的"达尔文主义"和进化论的时间意识。这实际上也是 20 世纪 80 年代文学史叙述的基本理念，对 20 世纪 80 年代文学的历史叙述从一开始到这段文学时期的结束都带有浓厚的"进化论"意识，比如当时的一些文学史著作如《当代文学概观》《新时期文学六年》里面都可以看到这种叙述："'文革'后的文学风貌与'文革'前比较，变化是很大的，具有历史阶段性的意义，也是文学自身发展的突破"①"我们完全可以说，新时期六年的文学，不仅是我国社会主义文学最繁荣的时期，也是六十年来我国新文学发展最为波澜壮阔的时期"②。李劼的关于 1985 年文学转折的叙述不过是其中比较极端的代表而已。

李劼的研究代表了 20 世纪 80 年代文学界一种占主导地位的叙事策略，那就是回到文学自身的"纯文学"话语，正是在这种极端的叙述中，新潮小说的合法性才得以被认同和建构，从这一点看来，李劼的研究有其合理性的一方面。但是，李劼的研究也暴露了他的历史局限性，他对新潮文学毫无保留的认同和建构实际上形成了一种"排斥性"的叙述，1985 年文学的复杂性因此被大大简化了。让我们怀疑的是：仅仅是从"新潮文学的发生""语言意识的自觉"就足以支撑 1985 年作为一个文学史"分界点"的合法性吗？李劼的研究的症结在于，他以批评观念代替了文学史的研究，以价值的判断代替了对历史

---

① 张钟、洪子诚、佘树森等编著：《当代中国文学概观》，北京：北京大学出版社，1986 年版，第 479 页。

② 中国社会科学院文学研究所当代文学研究室：《新时期文学六年》，北京：中国社会科学出版社，1985 年版，第 7 页。

生成过程的考察，他的研究虽然也冠以"文学史"的名号①，实际上却只是一种批评观念的确认。

进入 20 世纪 90 年代，随着政治的淡化和中国市场经济的展开，关于新时期文学终结的观点开始出现，一批带有总结性的研究著作陆续出版。这一时期学术界对 1985 年的系统研究主要有尹昌龙的《1985：延伸与转折》②。尹昌龙的著作属于谢冕、孟繁华主编的"百年中国文学总系"中的一本，该书系"主要受到黄仁宇《万历十五年》和勃兰兑斯《19 世纪文学主流》的启发，通过一个人物、一个事件、一个时段的透视，来把握一个时代的整体精神"③。尹昌龙的著作从这种思路出发，比较详尽和全面地描述了 1985 年前后中国当代文学的发展概貌，在尹昌龙看来："说延伸，指的是 80 年代对此前一个世纪以来文学主题的承接；而说转折，指的又是 80 年代对此前文学思想的某种革命"④。与李劼比较极端的批评观念相比，尹昌龙的研究视野相对而言比较开阔，包括寻根文学、先锋文学、现实主义小说、第三代诗歌、主体性、知识分子问题等都被一网打尽。但是，这种"拼盘式"的叙述方式却不能掩盖其对历史把握的"力不从心"。一些非常重要的文学史问题，在尹著中并没有得到叙述和分析。比如，80 年代文学是如何承接此前的文学主题的？又是如何开始其"革命性"的转折的？为什么这一切会发生在 1985 年？1985 年在这一过程中起到了何种作用？等等。从这种意义上讲，尹著在"问题意识"和"历史感"上还稍有欠缺。正如尹昌龙自己所感觉到的"至多可算作一种描述，力图书写出一种运动的轨迹或状态，包括曾经生活于其中的体验"。出现这种情况的原因可能是，"我们与这个时代还存有知识上、精神上的种种直接的联系，而且这种联系并不能轻易消失"。因此，"要雄心勃勃的全面解构 80 年代，也只能是更为遥远的事情"⑤。

21 世纪以来，学术界开始对 20 世纪 80 年代进行比较全面深刻的反思和检讨。正如张旭东在《重返八十年代》中所言："进入 90 年代，新时期思想文化话语的种种意识形态前提、推设和期待，在新的政治、经济和国际关系环境中，面临种种自然或强制性的筛选、分化、淘汰和重组。"⑥这一反思工作首先开始于对 80 年代话语立场的清理，我们知道，80 年代文学界最重要的话语建

---

① 这两篇文章后来收入李劼的《历史描述与阐释的二十世纪中国文学史论》，成为其主体部分。西宁：青海人民出版社，1999 年版。

② 尹昌龙：《1985：延伸与转折》，济南：山东教育出版社，1998 年版。

③ 孟繁华：《"百年中国文学总系"的缘起与实现》，见尹昌龙：《1985：延伸与转折》，济南：山东教育出版社，1998 年版。

④ 尹昌龙：《回望激情岁月》，见《1985：延伸与转折》，济南：山东教育出版社，1998 年版。

⑤ 尹昌龙：《回望激情岁月》，见《1985：延伸与转折》，济南：山东教育出版社，1998 年版。

⑥ 张旭东：《批评的踪迹》，北京：生活·读书·新知三联书店，2003 年版，第 109 页。

构就是"文学的去政治化"和"文学自觉"观念,这种观念把"文学"与"政治"天然地对立起来,把文学的"自觉"简单地理解为"语言和形式"的自觉,而忽视了文学作为"历史建构物"的复杂性。正如李杨所言:"对我而言,所谓的'重返'是为了与 80 年代以来的主流文学史和文学批评观念对话,也是与主宰文学史写作和文学批评的哲学历史观念对话。主宰 80 年代主流文学史叙述的基本观念是所谓的文学自主论,所谓文学回到自身,文学摆脱政治的制约回到自身,以及建立在这种文学自主论之上的文学发展观。这种文学史观将'文革'前后的文学理解为一种对立关系,理解为'文学'与'政治'的关系,我要解构的,就是这种高度本质化的二元对立。"①重建文学与 80 年代社会历史文化的关系,并在这一关系中考察 80 年代文学的生成、建构、分化和转折成为近年来学术界"重返 80 年代"研究的工作重心。与这种"知识清理"同时进行的是对当代文学学科研究方法的思考,一个不争的事实是,当代文学学科的研究一直存在定位不准确的问题,其中主要是文学批评和文学史研究之间的界限非常模糊,或者更具体地说,当代文学史的研究一直受到"批评"的影响和干扰。虽然文学史研究和文学批评是不可以截然分开的领域,但是它们的功能毕竟区别甚大,"文学史旨在展示甲源于乙",它"处理的是可以考证的事实","文学史的重要目的在于 ……重建历史的企图"②。文学史家"是'跑到幕后',去窥探文学创作的社会历史背景,设法理解创作意图、分析创作手法。对他来说,不存在什么作品的老化或死亡问题,因为他随时随地都能从思想上构拟出能使作品重新获得美学意义的参照体系。这是一种历史的态度"③。这就是程光炜一再强调的:"显然,我所说的当代文学学科的'历史化',首先与跟踪当前文学创作的评论活动不同;其次,它指的是经过文学评论、选本和课堂'筛选'的作家作品,是一些'过去'了的文学事实,这样的工作,产生了历史的自足性。也就是说,在当代文学学科的'历史化'过程中,'创作'和'评论'已经不再代表当代文学的主体性,它们与杂志、事件、论争、生产方式和文学制度等因素处在同一位置上,已经沉淀为当代文学史的若干个'部分',是一些平行但有关系的许多个组件。"④从这种研究思路出发,对于 20 世纪 80 年代文学的研究就不能仅仅满足于对一些"经典作家作品""文学史定论"进行认同式的"确认",而是需要最大限度地"返回"到"实际"的文学场中,考证源

---

① 李杨:《重返 80 年代:为何重返以及如何重返——"就八十年代文学研究"接受人大研究生访谈》,《当代作家评论》,2007 年第 1 期。

② [美]韦勒克、沃伦著,刘象愚、邢培明、陈圣生、李哲明译:《文学理论》,北京:生活·读书·新知三联书店,1984 年版,第 32—34 页。

③ [法]罗贝尔·埃斯卡皮著,于沛选编:《文学社会学》,杭州:浙江人民出版社,1987 年版,第 86、87 页。

④ 程光炜:《当代文学学科的"历史化"》,《当代作家评论》,2008 年第 6 期。

起、分析发微,"揭穿文本的秘密性、私人化的现象,(发现)这些文本与历史场景有着深厚及共谋性的关联。"①

二、1985 年文学的转折

"二十世纪文学"的提出和讨论是 20 世纪 80 年代现代文学研究界的重要事件。1985 年"二十世纪文学"的提出实际上是新时期以来持续的历史"重评"在文学领域的回应。根据贺桂梅的研究,"也可以这么说,整个 80 年代的新文学研究都构成一种重写文学史的思潮。""这种重写历史的思潮不仅仅局限于文学界,在整个思想界都同样发生了。"这种"重评"实际上肇始于思想界,并以李泽厚为先驱。其目的是为了颠覆 1949 年以来一直控制文化思想界的"左翼叙事",因此"重评"一开始就带有鲜明的意识形态色彩,并带有"二元对立"的思维特征。从现代文学史学科框架来看,"二十世纪文学"这一概念的提出使文学史研究脱离政治史、革命史的依附,开始了回到所谓"文学自身"的研究。而更加重要的是,"二十世纪文学"的讨论溢出了学科边界,成为重塑"现代文学"内涵的一个"运动",现代文学的内涵被描述为用"现代语言""现代形式""表达现代中国人的思想、感情、心理的文学"。有意思的是,"二十世纪文学"的这种现代文学概念似乎将"左翼""三突出""文革"文学等排斥在外了,并引起了不同的意见。这种现代文学概念的"偏移"重叙了一个不同的二十世纪文学版图,在这一版图里面,"左翼"文学遭到排挤和压抑,而"自由主义"的文学被拔高。这种倾向一直延续到稍后的"重写文学史运动",并形成了影响深远的"文学史"叙述规范。伴随着"二十世纪文学"的提出和重写文学史思潮,研究界发掘了一大批以往受到压抑和排斥的作家作品,从而重构了现代文学史的版图,改变了"现代文学经典的秩序和等级",这些作家作品的发掘、整理和重评实际上深刻地影响到 80 年代的文学写作和文学趣味。更重要的是,"二十世纪文学"和"重写文学史"的提出和倡导者不仅仅是文学史家,同时也是当时比较著名的批评家,如黄子平、李劼,他们对"经典"的认定标准实际上也深刻影响到他们对当下作品的批评标准,从而直接影响到 1985 年的创作界。

主体论无疑是 1985 年最重要的文学理论话语之一,它的影响之大以至于1985 年被命名为"主体论"年。主体论不仅构建了一个庞大的"人"学话语,更重要的是,它同时也造成了"人道主义话语"的极度膨胀,从"异化"论争到"主体论"的提出,这一历史时段"人学话语"发生了什么样的变迁?为什么最后会生成"主体论"这样一种"威权话语"?在贺桂梅的研究中,"主体论"最终构建的是一个"中产阶级"的主体形象,而在郑鹏博士的研究中,"主体论"最终被

---

① [美]薇思瓦纳珊编,单德兴译:《权力、政治与文化——萨义德访谈录》,北京:生活·读书·新知三联书店,2006 年版,第 36 页。

转移为一个个新的"文学形象"的构造 。在我看来，这些都只是"主体论"的某一种面向，如果从文学史的角度去考量，我们会发现，主体论同时，也构建起了新时期文学的"传统"，这一"传统"蕴涵 80 年代启蒙知识分子对新时期文学的总结和规划。有意思的是，在"主体论"构建起新时期文学传统的同时，也是新时期文学共识分裂之时，各种不同的文学力量通过对"主体论"的不同态度表达了对 1985 年文学走向的不同规划，为什么会有这种不同？这种分裂对 1985 年的文学场构成了何种冲击？主体论在文学创作和文学史研究两个维度均显示了其影响力。

1985 年前后是"第三代诗歌"登上历史舞台的重要时间点。我主要通过两个重要选本《中国当代实验诗选》和《中国现代主义诗群大观》来对比分析"第三代诗歌"的发生和建构。主要内容包括对朦胧诗的不同态度、编选标准背后的经典话倾向，由此考察先锋诗歌的美学流变和历史功效。

新潮小说一直被批评界视为 1985 年转折的最重要标志，因此，对于它的讨论我将格外谨慎和小心，一方面我认可新潮小说在 1985 年转折中的重要意义，但是，同时我不放弃对这种转折复杂性的考量。首先讨论的是《上海文学》与新小说发生、传播的复杂关系。空间对于新潮小说发生实际上很有影响，一个事实是，1985 年的上海代替了北京成为新潮小说的中心，为什么会出现这种情况，这与两地的文学秩序以及作家队伍的构成有何种关系？我们知道，《上海文学》在新小说的发生中起到了重要的作用，我将试图通过 1985 年的《上海文学》在编排、选稿等方面的细节，借助该刊编辑人员如李子云、周介人等人的书信、回忆文章来勾勒《上海文学》的复杂面孔。其次讨论选本中的"小说观念"，作为新小说的重要选本，我试图通过《新小说在 1985 年》中的小说观念的辨析，展示新小说在其发生时"话语建构"的多种可能性，它不仅是指一种现代派小说，同时也可能指向一种"新问题小说""新社会小说"等，也就是说，新潮小说在其发生之时，决不仅仅限于语言和形式的实验。

现实主义作为中国当代最具意识形态建构功能的主流叙事模式，在 1985 年前后发生了何种变化？它如何在 1985 年的文学场中来调整自己的位置？这个问题非常复杂，一个明显的事实是，正是通过对现实主义的排斥，1985 年的转折才告成立。但吊诡的是，对现实主义的话语排斥反而刺激了现实主义本身的调整，并再一次证明了现实主义的活力。总之，这一调整充满了不确定的因素。我通过路遥的《人生》、柯云路的《新星》这些在当时引起巨大社会影响的作品来分析这种调整的复杂性。

(作者：杨庆祥　中国人民大学副教授)

项目名称：北京中轴线景观嬗变与北京精神研究
项目编号：12WYB011
项目负责人：苏　丹
项目信誉保证单位：清华大学

北京中轴线景观嬗变与北京精神研究

内容提要："北京精神"是北京文化的浓缩，而北京新中轴空间景观是北京城市景观的精华，是展示"北京精神"的先锋营地。"爱国、创新、包容、厚德"的提出，符合当地北京城市的文化气质、城市形象与景观嬗变，也在以北京新中轴空间串联起的标志性景观为代表的北京城市新形象中得以直观地展现。在两者的相互作用下，北京的城市景观和城市精神已经初具全球城市的特征，为2050年建成全球城市的发展目标定位提供了强有力的铺垫与可能性。在城市的后续建设与发展过程中，应该继续以北京精神为指导，建设具有北京特色的独特城市景观。

一、城市文化与城市景观

城市文化是体现人类文明生活的主体形式和人类自身价值观最高水平的区域性文化，也是经济学、政治学、地理学、社会学、城市规划与设计等多个领域的研究热点。城市文化作为一个抽象概念，并不能直接被量化与感知，而是通过城市景观得到充分的表达与展现。

城市景观是人的城市生活方式和城市景观的物质形态之间交互关系的结果，是人与自己创造的人类物质文明的一次记录和对话。刘易斯·芒福德说过，"城市是文化的容器"。不同的城市景观面貌是我们区别、认识不同文化最直接的途径。城市景观是城市文化的外显，是城市给人的印象和感受。城市的物质形象，如格局尺度、建筑风貌、交通状况、公共工程、风景名胜、生活设施等和非物质形象，如市民的行为习惯、生存状况、文化氛围、地域风俗、制度法规、宗教信仰等都可以构成人们对一个城市的印象和感受。人们通过对城市景观的感知，体验到一个城市的文化。

城市景观一方面由城市中的人创造、改变，在城市文化的作用下呈现，另一方面又支配与约束着城市中的人，维持与激发着城市文化。城市文化与城市景观不是一成不变的，而是在相互影响中不断地变化、扩充、完善或消亡。随着时代的发展,观念与技术的更新,人们对美好生活的追求和利益群体对城市未来的期待,城市文化和城市景观在保持其古老本质和内核的基础上,总是在不停地填写新的内容。

城市在不同历史时期、不同宗教信仰、不同政治制度、不同地理风貌、不同地域文化、不同种族特征、不同道德伦理、不同生产与生活方式等各种因素的相互作用下,会产生具有地域性和时代感的独一无二的文化特征。比如:永恒之城——古罗马城,封建帝都——隋唐长安城,层叠的城市——巴塞罗那,水城——威尼斯,工业城市——19世纪的"雾都"伦敦,巴西新都——巴西利亚,未来城市——迪拜。

二、北京中轴线的景观嬗变

(一)北京中轴线的基本布局与历史变迁

北京中轴线的变化,一直和北京城市的变化紧密相关。

1. 中轴线的形成与基本布局

北京中轴线作为国都的中轴线,形成于740多年前的元大都始建之时。元朝,北京中轴线正式形成,位置在今旧鼓楼大街的中心线及其向南的延伸线,越过太液池东岸的宫城中央。元世祖忽必烈弃金中都,在其东北方择址建设元朝国都——元大都,即明清北京城的前身。1292年,元大都建成,这时中轴线长3.7千米。

经过1368年(洪武元年)、1420年(永乐十八年)、1553年(嘉靖三十二年)、1644年(顺治元年)的几次改造,从中轴线的南端永定门起,就有天坛—先农坛、东便门—西便门、崇文门—宣武门、太庙—社稷坛、东三座门—西三座门、长安左门—长安右门、东华门—西华门、东直门—西直门、安定门—德胜门以中轴线为轴对称分布。故宫的建筑亦多数东西对称,太和殿等

图1 《康熙南巡图》中的北京中轴线意向:永定门段(上左)、前门段(上右)、天安门段(下左)、午门段(下右)

主要建筑坐落在中轴线上。在万门桥的河泥里发现的石老鼠（地支子鼠）和在前门附近的河里发现的石马（地支午马），据说便是北京中轴线（子午线）的标志物。

2. 中轴线的破坏与近现代建设

民国时期，北京（北平）中轴线并无太大变动，北洋政府时期拆除了天安门前贯穿前门与天安门的千步廊及前门瓮城。

1949年，开国大典上使用的旗杆即在中轴线上。

在新中国成立初期的拆除北京城运动中，中轴线的永定门城楼及瓮城、天桥、正阳桥牌楼（前门五牌楼）、正阳桥、中华门、北上门、地安门均被拆除。并且，为了适应国家政治与城市发展的需要，开始了天安门广场的扩建工作：

1952年，拆除了长安左门、长安右门。

1954年，拆除了中华门，使得天安门广场扩大到现在的规模。

1958年，在天安门广场中央（天安门南约463米，正阳门北约440米处）建造了人民英雄纪念碑（1949年奠基，1958年建成）。1959年，在广场两侧建设了两座对称的建筑。西侧为人民大会堂（1959年建成），东侧为中国革命博物馆及中国历史博物馆（即现在的中国国家博物馆）（1959年建成）。它们是新中国诞生后在中轴线上修建的第一批建筑物。

1976年毛泽东逝世之后，在原中华门的位置建造了毛主席纪念堂（1977年建成）。

经过以上三次大修整之后，坐落于北京中轴线上的天安门广场变成如今这个南北长880米、东西宽500米、面积达44万平方米的世界上最大的广场。

至此，北京中轴线的近现代格局形成。

图 2　1949 年，为了迎接开国大典，天安门广场整修工程付诸实施(上左)；1958 年的天安门广场，人民英雄纪念碑已经建成，中华门还存在(上右)；1977 年，毛主席纪念堂建成后，天安门广场扩大到现在的规模(中)；近现代改造后的北京中轴线俯瞰(下)

3. 中轴线的修缮与保护

1999 年，北京市规划委员会公布了北京市第一批 25 片历史文化保护区，揭开了北京城市保护性建设的序幕。随后制定的《北京中轴线城市设计》，是对北京城市中轴线实施整体保护的重要依据。[①]

2002 年，中轴线故宫部分的大修工作正式开展。这是 1911 年后故宫的首次整体大修，也是故宫历史上规模最大、范围最广、时间最长、最细致的一次修缮。修缮工程预计到 2020 年完工。[②]

2004 年 2 月 14 日，重建永定门城楼工程正式开工，2004 年 8 月竣工。永定门的修复意义重大，它恢复了北京旧城城市中轴线的完整性。永定门重建不仅是一个城楼的重建，而是一个多功能的风景小区，一个宽 800 多米、长 1000 多米的公园。借助永定门城楼的复建工作，天坛部分西墙也被复建，

---

① 北京市发展和改革委员会：《北京市"十五"时期历史文化名城保护规划》，2010 年 11 月 3 日。
② 邱海旭、李伟、舒可文、吴晓东：《故宫百年大修》，《三联生活周刊》，2002 年第 14 期。

天坛、先农坛之间的环境也得到改善。①

2007年5月9日，前门大街前门至珠市口段开始改造，2008年5月28日完工，同年8月7日对外开放。改造工程重现了前门大街明末清初的建筑风格。前门大街道路全长846米，分为有轨电车和御道。改造恢复的前门大街的有轨电车"当当车"，2009年元旦开始运营。②

2011年6月11日，北京中轴线申遗工作全面启动。已确定的中轴线申遗核心区总面积4.69平方千米，建设控制与缓冲区面积46.75平方千米，总面积51.43平方千米。申遗面积涵盖60%的北京老城面积。除了带有元明清特色的既有保护建筑以外，天安门广场、人民大会堂、毛主席纪念堂、人民英雄纪念碑、国家博物馆等一批近现代建筑，也将纳入中轴线申遗的遗产申报点范围之内。③

同时，北京市文物局启动了中轴线申遗文物保护工程。未来五年，将对"鼓楼—地安门""前门—永定门"沿线文物建筑逐步进行修缮。包括地安门、永定门的瓮城和箭楼等一批中轴线上的标志性历史建筑，都有望实现复建，中轴线上的传统店铺和老字号也都将按照清末民初的原貌恢复。此前曾一度被北京市少年宫占用的景山寿皇殿，五年内将会修缮完毕并对外开放。④

(二)北京中轴线的延伸与两翼发展⑤

1. 中轴线的第一次北延

1986年，北京申办1990年亚运会成功之后，包括国家奥林匹克体育中心、运动员村在内的亚运会工程，在北京中轴线北端上百公顷的庄稼地上破土动工。为了连接城市中心和亚运村，北京在二环路钟鼓楼桥引出鼓楼外大街，向北至三环后改名为北辰路，至北四环结束。这条路把中轴线向北延伸了约4.3千米，1991年通车。中轴线从原来的7.86千米延长到约13千米。并且在新的终点处新建了两座建筑，东边为奥体中心（始建于1986年，2007年改扩建），西边是中华民族园（1994年开工）。

亚运会的这次历时4年、投资20多个亿的建设规模虽然无法和后来的奥运会相比，但这已经是北京继50年代兴建人民大会堂等"十大建筑"以来的又一次大规模建设。

2. 中轴线的第二次北延

2001年，北京申奥成功后，中轴线再次向北延长约7千米，成为奥林匹克公园的轴线，直抵北五环，总长约20千米。东边建造了国家体育场"鸟巢"

---

① 张必忠：《北京永定门的拆毁与重建》，《北京社科规划》，2005年9月14日。

② 文静：《前门大街道路改造27日完工》，《京华时报》，2008年5月27日。

③ 丘瑞芳：《北京中轴线申遗文物工厂6月份正式启动》，《中国社会》，2011年5月20日。

④ 张亚萌：《北京启动中轴线申遗文物保护工程》，《中国艺术报》，2011年6月11日。

⑤ 贾冬婷：《中轴线，从亚运到奥运的心理轴线》，《三联生活周刊》，2007年第11期。

(2003 年开工，2008 年竣工)，西边则是国家游泳中心"水立方"(2003 年开工，2008 年竣工)。这两个建筑一圆一方，体现了中国古代天圆地方的思想。再向北，穿过奥林匹克公园，到达奥林匹克森林公园，该公园中间的仰山、奥海均在中轴线上。奥林匹克公园中轴线地下已有北京地铁 8 号线。该线将延长成为贯穿北京南北中轴线地下交通的大动脉。中轴线再进行北延的设想已经出现，但规划尚未出台。

图 3　经过两次北延之后北京中轴线直抵北五环，总长约 20 千米(上)；俯瞰中轴线鸟巢、水立方段(下)

3. 中轴线的两翼发展

中国国家博物馆的改扩建(2007 年开工，2010 年完成)，特别是国家大剧院(2001 年开工，2007 年建成)的建设，扩展了中轴线的两翼，并为其注入一种前卫与浪漫的因素，与近在咫尺的宏大故宫古建筑群和天安门广场近现代建筑群形成三个鲜明的层次和强烈的对比，使其成为一条充满想象力的轴线。

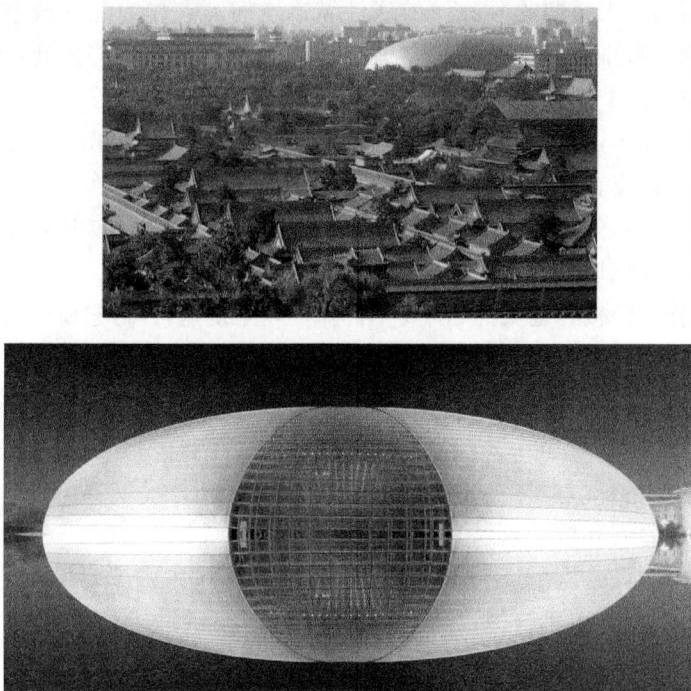

图4　故宫古建筑群、人民大会堂和中国大剧院出现在同一视野中(上)，国家大剧院单体建筑(下)

4.南中轴的治理与规划

北京中轴线的南向扩张以"科学文化、田园社区"为主题。

2003年，北京市启动了南中轴治理计划。对前门以南的道路进行改造。

2012年，《南中轴线发展规划》出台，规划建议搬迁南苑机场，以打通南中轴路。由此，中轴线将从目前的永定门南延10千米，成为一条贯穿北京南城的高标准交通干线。南苑机场的搬迁改造工程于2010年就已经开展，计划5年内结束搬迁，以打通南中轴路。新南中轴路将穿越南苑机场，向南直抵京冀界。北京地铁8号线，又称奥运支线，未来将贯穿南北中轴线。而南苑机场原来的停机坪将作为停车场和8号线的中转站。

2014年，根据《丰台区商业发展规划(2013—2020)》，将在南中轴沿线建设和配套三个50万平方米以上的高档综合商业中心，培育八大商圈，打造多条特色商业街区，升级建设多个社区商业终端，构筑"三区、八圈、多街、多点"的商业网络体系。

(三)北京新中轴线的景观分析

北京中轴线在经历了多次延展与修建之后，不仅仅成为一条长约30千米，贯穿北京城市南北的轴线，更嬗变为一块连接从古代到当代北京各个历史时期建筑与景观精髓的"混搭"的线性城市空间。它作为北京城市文化的浓缩展示，既有最重要的文化遗产，又有最先锋的当代建筑与景观，既传统又时尚，既喧闹又静谧，既庄严又活跃。

截至 2014 年，北京新中轴空间上的重要景观组群，从北向南依次为：

（1）奥林匹克森林公园；

（2）奥林匹克公园和其内的"鸟巢""水立方"、奥体中心和中华民族园；

（3）元大都城垣遗址公园；

（4）鼓楼、钟楼、地安门（1954 年拆除，计划复建）、万宁桥和北起鼓楼大街，南至地安门大街，西起什刹海，东至交道口的城市区域；

（5）北海公园；

（6）景山公园；

（7）故宫博物院；

（8）中山公园和劳动人民文化宫；

（9）天安门、天安门广场和周边建筑（包括人民大会堂、毛主席纪念堂、人民英雄纪念碑、国家博物馆、国家大剧院）；

（10）正阳门箭楼（前门）、正阳门城楼和前门大街；

（11）永定门城楼（1957 年拆除，2005 年重建）及公园；

（12）天坛公园和先农坛；

（13）北京南城高标准交通干线及高档商业配套（规划）。

北京新中轴空间的景观按照建造时期可以分为五个层级：古代的建设、20 世纪上半叶的开放措施、新中国成立时期的建设、以亚运会为契机的建设和以奥运为契机的建设以及当代新发展。北京新中轴空间的景观涵盖了多种文化类型，即国家形象景观、自然景观、商业景观、历史景观、体育文化景观、皇家文化景观、市井民俗景观、时尚创意景观和城市休闲景观等。

北京中轴空间中有丰富的文物古迹、旅游资源和城市地标。其中：

北京的 6 处世界遗产[①]中，有 2 处在中轴区域之中，分别为：故宫和天坛。而北京中轴线本身也已经列入《中国世界文化遗产预备名单》。

北京的 99 处国家重点文物保护单位[②]中，有 24 个在中轴区域之内，分别为：天安门、人民英雄纪念碑、故宫、皇史宬、正阳门、太庙、社稷坛、可园、北京鼓楼和钟楼、天坛、妙应寺白塔、北海及团城、北京宋庆龄故居、恭王府及花园、郭沫若故居、大高玄殿、景山、关岳庙、醇亲王府、北京国会旧址、北平图书馆旧址、先农坛、大栅栏商业建筑、元大都城墙遗址。

[①] 《北京的世界遗产》，北京：中国旅游出版社，2002 年版。

[②] 《北京全国重点文物保护单位列表》。

北京的 7 个国家 AAAAA 级旅游景区①中，就有 4 个在中轴区域之内，分别为：故宫博物院、天坛公园、恭王府景区和北京奥林匹克公园（鸟巢—水立方—中国科技馆—国家奥林匹克森林公园）。北京的 64 个国家 AAAA 级旅游景区②中，有 8 个在中轴区域之内，分别为：北京市规划展览馆、中山公园、什刹海风景区、北海公园、景山公园、中国科学技术馆、中华民族园、元大都城垣遗址公园。

2009 年评选的新北京十六景中，有一半在中轴区域之内，分别为：国家体育场（鸟巢）、国家游泳中心（水立方）、故宫博物院、天安门广场、天坛、什刹海（后海）、北海公园、国家大剧院。其中，鸟巢与水立方、经过改扩建后的国家博物馆、国家大剧院和奥林匹克森林公园已经成为公认的北京新地标。

三、中轴线景观与当代北京精神

北京作为一座对称的城市，整齐对称的建筑与景观构成了北京城市独特的风格和宏伟的气势。纵贯全城的中轴线就是城市的对称轴，是北京的"龙脉"。北京中轴线串联了北京的标志性景观，串联了北京的历史与未来，是北京精神的缩影，是北京城市形象最重要的特征，也是北京城市未来发展的依据。它的布局与景观嬗变体现了北京城市文化与城市精神的变迁。

这个新的中轴空间为当代北京精神"爱国、创新、包容、厚德"所激发，也为其提供了形象化展示的舞台。特别是北京新中轴空间中的当代标志性景观——"鸟巢""水立方"改扩建后的国家博物馆、国家大剧院、奥林匹克森林公园成为彰显"北京精神"的阵地。

爱国主义是中华民族的光荣传统，是推动中国社会前进的巨大力量，是各族人民共同的精神支柱。北京中轴空间作为一个"爱国"的空间，第一，在于其强烈的政治属性。第二，北京中轴空间拥有多处世界级历史遗迹，代表古代中国最杰出的建设成就。第三，北京的中轴空间作为伟大的建造成就，囊括了建筑史与城市发展史中的多个"唯一"与"之最"，它所培养的民族骄傲感，所激发的民族自豪感是强烈巨大而影响深远的。第四，北京的中轴空间是中国最新科技成果与创新材料的展示场，是中国国力的集中体现。

"创新"即突破常规、推陈出新，是"北京精神"的精髓，是城市活力的外在表现。北京中轴空间的"创新"性在于其自身的活力与不断更新的开放态度。在 21 世纪以奥运会为契机的建设以及当代新发展中，有着更为集中的体现，比如创新的竞选方式、创新的形象，以及在运营方面的新探索。

---

① 《国家 AAAAA 级旅游景区名单（2013 年）》。
② 《国家 AAAA（4A）级旅游景区名单》。

北京中轴空间是古典的、当代的、民族的、外来的建筑与景观音符共同谱写而成的复杂而精妙的交响乐,鲜明表达着包容的态度。从建筑与景观单体的层面来讲,北京中轴空间中也处处充满了"包容"的案例。另外,包容不仅仅局限于城市空间与建筑层面的分析,也包括社会对其引发事件的态度。检验着政府对于不同舆论和批评声音的处理与转化能力,检验着社会的包容度。

"厚德"在空间方面的体现,涵盖生态伦理和社会伦理两个方面。生态伦理和社会伦理跟 2008 年北京奥运会三个核心理念中的"绿色奥运"和"人文奥运"不谋而合。"厚德"既是中国古老的文化精髓,也是 21 世纪的主题所在。这个健康的理念既是经典的,亦是先锋的。在北京中轴空间,特别是以"鸟巢"和"水立方"为标志物的奥林匹克公园和其向北延伸的森林公园之中,可以看到"厚德"在城市空间与建筑景观方面的具体实施。

由此可见,"北京精神"是北京文化的浓缩,而北京新中轴空间景观是北京城市景观的精华,是展示"北京精神"的先锋营地。"爱国、创新、包容、厚德"的提出,符合北京的城市文化气质、城市形象与景观嬗变,也在以北京新中轴空间串联起的标志性景观为代表的北京城市新形象中得以直观地展现。在两者的相互作用下,北京的城市景观和城市精神已经初具全球城市的特征,为 2050 年建成全球城市的发展目标定位提供了强有力的铺垫与可能性。在城市的后续建设与发展过程中,应该继续以北京精神为指导,建设具有北京特色的独特城市景观。

参考文献

[1]刘合林:《城市文化空间解读与利用——构建文化城市的新路径》,南京:东南大学出版社,2010 年。

[2]刘国光:《中外城市知识辞典》,北京:中国城市出版社,1991 年。

[3][美]芒福德著,宋俊岭等译:《城市文化》,北京:中国建筑工业出版社,2009 年。

[4]奚洁人:《世界城市精神文化论》,上海:学林出版社,2012 年。

[5]郭超:《北京中轴线变迁研究》,北京:学苑出版社,2012 年。

[6][美]凯文·林奇著,方益萍、何晓军译:《城市意象》,北京:华夏出版社,2001 年。

[7][加]简·雅各布斯著,金衡山译:《美国大城市的死与生》,南京:凤凰出版传媒集团、译林出版社,2006 年。

[8][日]芦原义信著,尹培桐译:《街道的美学》,北京:百花文艺出版社,2006 年。

[9][美]朱克英著,谈瀛洲、杨东霞、张廷佺译:《城市文化》,上海:上海教育出版社,2006 年。

[10][美]丝奇雅·沙森著,周振华译:《全球城市:纽约、伦敦、东京》,上海:上海社会科学院出版社,2005 年。

[11]冯维波:《基于城市形象的城市设计——对我国城市设计中若干问题的思考》,《中国

城市规划学会 2002 年年会论文集》，北京：中国建筑工业出版社，2003 年。

[12][美]保罗·梅萨里著，王波译：《视觉说服：形象在广告中的运用》，北京：新华出版社，2004 年。

[13][美]史蒂芬·梅尔维尔、里汀斯著，郁火星译：《视觉与文本》，南京：凤凰出版传媒集团、江苏美术出版社，2008 年。

[14][英]约翰·伯格著，戴行钺译：《观看之道》，桂林：广西师范大学出版社，2007 年。

[15]管文虎：《国家形象论》，成都：电子科技大学出版社，2000 年。

[16][美]瑞泽尔著，谢立中译：《后现代社会理论》，北京：华夏出版社，2003 年。

[17][美]亨廷顿著，周琪译：《文明的冲突与世界秩序的重建》，北京：新华出版社，2002 年。

[18]北京规划委员会：《北京中轴线城市设计》，北京：机械工业出版社，2005 年。

[19]林山：《北京中轴线》，合肥：黄山书社，2013 年。

[20]沈方、张富强：《北京中轴线历史文脉》，北京：金城出版社，2011 年。

[21]魏成林：《北京中轴线城市设计：创造北京未来的城市形象》，北京：机械工业出版社，2005 年。

[22]冯维波：《基于城市形象的城市设计——对我国城市设计中若干问题的思考》，《中国城市规划学会 2002 年年会论文集》，北京：中国建筑工业出版社，2003 年。

[23][挪]克里斯蒂安·诺伯格-舒尔茨著，刘念雄、吴梦姗译：《建筑：存在、语言和场所》，北京：中国建筑工业出版社，2013 年。

[24][英]戈登·卡伦著，王珏译：《简明城镇景观设计》，北京：中国建筑工业出版社，2009 年。

[25][美]温迪·普兰著，曹博译：《科学与艺术中的结构》，北京：华夏出版社，2003 年。

[26]杨章贤、刘继生：《城市文化与我国城市文化建设的思考》，《人文地理》，2002 年第 4 期。

[27][英]吉本著，席代岳译：《罗马帝国衰亡史》，长春：吉林出版集团有限责任公司，2008 年。

[28][美]乔治·J. 兰克维奇著，辛亨复译：《纽约简史》，上海：上海人民出版社，2005 年。

[29]钱乘旦、陈晓律：《英国文化模式溯源》，上海：上海社会科学院出版社，2003 年。

[30]王铭珍：《梁思成先生与北京中轴线》，《北京档案》，2013 年第 1 期。

[31]北京中轴线申遗文本撰写者：《让世界读懂我们的故事》，《中国文化报》，2011 年 8 月 10 日。

[32]北京市发展和改革委员会：《北京市"十五"时期历史文化名城保护规划》，2010 年。

[33]邱海旭、李伟、舒可文、吴晓东：《故宫百年大修》，《三联生活周刊》，2002 年第 14 期。

[34]贾冬婷：《中轴线，从亚运到奥运的心理轴线》，《三联生活周刊》，2007 年第 11 期。

（作者：苏　丹　清华大学教授

周　岚　清华大学美术学院环境建设艺术咨询研究所所长助理）

项目名称：清末民初北京话副词研究
项目编号：12WYB017
项目负责人：魏兆惠
项目信誉保证单位：北京语言大学

清末民初北京话副词研究

内容提要：清代是北京话的稳定和定型期，清末民初北京话副词数量众多，近900个。从来源上看，既有汉语自身的，也有受其他语言或方言接触产生的。从构词方式来看，既有复合式的，也有由重叠和附加后缀产生的附加式；在北京口语中，音近义同或倒序义同的副词非常丰富。清末民初北京话副词在某种程度上既带有一定的方言色彩，又是现代汉语副词的来源。本文无论对于方言副词研究还是汉语副词史的研究都有着重要的意义。

北京3000多年以来都是中国北方的重镇，历史上曾被称为蓟城、燕都、幽州、燕京、大都、顺天府、北平等，辽代为陪都，金、元、明、清四代为首都。唐代幽州话在北方阿尔泰语系的影响之下，在元代形成了大都话。"元大都话，实际是辽金两代居住在北京地区的汉族人民和契丹、女真等族经过几百年密切交往逐渐形成的，到元建大都时已趋于成熟，成为现代北京话的源头。"[①]清代，满语和东北方言对北京话再次产生深远影响。雍正年间，清设正音馆，刊行《正音撮要》《官音汇解》《正音咀华》推广以北京话为代表的官方标准语。所以说，清代是北京话的稳定和定型期。

从历史来源来看，北京话可谓"杂"。但定型之后的北京话与现代书面语相较而言，又可谓"纯"。"北京话是比较单纯的，特别是日常生活中使用的北京话的口语形式，尽管不可能像化学元素那么纯，个人差异也是很明显的，不过和现代汉语的书面语相比，也可以说是相当'纯'了。"[②]正如胡明扬先生所言，北京话的渊源，或者说北京话发展史，是一个饶有兴趣但又难度相当大的研究课题。

爱新觉罗·瀛生(1993年)也将清代北京话的发展分为两个时期，第一个时期是雍、乾、嘉时期，这个时期以《红楼梦》的语言为代表。第二个时期是

① 林焘：《北京话溯源》，《中国语文》，1987年第3期。
② 胡明扬：《北京话初探·序》，北京：商务印书馆，2005年版，第1页。

道、咸、同时期。以《儿女英雄传》的语言为代表。

清末民初,指的是 19 世纪至五四运动前后即嘉庆以后到民国初期这一百多年的时间。清末民初是近代汉语和现代汉语过渡阶段非常重要而又常常被忽略的一个时期。

而汉语副词既具有实词的某些语法特点,又具有虚词的某些个性特征,历来是语法研究中令人瞩目的焦点和争议颇多的热点。北京话副词在某种程度上既带有一定的方言色彩,又是现代汉语副词的来源。搞清楚北京话副词,无论对于方言副词研究,还是汉语副词史的研究都有着重要的意义。

清末民初北京话副词研究的语料主要来源有:

(1)19 世纪至五四运动前后的代表作:《儿女英雄传》(1849 年)。

(2)一批白话长篇侠义小说:《永庆升平传》(1892 年)、《三侠五义》(1879 年)等。

(3)一批京味儿小说:如京籍作家损公(蔡友梅)、剑胆(徐剑胆)、丁竹园(国珍)、冷佛、市隐的文学作品,《清末民初小说书系》(1997 年)中辑录的京籍作家剑胆的《王来保》《文字狱》,损公的《忠孝全》《库缎眼》《曹二更》《搜救孤》等 17 篇北京话作品。

(4)17 至 20 世纪初欧美传教士的汉语教科书,如英国传教士马礼逊(Robert Morrison)的《通用汉言之法》(1815 年),英国汉学家威妥玛所编汉语教材《语言自迩集》(1886 年)等;日本明治时期北京话教科书,如东京外国语学校清语科教师金国璞著的《(北京官话)士商丛谈便览》(上卷)(共 50 章)等。

一、清末民初北京话副词概貌

副词可以分为程度副词、语气副词、范围副词、时间副词、情态方式副词和否定副词六类。通过调查与统计,我们概括出清末民初北京话副词使用状况大致如下:[①]

---

① 本文所谓北京话副词分为两种情况,从地域上看,一种是在北京话中一定出现,但在其他方言也有可能出现;另一种是只在北京话中出现,在其他方言中未见;从时间上看,也可能是在古代汉语中已见,在北京话中也出现的;另一种是清末民初北京话中新产生或特有的。表中所展示的副词未必穷尽,若同一副词兼有两种用法则重复计算,同音同义异形的不同副词算作一个。

(一)程度副词

相对程度副词	最高级	最、顶、尽、紧①₁、最是、最为	极高级	太、忒、特₁、过、至、绝、万分、过于(逾)、够₁、忒煞、可煞、煞、忒也、分外、精、极、极是、极为、极其、绝顶、特别
	更高级	更、更是、更为、更加、更自、越、越发、越益、愈、愈发、愈加、益加、加倍、倍加、尤其、尤、尤为、格外、分外	绝对程度副词	
	比较级	较、较为	次高级	多么(们)、非常、异常、怪、好、好不、好生、很/狠/哏、老、老大、大、颇₁、颇颇₁、颇为、十分、挺、满、蛮、甚、甚是、甚为、大发、不差什么、多分、抡圆里、冒冒(的)、倒大、何等、万分、酷、稀、良、深
	较低级	粗、粗粗(儿)、颇₂、颇颇₂、稍、稍稍(儿)、稍微、略、略略、微、略微、些微、大略、不大、几几、几几乎、几乎		
	程度相当	一般(儿)、一样(儿)		

(二)语气副词

肯定、强调	委婉	惊异、评价	恰幸	疑问、反诘	承接、递进
一死儿、一准(儿)、铁准、本、本来、实(宴)在、其实、毕竟、专一、必须、定、定然、全然、决然、决、势必、自然、固、固然、到底、端的、一定、索兴、着实、诚、诚然、分明、绝、绝绝、千定、千万、万、万万、左右、正是、准、断、断断、断然、断乎、准是、实、实实、着实、定然、一定、必、必得、必该、必然、必定、必是、务、务必、势(是)必、究竟、分明、真、真真、当真、真正、真个、可是、简直、剪直、箭直、由不得(的)、不由得(的)、准、准保、管保、保管、百端、应、肯、明明、偏、偏偏、偏生、可	其实、未免、未必、不妨、大抵、大凡、大概、大概齐/其、大料、盖、庶、未必、未免、多半、似乎、约莫、莫不是、想来、敢是、约略、莫不、敢则、无乃、庶乎、别是、也许、敢怕、只怕(是)、还许、就许、一若、不定、总是、多、多半、多分、大半、原是、恐、恐怕、或可、或许、或者、光景、备不住、保不住、保不齐、或、或者、想、想必、想是、大抵、大约、大略、似乎、莫非、敢、约、隐隐、能可、莫不、一旦、倘或、别₁、仿佛	居然、果、果然、果真、不想、倒、难怪、怪道、怪不得/的	恰、恰恰、恰恰乎、恰好、恰巧、恰然、正好、将、将₁(儿)、刚₁、刚刚₁(儿)、幸、幸而、幸得、幸喜、亏、多亏、不亏、亏得、险些儿、好在、来不来、是不是、动不动(儿)、几乎、几几、几几乎	不成、否、岂、何尝、何苦、何必、何曾、何须、究竟、难道、何不、何以、何止、可不、岂非、岂不、咱的、咋的、咋儿、何消、何至于	况、兼、更、兼、既₁、且、则、故、故此、不然、乃、是以、遂、於是

① 有的同一个副词可分属不同小类,用下标标注。

续表

肯定、强调	委婉	惊异、评价	恰幸	疑问、反诘	承接、递进
是、切、切切、愣（楞）、怔、硬、反正、干脆、共总₁、巴不得（儿）、巴不能（够儿）、恨不能、恨不得、横竖、横是、横又是、反、倒、反倒、倒反、倒反为、却倒、偏倒、倒还、不拘、上下、好歹					

（三）范围副词

总括	限定	类同	排除
统统、通通、通身、概尔、厮、咸、都、一例、相与共、凡₁、大凡、太凡、悉、皆悉、悉皆、处处、各处、一处、普率/律、普里普儿、拢/笼共、拢共拢儿、一迳、但凡、比比、一起儿、一块儿、一堆儿、尽数、并、共、皆、尽₁、净₁、竟₁、俱、全、悉、总、一并、一总、凡是、通共、统共、共同、公同、无不、无非、大都、一应、总之、一概、尽情、大概₂、通盘、绰总儿	才₁、不过、单、但₁、惟₂、只、独、无过、不止、只是、充其量、至多、至少、净₂、尽₂、竟₂、单单、止、不止、仅、左不过、大不过、只不过、不过、只是、但只、只刚、独、不独、光、惟、惟有	也、亦、也自、亦自	替另、单另、另行、外、此外、额外、除外

（四）时间副词

已然	未然	进行
已就、已然、既₂、方、早、已、早已、都、曾、曾经、尝、已/以经/竟、方才、将然、刚然、乍、乍乍、老早、刚才、才刚	看看、堪堪、眼看、才待、待好、快、即刻、立刻、才要、即将、将要、就要、快、行将、待、方要、未曾、不曾、没曾、未尝、多咱、不日、正待	适、恰、正自、正然、正、正在、在、方、正当、不差

短时和突发		
须臾、刚₂、刚刚₂、将将、才、立刻、立即、即刻、马上、就、便、一旦、即、立地、猛、俄、旋即、当即、兜的、当下、不日、霎时间、少刻、少时、一时间、一下子、转瞬、转眼、忽而、少一时、转眼间、少停、急切里、陡然、顿/登时、霎时、立时、展/转眼、赶紧、赶快、赶忙、急忙、遂、立时、则、立等、即时、即刻、急忙、疾忙、倏然、倏忽、即速、历时		

早晚	先后	永暂
就、便、才	先、预先、然后、而后、随后、随即、从此、先后、相继	永、直、暂、且、永远、始终、暂且、姑且、权且、且姑、苟且

续表

常偶	永常	缓慢
刻刻、时刻、常常、长长(儿)、偶尔、见天、素常、素昔、素日、素来、不时、整(天)、终日里、时常、常晃、常、经常、通常、往往	尽只、紧自、从、从来、永、永远、一向、往往、向来、依然、恒、一直、直、总是、紧₂、自、老、老是、从来、每、每每、遭遭、一般、素常、素昔、总、向来、平生、总是、至今、成日价	渐渐、渐、渐次、日渐、逐步
同时	重复	最终
同时、一齐、一同	再、再一、一再、再三、再四、再三再四、再行、再度、再又、重、重新、从新、复、又、复又、又复、屡、回回、屡次、时不时、时时、不时、反复、有时、时而、偶尔、间或、偶或、不停、不住、直点儿、照例、动辄、偶、偶然、频、频频	卒、终、竟、毕竟、终究、归其、底根儿、由根儿、早晚儿、共总₂
随时	守时	延续
随时、不时	按时、按期	还、还是、仍、仍然、仍旧、依然、依旧、照旧、照样、照常

(五)情态副词

意志类	时机类	同独类
死求白赖、故意(儿)、特意、特₂、特特₂、妄任意、随意、胡、特地、白、白白(儿)	趁机、乘势、就便、顺便、趁便、趁势、就手儿、随手	分别、共同、相、齐、互相、自相、各自、各、各各、一一、一例、一味、一齐、一同、一连、齐齐、彼此、逐一
状态类	依照类	方式类
安然、默默、公然、悄、悄悄、悄然、悄默声儿、暗地里、暗自、空、徒、枉、清醒白醒、干、够₂、自然、不意、独自、生生、切、平白、倏尔、微然、忽喇巴/八儿、一壁里、独、独独、胡、胡乱、偷、偷偷儿、惚惚、一味、尚、尚然、胡乱、猛、猛然、猛地、蓦的、抽/偷冷子、猛孤丁、猛可(里)、忽然、骤然、苦、苦苦、竭力、尽力、极力、百般、抵死、冷不防、索然、索性、好好儿、生生、切、平白、倏尔、微然、横三竖四、可可儿、巴巴(儿)、明、明明	难以、只管、只得、照旧、平白、只顾、照常、凭空	公开、直接、按时、照例、接连、接接连连、连连、一连、接二连三、连三接二、纷纷、历、信口、信步、胡乱、亲、亲自、亲口、亲手、亲身、亲眼、不觉、不禁、不道、不妨、齐打夯儿、随溜儿、一顺

(六)否定副词

表否定	表禁止
未曾、不曾、未尝、未及、没得、无、无复、毫无、未、不、匪、非、莫₁、没、没有、没的₁、未从	别、休、勿、不用、不可、不必、莫、没的₂、不要、切莫、甭

二、清末民初北京话副词的特点

(一)数量众多，与现代汉语副词基本相当

从统计结果来看，北京话有近 900 个副词，和张谊生(2000 年)所统计的现代汉语副词的数量基本相当。

(二)既有传承自前代的，也有清末民初北京话所特有的

(1)传承自前代的，如"最、最是、更、更是、越发、愈发、益加、加倍、尤其、格外、良、颇、深、忒、好、好不、好生、很、老、甚是、甚为、故、故意、特、特意、特特、特地、惚惚、一味、尚、尚然、可巧、胡乱"等，不再赘述。

(2)清代北京话口语特有的副词有"多分、精、抡圆里、冒冒(儿)、不差什么、大发、倒大、活脱儿、酷、巴巴、巴巴儿、清醒白醒、越性"等。以表示普遍义的范围副词"普率"为例：

①就是通省普率丰收，也未必准够一省用的。(《士商丛谈便览》)

(三)既有名词、动词、形容词虚化而来的，也有短语词汇化而来的

(1)来自名词，如"顶、极"。"顶"是由名词("顶巅"义)发展为表程度高的副词的。

①顶可恶的三样儿，就是仓、库、局。(《小额》)

(2)来自于形容词，如"好、满、怪、大、干脆"等。"好"本是个形容词，魏晋南北朝时期产生了程度副词的用法。从魏晋南北朝到明末清初，"好"在南北方言文献中的使用率大致相当。① 至清末民初时期"好"字句的地方差异开始形成(南方多，北方少)，不过北京话中仍有不少用例。

(3)来自于动词，如"过、较、至、过、最"。

《说文·冃部》："最，犯而取也。从冃从取。""最"从"犯而取"的动词义发展出"政绩或军功最高"的名词义，进而引申出表程度最高的副词用法。

(4)来自于短语的词汇化，如"非常、异常、何等、格外、分外、十分"等。"非常"是否定副词"非"与谓词性成分"常"组成的否定结构在发展过程中

---

① 温振兴：《程度副词"好"及其相关句式的历史考察》，《山西大学学报(哲学社会科学版)》，2009 年第 5 期。

词汇化的结果,"非常"在上古时期是两个词,如"道可道,非常道"(《老子·常道无名》),"鸟兽奇骨异毛,卓绝非常"(《论衡·讲瑞篇》)。[①] 南北朝时期,"非常"发展出程度副词的用法,但使用频率很低。清末民初"非常"的副词用法已经非常普遍。

(四)复音节副词中,除了复合式外,附加式占相当比例,主要有重叠、加后缀等形式

1. 重叠[②]

(1)单音节基式和重叠式副词同时存在。

①张金凤叫了声:"妹子,你听我这话,可是我<u>特</u>来救安公子,不是<u>特</u>来救你的不是?"(《儿女英雄传》第八回)

②便把汉王的太公停了去,举火待烹,却<u>特特</u>的着人知会他,作个挟制。(《儿女英雄传》首回)

类似的副词还有"独、独独","死、死死","明、明明"等。

(2)单音节基式不存在副词用法,重叠式副词存在。

①<u>巴巴的</u>溜在我的这船儿上,还不快跑么定讨鱼杆子一顿抽。(《清蒙古车王府藏子弟书·藏舟》)

"巴"作为基式不是副词,"巴巴"则是。类似的副词有"——、默默、偷偷儿、悄悄、纷纷、匆匆、好好儿"等。

2. 后缀

(1)词缀"生"。

词缀"生"产生于唐代,有"太+形容词+生"构成,如《全唐五代词》有"消息未通何计是,便须伴醉且随行,依稀闻道太狂生。"清代北京话有"偏生、好生、怎生"。如:

①<u>偏生</u>的华忠又途中患病。(《儿女英雄传》第四回)

②安太太便叫张姑娘:"<u>好生</u>劝劝你姐姐,不要招他再哭了。"(《儿女英雄传》第二十回)

(2)后缀"然"。

"然"是产生于上古时期的,如"居然、自然、悄然、猛、猛然、默然、尚然、安然、公然、自然、索然、微然"。

(3)后缀"儿"。

①宝玉道:"我记的<u>明明儿</u>放在炕桌上的,你们到底找啊。"(《红楼梦》第九十四回)

②凤姐道:"不是这么说。你手里窄,我很知道,我何苦<u>白白儿</u>使你

---

① 董秀芳:《论语法结构的词汇化》,《语言研究》,2002年第3期。

② 下面的分类参照朱德熙《语法讲义》,北京:商务印书馆,1982年版,第28页。

的？"(《红楼梦》第五十三回)

此类副词还有"巴巴儿、可可儿、好好儿、悄悄儿、故意儿、忽喇巴儿、偏偏儿、一势儿、故意儿"等。有无"儿"副词语义和语法功能上是一致的，但加"儿"是北京话口语副词的一个主要标志。

(五)北京口语中存在许多音近异形或倒序的同义副词

(1)音近异形的同义副词。

这样的副词有"刚刚(儿)—将将(儿)；大概齐—大概其；敢情—管取、赶情、管情；楞—愣；敢则—敢自；怪道—怪得；怪不得—怪不的；怨不得—怨不的；咱的—咋的；竟—净—尽；剪直—箭直、很—狠、哏"等。

(2)倒序的同义副词。

这样的副词有"倒反—反倒；一再—再一；复又—又复；接二连三—连三接二；由不得/的—不由得/的；复又—又复；必是—是必"等。

(六)语言和方言接触对北京话副词系统有一定的影响

"一千多年以来，北京话一直处于开放的环境中，既和当地少数民族语言接触，也和各地的汉语方言接触……北京话是最开放的发展变化最迅速的方言。"[1]元代就有蒙古语副词进入汉语系统，如"底根儿"。马致远《吕洞宾三醉岳阳楼》第一折有："(正末唱)我底根儿把你来看生见长。"清末民初北京话也保留了此词。

①底根儿他有产业，日子过得还不错。(《语言自迩集·散语章》)

《北京话词语》(2001年)说："底根儿之'底'读第四声，非第三声，威妥玛注音甚确，故该词又作'蒂跟儿、地根儿'。"[2]

爱新觉罗·瀛生认为"挺"，实来源于满语的 ten。"至于 n 法 ng 音，其中有个缘故。原来满语书面语(规范语)是依建州女真语书写单词，而建州女真语的 n，在满语众多方言中，除盛京南满方言也发 n 音外，在其他诸方言中大多发 ng。北京满语方言就将建州音的 n 发 ng 音。因此，ten 发 teng 音，因此而转成北京话的'挺'。北京话谓'很好'为'挺好'；'很高兴'为'挺高兴'；仍作副词使用，与 ten 原在满语中为副词时完全相同的。"[3]

《汉语大词典》中"白"有表示"只是，光是"和"随便，稍微"两个义项。爱新觉罗·瀛生认为这例的"白"来源于满语的 baibi。

②王夫人道："也没甚话，白问问他这会子疼的怎么样。"(《红楼梦》第三十四回)

③老弟，你白想想，父母的恩情，为人子的，能够报得万一吗？

---

① 林焘：《北京话溯源》，《中国语文》，1987年第3期。
② 傅民、高艾军：《北京话词语》：北京：北京大学出版社，2001年版，第125页。
③ 爱新觉罗·瀛生：《北京土话中的满语词》，北京：燕山出版社，1993年版，第224页。

《语言自迩集·谈论篇》)

这个说法值得思考,"白"表示"徒然"之义古已有之,如唐李白《越女词五首之四》:"相看月未堕,白地断肝肠。"二者是否为一个词?留待进一步考证。

北京话的副词系统也受到方言的影响。如:太田辰夫认为,"顶"应该是个南方方言。[①]据我们对明清吴语和北京话的比较发现,"顶"在吴语的使用比例远远高于北京话。这也印证了太田辰夫说法的可靠性。

三、北京本土作品和日本官话教材中副词使用情况的差异

明治时期日本的汉语教学已经由教授南京话转为北京官话。这个时期产生了一系列北京官话教材,它们一定程度上也反映了清末民初北京口语的面貌,是研究北京方言词汇史的重要资料。不过北京话本土作品和日本官话教材在副词使用上存在些许差异。

(一)有些副词北京话作品中普遍存在,教科书中鲜见

如在北京话作品中,表示总括和限制的副词有"净""竟"和"尽"三个。

表示总括的如:

①两山头净是伏兵。(《永庆升平传》第八十一回)

②这些顽意儿尽是些雕虫小技。(《儿女英雄传》第十八回)

③洋报上竟胡说,我跟盖九城,哪能够有别的。(《春阿氏》)

表示限制的如:

④住居吃饭,净找碴儿。(《三侠剑》第一回)

⑤金生连箸也不动,只是就佛手疙瘩慢饮,尽等吃活鱼。(《三侠剑》第一回)

⑥钰福道:"嘿,二哥,你老是不容说话,竟调查范氏,也是不能行的。"(《春阿氏》)

但是在日本明治时期的北京话教材中,无论表示限制还是总括,倾向于使用"竟"。以下表限制:

⑦这一向,因没出门,竟在家里呢。(《语言自迩集·谈论篇》)

据统计,《语言自迩集》表示总括和限制的"竟"出现 10 余次之多,"尽"仅出现一次。以下表总括:

⑧我尽是白费事,落不出好来。(《语言自迩集·秀才求婚》)

全书未见"净"作副词的用法。

再如《儿女英雄传》中"忒、太"均出现,"忒"10 例,"太"5 例。《春阿氏》"忒"4 例,"太"12 例。《官话急就篇》中"太"有 24 例,未见"忒"。《语言自迩

---

① [日]太田辰夫著,蒋绍愚、徐昌华译,《中国语历史文法》,北京:北京大学出版社,1987 年版,第 251 页。

集》(前五章)"太"22 例，也未见"忒"。

(二)有些副词日本教材中普遍存在，北京话作品鲜见

如北京话中表示"完全、尽"的特殊副词"所"，在清末的本土作家作品中，"所"的出现频率远低于北京话教科书。据张美兰统计：蔡友梅《小额》出现 9 例，日本官话教材《伊苏普喻言》4 例，《谈论新篇》1 例，《官话指南》9 例，《生财大道》10 例。① 在此基础上我们进一步调查，发现《儿女英雄传》未见，《白雪遗音》中出现 2 例，如：

①所仗着法力收伏了英雄汉。(华广生《白雪遗音》)

而官话教材中，《官话急就篇》出现 10 例。如：

②他的买卖所做起来了。

之所以造成这些差异，有作品本身语体的原因，也有作者语言背景的原因，有待于我们进一步探讨。

参考文献

[1][日]太田辰夫著，蒋绍愚、徐昌华译：《中国语历史文法》，北京：北京大学出版社，1987 年。

[2][英]威妥玛著，张卫东译：《语言自迩集——19 世纪中期的北京话》，北京：北京大学出版社，2002 年。

[3]爱新觉罗·瀛生：《北京土话中的满语词》，北京：燕山出版社，1993 年。

[4]董秀芳：《论语法结构的词汇化》，《语言研究》，2002 年第 3 期。

[5]傅民、高艾军：《北京语词语》，北京：北京大学出版社，2001 年。

[6]胡明扬：《北京话初探》，北京：商务印书馆，2005 年。

[7]林焘：《北京官话溯源》，《中国语文》，1987 年第 3 期。

[8]温振兴：《程度副词"好"及其相关句式的历史考察》，《山西大学学报(哲学社会科学版)》，2009 年第 5 期。

[9]张美兰：《〈语言自迩集〉中的清末北京话口语词及其贡献》，《北京社会科学》，2007 年第 5 期。

[10]张谊生：《现代汉语副词研究》，上海：学林出版社，2000 年。

[11]朱德熙：《语法讲义》，北京：商务印书馆，1982 年。

(作者：魏兆惠　北京语言大学教授)

---

① 张美兰：《〈语言自迩集〉中的清末北京话口语词及其贡献》，《北京社会科学》，2007 年第 5 期。

项目名称：十九世纪末二十世纪初北京口语研究
项目编号：12WYB018
项目负责人：张美兰
项目信誉保证单位：清华大学

北京话口语词探源

——以"招""行子"为例

内容提要：每一个词(包括其中的某一义项)都有其时空性。北京口语的来源很广，口语词因经历年变迁，在语音、字形、构词等方面呈现出多样面貌。本文以北京话口语中的"招""行子"两词为例，力求从两词使用的时间性和通行地域两个角度来探讨词的时空性，说明它们在北京口语中的定位，借此探讨20世纪早期北京口语的词汇来源和发展动向。

一个词的通行地域随时代的不同而不同，或通行地域有大小，或通行地域有变化。蒋绍愚先生(2005年)曾指出："即使考定了某个语言现象只在今天的某方言中存在，那也只是考定了它的'今籍'，而'今籍'未必就等于'祖籍'。"北京自元明清以来一直是著名古都，人口流动大，北京口语的来源很广，北京人的语言可谓丰富极了。当时许多地方习用的词汇，多数在元明清杂剧传奇、《红楼梦》《儿女英雄传》等小说中大量使用，虽经历年变迁，但仍有大量口语词至今还活在人们的口语中。本文拟以北京口语中的"招""行子"为例，揭示词义历史来源和地域特性。

一、表示"放置""搁置"语义的"招"

(一)"招"在北京土话中的语义

早在20世纪40年代齐如山就以北京方言为对象，采用词条形式，详细撰录了北京土话的用法、种类及其演变发展。齐如山的《北京土话》(1991年)中记载："北方谓以此物入于彼物者，曰'放'，曰'阁'，曰'招'。如汤中加盐，曰'招上点盐'。如不能容曰'招不开'或曰'招不下'是也。"

关于这个"招"字的用法，在1881年日本来华的外交官员吴起泰编写的北京官话本教科书《官话指南》中出现过两次，如：

(1)黄瓜里头已经搁了酱油了，还<u>招</u>点儿醋不<u>招</u>了？

而在大清光绪十九年(1893年)九江印书局活字印本《官话指南》中就均改

"招"为同义词"加",如:

(2)黄瓜里头已经搁了酱油了,还<u>加</u>点儿醋不<u>加</u>呢?

材料显示"招"就是"加",有地域之异。那么这个地域有多大的区域?查检今天的方言,"招"表示"放置""加",还挺多的。除北京地区外,山东许多地方还说"招"。

至今济南话的"招不开",指"放不下、容纳不下"之义。建瓯话、海口话中作为调味品及肉菜等配料的作料叫"招料"。(见《现代汉语方言大词典》①)

(二)"招"之"添加、放置"语义溯源

关于"招"的"添加、放置"语义,追溯其源,似与表添加、放置语义的"着(著)"有关。首先来看看元代朝鲜人编写的汉语教材《老乞大》,这部教材基本上代表的是元代中国北方话的语言面貌。表示添加、放置语义多用"着"字。而这个元代的版本在明代和清代都有对应的修订版本,这些修订版本中,有关"着"的用词的地方,有的继续沿用"着",有的改用同义词"放""添(加)"。下面我们就以元明清三个不同时代的朝鲜汉语教材《老乞大》的四个不同的版本:(a)旧:《旧本老乞大》(庆北大学校出版部影印本,元代版本);(b)翻:《翻译老乞大》(亚细亚文化社影印本,明代版本);(c)新:《老乞大新释》(ソウル大学校藏本,清代版本);(d)重:《重刊老乞大》(东洋文库藏本,清代版本)中关于"着""调"或"着"与"放"、"着"与"添"的异文表达,来看看"着"这一词义的相关线索。如:

(3)旧:刷了锅者,烧的锅热时,着上半盏清油,将油熟过,下上肉,着些盐,着筷子搅动。

翻:刷了锅着,烧的锅热时,着上半盏香油,将油熟了时,下上肉,着些盐,着筷子搅动。

新:刷了锅,烧热了,放上半盏香油,待油大熟了后头,下上肉,着些盐,把筷子搅动。

重:刷了锅,烧热了,放上半盏香油,待油大熟了,下上肉,着些盐,把筷子搅动。

【按】今天安徽省绩溪方言中还有这种说法。《现代汉语方言大词典》记载:"着",放,将粉末搁进液体中并搅拌。

(4)旧:炒的半熟时,调上些酱水,生葱料物打拌了。

翻:炒的半熟时,调上些酱水,生葱料物打拌了。

新:炒的半熟了,调上些酱水,把生葱作料着上。

重:炒的半熟了,调上些酱水,把生葱作料着上。

【按】清代版本《老乞大新释》《重刊老乞大》都有"把生葱作料着上"之"着"。

---

① 文中《现代汉语方言大词典》指 2002 年版本,第 2082 页。

(5)旧：微微的有些淡，着上些盐者。

翻：微微的有些淡，再着上些盐着。

新：略略有些淡，再着上些盐。

重：略略有些淡，再着上些盐。

(6)旧：买主恁不着价钱，也买不得。

翻：买主你不添价钱，也买不得。

新：买主若不添些，也买不了去。

重：买主若不添些，也买不了去。

另外，早期朝鲜汉语教材还有《朴通事》，里面也有"着"的用例。如：

(7)好生小心着，休吃酸甜腥荤等物，只着些好酱瓜儿就饭吃。(《朴通事谚解》)

(8)第一道爈羊蒸卷，第二道金银豆腐汤，第三道鲜笋灯笼汤，第四道三鲜汤，第五道五软三下锅，第六道鸡脆芙蓉汤，都着些细料物。(《朴通事谚解》)

以上为"着"的"放置、加入"意义。《北京话语词汇释》(1987年)："着 zhāo：放，搁。"根据今天的方言区域分布，今天上海、徐州、武汉、金华等地都称作菜加进作料为"着"。(见《现代汉语方言大词典》)

《朴通事》在明代和清代也有两个不同的版本：(a)谚解：《朴通事谚解》1483年刊出；(b)新释：《朴通事新释谚解》[①]1765年刊出，1985年影印藏书阁本。这个材料中表示一般意义的添加，也会用"着"来表示。下面是写字添加偏旁符号，也用"着"表示。如：

(9)《朴通事谚解》(以下简称《谚解》)："却"字怎么写？"去"字傍着反耳的便是。

《朴通事新释谚解》(以下简称《新释》)："却"字怎么写？"去"字傍着半个"耳"字便是。

(10)《谚解》："劉"(刘)字怎的写？"文"字傍着"刀"字的便是。

《新释》："劉"字怎么写？"卯"字头下着"金"字，右边加个侧"刀"便是。

(11)《谚解》：那个"逢"字？"久"字底下"手"字，着走之的便是。

---

① 《朴通事》是早期朝鲜汉语教材。"谚解"则是后来朝鲜李朝的汉学家在原文汉字之下用"谚文"进行注音、疏解。《朴通事新释谚解》三卷，则是对《朴通事新释》所作的"谚解"，英祖时金昌祚等编订，1765年(朝鲜英祖四十一年，清乾隆三十年)由边宪、李湛(即李洙)等在平壤(箕营)刊出。据《老乞大新释·洪启禧序》："……既又以《朴通事新释》分属金昌祚之意筵禀，蒙允。自此诸书并有新释，可以无碍于通话也。"《朴通事新释》的问世上距《朴通事谚解》汉语部分的修订(约1483年)已有将近三百年，语言的变化十分明显。据学者研究，《朴通事新释谚解》所注的音已相当接近现代北京音，也具有很高的语料价值。《朴通事新释谚解》的分卷处与《朴通事谚解》有所不同，因此各卷的篇幅不一样。

《新释》：那个"逢"字？"久"字底下"手"字，加个"走"字的便是。

(12)《谚解》：缝衣裳的"缝"字怎么写？那的不容易？纽丝傍做①"逢"字。

　　《新释》：缝衣裳的"缝"字怎么写？这个字不难写。纽丝傍加个"逢"字。

(13)《谚解》："拖"字怎的写？才手傍做②"人"字下"也"字便是。

《新释》："拖"字怎的写？别手傍上边着个"人"字，下边着个"也"字便是。

(14)《谚解》："宋"字怎么写？家头下"木"字便是。

《新释》："宋"字怎么写？宝盖头下着个"木"字便是。

【按】例(9)—(14)"着"有"放、加"的意义，主要用于汉字部件的组合。例(9)(10)两版本都用"着"字；例(11)则是"着"与"加"的异文之别；例(12)—(13)则分别是"做"与"加"或"做"与"着"的异文之别。(14)是《新释》增加了"着"的字义。

"着"表汉字部件的添加组合的这种用法，在今天柳州话中还常用(见《现代汉语方言大词典》)。

(三)"着(著)"的读音与最早用例

根据朝鲜汉学家崔世珍(1467—1543年)的《老朴集览·单字解》："着，使之为也，着落、着他；又置也，着盐。……"日本学者远藤光晓(1990年)③研究《老乞大》的注音系统，指出《老乞大新释》《重刊老乞大》中这种用法的"着"的注音是："zháo"。

从元明清朝鲜汉语教材《老乞大》《朴通事》中的用例可知，"招"的放置、添加义是与"着"的音义密切相关。"招""着"④是音同义同。在元明清朝鲜汉语教材多见。这个字的字形表现可以是"招""着"。

那么，"着"的该义大约何时已经产生？我们根据文献材料，发现早在北

---

① 《朴通事谚解》谈到汉字部件组合时多用"做"字表示"添加"语义的。再如："麼"字怎么写？那的不容易？"二"字下一个"丿"，里头一个"林"字，做"麼"字便是。

② 《朴通事》两个版本"做"与"加""做"与"着"的异文之别用例还有：a.《谚解》："代"字，立人傍做"弋"字便是。《新释》："代"字，是立人傍加个"弋"字便是。b.《谚解》：("错"字)"金"傍做"昔"字便是。《新释》：("错"字)"金"字傍着个"昔"字便是。c.《谚解》：("满"字)点水傍做草头底下"雨"字。《新释》：("满"字)三点水傍着个草头、底下着个"雨"字便是。d.《谚解》：("待"字)双人傍做"寺"字便是。《新释》：("待"字)双立人傍着个"寺"字便是。

仅《新释》增加了"着"的字义的用例还有：e.《谚解》：("笠"字)竹头下"立"字。《新释》：("笠"字)"竹"字头下着个"立"字便是。f.《谚解》：那"思"字，"田"字下"心"字便是。《新释》：那"思"字，"田"字下着个"心"字便是。

③ 转引自竹越孝：《论介词"着"的功能缩小——以〈老乞大〉、〈朴通事〉的修订为例》，《中国语研究》，2005年。

④ 今万荣话称"照面、露面"为"着面"。(见《现代汉语方言大词典》)。

朝北魏时期贾思勰《齐民要术》中已有。贾思勰，益都（今属山东）人。曾经做过高阳郡（今山东临淄）太守等官职，并因此到过山东、河北、河南等许多地方。可以肯定他是北方人。《齐民要术》中放置作料的"著"已经大量使用。如：

（15）作鳢鲊法：……取石首鱼、鲗鱼、鳎鱼三种肠、肚、胞，齐净洗，空著白盐，令小倚咸①，内器中，密封，置日中。

（16）待冷，瓮盛半汁，取糖中蟹内著盐。蓼汁中，便死，蓼宜少著，蓼多则烂。泥封。二十日。出之，举蟹脐，著姜末，还复脐如初。

【按】《齐民要术》仅"着盐"一项就有6例。如：

（17）腊月取獐、鹿肉，片，厚薄如手掌。直阴干，不着盐。脆如凌雪也。

（18）夏月特须多着盐；春秋及冬，调适而已，亦须倚咸。

（19）猪肉一斤，香豉一升，盐五合，葱白半虎口，苏叶一寸围，豉汁三升，着盐。

还有"着醋""着葱"，例如：

（20）纯着大醋，不与水调醋，复不得美也。

（21）唯菹笋而不得着葱、薤及米糁、菹、醋等。

从音义看，"招""着②"是音同义同，"着"中古已用，在元明清朝鲜汉语教材多见。如上文所举，"招""着"在今天南北方的一些不同地带方言口语中仍用。由此可见，北京口语用"招"，但它不是北京口语的一级特征词范畴的词③。由于共同的源流或相连的地域造成密切交往，不同方言区之间往往有共同的特征词。这种共有交叉也是一种特征，共有特征词是关系特征词。

二、指称人，含鄙夷轻视意味的詈词叫"行子(háng zi)"。

"行子"，原指没有实际价值粗劣粗笨的东西。指称人，含鄙夷意味，詈人之极其轻贱、没价值，即南方官话所谓"东西"。

（一）北京话词典中的记载

齐如山《北京土话》（2001年）指出："行子：东西。含厌恶义。"傅民、高艾军合编《北京话词语》（1985年）指出："行子，东西。多指不喜欢的。只用于'什么～'、'这道～'等词组里。"

（二）明清时期的小说中的记载

明清时期的小说中能见到这个词，字有写作"杭子"的。构词形式还有：

---

① 此句义为：单独放盐，稍偏咸。

② 今万荣话称"照面、露面"为"着面"。（见《现代汉语方言大词典》）

③ 李如龙先生（2002年）曾提出方言特征词的一级特征词、二级特征词，乃至三级特征词。方言特征词往往在核心地区表现较为明显，而边缘地带则因受周边方言影响而表现不充分。（见李如龙主编《汉语方言特征词研究》，厦门：厦门大学出版社，2002年版。）

"行行子""杭杭子"。一般来说，该词原指没有实际价值的东西。如：

(1)清初的北方话小说《醒世姻缘传》第6回：买这夯杭子（鹦哥）做什么，留着这几钱银子，年下买瓜子嗑也是好的。

(2)清小说《红楼梦》第28回：袭人低头一看，只见昨日宝玉系的那条汗巾子系在自己腰里呢，便知是宝玉夜间换了，忙一顿把解下来，说道："我不希罕这行子，趁早儿拿了去！"

(3)清小说《三侠五义》第80回：便告诉他道："王第二的，你怎么不吃咸菜呢。"智爷道："怎么还吃那行行儿，不创工钱呀？"……内相回手在兜肚内掏出两个一两重的小元宝儿，……智爷接过来一看，道："这是吗行行儿？"

该词还引申指没用的人或看着不顺眼的人。例如：

(4)《醒世姻缘传》第15回①：晁大舍望着晁凤哕了一口道：见世报！杭杭子的腔儿！您怕这一百两银子扎么？

(5)《醒世姻缘传》第22回：走到鼓楼前，只见三个吃得醉醺醺的从酒铺里出来，……任直道：你这三个杭杭子也不是人。

(6)《红楼梦》第57回：打紧的那起子混账行子们背地里说你，你总不留心，还只管和小时一般行为，如何使得。

(7)《红楼梦》第81回：咱们索性回明了老太太，把二姐姐接回来，还叫他紫菱洲住着，仍旧我们姐妹弟兄们一块儿吃，一块儿玩，省得受孙家那混胀行子的气。

(8)《儿女英雄传》第15回：你可在这里好好儿的张罗张罗，那几个小行行子靠不住。

(9)英国在华官员威妥玛编写的第一本北京话汉语教材《语言自迩集》之《谈论》第78课：昨儿因为是我，肯忍你那行子的性子罢咧；若除了我，不拘是谁，也肯让你么！

【按】威妥玛对该句自注：行子 háng-tzǔ，轻蔑地骂人的话。

(10)《语言自迩集》之《谈论篇》第64课：他原是个无事生事的混账行子啊，心眼子又黑。

威妥玛对该句自注：行子 háng-tzǔ；字面上是，一类，一伙儿，但通常

<hr/>

① 《醒世姻缘传》用例特多，略举几例：(1)那里这山根子底下的杭杭子也来到这城里帮帮，狠杀我了。(2)狄周口里不言心里骂道：这样浑帐杭杭子。明日等有强盗进门割杀的时候我若向前救一救也不是人，就是错割了这几根豆，便有甚么大事？(3)只怕他丈人听说这们个杭杭子，只怕还退亲哩。《红楼梦》的其他用例有：(1)行点好儿罢。别修的像我嫁个糊涂行子守活寡，那就是活活儿的现了眼了！(第83回)(2)我这样人，为什么碰着这个瞎眼的娘，不配给二爷，偏给了这么个混帐糊涂行子。要是能够同二爷过一天，死了也是愿意的。(第103回)(3)偏有个糊涂行子又在这里蛮缠，你想有什么法儿！(第114回)

用于贬义。

又该词在 1789 年双峰阁刻本的《清文指要》中还写作"行次"，共三次。如：

(11)昨日因为是我，你那行次的性子，我忍了罢咧。

(12)不是自己抬举自己，他那行次，谁又把他放在眼里呢？

(13)阿哥，你别生气，我把这醉行次带在僻静处，剜着眼睛辱磨他一番，给你出气罢。

【按】我们核对了清代智信撰《三合语录》所收录的《清文指要》(1830 年即道光十年版)，例(11)(12)的"行次"均作"行子"。而 1818 年西安将军署重刻本之《清文指要》倒是将"行子"当作动词用，可以看出当时有误解该词的现象①。

(14)那个混账行子/东西，有甚么大讲究头儿啊？断不可题他。（美国传教士狄考文 1892 年编写的汉语教材《官话类编》）②

【按】《官话类编》这一教材同时记录了南北官话用词，在"行子"一词的对应处，标示了对应北方官话"行子"一词，南方官话用"东西"一词来表达。

(15)《聊斋俚曲·翻魇殃》③：你这行子，合那牛驴猪狗一样同！（第一回）

直到老舍的作品中仍用。如：

(16)老舍《文博士》："见了唐老爷，别说呀，俺给这行子人买东西。"

综上所述，从文献用例看"行子"一词，主要在明清北方话小说或口语中用。

(三)"行子"一词从指物到指代称人之溯源

追溯"行子"的粗劣粗笨义源，似与古代"行"指称"器物之不坚实"有关。

清代王引之《经义述闻·周官上·饬行》："行滥，即行苦也。古人谓物脆薄行。或曰苦，或曰行苦，或曰行敝，或曰行滥。"《潜夫论·浮侈》"以完为破，以牢为行，以大为小。"汪继培笺："古者谓物不牢为行。"清郝懿行《证俗文》卷六："买贱鬻贵，其货不坚缴者曰行。"《唐书·韩琬传》："'器不行窳。'音义云：'不牢曰行，苦恶曰窳。'按：今市人谓货物之下者为行货。"（引自雷

---

① 按：参照例(11)西安将军署重刻本为："昨日因为是我，把你那贱气，忍了罢咧。"参照例(12)西安将军署重刻本为："不是自己抬举自己，他那行为，谁又放在眼里呢？"

② 《官话类编》(Mandarin Lessons，Shanghai：American Presbyterian Mission Press，1892)，是美国长老会传教士狄考文(Calvin Wilson Mateer)(1836—1908)编著出版的。特别可贵之处是狄考文在会话课文中兼收当时南北官话词汇或句式不同表达，以并行小字竖排标出，其中右边小行是代表北京口语的北方话，左边小行则是代表南方话。间或右中左三行并列，中行主要是代表他熟悉的山东话。并用英文注解了这种官话的南北(中)地域分布。该书对我们了解当时的汉语官话面貌(北方官话、南方官话以及中部、中南部的山东等地的官话在词汇、语法上的区别)特别有益。

③ 《聊斋俚曲》是清代蒲松龄以当时山东淄川方言写成的谣曲集，"行子"一词作蔑称用有 41 个用例。

汉卿《近代方俗词丛考》"行货子"①条）"行子"一词作为口语词，在明清时期使用，从指物转指人，主要在北方地区口语中流行。与南方官话常用的"东西"一词，以及民间常用的"傢伙"一词一样，均有相通之处，指人而含贬义，因为拿人作物而喻，自然含轻视义。

三、从"招"和"行子"引发的对北京话口语词的历史和地域特点问题的思考

"招"和"行子"在19世纪末20世纪初的北京话资料里都见过，在齐如山《北京土话》一书也有记载，可以确定无疑的是，这两个词是北京话口语词。问题在于，北京话口语词是不是就只在北京话里用，究竟在北京话口语中存在多长的历史？这是我们研究北京话口语词要面临的问题。正如学界所云："但要确切地指明一个词的通行地域，却是极不容易的事，有时几乎就是不可能的。词的地域性之所以比时代性更难以论证，是因为词的通行地域随时在变。有些词，前代是通语词，后代降格为方言词，或者相反；有些词，前代和后代都是方言词，但是通行地域有大小，或是从甲方言词变成了乙方言词。"②

北京自元明清以来一直是著名古都。千年古都北京人口流动大，融合了多民族的语言、民俗和文化。因其曾为政治、经济、文化中心，因而在汉语共同语基础方言中地位很高。成为一定历史时期的官话，渐渐奠定了以北京方言为基础形成官方普遍使用的共同语，因而北京口语在汉语中具有特殊的地位。但是北京话口语词也具有一级特征、二级特征、三级特征。李如龙（2002年）曾对方言地域特征词进行分级，一级特征词是只有某一地区才有的词，二级特征词是与边缘地带相关联的一些词，三级特征词范围更广泛。根据这个理论，我们认为研究北京话口语词也应该分清特征词的等级，像"招"和"行子"语义来源悠久，使用范围在历史文献中尤其是明清北方话文献中多见，在今天方言区仍有一定的使用范围，因此，我们将这两个词定性为在北方话中使用的词，在北京口语中仍保留。同时，我们也要意识到词的通行地域随时在变，在关注词汇形成的地域性的同时，必须注意到词汇也有"流动"

---

① "行货"还有一用法，可补雷汉卿先生之说。即在宋元明时期"行货"（"行"xing，出外贩运），就是泛指一般的商品、货物。如：元刊《老乞大》："行货都发落了也。咱每买些甚么行货回去可好？"再如："你的行货都卖了那不曾？俺行货都卖了也。"诸多用例在《老乞大新释》《老乞大谚解》《重刊〈老乞大〉》三个文本一律改为"货物"。这种用法在元曲、《水浒传》都可见。（参见夏凤梅《老乞大》四种版本词汇比较研究，浙江大学博士论文）明代"行货子"亦转指蔑称人。《金瓶梅词话》多见，例如："骂我们也罢，如何连大姐也骂起'淫妇'来了？没槽道的行货子！"（第十八回）"都是那没见食面的行货子，从没见酒席，也闻些气儿来。"（第四十六回）指称方法"行货子"和"行（杭子）"同途。
② 汪维辉：《论词的时代性和地域性》，《语言研究》，2006年第1期。

性的事实。北京话口语词有地域性传承和传播的互动等复杂特点。

北京口语词汇丰富多彩，其语言文化博大精深，这为我们的研究提供了丰富的素材。在时空双特性方面的研究还有更多工作等待我们探索，本文只是一个试探性的开始。

参考文献

[1]陈刚编：《北京方言词汇》，北京：商务印书馆，1985 年 。

[2]高艾军、傅民编：《北京话词语》(增订本)，北京：北京大学出版社，2001 年 。

[3]蒋绍愚：《近代汉语研究概要》，北京：北京大学出版社，2005 年。

[4]金受申：《北京话语汇》(增订本)，北京：商务印书馆，1965 年。

[5]雷汉卿：《近代方俗词丛考》，成都：巴蜀书社，2006 年。

[6]李荣等主编：《现代汉语方言大词典》，南京：江苏教育出版社，2002 年。

[7]李如龙主编：《汉语方言特征词研究》，厦门：厦门大学出版社，2002 年。

[8]齐如山：《北京土话》，北京：北京燕山出版社，1991 年。

[9]宋孝才：《北京话语词汇释》，北京：北京语言学院出版社，1987 年。

[10]徐世荣：《北京土语辞典》，北京：北京出版社，1990 年。

[11]于润琦主编：《清末民初小说书系》，北京：中国文联出版公司，1997 年。

[12]王子光、王薇：《老北京·方言土语》，北京：北京燕山出版社，2008 年。

[13][英]威妥玛著，张卫东译：《语言自迩集——19 世纪中期的北京话》，北京：北京大学出版社，2002 年。

[14](清)蒲松龄：《蒲松龄集》，上海：上海古籍出版社，1986 年。

[15]《醒世姻缘传》，郑州：中州书画社，1982 年。

[16](清)文康：《儿女英雄传》，上海：上海古籍出版社，1995 年。

[17](清)石玉昆：《三侠五义》，济南：齐鲁书社，1995 年。

[18](清)曹雪芹：《红楼梦》，北京：人民文学出版社，1982 年。

(作者：张美兰　清华大学教授)

项目名称：戏曲舞蹈研究
项目编号：12WYB021
项目负责人：金 浩
项目信誉保证单位：北京舞蹈学院

善曲高奏 魅舞多姿

——纵论中国戏曲舞蹈的源流与特征

内容提要：戏曲舞蹈是传承中国传统舞蹈文化的重要源泉和支撑力量，我们可以据此来研磨传统舞蹈的形态与神韵。而且，戏曲在漫长的发展过程中对其他诸多的表演艺术样式都有所吸收、利用，并成功地转换成戏曲中的表现手段，逐渐形成鲜明且强烈的舞台节奏和动静相结合的艺术造型，这些也构成了戏曲艺术的综合性的特质，以及舞蹈形式美与韵律美的特征。戏曲凭借独特的表现形式、表演手段与艺术魅力，以跻身世界三大表演体系的艺术成就为世人所公认。此外，中国戏曲舞蹈历经八百年依然活跃在今天的舞台上，它能够拥有如此顽强的生命力，积淀了中国人的审美旨趣、情感诉求及价值取向的深刻内涵，蕴含了中国传统艺术中具有代表性的艺术观、创作观和表现观。

一

中国戏曲的起源可以上溯到原始时代的歌舞。早在周代的《六小舞》中的"羽舞"，乃舞者持羽毛舞动而得名。有的学者认为在现今戏曲舞台上的翎子功等，很有可能就是"羽舞"延续下来的舞蹈形式。到了汉代角抵百戏形式的出现，可谓中国传统舞蹈又一个兴盛时代的到来，并呈多样化发展趋势。现在中国戏曲、舞蹈演员，还留有着一个约定俗成的称谓：主要演员叫"主角"或"角儿"，次要演员叫"配角"，扮演剧中的人物称"角色"，其中的"角"很有可能就是源自"角抵"。在那一时期的汉画砖上，我们可以清楚地看到古代艺术综合表演的场景，在多种器乐的伴奏中，巴渝舞、盘鼓舞、杂技、幻术、武术等形式同场呈现，形成了一个花团锦簇的景象。它们相互间的融合与影响，势必对中国传统表演艺术的发展起到促进作用。此外，百戏中的"巾舞"也是非常著名的舞蹈形式之一，同拂舞、鞞舞、铎舞齐名，共称四大舞。持器作舞，是我国传统舞蹈的显著特征之一。"巾舞"所用的长巾最长达两丈有余,有的徒手执巾而舞不裹棍的,也有手执部分木棍,用长巾缠裹便于舞动的,其中的技巧与臂、腕同全身协调配合的劲力都令如今的舞者赞叹。这当中长袖翻飞的各式巾花,无不达到一种出神入化的艺术效果。近代,梅兰芳首演的京剧《天女散花》中的风带舞,乃至戏曲舞蹈中运用频繁的巾舞形式"水袖",是否也承袭了古代这种长袖善舞的风姿流韵呢?我想,回答应该是肯定的。

宋元以后,中国舞蹈逐渐由独立转向融汇于戏曲表演体系之中。戏曲中的精湛武技内容,也组成了舞蹈精美绝伦的艺术特质。此时,舞蹈并没有如有些人所想象的那样被吃掉或消化,而是伴随着戏曲的勃兴,充分运用和吸取了舞蹈中的某些艺术形式,创造了综合性很强的戏曲表演体系,使传统舞蹈又处于一种新的发展境地,最终形成戏曲与舞蹈双峰并屹的状态。

我们从历代传统舞蹈的沿革中,可以感觉到历史犹如一面镜子,它的形式与内容无不折射出当时的社会面貌。今天,从作为戏曲舞蹈形体训练基本内容的腰腿功、毯子功、把子功和身段中,也依稀能够找到其历史传承的踪影,像腰腿的柔韧性要求不能不说是受汉代百戏中杂技、武术的影响。在很多武戏中,手持战器作舞或对打的场面,常常令人叫绝,有许多外国友人也对此产生了浓厚的兴趣。那么,这样精彩的表演,是不是继承了远古《干戚舞》、周代的《大武》、唐代的《秦王破阵乐》等"武舞"的形式呢?像戏曲毯子功中的飞脚、旋子、扫堂和蹦、盖、端、跨腿及许多圆圈技巧,难道就没有唐代《胡旋舞》的技术吗?《白纻舞》中"如推若引留且行"有如圆场的舞步和舞袖,也能在身段和水袖技法中找到其踪迹;而《羽舞》《拂舞》也如同戏曲舞蹈中翎子、雉尾和云帚的砌末运用。

我想,作为中国传统舞蹈的遗存形式——戏曲舞蹈,它的形成与发展绝不是闭门造车的结果。有人认为戏曲中的动作不能算是舞蹈,但事实胜于雄辩,戏曲的根源是歌舞,尽管在昆曲和京剧当中成套的单独表演的舞蹈不多,大部分是跟剧情相结合的舞蹈动作,但它那鲜明的节奏、幽雅的韵律、健康美丽的线条、强大的表现力依然能显示出中国古典舞蹈特有的风格,这是世界任何一个地方所没有的。戏曲作为一门综合性表演艺术,它不仅容纳了民间舞蹈、宗教舞蹈、杂技和武术中的成分,而且,还有着深厚的传统文化积淀。在中国传统舞蹈的发展过程中,由于缺乏文献资料记载,主要为艺人口授传承,一代不传,将至绝灭。特别是迫于社会的动乱或频于改朝换代,一些宫廷舞蹈确实已失传了。但值得庆幸的是,戏曲舞蹈中还保留着丰富的传统舞蹈形式,它们一脉相承,这是经过专家论证和毋庸置疑的。到了近现代,特别是清代,以京剧艺术为代表的戏曲全盛时期到来,戏曲(舞蹈)艺术家们独到的艺术创造及其蕴含的精神深度将这一民族文化提升到新的高度。因此,清代戏曲艺术的成熟,可以说是标志着中国表演艺术的成熟,并且,伴随中国古典戏曲的成熟孕育中国古典舞蹈的成熟。

二

（一）戏曲艺术是中国传统舞蹈的活化石

戏曲中的舞蹈，经过一代代戏曲艺人的口传心授，变化很小，几乎被完整地保留下来，在传统剧目中都有所见，其中尤以昆曲为甚。戏曲中乃保存着十分丰富的传统舞蹈，有的是融合在戏剧表演中的舞姿与舞容，有的是一段比较完整的插入舞，这些被传承下来的舞蹈段落，在今天的戏曲舞台上都还有所存见。

（二）雅士文化对戏曲艺术的影响与作用

戏曲就其本质而言，属于民间艺术，它的成熟与发展是和市井文化密不可分的。但是，它能由一种世俗娱乐上升到高雅艺术的层面，应该说与雅士文化的介入有着很大关系。

1. 文人参与下的戏曲艺术，实现了由"乐人"向"动人"的转变

文人阶层的介入，必然将他们特有的戏剧价值观带入戏剧领域，把戏剧创作的审美关注点由单纯的娱乐性质转向人类深层的情感领域。文人情感至上的戏剧观正是"诗言情"传统美学的延伸与发展。它一方面是相对于教化至上的主流意识形态而生成的；另一方面是相对于娱乐至上的大众意识形态而生成的，它是文人阶层想要彰显自己独立的文化品格与审美追求的一种体现。

2. 雅士推崇的审美旨趣，体现着戏曲"中和""含蓄"的情感表达

戏曲在某种意义上说，是民族文化传统在艺术领域的集中表现形式之一。作为文化传统的坚定维护者与继承者——雅士阶层来说，必然会将他们所推崇的、符合社会伦理规范的情感表达方式，通过戏曲舞台特有的表现手法充分体现。

3. 中国戏曲艺术呈现以京、昆剧种为代表的"雅俗共赏"审美情调

在戏曲中独特的雅俗同构现象，无论是作为雅乐正声的昆曲，还是代表花部乱弹的京剧，在它们的发展历程中都有所体现。其实，昆曲的前身海盐腔与昆山腔原就是流行于苏浙一代的民间小调，后来经过文人们的打磨与雕琢，逐渐成为承载雅士阶层的文化品格和审美趣味的一种艺术载体。因此，昆曲的舞台表演也处处显露着典雅的文化风韵，一招一式皆规范有度。

三

戏曲和舞蹈虽然是两种不同的艺术类型，但二者又有密切的关系。戏曲是唱、念、做、打的综合艺术，亦是一种歌、舞、剧三者合一的艺术形式，演员除了具有歌唱和演剧技能，还要受严格的舞蹈训练，并且要具有高度的舞蹈表演技巧。因此戏曲中的舞蹈训练是自成体系的，有自己独特的训练方

法和表演程式，并逐渐形成了一套我们今天称为"中国戏曲舞蹈"的动作体系。

（一）戏曲舞蹈是符合戏曲表演规律的舞蹈综合形态

戏曲是一门综合性的表演艺术，包括四功（唱、念、做、打）五法（手、眼、身、法、步）等基本要素，而近代学者王国维又精练地称之为"以歌舞演故事也"。概括地讲，唱念即歌的形态，做打是舞的形态，即所谓"无动不舞、有声必歌"。戏曲舞蹈主要是基于做打这两部分内容，它又贯穿于整个戏曲表演之中，同时做打又可分为文舞与武舞。中国的戏曲舞蹈作为这样一个独特的舞蹈样式，它是经由了漫长而复杂的创作积累过程，当中蕴含着大量丰富的传统舞蹈、民间舞蹈和武术、杂技等艺术形式的有益养分，逐渐形成的一套符合戏曲表演规律的舞蹈综合形态。

谈及戏曲舞蹈的综合性，是与戏曲中的行当角色、唱腔道白、音乐锣鼓、服饰道具等密不可分并交融在一起的，实际上它是"戏剧化的舞蹈动作，舞蹈化的生活形态"。因此，戏曲舞蹈渗透在演员的全部动作和表情之中，举手投足间，我们会感到戏曲舞台上的一切动作都舞蹈化了，它是无所不及、无处不在的表演手段，也充分显示出舞蹈与声腔艺术等相汇合所产生的独特表现力。随着戏曲艺术的不断成熟，历经一代代艺人的潜心钻研，戏曲舞蹈已完全艺术化了，成为一种美不胜收的表演形式，也留传下来许多脍炙人口、精彩的片段，譬如：戏之舞《天女散花》中仙女的风带舞（长绸舞）等；戏中舞《霸王别姬》中的虞姬舞剑等。

（二）戏曲舞蹈具有虚拟性

"虚拟"是舞蹈的共性，印度的古典舞和日本的歌舞伎也是靠虚拟表演的，但像中国戏曲那样，以手姿、袖带、靴帽、道具、绘景绘情，融形神为一体、情景于一炉的民族审美观，却是很少有的。戏曲舞蹈的虚拟方法，既有舞台表演的个性，也有戏曲规律的共性。戏曲舞蹈在舞台上通过塑造人物，使人物的"神"呈现为更高阶段的"形"。其特点就是避实就虚、以虚显实，这种以比拟的手法，对生活进行概括、提炼而产生的戏曲舞蹈动态形象，充分调动和引发了观众的联想，从而使其得到审美感知。这与我国古典美学传统注重写意的要旨，是有着广义上的共通内涵，其用法依形式类别不同而有所变化。

模仿生活是话剧的核心，脱离生活摹象去表演生活则是戏曲的核心。戏曲的虚拟性，集中体现在将舞台表演的局限性转化为灵活性，为戏曲艺术所表现的自由提供了条件，使我国的戏曲艺术以鲜明的艺术特色在世界戏剧舞台上独树一帜，具有浓郁的民族特色和独特的艺术魅力。

（三）戏曲舞蹈具有程式性

程式是一切古典艺术的特殊形式，任何一种艺术门类，它都必须通过一定的形式来达到创作目的，这种形式也就是一切艺术形成的规律。中国传统审美的"神似说"，决定了中国戏曲舞蹈表演所追求的那种"貌离神合"。戏曲的程式，其来源虽出自生活，但绝不是生活原型的再现，它是生活的原型经过敲打、捣碎，然后再重新熔铸成另外一种形式结构去表现生活。不能否认戏曲舞蹈的程式动作是强调舞蹈美感的，但是必须认识戏曲也是通过人物表现生活，演员的形体动作不可能不从生活中来，否则观众就不予认可。把生活当中的动态加工提炼，使其美化、舞蹈化，来表现艺术的真实，不为舞蹈而舞蹈，这是戏曲舞蹈的又一大特征。虚拟生活的程式，和生活虽有距离，但有近有远、有实有虚、有密有疏、有有形也有无形。戏曲舞蹈表演的程式，是用来写意的艺术语汇和技术手段，更是一种程式化写意的工具和方法。

戏曲程式本身特性既有规范性，也有传承性。有了规范才能教、传，而核心问题就是继承程式。戏曲舞蹈其艺术观和审美观都是程式，它不只是整个戏曲舞蹈的一个部分，还贯穿在极为复杂的戏曲综合艺术中所有的方面，把歌舞和剧结合，要找到一个黏合剂即纽带，这就是程式。中国戏曲舞蹈表演不仅要靠程式，而且是高度程式化，其腠理是民族美学观的集中凝现，也是创造舞台形象表现力很强的一种特殊形式，制约着表演的随意性并放纵有规律性的自由；它的表现力、感染力和思想性，都寓于这种既有规律又十分自由的程式之中。我们从戏曲舞蹈程式的内涵与外延来看，又可派生以下几个特性：

1. 夸张性

戏曲舞蹈在表达生活情节和人物性格时，其目的就是要在很有限的舞台时间和空间内，为了突出人物性格的某个方面，在表演上相当明显的过分夸大的一种艺术手法。通过这种手法去展现人的力量、人的作用、人的社会关系，从而，更鲜明地强调或提示人物的心理现象、性格特征等。像"扬鞭无马而驰骋，划桨无水而行舟，高攀无树而登山，撩袍无梯而上楼。"无马、无水、无树、无梯，都是虚；扬鞭、划桨、高攀、撩袍，又都是实，这种以实表虚的手法表现了戏曲舞蹈的夸张特性。例如：《三岔口》任堂惠在客店中，以桌喻床、卧虎式的睡姿都是非常夸张的，在平时的生活里是不曾有的，表现出"来源于生活，又高于生活"的特点；再有《武松打店》中明明是亮如白昼的舞台，却能表现两人在伸手不见五指的黑夜搏斗的场面，也就充分说明了戏曲舞蹈蕴藉夸张性的特点。这种夸张并不是无本之木，而是目张为本，它是生活集中、生活再现的基础和升华，它在表演中引导着观众对人物倾注感情，激发观众想象的空间。

2. 规范性

戏曲艺术的夸张，不是脱缰之马，它要有约束，要有规范。戏曲中规范的格律，包括板眼、节拍、声腔、音韵、旋律、板式的运用；形体身段的法则；武打的套数；曲牌、锣鼓的经谱等，它们有严格的规范性。但规范性既有固定的一面，也常有可塑的一面。像"拉山膀"这个基础动作，由于行当角色的不同，也就产生了形态各异的规范，"净行要撑、生行要弓、旦行要松、武行取当中"。这"撑、弓、松、当中"，就道出了戏曲舞蹈的动作规范是要服从行当人物属性的，也是"宜人"而变的规范。像"起霸""走边""趟马"等大家熟稔的程式动作，除了有比较成套的连接程序之外，它有时又可根据剧情与演员的需要进行局部调整，具体表现为可分可合、可拆卸、可重新组接、可浓可淡、可修可改、可增减，又可筛选，这就说明了规范性是有它自由灵活的一面，具有创造性和可变性，并不是死水一潭。因此一套程式动作应有万千性格，而硬搬拼凑的形式主义、概念化的规范，不能称之为是戏曲舞蹈程式的真正含义。

3. 节奏性

戏曲舞蹈的节奏性可分为两点：一是内在节奏，二是外在节奏。其内在节奏，指的是人物内在情绪和情感的发展变化的节奏；其外在节奏，是指戏曲舞蹈动作的快慢、强弱、动静、起止、轻重、缓急、抑扬、顿挫等。戏曲人物内在情绪的发展和变化，必然会转化成外在节奏的各种表现形式。在戏曲舞蹈中，文戏有文戏的节奏，武戏有武戏的节奏，观众既看得出来又能感觉到。例如：武戏节奏的特点是强烈对比、铿锵有力。像《扈家庄》中的扈三娘武艺超群、傲气非常，其战王英的动作包括：马的动作，有慢走、快走、刨地、腾蹄(闪腰)、前走、后退；人的动作，有举戟、横戟、抱戟、握戟、按戟；马鞭的动作有：缓鞭、甩鞭、直鞭、报鞭、垂鞭等，这高矮、快慢、刚柔的表现手法在对比中显示出了身段节奏是怎样被强化的。手、眼、身、法、步在节奏的规范中，有情有景、有条不紊地进行表演，它们互相制约又互相协调配合，这就是戏曲舞蹈表演节奏奥秘之所在。

4. 技巧性

戏曲舞蹈的技巧性在程式设计时的原则：不能写实，不能为舞而舞，也不是为了单纯卖弄技巧而生。要认识到，技巧只是程式的个别组成部分，远不止戏曲舞蹈的完形状态。强调演员依据内心感情去运用程式技巧，使技巧产生弹性功能，这也是物质载体的精神创造。阿甲先生把它称之为技巧的体验，或叫作审美的心理体验。既是技巧的体验就要锻炼技术，能使技术为内容服务，为传达微妙的心理活动服务，这便是技巧的体验。掌握任何一种技巧都需要下狠功夫去钻研，正如戏曲教育家赵桐珊总结的"会、对、好、精、妙"，做到一层比一层高的艺术造诣是很难的。因此，技巧犹如"画龙点睛"之笔，乃是技术本身达到精深、颇具华彩的集中体现，它对戏曲舞蹈来讲是不可或缺的重要形式与手段。但技巧不能滥用，必须要服从角色和剧情的整体需要，像现代戏《白毛女》中京剧表演艺术家李少春先生饰演的杨白劳，在出场时是举步维艰的，好像已经筋疲力尽了，但当穆仁智强逼他按下出卖喜儿的手印时，他突然平地跃起一个几尺高的"抢背""磕子"；喝下卤水后，又是一个直挺挺的"硬僵尸"躺下。此时此景，确实只有运用这样强烈的手段才能表达这样强烈的感情，令人拍案叫绝。

戏曲舞蹈程式的创造是一个长期提炼加工、积累传承的漫长过程和浩繁工程。这些菁华（程式）是拥有丰富生活经验的前辈戏曲艺术家们，把握了戏曲艺术的特殊规律，顺应着观众的欣赏习惯和接受能力，大胆突破现实生活素材的束缚，创造性地在舞台上表现生活的结果。因而，戏曲舞蹈中的程式美所要达到的艺术效果可以说是"戏无情不动人、戏无理不服人、戏无技不惊人"，融情、理、技综合一体的化境，且于耳聆目遇和咀嚼品味中，诱发出想象或联想，从而使所获之美感更加丰富、深刻和隽永。

四

中国戏曲尽管是以一种"讲故事"的戏剧形式来进行表演，但它的实质却是一种抒情的表现型艺术，而非它外貌所呈现出的叙事性再现艺术。这种表现型艺术所代表的艺术观强调作为一名"演员"的专业技术技能，只有当演员通过刻苦训练获得了这种超乎常人的特殊能力，才能够使用这一能力来进行艺术的抒情表演，从而使观众获得他在日常生活中所无法得到的审美愉悦。而戏曲又是一种综合表演形式，这就使得戏曲演员必须要具有极高的专业素质，它所有的训练方式必须要能够胜任最终的表演要求。因此，戏曲根据它的借叙事、人物来抒情的表现目的，紧紧围绕着"以表演为中心"建立了一整套的程式化身体言说系统，是一种将技能训练与语言表达完美结合的戏曲舞蹈表演体系。

（一）戏曲舞蹈具有体验与表现并举的美学特征

叙事和抒情是文学艺术的两大要素，建立在艺术再现功能之上的文学样式重于叙事，而建立在艺术表现功能之上的文学样式则重于抒情。但在戏剧中，由于同时存在再现与表现两种功能，因此戏剧便同时拥有抒情与叙事这两种艺术要素。而中国的戏曲却是"长于抒情，拙于叙事"，是对人物情感的表现超过了再现对象的一种艺术形式。

中国的戏曲是借着一个个人们耳熟能详的历史故事，通过演员在台上活灵活现的表演来抒发剧中人的情感。因此，戏曲中便有了因抒情而产生的大段唱腔，并将生活动作也进行了舞蹈化的写意处理，以符合它整体的抒情写意氛围。这种表现方式，其故事情节呈现出一种松散与断续的状态。抑或观众才可以将更多的注意力集中到演员的表演上，用心地欣赏与揣摩演员的动情表演，并为演员表演技艺的精湛而拍手叫好。所以，中国戏曲的戏剧化是通过演员的表演得以实现的，而不在于故事情节本身。这也是为什么以前把进戏园子称为"听戏"而不是"看戏"的原因所在。

叙事艺术重视的是故事可读性给予观众和读者的新鲜感，所以，第一次的欣赏给予观众的刺激最强烈，正所谓"听生书，看熟戏"。而抒情艺术所重视的是观众在欣赏时所产生的微妙的心理感受，即使是欣赏同一部作品，观赏者每次的心理活动也都未必完全相同。当欣赏者反复品味时，他对作品便有越来越深的感受。诚然，中国戏曲在它的发展过程中形成了诸多的保留剧目，它们无数次地被观众反复欣赏，它的情感内涵才能得到最充分的挖掘。而一代代的戏曲艺人也在对这些剧目的精心打磨中，将他们的表演技艺得到最充分的展现。这种表演本身所具有的张力已完全超越了剧本内容，使它拥有了表演艺术无以复加的魅力。至此，中国戏曲艺术作为一个表演体系当之无愧地屹立于世界三大表演体系之列。

(二)戏曲舞蹈具有功能性与表演性融为一体的训练体系

无论是戏曲或舞蹈，要完成它们的艺术表现，所使用的基本工具与介质是人的身体，针对"身体"这一物质材料的"技法"，笼统地讲应该就是"使用身体的方法"。这种身体的技法很容易让人误解为一种纯功能的身体训练方法，其实单纯的功能性训练离创造艺术形象还相差甚远。因此，作为舞台表演艺术门类，身体的纯功能性训练只是塑造人物的一个基础条件而已，实际上身体的技法应该包括理、情、体三方面的训练要素。理即认识生活、理解人物的能力；情即善动情、用情的能力；体即准确地运用形体表现人物的能力。由于各艺术种类表现形式的不同，其训练途径也不尽相同。由于戏曲的语言体系具有极高的规范性，要想达到能够自如地使用含有唱、念、做、打的这套规范语言，非得从小练起，才可能具备基本的物质条件基础，继而再深入到人物的内心情感表达。以戏曲的形体训练为例，它大致分成三个阶段：首先是基本功，这其中包含腰腿功、毯子功、身段及把子功的训练；接着是分行训练，即学习各行当的身段程式；最后就是学习本行当有既定楷模的"本工"和"应工"的传统戏。这种训练方法有它的必然性与科学性，因为在人的少年时期肢体柔韧性好、耐受力高、可塑性强，但认识能力稍逊。而伴随着他肢体表现力的增强与理解能力的逐步提高，就可以由单纯的功能性训练转入表演性训练。在它的"分行训练"与"以戏带功"的阶段已经进入到角色的表演层次，为实现它最终的人物塑造形成了一个良好的承接与过渡。因此，戏曲的训练体系，既是一个物质材料的锻造过程，又是一个艺术表现的过程，是融功能性训练与表演性训练为一体的训练体系，它完整地实现了作为一种舞台表演艺术材料—技法—表现的艺术呈现的全过程。

(三)戏曲舞蹈是戏曲程式化的肢体语言所形成的完整语言体系

戏曲舞蹈表演程式是演员观察生活、体验生活的结果，是演员对生活进行凝练、美化、规范化的表演结晶。戏曲舞蹈的程式大到一个"行当"、小到一个"动作"，几乎处处皆有体现，构成戏曲舞蹈一套完整的语言体系，为演员的人物塑造提供了一个基本的表演技法，并形成戏曲艺术特有的形式美。

如此细致的戏曲程式化动作语系，无疑为演员的表演提供了丰富的动作词库与表演依据，而一名优秀的演员又可以根据具体人物、具体情景的不同，将这些程式化动作加以变化。

戏曲舞蹈的这种程式套路动作是与人物形象的典型化紧密结合的，直接为舞台的人物塑造服务，它的程式级别划分也是极其具体，纤毫毕现地表现从行当—角色—人物—形象的逐步细化。这种程式化语言在每一层级上都是一种凝练，它先提炼出属于"这一类"人物的体貌及行当专属类型化语汇的基本特征，使得演员可以在"这一类"人物的共性基础上，再去逐级提炼属于"这一个"人物的个性特征。因此，一名优秀的戏曲演员便可以根据这些看似凝固的程式化套路动作，戴着脚镣自由起舞。正由于程式化语言的这种相对灵活性，才使得它能够应对同一行当中的不同身份、性格的人物塑造，使其拥有长久的艺术生命力。当然，由于戏曲舞蹈产生的年代局限，它的这套语言系统只能表现封建社会的君臣将相、书生武夫、小姐丫鬟等典型人物，将它直接拿来作为当代舞蹈语汇使用显然是不合时宜的，但它的那种抒情性、写意性、象征性、直喻性和夸张变形的艺术形象、舞台处理的简练流畅和时空变化的自由灵活等，以及这套完善的用来表现人物的程式化语言体系的生成方式，还是值得今人学习和借鉴的，这也充分显示出我们对一种传统艺术精神的坚守。

（作者：金　浩　北京舞蹈学院教授）

项目名称：北京名人故居保护与开发的民间参与模式研究
项目编号：12WYC033
项目负责人：杨　志
项目信誉保证单位：北京师范大学

北京名人故居保护与开发民间参与研究

内容提要：本课题以国内外名人故居的保护经验为参照，研究北京名人故居保护与开发工作中的民间参与情况，总结其间的经验与教训，主要分为如下几部分：(1)剖析民间参与北京名人故居保护与开发的现实意义；(2)调查北京名人故居保护与开发工作的现状及其问题，分析其中原因；(3)总结北京及其他省市的名人故居保护与开发工作在吸纳民间力量方面的经验与教训；(4)以英国、美国和法国为例，总结欧美各国民间组织参与名人故居保护与开发的经验与教训；(5)在以上四部分研究的基础上，就如何促进民间参与北京名人故居保护与开发提出一些行之有效的建议。

一、民间参与北京名人故居保护与开发的意义

当前，随着北京现代化建设的日益发展，城市改造的规模和力度也越来越大，越来越多的名人故居遭遇拆除的压力，名人故居逐渐减少。如何在城市建设的同时，最大量地保存现有的名人故居，成了政府与社会都不得不面对的重大课题。前不久，梁思成林徽因故居的拆除经历了一场历时两年多的"拉锯战"，引发了社会舆论关于北京名人故居保护工作的深度反思。

但在北京名人故居保护工作遭受剧烈争议的同时，前来游览北京名人故居的游客寥寥无几。有的名人故居在开馆时引起过一定的社会反响，但开馆后不久往往由于资金不足、展览方式落后、文物一成不变等原因，观众日渐稀少，门前冷落鞍马稀。

实际上，名人故居的保护与开发是世界性难题，没有哪个国家只靠国家资源来经营所有名人故居，往往需要社会组织及民营机构来填补资源及人力的不足。2014年2月，国家文物局发布了《国家文物局 2014 年工作要点》，明确提出要"发布乡土建筑、工业遗迹、名人故居保护利用导则，探索不同类型文物资源的多种利用方式"。可见，政府开始意识到名人故居的保护与开发工作需要社会力量介入，社会力量成为以政府直接管理为主导模式的有益补充。

本研究意在以国内外名人故居的保护经验为参照，比较北京名人故居保护与开发工作中民间参与的程度与特色，总结其中的经验与教训。

二、北京名人故居保护与开发的现状及其问题

（一）宣传作用和文化效益发挥不够

北京文化名人故居立足于现有的资源和资金，在一定程度上发挥了自己的社会效益和文化效益。但不少名人故居在挖掘名人故居文化和社会效益方面，还存在一些问题：

1. 作为公益性文化事业，名人故居在社会上的展示面还不够，在向社会介绍名人故居方面做得还比较薄弱

北京是世界级的历史文化名城，但是，名人故居在发挥其历史、文化作用时，显得力不从心，在公众中的展示面还远远不够。

2. 在发挥爱国主义教育基地示范作用方面主动性还有待加强

文化名人故居存在的现实价值在于通过宣传名人达到教育广大群众尤其是教育青少年的目的。笔者在山西调查时，发现山西特别强调开发"红色故居"系列，以增进游客的爱国主义教育。同样，北京许多名人故居也承担着爱国主义教育基地的任务，但多数都在消极等待大中小学校的学生来进行集体参观，只有少数名人故居（如梅兰芳故居）采用走出去的方式，和北京市教育工作委员会合作，面向北京市各高校及市民，进行宣传和文化宣传。

3. 向国内外介绍北京文化名人及故居的工作还有待拓展

文化基础设施是文化事业发展的重要载体，文物古迹是物化了的历史文化，是"历史文化名城"得以存在和延续的重要组成部分。因此，文化名人故居在占有大量的文化名人藏书、手稿资源的基础上，应当适度地打开对外交流的空间和渠道，通过交流来提高北京文化名人故居的知名度，以期取得更大的社会效益和文化效益。

4. 宣传广度不够，知名度不高，广大市民未能充分了解北京拥有的丰富文化名人故居资源

近年来，关心北京历史文化遗产保护、关注"人文奥运"的有关部门和各界人士曾编写出版过一批有关名人故居的书。比如，《北京的名人故居》《名人与老房子》等。但我们调查发现名人故居自身的宣传与介绍工作还存在着欠缺，市民和旅行者，对北京如此丰富的文化名人故居资源知之甚少。

5. 没有充分强调并彰显其重大的历史文化价值，宣传不够深入，同时也缺少新颖趣味的配套手段吸引更多观众

由于宣传深度、力度不够，北京名人故居的历史文化没有得到普遍的、全民的重视。市民们只认识到故宫、长城是文物，是文化遗产；名人故居，尤其是那些占有很大比例、至今仍然未被列入文物保护单位的故居，则在广

大市民和大学生心目中地位较低,不了解它们承载的重要意义。

6. 宣传工作大多局限于侧重点,造成名人故居保护、利用现状有所失衡

调查发现,广大市民所知道的名人故居不仅数量有限,而且只限于鲁迅、郭沫若等少数名人,缺乏对北京众多名人文化资源的整体把握。人们所知道的文化名人,排第一的鲁迅故居占58%,第二是郭沫若故居占37%,第三梅兰芳故居占30%。实地走访发现,仅仅挂牌或设为一般博物馆的名人故居,其宣传活动无论是频率、规模,还是手段、收益上,较列入重点文物保护单位的名人故居都存在着明显的劣势。

(二)管理和保护措施欠缺

北京市的文物工作方针是"保护为主、抢救第一、合理利用、加强管理"。可见,保护是名人故居的主要工作。从调研过程来看,文化名人故居的保护目前存在以下几个问题:

1. 北京文化名人故居的拆除、重建、保存、修缮诸问题

拆除的案例,前面已经提及,不再赘述。名人故居是无法仿制、不可再生的文物,一旦拆除,即便花费巨资重建、改建也难以恢复原有的珍稀价值。当年为拓宽北京广渠门大街拆除了曹雪芹故居"蒜市口十七间半",后又在原址不远处重建,引发了不少争议。不过北京也有过不少成功案例。比如北京市政协文史委提出"关于保护林海音旧居的建议"提案,便得到了切实行动。[①]位于北京珠市口西大街的纪晓岚故居,在全国政协委员季羡林、罗哲文等文史专家和学者的呼吁下也得到了有效保护。与王府井大街毗邻的老舍纪念馆,也由市文物局投资500多万元按故居原貌修缮后对外开放。

2. 挂牌与占用问题

根据各国经验,保护名人故居最简单最有效的办法是挂纪念牌,挂牌后的故居就被文物局等管辖部门登记在册并定位为文物和景点。北京也采取挂牌的做法,取得了一定成效,但有时挂牌的故居与挂牌内容不相符。比如欧阳予倩故居原是个大院子,曹禺等文化名人也曾居于此。故居门口现挂着"东城区文物保护单位"和"爱国主义教育基地"的牌子,故居内部却为中央戏剧学院师生等居住。

3. 故居内部文物保护问题

故居内部文物包括名人的作品、手稿、照片、生前用品等,是故居最大价值所在,承载着名人身上浓厚的文化精神,让人身临其境地感受到文化名人当年生活的真实情境。调研发现,许多故居很注意文物保护,有的故居甚至采用了高科技的方法对文物进行保护,如徐悲鸿纪念馆花巨资从法国请来三位著名的油画修复师,采用国际先进的方法对徐悲鸿先生已经破损的油画

---

① 《〈城南旧事〉作者林海音城南旧居被保留》,《北京青年报》,2005年8月6日。

进行修复，完好地再现了徐悲鸿先生珍贵作品的原貌。但也发现部分故居的展品保护不够完善，显然是保护意识的疏忽。

(三)资金来源匮乏

由于无论是日常的修缮保护，还是扩大影响、吸引专业人才与社会关注的宣传活动，都需要大量资金的支持，因此各故居均在上级拨款之外积极争取自行创收，主要包括四个途径：

1. 门票收入

相比各大型博物馆、历史园陵等其他文化景点，北京开放的部分文化名人故居的门票价格普遍不高。以参观情况相对较好的老舍纪念馆和鲁迅博物馆为例，便宜的票价和有限的客流量造成门票收入的微薄，据工作人员反映，故居开放具有爱国主义教育的公益性质，门票收入比较有限，主要用于补贴修缮费。

2. 纪念品、书籍图册等的出售

除了常规纪念品，各故居从自身特点出发，编纂整理名人的纪念图册、作品文集，既作为资金的补充来源，也是一种扩大影响的宣传。如梅兰芳纪念馆利用宝贵的馆藏资源，历经三年时间搜集、整理、论证，出版了《梅兰芳藏戏曲史料图画集》一书，以精美的装帧、珍贵的图画资料赢得业内外人士的好评，具有一定的商业价值，并先后荣获全球印刷界最高荣誉奖 Benny Award——美国印制大奖、德国莱比锡"世界最佳图书设计评奖"金奖等国际奖项，在社会上引起广泛反响。

3. 闲置场地的出租

将场地出租给无伤大雅的文化经营单位，充分利用空间资源获得补助费用，也是一些故居采取的做法。如徐悲鸿纪念馆曾将闲置展厅租给拍卖公司。问题是租用单位毕竟难以与故居的整体气氛融为一体，多少令故居管理者与参观游客双方都感到美中不足。

4. 争取社会捐助

成立基金会是名人故居在自行创收时一个值得考虑的解决办法。徐悲鸿纪念馆由于画作的保护修复工作比较多，请国外修画专家需要大量资金，国家不能一次性负担，每年拨款修复费用 40 万元，纪念馆馆长、徐悲鸿夫人廖静文先生积极为募集资金奔波，始终坚持资助徐悲鸿基金会。田汉基金会，积极发动、争取社会各界的支持，致力于田汉故居的修缮与田汉研究资料的搜集整理、扶持戏剧人才等工作。

三、北京及其他省市名人故居保护与开发的民间参与实践

(一)吸纳民间志愿者团体参与工作

北京拥有大量大学生志愿者，是国内其他城市不具备的一个优势，部分

大学生志愿者团体参与了名人故居保护与开发工作,比如北京师范大学的学生社团"白鸽青年志愿者协会"便参与了鲁迅博物馆、宋庆龄故居、李大钊故居等名人故居的讲解活动。张伯驹潘素故居纪念馆成立后先后举办"张伯驹诞辰 115 周年系列庆祝活动""张伯驹论坛"等活动,基本由义工来操持整个运作,其官网专门设有"义工之家"。

(二)鼓励民营企业或者民间组织主持名人故居的保护与开发

完全由民营企业或者民间组织主持北京名人故居的修缮与开发还比较罕见,但不是没有,张伯驹潘素纪念馆虽然获得中华社会文化发展基金会支持,但也基本属于民营性质。另一例是香山脚下的抗战名将纪念馆,它位于佟麟阁将军故居与佟将军墓所在地,内设佟麟阁将军纪念馆,为民营企业家訾贵江所建。该馆成立得到了社会各界支持,拥有自己的网站(www. kzmjw. com)。[①]

(三)名人故居与商业机构展开双赢合作

名人故居与商业机构的合作在北京名人故居领域尚不多见,更多见于社会受众面较广的博物馆。比如,今日艺术馆为股份化经营,借助社会赞助来获得运营资金;中国紫檀博物馆主要通过房地产经营的利润来资助博物馆的运营;炎黄艺术馆与民生银行合作。其他省市,名人故居与企业的合作较多,通常的合作模式是以旅游产业为支撑,走以商养名人故居之路。其中,苏州市委市政府还有一项制度创新,将原本属于国家所有的历史名人故居公开拍卖,寻求民间资本的参与和帮助。[②] 这一思路的实际效果有待观察,但探索无疑值得肯定。

走以商养名人故居也有存在一个问题,可能导致名人故居的保护与开发过于商业化。这就需要在商业组织介入的同时,政府严格把关,掌控好其中分寸。

四、世界各国名人故居保护与开发的民间参与实践

(一)英国名人故居保护的民间参与实践

英国现有运作近 140 年的名人故居保护的专门机构——蓝牌委员会(Blue Plaques Board),为世界上最早也是最成功的遗产保护组织之一。该协会从 1867 年开始为名人故居挂牌,迄今已为 880 座名人故居挂牌,首位获此殊荣的是英国诗人拜伦出生的故居,2014 年最新颁布的蓝牌故居则是著名喜剧演

---

① 张俊梅等:《訾贵江与他的抗战名将纪念馆》,《中国文物报》,2012 年 2 月 22 日。
② 王晓洋:《浅析名人故居旅游资源的保护与开发》,《湖州师范学院学报》,2006 年第 2 期。

员肯尼斯·威廉姆斯(Kenneth Williams)的故居。① 需要提及的是，北京作家老舍曾于 1925—1928 年生活于伦敦，并在那里创作了三部长篇小说《老张的哲学》《赵子曰》与《二马》。他的伦敦故居，质量一般，但由于它是老舍先生开始创作生涯之处，具有很高的人文价值，也被蓝牌委员会挂牌保护。

目前，英国民间保护团体有古迹协会(Ancient Monuments Society)、不列颠考古委员会(Council for British Archaeology)、古建筑保护协会(Society for the Protection of Ancient Buildings)、乔治协会(Georgian Group)与维多利亚协会(Victorian Society)，其资金来源主要分为三个部分：政府拨款、民间捐赠与经营收入。因为各个团体的规模、与政府的密切程度以及主要服务对象等的差异，三部分资金来源在其总收入中所占的比例也各不相同。② 以维多利亚协会为例，据其官网公布的《2010 年年度报告》，政府拨款在总收入来源中仅占 14%，民间捐献则达到 29%。③ 由此可见英国民间组织在吸收社会历史文化保护资金上的重要作用。

(二)美国名人故居保护的民间参与实践

美国民间组织参与名人故居保护运动由来已久，起了重要作用。1853 年，坎宁汉姆小姐组织了一个名为"保护弗农山庄妇女联合会"的志愿团体。所谓"弗农山庄"(Mount Vernon)其实就是美国国父华盛顿的故居。华盛顿去世以后，其故居归后代居住，到了 1850 年前后，由于后代生活拮据，计划将其出售。坎宁汉姆小姐闻知此事后，筹足经费，买下了弗农山庄，进行整治与管理。这是美国民间组织参与名人故居保护的著名开端。

1966 年，美国联邦政府专门颁布《国家历史保护法》，确立了由联邦政府、州政府与民间保护团体共同承担义务，对历史文化资源进行保护和管理的体制，改变了过去由联邦政府独力承担的格局，为民间保护团体的发展提供了法律保障。此后，参与名人故居保护的民间组织日益壮大，形成了全国性民间组织——全美历史保护信托组织(National Trust for Historic Preservation)。起初它由美国联邦基金补助，随着壮大发展和基金的增多，从 1998 年起，政府中止了补助拨款，主要依靠社会捐赠和经营收入维持运转。④

名人故居及历史文化遗址遇到问题需要帮助的时候，美国政府及民间能够提供帮助的机构多种多样，美国学者编撰的《历史故居博物馆》就专门用一章的篇幅，专门介绍了可以求助的机构及其工作内容，从提供贷款到提供培

---

① 参见维基百科中相关条目：http：//en. wikipedia. org/wiki/Blue _ plaque 及其网站：http：//www. english-heritage. org. uk/discover/blue-plaques/。

② 焦怡雪：《英国历史文化遗产保护中的民间团体》，《规划师》，2002 年第 5 期。

③ 相关资料及历年工作报告见于维多利亚协会官网：www. victoriansociety. org. uk。

④ 焦怡雪：《美国历史环境保护中的非政府组织》，《国外城市规划》，2003 年第 1 期。

训再到专业咨询，无所不包。①

(三)法国名人故居保护的民间参与实践

1830年，法国政府成立了历史建筑专项研究机构，并设立历史古迹总监一职，1837年又成立了直接受内政部管理的历史古迹管理委员会，对法国境内的历史古迹情况进行普查，1887年颁布了第一部历史建筑保护法律，把"历史建筑"(Monument Historique)确定为一个法定概念，至2000年，法国已有列入保护和注册登记的历史建筑39000幢。②

法国民间组织植根于当地百姓，谙熟名人故居的情况，它们的保护工作也比政府部门细致。这类组织采取各种方式参与包括名人故居在内的历史建筑的保护工作，或者在报纸上讨论相关问题，或者向议员反映意见提出建议，或者组织一些民间活动来充分发表个人看法等。这些组织还经常开设理论课和实践课，培养文物保护人才。近年来，法国政府为了进一步发挥民间组织在保护遗产方面的作用，还签订了国家与协会契约宪章，充分肯定民间组织在遗产保护中的地位，并给予他们在制定有关遗产政策中的参与权，同时强调重新定位角色，把对某些遗产的认知和管理权充分下放，交给最直接的地方组织负责。③

五、促进民间参与名人故居保护与开发的建议

(一)建立有效的民间参与机制，缓解政府工作繁重与资金短缺的困扰

吸引民间力量参与名人故居保护工作，整合一切可以整合的资源，是对政府主导模式的一种有益补充，也吻合当前的"小政府，大社会"的发展趋势。对于可以建立基金会的名人故居，政府应当充分发挥名人在他们所处的领域的影响，动员和吸收一部分社会资金，作为政府拨款的补充。国外在这方面有成功经验。如前所述，美国最大的历史保护民间组织——全美信托组织，协助政府工作，助力很大，就主要依靠社会捐赠与经营收入维持运转。

(二)制定有针对性的管理办法，调动民间参与名人故居保护的积极性

调动民间积极性的策略还可以因地制宜，或者建立名人故居维修基金，或者采取市场投标方式，以"谁使用，谁维修，谁受益"为原则。或者借鉴国外对社会参与文化遗产保护的优待政策，制定切实的减免税政策，鼓励和引导社会资金投入文物保护事业，比如允许企业以税前所得捐赠文物保护，捐赠部分不计入纳税所得。比如天津采取了"功能置换"的办法，将名人故居出

---

① Sherry Butcher-Youngman's. Historic House Museum: A Practical Handbook for Their Care, Preservation, and Management, Oxford University Press, 1993, pp. 24—47.

② 邵甬、阮仪三：《关于历史文化遗产保护的法制建设——法国历史文化遗产保护制度发展的启示》，《城市规划汇刊》，2002年第3期。

③ 刘望春：《法国鼓励民间组织在保护文化遗产方面发挥作用》，《北京观察》，2003年第3期。

售给企业，但门墙上必须镶嵌由文物部门统一制定的"某某故居"的大理石牌匾。上海市在《历史风貌区和近代优秀建筑保护条例》中提到可以将公有优秀历史建筑转让、出租的收益用于优秀历史建筑的保护工作。

(三)对名人故居群采取"开放式博物馆"的开发模式，实现政府主导与商业开发相结合

"开放式博物馆"(Eco-museum)这一概念源于西方 20 世纪 70 年代的新博物馆运动，在欧洲国家已是比较成熟的博物馆形态。[①] 北京名人故居大多聚集于核心两个城区，形成了多片名人故居群体，不但是国内最具历史文化价值的名人故居群体，也是北京文化中最具代表性的胡同四合院文化的一个重要组成部分。但由于种种原因，至今对它们进行整体性包装的工作尚未发展成熟，没有形成品牌效应。而天津市委市政府在开发名人故居群方面有一定的成功经验。从 1999 年起，天津市政府就对名人故居聚集的五大道地区进行整体性的旅游开发规划，颁布了《五大道风貌区保护开发规划》，正式把开发五大道提上了日程。主体规划由政府统一安排，具体工作则由企业开发主导。[②] 经过整体开发的五大道名人故居群，很快闻名遐迩，游客川流不息，实现了名人故居保护与旅游开发的双赢合作。

(四)吸引现代商业机构参与策划名人故居本身及其藏品的整体营销工作

许多名人故居的一大特色是馆藏丰富，特别是拥有其他地方不具有的藏品。比如北京鲁迅博物馆，馆藏文物、图书等藏品 97602 余件，其中既有鲁迅的大量手稿、生平史料、藏书、藏画、藏碑拓片、藏古代文物、藏友人信札等文物藏品，又有许广平、周作人、周建人、章太炎、钱玄同等人的遗物。但只有丰富的藏品还不够，还必须懂得充分利用，充分发挥其文化价值与经济价值。这就需要引入商业机构进行系统策划与整体包装。名人故居作为非盈利事业单位，不必以纯粹的经济利益为主，但也追求文化价值的传播。因此名人故居保护开发工作必须邀请商业策划公司介入，对自己进行系统包装和整体营销。

从北京名人故居保护的现实状况而言，如果北京市委市政府与民间力量通力合作，共同努力，在名人故居保护与开发工作上实现制度创新，把北京城变成一个大的活的博物馆，意义是极其深远的，不但能提升我国历史文化名城保护水平，而且能为世界文化遗产保护做出自己的贡献，提供新的启迪。

[①] 吉光：《开放式博物馆视野下的名人故居保护与利用》，《中国文物报》，2013 年 6 月 26 日。

[②] 朱文津：《天津市历史文化街区保护研究——以五大道街区为例》，天津师范大学硕士学位论文，2012 年。

参考文献

[1]Sherry Butcher-Youngman's. Historic House Museum: A Practical Handbook for Their Care, Preservation, and Management, Oxford University Press, 1993.

[2]Max Page, Randall. Mason. Giving Preservation a History: Histories of Historic Preservation in the United State, Rutledge Press, 2004.

[3]Andrea Elizabeth Donovan. William Morris and the Society for the Protection of Ancient Building, Routledge, 2008.

[4]Randall Mason. The Once and Future New York: Historic Preservation and the Modern City, University of Minnesota Press, 2009.

[5]Ray A. Willamsoms, Paul R. Nickens. Science and Technology in Historic Preservation, George Washington University Press, 2010.

[6]陈光中:《风景——京城名人故居与轶事》,北京:新世界出版社,2002年。

[7]冯小川主编:《北京名人故居》,北京:人民日报出版社,2002年。

[8]高莽:《俄罗斯大师故居》,北京:中国旅游出版社,2005年。

[9]中国博物馆学会编:《保护与发展:2006名人故居专业委员会福州年会论文集》,北京:文物出版社,2007年。

[10]邵甬:《法国建筑·城市·景观遗产保护与价值重现》,上海:同济大学出版社,2010年。

[11]北京政协文史和学习委员会编:《名人故居博览:北京卷》,北京:中国文史出版社,2011年。

(作者:杨　志　北京师范大学北京文化发展研究院副研究员
　　　巩　璠　北京师范大学北京文化发展研究院助理研究员)

综合学科

项目名称：北京文化日历构建研究
项目编号：12ZHB013
项目负责人：张　勃
项目信誉保证单位：北京联合大学

论当下北京新兴节庆的优化发展

内容提要：北京要建设成为有特色的世界城市和社会主义先进文化之都，需要进行城市文化设计，需要重视节庆文化的利用。当前对节庆论坛展会的规范和清理是政府对节庆发展的强制性干预，一定程度上对新兴节庆造成了冲击，但也为新兴节庆的转型提升、优化发展提供了重要契机。当前情境下，为了促进北京新兴节庆的优化发展，需要将北京节庆发展提高到文化建设、经济建设、社会建设和城市建设的高度加以认识，并使之品牌化、多元化和专业化。

节庆活动是以文化传播、文化享用、文化消费为主要目的，以年度为周期，在节日期间专门组织的、在特定时间和特定地点开展、由一定数量人员参与的、具有公共性的系列行动。20世纪80年代以来，受改革开放、文化经济、旅游业发展、民众文化需求增加等诸多因素的影响，旨在促进地方经济发展、加强文化建设、提高显示度而新兴的地方节庆活动在北京蓬勃生长。近来受国家对庆典论坛展会清理和规范的影响，新兴节庆活动受到一定冲击。这种情况下，如何促进北京新兴节庆的更好发展，发挥更加积极的作用，是需要认真思考的问题。

一、将当前对庆典论坛活动的规范清理视为北京节庆活动优化发展的重要契机

近来对节会庆典论坛的清理始于2010年。《国务院办公厅转发国务院纠正行业不正之风办公室关于2010年纠风工作实施意见的通知》(国办发〔2010〕26号)中明确提出要"坚决纠正庆典、论坛活动过多过滥问题"[①]。不久，中央纪委等四部委联合下发《关于对党政机关举办庆典、研讨会、论坛活动开展清

---

① 参见中央政府门户网站 http://www.gov.cn/zwgk/2010-04/08/content_1576322.htm。

理摸底的通知》(中纪办〔2010〕30 号),要求各地区各部门减少过多过滥的庆典、研讨会、论坛活动,"除国家法定节日外,以市(县)庆、校庆、公祭、城市建设、旅游景点、历史文化、特色物产等为名举办的庆祝活动"均在清理之列。2011 年 4 月 5 日,中央办公厅、国务院办公厅印发《关于开展清理和规范庆典、研讨会、论坛活动工作的实施意见》,中央纪委、中央办公厅牵头成立了全国清理和规范庆典研讨会论坛活动工作领导小组。之后,各地政府纷纷清理整顿节庆活动,北京市也成立了清理和规范节庆论坛展会活动工作领导小组,并对市域内相关活动进行清理整顿,比如 2014 年确定取消 47 项节庆论坛展会活动,保留 61 项(其中 30 项是节庆活动),同时规定各类新闻媒体对未经批准的节庆、论坛、展会活动不得进行宣传报道。

节庆活动的规范和清理并非意味新兴节庆不再重要,也不意味新兴节庆活动不再发展,而是提出了新的要求,使政府对节庆活动的帮扶方式由扶持主导向规范管理和提供政策、公共服务等方向转变,并加强对政府机关及领导干部的规范和管理。因此,尽管这种规范和清理对新兴节庆活动造成了冲击,它还是更应被视为北京节庆活动得以转型提升、优化发展的重要契机,它将使北京节庆从单纯量的增长走向质的提升。这一方面是因为这种情境迫切需要对北京节庆活动应该如何发展进行深度思考,思考则有助于北京节庆活动的未来建设和发展;另一方面是因为在规范和清理的要求下,那些被清理掉的节庆固然失去了发展的空间,但那些被保留下来的节庆则拥有了继续发展的合法性和正当性。如果这些节庆活动能够因势而起,顺势而变,紧紧抓住机遇,则可能发展成为重要的节庆品牌。

二、将北京节庆发展提高到文化建设、经济建设、社会建设和城市建设的高度加以认识

节庆活动既是一种经济现象,也是一种文化现象。节庆建设可以助力城市的文化、经济和社会发展,好的节庆活动对城市发展具有积极的综合影响。对此已有学者进行系统总结:体现在政治方面,可以提高城市知名度,对市民价值观念的提升具有重要、积极作用。体现在经济方面,节庆活动是一种"注意力"经济,是城市经济的发展引擎,它的成功举办,首先可以对国民经济发展产生巨大的推动作用,在酒店、运输、旅游、会展、零售、通信、传媒和广告等相关行业中产生较强的直接经济效益,其次能够优化产业结构,极大地促进旅游、会展、餐饮、交通、住宿等产业部门的较快发展。体现在文化方面,节庆活动可以激活传统文化元素,丰富民众的文化生活,增强公众的文化认同,起到文化传承的重要作用。同时,它也带来城市文化的融合与创新,促进城市理念和思想的创新。在环境方面,体现在,可以促进活动

空间和活动场馆的营建和利用，促进城市交通、通信、城建、绿化等基础设施的建设，优化城市环境；并对宣传和传播城市形象发挥着重要的作用。① 这样的概括同样适用于北京。因此，节庆发展不是小事，而是关系北京文化建设、经济建设、社会建设和城市建设的大事情。一方面，北京节庆建设是文化、经济、社会、城市建设的重要内容，另一方面也是进行上述诸多方面建设的重要方法和路径。事实上，节庆活动实践也已经在很大程度上证明了这一点。比如创立于 2011 年、每年一届的北京国际电影节，经过五年的发展，已对于北京文化产业以及城市形象和美誉度的提升产生了十分重要的促进作用。

类似这样的节庆活动不仅惠民，而且是北京建设社会主义先进文化之都、走向国际化、建设世界城市的重要抓手。

三、明确北京节庆优化发展的方向，在品牌化、多元化、专业化方面积极展开行动

如果我们将节庆活动视为北京实现自己战略发展目标的重要抓手，那么就需要加强顶层设计，注重节庆的科学规划，在节庆活动建设方面更自觉、更宏观、更具有前瞻性，在为谁建设、谁来建设、建设成什么样、怎样建设等重大问题上有明确的思路。从城市性质和城市功能而言，北京既需要建设具有广泛国际影响力、能带来显著经济效益、提升城市知名度的品牌节庆活动，也需要发展以主要满足市民需求为导向的区域性节庆活动。在这一过程中，则需要根据情况使政府（不同级别）、市场、社会等多种力量互相协调，使北京节庆朝向品牌化、多元化和专业化方向发展。具体而言，可以在以下几个方面展开行动：

（一）强化节庆品牌意识，在认真调查当下北京节日时空间布局的基础上统筹规划，注重各区县之间节日活动的区别与联系，形成一个多层次多类别，既有经济效益又有社会效益的节庆体系

近年来北京新兴地方节庆活动增长迅速，但这些节庆活动大多是北京下辖 16 个区县或各区县下的乡镇、村落以及一些文化公司、文化事业单位等自行建构的，缺乏宏观上的统筹安排，这导致了节庆活动具有明显的时、空间分异特征。为了促进节庆活动的优化，更好地发挥节日的多种功能，有必要将 16 个区县作为一个整体加以考虑，仔细分析和评估不同区县的资源优势和节日发展现状，促进北京节庆活动的转型与提升，形成一个多层次多类别，既有经济效益又有社会效益的节庆体系。

---

① 王春雷、赵中华主编：《2009 中国节庆产业发展年度报告》，天津：天津大学出版社，2010 年版，第 27—30 页。

第一，可以在目前保留的 30 个节庆活动中选择若干效果好、前景佳的节庆活动进行重点打造，目标是将其建设成为国际化的品牌节庆活动。与一般的节庆活动相比，国际化的品牌节庆活动在改善城市文化基础设施和服务、改善城市形象、展示作为国家文化中心城市的重要性、促进文化产业的长期持续发展、促进城市发展成为文化旅游目的地以及提高在世界文化、经济领域的参与度等方面具有更加强大的功能，北京亟须这样的节庆品牌。目前来看，北京市政府可以协同相关中央政府部门主导，选择北京国际电影节、北京国际图书节、北京国际旅游节等作为国际品牌节庆加以重点建设。

第二，北京下辖 16 个区县，可以由地方政府主导着重发展一至两个节庆活动，作为本区(县)域内的品牌。实际上，经过较长时间的发展，北京下辖16 个区县的每一个区县，都基本上形成了自己的节庆品牌，这些节庆品牌应该得到保留并获得进一步发展。

第三，博物馆、公园等文化场所以及街道社区可以根据自己的工作需要和市民(居民)的文化需求自行举办节庆活动。这些节庆活动可以依托传统节日来举办，也可以有别的选择，比如社区可以举办自己的社区文化节。

第四，企业等经营单位也可以根据自己的工作需要和文化需求自行举办或联合举办节庆活动。

(二)处理好政府与企业组织、社会组织以及居民的关系，在政府发挥重要作用的同时，充分调动企业组织、民间组织和居民的积极性

从新兴地方节会兴起之初一直到现在，对它劳民伤财、奢靡浪费、滋生腐败的批评就没有停止过。毋庸讳言，不少地方节会确实存在这样的问题，然而也应看到社会对新兴地方节会活动的需求以及新兴地方节会存在的重要性。因此，应该理性地对待新兴地方节庆的建设和发展。一方面要避免奢侈浪费、滋生腐败，另一方面也要看到政府参与旨在推动地方经济文化发展和社会进步的新兴节会活动的必要性。其一，地方政府是公共文化服务的提供者，举办新兴节会尤其是举办以公共文化服务为旨归的节庆活动，本身就是公共文化服务的一种方式，政府有职责参与其中，并给予一定的资金支持；政府也有必要在调查民众需求的基础上，有计划地推进一些节庆活动的开展，以激发普通居民主动参与的热情。其二，成功的新兴节会会产生巨大的经济效益和社会效益，地方政府往往是直接或间接的受益者，从受益者担责的角度看，地方政府有必要为新兴节会的成功举办贡献力量。其三，节庆活动的良性发展，需要多种力量的协作，必须动用大量资源，尤其节庆初创阶段，往往支出大于收入，这时候格外需要地方政府担当重任。事实上，一些著名的、产生巨大经济和社会效益的地方新兴节会确实是由地方政府最先发起、并由地方政府主持操办的。

总体上看，北京的新兴节庆活动有不少是在政府自上而下的推动中举办的，政府在节庆活动运作过程中一直发挥着重要作用。包括给予资金、人力、物力等方面的支持、参与节庆活动总体框架方案和实施方案的策划、制定与实施，也包括在对外宣传、办节场地、税收管理等方面给予政策优惠和扶持。近年来伴随着节庆活动运作经验的日益积累和政府主导的弊端的显现，人们逐渐认识到，建立节庆活动的市场运作机制、多渠道筹措办节资金、充分发挥企业和市场在节庆动作中的主体地位和作用、以节养节、以节强节乃是促进节庆活动健康发展的长久之计。在这种情况下，政府作用的发挥应该适当降低并做出调整，将主要精力放在节庆活动的整体规划、政策扶持以及吸引多种力量参与节庆活动的组织运作，并平衡、协调多方矛盾和利益冲突等方面，而在微观运作方面则更多让位于市场和社会力量。与此同时，要在节庆活动中发现可以进行市场化运作的因素，使社会组织、企业组织、普通民众积极参与到节庆活动当中。

节庆活动作为有组织的大型活动，是一个包括策划、营销、组织、实施、评估等环节在内的复杂过程，也是一个由目标、主体、客体、资源、形式等诸多要素有机组合成的复杂系统，若想使节庆活动获得成功，需要节庆专家的深度介入，尽量使节庆活动的每一个环节都做到科学高效。为此，就有必要整合力量，充分利用专家资源，成立专门组织，加强节庆活动的基础研究和应用研究，并使专家介入到整个节庆活动的运作过程当中，为北京节庆建设提供坚实的智力支持。其中有必要重视节庆行业协会作用的发挥。

民众的智慧是无穷的，节庆终究要服务于民众，而且只有民众接受的节庆才能真正扎根生长。因此，在节庆运作的整个过程都要注重民间参与，为民众表达诉求、愿望、创意和意见提供平台和机会，积极吸纳草根创意，将民众的智慧真正转化为力量。而让民间参与的过程也是赢得民众对节庆更多理解和支持的过程。

（三）充分尊重地方文化传统，科学办节，重视节庆策划，确定节庆目标和主题，规范节庆名称，确定节庆日期和地点，提升节庆活动品质，挖掘节庆内涵，增强节庆魅力

北京有着悠久的地方文化传统，历史时期形成了包括庙会在内的十分丰富多彩的节庆文化活动，至今有着强大的影响力。这些节庆是北京特色的重要体现，也是进行新兴节庆建设的基础和资源，必须加以充分尊重，要以科学精神建设新的节庆活动。当我们将节庆策划、组织实施、评估视为一个不断重复再现的活动过程，那么策划就是这个过程的第一个环节，尤其是首次策划，更对节庆的成功起着关键性作用。

1. 确定节庆的目标、主题是节庆策划的首要内容

目标和主题是节庆活动的核心，节庆所有的其他要素，包括节庆名称、标志、活动内容、活动时间、活动空间的选择与布置、餐饮、节庆商品、工

作人员的服装乃至色彩、声响的选用等,都受制于目标和主题,都要为目标和主题来服务。节庆的目标一般可以分为三类,即经济目标、社会文化目标和政治目标,一个节庆往往以其中的一种作为自己的主要目标,而主题则有人物、物产、饮食、花卉、文化艺术、自然生态、民俗等多种选择。

2. 为节庆确定好的名称

从目前全国范围内的节庆名称来看,基本上采取"地名＋主题＋节"的命名方式,如果是全国性或国际性的节会,则在主题前冠以"中国"或"国际"二字,以凸显节会的级别,如菏泽国际牡丹文化旅游节、南宁国际民歌艺术节等。北京节庆的命名也大致如此。由于节庆往往具有一年一度(也有两年或多年一度)周期性举办的特点,因此具体到某一特定年份的节庆活动,则往往冠以某某年某某节或第某届某某节,如第五届北京国际电影节。由于名称是使一个事物与其他事物区别开来的专门标签,一旦确定,便要保持稳定性,甚至由于时势的变化连节庆的目标和主题也发生一定变化时,节庆的名称也不要轻易改变。从北京节庆的现状来看,在节庆名称方面存在一定的问题,主要表现在同一个节庆活动的名称不统一,使用不规范,比如2013年举办的妙峰山传统民俗庙会就有"第21届妙峰山传统春季民俗庙会""第21届妙峰山传统民俗庙会"等不同名称。这在一定程度上会造成混乱,影响节庆的生存和发展。

3. 确定节庆的举办时间

节庆在历法中所处的位置及其长度,同样关系重大。节庆时间的确定往往要综合考虑多种因素,但和主题关系尤其密切,以物产、花卉、自然生态以及民俗为主题的节庆深受时间的制约。总体上来看,北京节庆在时间安排上存在两大问题。

(1)节期不稳定。既表现在开幕时间不一,也表现在节庆持续时长不一。只要看下面前门历史文化节和海淀文化节的节期安排即可明晰这一点。

表1　前门历史文化节历届节期表

年份(届别)	2010(一)	2011(二)	2012(三)	2013(四)
持续时间	9.28—10.15	8.6—8.15	8.7—8.18	8.7—8.25

表2　海淀文化节(2006—2013年)节期表

年份(届别)	2006(三)	2007(四)	2008(五)	2009(六)
持续时间	5.16—6.18	5.28—6.20	—	5.30—6.26
年份(届别)	2010(七)	2011(八)	2012(九)	2013(十)
持续时间	5.28—6.25	6.28—7.29	12.24—2013.1.23	9.22—10.31

前门历史文化节前四届持续时间分别为 18 天、10 天、12 天、19 天，海淀文化节 2006 年持续 34 天，2007 年持续 24 天，2013 年则持续 40 天。

(2)部分节庆持续时间过长。节庆是不寻常的日子，它因为人在这段时间里从事特殊的活动并产生特殊的情感而与平常的日子区别开来，人们在节庆里的体验和情感十分重要，只有那些引起人们特殊体验和情感的节庆才会被人们记住并愿意年年欢度。而特殊的体验和情感往往是浓缩的精华，是在短暂时间里迸发出来的日常生活中的高潮部分，因此，节庆时间不宜过长，否则就会失去节庆真正的意义，变得徒有虚名。现在不少北京节庆持续的时间都过长了，持续 20 余天以上的节庆活动并不鲜见，像首都职工文化艺术节竟然长达 5 个多月，比如第八届于 2011 年 4 月 24 日开幕，到 9 月 26 日才闭幕。

从优化的目的出发，一方面有必要对北京的节庆名称进行规范，至少在官方发布的文件中要统一名称。另一方面，则有必要从宏观上对诸多北京节庆的节期从在历法中的位置到持续长短进行认真的规划：

首先，将北京的诸多节庆尤其是前景好、潜力大、效益佳并获得政府支持的节庆活动的节期进行统筹安排，既能满足节庆自身的硬性需求，又使得 16 个区县内的北京节庆在一年内的分布大体均衡，争取每个月份都有一定数量的节庆安排。统筹安排时优先考虑那些受自然因素或传统文化因素影响较大的节庆，然后考虑受自然因素或传统文化因素影响较小的节庆。同时还要注意节庆自身已形成的传统。至于节庆持续时间的长短，则要根据节庆的具体情况加以确定，不强求整齐划一，但不宜过长。

其次，节期一旦确定，无论是在历法中的位置，还是持续时间长短，都尽量保持稳定性，没有十分特殊的情况不做变更。

4. 确定节庆的地点

任何节庆活动的展开都需要空间，而且许多节庆对地点的依附性很强，特定地点的自然环境、人文景观及其所承载的文化对节庆活动产生十分重要的影响。节庆地点的确定要结合节庆的主题、目标、节期和活动加以综合考虑，首要的是能够为节庆的开展提供必要的活动空间，其次要看该地点是否具有优质的资源以承载节庆的内涵、凝聚节庆的精神，并为前来参加节庆活动的人提供舒适惬意的环境和条件。自然环境优美、人文传统悠久、民俗文化丰厚的地点往往值得格外关注。

已经举办了多届的节庆，尤其是历史悠久的节庆也要考虑地点问题。这样的节庆往往已经形成了相对固定的活动地点，而地点本身则已成为节庆不可或缺的有机组成部分，它是节庆活动的展开空间，也是节庆精神的寄寓之所，不应该轻易变更。否则节庆就会受到沉重打击，甚至是致命的打击。厂甸庙会移址带来的变化已经很好地证明了这一点。

5. 提升节庆活动品质，挖掘节庆内涵，增强节庆魅力

一个节庆活动能否最终成为广大民众喜闻乐见、愿意将时间、精力、金钱投入其中的活动，归根结底要取决于该节庆是否具有足够的文化魅力，是否能够打动人心，引发人们的情感共鸣。而节庆的文化魅力主要来自节庆活动和内涵，而内涵又主要蕴含于活动之中。如此一来，节庆活动就成为节庆策划中极其重要的内容。

节庆活动的设计一般要围绕着目标和主题来进行，但一个节庆将什么样的活动纳入进来并没有一定之规。从目前情况来看，节庆活动的设计者们需要突破三个认识上的误区：

误区一：越新越有吸引力。创新在我们国家是出现频率非常高的一个词语，已经扩及社会的方方面面，被赋予极高的价值。在节庆领域同样如此。许多节庆的目标、主题、活动甚至节期每年都为了创新而不断进行各种改变。然而这种追求背离了节庆的基本规定性。

节庆之所以成为节庆，是因为在相对固定的日子里具有约定俗成的活动。如果没有二者的结合，哪怕被叫作节庆也只是徒有虚名。对于一个新兴节庆而言，最大的成功是它能转化为传统，成为一个地方的传统节日。而要实现这种转化，就必须保持节庆的相对稳定性，就必须让一些活动年年在节庆上重复举办，使其成为经典，成为品牌，成为节庆的标志性活动。对于已经举办了若干届的北京节庆而言，现在最关键的问题并非如何年年推陈出新，而是如何在历年推出的活动中发现深受民众喜欢的活动，并将其作为经典、品牌加以发掘发展，不断提升品质，形成节庆的个性。

误区二：越多越有吸引力。"众口难调"，不同的人对于活动的需求不一样，因此，如果节庆活动丰富，满足参与者需求的可能性就会增大。然而，活动丰富并非提升节庆吸引力的必要条件，换言之，活动内容相对集中的节庆同样有可能获得成功，得到大家的认可。这一方面是因为在经费、人力、物力等资源有限的情况下，过于追求活动量上的多必然会影响到活动的品质；另一方面，活动过多容易导致游客的分散，无法形成节庆现场人潮涌动、摩肩接踵、万众狂欢的热闹效果，而这更是人们参加节庆活动所需要的感觉。

误区三：越洋越有吸引力。新兴节庆往往有国际化的追求，并且将国际化与去本土化、去传统化相联系。然而，在当前全球化时代，越是民族的就越是世界的，传统文化散发着诱人的气息。固然有些节庆可以成为现代文化、异文化集中展示的舞台，但更多节庆还是应该成为民族与地方文化集中展示的场合。其实就是以展示现代文化、异文化作为追求的节庆，也应该注意运用具有民族特色的表达方式。北京将建设中国特色的世界城市作为城市发展目标，在节庆中尤其是国际节庆中就需要更好地将传统与现代、本土与外来、民族与国际进行有机结合。

突破误区的同时，在进行节庆活动设计时，还应该格外注重活动的可参与性。正如前面提到的，民众已不满足于在节庆中仅仅作为旁观者的身份，民众参与性不高是北京节庆活动目前存在的一个突出问题，因此，需要根据具体节庆的主题对参与性活动进行强化，为民众体验提供更多机会和平台。此外，要重视文化活动的设计，不应用经济活动取代文化活动。"文化搭台，经济唱戏"一度是举办节庆的主要诉求，然而，越来越多的事实表明在当下更优的选择是文化搭台，文化唱戏。文化戏唱好了自然就会产生经济效益。

（四）完善节庆运作，提高节庆活动的经济效益和社会效益

节庆运作是一个包括策划、组织实施、评估等环节在内的活动过程，每一个环节都关系着节庆能否成功。人们往往注重对节庆的策划和组织实施，对于评估则容易忽视。然而，为了改变现在普遍存在的节庆重举办轻效果、重投入轻产出的现象，进一步提高节庆活动的各种效益，就必须重视评估作用的发挥。节庆评估既包括过程评估，即对节庆从策划到组织实施到评估的整个运作过程进行评估，也包括绩效评估，即根据特定标准对节庆举办后所产生的经济效益、社会效益和影响力进行评估，并以评估结果作为对待节庆态度的基本依据。对办节效果低下、老百姓不认可的节庆则不予支持，对那些老百姓拥护、节庆业态好，有发展潜力的节庆则大力支持，加强培育，助其发展。

鉴于北京市域内节庆众多，节庆建设意义重要，更有必要加强评估工作。而在这个过程中，依据服务性原则、因地制宜原则、重点突出原则、连续性原则和准入标准原则组织编订北京文化日历具有重要意义。第一，北京文化日历的编制过程，也是对北京既有节庆进行普查的工作过程，对于摸清家底，分析发展态势，发现特点、优势和不足之处具有重要意义，可以促进北京文化活动的科学建设和理性发展。第二，北京文化日历设立准入标准，将一批内涵丰富、参与度广、影响力大、发展前景好的地方节庆纳入其中，本身就是一种评估工作，而文化日历文本则集中呈现了评估的结果。当然，北京文化日历的编制及其文本的传播阅读的所产生的作用并非仅止于此。①

四、结　语

在全球化、现代化、休闲化时代，随着节庆多种功能的被发掘、呈现和认知，大众对于民族认同、国家认同、休闲娱乐的迫切需求以及更加开放的文化心态将为多种节庆活动的未来发展奠定坚实的基础。与此同时，人们的劳动时间越来越少，可以用于休闲的时间越来越多。这些重要的社会变化，

---

① 关于文化日历作用的论述，具体可参见张勃：《城市文化日历构建及其相关问题的思考》，《青海社会科学》，2012年第5期。

是过去几十年以及当前北京各种节庆得到恢复、产生、发展的充要条件，也构成了未来北京节庆发展的生态环境。优胜劣汰，适者生存，一些节庆被淘汰，一些节庆继续存在，是节庆发展的常态。北京节庆在发展过程中也存在此起彼伏、彼起此伏的现象。这一现象的发生，既深受政府干预的影响，又是市场或曰民众文化选择的结果。当前对节庆活动的规范和清理是政府对节庆发展的一种干预，一定程度上对节庆活动造成了冲击，但同时它也是北京节庆活动得以转型提升、优化发展的重要契机。只有处理好政府与企业组织、社会组织以及居民的关系，在政府发挥重要作用的同时，充分调动企业组织、民间组织和北京居民的积极性，统筹规划，科学办节，北京才能够促进节庆活动的良性发展，实现节庆活动的品牌化、多元化和专业化，从而产生巨大的文化效益、经济效益和社会效益，为首都北京的城市建设和功能发挥起到积极作用。

（作者：张　勃　北京联合大学研究员）

项目名称：北京高校大学生思想政治教育主体间性转向研究

项目编号：12ZHC030

项目负责人：居　峰

项目信誉保证单位：北京语言大学

主体间性视角下北京高校大学生
高校思想政治教育问题与成因

内容提要：该项目探讨思想政治教育与主体间性之间的关系，站在主体间性的视角看思想政治教育，借鉴主体间性理论实践思想政治教育，实现两者结合——思想政治教育与主体间性的深层互动，通过问卷调查对北京高校大学生思想政治教育目前出现的问题以及成因进行分析，探求北京高校大学生主体间性思想政治教育创新和发展的实践路径。

一、存在的主要问题

（一）教育者和受教育者的地位不平等

在主体性大学生思想政治教育中，教育者和受教育者之间是简单的服从与被服从的关系，教师成了首长，大学生成了士兵，他们之间构成了严格的管理梯级，极大扭曲了教育者与受教育者之间的正常关系。我们大体可以从社会学、哲学和教育学三个层面来理解思想政治教育中教育者与受教育者之间的关系。第一，从社会学的角度切入。现在的教育理论认为，教育者作为社会的总体来作用于受教育者，教育者代表社会要求，拥有社会地位，而受教育者只是个体，只有个体地位。第二，从哲学角度切入。现行的教育理论认为教育是一种主体对客体进行改造的实践活动，教育者是教育实践的主体，受教育者是教育实践活动的客体对象。第三，从教育学角度切入。现在的教育理论认为，在教育活动中，教育者要研究教育的内容、方法和组织形式，他们处于领导、控制地位，受教育者处于被领导被控制的地位。把以上三个角度结合起来考虑，我们就能得出现行教育理论关于教育者与受教育者的地位观，反映出了教育者和受教育者地位不平等的根源和现实。

（二）教育者与受教育者之间缺乏必要的协调和融合

思想政治教育是做人的工作，必须围绕人、服务人、体现人、彰显人，这种教育不应该是简单的给予和被给予的关系，不应该是肤浅的帮扶与被帮扶的关系，不应该是狭隘的安抚与被安抚关系，而应该是教育者与受教育者建立在交流、沟通、融合、互感、互促基础上的精神与物质、灵魂与肉体的高度融通与契合。但在主体性思想政治教育指导下，受教育者是教育者的认识和改造对象，教育者在这一过程中扮演的只是木偶戏的操纵者，而受教育者在这一过程中充当的只是听令而行的木偶而已，受教育者的所思所想很难纳入教育者的思想和视线。在这样的背景下，教育者和受教育者各自为政，成为两条平行线，失去了交叉，没有交集，教育者行使单一的教育职能，受教育者接收给定的任务。在这样的观念制约下，在课堂上老师自说自话，我的眼中只有我自己，大学生自由散漫，身在课堂思想却上天入地；在生活上，教育者鲜与大学生沟通和交流，我的世界里只有我，我的事情我做主，请你静静的走开，师生之间的融洽关系早已不存在；在思想上，教育者一厢情愿地陷入理论的沉思。

（三）教育形式和教育内容过于单一

现阶段，大学生思想政治教育中更多采用的还是灌输的方法。必要的灌输在大学生思想政治教育中是必要的和可行的，但把灌输作为唯一或主要的教育手段，就失去了灌输的原有意义和原有功能。灌输在当下的主体性大学生思想政治教育中之所以大行其道，一方面是灌输法在教育过程中的重要作用和价值，另一方面在教育者一体独大的教育环境中，灌输法最有效地保障了教育者的自身利益，因为在大学生思想政治教育过程中采取灌输的方式最省力、风险也最小。在主体性大学生思想政治教育中，教育者拥有着绝对的权威，课堂上使用的是统编的教材，教育者照本宣科，用的是标准化的语言，这种情况下教育者既贯彻了上级的精神，又免去了自身思考和创新的巨大物质以及时间成本，而受教育者接受的程度和效果如何并不被有效考虑，即使受教育者表现出了质疑甚至反对，教育者也可以利用自身的话语霸权加以打压，惯性地归因于受教育者理解角度和深度有问题、受教育者的接受程度有问题、受教育者的学习方式方法有问题、受教育者的学习态度和思想有问题，等等。

（四）大学生思想政治教育研究对现实问题关注不够

首先，当代大学生思想政治教育研究不能从大学生的现实生活出发，解决大学生的实际问题，对一些大学生热衷和关注的新事物、新现象不能给予相应研究和及时指导，难以解决学生思想、心理和道德认知上的困惑；再加上大学生正处于思想和心理欠成熟、分辨能力较差、理性意识缺乏的时期，结果导致学生盲目跟风从众，被外界影响牵制，一些不良信息和行为方式乘虚而入，误导甚至贻害了大量学生，从而使得思想政治教育在社会现实面前变得脆弱和无力，不能全方位凸显思想政治教育的当代价值。

其次，当代大学生思想政治教育研究忽视了教育教学过程中的现实问题。

围绕课堂教学问题，对于如何提高课堂效果，如何提高教学艺术，如何提高讲课水平等问题的理论探讨成果相对较少，影响了教育教学的改进和教学效果的提高。

（五）新媒体时代导致的思想政治教育话语出现障碍

目前高校思想政治教育话语出现障碍的一个重要表现，就在于话语传播手段滞后。由于话语传播手段滞后，使得高校思想政治教育工作者的话语权受到一定影响，其规范功能不能得到充分体现，导致了种种消极因素的产生。究其原因：一是新媒体时代，由于信息传播速度快、范围广，高校思想政治教育内容有时与社会发展具有不同步性，造成了思想政治教育话语滞后于社会发展，致使教育者和受教育者之间难以使用思想政治教育话语进行有效沟通。二是新媒体时代，由于信息的传递过程是双向的，信息的发送者既是发送者也可以成为接收者，因而大大改善了传统媒体传播信息过程中受众的被动地位，往往受教育者与教育者在相同时间获得信息，甚至比教育者更先获取信息，因而产生了思想政治教育话语传播的不对称。新媒体时代，在虚拟空间里每个主体都是平等的、双方都拥有平等的话语权，因而控制式或劝导式的话语传播方式失效。

（六）现行载体乏力所导致的思想政治教育整体效应难以发挥

思想政治教育要通过一定的载体进行。随着新媒体的发展和运用，传统高校思想教育载体形式日显滞后和低效，导致了消极因素发生：一方面由于新媒体所显示的信息渠道多、覆盖面广的特点，使课堂教育中教育者和受教育者在很大程度上处于同一个"信息平台"，大大降低了教育者的权威性和影响力；另一方面，由于新媒体所带来的载体样式的多样化，对载体选择的空间大大增加，使得单一的以课堂教育为主要载体的形式已显落伍。

二、产生的主要原因

从理论提出到实践生成，高校主体间性思想政治教育发展历程还相对较短，造成当前高校上述六方面问题的成因是复杂的和多方面的，但是其中关键一点是教育机构、教育主体、教育客体等各方对高校主体间性思想政治教育本质、主体间性以及主客体关系认识不够深刻，特别是存在忽视客体主体性现象大量存在，从而造成高校思想政治教育主客体关系紧张以及教育效果大大降低。具体来看，思想观念、教育方法、教育环境、体制机制、教育队伍、新媒体影响六个方面因素构成主要原因。

（一）思想观念方面的因素

1. 以主体性为指导的大学生思想政治教育中的主导价值观面临挑战

大学生思想政治教育中出现了传统教育弱化的现象。在原有计划经济条件下，倡导国家的全民所有制，维护国家和集体的利益就是在维护个人的利益，所以，为了维护国家和集体利益而牺牲个人利益也在情理之中。但随着社会主义市场经济的确立和发展，多种所有制形式共同存在，出现了新型经济体，出现了私有制企业、民营经济等，人们意识到这些不都是国家的，而出现了"这是我的、那是你的"的归属认识，人们不再堂而皇之地牺牲个人利益去换取集体利益。这些价值观方面的变化，在大学生的思想中产生了深远的影响，也造就了新形势下大学生张扬个性、抒发自我、打破束缚的精神和维权意识。现在主体性大学生思想政治教育中教育者的唯一主体地位已经被撼动，因受教育者世界观、人生观和价值观方面的变化而出现了新的挑战，使教育者越来越感觉到变革的压力。

2. 对主体性大学生思想政治教育的实际效果存疑

教育者和受教育者地位和身份的不平等，注定了受教育者在教育过程中的被动和边缘地位，也注定了他们积极性、主观性的被遮蔽。当教育者以一个高高在上的师者，而不是平视可见的友者出现在大学生思想政治教育之中时，大学生们在不断的仰视中，接受了金科玉律，一段时间内，他们也确实将此奉为珍宝，但当他们面临诸如择友、恋爱、就业等现实问题时，据此珍宝加以应用并期望解决问题时，却意外地发现，他们被灌输的东西，被接受的真理，在现实中却处处碰壁，无用武之地，学以致用变成了学也没用，大学生们开始怀疑老师的谆谆教诲，开始对思想政治教育课程内容、方式等产生动摇和质疑，而广大教育工作者却没有及时地跟进调查，没有形成科学的思想政治教育的反馈机制，使问题愈演愈烈，从而形成恶性循环，最终导致大学生对思想政治教育的消极抵抗，甚至出现由逆反走向极端的悲剧。

3. 对大学生主体地位认识不足

当前，部分高校仍然没有走出在计划经济体制下办学育人的思维模式，教师和管理者在教育教学活动中处于绝对的支配地位，是思想政治教育的中心和支撑，往往不重视甚至忽视了大学生的个体价值追求，虽然以人为本的口号喊的震天响，但在实际的育人环节上，却仍然将大学生视为教育的客体，视为被改造的对象，视为思想政治教育的附属，大学生的主体地位只停留在书面上、口头上，对大学生的主体地位没有给予足够的重视和科学的认识，从而造成了当前大学生思想政治教育中教育者忙得不亦乐乎，受教育者却满不在乎的尴尬局面，进而严重影响了大学生参与思想政治教育的积极性，严重束缚了大学生的个性发展，使大学生的主体地位进一步沉沦，严重削弱了大学生思想政治教育的实际效果和功能发挥。

(二)教育内容、方法方面的因素

1. 教育过程回避矛盾

近些年来，在思想政治课教学和日常的思想政治工作中，对大学生以正面教育为主，而对改革进程中出现的新矛盾、新问题，对大学生关注的热点、敏感问题，一讲不清时就尽量回避。在思想政治教育过程中，教育者往往费了九牛二虎之力教导大学生如何立德、如何做人，但大学生耳闻目睹的现实，却使教育成效大打折扣。大学生们在现实中看到的是拜金主义、享乐主义、极端个人主义的蔓延、某些官员的腐败堕落和人格扭曲、社会道德水准的整体下降等等，而教育者却不能有效引导他们正确认识这些复杂的社会现象。当下大学生思想政治教育的现实却是，教育的内容与社会现实存在着较大的反差，造成大学生的认识障碍和思想迷茫，进而制约了大学生思想政治教育过程的顺利推进以及有效性的彰显。

2. 对受教育者自身的问题关注不够

大学教育的实质是人本教育。因此，大学生思想政治教育必须要关照人、围绕人、体现人、服务人，而这个人更多的要落实到受教育者身上。教育者脱离对教育对象自身问题关照的教育，不可能塑造人、培养人、提升人。而在这方面，我们的大学生思想政治教育还存在许多不足之处。随着市场经济的发展，我国逐渐形成80后和90后现象，随着90后的集中入学，一些大学生教育的深层问题逐渐显露。而对于这些问题，教育者大都表达着不满和不解，也试图加以关注，教育专家也在摸索中测度，但都没有一个合理的解答和解决办法。

(三)思想政治教育环境方面的因素

1. 家庭环境的影响

家庭是社会的缩影，社会是家庭的延伸，家庭是每个人成长的起点，具有基础性、导向性和养成性的特征，家庭教育在整个教育过程中的重要性不言而喻。中国传统教育中特别注重孝道，更多言说的是绝对地服从，棍棒出孝子就是最形象的说明，孩子根本没有话语权，更别说要形成自我价值和主体意识。同时，随着经济发展，家庭条件的逐步改善，家庭教育中又出现了另一种极端的表现，就是家长对孩子的极端溺爱，"一切为了孩子，为了孩子一切"成为新时期广大家长的育儿宣言和规范。只要孩子要的就尽最大努力满足，看不得孩子吃一点点苦、受一点点委屈、遇一点点困难，家长千斤重担一肩扛，使孩子都成了温室里的花朵，娇滴滴美艳艳，却徒有其表，不能经风历雨。

2. 学校环境的影响

大学教育是人生观、世界观和价值观形成的重要阶段，对人的全面发展具有奠基和决定作用。事实上，相对于社会改革和家庭变革速度，高校的各项改革稍显落后。因此现阶段90后的大学生进入学校后，会在住宿条件、饮食条件、学习环境等方面感觉有一些不适应，会觉得大学和自己的想象有很大的出入和反差，并且这样的想法会随着时间的推移越来越强烈，并可能成为某些负面情绪爆发的导火索。由于主客观因素的影响，在大学的学习中，课程设置改革相对滞后、形势政策课程缺失、心理健康教育流于形式、考试方式单一，等等，无法充分满足大学生的新需要。

3. 社会环境的影响

社会存在决定社会意识，我国当前发生的广泛而深刻的社会转型给大学生的思想意识和价值观造成了一定的冲击和影响。随着高校办学的日益开放，大学已不再是昔日的象牙塔，而日渐从社会的边缘走向社会的中心。改革开放30多年来，我国与世界各国的联系、交流不断紧密，西方的思想观念以其经济产品、文化产品为载体，或通过互联网，大肆涌入中国，极大增加了大学生接触外界的机会，大学生的思想活动受到的影响和冲击是广泛而深刻的。众所周知，大学生群体一直是西方分化和西化我国的重要对象，西方发达国家借助强大的经济、军事、科技等优势，打着维护世界和平和人道主义的幌子，强力推行霸权主义，推行所谓的西方民主和普世价值，寻求在发展中国家进行颜色革命，使其成为西方发达国家的傀儡，进而从中获利。

(四)思想政治教育体制机制方面的因素

在当前的大学生思想政治教育中，由于本身主体性理念的缺陷，在制度设计环节往往忽视受教育者参与权，或者即使有受教育者的必要参与，也是走走过场、浮于形式、做做样子，还不能从制度层面保障大学生主体性地位的发挥。据调查显示，25.3%的大学生认为思想政治教育工作机制的某些方面还不健全、不完善；28.6%的大学生对学校的日常管理感到不满意；16.3%的大学生认为学校的相关部门之间存在着相互推诿的现象；23.7%的大学生认为思想政治教育工作机制实行效果不理想。

(五)思想政治教育队伍方面的因素

为了能够有效开展好大学生思想政治教育工作，各高校都形成了一套包括学校领导、二级院系书记、辅导员、班主任和学校职能部门的工作人员在内的专兼职工作队伍，他们之间相互配合共同形成了大学生思想政治教育工作的覆盖式管理体系。那么现阶段，高校大学生思想政治教育工作队伍状况如何？据调查显示，有15.8%的大学生认为学校各级领导干部对思想政治工作比较重视；21.7%的大学生认为比较认真负责；22.6%的大学生认为学校职能部门的工作人员能够起到较好的表率作用。但近年来随着学校规模的迅速膨胀，思想政治教育工作的从业人员人数猛增，思想政治教育工作的从业人员的培训和整体素质的提高常常不能跟上发展着的形势。

(六)新媒体的影响因素

新媒体时代，新媒体为高校思想政治教育主体之间平等相处搭建了平台，但同时也产生了两种情况：一方面，教育主体由于受到自身新媒体素质、行政事务和工作时间等的限制，在教育过程中陷入了这样一种困境：面对海量信息，他们所看到的信息，受教育主体(大学生)也会看到，他们没有来得及看到的，可能大学生已经知道了，信息的获取有时还会落后受教育主体，高校思想政治教育工作者深感固有主导地位权威性受到一定消解。另一方面，由于受教育主体的信息接触面日益广泛，在新媒体所传播的各种不同观点影响下，他们对信息的理解更加多维和主动，而不像以往那样被动地接受教育者的灌输和安排，更乐于根据自身的是非观念和判断能力，选择自己认为正确的东西。在这种情况下，传统的思想政治教育过程中教育者的信息优势正在逐步减弱，特别是当前有些处在一线的思想教育工作者并没有深刻理解新媒体技术条件下思想政治教育呈现出的新特征和规律，因而很难有效地利用新媒体来开展思想政治教育。因此，对高校思想政治教育工作者来说，如何主动学习并运用新媒体技术，既能将传统的思想教育方法现代化，同时也能实现既定的培养要求，对高校现有的思想政治教育方式方法提出了新的挑战。

附录：北京大学生思想政治教育现状的调查

为了真实了解当代北京大学生思想政治教育现状，切实增强思想政治教育工作的针对性、实效性，我们对北京市高校的在校本科生进行了问卷调查。此次调查共发放问卷 400 份，收回有效问卷 397 份，有效率达 99.3%，有效回收率可以反映出学生们积极配合调查，参与调查的热情很高。接受调查的学生以高年级为主，大一学生 10 名、大二学生 74 名、大三学生 301 名、大四学生 12 名，分别占调查学生总数的 2.5%、18.6%、75.8%、3.0%，其中理工类的学生 97 名、经管类 75 名、社科类 70 名、文史类 60 名、艺术类 55 名、体育类 40 名，分别占调查学生总数的 24.4%、18.9%、17.6%、15.1%、13.9%、10.1%。

1. 思想政治理论课方面

思想政治理论课作为大学生思想政治教育的主渠道、主阵地，是高校整个思想政治教育工作的重点。在调查中，我们主要从对思想政治理论课的喜爱程度、对思想政治理论课教学内容与方法的满意度、对思想政治理论课教师素质的评价三个方面展开调查。从统计数据看，有 50.4% 的学生对思想政治理论课兴趣浓厚，37.2% 的学生兴趣一般；有 52.1% 的学生对教学内容感到满意，36.5% 的学生认为一般；有 51.3% 的学生对教学方法感到满意，34.7% 的学生认为一般；55.4% 的学生认为思想政治理论课教师的素质很高，38.6% 的学生认为一般。这表明大学生对思想政治理论课的总体评价较高。

调查同时显示，有的学生对思想政治理论课的认识还存在着不容忽视的问题，进而导致学习动力不足。如：对高校设置思想政治理论课的必要性，有 22.5% 的学生选择没有必要，还有 23.7% 的学生认为无所谓；在"思想政治理论课对你今后人生是否有帮助"一栏中，有 24.1% 的学生选择有点帮助，16.4% 的学生选择没有帮助。

2. 思想政治工作队伍方面

这里的思想政治工作队伍主要包括学校领导干部、辅导员、班主任和学校职能部门的工作人员。大多数学生认为学校思想政治工作队伍处于良好的工作状态。调查显示,有75.7%的学生认为学校各级领导干部对思想政治工作非常重视,15.8%的学生认为比较重视;65.3%的学生认为辅导员和班主任对工作非常认真负责,21.7%的学生认为比较认真负责;61.4%的学生认为学校职能部门的工作人员能够以身作则,起到很好的表率作用,22.6%的学生认为起到较好的表率作用。由于近年来学校规模不断扩大,学校新任领导干部、新进辅导员、班主任和职能部门工作人员逐步增多,他们思想政治工作的主动性还需提高、工作的方式方法亟待改进。调查表明,有30.2%的学生认为他们的工作主动性需要增强,有39.5%的学生认为他们的工作方式方法一般或差。

3. 思想政治教育工作机制方面

大学生思想政治教育工作机制主要包括领导机制、联动机制、沟通机制、环境机制、激励机制。大多数学生认为学校的思想政治教育工作机制比较完善且执行情况较好。调查显示,85.1%的学生认为学校党委部门重视思想政治教育工作;81.3%的学生认为学校党团工学等部门能够联动配合,积极做好学生思想政治工作;78.2%的学生认为学校领导、辅导员、老师能够与学生之间进行沟通交流;72.4%的学生对学校的育人环境感到满意或比较满意;78.5%的学生认为学校的奖惩激励工作做得比较规范。

调查同时表明,在大学生思想政治教育工作机制的完善与实行工作中,还存在一些问题。如:25.3%的学生认为思想政治教育工作机制的某些方面还不健全、不完善;28.6%的学生对学校的日常管理感到不满意;16.3%的学生认为学校的相关部门之间存在着相互推诿的现象;23.7%的学生认为思想政治教育工作机制实行效果不理想。

(作者:居　峰　北京语言大学助理研究员)

后　记

为加强研究成果的宣传推介，促使更多北京社科基金项目成果得到转化应用，市社科规划办于"十二五"规划期（2011—2015年）启动了"北京市社会科学基金项目优秀成果选编"系列丛书的编辑出版工作。从上一年度结项的项目中遴选优秀成果结集成书，每年推出一辑。本书为《北京市社会科学基金项目优秀成果选编（第五辑）》。

本辑共收录了63篇2014年7月至2015年6月期间完成研究任务的项目成果，以成果提要的形式呈现给广大读者。其中包含重点项目6项、一般项目36项和青年项目21项；有哲学学科2项、科社·党建·政治学学科8项、经济·管理学学科19项、法学学科9项、社会学学科9项、城市学学科2项、历史学学科4项、语言·文学·艺术学科8项、综合学科2项。所有文章均由项目负责人压缩提炼，充分展示了研究成果的核心观点、内容创新、突出特色和主要建树。为了便于阅读，我们对入选文章的体例格式、内容繁简和行文风格进行了统一编辑，并按所属学科及项目编号进行排序。

"十二五"规划期间，市社科规划办共组织出版了五辑《北京市社会科学基金项目优秀成果选编》，累计收录北京社科基金项目优秀研究成果277篇，在展示北京社科规划工作成就与经验、推动项目研究服务首都科学发展等方面发挥了积极作用，成为市社科规划办在成果宣传推介工作上的一个重要窗口和平台。在优秀成果选编的组织出版过程中，市社科规划办始终坚持正确导向，聘请相关专家对入选成果进行严格审核把关；始终坚持高标准，凡入选成果或获得省部级以上奖项，或得到省部级以上领导批示、被相关实际部门参考采纳，或紧密结合北京经济社会发展实际，对决策和实践具有重要参考价值和指导意义；始终弘扬优良学风，将一批观点清新、原创性明显、密切联系实际、学术价值厚重的优秀研究成果展现给广大读者。

2015年，根据北京社科规划工作发展面临的新形势、新任务和新要求，市社科规划办经过深入研究、广泛调研，决定正式启动"北京市社会科学基金项目成果文库"的组织出版工作。文库将面向各类北京社科基金项目，遴选代表北京社科基金项目研究最高水平的精品成果，统一策划、统一出版。文库的推出，对于进一步发挥北京社科规划工作的智库作用，打造精品力作，占领社科研究学术前沿具有重要意义。由于文库与优秀成果选编在定位、功能上有相同之处，市社科规划办经审慎研究决定，"十三五"规划期不再继续出版"北京市社会科学基金项目优秀成果选编"系列丛书。

在"北京市社会科学基金项目优秀成果选编"第一辑至第五辑的组织出版过程中,广大科研管理单位承担了大量的组织和协调工作,入选成果的项目负责人和课题组进行了细致、认真的修改和校审工作,首都师范大学出版社的领导给予了积极帮助与支持,编辑们付出了大量辛勤的劳动,在此一并表示感谢! 同时,也敬请大家关注和支持今后推出的"北京市社会科学基金项目成果文库"。

北京市哲学社会科学规划办公室
2015 年 10 月